ŒUVRES
DE POTHIER.

TRAITÉ DE LA COMMUNAUTÉ.

TOME HUITIÈME.

SE TROUVE

Chez MM. les Secrétaires caissiers des Facultés de droit ;
Chez MM. les Greffiers des tribunaux de première instance ;
Et chez les principaux Libraires de la France et de l'Etranger.

DE L'IMPRIMERIE DE WARIN-THIERRY.

OEUVRES
DE POTHIER.

NOUVELLE ÉDITION,

ORNÉE DU PORTRAIT DE L'AUTEUR;

PUBLIÉE

PAR M. SIFFREIN.

————

TOME HUITIÈME.

A PARIS,

CHEZ L'ÉDITEUR,

RUE SAINT-JEAN-DE-BEAUVAIS, N° 1.

M. DCCCXXII.

TABLE

DES CHAPITRES, ARTICLES, SECTIONS ET PARAGRAPHES CONTENUS DANS LE TRAITÉ DE LA COMMUNAUTÉ.

PREMIÈRE PARTIE.

CHAPITRE III.

SECONDE PARTIE.

TROISIÈME PARTIE.

CHAPITRE II.

CINQUIÈME PARTIE.

SIXIÈME PARTIE.

FIN DE LA TABLE.

INTRODUCTION
AU TRAITÉ DE LA COMMUNAUTÉ.

———

Après avoir traité du mariage même, et de la puissance qu'il donne au mari sur la personne et les biens de sa femme, il est de l'ordre de traiter des principales conventions qui l'accompagnent ordinairement, et qu'on appelle *conventions matrimoniales.*

Nous verrons, dans un premier paragraphe, quelles conventions peuvent faire les personnes qui se marient : dans un second, quand et comment se font ces conventions : dans un troisième, quels en sont les caractères.

§. I. Quelles conventions peuvent faire les personnes qui se marient.

1. C'est un principe, que les contrats de mariage sont susceptibles de toutes sortes de conventions.

Ce terme de contrat de mariage se prend ici pour l'acte qui contient les conventions que font ensemble les personnes qui sont sur le point de se marier.

La coutume d'Orléans fait mention de ce principe en l'article 202, où il est dit : « En traité de mariage, et avant la foi » baillée et bénédiction nuptiale, homme et femme peuvent » faire et apposer telles conditions, douaires, donations et » autres conventions que bon leur semblera. »

Celle de Montargis, *chap.* 8, *art.* 8, dit la même chose.

Cette disposition n'est point une disposition locale, et qui leur soit particulière ; elle exprime, sur ce point, le droit commun.

2. Les contrats de mariage sont tellement susceptibles de toutes sortes de conventions, qu'on y en admet qui, par tout autre acte que par un contrat de mariage, ne seroient pas valables.

Par exemple, quoique par tout autre acte que par un contrat de mariage, il ne soit pas permis de faire aucune conven tion sur la succession d'une personne encore vivante, néanmoins on admet dans les contrats de mariage la convention par laquelle un enfant se contente de la dot qui lui est donnée par ses père et mère, et renonce en conséquence à la succession future en faveur des autres enfants, ou de quelqu'un d'eux ; *putà,* en faveur de l'aîné, ou en faveur des enfants mâles.

Quoique par tout autre acte que par un contrat de mariage, je ne puisse pas convenir et promettre qu'une certaine personne sera mon héritière, l'institution d'héritier ne pouvant se faire que par testament, et devant dépendre de la libre volonté du testateur, toujours révocable jusqu'à la mort, néanmoins on a admis dans les contrats de mariage les institutions contractuelles par lesquelles l'un des conjoints institue irrévocablement pour son héritier, soit l'autre conjoint, soit les enfants, ou l'aîné des enfants qui naîtront du futur mariage.

Ces institutions contractuelles sont admises même dans les lieux où les coutumes rejettent absolument l'institution d'héritier, jusque dans les testaments, dans lesquels elles ne sont regardées que comme de simples legs universels.

3. Enfin, c'est par la faveur des contrats de mariage, que l'ordonnance de 1731 a dispensé les donations qui se font par contrat de mariage aux parties contractantes, ou aux enfants qui naîtront du futur mariage, de plusieurs règles auxquelles elle assujettit les donations, à peine de nullité, comme nous le verrons en son lieu.

4. Le principe que les contrats de mariage sont susceptibles de toutes sortes de conventions, a ses exceptions. Celles qui blesseroient la bienséance publique, quoique faites par contrat de mariage, ne seroient pas valables. Par exemple, il n'est pas douteux que s'il étoit dit, par un contrat de mariage, que la femme seroit le chef de la communauté de biens qui auroit lieu entre les conjoints, une telle convention ne seroit pas valable, étant contre la bienséance publique, que l'homme, que Dieu a fait pour être le chef de la femme, *Vir est caput mulieris,* ne soit pas le chef de leur communauté de biens, et qu'au contraire cette communauté ait la femme pour chef.

5. Les conventions qui paroissent tendre à soustraire la femme à la puissance que notre droit municipal a accordée au mari sur elle, sont aussi regardées comme étant, dans

nos mœurs, contraires à la bienséance publique, et en conséquence nulles.

C'est pour cette raison que la jurisprudence a déclaré nulles les autorisations générales dans les contrats de mariage, c'est-à-dire, les clauses par lesquelles il était porté que le mari, par le contrat de mariage, autorisoit sa femme, non-seulement pour administrer, mais même pour aliéner à son gré ses héritages, à quelque titre que ce soit, sans qu'elle eût besoin d'avoir recours pour cela à une autorisation particulière. Nous avons rapporté *suprà*, en notre traité de la puissance du mari sur la personne et les biens de sa femme, les arrêts qui proscrivent et annullent ces clauses d'autorisation générale, comme tendantes à rendre la femme indépendante du mari, et à la soustraire entièrement à sa puissance.

Cette jurisprudence n'a lieu que dans les coutumes qui ne s'en sont pas expliquées. Ces autorisations générales par contrat de mariage, sont valables dans les coutumes qui les permettent par une disposition expresse, telles que celle de Berry, *tit.* 1, *art.* 2.

6. Quelque susceptibles que soient les contrats de mariage de toutes sortes de conventions, celles qui contrediroient quelque loi prohibitive, ne sont pas valables.

Par exemple, la coutume de Blois défendant à ceux qui ne sont pas nobles, de disposer par donation entre vifs, de plus de moitié de leurs héritages patrimoniaux, ils ne peuvent valablement en disposer, même par contrat de mariage.

7. Non-seulement les conventions qui contrediroient ouvertement une loi prohibitive, celles même qui tendent à l'éluder, doivent être déclarées nulles, quoique portées par des contrats de mariage.

Telles sont les conventions par lesquelles on conviendroit que la femme auroit sa part dans la communauté, franche de dettes, ou qu'elle en seroit tenue pour une moindre partie que celle qu'elle a dans l'actif; car ces conventions tendent à éluder une loi prohibitive qui défend aux conjoints de se faire aucun avantage direct et indirect pendant le mariage, en laissant au mari le pouvoir d'avantager sa femme, pendant le mariage, en faisant des acquisitions dans lesquelles la part qu'auroit la femme, seroit payée par le mari, en tout ou en partie. Voyez ce que nous disons de ces conventions, dans notre traité de la communauté, *part.* 1, *chap.* 3, *art.* 1, §. 1.

8. Ce principe, que les conventions qui laissent aux conjoints le pouvoir de s'avantager durant le mariage, ne sont
pas valables, ne doit pas néanmoins être pris trop à la rigueur;
car l'ordonnance de 1731, *art.* 8, permet dans les contrats
de mariage les donations universelles faites entre conjoints,
sous la réserve de disposer d'une certaine somme qui demeurera comprise dans la donation, si le donateur n'en dispose
pas, quoique cette réserve laisse en quelque façon au pouvoir
du conjoint donateur, d'avantager ou non l'autre conjoint,
durant le mariage, en disposant ou ne disposant pas de cette
somme.

9. Le principe que les conventions qui tendent à éluder
une loi prohibitive, sont nulles, même dans les contrats de
mariage, y a fait rejeter la convention que la femme ne pourroit renoncer à la communauté, et celle par laquelle elle renonceroit au privilége qu'elle a de n'être tenue des dettes de
la communauté, que jusqu'à concurrence de ce qu'elle en a
amandé. Ces conventions vont à éluder la loi qui défend au
mari d'engager les propres de sa femme, malgré elle.

10. On ne doit pas non plus admettre, dans un contrat de
mariage, la convention que le survivant ne seroit pas tenu,
après la mort du prédécédé, de faire inventaire pour dissoudre la communauté avec les enfants mineurs du mariage,
héritiers du prédécédé, ni celle par laquelle on le dispense-
roit de quelqu'une des formalités requises pour cet inventaire.

§. II. Quand et comment doivent se faire les conventions matrimoniales.

11. Les conventions matrimoniales doivent se faire avant
la célébration du mariage; il n'est plus temps de les faire
après que le mariage a été célébré. Par exemple, dans les
provinces dont la loi n'admet la communauté de biens entre
conjoints, que lorsque les parties en sont expressément convenues, si des parties ont célébré leur mariage avant que
d'avoir fait un contrat de mariage, elles ne pourront plus,
aussitôt que le mariage aura été célébré, convenir entre elles
d'une communauté de biens: le mari ne pourra plus donner
à sa femme d'autre douaire que celui que lui donnent les
coutumes sous lesquelles ses héritages sont situés.

C'est ce qui résulte de ces termes de l'article de la coutume d'Orléans, qui est ci-dessus rapporté : AVANT LA FOI BAILLÉE ET BÉNÉDICTION NUPTIALE, *homme et femme peuvent*, etc.

12. Ces conventions doivent se faire par un acte qu'on appelle *contrat de mariage*. Cet acte doit être passé devant notaires. On rejette, dans la plupart de nos provinces, les contrats de mariage passés sous signatures privées : pourquoi? C'est afin d'empêcher que les conjoints par mariage n'aient un moyen facile d'éluder la loi, qui leur défend de se faire aucun avantage durant le mariage, en faisant, durant le mariage, des contrats de mariage qu'ils antidateroient d'auparavant.

Il y a néanmoins quelques provinces où les contrats de mariage passés sous signatures privées, sont admis. Les signatures des parents des deux familles, qui se trouvent au bas de ces actes, ont paru devoir écarter tout soupçon d'antidate.

Mais si le prétendu contrat de mariage n'étoit revêtu que des signatures privées des seules parties contractantes, je crois qu'il devroit être rejeté comme suspect d'antidate, même dans les provinces qui admettent les contrats de mariage sous signatures privées. J'ai vu des consultations imprimées, d'avocats du parlement de Normandie, où les contrats de mariage sous signatures privées sont admis, qui étoient de cet avis.

13. Quoique les futurs conjoints ne soient pas obligés d'appeler leurs parents à leur contrat de mariage, néanmoins lorsqu'ils y ont fait assister leurs parents, ils ne peuvent plus, par d'autres actes, quoiqu'avant la célébration du mariage, faire de nouvelles conventions, à moins qu'ils n'y fassent pareillement assister leurs parents respectifs qui ont assisté à leur contrat de mariage.

Les coutumes de Paris, *art.* 258, et d'Orléans, *art.* 223, en ont une disposition. Il y est dit : « Toutes contre-lettres » faites à part et hors la présence des parents qui ont assisté » aux contrats de mariage, sont nulles. »

La disposition de ces coutumes, ajoutée lors de la réformation, et formée sur la jurisprudence qui avoit lieu alors, établit un droit commun, qui a lieu dans les coutumes qui ne s'en sont pas expliquées.

La coutume comprend ici, sous le terme de contre-lettres, non-seulement les conventions qui dérogent et sont contraires à quelqu'une de celles portées au contrat de mariage,

mais généralement toutes les nouvelles conventions ou donations qui ne sont pas portées au contrat de mariage.

À l'égard des actes qui ne seroient qu'explicatifs de quelqu'une des conventions portées au contrat de mariage, et
qui ne contiendroient rien de nouveau, ils ne peuvent pas
passer pour contre-lettres, et rien n'empêche qu'ils ne soient
valables.

La raison pour laquelle la coutume déclare nulles les
contre-lettres faites à part et hors de la présence des parents
qui ont assisté au contrat, s'aperçoit facilement. Quoique
des conventions de mariage ne soient pas vicieuses, par cela
seul qu'elles ont été faites à l'insçu des parents, néanmoins
l'affectation marquée de ces conjoints, de cacher à leurs parents et au public leurs conventions, en les faisant à part et
par un acte séparé de leur contrat de mariage, fait regarder
ces conventions comme des conventions dont les conjoints
ont eu honte, et qui doivent pour cela être présumées avoir
été dictées plutôt par la passion que par de justes motifs.
C'est ce qui a porté la coutume à les déclarer nulles.

14. On regarde comme contre-lettres, non-seulement les
conventions et donations faites depuis le contrat de mariage,
dans le temps intermédiaire, hors de la présence des parents,
mais même les donations faites peu de jours avant le contrat,
par des personnes qui se proposoient de s'épouser, et qui
vouloient les cacher à leur famille. C'est ce qui a été jugé par
un arrêt du 19 février 1716, qui a déclaré nulle une donation
faite entre des personnes la veille de leur contrat de mariage.
L'arrêt est rapporté par l'auteur du traité des contrats de
mariage.

15. La coutume, en déclarant toutes contre-lettres nulles,
comprend non-seulement celles qui interviennent entre les
futurs conjoints, mais pareillement celles qui interviennent
entre l'un des futurs conjoints et quelqu'une des personnes
qui ont été parties au contrat.

Par exemple, si le futur à qui son père avoit promis une
certaine somme en dot, lui promettoit, par un acte passé
hors de la présence de sa femme et des principaux parents
de sa femme, de ne pas exiger cette somme de son vivant, cet
acte seroit nul, comme étant une contre-lettre au contrat
de mariage, et le père ne pourroit l'opposer contre les poursuites de son fils, pour le paiement de la dot promise par le
contrat de mariage.

16. Ce que la coutume dit, que les contre-lettres faites hors de la présence des parents qui ont assisté au contrat de mariage, sont nulles, ne doit pas être tellement pris à la rigueur, que l'absence d'un seul des parents qui ont assisté au contrat de mariage, doive indistinctement les rendre nulles. Si ce parent, en l'absence de qui la contre-lettre a été passée, n'étoit qu'un parent éloigné, et qu'elle ait été passée en présence des plus proches parents, et de ceux qui avoient le plus d'autorité dans la famille, elle doit être jugée valable.

Au reste, il ne faut pas suivre l'opinion de Laurière, qui restreint aux parents de la ligne directe ascendante et au tuteur, les parents dont la présence est requise par cet article : il comprend pareillement les collatéraux qui ont assisté au contrat de mariage. Il est vrai que les conjoints n'étoient pas obligés de les y appeler : mais, lorsqu'ils les y ont appelés, ils ne peuvent se dispenser de les appeler pareillement aux contre-lettres, pour les rendre valables, par les raisons expliquées ci-dessus, n. 13.

§. III. Quels sont les caractères propres aux conventions matrimoniales.

17. Nous remarquerons, dans les conventions matrimoniales, deux caractères qui leur sont propres.

Premier caractère. Le premier caractère qui est propre à toutes les conventions matrimoniales, et aux donations faites par ces contrats de mariage, est qu'elles sont toutes censées faites sous la condition tacite, *si nuptiæ sequantur :* c'est pourquoi, si les promesses de mariage que les parties se sont faites, viennent à se rompre, toutes ces conventions et donations deviennent nulles, et sont regardées comme non avenues, *quasi ex defectu conditionis.*

Il n'y a qu'un mariage valable et qui ait les effets civils, qui puisse accomplir cette condition. C'est pourquoi, lorsque le mariage que des personnes ont contracté, est nul par quelque empêchement dirimant qui s'y rencontre, ou même lorsque le mariage étant valable, il est privé des effets civils, tels que sont les mariages qui ont été contractés *in extremis,* après un mauvais commerce qui a précédé, ou qui ont été tenus secrets jusqu'à la mort de l'une des parties ; (sur quoi voyez notre traité du mariage, *part.* 5, *ch.* 2, *art.* 3.) en l'un et en l'autre cas, toutes les conventions et donations portées par le contrat de mariage de ces personnes, sont nulles; et la femme ne peut demander ni communauté, ni douaire. L'homme ou ses héritiers doivent seulement, *condictione sine causâ*, rendre à la femme ou à ses héritiers ce qu'il a reçu d'elle.

Observez néanmoins que lorsque l'empêchement qui rend le mariage nul, a été ignoré de bonne foi par les parties, ou par l'une d'elles, la partie qui a été de bonne foi, peut profiter des conventions et donations portées au contrat de mariage, comme nous l'avons vu en notre traité du mariage, *n.* 438, 439.

18. *Second caractère.* Un second caractère qui est propre aux conventions matrimoniales et aux donations portées par les contrats de mariage, est qu'aussitôt qu'elles ont été confirmées par la célébration du mariage qui a suivi le contrat, il n'est plus permis aux parties d'y déroger en rien, même par leur consentement mutuel.

Ce principe a lieu, non-seulement à l'égard des conventions expresses qui sont portées par un contrat de mariage, mais encore à l'égard des conventions virtuelles et implicites qu'on suppose intervenues entre les personnes qui ont contracté mariage. C'est pourquoi, lorsque des personnes soumises à une coutume qui admet la communauté de biens entre mari et femme, sans que les parties s'en soient expliquées, ont contracté mariage sans passer aucun contrat de mariage, la convention virtuelle et implicite par laquelle ces personnes sont censées s'en être rapportées à leur coutume pour leurs conventions, et être en conséquence convenues d'une communauté de biens, est une convention aussi invariable que si elle eût été expresse et portée par un contrat de mariage. Aussitôt que le mariage a été célébré, il n'est plus permis aux parties d'y déroger, même par un consentement mutuel, soit en déclarant qu'elles n'ont point entendu, en se mariant, contracter une communauté de biens, soit en convenant de la faire cesser, pour l'avenir, par une séparation de biens.

Même dans le cas auquel la dissipation que le mari fait de ses biens, fourniroit un juste sujet de séparation, les parties ne pouvant pas déroger à leur convention de communauté, ne peuvent, par leur seul consentement, convenir de la séparation : il faut qu'elle soit ordonnée par le juge en connoissance de cause, comme nous l'allons voir dans notre traité de la communauté.

19. Les conventions matrimoniales sont tellement irréformables, que les parties ne peuvent pas, par leur contrat de mariage, se réserver la faculté de changer ou réformer quelqu'une desdites conventions, parce que ce seroit se réserver la faculté de s'avantager durant le mariage, ce qui n'est pas permis; *suprà, n.* 7.

Suivant ce principe, Lebrun, traité de la communauté, *liv.* 1, *chap.* 3, *n.* 9, décide que les parties qui se marient avec clause d'exclusion de communauté, ne peuvent pas valablement se réserver, par leur contrat de mariage, la faculté de déroger par la suite, pendant leur mariage, à cette clause, et d'établir entre elles la communauté telle qu'elle est réglée par la coutume. Dumoulin, sur l'article 110 de la coutume de Paris, *n.* 4, décide la même chose, et dit que c'étoit de son temps l'avis du barreau. Lebrun convient néanmoins, que par un arrêt du 27 juillet 1634, rendu pour la famille de M. Thiersaut, rapporté par Brodeau sur Louet, *lettre* M, *chap.* 4, cette réserve a été confirmée; mais il ne croit pas qu'on doive suivre la décision de cet arrêt.

Nous n'entreprenons pas de traiter de toutes les différentes espèces de conventions matrimoniales : nous nous bornerons à celles qui sont le plus d'usage dans le pays coutumier. Nous commencerons par la communauté et les conventions qui y sont relatives.

TRAITÉ

DE

LA COMMUNAUTÉ.

~~~~~~

ARTICLE PRÉLIMINAIRE.

1. La communauté entre conjoints par mariage est une espèce de société de biens qu'un homme et une femme contractent lorsqu'ils se marient.

2. Cette communauté est fondée sur la nature même du mariage; le mariage étant *viri et mulieris conjunctio individuam vitæ consuetudinem continens;* Inst. *tit. de patr. pot.* §. 1. Cette convention entre l'homme et la femme, que le mariage renferme, de vivre en commun pendant toute leur vie, fait présumer celle de mettre en commun leur mobilier, leurs revenus, les fruits de leurs épargnes et de leur commune collaboration. Suivant l'ancien droit français, la simple cohabitation produisoit une société tacite et taisible entre ceux qui avoient habité ensemble par an et jour; à plus forte raison entre mari et femme.

3. Cette communauté entre conjoints par mariage est exorbitante des sociétés ordinaires. Dans celles-ci, chaque associé a un droit égal : au contraire, dans la communauté entre conjoints, la puissance que le mari a sur la personne et les biens de sa femme, le rend chef de cette communauté, et lui donne, en cette qualité, le droit de disposer à

son gré, à tel titre que bon lui semble, même de donation entre vifs, de toutes les choses qui la composent, tant pour la part de sa femme que pour la sienne, sans le consentement de sa femme, laquelle, de son côté, n'a pas droit de disposer de rien. C'est pour cette raison que le mari, pendant que la communauté dure, est réputé en quelque façon comme le seul seigneur et maître absolu des biens dont elle est composée, et que le droit qu'y a la femme n'est regardé, pendant que la communauté dure, que comme un droit informe, qui se réduit au droit de partager un jour les biens qui se trouveront la composer lors de sa dissolution. C'est ce qui fait dire à Dumoulin, que cette communauté étoit plutôt *in habitu quàm in actu*, et que la femme, durant le mariage, *non est propriè socia, sed speratur fore ;* Molin. sur l'article 109 de l'ancienne coutume de Paris. *Voyez la seconde Partie.*

4. Le droit sur la communauté de biens entre mari et femme, est différent dans les différentes provinces du royaume. On en distingue quatre espèces.

La première espèce de droit sur cette matière, est le droit de la coutume de Paris, de celle d'Orléans, et de presque tout le pays coutumier, qui admet entre des conjoints par mariage, lorsqu'ils ne s'en sont pas expliqués, une communauté de biens qui commence à l'instant de la bénédiction nuptiale, et qui a lieu, quelque peu de temps que le mariage ait duré.

5. La seconde espèce est le droit de quelques coutumes, telles que celles d'Anjou, du Maine, Grand-Perche, Chartres, qui n'admettent une communauté de biens entre un mari et une femme qui

ne l'ont pas expressément stipulée, que dans le cas auquel le mariage a duré au moins un an et jour.

Les dispositions de ces coutumes sont un reste de notre ancien droit françois, tel qu'il est décrit au grand Coutumier, *l. 2, chap. 40*, où il est dit : « *Nota*, » que par usage et coutume, deux conjoints ou affins » demeurants ensemble par an et jour, sans faire di- » vision ou protestation, ils acquièrent l'un avec » l'autre communauté quant aux meubles et con- » quêts. »

6. La troisième espèce de droit sur la matière de la communauté de biens entre mari et femme, est le droit de quelques coutumes, et celui qui a lieu dans les provinces régies par le droit écrit, le- quel n'admet pas de communauté de biens entre un homme et une femme qui se marient, s'ils ne l'ont stipulée, mais ne défend pas de la stipuler.

7. La quatrième espèce de droit est celui de la coutume de Normandie. Cette coutume n'admet pas la communauté ; elle dit en l'article 389 : « Les » personnes conjointes par mariage ne sont com- » munes en biens, soit meubles, soit immeubles ; » ainsi les femmes n'y ont rien qu'après la mort du » mari. » Elle accorde néanmoins à la femme un droit qui a quelque rapport au droit de commu- nauté, en lui accordant, après la mort du mari, la moitié des *conquêts faits* en bourgage constant le mariage, et le tiers en usufruit *des conquêts faits* hors bourgage, *art. 329.* Elle lui accorde outre cela, après la mort du mari, le tiers aux meubles, s'il y a des enfants, ou la moitié, s'il n'y en a point, en contribuant aux dettes pour sa part, hormis les fu- nérailles et legs testamentaires, *art. 392.*

Quoique ce soit en considération de la collaboration de la femme, que la coutume accorde à la femme la part qu'elle lui accorde, ce n'est pas à titre de communauté, mais plutôt comme à titre de succession de son mari, à laquelle succession il est dit, *art.* 394, qu'elle peut renoncer.

La coutume de Normandie non-seulement n'admet pas la communauté, mais elle défend de la stipuler. C'est ce qui résulte de l'article 350, où il est dit : « Quelque accord ou convenant qui ait été fait » par le contrat de mariage, les femmes ne peuvent » avoir plus grande part aux conquêts faits par le » mari, que ce qui leur appartient par la coutume, » à laquelle les contractants ne peuvent déroger. »

8. Dans les coutumes de la première et de la seconde espèces, qui admettent une communauté entre homme et femme, sans que les parties s'en soient expliquées, on distingue deux espèces de communauté ; la conventionnelle et la légale ou coutumière.

9. La communauté conventionnelle est celle qui a lieu entre des conjoints par mariage, par une convention expresse intervenue entre eux avant leur mariage, par laquelle ils sont convenus qu'il y auroit communauté de biens entre eux.

10. La communauté légale ou coutumière est celle qui a lieu entre des conjoints par mariage, suivant la loi du domicile qu'ils avoient lors de leur mariage, quand ils ne s'en sont pas expliqués, et qui est composée, tant en actif qu'en passif, des choses dont cette loi déclare qu'elle doit être composée.

Quoique cette communauté soit appelée *légale*, ce n'est pas néanmoins, comme l'observe Dumoulin, la loi qui en est la cause immédiate ; elle n'est pas formée, dit cet auteur, *vi ipsius consuetudinis immediatè et in se.* La cause immédiate qui produit et établit cette communauté, est une convention qui n'est pas, à la vérité, expresse et formelle, mais qui est virtuelle et implicite, par laquelle les parties, en se mariant, quand elles ne se sont pas expliquées sur leurs conventions matrimoniales, sont censées être tacitement convenues d'une communauté de biens, telle qu'elle a lieu par la coutume du lieu de leur domicile, suivant ce principe de droit : *In contractibus tacitè veniunt ea quæ sunt moris et consuetudinis;* l. 31, §. 20, ff. *de œdil. edicto.*

Cette communauté de biens n'est appelée légale, que parce que c'est une communauté sur laquelle les parties, par cette convention tacite, s'en sont entièrement rapportées à la loi;

La loi même, lorsqu'elle dit, *Homme et femme sont uns et communs en tous biens meubles, etc.,* ne renferme pas un précepte. Elle n'ordonne pas à l'homme et à la femme qui se marient, d'être *uns et communs, etc.,* puisqu'il leur est très-permis de convenir du contraire; elle déclare seulement que l'usage est qu'ils sont censés être convenus d'être *uns et communs en tous meubles, etc.,* lorsqu'ils ne se sont pas expliqués avant leur mariage.

11. De là il suit que lorsque des personnes domiciliées sous la coutume de Paris, ou sous quelque autre coutume semblable, se sont mariées sans faire de contrat de mariage, la communauté légale qui a lieu en ce cas, suivant la coutume de Paris, entre ces personnes, s'étend à tous les héritages qu'elles acquerront durant leur mariage, fussent-ils situés dans des provinces dont la loi n'admet pas la communauté, lorsqu'elle n'a pas été stipulée.

Telle est la doctrine de Dumoulin, que d'Argen-tré contredit mal-à-propos, en disant que la coutume de Paris, n'ayant pas d'empire hors de son territoire, ne peut rendre conquêt un héritage situé hors de son territoire, et dans une province dont la loi n'admet la communauté que lorsqu'elle est stipulée : d'où cet auteur conclut que lorsque des Parisiens se sont mariés sans faire de contrat de mariage, la femme ne peut pas prétendre droit de communauté dans un héritage situé dans le Lyonnais, que le mari aura acquis durant le mariage, mais seulement récompense du prix que le mari aura tiré de la communauté pour l'acquérir; la coutume de Paris, qui a établi leur communauté, ne pouvant rendre conquêt cet héritage, sur lequel elle n'a aucun empire.

Dumoulin a prévenu cette objection, et y a répondu en disant, que quoique la communauté qui a lieu entre ces personnes de Paris qui se sont mariées sans contrat de mariage, soit appelée communauté légale, ce n'est pas néanmoins la loi coutumière de Paris qui la forme, et qui en est la cause immédiate : *Non habet locum vi ipsius consuetudinis immediatè et in se.* Ce n'est pas cette loi coutumière qui imprime aux héritages acquis durant cette communauté, la qualité de conquêts; la cause immédiate qui forme cette communauté, et qui donne aux héritages acquis pendant qu'elle dure, la qualité de conquêts, est la convention implicite que ces personnes ont eue d'avoir entre elles une communauté en tous biens meubles et conquêts immeubles, telle que la coutume de Paris, à laquelle elles s'en sont rapportées, déclare qu'il est d'usage et de coutume, lorsque les parties ne s'en sont pas expliquées. Or, cette convention, que ces parties sont censées avoir eue, quoiqu'elle ne soit qu'implicite, n'en est pas moins une convention qui doit avoir le même effet que si elle étoit formelle et expresse, et qui doit par conséquent rendre communs et conquêts les héritages que chacune d'elles acquerra, quelque part qu'ils soient situés, comme l'auroit fait une convention expresse de communauté.

12. De là il suit que la disposition des coutumes qui admettent une communauté entre homme et femme, sans que les parties s'en soient expliquées, n'est pas un statut réel qui ait pour objet immédiat les choses qui doivent entrer en communauté; c'est plutôt un statut personnel, puisqu'il a pour objet immédiat de régler les conventions que les personnes soumises à la coutume, à raison du domicile qu'elles ont dans son territoire, sont censées avoir eues sur la communauté de biens, lorsqu'elles se sont mariées.

13. *Vice versâ*, lorsque deux personnes domiciliées dans le Lyonnois, s'y sont mariées sans stipuler de communauté, la femme ne peut être fondée à prétendre, en vertu de la coutume d'Orléans, droit de communauté dans un héritage situé sous la coutume d'Orléans, que son mari a acquis durant le mariage; car ce n'est pas la coutume d'Orléans qui imprime par elle-même la qualité de *conquêts* aux héritages que des personnes mariées acquièrent durant le mariage. Ce qui leur donne cette qualité, c'est la convention implicite de communauté que sont censées avoir eue des personnes qui étant, lors du mariage, domiciliées sous la coutume d'Orléans, sont censées être convenues de se marier

selon la coutume d'Orléans. Mais ces Lyonnois, qui, lors de leur mariage, n'avoient pas leur domicile à Orléans, mais à Lyon, ne peuvent être censés avoir eu aucune convention de communauté, puisque le droit observé à Lyon, lieu de leur domicile, suivant lequel ils sont censés avoir voulu se marier, n'en admet pas lorsqu'elle n'a pas été expressément stipulée.

14. Le principe que nous venons de poser, que les parties qui contractent mariage sont censées s'en rapporter à la loi de leur domicile, sur leurs conventions matrimoniales, lorsqu'elles ne s'en sont pas expliquées, ne souffre pas de difficulté lorsque les parties ont leur domicile dans la même province. Mais que doit-on décider lorsque l'une des parties est domiciliée dans une province dont la loi admet la communauté de biens, lorsque les parties ne s'en sont pas expliquées, et que l'autre partie est domiciliée dans une autre province dont la loi ne l'admet pas? Il faut décider, en ce cas, que c'est à la loi du lieu du domicile de l'homme que les parties doivent être censées s'en être rapportées : car la femme, qui, en se mariant, suit le domicile de son mari, doit plutôt être censée s'être soumise à la loi de ce domicile, qui va devenir le sien, que le mari ne doit être censé s'être soumis à la loi du domicile de la femme.

C'est pourquoi, si un Parisien va épouser à Lyon une femme, pour l'emmener à Paris, et que les parties n'aient pas passé de contrat de mariage, elles doivent être censées être convenues d'une communauté de biens suivant la coutume de Paris, lieu du domicile de l'homme, quoique le droit observé à Lyon n'admette pas de communauté, lorsque les parties ne l'ont pas stipulée.

Vice versâ, si un Lyonnois va prendre femme à Paris, pour l'emmener à Lyon, et qu'il n'y ait pas eu de contrat de mariage, il n'y aura pas de communauté; le droit observé à Lyon, lieu du domicile du mari, n'en admettant pas, si elle n'a été stipulée.

15. Si l'homme, en se mariant, avoit intention de fixer son domicile dans le pays de la femme; par exemple, si un Lyonnois venoit à Orléans épouser une femme, dans le dessein de fixer son domicile à Orléans, ce Lyonnois seroit en ce cas censé avoir abdiqué son domicile de Lyon, et en avoir acquis un à Orléans, à la loi duquel il doit être censé s'être soumis.

16. Doit-on décider la même chose dans le cas auquel le Lyonnois auroit épousé l'Orléanoise à Paris, dans le dessein d'aller établir son domicile à Orléans? La raison de douter est, que le domicile ne pouvant s'acquérir que *facto et animo*, le Lyonnois, en ce cas, lorsqu'il s'est marié, n'avoit pas encore perdu son domicile de Lyon, et n'en avoit pas encore acquis un à Orléans, où il n'étoit pas encore venu. Néanmoins il faut dire que quoique, lorsqu'il s'est marié, il n'eût pas encore acquis domicile à Orléans, il suffit qu'il eût dessein d'y fixer son domicile, pour qu'Orléans doive être censé le lieu de son domicile matrimonial, et pour qu'il soit en conséquence censé avoir voulu suivre, pour son mariage, les lois d'Orléans, plutôt que celles du domicile qu'il alloit quitter.

17. Nous avons vu de quelle nature étoit le statut des coutumes qui établissent une communauté de

biens entre mari et femme, lorsque les parties, en contractant mariage, ne s'en sont pas expliquées : il nous reste à examiner de quelle nature est le statut de la coutume de Normandie, qui la défend. L'assignera-t-on à la classe des statuts réels qui ont pour objet principal les choses, tels que sont ceux qui défendent de disposer, par donation ou legs, des héritages propres, au delà d'une certaine portion ; ceux qui défendent aux maris et femmes de se donner, et une infinité d'autres ? L'assignera-t-on plutôt à la classe des statuts personnels, qui ont pour objet de régler l'état des personnes ?

Si ce statut étoit regardé comme un statut réel, étant de la nature des statuts réels qui exercent leur empire sur toutes les choses situées dans leur territoire, à l'égard de quelque personne que ce soit, il s'ensuivroit que lorsqu'un homme, quoiqu'il n'eût pas son domicile en Normandie, acquerroit, durant sa communauté avec sa femme, un héritage en Normandie ; cet héritage ne tomberoit pas dans sa communauté, la loi de Normandie, à laquelle cet héritage seroit supposé sujet par sa situation, ne le permettant pas ; et la femme ne pourroit prétendre, dans cet héritage, rien de plus que ce que la coutume de Normandie, *art.* 529, accorde aux femmes dans les conquêts. Mais, comme il ne doit pas être au pouvoir du mari de s'avantager des biens de la communauté au préjudice de sa femme, le mari, en cas d'acceptation de communauté, devroit récompense à sa femme ou à ses héritiers, de la moitié de la somme qu'il a tirée de sa communauté pour faire cette acquisition, sous la déduction de la valeur du droit qu'elle a dans l'héritage.

M. Boullenois, en sa question 5, nous atteste qu'au parlement de Paris, la disposition de la coutume de Normandie, qui défend la communauté entre conjoints par mariage, est regardée comme un statut personnel qui a pour objet de régler l'état des personnes ; la communauté, qui est l'objet de ce statut, étant quelque chose qui appartient à l'état des personnes mariées.

En conséquence, suivant la nature des statuts personnels, qui n'exercent leur empire que sur les personnes domiciliées dans leur territoire, la disposition de la coutume de Normandie, qui défend la communauté, est censée n'avoir lieu qu'à l'égard des personnes qui, lorsqu'elles contractent mariage, ont leur domicile en Normandie, à l'effet qu'elles ne puissent convenir d'une communauté.

18. Les personnes soumises à cette loi, par le domicile qu'elles ont dans la province de Normandie, ne peuvent pas l'éluder en allant passer leur contrat de mariage dans une province dont les lois admettent la communauté, avec l'intention de revenir en Normandie, après qu'elles auront célébré leur mariage. Boullenois, en sa question 5, décide avec raison que la convention de communauté, portée par le contrat de mariage que ces parties ont passé en ce lieu, n'est pas plus valable que si leur contrat eût été passé en Normandie. Les lois du lieu où un acte se passe, ne réglant que les formes extérieures de l'acte, ce sont celles du lieu du domicile des parties contractantes, auxquelles leurs personnes demeurent toujours soumises, en quelque lieu qu'elles aillent contracter, qui règlent leurs engagements personnels et les conventions qui leur sont permises ou interdites.

19. Lorsqu'il n'y a que l'une des parties qui contractent mariage, qui soit de Normandie, et que
l'autre est de Paris, ou de quelque autre province
dont les lois admettent la communauté, on convient
assez que si c'est le Parisien qui est allé prendre
femme en Normandie, pour l'emmener à Paris, il y
aura communauté suivant la coutume de Paris ;
qu'au contraire, il n'y aura pas de communauté, lorsque c'est un Normand qui est allé
prendre femme à Paris, et que les parties ne se
sont pas expliquées par le contrat de mariage, sur
la communauté.

La question sur laquelle les avis sont partagés,
est de savoir si, lorsqu'un Normand vient à Paris
épouser une Parisienne, pour l'emmener en Normandie, la Parisienne peut, par une convention
expresse de son contrat de mariage, stipuler valablement la communauté? On tient la négative
en Normandie. La raison est, que l'homme étant
sujet à la coutume de sa province de Normandie, dans laquelle il a dessein de retourner, il
ne peut pas convenir d'une communauté contre
une disposition prohibitive de cette coutume qui
la lui défend. En vain dit-on que la Parisienne
n'étant pas encore, lors de la passation de son
contrat de mariage, sujette à la coutume de Normandie, a pu valablement stipuler une communauté de biens : car, pour qu'une convention soit
valable, il ne suffit pas que l'une des parties soit
capable de cette convention, il faut que les deux
parties le soient. Il ne suffit donc pas, pour que
la convention de communauté portée au contrat
soit valable, que la Parisienne ait été capable de
cette convention : le Normand avec qui la con-

vention est intervenue, en étant incapable, par une loi de sa province qui la lui interdit, la convention ne peut être valable.

Au contraire, à Paris on juge que cette convention est valable. On dit que la coutume de Normandie, en défendant la convention de communauté, n'a entendu la défendre que dans les mariages qui se contractoient entre des personnes qui seroient l'une et l'autre de la province; qu'elle n'a point entendu gêner la liberté qu'ont les hommes de contracter mariage avec des femmes d'autres provinces, ni par conséquent les empêcher de contracter mariage, en ce cas, suivant les lois de la province de la femme qu'ils épousent. Comme on ne manque pas, en ce cas, de faire passer le contrat de mariage par un notaire du Châtelet de Paris, le scel de ce Châtelet, qui est attributif de juridiction, attire au Châtelet de Paris la connoissance des contestations qui pourroient s'élever après la dissolution du mariage, sur les clauses du contrat de mariage; et elles y sont jugées suivant cette jurisprudence.

Nous diviserons en six parties ce traité de la communauté entre conjoints par mariage. Nous traiterons, dans la première partie, des personnes entre lesquelles la communauté peut être contractée, du temps auquel elle commence, et des choses dont elle est composée, tant en actif que passif : dans la seconde, du droit des conjoints sur les choses dont la communauté est composée pendant qu'elle dure : dans la troisième, de la dissolution de la communauté, et du droit qu'ont la femme ou ses héritiers de l'accepter ou d'y renoncer : dans la

quatrième , de la liquidation et du partage qui sont
à faire après la dissolution de communauté. Dans la
cinquième, nous verrons comment chacun des conjoints ou ses héritiers sont tenus des dettes de la
communauté. Nous traiterons, dans la sixième partie,
de la continuation de communauté.

PREMIÈRE PARTIE.

Des personnes entre lesquelles peut être contractée la communauté; du temps auquel elle commence; et des choses dont elle est composée, tant en actif que passif.

CHAPITRE PREMIER.

Des personnes entre lesquelles peut être contractée la communauté, soit légale, soit conventionnelle; et du temps auquel elle commence.

ARTICLE PREMIER.

Des personnes entre lesquelles peut être contractée la communauté, soit légale, soit conventionnelle.

20. La communauté, soit légale, soit conventionnelle, étant un effet civil du mariage, c'est une conséquence qu'elle ne peut être contractée que par des personnes capables de contracter ensemble un mariage civil. C'est pourquoi, si l'une des parties qui ont contracté mariage ensemble étoit alors privée de l'état civil par une condamnation à une peine capitale, ne pouvant y avoir eu de mariage civil entre ces personnes, il n'y aura pas entre elles de communauté conjugale. Cela a lieu, à plus forte raison, lorsque le mariage non-seulement n'est pas un mariage civil, mais est absolument nul.

Néanmoins la bonne foi de l'une des parties, qui a eu une juste cause d'ignorance de l'empêchement à la légitimité ou à la validité du mariage, peut donner les effets civils à ce mariage, quoiqu'il ne soit pas mariage civil, et même quoiqu'il soit absolument nul; et, en conséquence, la communauté conjugale aura lieu entre ces personnes. *Voyez notre traité du mariage, n. 437 et suiv.*

21. Lorsque des étrangers, quoique non naturalisés, mais domiciliés en France sous une coutume qui admet la communauté de biens, sans qu'il soit besoin de la stipuler, y con-

tractent mariage, sans passer aucun contrat de mariage, la communauté légale a lieu entre ces personnes. Il est vrai que ces personnes ne sont pas capables du droit civil, qui n'a été établi que pour les citoyens, tel que le droit des testaments, des successions, du retrait lignager; mais elles sont capables de ce qui appartient au droit des gens, tel que sont toutes les conventions. Or, la communauté légale n'est fondée que sur une convention que les personnes qui contractent mariage sont présumées avoir eue d'établir entre elles une communauté telle que la loi de leur domicile l'établit, *suprà, n.* 10, de laquelle convention, de même que de toutes les autres conventions, les étrangers sont capables. La communauté légale peut donc avoir lieu entre ces personnes, à plus forte raison la conventionnelle.

ARTICLE II.

Du temps auquel commence la communauté, soit légale, soit conventionnelle.

22. La communauté légale ne commençoit autrefois qu'au coucher, comme l'observe Laurière, en sa note sur l'*art.* 220 de la coutume de Paris, c'est-à-dire, lorsqu'il y avoit lieu de présumer que le mariage avoit reçu sa consommation par le commerce charnel des conjoints.

La nouvelle coutume de Paris, *art.* 220, a abrogé cet ancien droit. Elle dit : *Commence la communauté, du jour des épousailles et bénédiction nuptiale.*

Cela a lieu dans toutes les coutumes du royaume qui admettent une communauté légale; non-seulement dans celles qui l'admettent indistinctement, quelque peu de temps que le mariage ait duré, mais même dans celles qui ne l'admettent que lorsque le mariage a duré un an et jour : car dans celles-ci la cohabitation que les conjoints par mariage ont eue par an et jour, fait présumer qu'elles ont eu la volonté de contracter une communauté aussitôt qu'elles ont contracté mariage. C'est pourquoi Dumoulin, en sa note sur l'*art.* 508 de la coutume du Maine, dit : *Trahitur retrò ad diem nuptiarum.*

23. La communauté conventionnelle commence aussi du jour de la bénédiction nuptiale, et non du jour du contrat de mariage par lequel elle est stipulée : c'est ce qui paroît

par ces termes usités dans les contrats de mariage. *les futurs* SERONT *uns et communs.* Ces termes, qui sont au futur, font connoître que l'intention des parties est de ne commencer cette communauté qu'au temps auquel commencera leur mariage. D'ailleurs la communauté entre conjoints par mariage, étant différente des sociétés qui se contractent entre d'autres personnes, et ayant des caractères qui lui sont propres, comme nous l'avons vu *suprà, n.* 5, elle ne peut avoir lieu que lorsque les parties ont acquis, par la célébration du mariage, cette qualité de *conjoints par mariage.*

CHAPITRE II.

Des choses dont est composée, tant en actif que passif, la communauté légale.

SECTION PREMIÈRE.

Des choses dont la communauté est composée en actif.

24. L'article 220 de la coutume de Paris nous dit quelles sont les choses dont la communauté légale est composée en actif. Il est conçu en ces termes : « Homme et femme conjoints » ensemble par mariage, sont communs en biens meubles, et » conquêts immeubles faits durant et constant ledit mariage. »

La communauté ne fait que deux espèces principales de choses qui composent la communauté légale, les meubles et les conquêts.

Nous traiterons des meubles dans un premier article ; des conquêts dans un second : nous ajouterons un troisième article, dans lequel nous traiterons des fruits des propres de chacun des conjoints, qui sont perçus ou échus durant la communauté.

Si l'article de la coutume, ci-dessus rapporté, n'en a pas parlé, et n'en a pas fait une troisième espèce de choses dont est composée la communauté légale, c'est parce qu'ils sont renfermés dans celle des meubles, ou même quelquefois dans celle des conquêts : néanmoins ces fruits constituent véritablement une troisième espèce de choses dont la communauté est composée, comme nous le verrons en son lieu.

ARTICLE PREMIER.

Des meubles.

25. La coutume, en disant qu'homme et femme sont uns
et communs *en meubles*, comprend sous la généralité de ces
termes, *en meubles*, tous les meubles de chacun des conjoints, de quelque espèce qu'ils soient, non-seulement les
meubles corporels, mais pareillement les effets mobiliers incorporels, ces choses étant comprises sous le terme général
de *meubles*. La coutume d'Orléans, *art.* 186, pour ne laisser
aucun doute sur ce point, s'en est expliquée, en disant, *sont
uns et communs en biens meubles, dettes actives*. Plusieurs autres
coutumes s'en sont pareillement expliquées.

26. La coutume de Paris comprend aussi, sous la généralité
des termes dont elle se sert, tant les biens meubles qui appartiennent à chacun des conjoints lors du mariage et dès
auparavant, que ceux acquis depuis. C'est ce qui paroît par
la ponctuation du texte. Il est dit, *sont communs en biens
meubles, et conquêts immeubles faits durant et constant leur mariage*. La virgule étant posée après ces mots, *en biens meubles*,
n'y en ayant point après les mots *conquêts immeubles*, il s'ensuit que les termes restrictifs qui suivent, *faits durant et constant leur mariage*, ne se rapportent qu'aux *conquêts* immeubles, et non aux meubles.

On peut encore tirer argument de ce que la coutume de
Paris, dans l'article suivant, charge expressément la communauté, du mobilier passif de chacun des conjoints, soit
qu'il ait été contracté après ou avant le mariage : l'actif mobilier doit donc pareillement y entrer, soit qu'il soit d'avant,
soit qu'il soit depuis le mariage. Enfin l'article 186 de la coutume d'Orléans, rédigée trois ans après celle de Paris, par
les mêmes commissaires, et qui doit servir à l'interpréter, s'en explique formellement. Il y est dit : « Homme et
» femme sont uns et communs en biens meubles, dettes actives et passives, faits TANT AUPARAVANT LEUR MARIAGE *que durant*
icelui.

Pour faire connoître plus en détail quelles sont les choses
qui, sous le nom de meubles, composent la communauté
légale, nous verrons, dans un premier paragraphe, quelles
sont les choses corporelles qui sont meubles, et qui entrent

en conséquence dans la communauté légale ; dans un second, quelles sont les choses incorporelles qui sont réputées meubles, et qui entrent en conséquence dans cette communauté. Enfin, dans un troisième, nous traiterons de quelques exceptions que souffre le principe.

§. I. Des meubles corporels.

27. Les choses corporelles sont les êtres physiques, les choses *quæ tangi possunt*. Elles sont meubles ou immeubles.

28. On appelle *meubles* celles qui sont transportables d'un lieu à un autre, et qui ne font pas partie de quelque fonds d'héritage ou de maison.

29. Quelque grand que soit le volume de ces choses qui sont transportables d'un lieu à un autre, et quelque grand qu'en soit le prix, elles ne laissent pas de passer pour meubles, et d'entrer en conséquence dans la communauté : par exemple, de grands vaisseaux qui appartiennent à un armateur, entrent dans la communauté légale de cet armateur, avec sa femme. La coutume de Calais, *tit.* 1, *art.* 5, et celle de Normandie, *art.* 519, en ont des dispositions.

30. Par la même raison, quelque grande que soit la dignité de l'homme, dans nos colonies, les nègres qui sont nos esclaves, sont regardés comme biens meubles, et entrent par conséquent dans la communauté légale.

La déclaration du roi, du mois de mars 1685, a apporté une exception à cette règle : elle porte que les esclaves sont meubles, *s'ils ne sont attachés à la terre.* La loi entend par ces termes, *s'ils ne sont attachés à la terre*, ceux qui sont destinés principalement et à perpétuité à la culture des terres de quelque habitation. Ces esclaves ne sont pas *meubles*, parce qu'ils sont censés faire partie d'un fonds de terre, c'est-à-dire, de l'habitation à la culture des terres de laquelle ils sont destinés : ils sont censés ne faire qu'un seul et même tout avec cette habitation, et par conséquent ils n'entrent dans la communauté légale qu'autant que l'habitation à laquelle ils sont attachés, seroit un conquêt qui y entreroit.

A l'égard de tous les autres esclaves, tels que sont ceux qui sont employés, soit au service de la personne de leur maître, comme un valet de chambre, un cocher, un cuisinier, soit à quelque autre ministère qui ne les attache pas à une terre, cette déclaration du roi les déclare meubles, et ils doivent par conséquent entrer dans la communauté légale.

31. Pour bien connoître quelles choses doivent passer pour meubles, et entrer en conséquence dans la communauté légale, il faut établir quelques règles qui servent à discerner quelles sont les choses qui sont censées faire partie d'un fonds de terre ou d'une maison, et quelles sont celles qui n'en font pas partie, et qui doivent en conséquence être réputées meubles.

Règles sur les choses qui sont censées faire partie d'un fonds de terre.

PREMIÈRE RÈGLE.

32. Les édifices qui sont construits sur un fonds de terre, font partie de ce fonds de terre, suivant la règle: *Quod solo inœdificatur, solo cedit; Inst. tit. de rer. divis. §. 31.*

SECONDE RÈGLE.

33. Les semences qui ont été jetées dans une terre, font aussitôt partie de la terre dans laquelle elles ont été jetées: *Quæ sata sunt, solo cedere intelliguntur; Instit. d. tit. §. 34.*

TROISIÈME RÈGLE.

34. Il en est de même des arbres et des arbustes et même des oignons de fleurs qui sont plantés en pleine terre; ils font partie du fonds de terre où ils ont été plantés, aussitôt qu'ils y ont été plantés.

Si néanmoins quelqu'un, par erreur, avoit planté dans sa terre un arbre qui ne lui appartînt pas, ou avoit, par erreur, planté son arbre dans une terre qui ne lui appartenoit pas, l'arbre conserveroit sa qualité de meuble, et ne seroit pas censé faire partie de la terre où il a été planté, jusqu'à ce qu'il y fût attaché par les racines qu'il y auroit poussées: *Instit. d. tit. §. 35.*

La règle souffre une autre exception à l'égard des arbres des pépinières, qui sont transplantés de la terre qui les a produits, dans une autre terre où ils sont mis comme en dépôt pour s'y nourrir et s'y fortifier, jusqu'à ce qu'on les en arrache pour être vendus. Ces arbres conservent leur qualité de meubles, qu'ils ont acquise lorsqu'ils ont été arrachés de la terre où ils sont nés : ils ne sont pas censés faire partie de la terre où ils ont été transplantés, n'y ayant point été plantés pour perpétuelle demeure, et n'y étant que comme en dépôt, jusqu'à ce qu'ils en soient arrachés pour être vendus : ils entrent par conséquent dans la communauté légale.

A l'égard des arbustes et des fleurs qui sont plantés dans des pots et dans des caisses, il n'est pas douteux que ce sont choses meubles, comme le sont les pots et les caisses où ils sont plantés.

QUATRIÈME RÈGLE.

35. Les choses placées sur un fonds de terre, quoiqu'elles n'y soient que légèrement cohérentes, lorsqu'elles y sont placées pour perpétuelle demeure, en sont censées faire partie.

Suivant cette règle, les échalas qui servent à attacher les vignes, quoiqu'ils ne soient que très-légèrement cohérents à la terre où ils sont piqués, font partie de cette terre, parce qu'ils y sont placés pour perpétuelle demeure, et destinés à y servir à cet usage jusqu'à ce qu'ils soient entièrement usés, et qu'ils ne puissent plus servir.

36. Suivant cette même règle, un moulin à vent est censé faire partie du sol sur lequel il est placé, parce qu'il y est placé pour perpétuelle demeure, quoiqu'il n'y soit point attaché.

Plusieurs coutumes en ont des dispositions : Paris, *art.* 90; Orléans, *art.* 352.

A l'égard des moulins assis sur bateaux, tels que nous en avons sur notre rivière de Loire, ils sont meubles, puisque les bateaux sur lesquels ils sont assis, le sont. Orléans, *art.* 352. Plusieurs autres coutumes en ont des dispositions. La seule coutume de Berry, *tit.* 4, *art.* 3, les déclare immeubles.

L'article 90 de la coutume de Paris, dit à la vérité indistinctement que les moulins à eau sont immeubles; mais cela ne doit être entendu que de ceux qui sont construits sur des pilotis enfoncés sur le sol de la rivière, et non de ceux qui sont assis sur bateaux.

37. Un moulin à vent n'étant censé immeuble et faire par-

tie du fonds de terre sur lequel il est placé, que parce qu'il y est placé pour perpétuelle demeure, c'est une conséquence qu'il ne doit être réputé tel que lorsqu'il y a été placé par le propriétaire de la terre, et qu'il en doit être autrement, s'il y avoit été placé par un usufruitier ou par un fermier de la terre : car on ne peut pas dire, en ce cas, qu'il ait été placé pour perpétuelle demeure, l'usufruitier et le fermier étant présumés ne l'avoir placé que pour le temps que devoit durer l'usufruit et le bail, et devant l'emporter après la fin de l'usufruit ou du bail. Le moulin doit donc, en ce cas, passer pour une chose meuble, qui doit en conséquence entrer dans la communauté légale de l'usufruitier ou du fermier.

58. A l'égard des échalas, quoiqu'ils aient été placés dans la vigne par un usufruitier ou un fermier, ils ne laissent pas d'y être réputés placés pour perpétuelle demeure, et faire en conséquence partie de la vigne ; l'usufruitier et le fermier étant, en leur qualité d'usufruitier ou de fermier, obligés d'entretenir la vigne d'échalas, et d'y laisser, après la fin de l'usufruit ou du bail, ceux qu'ils y ont mis.

CINQUIÈME RÈGLE.

59. Les choses qui sont réputées faire partie d'un fonds de terre, continuent, même pendant qu'elles en sont détachées, à être réputées en faire partie, tant qu'elles sont destinées à y être replacées.

Suivant cette règle, les oignons de fleurs qu'on ôte de la terre d'un jardin l'hiver, pour les y replanter au printemps, continuent d'être réputés faire partie de ce jardin, tant qu'ils sont destinés à y être replantés.

Suivant cette règle, les échalas qu'on détache de la vigne pendant l'hiver, pour y être replacés au printemps, continuent, même pendant ce temps, d'être réputés faire partie de la vigne.

Cette destination suffit bien pour conserver à ces choses la qualité d'immeubles et de partie de la terre, lorsqu'elles l'ont une fois acquise, mais elle ne suffit pas pour la leur faire acquérir.

C'est pourquoi, si j'ai acheté d'un jardinier des oignons de tulipes, pour les planter dans un jardin, cette destination ne les empêche pas d'être choses meubles, et ils ne commencent à être réputés faire partie de mon jardin que lorsqu'ils y auront été plantés.

Pareillement, si j'ai fait amener, dans ma maison de vignes, des échalas, pour être employés dans mes vignes, cette destination ne les empêche pas de conserver la qualité de meubles, et ne leur fera pas acquérir celle d'immeubles et de partie de la vigne, jusqu'à ce qu'ils aient été piqués en terre, et que la vigne y ait été attachée.

C'est ce qu'enseigne Ulpien, en la loi 17, §. 11, ff. *de act. empti : Pali qui vineæ causâ parati sunt, antequàm collocentur, fundi non sunt; sed qui exempti sunt hâc mente ut collocentur, fundi sunt.*

SIXIÈME RÈGLE.

40. Les pailles qui sont nées dans une terre, et les fumiers qui y sont faits par les animaux qui servent à son exploitation, étant, dès leur naissance, destinés à demeurer toujours dans cette terre, à y être enterrés pour la fumer, et à être par là en quelque façon identifiés avec cette terre, sont réputés en faire partie.

C'est en conséquence de ce principe, qu'Ulpien décide que lorsqu'une terre est vendue ou léguée, les pailles et les fumiers qui y sont, appartiennent à l'acheteur ou au légataire, comme en faisant partie : *Fundo vendito vel legato, sterquilinium et stramenta emptoris et legatarii sunt;* d. l. 17, §. 2.

Comme c'est cette destination qui fait regarder les pailles et fumiers comme faisant partie de la terre, il faudroit décider autrement si l'usage du père de famille étoit de les vendre, plutôt que de les employer à fumer sa terre : ils seroient en ce cas réputés meubles, et entreroient par conséquent dans la communauté légale du propriétaire de ces pailles et fumiers, avec sa femme.

C'est la distinction que faisoit Trebatius : *In sterquilinio distinctio Trebatii probanda est, ut si quidem stercorandi agri causâ comparatum sit, emptorem sequatur (tanquam pars fundi venditi); si vendendi, venditorem (quasi hoc casu non sit pars fundi venditi, sed res mobilis distincta à fundo);* d. §. 2.

8.

SEPTIÈME RÈGLE.

41. Les choses qui sont de nature à n'être pas par elles-mêmes *in bonis nostris*, et qui ne nous appartiennent qu'à raison de quelqu'une de nos terres où elles se trouvent, sont censées faire partie de cette terre.

Suivant cette règle, 'es animaux qui sont dans leur liberté naturelle dans un certain lieu, font partie de ce lieu où ils sont dans leur liberté naturelle.

Par exemple, les poissons sont censés faire partie de l'étang; les lapins, de la garenne; les pigeons, du colombier où ils se trouvent dans leur liberté naturelle, et avec lesquels i, sont censés ne faire qu'un seul et même tout.

La raison est que, suivant les principes du droit, les animaux *feræ naturæ* ne sont proprement *in bonis*, que lorsque nous les tenons *sub manu et custodiâ nostrâ*. Le propriétaire d'un étang où il y a des poissons, d'une garenne où il y a des lapins, d'un colombier où il y a des pigeons, est donc seulement propriétaire d'un étang empoissonné, d'une garenne peuplée de lapins, d'un colombier peuplé de pigeons, plutôt qu'il ne l'est des poissons, des lapins et des pigeons qui y sont. Ces animaux n'étant donc pas, quant au domaine que le propriétaire de l'étang, de la garenne ou du colombier peut en avoir, quelque chose de distingué de l'étang, de la garenne et du colombier où ils sont dans leur liberté naturelle, ils ne peuvent entrer *per se* et comme choses meubles, dans la communauté légale de ce propriétaire avec sa femme; ils ne peuvent y entrer qu'autant que l'étang, la garenne et le colombier avec lesquels ils sont censés ne faire qu'un seul et même tout, seroient des conquêts qui y entreroient.

Mais lorsque ces animaux ne sont pas dans leur liberté naturelle, et sont *sub manu nostrâ*, tels que sont les poissons que nous avons dans un réservoir, ou les poissons d'un étang dont la bonde est levée, et qui est mis à sec; tels que sont pareillement les lapins qu'on élève dans un grenier ou clapier, et les pigeons qu'on élève sous une mue, ou qui sont renfermés dans une volière : ces animaux, en ce cas, nous appartiennent *per se*, comme choses meubles, et entrent en cette qualité dans la communauté légale.

Cette distinction se trouve dans plusieurs de nos coutumes.

Celle de Paris, *art. 91*, dit : « Poisson étant en étang ou en
» fosse, est réputé immeuble (1); mais quand il est en boutique
» ou réservoir, est réputé meuble. » Notre coutume d'Orléans,
art. 355, dit la même chose. Cette distinction se trouve dans
l'auteur du grand Coutumier.

Elle se trouve dans les lois romaines. Ulpien, en disant,
Pisces qui sunt in piscinâ (dans un réservoir), *non sunt ædium
nec fundi, non magis quàm pulli*; l. 15, l. 16, ff. *de act. empt.*,
laisse à conclure qu'il en est autrement lorsqu'ils sont *in stagno, in laxitate naturali.*

Paul, en la loi 3, §. 14, ff. *de acquir. possessione : Feras
bestias quas* (2) *vivariis incluserimus, et pisces quos in piscinas
conjecerimus, à nobis possideri; sed eos pisces qui in stagno sunt,
aut feras quæ in silvis circumseptis vagantur, à nobis non possideri* (3), *quoniam relictæ sunt in libertate naturali.*

Cette distinction étant prise dans la nature des choses, doit
être observée partout où les coutumes ne s'en sont pas expliquées.

42. De ce que la coutume déclare immeubles les poissons qui
sont dans un étang, dans leur liberté naturelle, Chopin sur
la coutume de Paris, et Lebrun, en son traité de la communauté, en ont mal-à-propos conclu que les abeilles devoient
aussi être pareillement réputées immeubles, parce qu'elles
sont dans leur liberté naturelle dans leurs ruches, où elles
ne sont pas tenues enfermées, d'où elles vont et viennent
où il leur plaît. La fausseté de cette conséquence est évidente.
Si les poissons qui sont dans un étang, sont immeubles, c'est
parce que l'étang avec lequel ils sont censés ne faire qu'un
seul et même tout, est un immeuble.

Au contraire, une ruche avec laquelle les abeilles qui y
sont dans leur liberté naturelle, ne composent qu'un même
tout, étant un meuble qui entre, en cette qualité, dans la

---

(1) Comme ne faisant qu'un seul et même tout avec l'étang où il est
in libertate naturali.

(2) *Gellius*, Noct. Attic. 11, 20, *ait vivaria, septa quædam loca esse in
quibus feræ vivæ pascuntur, quæ à Varrone appellantur Leporaria* (des
clapiers), *à Scipione Roboraria, quòd ea plerumque tabulis roboreis sepia
essent.*

(3) *Possidemus tantùm stagnum piscibus refertum, aut silvam feris besiis
refertam.*

communauté légale, les abeilles de cette ruche, qui ne font qu'un seul tout avec la ruche, doivent pareillement avoir la qualité de *meubles*, et entrer avec la ruche en communauté légale.

43. De tout ce qui vient d'être dit, résulte la différence des animaux *feræ naturæ* et des animaux domestiques.

A l'égard des animaux *feræ naturæ*, tant qu'ils sont *in naturali laxitate*, nous ne sommes ni possesseurs ni propriétaires de ces animaux *per se*; nous ne le sommes que *ratione loci nostri in quo sunt*. Il en est autrement des animaux domestiques, tels que sont les volailles et autres animaux d'une basse-cour : ce n'est point *ratione loci nostri in quo sunt*, que nous sommes possesseurs et propriétaires de ces animaux; nous sommes possesseurs et propriétaires de ces animaux *per se* : et, comme ces animaux sont par eux-mêmes quelque chose de meuble, ils sont à notre égard un bien meuble qui doit par conséquent entrer dans la communauté légale.

Cela a lieu, même à l'égard des animaux qui servent à l'exploitation des terres, tels que sont les chevaux, les bœufs, les vaches, les troupeaux de moutons. Nous sommes possesseurs et propriétaires des ces animaux *per se*, comme d'un bien meuble, et ils doivent entrer en cette qualité dans la communauté légale. Nous ne sommes pas propriétaires de ces animaux *ratione fundi* à l'exploitation duquel ils servent; ces animaux, de même que toutes les autres choses qui servent à l'exploitation d'une terre, n'en font pas pour cela partie : *Instrumentum fundi non est pars fundi*, l. *fin.* ff. *de supell. leg.* ; l. 2, §. 1, ff. *de instrum. leg.*

44. Quoique tel soit le droit qui doit être observé tant qu'il n'y aura pas de loi contraire, néanmoins je ne puis m'empêcher de témoigner qu'il seroit à désirer qu'il y eût une loi qui attachât au domaine d'une terre celui des bestiaux qui servent à son exploitation, en ordonnant que les bestiaux qui servent à l'exploitation d'une terre, seroient réputés en faire partie; et qu'en conséquence, en matière de communauté, ils n'y tomberoient qu'autant que la terre y seroit apportée; qu'en matière de succession, l'héritier aux propres, qui succède à la terre, succéderoit aussi aux bestiaux de cette terre; qu'en matière de retrait, le retrayant retireroit la terre avec les bestiaux; qu'en matière de garde-noble, dans les coutumes qui donnent les meubles du mineur au gardien,

le gardien ne pourroit s'attribuer comme biens meubles les bestiaux des terres de ses mineurs. Faute d'une telle loi, à combien d'inconvénients est-on exposé, inconvénients contraires au bien de l'agriculture ! Une femme qui avait une terre bien garnie en bestiaux, s'est remariée sans faire de contrat de mariage : elle est obligée, après la mort de son mari, de renoncer à la communauté, et de laisser en conséquence aux héritiers ou créanciers de son mari, tous les bestiaux de sa terre, qui sont entrés dans la communauté à laquelle elle a renoncé. Elle n'a pas de grands moyens pour en acheter une quantité suffisante, elle ne pourra pas bien faire valoir sa terre. En matière de succession et en matière de retrait, un héritier aux propres succède à une terre, sans succéder aux bestiaux, qui appartiennent à l'héritier au mobilier : un retrayant retire la terre, sans retirer les bestiaux : cet héritier et ce retrayant n'ont pas le moyen d'en acheter une quantité suffisante ; la terre sera mal cultivée. L'inconvénient est encore bien plus frappant en matière de garde-noble, dans les provinces dont la loi donne au gardien, en propriété, tous les meubles échus à son mineur, de la succession du prédécédé de ses père et mère. Ce mineur, à la fin de sa garde, trouvera ses terres sans bestiaux, qui, comme effets mobiliers, appartiennent à son gardien : comment fera-t-il valoir ses terres ?

Le législateur a déjà reconnu l'utilité qu'il y a à ne pas séparer d'une terre les bestiaux qui servent à son exploitation, en ordonnant, par l'ordonnance de 1747, *art.* 6, contre la disposition du droit romain, que les bestiaux servant à l'exploitation d'une terre, seroient censés compris dans la substitution de la terre, quoique le testateur ne s'en fût pas expliqué.

On me pardonnera cette digression.

HUITIÈME RÈGLE.

45. Les fruits et productions de la terre, tant qu'ils y sont encore pendants, font partie de la terre qui les a produits, avec laquelle ils sont censés ne faire qu'un seul et même tout, et une seule et même chose.

Mais aussitôt qu'ils en sont séparés, ils commencent à être une chose particulière, distinguée de la terre dont ils faisoient auparavant partie, *incipiunt habere propriam* OUSIAN ; et il est évident que cette chose qui commence d'être, est une chose meuble, puisqu'elle est transportable d'un lieu à un autre.

Cette doctrine est puisée dans les lois romaines. Gaïus nous dit : *Fructus pendentes pars fundi videntur :* l. 44, ff. *de rei vend.* ; et Ulpien dit : *Fructus perceptos villæ non esse constat ;* l. 17, §. 1, ff. *de act. empt.* La coutume de Paris, *art.* 92, dit pareillement : « Bois coupé, bled, foin ou grain soyé ou
» fauché, supposé qu'il soit encore sur le champ, et non
» transporté, est meuble ; mais quand il est sur pied et pen-
» dant par les racines, il est réputé immeuble. »

La coutume dit, *supposé qu'il soit encore sur le champ,* c'est-à-dire, *quoiqu'il soit encore sur le champ.* La raison est, que c'est sa séparation de la terre à laquelle il étoit uni, qui le rend une chose meuble qui existe séparément de la terre, et n'en fait plus partie. Il suffit donc que ce bois, ce bled, ce foin soit séparé de la terre, quoiqu'il soit encore sur le champ, pour qu'il soit une chose meuble.

Notre coutume d'Orléans, *art.* 354, dit pareillement : « Fruits pendants par les racines, sont héritage. »

46. Suivant la règle que nous venons d'exposer, les arbres des pépinières qui tiennent encore à la terre qui les a produits des pépins qui y ont été semés, sont censés faire partie de cette terre, et ne faire qu'un seul et même tout avec elle.

Mais, lorsqu'ils ont été arrachés et séparés, ils deviennent une chose meuble, distinguée de cette terre.

Ils conservent même cette qualité de choses meubles, lorsqu'ils sont haubinés, c'est-à-dire, transplantés dans une autre, où ils sont mis comme en dépôt, pour s'y fortifier quelque temps, jusqu'à ce qu'on les en arrache pour les vendre ; car n'étant que comme en dépôt dans cette terre, ils n'en font pas partie, comme nous l'avons vu *supra, n.* 34.

Voyez *infrà, art.* 3, une limitation apportée par quelques coutumes à la règle que les fruits pendants sont immeubles.

Règles sur les choses qui sont censées faire partie d'une maison, ou d'un autre édifice.

La coutume de Paris établit à cet égard une règle en l'article 90, qui est conçu en ces termes : « Ustensiles d'hôtel,

» qui se peuvent transporter sans fraction et détérioration,
» sont réputés meubles ; mais s'ils tiennent à fer et à clous,
» et sont scellés en plâtre, et sont mis pour perpétuelle de-
» meure, et ne peuvent être transportés sans fraction et
» détérioration, sont censés et réputés immeubles. »

Cette règle est imparfaite ; car il y a des choses qui, sans
être attachées à fer et à clous, sont censées faire partie de
la maison ; et d'autres qui, quoiqu'attachées à fer et à clous,
ne sont pas censées en faire partie. Il est donc nécessaire,
pour éclaircir la matière, d'établir les règles suivantes.

PREMIÈRE RÈGLE.

48. Les choses qui sont dans une maison ou autre édifice,
pour perpétuelle demeure, en font partie ; *secùs* si elles n'y
sont que pour un temps.

Cette règle est prise de la loi 17, §. 7, ff. *de act. empt.*
*Labeo generaliter scribit ea quæ perpetui usûs causâ in ædificiis
sunt, ædificii esse ; quæ verò ad præsens, non esse ædificii.*

SECONDE RÈGLE.

49 Les choses qui sont tellement attachées à un édifice,
qu'il ne seroit pas facile de les en détacher, sont présumées
y être pour perpétuelle demeure, et faire partie de la maison et édifice où elles sont attachées.

C'est conformément à cette règle, que la coutume de Paris,
art. 90, et notre coutume d'Orléans, *art.* 355, décident qu'un
pressoir est réputé immeuble, comme faisant partie de l'é-
difice ou de la maison où il est construit.

Cela ne doit s'entendre que des grands pressoirs à arbre
ou à roue. On a depuis inventé de petits pressoirs à auge,
qui peuvent facilement être transportés d'un lieu à un autre ;
ces petits pressoirs sont choses meubles.

Les anciens avoient aussi de petits pressoirs qui pouvoient
facilement se déplacer, et c'est de ces petits pressoirs qu'on
doit entendre ce que dit Ulpien : *Multa etiam defossa esse, neque tamen fundi aut villæ habere, ut putà vasa vinaria,* TORCU-
LARIA, *quoniam hæc instrumenti magis sunt, quamvis ædificio
cohærent ;* d. l. 17, ff. *de act. empt.*

50. Ce qu'il dit aussi, que les vases où l'on met du vin,
quoiqu'enfoncés en terre, sont meubles, ne doit s'entendre

que de ceux qu'on peut facilement déplacer, et non de ces grands foudres qui ne peuvent facilement l'être. C'est ainsi que Cujas concilie cette loi avec la loi 21, ff. *de instrum. leg.*, où il est dit : *Dolia, molæ olivariæ, prelum et quæcumquè infixa sunt, inædificataque sunt, fundi sunt.*

A l'égard des cuves dont nous nous servons dans nos maisons de vignes, qui ne sont point enfoncées en terre, ni cohérentes, et qui peuvent par conséquent facilement se déplacer, il ne peut être douteux que ces cuves sont de purs meubles, et qu'elles ne sont pas censées faire partie du lieu où elles se trouvent : *Sunt magis instrumenta fundi, quàm sunt pars fundi.*

Plusieurs coutumes ont suivi ces distinctions : celle de Melun, *article* 283, dit; « Cuves et baignoires sont réputées meubles : mais si elles ne se peuvent ôter sans » faire ouverture ou sans désassembler, sont réputées immeubles. »

Normandie, *art.* 515, dit : Cuves et tonnes sont réputées immeubles, quand elles ne peuvent être enlevées sans désassembler. »

Tours, *art.* 224; Calais, *art.* 3; Châlons, *art.* 108, disent la même chose.

Ces coutumes apportent pour exemple les cuves et chaudières de brasseurs, de teinturiers, de tanneurs, assises en terre.

Laon, *art.* 101, répute meubles les cuves et autres gros ustensiles qui peuvent se désassembler et transporter sans grande détérioration.

51. Les presses d'imprimerie, les métiers de tisserands, quoiqu'attachés au lieu où ils sont, pouvant en être facilement déplacés, ne sont point pareillement regardés comme faisant partie de la maison où ils sont; mais ils sont de purs meubles. Cela a été ainsi jugé pour les presses d'imprimerie du célèbre Robert Étienne, par un arrêt rapporté par tous les commentateurs.

52. Il n'en est pas de même d'une forge de maréchal ou de serrurier. Ne pouvant être déplacée du lieu où elle est construite, sans être entièrement démolie, elle est censée mise pour perpétuelle demeure, et faire partie de la maison où elle est construite.

TROISIÈME RÈGLE.

53. Les choses qui peuvent facilement être déplacées du lieu où elles sont, ne laissent pas d'être censées faire partie de la maison, lorsqu'elles y servent à compléter la partie de la maison où elles sont placées, *quum posita sunt ad integrandam domum* : mais si elles n'y servent que d'ornement et d'ameublement, ou pour l'exercice du métier de la personne qui habite la maison, *si posita sunt ad instruendam domum*, elles ne sont pas censées faire partie de la maison, et sont de simples meubles.

Cette règle est le développement de ce que dit Ulpien : *Ea esse ædium solemus dicere quæ pars ædium sunt... vel propter œdes habentur ;* l. 13, §. 3, ff. *fin. de act. empt.*

54. Suivant cette règle, les marbres ou les boiseries dont on revêtit un chambranle de cheminée ou les murs d'une chambre, quoiqu'ils puissent être assez facilement détachés, sont censés y être pour perpétuelle demeure ; car ces choses servent à compléter et perfectionner les murs qu'ils revêtissent, lesquels, sans cela, seroient trop nuds et trop malpropres, et auxquels il manqueroit quelque chose.

C'est par cette raison qu'Ulpien dit, en la loi 17, §. 3, ff. *de act. empt. : Crustæ marmoreæ ædium sunt.*

Par la même raison, le parquet d'une chambre est censé faire partie de la maison ; car il sert à cette chambre de *pavimentum*, et le *pavimentum* d'une chambre est quelque chose qui fait partie de la chambre.

55. A l'égard des glaces et des tableaux qui sont encadrés dans une cheminée, si ce qui est derrière la glace ou le tableau, sont les briques de la cheminée, ou quelque planche qui ne soit pas de même parure que le reste de la cheminée, en ce cas, la glace ou le tableau paroît être mis pour compléter cette partie de la maison ; car la cheminée seroit imparfaite, et il y manqueroit quelque chose, si, derrière le tableau ou la glace, il n'y avoit que les briques, ou quelque planche de parure différente du reste de la cheminée. Le tableau ou la glace, étant donc, en ce cas, mis *ad integrandam domum*, il est censé en faire partie : *Quæ tabulæ pictæ pro tectorio includuntur, ædium sunt ;* l. 17, §. 3, ff. *act. empt.*

Au contraire, si ce qui est derrière la glace ou le tableau, est de même parure que le reste de la cheminée, en ce cas, la cheminée ayant toute sa perfection indépendamment de la glace qu'on y a attachée, on ne peut pas dire, en ce cas, que la glace serve *ad integrandam domum;* elle ne sert que *ad instruendam domum,* et elle ne doit pas, suivant notre principe, être censée faire partie de la maison, mais elle doit être regardée comme un meuble.

56. Lorsque, dans la construction d'un grand vestibule, on a pratiqué des niches, les statues qui sont attachées dans ces niches, sont censées faire partie de la maison, car elles sont placées *ad integrandam domum :* elles servent à compléter cette partie de la maison. En effet, les niches n'étant faites que pour y placer des statues, il manqueroit quelque chose au vestibule, s'il n'y avoit pas de statues placées dans les niches.

C'est de ces statues qu'on doit entendre ce que dit Papinien : *Papinianus ait : Sigilla* (1) *et statuæ affixæ, instrumento domûs non continentur, sed domûs portio sunt;* l. 12, §. 25, ff. *de instrum. leg.*

57. Un contre-feu attaché avec des pattes de fer à un mur de cheminée, fait partie de la maison; il sert à garantir le mur de la cheminée, de l'ardeur du feu, qui le brûleroit et le dégraderoit. La cheminée en est donc plus parfaite et plus complète lorsqu'elle a ce contre-feu : il sert donc *ad integrandam domum, propter ædes habetur.*

58. Les cloisons, les retranchements, les alcoves, etc., sont aussi censés faire partie de la maison, puisqu'ils en composent la distribution.

59. Les rateliers d'une écurie doivent aussi, suivant cette règle, être réputés immeubles, comme faisant partie de l'écurie, car ils servent à la compléter. Il manqueroit quelque chose à une écurie, pour qu'elle puisse être écurie, si elle n'avoit pas de rateliers.

Par la même raison, lorsqu'un bâtiment a été construit exprès pour être une raffinerie de sucre, les grandes chaudières qui y sont enfoncées en terre, et scellées en maçonnerie, sont censées faire partie de l'édifice, auquel il manqueroit quelque chose, et qui ne seroit pas une raffinerie, sans ces chaudières.

_____

(1) *Id est, parva signa,* de petites statues,

QUATRIÈME RÈGLE.

60. Les choses qui servent à compléter la maison, quoiqu'elles n'y soient pas attachées, sont aussi censées faire partie de la maison. Telles sont les choses qui servent à la clôture de la maison, ou de quelque partie de la maison, comme les clefs, les cadenas, les planches qui servent à fermer la boutique le soir, et qu'on ouvre le matin ; les coulisses de nattes, les chassis, un couvercle de puits : *Ædium multa esse, quæ ædibus adfixa non sunt, ignorari non oportet, ut putà, seras, claves, claustra*; l. 17, ff. *act. empt. Opercula puteorum, quamvis non sunt adfixa, ædium esse constat*; d. l. 17, §. 8.

61. Par la même raison, l'artillerie qui est dans un château ou une forteresse, quoiqu'elle n'y soit point attachée, est censée y être pour perpétuelle demeure, et en faire partie ; car elle sert à compléter ce château ou cette forteresse, qui ne peut être château ou forteresse sans artillerie. Plusieurs coutumes en ont des dispositions ; Berry, Tours, Nivernois, Bourbonnois, Laon, Amiens, etc.

C'est par la même raison que les arrêts ont jugé que dans les terres où il y a une chapelle, qui est une des dépendances de la terre, les vases sacrés, ornements et autres choses qui y servent à la célébration du service divin, doivent être réputés immeubles, comme y étant pour perpétuelle demeure, et servant à compléter cette partie de la terre, qui ne seroit pas chapelle, sans ces choses qui servent à y célébrer le service divin. La coutume d'Amiens en a une disposition.

Il faut décider autrement dans le cas auquel un seigneur a obtenu, pour cause d'infirmité, la permission de l'évêque de faire célébrer la messe dans son hôtel à Paris. Le lieu où on la célèbre n'étant pas établi chapelle pour toujours, les vases sacrés et ornements qui servent pour la célébration de la messe, ne sont pas dans l'hôtel pour perpétuelle demeure, et sont de purs meubles.

CINQUIÈME RÈGLE.

62. Les choses attachées à une maison, et qui en font partie, continuent d'en faire partie lorsqu'elles en sont détachées, tant qu'elles sont destinées à y être replacées : mais

celles qui n'ont pas encore fait partie de la maison, quoiqu'elles soient destinées à y être attachées et à en faire partie,
et qu'elles aient déjà été apportées pour cet effet dans la
maison, ne commencent à en faire partie que lorsqu'elles
y ont été attachées comme elles doivent l'être : *Ea quæ ex
ædificio detracta sunt ut reponantur, ædificii sunt : at quæ parata
sunt ut imponantur, non sunt ædificium;* d. l. 17, §. 10.

    *Quod insulæ causa paratum est, si nondùm perfectum, quamvis
positum in ædificio sit, non tamen videtur ædium esse;* d. l. 17,
§. 5. *Adde*, l. 18, §. 1, ff. *d. tit.*

    Suivant cette règle, si une maison a été incendiée, ou est
tombée de vieillesse, les matériaux qui en restent conservent
leur qualité d'immeubles, tant qu'ils peuvent paroître destinés à la reconstruction de la maison : mais, lorsque le propriétaire paroît avoir abandonné le dessein de reconstruire
sa maison, ces matériaux séparés du sol sont choses meubles.

SIXIÈME RÈGLE.

63. Les choses attachées ou non attachées à une maison,
qui seroient censées en faire partie, si elles y avoient été
mises par le propriétaire, ne sont pas censées en faire partie,
lorsqu'elles y ont été mises par un usufruitier ou un fermier,
lesquels, ou leurs héritiers, ont le droit de les détacher et
de les emporter à la fin de l'usufruit ou du bail.

    La raison est que l'usufruitier ou le fermier est censé ne
les avoir placées que pour le temps de son usufruit ou de son
bail : c'est une conséquence de la première règle.

    Cette règle souffre exception à l'égard des clefs. Celles que
l'usufruitier ou le locataire d'une maison a fait faire pour
cette maison, font partie de cette maison; et le locataire, de
même que les héritiers de l'usufruitier, ne peuvent, après
la fin du bail ou de l'usufruit, les retenir; et ils sont tenus de
les remettre au propriétaire, personne ne pouvant avoir
droit de retenir les clefs d'une maison qu'il n'a plus le droit
d'habiter. Le locataire a seulement en ce cas le droit de répéter du propriétaire le prix de ces clefs, s'il l'avoit mis en
demeure de les lui fournir.

    A l'égard des choses attachées à fer et à clous, que le fer-
mier ou usufruitier qui les a placées dans une maison, a droit
d'enlever, observez que le propriétaire a droit de les retenir,

en offrant de récompenser ledit fermier ou usufruitier, du prix qu'elles valent.

64. Toutes les choses qui, selon les règles que nous venons d'établir, sont censées faire partie d'un fonds de terre ou d'une maison, n'étant point considérées *in se* comme choses meubles, mais comme ne faisant qu'un seul et même tout, et une seule et même chose avec le fonds de terre ou la maison dont elles font partie, elles ne peuvent entrer dans la communauté légale, à moins que le fonds de terre ou la maison dont ils font partie, ne fût un conquêt.

65. Outre les choses qui font partie d'un fonds de terre ou d'une maison, il y a encore certaines choses qui, quoique choses meubles, considérées *in se*, sont néanmoins réputées immeubles, comme étant l'accessoire d'un droit immobilier avec lequel elles sont censées ne faire qu'un seul tout et une même chose.

Tels sont les moulins assis sur bateaux, lorsqu'ils sont bannaux. Quoique ces bateaux, *in se*, soient choses meubles, comme nous l'avons vu *suprà*, n. 36, néanmoins étant l'accessoire d'un droit de bannalité, qui est un droit immobilier, ils sont réputés immeubles. C'est ce que nous apprenons d'une note de Dumoulin, sur l'*article* 282 de la coutume de Bourbonnois, qui dit que *moulins assis sur bateaux* sont censés meubles; *scilicet*, dit Dumoulin en sa note, *quando sunt liberæ facultatis; secùs, si annexum habeant jus servitutis, et alii teneatur ibi molituram facere.* La coutume de Tours, *art.* 221, en a une disposition.

§. II. Des meubles incorporels.

66. Les choses incorporelles, qui sont des êtres moraux *quæ in jure consistunt*, ne sont pas proprement susceptibles de la qualité de meubles, ni de la qualité d'immeubles; car ces choses ne subsistant que dans l'entendement, et ne pouvant être dans aucun lieu, on ne peut pas dire, ni qu'elles sont transportables d'un lieu à un autre, ni qu'elles ne peuvent pas changer de lieu.

Néanmoins notre droit français ayant distribué les biens, c'est-à-dire, toutes les choses que nous avons *in bonis*, en biens meubles et en biens immeubles, il a fallu assigner les choses incorporelles que nous avons *in bonis*, à l'une ou à l'autre de ces deux classes de biens.

Pour connoître quelles sont les choses incorporelles qui
entrent en qualité de biens mobiliers dans la communauté
légale, il est nécessaire d'établir quelques règles qui fassent
connoître quelles sont les choses incorporelles qui sont de la
classe des biens meubles, et quelles sont, au contraire, celles
qui sont de la classe des biens immeubles.

PREMIÈRE RÈGLE.

67. Les droits que nous avons à cause de quelqu'un de nos
héritages, qui, étant des droits de cet héritage, sont censés
ne faire qu'une seule et même chose, qu'un seul et même
tout avec cet héritage, sont droits immobiliers, qui appartiennent à la classe des biens immeubles.

Tels sont tous les droits de servitudes prédiales, comme le
droit de passer sur l'héritage voisin, pour la commodité du
nôtre, le droit d'obliger l'héritage voisin à recevoir les eaux
du nôtre, etc. Ces droits de servitude sont des droits qui ne
nous appartiennent qu'à cause de notre héritage auquel la
servitude est due; ce sont des droits et *des qualités* de cet héritage, qui ne font qu'une seule et même chose avec l'héritage : *Quid aliud sunt jura prædiorum, quàm prædia qualiter
se habentia, ut bonitas, salubritas, amplitudo;* l. 86, ff. *de verb.
sign.* : et par conséquent il ne peut être douteux qu'ils sont
de la classe des biens immeubles, comme l'héritage auquel ils
sont attachés.

Tel est pareillement un droit de patronage réel attaché à
une de nos terres. Il n'est pas douteux que ne faisant qu'un
seul et même tout avec la terre dont il est inséparable, il est,
comme la terre, de la classe des biens immeubles.

SECONDE RÈGLE.

58. Les droits que nous avons dans un héritage, qu'on appelle *jus in re*, ou droit foncier, appartiennent à la classe
des biens immeubles, comme l'héritage qui en est le sujet,
et dans lequel nous avons ce droit.

Tels sont les droits de directe seigneuriale que nous avons
sur des héritages qui relèvent de nous en fief ou en censive;
les droits de champart et terrage; les droits de dîmes, les
droits de rentes foncières que nous avons sur les héritages qui
en sont chargés; les droits de servitude personnelle que nous
avons sur les héritages qui en sont chargés, comme sont les
droits d'usufruit, d'usage, etc.

La raison est, que le droit que nous avons dans un héritage, le *jus in re*, est en quelque façon l'héritage même, qui est censé, en quelque façon, nous appartenir en partie, quant au droit que nous y avons, lequel est un démembrement du droit de domaine de propriété qu'en a le propriétaire. Ce droit doit donc suivre la nature de l'héritage, et être, comme lui, de la classe des biens immeubles.

Il en est de même des droits qu'on a dans un territoire, tels que les droits de justice, de bannalité, de corvées, etc.

TROISIÈME RÈGLE.

69. Les droits de créance personnelle, qui naissent de l'obligation qu'une personne a contractée envers nous de nous donner une chose, et qu'on appelle *jus ad rem*, sont réputés mobiliers ou immobiliers, suivant la nature de la chose due qui fait l'objet du droit de créance, et dans laquelle ce droit de créance doit se fondre, se terminer et se réaliser.

C'est pourquoi la créance d'une somme d'argent, ou de quelque autre chose meuble, est un droit mobilier : au contraire, la créance que j'ai d'un héritage, ou de quelque autre immeuble contre une personne qui s'est obligée de me le donner, est un droit immobilier. C'est ce qu'on exprime par cet axiome : *Actio ad mobile, est mobilis ; actio ad immobile, est immobilis.*

La raison est que l'on considère, dans un droit de créance, la chose en laquelle elle doit se réaliser, c'est-à-dire, celle que le créancier a droit d'espérer d'acquérir du débiteur, en exécution de l'obligation qu'il a contractée de la lui donner. C'est en ce sens qu'on dit : *Qui actionem habet, ipsam rem habere videtur ;* l. 15, ff. *de reg. juris.*

On peut apporter une infinité d'exemples de cette règle. Le contrat de vente d'un héritage nous en fournit un.

Le droit de créance qu'a le vendeur contre l'acheteur, est un droit mobilier, car il tend à lui faire acquérir une somme d'argent qui lui est due pour le prix de l'héritage, laquelle somme d'argent est une chose meuble. C'est donc *actio ad mobile*, et par conséquent un droit mobilier.

Au contraire, le droit de créance qu'a l'acheteur contre le vendeur, pour se faire donner l'héritage qui lui a été vendu, est un droit immobilier : c'est *actio ad immobile*, puisqu'il tend à lui faire acquérir l'héritage, qui est un immeuble.

70. Lorsque j'ai vendu à un marchand de bois, des arbres sur pied, qui sont sur mon héritage, le droit de créance qu'a cet acheteur contre moi, et qui naît de l'obligation que j'ai contractée envers lui, de les lui laisser abattre et enlever, est un droit mobilier; car, quoique ces arbres que je lui ai vendus, fussent, au temps du contrat, quelque chose d'immeubles, comme faisant partie du fonds de terre dont ils n'étoient pas encore séparés, néanmoins ne lui ayant pas vendu le fonds, son droit de créance ne tend à lui faire acquérir les arbres qu'après qu'il les aura séparés du fonds. Or, aussitôt qu'ils en sont séparés, ils deviennent meubles : son droit de créance ne tend donc qu'à lui faire acquérir des meubles, il doit se terminer à des meubles; c'est donc un droit *ad mobile*, et par conséquent un droit mobilier.

71. Par la même raison, le droit de créance qu'a le fermier d'un héritage contre le locateur, pour qu'il l'en fasse jouir, n'est qu'une créance d'un droit mobilier; car le droit de ce fermier ne tend pas à lui faire acquérir l'héritage qui a été donné à ferme, mais seulement à lui faire avoir la faculté d'en percevoir les fruits, et d'acquérir lesdits fruits par la perception qu'il en fera. Ces fruits devenant choses meubles par la perception qui s'en fait, son droit ne tend donc qu'à lui faire acquérir quelque chose de meuble, c'est *actio ad mobile*, et par conséquent un droit mobilier.

Le droit d'un fermier, qui résulte d'un simple bail à ferme, est bien différent de celui d'un usufruitier, d'un emphitéote, d'un preneur par bail à longues années. Le droit de ceux-ci est un droit dans l'héritage, *jus in re*, lequel, suivant la seconde de nos règles, est un droit immobilier; au lieu que le droit d'un fermier n'est qu'un droit de simple créance personnelle. C'est ce qui paroit bien par la loi *emptorem*, 9, *cod. loc.* qui décide que lorsque celui qui a donné à ferme ou à loyer son héritage, l'a vendu sans charger l'acheteur de l'entretien du bail, l'acheteur n'est pas tenu de l'entretenir, et peut expulser le fermier : au lieu que ceux qui ont un droit dans un héritage, peuvent réclamer leur droit, en quelques mains que l'héritage passe, quoiqu'on n'en ait pas chargé les acquéreurs (*Voyez notre traité du contrat de louage, n. 288.*)

72. Le droit de créance qui résulte d'une obligation de dommages et intérêts, en laquelle s'est convertie une obli-

gation primitive, par son inexécution, est un droit mobilier, car ces dommages et intérêts devant se liquider et se terminer à une somme d'argent, la créance de ces dommages et intérêts *tendit ad mobile.*

QUATRIÈME RÈGLE.

73. Lorsqu'un héritage est dû avec plusieurs choses mobilières, quoique ce soit l'héritage qui soit le principal objet de la créance, elle n'est néanmoins immobilière que par rapport à l'héritage : elle est mobilière par rapport aux choses mobilières qui sont dues ; et elle entre, par rapport auxdites choses, dans la communauté légale.

Par exemple, si, peu avant mon mariage, on m'a vendu un héritage avec tous les meubles qui y sont, dont la tradition ne m'avoit pas encore été faite lors de mon mariage, la créance qui résulte de cette vente n'est immobilière que par rapport à l'héritage; elle est créance mobilière par rapport aux meubles qui m'ont été vendus avec l'héritage, et elle entre en cette qualité, par rapport auxdits meubles, dans la communauté légale que je contracte avec ma femme en me mariant.

Cela est conforme au principe ci-dessus cité, *Qui actionem habet, ipsam rem habere videtur.* Si ma créance avoit été acquittée avant mon mariage; si, lors de mon mariage, l'héritage et les meubles qui y sont m'eussent déjà appartenu, il n'y eût eu que l'héritage qui eût été propre de communauté; les meubles qui y sont, seroient entrés dans la communauté légale : ma créance doit donc, par rapport auxdits meubles, y entrer, comme s'ils m'appartenoient déjà.

CINQUIÈME RÈGLE.

74. Lorsque deux choses sont dues sous une alternative, dont l'une est immeuble et l'autre est meuble, la qualité de la créance est en suspens jusqu'au paiement : elle est censée avoir été immobilière, si c'est l'immeuble qui est payé; ou mobilière, si c'est le meuble.

Par exemple, si quelqu'un m'avoit légué une telle maison, ou la somme de dix mille livres ; la créance qui résulte de ce legs, qui m'étoit dû lors de mon mariage, sera censée une créance mobilière, et, comme telle, elle est entrée en la communauté légale, si par la suite c'est la somme de dix mille livres qui m'est payée; au contraire, elle sera censée avoir été immobilière, et en conséquence propre de communauté, si c'est la maison qui m'est délivrée.

Si le testateur, au lieu de laisser le choix à l'héritier chargé du legs, m'en avait accordé le choix, c'est le choix que je ferois, ou de la maison ou de la somme d'argent, qui décideroit si la créance est mobilière ou non, et si elle est entrée en la communauté ou non. *Voyez notre traité des obligations*, n. 254.

Y a-t-il lieu, en ce cas, à quelque récompense ? *Voyez infrà, part.* 4.

SIXIÈME RÈGLE.

75. Lorsqu'il n'y a qu'une chose due, quoiqu'avec une faculté accordée au débiteur de payer une autre chose à la place, c'est la nature de la chose due qui règle la qualité de la créance, et non celle de la chose qui a été payée à la place.

Par exemple, si quelqu'un m'a fait un legs en ces termes, « *Je lègue à un tel la somme de dix mille livres, en paiement de* » *laquelle il sera néanmoins permis à mon héritier de lui donner* » *une telle maison qui est de la valeur de ladite somme ;* » la créance qui résulte de ce legs qui m'a été fait, n'est pas une créance alternative de la somme de dix mille livres ou de la maison ; la somme de dix mille livres est la seule chose due. La maison, qu'on peut me payer à la place de cette somme, ne m'est pas proprement due ; elle n'est pas *in obligatione*, elle n'est qu'*in facultate solutionis :* c'est pourquoi cette créance étant la créance d'une somme d'argent, qui est la seule chose due, est une créance mobilière qui, en cette qualité, si le legs n'étoit pas encore acquitté lors de mon mariage, entrera dans la communauté légale ; et, quoique par la suite le débiteur m'ait donné la maison en paiement de cette créance, suivant la faculté qu'il en avoit, elle ne laissera pas d'être réputée avoir été une créance mobilière, et la maison qui m'a été donnée en paiement appartiendra à ma communauté, comme étant donnée en paiement d'une créance qui lui appartenoit.

Pareillement, si le legs m'avoit été fait en ces termes : « *Je* » *lègue à un tel une telle maison, que mon héritier pourra retenir,*

» *en lui payant la somme de dix mille livres à la place ;* » la créance
qui résulte de ce legs, n'est pas alternative : la maison est la
seule chose due ; la somme que l'héritier peut payer à la
place, n'est qu'*in facultate solutionis.* Cette créance étant donc
la créance d'une maison, est une créance immobilière, laquelle, si elle n'étoit pas encore acquittée lorsque je me suis
marié, sera un propre de communauté ; et, si depuis mon
mariage, l'héritier me paie la somme de dix mille livres à la
place, suivant la faculté qui lui a été accordée, j'aurai remploi de cette somme de dix mille livres, comme ayant été reçue en paiement d'une créance qui m'étoit un propre de
communauté. *Voyez notre traité des obligations, n.* 244.

SEPTIÈME RÈGLE.

76. La créance d'une somme d'argent ou autre chose mobilière, quoiqu'elle soit accompagnée d'un droit d'hypothèque, même spéciale, sur quelque héritage du débiteur, ne
laisse pas d'être un droit mobilier, qui, comme tel, entre dans
la communauté légale.

Quoique le droit d'hypothèque, étant un droit dans l'héritage hypothéqué, *jus in re,* à ne le considérer qu'en lui-
même, pût paroître être de nature immobilière, néanmoins
ce droit d'hypothèque n'étant qu'un accessoire de la créance
personnelle à laquelle il est attaché, lorsque cette créance
est par elle-même mobilière, le droit d'hypothèque ne peut
pas la rendre immobilière : car ce n'est pas de la chose accessoire que la chose principale doit suivre la nature, c'est
au contraire l'accessoire qui suit la chose principale : *Accessorium sequitur principale.* D'où il suit que les créances de
choses mobilières, quoique hypothécaires, ne laissent pas de
tomber, comme droits mobiliers, dans la communauté légale, et elles y entrent avec tous les droits d'hypothèque
dont elles sont accompagnées, suivant la règle *Accessorium
sequitur principale.*

HUITIÈME RÈGLE.

77. Pour juger si un droit de créance personnelle est mobilier ou immobilier, et s'il doit en conséquence entrer ou
non dans la communauté légale, on ne considère que la
chose qui en est l'objet, c'est-à-dire, la chose due, et on n'a
aucun égard à la cause d'où le droit de créance procède.

Cette maxime est la contradictoire d'une que Lebrun a hasardée en son traité de la communauté, *liv.* 1, *chap.* 5. Cet auteur avance que la créance d'une somme d'argent qui appartient à l'un des conjoints, lors de leur mariage, n'entre point dans la communauté légale, lorsqu'elle a pour cause le prix de quelque immeuble dont ce conjoint a disposé avant son mariage, parce qu'elle représente en quelque façon cet héritage, qui ne seroit point entré en communauté, si l'on n'en eût pas disposé.

Suivant ce principe, Lebrun décide que lorsque l'un des conjoints a vendu avant son mariage un héritage, la créance du prix qui lui en est dû lors de son mariage, ne doit pas entrer dans la communauté. Suivant le même principe, il décide que la créance qu'auroit l'un des conjoints, lors de son mariage, contre son tuteur, pour raison de ses principaux de rente qui ont été remboursés par ses débiteurs à son tuteur, n'entre pas dans la communauté.

Il décide encore, suivant le même principe, que la créance d'une somme de deniers due à l'un des conjoints, lors de son mariage, pour le retour d'un partage d'immeubles qu'il avoit fait avant son mariage avec ses cohéritiers, n'entre pas dans la communauté. Lebrun, pour établir son principe, se fonde sur ce qui s'observe à l'égard du passif de la communauté, où l'on a effectivement égard quelquefois à la cause d'où procède la dette passive d'un conjoint, pour décider si la communauté en doit être chargée, comme nous le verrons *infrà, sect.* 2 : mais on n'en peut tirer aucune conséquence pour l'actif, comme nous le ferons voir *dicto loco.*

Ce principe de Lebrun est contredit par son annotateur. Ce dernier cite un arrêt qui a jugé, contre le principe de Lebrun, que la créance d'une somme d'argent due à l'un des conjoints, pour retour d'un partage d'immeubles fait avant le mariage, étoit entrée dans la communauté légale. Cet arrêt est rapporté par Louis, sur *l'art.* 254 de la coutume du Maine.

Renusson, en son traité de la communauté, *part.* 1, *ch.* 3, *n.* 15, rapporte le même arrêt, et en suit la décision.

En établissant la fausseté du principe de Lebrun, nous établissons notre huitième règle, qui n'est autre chose que la proposition contradictoire de ce principe.

NEUVIÈME RÈGLE.

78. La créance d'une somme d'argent qu'a l'un des conjoints, lorsqu'il se marie, ne laisse pas de tomber dans la communauté légale, quoiqu'elle soit un propre fictif pour le cas de sa succession.

Cette règle est fondée sur le principe, que les fictions n'ont d'effet que pour le cas pour lequel elles sont établies : *Fictio non operatur ultrà casum*. En conséquence, les créances de sommes d'argent et autres droits mobiliers, qui ont pour quelque cas la qualité de propres fictifs, sont, hors le cas de cette fiction, considérées pour ce qu'elles sont dans la vérité, et par conséquent comme droits mobiliers, qui, en cette qualité, doivent entrer dans la communauté légale.

On peut apporter pour premier exemple de cette règle, la créance d'une somme d'argent due à un mineur, pour le prix de sa part dans un héritage qu'il a licité avec ses cohéritiers. Quoique cette créance, si elle se trouvoit dans la succession de ce mineur décédé en minorité, dût, suivant le principe de l'*art.* 94 de la coutume de Paris, y être regardée comme un propre de la ligne dont procédoit l'héritage licité, à l'effet d'appartenir à l'héritier aux propres de cette ligne, à l'exclusion de l'héritier au mobilier du mineur ; néanmoins hors du cas de la succession de ce mineur, qui est le seul cas pour lequel la fiction a été établie, cette créance doit être considérée telle qu'elle est dans la vérité, c'est-à-dire, comme créance mobilière ; et, en conséquence, lorsque le mineur se marie, elle doit, en cette qualité de créance mobilière, entrer dans la communauté légale.

79. On peut apporter pour second exemple de la créance d'une somme d'argent due à un enfant, en sa qualité d'héritier de sa mère, pour la reprise des deniers dotaux de sa mère, laquelle par son contrat de mariage les avoit stipulés propres à elle, aux siens et à ceux de son côté et ligne. Quoique cette créance soit un propre fictif conventionnel pour le cas de la succession de cet enfant, à l'effet que si cette créance est trouvée dans sa succession, les héritiers aux propres maternels y doivent succéder comme à un propre maternel, à l'exclusion du père héritier au mobilier, cela n'empêche pas cette créance d'être, hors du cas de la fiction, considérée telle qu'elle est dans la vérité, c'est-à-dire, comme un droit

mobilier, laquelle en conséquence, lorsque cet enfant se marie. doit entrer en la communauté légale.

80. Si les deniers dotaux avoient été stipulés propres *quant à tous effets, même quant à la disposition*, cette clause empêcheroit-elle la créance de la reprise de ces deniers dotaux, d'entrer dans la communauté légale, lorsque l'enfant à qui elle appartient, se mariera ? Non : la raison est que les propres conventionnels ne peuvent être réputés tels, que vis-à-vis des personnes qui ont été parties à la convention qui les a formés, suivant ce principe de droit : *Animadvertendum ne conventio in aliâ re aliâve personâ facta, in aliâ re porsonâve noceat*; l. 27, §. 4, ff. *de pact.*

La créance qu'a l'enfant, dans cette espèce, pour la reprise de ses deniers dotaux, est bien un propre même de disposition vis-à-vis de son père, à l'effet qu'il n'en puisse disposer, au profit de son père, pour une plus grande part que celle dont on peut disposer d'un propre, parce que son père étoit partie à la convention du contrat de mariage qui a formé ce propre. Mais la femme que cet enfant, créancier de cette reprise, épouse, n'ayant pas été partie à la convention, la créance de cette reprise ne peut passer vis-à-vis d'elle pour un propre; elle n'est, vis-à-vis d'elle, qu'une pure créance mobilière, qui doit entrer dans leur communauté légale.

DIXIÈME RÈGLE.

81. Les rentes constituées sont, selon la coutume de Paris et le droit commun, réputées immeubles.

Lorsque ces rentes se constituoient par forme d'assiette sur un héritage duquel le constituant se dessaisissoit jusqu'à concurrence de la rente, au profit de celui à qui elles étoient constituées, ces rentes étant alors un droit que le créancier de la rente avoit dans l'héritage sur lequel elle étoit constituée, il ne pouvoit alors être douteux que ces rentes devoient être assignées à la classe des biens immeubles, suivant la seconde de nos règles. Mais, depuis que ces rentes n'ont plus été regardées que comme une créance personnelle que le créancier de la rente a contre celui qui s'en est constitué le débiteur envers lui ; depuis que ces rentes se constituent sans assignat spécial sur aucun héritage, et par des personnes qui n'en possèdent aucun ; depuis que, même lorsqu'elles sont constituées avec un assignat spécial sur un certain héritage, cet assignat n'est regardé que comme un droit d'hypothèque spéciale, qui n'est qu'un droit accessoire à la créance personnelle, dans laquelle consiste la rente : on a beaucoup agité la question, si les rentes ne devoient plus être assignées qu'à la classe des biens meubles, ou si elles devoient être encore assignées à celle des immeubles.

La raison pour les assigner à la classe des meubles, est fort simple. Une rente constituée, dit-on, dans la vérité et la réalité des choses, n'est autre chose que la créance d'autant de sommes d'argent qu'il courra d'années depuis la création de la rente jusqu'au rachat ; par conséquent une créance de choses meubles, rien n'étant plus meuble que des sommes d'argent, par conséquent un droit mobilier, suivant la règle, *Actio ad mobile est mobilis.*

Au contraire, pour assigner les rentes constituées à la classe des biens immeubles, on dit qu'une rente constituée ne doit pas être considérée simplement comme la créance des arrérages qui en doivent courir jusqu'au rachat, mais comme un être moral et intellectuel distingué par l'entendement de ces arrérages, qui sont plutôt les fruits que produit la rente, qu'ils ne sont la rente même, puisque le créancier les perçoit sans entamer ni diminuer l'intégrité de la rente. Cet être moral, dans lequel on fait consister la rente constituée, a paru, par le revenu annuel et perpétuel qu'il produit, ressembler aux biens immeubles, et devoir, *pour cet effet,* être mis dans la classe des biens immeubles.

On opposera peut-être que la raison, tirée de ce que les arrérages d'une rente constituée se perçoivent sans rien diminuer ni entamer du fonds de la rente, n'est pas suffisante pour faire déclarer immeuble la rente : car la perception qui se fait des intérêts que produit la créance d'une somme d'argent exigible, qui est de nature à en produire, telle qu'est celle d'une somme due par un acheteur, pour le prix d'un héritage qui lui a été vendu, se fait pareillement sans entamer le principal de cette créance, qui n'en est pas moins un bien meuble.

La réponse est, qu'il y a une grande différence entre une rente constituée et la créance d'une somme exigible qui produit des intérêts. Ce qui fait le principal de celle-ci, est la somme principale qui est due, dont les intérêts ne sont que les accessoires. Cette créance ayant pour objet principal une somme d'argent qui est due, *tendit ad mobile*, et est par conséquent un bien mobilier, suivant la troisième règle ci-dessus.

On ne peut pas dire de même, que le principal d'une rente constituée soit la créance d'aucune somme d'argent, distinguée des arrérages de la rente; car on ne peut pas dire que la rente soit la créance de la somme pour laquelle elle a été constituée, et pour laquelle elle peut être rachetée. La créance d'une somme est le droit de l'exiger. Le créancier d'une rente constituée n'ayant pas le droit d'exiger la somme pour laquelle elle peut être rachetée, il s'ensuit que la rente constituée n'est pas la créance de cette somme. Cette somme n'est qu'*in facultate luitionis* : elle est l'objet d'un droit qu'a le débiteur de se libérer de la rente par le paiement de cette somme; elle n'est pas l'objet d'aucun droit de la part du créancier. Le droit, qui fait le principal d'une rente constituée, n'a donc pour objet aucune somme d'argent, ni aucune autre chose qui rende mobilière la nature de ce droit : ce droit n'est autre chose qu'un être moral qui produit des arrérages, qui en sont les fruits civils; en quoi il est semblable aux héritages, qui, comme ce droit, produisent un revenu annuel et perpétuel; et il n'en diffère qu'en ce qu'il n'est qu'un être moral, et que les héritages ont un être physique.

La coutume de Paris a embrassé cette dernière opinion : elle dit en l'article 94 : *Rentes constituées à prix d'argent sont réputées immeubles jusqu'à ce qu'elles soient rachetées.*

Il étoit inutile d'ajouter, *jusqu'à ce qu'elles soient rachetées:* car une rente constituée cessant d'exister lorsqu'elle est rachetée, il est évident qu'elle ne peut plus être immeuble, le néant n'étant susceptible d'aucune qualité; et il n'est pas moins évident que les deniers qui sont provenus du rachat, sont meubles.

Il n'importe, pour qu'une rente constituée soit immeuble, qu'elle soit accompagnée d'hypothèque ou non, ni par quelle espèce d'acte elle ait été constituée; elle ne laisse pas d'être réputée immeuble, quoiqu'elle ait été constituée par un simple billet sous signature privée : la coutume à cet égard ne fait aucune distinction.

82. C'est le principal de la rente, que la coutume déclare immeuble, c'est-à-dire, *cet être moral* distingué par l'enten-

dement des arrérages qu'il produit. A l'égard des arrérages, ils sont meubles à mesure qu'ils naissent; et ils naissent tous les jours, et forment tous les jours une créance mobilière de la trois cent soixante-cinquième partie de la somme qui est due par chacun an; sauf que dans les années bissextiles, le jour intercalaire n'est pas compté. Il est vrai que ces arréra-ges de chaque jour ne sont exigibles qu'au jour du terme au-quel la rente est payable; mais, quoiqu'ils ne soient pas en-core exigibles, ils ne laissent pas d'exister et d'être dus : c'est pourquoi lorsque le créancier d'une rente se marie, tout ce qui a couru d'arrérages do sa rente, jusqu'au jour de la béné-diction nuptiale, entre comme meuble dans la communauté légale, quoique le terme ne fût pas encore échu. Quant à ceux à écheoir, à mesure qu'ils naîtront pendant que durera sa communauté, ils y tomberont non-seulement comme meubles, mais comme fruits.

83. Quoique le principal d'une rente constituée soit, *ex accidenti*, devenu exigible, *putà*, par le décret de quelque héritage hypothéqué à la rente, ou faute par le débiteur d'avoir exécuté les clauses du contrat de constitution, la rente ne laisse pas de continuer d'être immeuble. *Nec obstat* que les créances d'une somme d'argent exigible sont choses meubles, suivant la règle troisième; car la rente n'est pas pour cela *in se* la créance d'une somme d'argent exigible : elle n'est toujours *in se* que la créance d'une rente; ce n'est que *ex accidenti et ex causâ extrinsecâ*, que le créancier de la rente a le droit de contraindre le débiteur au rachat de la rente, et au paiement de la somme pour laquelle elle a été constituée.

On insistera et on dira : je veux bien que dans ce cas la rente *in se* continue d'être immeuble; mais le droit qu'a le créancier d'exiger le remboursement de la somme pour la-quelle elle a été constituée, est un droit qui est dans ses biens, et qui, selon la troisième règle, est un droit mobilier, puisque *tendit ad mobile*. Ce droit doit donc, en sa qualité de bien meuble, tomber dans la communauté légale du créan-cier à qui il appartient, et, par ce moyen, la rente tombera indirectement dans la communauté légale.

Je réponds que ce droit qu'a le créancier d'exiger le rem-boursement de sa rente, étant un droit qu'il n'a qu'à cause de la rente, ce droit étant un droit qui est un accident et un accessoire de la rente, on ne doit pas examiner quelle est la nature de ce droit considéré *in se* : il suffit que ce droit soit un droit que le créancier n'a qu'à cause de sa rente, et qui est un accessoire de la rente, pour qu'il ne puisse entrer dans la communauté légale du créancier, qu'autant que la rente y entreroit, suivant la règle, *Accessorium sequitur principale.*

84. La coutume d'Orléans, *art.* 191 *et* 351, a suivi, sur la nature des rentes constituées, la disposition de la coutume de Paris ; la jurisprudence l'a adoptée pour les coutumes qui ne s'en sont pas expliquées.

On s'est d'autant plus volontiers porté à embrasser cette opinion, que ces rentes sont devenues très-communes, et qu'elles composent tout le patrimoine de plusieurs familles.

Il y a néanmoins encore plusieurs coutumes qui mettent les rentes constituées dans la classe des biens meubles, comme Reims, *art.* 18 ; Troyes, *art.* 66, *etc.* Quelques-unes les regardent comme immeubles, lorsqu'elles ont été réalisées, nanties et hypothéquées par nantissement de fait ; *Chauny*, *art.* 6.

Il n'est pas hors de propos d'observer que quoique la coutume de Blois paroisse être du nombre de celles qui mettent les rentes constituées dans la classe des biens meubles, puisqu'elle dit, *art.* 157 : « Rentes foncières et volantes, *etc.* sont » réputées héritages ;... sinon que lesdites rentes fussent ra- » chetables ; auquel cas, tant que le réméré durera, seront » réputées et se partiront comme meubles ; » néanmoins les officiers, avocats, procureurs de Blois, de Châteaudun et autres villes régies par cette coutume, attestent que cette disposition de leur coutume n'est pas observée, et que les rentes constituées, quoiqu'elles ne puissent être constituées, sans faculté de rachat perpétuel, sont réputées immeubles, de même que dans la coutume de Paris. Cette inobservation de l'*art.* 157 de la coutume de Blois est très-ancienne ; car Tronçon, dans son commentaire sur la coutume de Paris, imprimé en l'année 1652, *sur l'art.* 94, atteste pareillement avoir ouï dire la même chose aux officiers de Blois.

85. Dans la diversité de coutumes sur la nature des rentes, c'est celle du lieu du domicile du créancier de la rente, qui doit décider si elle doit être réputée meuble ou immeuble ; car une rente constituée étant un droit personnel, et qui n'a

aucune situation, elle ne peut être régie que par la loi qui régit la personne à qui elle appartient.

Ce principe souffre une exception à l'égard des rentes dues par le roi. On a donné à ces rentes une situation feinte, qui est le lieu où est établi le bureau de paiement des arrérages desdites rentes; et elles sont en conséquence régies par la loi du lieu où est le bureau : c'est pourquoi les rentes sur l'hôtel-de-ville de Paris sont, conformément à la coutume de Paris, réputées biens immeubles, quand même les créanciers à qui elles appartiennent auroient leur domicile dans un lieu dont la loi répute meubles les rentes.

Les autres rentes sont régies par la loi du domicile du créancier. Quand même elles seroient créées avec un assignat spécial sur quelque héritage, ce ne seroit pas en ce cas la loi du lieu où est situé l'héritage sur lequel la rente est assignée, qui régiroit la rente; car cet assignat n'est qu'un accessoire de la rente.

On ne considère pas non plus quelle est la loi du domicile du débiteur; car la rente n'étant *un bien* que dans la personne du créancier à qui elle appartient, ce ne peut être que la loi qui régit la personne du créancier, qui doit régler si elle est *un* BIEN *meuble* ou *un* BIEN *immeuble*.

86. Les rentes constituées étant meubles ou immeubles, suivant que la loi du lieu du domicile du créancier à qui elles appartiennent, les répute meubles ou immeubles, que doit-on décider, lorsqu'une rente appartient à plusieurs personnes, dont les unes demeurent sous une coutume qui répute les rentes meubles, et les autres demeurent sous une coutume qui les répute immeubles? Les rentes étant des droits divisibles, il n'y a aucun inconvénient à décider que la rente, en ce cas, sera réputée immeuble pour les parts de ceux des propriétaires qui demeurent sous des coutumes qui les réputent immeubles, et qu'elle sera réputée meuble pour les parts de ceux qui demeurent sous des coutumes qui les réputent meubles.

87. Lorsque la propriétié d'une rente constituée appartient à une personne, et l'usufruit de cette rente à une autre, c'est la loi du lieu du domicile du propriétaire, qui règle la nature de la rente; on ne doit pas considérer celle du domicile de l'usufruitier. C'est pourquoi, si un Parisien a l'usufruit d'une rente dont la propriété appartient à une per-

sonne domiciliée sous la coutume de Reims, qui les répute
meubles, le droit d'usufruit qu'a le Parisien, n'est qu'un
droit mobilier : *vice versâ*, si c'étoit le Parisien qui fût le
propriétaire, et le Rémois l'usufruitier, le droit d'usufruit
du Rémois seroit un droit mobilier.

88. Lorsque le créancier d'une rente constituée transfère
son domicile d'un lieu dont la loi réputoit meubles les rentes,
dans un autre lieu dont la loi les répute immeubles, la rente
change de nature ; de meuble qu'elle étoit, elle devient immeuble. Il faut décider la même chose *vice versâ*.

Observez que lorsqu'une rente est, en qualité de bien meuble,
entrée dans la communauté légale du créancier, qui, lors
de son mariage, avoit son domicile sous une coutume qui
répute meubles les rentes, cette rente continue de demeurer
dans cette communauté, quoique cette rente soit devenue
immeuble par la translation du domicile du créancier; ne
devant pas être au pouvoir du mari, en changeant de domicile, de priver sa communauté d'un bien qui lui a été
acquis.

Vice versâ, si le créancier de la rente, lors de son mariage,
avoit son domicile sous une coutume qui répute immeubles les
rentes, la rente n'entrera pas dans la communauté, quoique,
durant le mariage, elle soit devenue meuble par la translation de domicile du créancier dans une coutume qui répute
meubles les rentes ; autrement ce créancier, par la translation de domicile, avantageroit à ses dépens la communauté
et l'autre conjoint ; ce qui ne doit pas lui être permis.

89. Lorsqu'un Parisien va prendre femme dans une province
dont la loi répute meubles les rentes, *putà*, à Troyes, et
qu'il l'y épouse sans passer de contrat de mariage, dans le
dessein de l'emmener à Paris, les rentes qui appartiennent
à cette femme, tombent-elles dans la communauté légale ?
Non ; car, quoique les rentes qui appartiennent à cette femme,
fussent, avant son mariage, des biens meubles, suivant la
coutume de Troyes, par laquelle sa personne et ses droits
personnels ont été régis jusqu'à l'instant de son mariage,
elles ont cessé de l'être, et elles sont devenues immeubles,
conformément à la coutume de Paris, dès l'instant du mariage ; et elles n'ont pu, par conséquent, tomber dans la communauté légale qui a commencé dans ce temps.

La raison est, que la femme ayant, dès cet instant, passé

sous la puissance de son mari ; elle a, dès cet instant, commencé à n'avoir pour domicile que celui de son mari ; et par conséquent sa personne et ses droits personnels, tels que ses rentes, ont, dès cet instant, cessé d'être régis par la coutume de Troyes, et ont commencé à l'être par la coutume de Paris.

Vice versá, lorsqu'un Troyen vient prendre femme à Paris, pour l'emmener à Troyes, les rentes de cette Parisienne deviennent, à l'instant de son mariage, biens meubles, et entrent en cette qualité dans la communauté légale qui se forme en ce temps ; parce que, dès cet instant, la femme, avec les droits attachés à sa personne, devient soumise à la loi de Troyes, qui est celle du domicile de son mari, qui, par le mariage, est aussi devenu le sien.

90. Passons aux rentes viagères. Dans les coutumes où les rentes constituées, quoique perpétuelles, sont un bien meuble, les viagères le sont à plus forte raison. Ce n'est que dans les coutumes qui réputent immeubles les rentes constituées qui sont perpétuelles, qu'il peut y avoir lieu à la question, si les viagères y sont aussi un bien immeuble, ou si elles ne sont qu'un bien meuble. Voici les raisons qu'on apporte de part et d'autre.

Ceux qui soutiennent meubles les rentes viagères, disent que la principale raison qui a fait regarder les rentes perpétuelles comme un être moral distingué des arrérages qu'il produit, et comme immeuble, est parce que les arrérages s'en perçoivent sans diminuer ni entamer son intégrité. Mais il n'en est de même d'une rente viagère : elle se consomme par parties, à mesure que les années de la vie de la personne sur la tête de qui elle est constituée, s'écoulent, et que les arrérages s'en perçoivent ; et elle s'éteint enfin entièrement par la mort de cette personne, et par la perception des arrérages de la dernière année de sa vie. Ce sont donc ces arrérages qui forment tout le fonds et l'être entier de la rente viagère, qui n'est en conséquence que la créance d'autant de certaines sommes d'argent qu'il y aura d'années de la vie de la personne sur la tête de qui elle est constituée, et par conséquent une créance mobilière et un bien meuble.

Ceux qui soutiennent immeubles les rentes viagères, disent que les coutumes qui déclarent immeubles les rentes constituées, les réputent telles par une fiction qui suppose dans ces rentes un être moral et intellectuel, distingué par l'entendement des arrérages qu'elles produisent, quoique ces rentes, même celles qui sont perpétuelles, ne soient, dans la vérité, autre chose que la créance des arrérages qui en courront jusqu'à leur rachat. Or cette fiction s'applique pareillement aux rentes viagères. On peut pareillement feindre et supposer dans ces rentes un être moral et intellectuel, distingué par l'entendement des arrérages, qui sont regardés comme les fruits civils desdites rentes, lequel être intellectuel ne diffère de celui qu'on suppose dans les rentes perpétuelles, qu'en ce que celui-ci est un être perpétuel, qui doit toujours subsister jusqu'au rachat; au lieu que celui qu'on suppose dans les rentes viagères, est un être périssable, dont la durée est bornée au temps de la vie de la personne sur la tête de qui elles sont constituées. Au surplus, la fiction qui suppose dans les rentes, tant qu'elles subsistent, un être distingué des arrérages qu'elles produisent, n'est pas moins applicable aux viagères qu'aux perpétuelles. La coutume de Paris, en déclarant immeubles les rentes constituées à prix d'argent, n'a pas restreint sa disposition aux rentes perpétuelles; elle ne dit pas : « Rentes constituées » à prix d'argent, (lorsqu'elles sont perpétuelles) sont répu- » tées immeubles : » elle dit simplement et indistinctement : » Rentes constituées à prix d'argent, sont réputées immeu- » bles; » ce qui comprend les viagères comme les perpétuelles : *Ubi lex non distinguit, nec nos debemus distinguere.*

Par arrêt du 4 août 1729, rapporté par Denisart, sur le mot *Communauté*, n. 84, il a été jugé que les arrérages d'une rente viagère qui appartenoit à l'un des conjoints, étoient tombés dans la communauté, comme fruits de cette rente; ce qui confirme l'opinion que les rentes viagères doivent être considérées comme un être moral distingué des arrérages qu'il produit, et de la classe des biens immeubles.

ONZIÈME RÈGLE.

91. Les offices sont réputés un bien immeuble.

Il y a trois espèces d'offices. La première espèce est de ceux qui sont en la pleine disposition du roi, auxquels il n'y a aucune finance attachée, tels que sont les gouvernements, les offices des commensaux de la maison du roi. Les offices de cette espèce ne sont pas *in bonis*. La question, si les offices sont un bien meuble ou immeuble, ne peut donc avoir lieu à l'égard de ces offices, puisqu'ils ne sont pas un bien de celui qui en est revêtu.

92. La seconde espèce d'office, est celle des offices vénaux, tels que sont les offices de judicature, tant des cours souveraines que des siéges inférieurs ; les offices de finance, tels qu'est l'office d'un receveur des tailles ; les offices de procureurs, d'huissiers, etc.

Observez que l'on considère deux choses dans ces offices : 1° le droit d'exercer une certaine fonction publique, que l'office donne à la personne qui y est reçue ; 2° la finance attachée à l'office. Le droit d'exercer la fonction publique n'est pas ce qui est dans le commerce, et sur quoi tombe la question.

La finance de l'office consiste dans une somme d'argent qui a été payée au roi, pour les besoins de l'état, lors de la création de l'office, et dont il a été expédié par le garde du trésor royal, une quittance qu'on appelle *quittance de finance d'office.*

A cette finance est attaché le droit qu'a celui qui l'a payée, ou qui est à ses droits, de se présenter (ou une autre personne) au roi, pour être pourvu de l'office. Le roi n'est pas néanmoins astreint à accorder des provisions à la personne qui lui est présentée : il peut les refuser, sans être tenu de dire les causes de son refus ; sauf au propriétaire à présenter une autre personne. Lorsque le roi n'a aucune cause de refus, il accorde les provisions de l'office à la personne qui lui est présentée, sous la condition qu'elle sera jugée capable par la cour ou juridiction à laquelle les provisions sont adressées : lorsqu'après un examen elle a été trouvée capable, elle est reçue dans l'office. C'est par rapport à cette finance de l'office, que les offices vénaux sont dans le commerce, et qu'ils sont un bien des particuliers qui les acquièrent. Cette espèce de bien étant très-extraordinaire, il étoit incertain à laquelle des deux classes de biens on l'assigneroit ; si ce seroit à celle des biens meubles, ou à celle des biens immeubles : on s'est déterminé à les mettre dans la classe des biens immeubles.

La coutume de Paris, *art.* 95, en a une disposition ; elle

dit : *Office vénal est réputé immeuble.* La coutume d'Orléans, art. 485, dit la même chose.

Ces coutumes, en déclarant immeubles les offices, leur avoient néanmoins laissé quelque chose qui tenoit de la nature des meubles, en disant que lorsqu'ils étoient vendus par décret, le prix devoit en être distribué au sou la livre, comme celui des biens meubles : mais l'édit du mois de mars 1683, a rendu immeubles les offices, quant à tous effets, en ordonnant que le prix s'en distribueroit par ordre d'hypothèque, comme celui des immeubles.

93. Observez qu'il y a certains offices, tels que ceux de notaires et de procureurs, auxquels il y a ordinairement une pratique annexée.

On appelle *la pratique*, toutes les dettes actives de l'étude, c'est-à-dire, les créances de notaires, pour raison des actes qu'ils ont passés ; celles de procureurs, pour raison des instances qu'ils ont poursuivies.

Lorsque l'officier se marie, quoique son office, étant un bien immeuble, n'entre pas dans la communauté légale, *la pratique* ne laisse pas d'y entrer; car cette pratique, qui est composée de différentes créances de sommes d'argent contre différents particuliers, est un bien mobilier.

On opposera peut-être que la pratique d'un office est un accessoire de l'office, qui doit suivre l'office. La réponse est, qu'il est faux que la pratique d'un office soit un pur accessoire de l'office : c'est un bien qui est distingué de l'office, puisqu'il peut en être séparé, et qu'on peut vendre l'office à une personne, et la pratique à une autre.

94. La troisième espèce d'offices, est celle des offices qu'on appelle *domaniaux*, parce qu'ils appartiennent au domaine du roi, et ont été engagés moyennant une certaine finance : ils consistent dans le droit qu'a le propriétaire engagiste d'exercer cette fonction, ou par lui-même, s'il en est capable, en se faisant recevoir dans l'office, ou par un commis qu'il fait recevoir, et à qui il donne l'office à ferme, ou qui lui en compte de clerc à maître. La plupart des greffes sont des offices de cette nature. Ces offices sont aussi réputés immeubles.

DOUZIÈME RÈGLE.

95. Les priviléges de perruquiers, sont une espèce de biens réputés immeubles.

Cette règle est fondée sur la ressemblance de cette espèce de biens avec les offices.

Le roi, dans les besoins de l'État, a établi, dans chaque ville, un certain nombre de priviléges de perruquiers, moyennant une certaine finance qui a été payée par ceux qui en ont été les acquéreurs. Ces priviléges ne sont pas des offices, puisqu'il n'y a aucune fonction publique qui y soit attachée ; mais, quant à leur nature de biens, ils ressemblent aux offices, en ce que cette espèce de biens, de même que les offices, consiste dans une quittance de finance qui est dans le commerce, et qui donne à ceux qui en sont les propriétaires, le droit de se faire recevoir, ou eux-mêmes, ou à leur place, telle autre personne qu'ils jugeront à propos, maîtres perruquiers dans la ville où le privilége est établi, pourvu qu'ils aient les qualités requises, et qu'ils aient fait le temps d'apprentissage ; et d'y exercer le métier à l'exclusion de tous autres.

§. III. Des exceptions que souffre le principe qui fait entrer dans la communauté légale tous les meubles de chacun des conjoints.

PREMIÈRE EXCEPTION.

96. Toutes les choses, quoique meubles, qui proviennent à l'un des conjoints, durant le mariage, de son héritage ou autre immeuble propre de communauté, sans en être des fruits, n'entrent point dans la communauté légale.

La raison de cette exception est, qu'il n'est pas permis à un conjoint d'avantager et d'augmenter, durant le mariage, la communauté aux dépens et par la diminution de ses propres, parce que, par ce moyen, il avantageroit directement l'autre conjoint ; ce que ne permettent pas les lois, qui défendent tous avantages directs ou indirects entre conjoints, durant le mariage.

On peut apporter, pour premier exemple de notre exception, le cas auquel un homme a fait abattre, durant son mariage, des arbres de haute futaie sur son héritage ou sur celui de sa femme. Ces arbres n'étant point *in fructu*, l. 11, ff. *de usufr.*, n'étant point censés faire partie des fruits et du revenu de l'héritage, n'entrent point dans la communauté légale, quoiqu'ils soient devenus meubles par leur séparation du sol : mais, comme ils proviennent d'un héritage propre, sans en être des fruits, ils appartiennent en propre à celui des conjoints sur l'héritage duquel ils ont été coupés, qui peut, lors de la dissolution de la communauté, ou les reprendre en nature, si on n'en a pas encore disposé, ou, lorsqu'ils ont été vendus, exercer la reprise du prix sur les biens de la communauté qui l'a reçu.

Il en seroit autrement si les arbres avoient été coupés avant le mariage. L'exception ne concerne que les meubles qui sont provenus, *durant le mariage*, de quelque héritage de l'un des conjoints. Ces arbres ayant appartenu au conjoint, dès avant son mariage, et lors de son mariage, comme choses meubles, ne sont pas dans le cas de l'exception, et ils entrent en qualité de biens meubles dans la communauté légale, sans qu'on considère leur origine.

Il en est aussi autrement d'une coupe de bois taillis qui est faite durant le mariage : cette coupe étant *in fructu*, entre, en qualité de fruits, dans la communauté légale.

97. On peut apporter, pour second exemple, les pierres tirées d'une carrière ouverte sur l'héritage propre de l'un des conjoints, durant le mariage.

Les jurisconsultes romains faisoient, à cet égard, une distinction. Ils croyoient qu'il y avoit des carrières où la pierre renaissoit à mesure qu'on en tiroit ; qu'il y en avoit de telles dans les Gaules et dans l'Asie. Ils décidoient que la pierre qu'on tiroit de ces carrières, étoit un fruit de l'héritage ; mais que, dans les autres carrières où la pierre ne renaissoit pas, les pierres qu'on en tiroit, ne devoient pas être regardées comme un fruit de l'héritage, mais plutôt comme une partie du fonds même, qui en étoit d'autant diminué : qu'en conséquence, à l'exception des carrières où la pierre renaît, les marbres que le mari avoit tirés durant le mariage, d'une carrière qu'il avoit ouverte sur le fonds dotal de sa femme, n'appartenoient pas au mari comme fruit, mais faisoient partie de la dot ; l. 7, §. 13, l. 8, ff. *sol. matr.*; l. 18, ff. *de fund. dot.* Observez que, dans la loi 7, §. 13, il faut suivre la correction d'Antoine Faber, et lire : *Marmor non est mariti, et impensa est ei præstanda.*

Je laisse aux naturalistes à décider s'il y a effectivement des carrières où la pierre renaisse à la place de celle qu'on en a tirée ; ce qu'il y a de certain, c'est que cela n'est pas ordinaire. C'est pourquoi on doit regarder comme une règle générale, que les pierres tirées d'une carrière qui a été ouverte durant le mariage, sur l'héritage propre de l'un des conjoints, ne doivent pas être regardées comme des fruits de cet héritage, qui appartiennent à la communauté, mais comme choses qui faisoient partie du fonds dont elles ont été tirées, lequel en a été diminué d'autant.

Quoique la pierre ne renaisse pas, néanmoins il y a des carrières si riches et si abondantes, qu'elles sont regardées, comme en quelque façon, inépuisables. Si ces carrières étoient établies sur l'héritage propre de l'un des conjoints, dès avant le mariage, et que dès ce temps on regardât les pierres qu'on en tiroit, comme faisant le revenu de l'héritage, qui n'étoit pas propre à en produire d'autres, en ce cas les pierres qu'on en tireroit, pendant le mariage, pourroient être regardées comme le revenu et les fruits de l'héritage, et comme devant, en cette qualité, appartenir à la communauté.

98. On peut apporter, pour troisième exemple de l'exception, le cas auquel on auroit trouvé, durant la communauté, un trésor dans l'héritage propre de l'un des conjoints. Quoique ce trésor soit un mobilier, le tiers qui en appartient au conjoint, en sa qualité de propriétaire de cet héritage, ne doit point entrer dans la communauté, parce que c'est quelque chose qui lui est provenu de son héritage propre, sans en être un fruit.

A l'égard du tiers qui appartiendroit à l'un des conjoints dans le trésor, en sa qualité de seigneur haut-justicier, comme ayant été trouvé dans le territoire de sa justice, ce tiers appartient à la communauté, comme fruit de son droit de justice.

Il n'est pas douteux que le tiers qui appartient, *jure inventionis,* au conjoint qui l'a trouvé durant la communauté, appartient à la communauté, de même que toutes les choses que chacun des conjoints acquiert durant la communauté.

SECONDE EXCEPTION.

99. Les choses mobilières qui sont substituées, durant la communauté, à quelque propre de communauté de l'un des conjoints, sont pareillement des propres de communauté de ce conjoint.

On peut apporter, pour exemple, le cas auquel l'héritage propre de l'un des conjoints a été vendu durant la communauté. Quoique la créance du prix qui en est dû à celui des conjoints qui l'a vendu durant la communauté, soit un bien meuble de ce conjoint, cette créance néanmoins n'appartient pas à la communauté, parce qu'elle a été, durant la communauté, substituée à son héritage propre, par la vente qu'il en a faite, et qu'elle lui en tient lieu.

100. Il faut dire la même chose de la créance d'une somme d'argent due à l'un des conjoints, pour le retour de partage d'une succession de biens immeubles, partage que l'un des conjoints a fait durant la communauté avec ses cohéritiers. Cette créance, quoique mobilière, n'entre pas en communauté, étant provenue, durant la communauté, à ce conjoint, du droit qu'il avoit à une succession d'immeubles, qui est un droit immobilier.

C'est l'avis de Lebrun, qui est mal-à-propos contredit par Borjon, qui prétend que ce retour en deniers doit tomber en communauté, sans que le conjoint en puisse avoir aucune reprise : il se fonde sur ce que les partages ayant dans notre jurisprudence un effet rétroactif, ce conjoint est censé avoir succédé directement aux seuls immeubles échus dans son lot, et au retour en deniers dont son cohéritier est chargé envers lui ; que ce retour en deniers étant en soi un effet mobilier, et ne pouvant lui tenir lieu d'aucuns immeubles qu'il ait eus, n'ayant succédé qu'à ceux échus dans son lot, ce retour en deniers doit tomber dans la communauté. La réponse est que ce retour n'est pas un simple effet mobilier de la succession, auquel on puisse dire que le conjoint a succédé. On ne peut pas dire que ce soit un effet de la succession, puisque la succession étoit toute immobilière, et que ce n'est pas dans la bourse de la succession, mais dans la bourse particulière du cohéritier qui en est chargé, que doit se prendre ce retour. Ce retour en deniers, dont son cohéritier est chargé envers lui par le partage, doit donc passer pour une créance contre son cohéritier, mobilière à la vérité, mais qui lui tient lieu, non d'aucuns immeubles déterminés, n'ayant succédé qu'à ceux échus en son lot, mais d'un droit immobilier indéterminé, puisqu'elle lui tient lieu de ce qui manquoit à son lot, pour parfaire sa part et son droit à une succession immobilière. Cette créance lui est provenue, durant le mariage, du droit qu'il avoit à une succession immobilière, et par conséquent d'un droit immobilier : elle doit donc, suivant notre principe, quoiqu'elle soit mobilière en soi, être excluse de la communauté.

Il en est autrement, lorsque par le partage d'une succession composée de meubles et d'immeubles, il est échu beaucoup plus de meubles, à proportion, que d'immeubles dans le lot du conjoint. Tout ce qui lui est échu de mobilier, tombe dans la communauté, sans qu'il en puisse avoir aucune reprise. On ne peut pas dire, en ce cas, que ce qu'il a eu de mobilier dans son lot, de plus que le montant de sa part dans le mobilier de la succession, lui tienne lieu et soit subrogé à ce qu'il a eu de moins que sa part dans la masse immobilière. Les meubles et les immeubles de cette succession ne composent qu'une même succession, dans laquelle le conjoint est censé n'avoir jamais eu de droit qu'aux choses échues dans son lot, par lequel il est rempli de toute sa portion héréditaire. On ne peut donc pas dire, en ce cas, que ce qu'il a eu de mobilier dans son lot, lui tienne en rien lieu de quelque droit immobilier, ni par conséquent l'exclure de la communauté.

101. Observez que nous ne suivons pas en entier l'opinion de Lebrun, qui exclut de la communauté la créance d'une somme d'argent que l'un des conjoints a pour prix de la vente d'un héritage, ou pour un retour de partage d'immeubles, soit que la vente ou le partage aient été faits avant ou depuis le mariage. Nous pensons, au contraire, que ces créances ne sont excluses de la communauté, que dans le cas auquel la vente de l'héritage ou le partage ont été faits durant la communauté; parce qu'en ce cas, cette créance mobilière est, durant la communauté, provenue d'un propre de communauté, auquel elle est subrogée, et duquel elle tient lieu : mais, lorsque la vente de l'héritage ou le partage ont été faits avant le mariage, la créance de la somme de deniers que le conjoint avoit en se mariant, quoique pour le prix d'un héritage, entre, avec le reste de son mobilier, dans la com-

munauté, comme nous l'avons vu *suprà*, *n.* 77. Les mêmes raisons ne se rencontrent pas : on ne peut pas dire que la créance pour le prix d'un héritage que le conjoint a vendu, avant le mariage, provienne d'un propre de communauté; cet héritage, qui n'appartenoit plus au conjoint, lorsqu'il s'est marié, n'ayant jamais été ni pu être son propre de communauté.

TROISIÈME EXCEPTION.

102. Les sommes d'argent et autres choses mobilières qui ont été données ou léguées à l'un des conjoints, soit avant, soit durant le mariage, n'entrent pas dans la communauté légale, lorsqu'elles ont été données ou léguées avec la clause qu'elles seroient propres au donataire ou au légataire.

La raison est, qu'il est au pouvoir de celui qui donne, d'apposer à la donation telles conditions ou restrictions que bon lui semble : *Unicuique licet quem voluerit modum liberalitati suæ apponere.* D'où il suit que les choses données à l'un des conjoints, ne peuvent entrer dans la communauté de biens en laquelle il est avec l'autre conjoint, lorsqu'elles n'ont été données qu'à la charge qu'elles n'y entreroient pas ; ce que le donateur a suffisamment donné à entendre, en disant qu'il les donnoit à la charge qu'elles seroient propres au donataire.

Voyez ce que nous dirons sur cette clause, *infrà*.

QUATRIÈME EXCEPTION.

103. Ce qu'un mineur qui se marie *de suo*, a en biens meubles, de plus que le tiers de l'universalité de tous ses biens, n'entre pas dans la communauté légale.

La jurisprudence des arrêts a fait cette exception. Les arrêts rapportés par Louet, *lettre* M, *n.* 20, ont jugé que l'apport fait en biens meubles, par le contrat de mariage d'un mineur à une communauté conventionnelle, étoit réductible au tiers de l'universalité des biens de ce mineur, et que le mineur étoit de plein droit restitué contre le consentement, quoique formel, qu'il avoit donné à cet apport excessif. Les biens meubles d'un conjoint qui entrent dans la communauté légale, n'y entrent que par le consentement tacite du conjoint, au pouvoir duquel il étoit de les en exclurc par une convention de réalisation. Lorsqu'un mineur, qui a tout son bien, ou une grande partie de son bien en biens meubles, s'est marié sans faire de contrat de mariage, il doit, suivant cette jurisprudence, être restitué de plein droit contre le consentement qu'il paroît avoir donné à ce que tout son mobilier entrât dans la communauté légale, et contre le défaut d'une convention pour la réalisation de ce qui excédoit le tiers de l'universalité de ses biens : car un consentement tacite n'est pas plus fort qu'un consentement formel, contre lequel la jurisprudence des arrêts restitue un mineur qui apporte en communauté plus du tiers de son bien ; et les mineurs sont restituables contre ce qu'ils ont manqué de faire, de même que contre ce qu'ils ont fait de préjudiciable à leurs intérêts : *Minoribus, in his quæ vel prætermiserunt vel ignoraverunt, innumeris authoritatibus constat esse consultum;* l. 8, *cod. de in integr. restit.*

Cette réduction du mobilier du mineur, qui doit entrer dans la communauté, au tiers de l'universalité de ses biens, n'a lieu que lorsque le mineur se marie *de suo*. Lorsque c'est son père, sa mère, ou quelque autre qui lui donne une dot en argent ou autres effets mobiliers, il est au pouvoir de celui qui donne cette dot, de la laisser entrer en entier dans la communauté de ce mineur, en ne faisant aucune convention de réalisation ; car celui qui donne une chose, est le maître de la donner de la manière et à telles conditions que bon lui semble. Mais, lorsque le mineur est marié en ses droits et *de suo*, il n'importe que ce soit son père ou un autre tuteur qui le marie : son père n'a pas plus de droit, qu'un autre tuteur, de disposer du bien de son fils, et il ne doit pas, par conséquent, lui être permis, lorsqu'il marie son fils, de faire entrer en communauté plus du tiers du bien de son fils.

CINQUIÈME EXCEPTION.

104. Le principe, que tous les meubles de chacun des conjoints entrent dans la communauté légale, souffre encore une exception dans un cas, par l'édit des secondes nocces. *Voyez* ce cas *dans notre traité du mariage*, n. 551.

ARTICLE II.

Des conquêts.

105. Les immeubles conquêts sont la seconde espèce de choses dont est composée la communauté légale ; la coutume de Paris, *article 220*, dit : « Homme et femme sont uns et » communs en biens meubles, *et conquêts immeubles faits du-* » *rant et constant le mariage*. »

En matière de communauté, le terme de *conquêts* est opposé à celui de *propres*. On entend par *conquêts*, les héritages qui sont de la communauté ; et, par *propres*, ceux qui n'en sont pas.

Ce terme de *propre* est pris, en matière de communauté, dans un sens différent de celui dans lequel il est pris dans les autres matières de droit. Ce terme de *propre* est pris, dans les autres matières, pour un héritage ou autre immeuble qui appartient à quelqu'un à titre de succession d'un parent ; mais, en matière de communauté, on appelle *propre* tout ce qui n'est pas commun, tout ce qui n'est pas entré en communauté. Un héritage est *propre* de communauté, lorsqu'il appartient à l'un des conjoints, sans faire partie des biens de la communauté qu'il a avec l'autre conjoint.

Comme il y a lieu souvent à la question, si un héritage ou autre immeuble est *conquêt* ou *propre* de communauté, nous établirons des règles, pour distinguer les héritages ou immeubles qui sont *conquêts* et ceux qui sont *propres*. Nous emploierons le premier paragraphe de cet article à exposer la première de ces règles ; dans le second paragraphe, nous exposerons les autres.

§. I.

PREMIÈRE RÈGLE.

106. Il n'y a que des acquêts qui puissent être *conquêts* de la communauté légale ; tous les héritages et autres immeubles qui sont *propres* en matière de succession, sont aussi toujours *propres* de cette communauté, quoique les choses qui sont propres de communauté ne soient pas de même toujours *propres* en matière de succession.

Les héritages et immeubles qui sont propres, en matière de succession, étant ceux qui aviennent à titre de succession, ou à un titre équipollent à succession, tels que sont les dons et legs faits à des enfants par leurs pères et mères, ou autres parents de la ligne directe ascendante, et les accommodements de famille qui se font entre ces personnes ; pour entrer dans le détail de notre règle, et pour faire bien connoître quels sont les héritages et autres immeubles qui sont propres en matière de succession, et qui sont en conséquence, suivant notre règle, propres de la communauté légale, nous appliquerons notre règle à chacun de ces titres. Nous l'appliquerons aussi ensuite aux partages et licitations entre cohéritiers.

Application de la règle au titre de succession.

107. Les héritages qui aviennent à titre de succession d'un parent, soit en ligne directe, soit en ligne collatérale, sont propres en matière de succession ; ceux donc qui aviennent à ce titre, à l'un des conjoints, quoique durant le mariage, lui sont pareillement, suivant notre règle, propres de communauté.

Il en est de même des offices et des rentes. Ces choses étant réputées immeubles, et de même nature que les héritages, elles sont susceptibles de la qualité de propres ; c'est pourquoi, lorsque ces choses aviennent à l'un des conjoints, quoique durant le mariage, par succession directe ou collatérale de quelqu'un de ses parents, ces choses lui étant propres de succession, sont pareillement propres de communauté.

108. Observez que pour qu'une rente soit propre, en matière de succession, il ne suffit pas qu'elle soit réputée immeuble en la personne de l'héritier qui y a succédé ; il faut aussi qu'elle ait été réputée immeuble dans la personne à qui l'héritier a succédé. C'est pourquoi, si l'un des conjoints, domicilié sous la coutume de Paris, qui répute immeubles les rentes, a succédé durant le mariage à un de ses parents domicilié sous celle de Troyes, qui les répute meubles, cette rente, quoiqu'elle soit devenue immeuble en la personne du Parisien, quoiqu'elle soit une chose immeuble qui lui est échue par succession, ne sera pas *un propre* en sa personne, mais un simple acquêt.

La raison est, que la nature des propres, est d'être d'*anciens héritages* (c'est le nom que plusieurs coutumes leur donnent), qui se sont transmis dans la famille, par succession. Or, on ne peut pas dire qu'une rente qui n'a commencé à être réputée immeuble et de la nature des héritages, que dans la personne de l'héritier, soit *un ancien héritage*; ce n'est donc pas un propre, mais un simple *acquêt* de cet héritier. C'est ce qui a été jugé par un arrêt du 14 mars 1697, contre les héritiers aux propres maternels de la dame de Machault, qui, étant domiciliée à Paris, avoit succédé à sa mère, domiciliée sous la coutume de Reims, qui répute les rentes meubles. L'arrêt jugea que cette rente, quoique devenue immeuble en la personne de la dame de Machault, n'étoit point un propre maternel, mais un simple acquêt dans la succession de ladite dame de Machault, qui n'avoit succédé à sa mère, à cette rente, que comme à un meuble. Cet arrêt est rapporté par Boullenois, *quest.* 2; par Lemaître, par l'annotateur de Lebrun, etc.

109. Il me paroît suivre, de la décision de cet arrêt, que lorsque l'un des conjoints domicilié à Paris, succède, durant le mariage, à un de ses parents domicilié sous une coutume qui répute les rentes meubles, celles qu'il a recueillies de cette succession doivent entrer en sa communauté : car la communauté est composée de tous *les acquêts des conjoints faits durant le mariage.* Or, ces rentes auxquelles le conjoint a succédé comme à des meubles, quoique devenues immeubles en la personne de ce conjoint, n'étant pas, selon la décision de cet arrêt, des propres en sa personne, mais des acquêts; et ces acquêts étant faits durant le mariage, puisque c'est durant le mariage que le conjoint y a succédé, il s'ensuit qu'ils doivent entrer dans la communauté de ce conjoint.

110. L'annotateur de Lebrun est d'un avis contraire au nôtre : il pense que ces rentes, quoiqu'elles ne soient pas propres de succession, ne laissent pas d'être propres de communauté. Si elles ne sont pas propres de succession, c'est, dit-il, parce qu'il leur manque une condition nécessaire pour cela, qui est qu'elles aient été possédées comme immeubles par le défunt, de la succession duquel elles sont avenues au conjoint. Cette condition n'est pas nécessaire pour qu'elles soient propres de communauté; il suffit, pour cela, que le conjoint les ait eues à titre de succession. Je réponds que si les immeubles qui aviennent à l'un des conjoints, durant le

mariage, à titre de succession, n'entrent pas dans la communauté, ce n'est pas précisément et seulement parce qu'ils lui aviennent à titre de succession, mais c'est parce que le titre de succession leur imprime la qualité de propres, qui est incompatible avec celle d'acquêts, et par conséquent de conquêt : c'est pourquoi les meubles, qui ne sont pas susceptibles de la qualité de propres, quoiqu'ils aviennent à l'un des conjoints, à titre de succession, ne laissent pas de tomber dans la communauté. Par la même raison, ces rentes auxquelles le conjoint n'a succédé que comme à des meubles, quoique devenues immeubles en sa personne, n'ayant pas la qualité de propres, et n'étant que des acquêts, rien n'empêche qu'elles ne tombent dans la communauté comme conquêts.

111. Pour qu'une chose soit propre dans la personne de l'héritier qui y a succédé, il est, à la vérité, nécessaire qu'elle ait été possédée comme immeuble par la personne à qui il a succédé : mais il n'est pas de même nécessaire qu'elle ait été possédée par elle comme propre ; car c'est une maxime, que l'acquêt du défunt devient propre en la personne de son héritier.

112. Par la même raison, lorsque par la défaillance de la ligne d'où procédoit un héritage propre, l'héritier aux acquêts, qui est étranger à cette ligne, a succédé (1) à cet héritage, quoiqu'il n'y ait pas succédé comme à un propre, cet héritage ne laissera pas d'être un propre dans la personne de cet héritier; sauf qu'il ne sera plus un ancien propre, mais un propre qui ne remonte pas plus haut qu'à la personne du défunt à qui il a succédé.

113. Pour qu'un héritage soit propre, en matière de succession, et par conséquent en matière de communauté, il n'est pas non plus nécessaire que l'héritier qui a succédé à cet héritage, justifie que le défunt auquel il a succédé, en étoit le propriétaire; le défunt l'ayant possédé lors de sa mort, et cet héritage s'étant trouvé parmi les effets de sa succession, le défunt est par-là suffisamment présumé l'avoir été, tant que l'héritier n'en est pas évincé.

(1) Dans les coutumes d'Anjou, du Maine, et quelques autres, par la défaillance de la ligne, la succession des propres est déférée au fisc : mais ces coutumes doivent être restreintes dans leur territoire.

114. Cela a lieu, même dans le cas auquel un tiers, se prétendant propriétaire de l'héritage, auroit donné une demande en revendication contre l'héritier, pour se le faire délaisser, de laquelle, depuis et pendant la communauté de l'héritier avec sa femme, le demandeur en revendication se seroit désisté par une transaction, pour une somme d'argent que l'héritier lui auroit payée : l'héritage ne laisse pas d'être propre, en matière de succession, et par conséquent propre de communauté ; sauf la récompense que l'héritier doit à sa communauté de la somme qu'il en a tirée pour la donner au demandeur en revendication, et se conserver, par ce moyen, l'héritage, comme nous le verrons *infrà*.... La raison est, qu'une transaction étant de sa nature *de re incertâ et dubiâ*, et l'héritier, en donnant au demandeur en revendication la somme qu'il lui a donnée, ayant pu vouloir plutôt éviter un procès, que reconnoître le droit du demandeur en revendication, cette transaction n'est pas suffisante pour détruire la présomption que le défunt, auquel l'héritier a succédé, qui s'est trouvé lors de sa mort en possession de l'héritage, en étoit aussi le propriétaire.

115. Il en seroit autrement, si, par l'acte, l'héritier avoit reconnu que l'héritage appartenoit au demandeur en revendication, lequel auroit consenti que l'héritage demeurât à l'héritier, pour la somme que l'héritier lui auroit donnée : l'acte, en ce cas, seroit une véritable vente que le demandeur en revendication feroit de cet héritage à l'héritier. L'héritier ne seroit plus censé tenir à titre de succession cet héritage ; son titre seroit la vente qui lui en auroit été faite : l'héritage seroit donc dans ce cas acquêt, et par conséquent *conquêt*, l'acquisition ayant été faite durant la communauté.

116. Quand-même, par l'acte intervenu sur la demande en revendication, et qualifié de transaction, l'héritier n'auroit pas formellement reconnu le droit de propriété du demandeur en revendication ; si la somme qu'il lui a donnée pour se conserver l'héritage, étoit de toute la valeur de l'héritage, ce seroit une forte présomption que l'acte seroit une véritable vente que le demandeur lui auroit faite de l'héritage, déguisée sous le nom de transaction ; et cette présomption pourroit suffire pour faire déclarer acquêt l'héritage, et par conséquent conquêt, si l'acte étoit intervenu durant la communauté de l'héritier.

117. Hors ce cas, la femme de cet héritier, qui prétendroit que l'héritage est un conquêt de sa communauté, et que l'acte intervenu entre le demandeur en revendication et son mari, est une vente que ce demandeur en a faite à son mari, ne devroit pas être admise dans les offres qu'elle feroit de justifier le droit de propriété de ce demandeur en revendication, à moins qu'elle n'eût cette preuve à la main, par des titres clairs et incontestables; car on ne doit pas admettre un tiers à ressusciter un procès assoupi par une transaction.

118. Si un héritage dont le parent à qui j'ai succédé étoit en possession lors de sa mort, lui avoit été vendu par quelqu'un qui s'étoit fait fort du propriétaire; quoique le propriétaire dont le vendeur s'étoit fait fort, n'ait ratifié que depuis la mort de mon parent, et même quoique je lui aie donné de l'argent pour le porter à ratifier, néanmoins je ne serai pas censé avoir acquis moi-même cet héritage de ce propriétaire, par la ratification qu'il a faite; je suis censé l'avoir à titre de succession de mon parent; et l'héritage est en conséquence un propre, tant en matière de succession que de communauté, sauf la récompense que je dois à la communauté, de l'argent que j'en ai tiré pour faire ratifier le propriétaire.

La raison de douter, étoit que mon parent, à qui j'ai succédé, n'a pu acquérir la propriété de l'héritage qu'on lui a vendu, que par le consentement du propriétaire. Ce consentement n'étant pas encore intervenu lors de sa mort, je n'ai pu lui succéder à cet héritage; car on ne peut succéder à quelqu'un à une chose qui ne lui appartient pas.

La raison de décider au contraire, que je dois être censé avoir succédé à mon parent à cet héritage, est qu'il est de la nature des ratifications d'avoir un effet rétroactif. Celui qui ratifie une vente qui étoit faite en son nom, est censé avoir donné procuration de la faire, suivant la règle, *Ratihabitio mandato comparatur*: il est censé avoir vendu lui-même, et mis lui-même l'acheteur en possession, suivant cette règle de droit : *Qui mandat, ipse fecisse videtur*. Mon parent, auquel j'ai succédé, est donc censé, par le secours de la fiction qui donne un effet rétroactif aux ratifications, être devenu propriétaire de l'héritage qu'on lui a vendu, dès aussitôt qu'il en a été mis en possession, de même que si c'eût été le propriétaire, au nom duquel la vente lui a été faite, qui l'y eût mis lui-même, et par conséquent en avoir été propriétaire lors de sa mort : je dois, par conséquent, être censé lui avoir succédé à cet héritage.

119. Par la même raison, je dois être censé avoir succédé à mon parent à un héritage qu'il avoit acquis d'un mineur, quoique le mineur, devenu majeur, n'ait ratifié que depuis la mort de mon parent.

On dit de même, pour raison de douter, que les lois déclarent nulles les aliénations des biens des mineurs. Le parent, à qui j'ai succédé, n'a donc pu acquérir la propriété de l'héritage que le mineur lui a vendu, avant la ratification de ce mineur faite en majorité ; je n'ai donc pu lui succéder à cet héritage, qui ne lui appartenoit pas lors de sa mort.

La réponse qui sert de raison pour décider, est que la loi ne prononce la nullité de l'aliénation des biens des mineurs, qu'en faveur des mineurs. Cette nullité n'est donc qu'une nullité relative, qui n'a lieu qu'autant que le mineur trouveroit que l'aliénation qu'il a faite de ses biens, lui seroit désavantageuse. Mais lorsque le mineur, devenu majeur, approuve l'aliénation qu'il a faite, soit par une ratification expresse, soit par une ratification tacite, en laissant écouler le temps de la restitution sans se pourvoir, l'aliénation est valable : c'est pourquoi, dans cette espèce, le mineur, devenu majeur, ayant ratifié la vente qu'il a faite à mon parent, cette vente dont la validité, jusqu'à cette ratification, avoit été *in suspenso*, est censée avoir été valable ; mon parent est censé être devenu propriétaire, par la tradition que le mineur lui en a faite : je dois donc pareillement être censé avoir succédé à cet héritage.

120. Il n'en est pas de même de la nullité que les lois prononcent de tout ce que fait une femme sans être autorisée. Cette nullité n'est pas établie en faveur de la femme, puisqu'elle s'étend même aux actes qui lui seroient avantageux, tels qu'est l'acceptation qu'elle feroit d'une donation qui lui seroit faite ; *ordonnance de* 1731, *art.* 9. C'est pourquoi, si une femme sous puissance de mari, avoit, sans être autorisée, vendu un héritage à mon parent, auquel j'ai depuis succédé ; et que, depuis la mort de mon parent, par un acte passé entre cette femme devenue veuve et en ses droits, et moi, elle eût consenti que cette vente eût lieu à mon profit, et que je retinsse l'héritage, cet acte ne me paroît pouvoir passer que pour une vente que cette veuve m'auroit faite de cet héritage, et non pour une confirmation de celle qu'elle en auroit faite

au parent auquel j'ai succédé; ce qui est absolument nul, n'étant pas susceptible de confirmation : d'où il suit que cet héritage doit être réputé acquêt, et par conséquent conquêt de la communauté légale, si c'est durant cette communauté que l'acte a été passé.

121. Pour que je sois censé avoir, à titre de succession, un héritage ou un autre immeuble, et qu'il soit en conséquence propre en matière de succession, et propre de communauté, il n'est pas nécessaire que j'aie trouvé cet héritage même dans la succession de mon parent à qui j'ai succédé; il suffit que j'y aie trouvé le droit en vertu duquel j'en suis depuis devenu propriétaire.

La raison de cette maxime est, que le droit à une chose est censé être, *juris affectu et eventu*, la chose même à laquelle il se termine, et dans lequel il se fond et se réalise par la suite, suivant cette règle de droit : *Is qui actionem habet, ipsam rem habere videtur ;* l. 15, ff. *de reg. jur.* D'où il suit que lorsque j'ai succédé à mon parent à un droit qu'il avoit à un certain héritage, duquel je suis depuis devenu propriétaire en vertu de ce droit, je suis censé lui avoir succédé à l'héritage même, dans lequel le droit auquel je lui ai succédé, s'est depuis réalisé.

Suivant ces principes, si mon parent à qui j'ai succédé, avoit de son vivant acheté un certain héritage, dont il n'avoit pas encore été mis en possession lors de sa mort; quoique je n'aie trouvé dans sa succession que l'action *ex empto,* je suis censé lui avoir succédé à l'héritage même que je me suis fait donner par cette action.

122. Par la même raison, si le parent à qui j'ai succédé, avoit vendu un héritage avec faculté de réméré, et que depuis sa mort j'aie, en qualité de son héritier, exercé le réméré, je suis censé avoir cet héritage à titre de succession de mon parent. Quoique je n'aie pas trouvé l'héritage même dans sa succession, il suffit que j'y aie trouvé le droit de réméré qui s'est réalisé dans cet héritage que j'ai réméré. Cet héritage m'est donc propre, et en matière de succession, et propre de communauté, sauf la récompense que je dois à la communauté, de la somme que j'en ai tirée pour exercer le réméré.

123. Par la même raison, si le parent à qui j'ai succédé avoit aliéné un héritage sous une condition résolutoire; *putà,* s'il l'avoit donné à quelqu'un, à condition qu'il y rentreroit

si le donataire mouroit sans enfants, et que la condition ayant existé depuis la mort du parent auquel j'ai succédé, je sois rentré dans cet héritage, je serai censé avoir cet héritage à titre de succession de mon parent, quoique ce ne soit pas l'héritage même qui se soit trouvé dans sa succession; car, en succédant au droit de rentrer dans l'héritage, je suis censé avoir succédé à cet héritage auquel ce droit s'est terminé, et dans lequel il s'est réalisé.

On objectera peut-être que l'existence de la condition qui a donné ouverture au droit de rentrer dans cet héritage, n'étant survenue que depuis la mort de mon parent, je n'ai pas même trouvé ce droit dans la succession de mon parent, puisqu'il n'étoit pas encore né lors de l'ouverture de cette succession.

La réponse est, que suivant les principes que nous avons établis en notre traité des obligations, *n.* 220, l'existence des conditions apposées à un contrat, a un effet rétroactif au temps du contrat, qui fait réputer le droit auquel l'existence de la condition a donné ouverture, comme acquis dès le temps du contrat. Suivant ce principe, le parent à qui j'ai succédé, est censé avoir eu, dès le temps du contrat de donation qu'il a faite de son héritage, le droit d'y rentrer, et l'avoir transmis par conséquent dans sa succession.

124. Lorsque le parent à qui j'ai succédé, a vendu un héritage dont il a mis l'acheteur en possession, sans en recevoir le prix pour lequel il lui a accordé terme; et que, par une convention que j'ai eue, depuis sa mort, en qualité de son héritier, avec l'acheteur, je suis rentré dans l'héritage en le quittant du prix, cet héritage m'est-il propre ? La raison de douter est, que la vente de l'héritage ayant été faite purement et simplement, sans pacte commissoire, le vendeur à qui j'ai succédé, paroît n'avoir retenu aucun droit de rentrer dans l'héritage auquel j'ai pu succéder. La réponse à ce raisonnement est, que dans tous les contrats synallagmatiques, la partie qui a de sa part exécuté le contrat, a le droit de répéter la chose qu'elle a donnée en exécution du contrat, en cas de l'inexécution du contrat de la part de l'autre partie : c'est de ce droit que naît l'action qu'on appelle *condictio ob rem dati re non secutâ.* Le vendeur, dont j'ai été héritier, avoit donc le droit de rentrer dans l'héritage, en cas d'inexécution du contrat; il l'a laissé dans sa succession, et il me l'a transmis. C'est en vertu de ce

droit qu'en conséquence de l'inexécution du contrat, par la
convention de désistement entre l'acheteur et moi, je suis rentré dans cet héritage, et j'en suis devenu propriétaire. Je le suis
donc devenu en vertu d'un droit auquel j'ai succédé : cet
héritage m'est donc propre en matière de succession, et il
doit par conséquent être aussi propre de communauté; sauf
la récompense que je dois à la communauté, de la somme due
pour le prix de l'héritage qui devoit entrer dans la communauté, et dont je l'ai privée en déchargeant l'acheteur de
cette somme, pour avoir l'héritage, comme nous le verrons
infrà.

On dira peut-être : A quoi sert le pacte commissoire, si,
sans ce pacte, le vendeur a le droit de rentrer dans l'héritage,
faute de paiement du prix ? *Voyez, dans notre traité du contrat de vente, n.* 475, ce que ce pacte donne de plus.

125. Le principe que nous venons d'établir, que je suis
censé avoir à titre de succession un héritage, lorsque j'ai
succédé à mon parent, au droit en vertu duquel j'en suis
depuis devenu propriétaire, n'a lieu que lorsque le droit
auquel j'ai succédé, a été la cause prochaine et immédiate
de l'acquisition que j'ai faite depuis cet héritage, comme
dans les exemples ci-dessus rapportés : il en est autrement
lorsque le droit auquel j'ai succédé, n'en a été qu'une cause
éloignée. Par exemple, si j'ai succédé à un parent, à une
seigneurie directe à laquelle étoit attaché un droit d'avoir,
par retrait conventionnel, les héritages d'un certain territoire,
lorsqu'ils sont vendus; et que depuis, un héritage sujet à
ce droit ayant été vendu, j'en aie exercé le retrait qui m'en
a rendu propriétaire, je ne serai pas censé avoir cet héritage à titre de succession. Cet héritage est un acquêt; et
si la vente qui a donné ouverture au retrait que j'ai exercé,
est intervenue durant ma communauté, il sera conquêt de
cette communauté. La raison est, que le droit attaché à la
seigneurie à laquelle j'ai succédé, qui consiste dans le droit
d'être préféré pour acheter les héritages qui y sont sujets,
lorsqu'ils sont vendus, n'est que la cause éloignée de l'acquisition que j'ai faite de l'héritage dont j'ai exercé le retrait. La cause prochaine de mon acquisition est le contrat
de vente de cet héritage, aux droits duquel contrat j'ai été
subrogé à l'acheteur à qui la vente en avoit été faite, par le
retrait que j'ai exercé sur lui, qui m'en a rendu acheteur

en sa place. C'est donc ce contrat de vente qui est le véritable titre et la cause prochaine de l'acquisition que j'ai faite de cet héritage; je le possède à titre d'achat, et par conséquent c'est un acquêt.

Pour les mêmes raisons, un héritage retiré par retrait féodal, a été jugé acquêt, par arrêt du 24 janvier 1623; *Bardet*, *liv.* 1, *chap.* 109.

126. Pareillement lorsqu'ayant un droit de justice qui m'est propre, l'ayant eu de la succession de mes parents, j'ai, en ma qualité de seigneur de justice, acquis par droit de déshérence ou de confiscation, des biens immeubles d'un homme mort sans héritiers, ou condamné à une peine capitale; ces immeubles ne sont pas des propres, mais des acquêts; et si la mort ou la condamnation qui ont donné ouverture à la déshérence ou à la confiscation, sont arrivées durant ma communauté, ils sont des conquêts, car ce n'est pas mon droit de justice qui est la cause prochaine et immédiate de l'acquisition que j'ai faite de ces immeubles; c'est le droit de déshérence ou de confiscation auquel la mort ou la condamnation de la personne à qui ils appartenoient, a donné ouverture; lesquels droits de déshérence ou de confiscation, sont des fruits civils de mon droit de justice qui les a produits, et en sont distingués comme la fille l'est de la mère, et comme les fruits le sont de la terre qui les a produits.

Il n'en est pas de même du droit de déshérence que la coutume de Bretagne, *art.* 595, et quelques autres donnent au seigneur de fief par la défaillance de l'estoc. Lorsque, dans ces coutumes, le seigneur succède au fief qui relevoit de lui, par la mort de son vassal qui n'a laissé aucuns héritiers de la ligne d'où ce fief procédoit, cette succession ne doit pas être considérée comme un fruit et une obvention du fief dominant, mais comme une reversion qui se fait de ce fief au seigneur; par l'extinction de l'inféodation que produit la défaillance de la ligne. Le droit d'y rentrer, en cas de défaillance de la ligne, étoit une des dépendances du fief dominant : ce fief dans lequel le seigneur est rentré, et auquel s'est terminé le droit qu'il avoit d'y rentrer, en est donc pareillement une dépendance, comme il l'étoit avant l'inféodation qui l'en avoit séparé. C'est pourquoi, si le fief dominant étoit propre, le fief dans lequel le seigneur du fief dominant est rentré par ce droit de déshérence, est pareillement propre.

Il en est de même de la commise du fief pour désaveu ou pour félonie : ce n'est pas tant en ce cas une acquisition que fait le seigneur, qu'une reversion qui se fait par l'extinction de l'inféodation. Le droit qu'a le seigneur de rentrer dans les fiefs qui relèvent de lui, lorsque le cas arrivera, est un droit qui fait partie du fief dominant ; et par conséquent le fief dans lequel, le cas étant arrivé, le seigneur est rentré, et auquel le droit qu'il avoit d'y rentrer s'est terminé, doit pareillement faire partie des dépendances du fief dominant, et être de même nature, et par conséquent propre, lorsque le fief dominant est un propre de la personne à qui il appartient.

127. Les héritages confisqués sont-ils propres ou acquêts aux enfants ou autres héritiers du condamné, auxquels le roi a fait remise de la confication ? Je crois que la décision de la question dépend beaucoup des termes dans lesquels le brevet est conçu. Si le roi déclare par le brevet qu'il se désiste en leur faveur de son droit de confiscation des biens du condamné, le roi paroît, en ce cas, en se désistant de son droit de confiscation, avoir, par la plénitude de sa puissance, rendu au condamné le droit de transmettre par succession, ses biens qu'il avoit perdus en perdant l'état civil par la condamnation. Ses enfants ou autres héritiers sont en conséquence censés avoir, à titre de succession, les biens du condamné ; et par conséquent ceux desdits biens qui sont immeubles, sont de véritables propres. Mais si le brevet porte simplement que le roi fait don des biens confisqués aux enfants ou autres héritiers du condamné, les enfants n'ayant en ce cas d'autre titre que le don que leur en a fait le roi, ces biens sont acquêts, et par conséquent conquêts, si le don a été fait durant la communauté.

Il y a des auteurs qui distinguent entre les enfants du condamné et ses autres parents, en interprétant, selon le premier sens, le brevet, lorsque la remise est faite aux enfants ; et selon le second sens, lorsque la remise est faite à d'autres parents.

128. Quoique l'héritage auquel l'un des conjoints a succédé à son parent durant le mariage, n'ait pas dans la succession de ce conjoint, ni en matière de disposi-

tion, les effets d'un bien propre, ne restant plus personne de la famille dont il procédoit, il n'en est pas moins pour cela propre de communauté; car ce n'est que *ex accidenti et ex causâ extrinsecâ*, qu'il n'a pas dans la succession de ce conjoint, et en matière de disposition, les effets d'un bien propre : il n'en est pas moins en soi un héritage propre, ayant été transmis par succession. Ce n'est donc pas un acquêt, ni par conséquent un conquêt.

129. Il nous reste à observer que pour qu'un immeuble échu à l'un des conjoints durant la communauté, par la succession de son parent, soit propre de succession, et par conséquent propre de communauté, il n'importe que ce parent, par la succession duquel il lui est échu, soit un parent de la ligne directe ascendante, ou de la ligne directe descendante, ou de la collatérale. Toutes ces successions font des propres.

Doit-on excepter de cette règle la succession par laquelle les pères et mères succèdent à leurs enfants aux choses qu'ils leur ont données ? Nous traiterons cette question dans un traité des successions.

Application de la règle aux dons et legs faits en avancement de succession, ou pour en tenir lieu.

130. Les héritages ou autres immeubles donnés ou légués à un enfant par son père, sa mère ou quelque autre parent de la ligne directe ascendante, sont propres à cet enfant en matière de succession, de même que s'ils lui étoient échus par la succession de ces personnes ; et par conséquent, suivant la règle ci-dessus proposée, ils sont aussi propres de communauté, quand même le don ou le legs auroit été fait durant la communauté.

La raison est, que ces parents devant, suivant l'ordre de la nature, la succession de leurs biens à leurs enfants, les dons et legs qu'ils leur font de leurs biens, sont moins des dons et legs qu'un acquittement de la dette naturelle de leur succession qu'ils leur doivent. Les enfants, par les donations entre vifs qui leur sont faites de ces biens, sont censés recueillir d'avance la succession du donateur ; et c'est pour cela que ces donations sont appelées *avancement d'hoirie*, *avancement de succession*.

131. Cela a lieu, 1° quand même l'enfant donataire auroit

depuis renoncé à la succession du donateur, les héritages et autres immeubles qui lui ont été donnés, n'en sont pas moins des propres de succession et de communauté; car le donateur n'est pas moins censé les lui avoir donnés en avancement de sa succession, et ils lui tiennent lieu de sa succession.

132. Cela a lieu, 2° quand même les héritages donnés excéderoient la part que l'enfant donataire eût dû avoir dans la succession du donateur. Ces héritages ne laissent pas de lui être propres entièrement, et non pas seulement jusqu'à concurrence de la part qu'il eût dû avoir dans la succession du donateur; car le donateur n'en est pas moins censé lui avoir donné le total, comme un avancement de sa succession, dans laquelle il a voulu lui faire une part plus avantageuse que celle que lui eût faite la loi civile des successions.

133. Cela a lieu, 3° quand même l'enfant donataire ne seroit pas l'héritier présomptif immédiat de son aïeul qui les lui a donnés, étant précédé par son père. Ces héritages ne laissent pas d'être censés lui avoir été donnés en avancement de succession : car, selon l'ordre de la nature, les biens de son aïeul devant lui parvenir un jour, non pas à la vérité immédiatement, mais médiatement et par le canal de son père, son aïeul, en les lui donnant ou les lui léguant, ne fait que prévenir ce temps, et sauter par-dessus le canal par lequel ils doivent lui passer. La donation ou le legs qu'il lui en fait, est donc une anticipation de sa succession; les héritages ou autres immeubles ainsi donnés ou légués sont donc propres de succession, et par conséquent propres de communauté.

134. Cela a lieu, 4° quand même l'héritage ne passeroit pas directement du père au fils : mais par le canal d'une autre personne que le père auroit chargée de substitution envers son fils. Par exemple, si un père ayant deux fils, fait l'aîné légataire universel, à la charge de substitution envers le puîné; quoiqu'à l'ouverture de la substitution, le puîné recueille les héritages compris en la substitution par le canal et des mains de son frère aîné, ce puîné ne laisse pas d'être censé les tenir à titre de donation de son père, la substitution qui est son titre, étant une donation que son père lui a faite. Ces héritages lui sont donc des propres de succession, et par conséquent propres de communauté.

Contrà, vice versâ, lorsqu'un oncle a grévé son neveu d'une substitution au profit des enfants dudit neveu, les héritages compris dans la substitution, que lesdits enfants ont recueillis, ne leur sont que des acquêts : car, quoiqu'ils soient passés du père aux enfants, ce n'est pas de leur père qu'ils les tiennent; leur père n'a été que le canal par lequel ils leur sont passés : ils les tiennent de leur grand-oncle qui les leur a donnés par la substitution qu'il a faite en leur faveur. Mais les donations faites par un parent collatéral ne sont que des acquêts, comme nous le verrons plus amplement ci-après.

155. Lorsqu'un père, durant le mariage de son fils, lui fait donation d'une rente d'une certaine somme, dont il se constitue lui-même le débiteur envers lui, cette rente est-elle en la personne du fils, qui en est le créancier, un bien acquêt, ou un propre ?

Pour soutenir que cette rente n'est pas un propre, mais seulement un acquêt, on dit qu'un propre est un *ancien héritage* qui a appartenu à la personne à qui on a succédé, et a passé de sa personne à celle qui lui a succédé. Or, la rente que le père a donnée à son fils, et dont il s'est constitué le débiteur envers son fils, étant une rente qui n'a été créée et formée que par la donation qui en a été faite au fils, et qui n'a commencé à exister qu'en la personne du fils, on ne peut pas dire que ce soit un ancien héritage qui ait passé de la personne du père en celle du fils. On ne peut donc pas dire que cette rente soit un propre; elle n'est donc qu'un acquêt du fils; et la donation ne lui en ayant pas été faite par son contrat de mariage, c'est un acquêt fait durant son mariage, et par conséquent un conquêt, qui est entré dans la communauté légale, s'il n'y a clause contraire dans la donation, de même qu'y seroient entrés des meubles que le père auroit donnés à son fils.

Au contraire, pour soutenir cette rente propre, on dit qu'il est vrai que cette rente, considérée en sa forme de rente, n'a commencé à exister qu'en la personne du fils, et qu'elle n'a jamais, dans cette forme, appartenu au père. Mais si elle ne lui a pas appartenu *formaliter* dans sa forme de rente, elle lui a appartenu *causaliter et eminenter*, comme étant renfermée dans la masse de ses biens, sur lesquels il l'a constituée : autrement il n'auroit pas pu la donner à son fils, personne ne pouvant donner ce qu'il n'a pas. La rente peut, de cette manière, paroître avoir passé du père au fils, à un titre qui fait des propres, et être par conséquent un propre, tant de succession que de communauté.

J'avois, dans mon introduction à la coutume d'Orléans, embrassé cette seconde opinion, que feu M. Rousseau, mon respectable ami, m'avoit dit être la plus accréditée au Palais; mais j'ai appris que depuis il étoit intervenu un arrêt de la cour, dont je ne sais pas la date, qui a jugé conformément à la première opinion.

Il n'y auroit pas lieu à cette question, s'il étoit dit par la donation, que le père fait donation à son fils d'une certaine somme, pour le prix de laquelle il lui a, par le même acte, constitué une rente de tant. La donation étant en ce cas d'une somme d'argent, il ne peut être douteux, en ce cas, que la rente constituée au fils pour le prix de cette somme, est un acquêt, et par conséquent un conquêt, ayant été fait durant le mariage.

156. Lorsqu'un père débiteur envers son fils, d'une somme d'argent qu'il lui a promise en le mariant, lui donne à la place, durant le mariage, un héritage, cet héritage est-il propre ? La raison de douter est, que l'héritage paroit en ce cas donné au fils par le père, en paiement de la somme qu'il lui devoit : or, la dation en paiement est un acte équipollent à vente : *Dare in solutum, est vendere*; l. 4, *cod. de evict.* C'est donc comme si le père avoit vendu à son fils cet héritage, pour le prix de la somme qu'il devoit à son fils : mais il n'est pas douteux que l'héritage qu'un père auroit vendu à son fils, seroit un acquêt de ce fils. Nonobstant ces raisons, il n'est pas douteux que cet héritage est à ce fils un propre de succession, et par conséquent un propre de communauté. Le père, en donnant cet héritage à son fils, à la place de la somme qu'il lui avoit promise en mariage, n'est pas censé le lui vendre pour le prix d'une somme qu'il lui doit; il n'est censé faire autre chose qu'exécuter la donation de la dot qu'il lui avoit promise en mariage. Cette donation reçoit son exécution, non pas à la vérité *in ipsâ re promissâ, sed in re diversâ*, que le fils veut bien recevoir à la place. Le fils est donc censé tenir cet héritage, en exécution de la donation qui lui avoit été faite par son contrat de mariage, et par conséquent à titre de donation en avancement de succession.

C'est ce qui résulte évidemment de l'article 26 de la coutume de Paris, où il est dit : Le fils auquel le père ou mère,
» aïeul ou aïeule ont donné aucun héritage tenu en fief, ne
» doit que la bouche et les mains au seigneur féodal, encore
» que..... la chose lui soit baillée en paiement de ce qui lui
» avoit été promis par contrat de mariage. » La coutume, en
décidant que le fils ne doit, en ce cas, que la bouche et les
mains, suppose évidemment que le fils, dans l'espèce proposée, tient l'héritage à titre de donation, en exécution de
celle qui lui a été faite par son père, et que son père n'est
pas censé le lui avoir vendu ; car, s'il étoit censé le lui avoir
vendu, le fils devroit le profit de vente, n'étant pas douteux
que la vente faite par un père à son fils, d'un héritage tenu
en fief, donne ouverture au profit de vente.

Observez que l'héritage donné à l'un des conjoints, durant
le mariage, à la place d'une somme qui lui avoit été promise,
ne lui est propre de communauté qu'à la charge de récompenser la communauté, de la somme promise qui seroit entrée dans la communauté légale, si le conjoint n'avoit pas
reçu l'héritage à la place. C'est ce que nous verrons plus
amplement *infrà, partie* 4.

137. Il n'y a, suivant le droit commun, que les donations
faites par les père et mère et autres ascendants à un enfant,
qui soient regardées comme des titres équipollents à celui de
succession, qui rendent propre l'héritage ou autre immeuble
qui a été donné, de la même manière que si le donataire
l'eût eu à titre de succession. Celles qui sont faites par tout
autre parent, quand même elles seroient faites à l'héritier
présomptif du donateur, ne font que des acquêts, qui sont
conquêts lorsque la donation a été faite durant la communauté.

La raison de différence est, qu'il n'y a que nos parents de
la ligne directe ascendante qui nous doivent, selon l'ordre
de la nature, la succession de leurs biens ; les autres ne nous
la doivent pas. C'est donc, lorsqu'ils nous donnent leurs
biens, une véritable donation qu'ils nous font ; et l'on ne
peut pas dire que ce soit un acquittement anticipé de la dette
de leur succession, puisqu'ils ne nous la doivent pas.

Il y a néanmoins quelques coutumes, comme Anjou, le
Maine, qui réputent les donations à l'héritier présomptif,
quoiqu'en ligne collatérale, faites en avancement de succes-

sion, et les héritages et autres immeubles qui lui sont donnés, biens propres et patrimoniaux. Il n'est pas douteux que les héritages et autres immeubles régis par ces coutumes, lesquels sont, en ce cas, propres en matière de succession, sont aussi en conséquence, suivant notre règle, propres de communauté.

138. Lorsqu'un testateur a, par son testament, rappelé à sa succession les enfants d'un parent qui eût été son héritier, s'il ne fût pas prédécédé pour le représenter, et prendre dans les biens de la succession du testateur la part qu'y eût eue ce parent, s'il ne fût pas prédécédé; ce rappel est-il regardé comme un titre de succession, qui donne la qualité de propres aux héritages avenus auxdits enfants par ledit rappel ? ou ne doit-il être regardé que comme un legs, qui ne fait que des acquêts ?

La jurisprudence a établi, à cet égard, une distinction entre le rappel fait *intrà terminos juris*, et celui fait *extrà terminos juris.*

Le rappel est censé fait *intrà terminos juris*, lorsque, dans les coutumes qui n'admettent pas la représentation, le testateur a rappelé des personnes à qui le droit romain l'accordoit.

Par exemple, lorsque dans les coutumes de Blois ou de Meaux, qui n'admettent aucune représentation en ligne collatérale, un testateur a rappelé à sa succession ses neveux ou nièces, enfants d'un frère ou d'une sœur prédécédés, ce rappel est *intrà terminos juris*, parce que la Novelle de Justinien leur accordoit la représentation.

A plus forte raison, le rappel des petits-enfants est, *intrà terminos juris*, dans les coutumes qui excluent la représentation, même en directe.

Le rappel qui est fait *intrà terminos juris*, est regardé comme un titre de succession, qui donne aux héritages qui aviennent à ce titre, la qualité de propres de succession, et par conséquent de propres de communauté. C'est ce qui a été jugé par un arrêt du 9 juin 1687, rapporté au Journal du Palais, et par plusieurs autres précédents, cités par le journaliste.

Le rappel *extrà terminos juris*, est celui des personnes auxquelles le droit romain ne donne pas le droit de représentation. Tel est le rappel des petits-neveux et des petits-cousins.

Ce rappel n'est valable que *per modum legati* ; et par conséquent les héritages avenus à ce titre, sont de purs acquêts, de même que ceux avenus à titre de legs.

Application de la règle aux accommodements de famille.

139. Les accommodemens de famille, par lesquels quelque héritage passe du père au fils, étant regardés par la jurisprudence comme des avancements de succession, ces héritages que le fils a eus par quelque accommodement de famille, étant, par conséquent, des propres de succession, ils sont pareillement des propres de communauté, quoique l'accommodement ait été fait durant la communauté.

Par exemple, lorsqu'un père, durant le mariage de son fils, lui fait abandon d'un héritage, à la charge de payer ses dettes en total ou en partie, cet acte n'est pas regardé comme une vente que le père fasse à son fils de cet héritage, pour le prix de la somme à laquelle montent les dettes qu'il le charge de payer à son acquit : cet acte est regardé comme un pur accommodement de famille et un avancement de succession ; car le père, par cet acte, ne fait que prévenir le temps de l'ouverture de sa succession, et fait d'avance ce qui se seroit fait lors de l'ouverture de sa succession. Sans cet abandon, lors de l'ouverture de la succession du père, le fils auroit succédé à cet héritage, et il n'y auroit succédé qu'à la charge des dettes dont le père le charge par cet abandon. Le fils est donc censé avoir cet héritage en avancement de succession ; il est donc un propre, et par conséquent un propre de communauté.

C'est la jurisprudence des arrêts. Il y en a un assez récent, rendu en la quatrième des enquêtes, au rapport de M. Rolland de Chasseranges. Dans l'espèce de cet arrêt, le père du sieur de Landivisiau lui avoit fait donation de la terre du Plessis, à la charge de payer pour 600,000 livres de dettes, laquelle somme étoit la valeur entière de la terre. Le sieur de Landivisiau, après la mort de son père, ayant voulu faire rapport de cette terre à la succession, pour y prendre ses droits d'aînesse, ses sœurs s'y étant opposées, et ayant soutenu que le titre auquel le sieur de Landivisiau avoit cette terre, étoit une véritable vente que son père lui avoit faite de cette terre, pour ladite somme, l'arrêt jugea que son titre étoit une donation en avancement de succession, et qu'il étoit, en conséquence, fondé dans le rapport qu'il faisoit de cette terre.

Par la même raison, lorsqu'un père, durant le mariage de son fils, lui abandonne un héritage, pour demeurer quitte envers lui de ce qu'il lui doit, *putà*, pour un compte de tutelle, cet acte n'est pas censé être une vente que le père fasse à son fils, pour le prix de la somme due à son fils; cet abandon n'est censé être qu'un pur accommodement de famille et un avancement de succession : le fils auroit pareillement succédé à cet héritage, et auroit fait confusion de ce qui lui restoit dû par son père. Le fils étant donc censé avoir cet héritage en avancement de succession, cet héritage lui est propre, et par conséquent propre de communauté, quoique l'abandon ait été fait durant la communauté.

Observez qu'il ne lui est propre de communauté qu'à la charge de la récompense de la somme qui lui étoit due par son père, la créance de cette somme étant, comme *meuble*, entrée dans la communauté légale.

Pareillement, dans l'espèce précédente, l'héritage donné par un père à son fils, à la charge de payer ses dettes, n'est propre de communauté qu'à la charge de récompenser la communauté, des sommes qu'il en a tirées pour les payer.

Application de la règle aux partages, licitations, et autres actes qui en tiennent lieu.

140. Les héritages et autres immeubles d'une succession, échus à quelqu'un par le partage qu'il en a fait avec ses cohéritiers, lui sont propres entièrement, et non pas seulement pour la part héréditaire qu'il avoit avant le partage. Quand même ils excéderoient le montant de sa part héréditaire, et seroient chargés, en conséquence, d'un retour en deniers, ils seroient entièrement propres, et non pas seulement jusqu'à concurrence de sa part héréditaire. Par conséquent, suivant notre règle, ils doivent aussi être entièrement propres de communauté, quand même le partage auroit été fait durant le mariage, sauf seulement la récompense que le conjoint héritier doit de la somme qu'il en a tirée, pour payer le retour dont son lot étoit chargé.

Cette maxime est tirée de notre jurisprudence française, sur la nature des partages.

Ces principes sont, sur cette matière, entièrement opposés à ceux du droit romain.

Suivant ceux du droit romain, un partage étoit regardé comme une espèce de contrat d'échange, par lequel chaque cohéritier échangeoit les parts qu'il avoit, avant le partage, dans les héritages tombés dans les lots de ses cohéritiers, contre celles que les cohéritiers avoient, avant partage, dans ceux tombés dans le sien.

En conséquence, chaque héritier étoit censé n'avoir succédé au défunt aux héritages tombés dans son lot, que pour la part dont il étoit héritier, et avoir acquis de ses cohéritiers les autres parts, avec la charge des hypothèques des créanciers particuliers de ses cohéritiers; L. 6, §. 8, ff. comm. divid.

Au contraire, suivant les principes du droit français, les partages ne sont pas regardés comme des titres d'acquisition : la part que chaque héritier a dans les biens de la succession, avant le partage, est une part indéterminée; c'est le partage qui la détermine aux effets tombés au lot de cet héritier. Le partage est censé ne faire autre chose que de déterminer la part à laquelle chaque héritier a succédé au défunt, qui étoit auparavant indéterminée; et il la détermine aux seuls effets tombés dans son lot. Au moyen de cette détermination que fait le partage, et de l'effet rétroactif qu'on lui donne au temps du décès du défunt, le défunt est censé avoir, dès l'instant de son décès, saisi en entier chacun de ses héritiers, de toutes les choses comprises dans leur lot, à la charge des retours : chaque héritier est censé avoir seul succédé entièrement à toutes lesdites choses, à la charge des retours, s'il y en a, et n'avoir rien acquis de ses cohéritiers par le partage.

141. Ces principes ont lieu, non-seulement à l'égard du premier partage qui se fait entre des cohéritiers : ils ont lieu pareillement à l'égard des subdivisions. Lorsque, par le premier partage, quelques effets de la succession sont demeurés indivis entre tous, ou seulement entre quelques-uns des cohéritiers, il reste à faire entre eux une subdivision de ces choses restées en commun : *Nulla enim in æternum communio est.* La part de chacun de ces cohéritiers, par rapport aux choses qui leur sont demeurées communes et indivises, est encore indéterminée, jusqu'à la subdivision qui doit s'en

faire; cette subdivision la détermine aux choses qui tombent dans le lot de chacun, par la subdivision. Cette subdivision a, de même que le premier partage, un effet rétroactif au temps du décès du défunt, de manière que chacun d'eux est censé avoir seul succédé au défunt à tous les effets contenus dans le lot qui lui est échu par la subdivision, et n'est censé avoir rien acquis de ses copartageants.

142. C'est en conséquence de ces principes, que notre coutume d'Orléans, suivie en cela par toutes celles qui ne s'en sont pas expliquées, décide, *art*. 15 *et* 113, qu'il n'est dû aucun profit, ni féodal ni censuel, pour les héritages et subdivisions, *encore qu'il y ait tournes*. C'est une conséquence de nos principes, que chaque héritier n'est censé rien acquérir de ses cohéritiers, par ces partages et subdivisions; mais qu'il est censé avoir seul succédé immédiatement au défunt à tous les effets compris dans son lot, à la charge de la tourne, lorsqu'il en est chargé.

143. C'est pareillement une conséquence de ces principes, qu'après le partage, les créanciers particuliers de mes cohéritiers ne peuvent prétendre aucun droit d'hypothèque sur les héritages et autres immeubles tombés dans mon lot, quoiqu'il soit plus fort que ma part héréditaire, et chargé d'un retour; car, étant censé, selon nos principes, avoir seul succédé immédiament au défunt, pour le total à toutes les choses comprises dans mon lot, et n'étant censé avoir rien acquis de mes cohéritiers, les créanciers de mes cohéritiers ne peuvent rien trouver dans les effets de mon lot, qui ait appartenu pour aucune part à leurs débiteurs, ni qui puisse être sujet à leurs hypothèques; ils n'ont que la voie de saisir et arrêter la somme due à leurs débiteurs, pour retour de partage, si elle n'a pas encore été payée.

144. La maxime que nous avons posée ci-dessus, que les héritages et autres immeubles échus à quelqu'un, lui sont propres pour le total, tant en matière de succession que de communauté, est pareillement une conséquence évidente de ces principes.

145. Ces principes, sur la nature des partages, ont été étendus aux licitations.

On appelle *licitation* un acte par lequel des cohéritiers ou d'autres copropriétaires, qui ont d'une succession qui leur est échue en commun, ou d'une acquisition qu'ils ont faite ensemble en commun, quelque héritage qui leur est commun et invidis, et qui ne peut se partager, ou qu'ils ne jugent pas à propos de partager, conviennent entre eux qu'il appartiendra, pour le total, à celui d'entre eux qui le portera à un plus haut prix, à la charge de donner à chacun des autres, dans ce prix, la part qu'il a dans la succession ou dans l'acquisition.

Ces licitations entre cohéritiers ayant le même objet et la même fin que les partages des successions, qui est de faire cesser la communauté et l'indivision des biens de la succession, elles sont regardées comme des actes qui tiennent lieu de partage, et qui sont de la même nature que les partages. Ulpien, en la loi 22, §. 1, ff. famil. erciscund., rapporte la licitation parmi les choses qui font partie de l'office d'un commissaire au partage d'une succession : *Familiæ erciscundæ judex.... potest etiam licitatione admissâ uni rem adjudicare.*

Ces licitations étant des actes qui tiennent lieu de partage, et qui sont de la nature des partages, on leur a appliqué les mêmes principes que notre droit françois a établis sur la nature des partages, et que nous venons de rapporter ci-dessus. La licitation, de même que le partage, n'est pas regardée comme un titre d'acquisition : elle ne fait autre chose, de même que le partage, que de terminer les parts que chacun des héritiers licitants a dans la succession. Celle de celui qui se rend adjudicataire par la licitation, est déterminée à l'héritage dont il est adjudicataire par la licitation, à la charge de payer aux autres, par forme de retour, leur part dans le prix ; et les parts que les autres héritiers licitants ont dans la succession, sont déterminées aux parts du prix que leur doit l'adjudicataire ; et, au moyen de l'effet rétroactif qu'on donne à la licitation, de même qu'aux partages, l'adjudicataire est censé avoir succédé immédiatement au défunt, pour le total à l'héritage dont il est adjudicataire, à la charge de payer à ses héritiers leur part dans le prix, et n'avoir rien acquis de ses cohéritiers, qui sont censés remplis du droit indéterminé qu'ils avoient dans la succession, pour la part du prix que l'adjudicataire est tenu de leur donner, et n'avoir jamais eu aucune part dans l'héritage licité.

146. C'est sur ce principe qu'est fondé l'article 80 de la coutume de Paris, où il est dit : « Si l'héritage ne se peut par-

» tir entre cohéritiers, et se licite par justice sans fraude (1),
» ne sont dues aucunes ventes par l'adjudication faite à un
» d'eux. »

Cette décision est une conséquence des principes que nous
venons d'exposer. Si la coutume décide que l'adjudication
faite à l'un des héritiers de l'héritage qui est licité entre eux,
ne donne ouverture à aucun profit de vente, c'est parce que,
suivant ces principes, l'adjudicataire n'est censé rien acquérir de ses cohéritiers colicitants.

Suivant les mêmes principes, l'héritage qui m'est adjugé
par la licitation, n'est point hypothéqué aux créanciers particuliers de mes cohéritiers colicitants, lesquels sont censés
n'y avoir jamais eu aucune part.

C'est pareillement une conséquence de ces principes, que
l'héritage adjugé par licitation à l'un des héritiers, lui est
propre pour le total en matière de succession ; et, par conséquent, suivant notre règle, il est propre de communauté,
sauf la récompense des sommes tirées de la communauté,
pour payer les parts dues dans le prix aux colicitants.

147. Observez que ces termes qui se trouvent dans l'article 80 de la coutume de Paris, ci-dessus rapporté, *si l'héritage ne se peut partir*, et ceux-ci, *se licite par justice*, ne doivent
pas s'entendre *restrictivè*, mais seulement *enuntiativè*; et tout
ce que nous venons d'exposer sur la nature et les effets d'une
licitation, a lieu 1° soit que l'héritage licité n'ait pu se partager, soit qu'il ait pu absolument se partager, mais que les
parties aient jugé plus à propos de le liciter : 2° soit que la licitation ait été faite devant le juge, sur assignation ; soit qu'elle
ait été faite volontairement par un acte devant notaires ; 3°
soit que la licitation se soit faite entre les seuls héritiers, soit
qu'on ait admis des étrangers à enchérir, pourvu que l'adjudication ait été faite à un des héritiers : car la raison qui
fait regarder la licitation comme n'étant qu'une espèce de

_____

(1) Ces termes, *sans fraude*, concernent le cas auquel, étant intervenu un partage entre deux héritiers, lequel auroit assigné à chacun
des portions divisées, l'un d'eux feroit ensuite à l'autre une vente de
sa portion divisée, et, pour frauder le seigneur du profit dû par cette
vente, supprimeroit l'acte de partage inconnu au seigneur, et feroit
apparoir d'une licitation faite entre eux de cet héritage, comme s'il
restoit encore indivis.

partage, étant tirée de ce qu'elle a la même fin, qui est de faire cesser la communauté et l'indivis, on doit, dans tous les cas dans lesquels cette raison se rencontre, regarder la licitation comme un partage, et lui en donner les effets.

148. Non-seulement les actes qui se font dans la forme de licitation, mais généralement tous les actes qui paroissent avoir pour fin principale de faire cesser entre cohéritiers la communauté et l'indivis, quelque nom qu'on leur ait donné, sont, de même que les licitations, regardés comme des actes tenant lieu de partage, et auxquels, de même qu'aux licitations, on donne tous les mêmes effets qu'aux partages.

C'est pourquoi, si mon cohéritier m'a vendu sa portion indivise dans un héritage de sa succession, quoique l'acte soit conçu dans les termes d'une vente de sa portion dans l'héritage, néanmoins comme on doit dans les actes, rechercher plutôt l'intention des parties, que s'attacher aux termes dans lesquels ils sont conçus, et aux noms qu'il a plû aux notaires de leur donner, et que la principale fin et intention que les parties paroissent avoir eue dans cet acte, est de faire cesser la communauté et l'indivis, par rapport à cet héritage ; l'acte, suivant notre jurisprudence, n'est pas regardé comme une vente, quoiqu'il soit qualifié de ce nom, ni comme une cession ; il est regardé comme un acte tenant lieu de partage, qui ne fait autre chose que déterminer nos parts héréditaires, par rapport à cet héritage. La mienne, par cet acte, est déterminée à l'héritage pour le total, à la charge de payer à mon cohéritier la somme convenue par l'acte ; et celle de mon cohéritier est déterminée au droit d'exiger de moi cette somme. En conséquence, je suis censé, dans ce cas, de même que dans le cas de la licitation, avoir succédé immédiatement au défunt à l'héritage pour le total, à la charge de payer la somme à mon cohéritier, pour lui tenir lieu de la part indéterminée qu'il avoit à la succession. Ainsi cet acte ne donne pas plus ouverture aux profits seigneuriaux, que la licitation. L'héritage n'est sujet, pour aucune partie, aux hypothèques des créanciers particuliers de mon cohéritier ; il m'est propre pour le total en matière de succession, et par conséquent il est propre de communauté, sauf la récompense, comme nous l'avons dit ci-dessus. *Voyez*, au Journal du Palais, l'arrêt du 29 février 1692.

149. Ce qui a été jugé pour le cas auquel mon cohéritier

m'a vendu sa part indivise, doit pareillement avoir lieu dans le cas où il en auroit disposé envers moi, par bail à rente rachetable ou non rachetable, ou à quelque autre titre commutatif. Mais si mon cohéritier m'a fait donation de sa part indivise dans quelque héritage de sa succession, ou même en général de tous ses droits successifs, il est évident qu'un tel acte, quoiqu'il fasse cesser l'indivis, ne peut être considéré comme tenant lieu de partage : un acte par lequel l'une des parties a tout, et l'autre n'a rien, étant ce qu'il y a de plus contraire à l'essence des partages. C'est pourquoi cet acte ne pouvant passer pour autre chose que pour une véritable donation que m'a faite mon cohéritier, les héritages dont il m'a fait donation, pour la portion indivise qu'il y avoit, seront acquêts pour cette portion, et par conséquent conquêts, si le don a été fait durant la communauté.

150. Lorsqu'un cohéritier de ma femme me vend la portion indivise d'un héritage qui lui est commun avec ma femme; s'il est dit par cet acte que j'y parois pour ma femme, en qualité de son mari, il n'est pas douteux que tant qu'elle ne désavoue pas cet acte, il est censé n'être autre chose qu'un acte tenant lieu du partage qui étoit à faire entre elle et ce cohéritier : il suffit même, pour cela, qu'il soit dit qu'un tel a vendu à un tel, *mari d'une telle.* Cette qualité de mari qu'on lui donne dans l'acte, fait connoître que ce n'est pas en son propre nom, mais en sa qualité de mari d'une telle sa femme, et par conséquent pour sa femme, qu'il traite avec le cohéritier de sa femme.

151. Mais s'il est dit simplement qu'un tel a vendu à un tel sa portion indivise qu'il a dans un tel héritage qui lui est commun avec la femme dudit tel, cet acte doit-il passer comme un acte tenant lieu d'un partage que je fais pour ma femme, avec le cohéritier de ma femme? Pour la négative, on peut dire, que n'étant pas dit par l'acte que j'y parois au nom de ma femme, ni même en qualité de son mari, je suis censé y paroître en mon seul propre et privé nom, et par conséquent acheter véritablement, pour moi, la portion du cohéritier de ma femme.

Néanmoins j'inclinerois à dire, que quoiqu'il ne soit pas dit, dans cet acte, que j'y traite au nom de ma femme; et, dans la qualité que j'ai de son mari, on doit facilement présumer que c'est en cette qualité, plutôt qu'en mon seul propre et privé nom, que j'ai traité dans cet acte avec le cohéritier de ma femme, parce que la qualité que j'ai de mari et d'administrateur de la personne, des biens et des affaires de ma femme, doit faire facilement présumer que dans les actes qui concernent les affaires de ma femme, c'est en cette qualité de mari et pour ma femme que j'y procède, quoique cela ne soit point exprimé par l'acte. Or, l'acte dont il est question concerne les affaires de ma femme, puisqu'il tend à faire cesser la communauté et l'indivis qui étoit entre elle et son cohéritier; je dois donc être facilement présumé y avoir traité en ma qualité de mari, et pour ma femme.

En vain oppose-t-on qu'un partage de succession d'immeubles, échue à ma femme, excède mon pouvoir d'administrateur de ses biens; car il suit seulement de là, que non-seulement dans ce cas-ci, mais même dans le cas auquel il seroit dit expressément par l'acte, que je traite au nom de ma femme, l'acte ne seroit pas valable, et n'obligeroit pas ma femme, si elle le désapprouvoit; mais il ne suit nullement, que lorsque ma femme ne le désapprouve pas, je ne puisse être présumé avoir traité en son nom, et que l'acte ne doive être censé tenir lieu du partage qui étoit à faire entre elle et son cohéritier, et qu'en conséquence l'héritage ne soit, pour le total, un propre de ma femme.

152. Si le cohéritier de ma femme avoit vendu sa portion indivise, tant à moi qu'à ma femme, sera-t-elle, en ce cas, un conquêt? La raison de douter est qu'on ne peut plus dire, en ce cas, que je n'ai traité qu'au nom de ma femme et pour ma femme; car on ne peut être censé traiter d'une affaire pour une autre personne et en son nom, que lorsqu'elle n'est pas présente à l'acte, et qu'elle ne traite pas par elle-même de l'affaire : donc, dans le cas présent, où ma femme étoit présente à l'acte, et autorisée de moi, pour traiter par elle-même, on ne peut dire que je ne traitois, dans cet acte, qu'en son nom. Or, dira-t-on, si j'y traitois en mon nom, ce ne pouvoit être que pour l'acquisition de la portion indivise du cohéritier de ma femme : l'acte est donc, en ce cas, comme les termes le portent, une véritable vente que le cohéritier de ma femme fait, tant à moi qu'à ma femme, de sa portion indivise dans l'héritage, lequel en conséquence

doit être, pour cette portion, conquêt de cette communauté.

Nonobstant ce raisonnement, je crois qu'on doit décider autrement. Je conviens que le mari a traité en son propre nom ; mais je ne conviens pas que ce ne pût être que pour faire l'acquisition de ma portion indivise du cohéritier de sa femme. Je pense, au contraire, que quoiqu'il ait traité en son propre nom, l'acte peut néanmoins passer pour n'être autre chose qu'un acte qui tenoit lieu du partage qui étoit à faire de l'héritage.

Qu'avoit-il à faire, dira-t-on, à ce partage ? Je réponds que, quoique ce partage fût principalement à faire entre sa femme et son cohéritier, il concernoit néanmoins le mari à certains égards. Si la femme avoit cet héritage en commun, quant à la propriété avec son cohéritier, le mari l'avoit aussi en commun avec lui, quant à la jouissance qui appartenoit à sa communauté, pour la portion qu'avoit sa femme dans cet héritage. La vente que le cohéritier de la femme fait de sa part au mari et à la femme, peut donc être regardée comme un acte par lequel, pour faire cesser l'indivis qui est entre lui et les conjoints, il consent que l'héritage demeure en entier à la femme pour la propriété, et au mari pour la jouissance qu'il en doit avoir pendant la communauté, à la charge de payer à ce cohéritier la somme convenue par l'acte, laquelle sera payée par la communauté, qui doit avoir la jouissance de l'héritage, et qui en sera, après sa dissolution, remboursée par la femme, à qui appartient l'héritage comme propre de communauté.

153. Lorsque la succession est échue au mari, quoique le cohéritier du mari vende sa portion indivise de quelque héritage de la succession, au mari et à la femme, qui intervient pour cet effet dans l'acte, je crois que l'acte ne laisse pas de devoir passer pour n'être autre chose qu'un acte tenant lieu du partage qui étoit à faire entre le mari et son cohéritier, et que sa femme ne doit être censée intervenir à l'acte, que parce qu'elle doit participer, pendant la communauté, à la jouissance de cet héritage, en sa qualité de commune, et afin de se rendre caution, pour son mari, des obligations qu'il contracte par cet acte avec son cohéritier : en conséquence, l'héritage ne laisse pas de devoir être regardé comme un propre de communauté du mari, à la charge de

la récompense de la somme qui a été tirée de la communauté, pour payer son cohéritier.

154. Deux héritiers, l'un paternel, l'autre maternel, au même degré, partagent ensemble le mobilier de la succession. L'héritier paternel ayant pris, par ce partage, une quantité de mobilier beaucoup plus grande que celle qui lui revenoit pour sa moitié, donne en retour à l'héritier maternel un héritage propre paternel, auquel il avoit seul succédé. On ne peut pas supposer, en ce cas, que l'héritier maternel ait succédé au défunt à cet héritage paternel, puisqu'il n'étoit pas héritier des propres de cette ligne ; cet héritage ne peut donc être considéré que comme un acquêt qu'il a fait de l'héritier paternel, pour le retour que l'héritier paternel lui devoit du partage du mobilier qu'ils ont fait ensemble : d'où il suit que si le partage a été fait pendant la communauté légale de cet héritier maternel avec sa femme, cet héritage sera un conquêt de cette communauté.

155. Il en seroit autrement, si l'héritier paternel avoit donné cet héritage propre paternel à l'héritier maternel, pour tenir lieu de la part qui lui revenoit dans les acquêts du défunt ; car les acquêts du défunt, pour la part qui en revenoit à cet héritier maternel, devant être en sa personne des propres, et par conséquent, propres de communauté, l'héritage qui lui a été donné pour lui en tenir lieu, doit pareillement être, par subrogation, propre de communauté, suivant la règle *infrà*.

156. Il y a quelques coutumes qui ont des dispositions contraires aux principes que nous avons exposés sur la nature et les effets des partages et licitations.

Par exemple, la coutume de Dunois, *art.* 44, dit : « Par » partage d'aucuns héritages censuels, n'est dû profit au sei- » gneur censuel, s'il n'y a bourse déliée. »

Cette coutume ayant décidé que le profit de vente est dû, lorsque le partage est fait *avec bourse déliée*, c'est-à-dire, lorsque l'un des héritiers qui a un lot plus fort que sa portion héréditaire, est chargé d'un retour envers son cohéritier qui a un lot plus foible ; ou lorsque, par licitation, il s'est rendu adjudicataire, pour le total, de l'héritage qui étoit à partager, pour le prix qu'il y a porté ; et le profit de vente auquel elle soumet, en ce cas, l'héritier copartageant chargé d'un retour en deniers, ou adjudicataire par licitation à deniers, n'étant autre chose que le profit qui est dû pour les acquisitions qui, étant faites à prix d'argent, sont équipollentes à vente : il s'ensuit évidemment que cette coutume considère le partage fait avec retour de deniers, comme une véritable acquisition que le copartageant, chargé du retour, fait à prix d'argent, de ce dont son lot excède sa portion héréditaire, et pareillement que la licitation est une véritable acquisition à prix d'argent, que l'adjudicataire fait des parts de ses colicitants dans l'héritage licité.

Cette coutume ayant considéré, de cette manière, les partages faits avec retour de deniers et les licitations, doit-on en conclure, suivant l'esprit particulier de cette coutume, que les héritages échus au lot d'un héritier, à la charge d'un retour en deniers, doivent, jusqu'à concurrence de ce dont excède la portion héréditaire de cet héritier, être dans cette coutume réputés acquêts; et pareillement, que l'héritage dont un héritier se rend adjudicataire par licitation, doit être, pour les portions de ses cohéritiers, réputé acquêt, et par conséquent conquêt, si le partage ou la licitation se sont faits durant la communauté ? Je pense que, même dans cette commune, et dans celles qui ont une disposition semblable, les héritages échus à un héritier, par un lot de partage, quoique plus fort que sa portion hériditaire, ou dont il s'est rendu adjudicataire par licitation, sont propres pour le total, en matière de succession, et par conséquent qu'ils sont aussi, pour le total, propres de communauté, sauf la récompense.

Il est vrai que, suivant l'esprit particulier de ces coutumes, opposé en cela aux principes ci-dessus, qui sont suivis dans les autres coutumes, il n'est point censé avoir succédé immédiatement au défunt, à ce qu'il a de plus que sa portion héréditaire dans l'héritage dont il s'est rendu adjudicataire par licitation, ou dans ceux qui lui sont échus dans son lot de partage, à la charge d'un retour en deniers; mais, s'il n'y a pas succédé immédiatement, il a succédé au droit de l'avoir par l'événement du partage ou de la licitation, que l'indivis de la succession qui lui a été déférée indivisément avec ses cohéritiers, obligeoit de faire; ce qui suffit pour qu'il soit censé y avoir succédé, comme nous l'avons établi *suprà*, *n.* 121, et pour que ce qui lui est échu par son lot de partage, ou ce dont il s'est rendu adjudicataire par licitation, soit propre pour le total.

§. II.

SECONDE RÈGLE.

157. Les acquêts de chacun des conjoints par mariage, ne sont conquêts que lorsque le titre ou la cause de leur acquisition n'a pas précédé le temps de leur communauté; sinon ils sont propres de communauté.

Cette règle se tire de ces termes du texte, *conquêts faits durant et constant leur mariage*. N'y ayant de conquêts que ceux faits *durant et constant le mariage*, c'est une conséquence que les héritages dont le titre d'acquisition précède le mariage, ne sont pas conquêts, mais sont propres de communauté.

On peut apporter plusieurs exemples de cette règle. Si j'ai acheté, avant mon mariage, un héritage, dont je n'ai été mis en possession que depuis mon mariage, cet héritage ne sera pas conquêt, mais sera propre de communauté. Je n'ai, à la vérité, commencé à en devenir propriétaire, que lorsque j'en ai été mis en possession, et par conséquent durant la communauté; mais le titre d'acquisition, qui est le contrat de la vente qui m'en a été faite, étant antérieur à mon mariage, l'héritage doit, suivant notre règle, être propre de communauté.

Lorsque j'ai commencé, avant mon mariage, de posséder sans titre un héritage, quoique j'en sois devenu propriétaire durant la communauté, par l'accomplissement du temps de la possession, qui s'est accompli durant la communauté, l'héritage sera propre de communauté; car ma possession, qui est la cause de l'acquisition que j'ai faite de l'héritage, ayant commencé avant mon mariage, la cause de l'acquisition a précédé le temps de la communauté, et par conséquent l'héritage est, suivant notre règle, un propre de communauté.

158. Notre règle a lieu, quand même le titre qui a précédé le temps de la communauté, n'auroit été ouvert que durant la communauté.

Par exemple, si une personne décédée avant mon mariage, a, par une disposition directe ou fidéicommissaire de son testament, disposé à mon profit d'un héritage, sous une condition qui n'a été accomplie que depuis mon mariage, quoiqu'en ce cas, la disposition testamentaire qui est mon titre d'acquisition, n'ait été ouverte que depuis mon mariage et durant la communauté, par l'accomplissement de la condition, qui n'a été accomplie qu'en ce temps, l'héritage ne laissera pas d'être propre de communauté; car, selon notre règle, il suffit pour cela que le testament qui renferme cette disposition, qui est mon titre d'acquisition, ait précédé mon mariage, quoiqu'elle n'ait été ouverte que depuis.

Mais si le testateur n'étoit mort que depuis mon mariage, quoique le testament ait été fait et rédigé auparavant, mon titre d'acquisition ne sera pas censé avoir précédé mon mariage, et l'héritage sera, en conséquence, conquêt de ma communauté; car, un testament étant essentiellement la dernière volonté du testateur, et ne pouvant être que par sa mort sa dernière volonté, il ne peut être véritablement testament que par la mort du testateur : ce n'est auparavant qu'un projet, d'où il ne résulte aucun droit, et qui ne doit acquérir son être de testament qu'à la mort du testateur.

159. Suivant notre principe, quoique la donation faite à l'un des conjoints par le contrat de mariage, soit toujours censée faite sous la condition tacite, *si nuptiæ sequantur*, et qu'en conséquence elle ne soit ouverte qu'au temps du mariage, néanmoins l'héritage, donné par contrat de mariage, est propre de communauté; car le contrat de mariage qui renferme la donation, est un titre qui précède le mariage.

La coutume d'Orléans, *art.* 211, en a une disposition formelle. Il y est dit : « Chose immeuble donnée à l'un des con- »joints par traité et en faveur de mariage, est propre au »donataire, s'il n'est dit au contraire, » (c'est-à-dire, s'il n'est dit qu'elle est donnée pour être ameublie à la communauté.)

Cette disposition de la coutume d'Orléans étant fondée sur les principes généraux de la matière de la communauté, qui servent à distinguer les conquêts et les propres de communauté, doit être suivie dans les coutumes qui ne s'en sont pas expliquées.

Voyez *infrà*, ce que nous avons dit sur la *cinquième règle*, où nous traitons plus amplement des donations faites par contrat de mariage.

160. Notre règle a lieu, quand même le titre d'acquisition qui a précédé le mariage, auroit été d'abord invalide et sujet à rescision, et n'auroit été confirmé que durant la communauté.

Par exemple, si l'on m'a vendu, avant mon mariage, un héritage pour une somme au-dessous de la moitié du juste prix; quoique ce soit durant ma communauté que j'ai validé cette vente, en payant au vendeur le supplément du juste prix, l'héritage sera propre de communauté : car ce n'est pas le paiement que j'ai fait du supplément du juste prix, qui est mon titre d'acquisition, c'est la vente qui m'a été faite avant mon mariage; le paiement du supplément ne fait que la confirmer.

Par la même raison, si j'ai acheté d'un mineur un héritage avant mon mariage, quoique le mineur devenu majeur n'ait ratifié que durant la communauté, l'héritage sera propre de communauté : car ce n'est pas la ratification intervenue durant la communauté, qui est le titre d'acquisition de cet héritage, c'est la vente qui m'en a été faite par ce mineur avant mon mariage; la ratification ne fait que la confirmer.

Il faudroit décider autrement dans le cas auquel j'aurois acheté, avant mon mariage, un héritage d'une femme sous puissance de mari, qui me l'auroit vendu sans être autorisée, et qui, depuis, étant devenue veuve, auroit, par une convention intervenue entre elle et moi depuis mon mariage, ratifié et consenti l'exécution de la vente qu'elle m'en avoit faite auparavant. L'héritage en ce cas est conquêt : la vente qui m'en avoit été faite avant mon mariage, étoit un acte absolument nul, qui n'étoit pas par conséquent susceptible de confirmation. La convention intervenue entre cette femme devenue veuve, et moi, depuis mon mariage durant la communauté, ne peut donc pas passer pour une confirmation de celle qu'elle m'avoit faite avant mon mariage, laquelle étant absolument nulle, n'en étoit pas susceptible : elle est une nouvelle vente que cette femme m'a faite de son héritage; elle e t le véritable et seul titre d'acquisition de cet héritage : ce titre étant du temps de ma communauté, l'héritage est conquêt.

161. Lorsque j'ai acheté, avant mon mariage, un héritage

que quelqu'un m'a vendu au nom et comme se faisant fort de celui qui en étoit le propriétaire, de qui il n'avoit pas de procuration, quoique ce propriétaire n'ait ratifié que depuis mon mariage, et que je ne sois par conséquent devenu propriétaire de l'héritage que depuis mon mariage, la propriété n'ayant pu m'en être transférée que par son consentement, néanmoins on doit décider en ce cas que l'héritage est propre de communauté; car c'est la vente qui en a été faite avant mon mariage, qui est mon titre d'acquisition; la ratification du propriétaire, intervenue depuis mon mariage, n'a fait que le confirmer. En ratifiant ce qui s'est fait en son nom, il est censé l'avoir fait lui-même, suivant cette règle, *Ratihabitio mandato comparatur*, et celle-ci, *Qui mandat, ipse fecisse videtur.*

162. Lorsque celui qui m'a vendu, avant mon mariage, un héritage dont il n'étoit pas le propriétaire, ne me l'a pas vendu au nom du propriétaire, mais en son propre nom; si, depuis mon mariage, le propriétaire s'est présenté, a justifié de son droit de propriété, et, par une convention intervenue entre lui et moi, a consenti que l'héritage me demeurât pour une somme que je lui ai payée pour le prix, ou que je me suis obligé de lui payer, soit que cette somme fût pareille à celle pour laquelle je l'avois achetée de mon premier vendeur, soit qu'elle fût différente, on doit décider en ce cas que l'héritage est conquêt; car cette convention n'est pas une confirmation de la vente qui m'avoit été faite, c'est une nouvelle vente qu'il me fait de son héritage. C'est cette nouvelle vente qui est mon titre d'acquisition, et non celle qui m'avoit été faite avant mon mariage, puisque ce n'est qu'en vertu de cette nouvelle vente, et nullement en vertu de l'autre, que j'ai acquis la propriété de l'héritage. Cet héritage est donc conquêt, puisque le titre d'acquisition est du temps de la communauté.

163. Il faudroit décider autrement, si, par la convention intervenue entre le propriétaire de l'héritage et moi, ce propriétaire eût seulement consenti que l'héritage me demeurât, en se réservant la répétition du prix contre mon vendeur à qui je l'ai payé, pour laquelle répétition il a l'action qu'a le propriétaire d'une chose, contre celui qui s'en est mis en possession et qui l'a vendue; action dont nous avons traité en notre ouvrage sur le contrat de vente, *part. 2, chap. 4 :*

car, en ce cas, je continue de posséder l'héritage, en vertu
de la vente qui m'a été faite avant mon mariage : le propriétaire ne me fait pas une nouvelle vente; il ne fait que consentir l'exécution de celle qui m'a été faite.

164. Lorsque j'ai acheté, avant mon mariage, un héritage de quelqu'un qui me l'a vendu, comme en étant le propriétaire; si, depuis mon mariage, une autre personne a
donné une demande en revendication de cet héritage, et que,
sur cette demande, par une transaction, sans décider la question du droit de propriété de cet héritage, la personne se soit
désistée de sa demande pour une somme que je lui ai donnée, l'héritage sera propre de communauté : car la transaction qui est par sa nature, *de re incertâ et dubiâ*, n'ayant pas
décidé la question de la propriété de l'héritage, celui qui m'a
vendu l'héritage avant mon mariage, est, en conséquence de
la possession qu'il en avoit, réputé en avoir été le propriétaire, tant que le contraire n'est pas justifié, et m'en avoir
en conséquence transféré la propriété, en exécution de la
vente qu'il m'en a faite. C'est cette vente qui est mon seul et
véritable titre d'acquisition de l'héritage, et non la transaction par laquelle je suis censé avoir acquis plutôt le désistement du procès qu'on me faisoit sur cet héritage, que l'héritage même.

165. Lorsqu'une commission qu'avoit le mari avant son
mariage, est érigée en titre d'office qu'il acquiert durant le
mariage, il n'est pas douteux que l'office est conquêt. Quand
même la commission qu'il avoit avant le mariage auroit
pu lui servir à obtenir la préférence pour l'acquérir, on ne
peut pas dire qu'il l'a acquis en vertu du droit antérieur
au mariage; car on ne peut pas avoir de droit à ce qui
n'existe pas.

Mais, lorsque le mari avoit un office avant son mariage,
qui a été supprimé durant le mariage, et ensuite rétabli
moyennant finance, sans que le mari ait été obligé de prendre de nouvelles provisions, cet office rétabli est censé le
même office qu'il avoit avant le mariage, et est par conséquent propre de communauté : la suppression est censée en
ce cas s'être convertie en une simple taxe.

TROISIÈME RÈGLE.

166. L'héritage acquis par l'un des conjoints, en vertu d'un

droit qui, de sa nature, n'est pas cessible, est propre de communauté, quoique le droit soit né durant la communauté.

Cette règle reçoit son application au droit de retrait lignager. Quoique le droit de retrait lignager soit né durant le mariage, par la vente qui a été faite durant ce temps, d'un héritage que l'un des conjoints avoit droit de retirer par retrait lignager, l'héritage que ce conjoint a acquis par le retrait lignager qu'il a exercé, est propre de communauté ; car le droit de retrait lignager étant un droit qui, par sa nature, n'est pas cessible, et que le lignager à qui il appartient, ne peut exercer pour le compte d'un autre, ni en total, ni pour partie, il s'ensuit que le conjoint lignager n'a pu exercer ce droit que pour son compte seul, et non pour le compte de sa communauté : d'où il suit que l'héritage qu'il a acquis en vertu de ce droit, et auquel ce droit s'est terminé, lui est propre de communauté.

La coutume d'Orléans, *art.* 382, en a une disposition, qui, étant fondée sur des principes pris dans la nature des choses, doit être suivie dans les autres coutumes qui ne s'en sont pas expliquées. Il y est dit : « Si le mari, à cause de sa » femme, retrait quelque héritage, il est fait propre d'icelle » femme. » Bien entendu, à la charge de la récompense envers la communauté, sur laquelle la coutume s'explique dans la suite dudit article.

Par la même raison, si le mari exerce durant le mariage le retrait lignager d'un héritage de sa famille, il lui est pareillement propre de communauté.

167. Il en est autrement du retrait conventionnel. Ce droit étant cessible, et capable par conséquent d'entrer en communauté, lorsque ce droit est né durant le mariage, par la vente qui a été faite, durant ce temps, de quelque héritage sujet à ce droit, il tombe dans la communauté, et l'héritage acquis en vertu de ce droit, est conquêt, comme nous l'avons déjà vu *suprà, n.* 125.

QUATRIÈME RÈGLE.

168. Les héritages ou autres immeubles donnés à l'un ou à l'autre des conjoints, entre vifs ou par testament, sont conquêts de leur communauté légale, sauf en trois cas : 1° lors-

que la donation précède le temps du mariage, quoiqu'elle soit faite en faveur du mariage et par le contrat de mariage ; 2° lorsqu'elles sont des avancements de succession, ou actes qui en tiennent lieu ; 3° lorsqu'elles sont faites à la charge que les choses données seront propres au donataire.

Cette règle est tirée de l'article 246 de la coutume de Paris, qui est conçu en ces termes : « Chose immeuble donnée à » l'un des conjoints pendant leur mariage, à la charge qu'elle » sera propre de communauté, ne tombe en communauté ; » mais si elle est donnée simplement à l'un des conjoints, » elle est commune, fors et excepté les donations faites en » ligne directe, lesquelles ne tombent en communauté. »

Cette disposition de la nouvelle coutume de Paris a été insérée précisément dans les mêmes termes, dans l'article 211 de notre nouvelle coutume d'Orléans, qui a été rédigée trois ans après celle de Paris, par les mêmes commissaires.

Notre coutume d'Orléans, pour plus grande explication, a ajouté en fin dudit article 211, ce qui suit, qui n'étoit que sous-entendu dans celle de Paris : « Mais la chose immeuble » donnée à l'un des conjoints par traité et en faveur de ma- » riage, est propre au donataire, s'il n'est dit autrement. » (C'est-à-dire, s'il n'est dit expressément que la chose est donnée pour être ameublie à la communauté.)

Ces dispositions des coutumes de Paris et d'Orléans ne sont pas des dispositions locales ; elles sont puisées dans les principes généraux de la matière de la communauté entre conjoints par mariage, et doivent par conséquent être suivies partout où cette communauté a lieu.

Cette communauté est en cela plus étendue que la société universelle que deux personnes contracteroient de tous les gains et profits qu'ils feroient durant le cours de cette société. Cette société, qu'on appelle en droit, *societas universorum quæ ex quæstu veniunt*, ne comprend que ce qui est acquis à titre de commerce, *aut ex re communi*, et ne s'étend pas à ce qui est donné à l'un des associés ; l. 9, 10, 11, 71, §. 1, ff. *pro socio*.

169. Le premier cas d'exception que nous avons proposé par cette quatrième règle, est une suite de notre seconde règle.

Suivant cette règle, les héritages dont le titre d'acquisition précède le mariage, ne sont pas conquêts, mais sont propres de communauté. Or, le contrat de mariage doit toujours précéder le mariage. Les donations faites par le contrat de mariage des conjoints, sont donc propres de communauté à celui des conjoints à qui elles ont été faites.

Ce cas d'exception est aussi formellement exprimé en fin de l'article 211 de la coutume d'Orléans, que nous avons ci-dessus rapporté.

170. Cela a lieu, quand même la donation auroit été faite aux deux futurs conjoints : l'héritage ne seroit pas pour cela conquêt, mais il seroit propre de communauté pour moitié de chacun des conjoints ; ce qui est fort différent : car le mari ne peut en ce cas disposer de la moitié qui appartient à sa femme, sans le consentement de sa femme ; et la femme ou ses héritiers peuvent, en cas de renonciation à la communauté, retenir, comme un propre, la moitié de cet héritage ; au lieu que s'il étoit conquêt, le mari pourroit, sans le consentement de sa femme, disposer du total ; et, s'il n'en avoit pas disposé, la femme ni ses héritiers ne pourroient, en cas de renonciation, y prétendre aucune part.

Quoique les termes de la donation de quelque héritage, faite par le contrat de mariage, expriment qu'elle est faite *aux futurs époux*, néanmoins, lorsque l'un des futurs est un des enfants et descendants du donateur, ou même son héritier présomptif en ligne collatérale, le donateur est facilement présumé n'avoir entendu faire sa donation qu'à lui, et ne s'être servi de ces termes, *aux futurs époux*, que par rapport à la jouissance de l'héritage, qui devoit être commune aux futurs pendant leur communauté : c'est pourquoi l'héritage lui sera, pour le total, propre de communauté.

Il y a plus : lorsque par le contrat de mariage, un parent de la ligne directe ascendante de la future épouse, ou même son proche parent en collatérale, dont elle est l'héritière présomptive, a fait donation de quelque héritage en ces termes, *en faveur de mariage a donné au futur époux tel héritage ;* quoiqu'il ne soit pas parlé, par la donation, de la future épouse, néanmoins le donateur est facilement présumé avoir voulu donner à la future épouse, et n'avoir pas entendu donner *au futur époux*, en son propre nom, mais en son nom et qualité d'époux et de mari, comme ayant, en cette qualité de mari, qualité pour accepter et recevoir ce qui est donné pour la dot de sa femme.

C'est ce que nous enseigne Dumoulin, dans l'espèce d'une donation faite, par contrat de mariage, par le père de la future épouse, au futur époux : *Quamvis verba*, dit-il, *non concipiantur in filiam, sed in futurum generum ; nisi specialiter dicatur genero pro se et suis, non censetur ei data in sponsalitiam largitatem, sed in dubio censetur ei datum in dotem, et pro dote sponsæ,... videtur ipsi mulieri dare, non autem viro, nisi in qualitate viri.... manet ergò domus dotalis et proprium patrimonium filiæ.*

Quelques coutumes ont, par une disposition expresse, autorisé ces présomptions, et en ont fait des présomptions de droit. Celle du Maine, *art.* 345, dit : « *Donation faite en faveur* » *de mariage d'héritier ou d'héritière présomptive du donneur....* » supposé qu'elle soit faite aux deux conjoints, ou à celui d'eux » qui n'est héritier du donneur, est vue être faite en faveur » du parent ou parente du donneur, etc. »

Dans les autres coutumes, il est laissé à l'arbitrage du juge à décider, par les circonstances, à qui donation doit être présumée faite.

Observez que, lorsque la donation est faite par contrat de mariage, par un parent de la future, *au futur époux*, on peut, suivant les circonstances, avoir quelque prétexte pour l'entendre d'une donation faite à la future, comme nous l'avons vu ci-dessus : *contrà, vice versâ*, lorsqu'elle est faite *à la future épouse* par un parent du futur, il n'y a aucun prétexte ni aucune couleur sous laquelle on puisse se dispenser de regarder cette donation autrement que comme faite effectivement et véritablement à la future.

171. Le second cas d'exception que nous avons proposé, est lorsque la donation est un avancement de succession, ou un acte qui en tient lieu : c'est une suite de notre première règle. Suivant cette règle, il n'y a que les acquêts qui puissent être conquêts ; les immeubles donnés en avancement de succession, étant propres et non acquêts, ils ne peuvent être conquêts.

La coutume de Paris, en l'article 246 ci-dessus rapporté, fait mention de notre second cas d'exception, en ces termes, *fors et excepté les donations faites en ligne directe, lesquelles ne tombent en communauté.*

172. Néanmoins si le père ou la mère de l'un des conjoints, par la donation qu'ils lui ont faite d'un héritage, soit par le

contrat de mariage, soit depuis le mariage, avoient expresssément déclaré par l'acte de donation, que leur volonté
étoit que l'héritage donné entrât en la communauté de ce
conjoint, cet héritage y entreroit ; cette clause de la donation
seroit une espèce d'ameublissement de cet héritage.

173. Lorsqu'un père, par la donation qu'il a faite d'un
héritage à son gendre et à sa fille, pendant leur communauté,
a déclaré qu'il le leur donnoit pour appartenir à chacun
d'eux par moitié, est-il censé, par cette clause, avoir voulu
que l'héritage entrât en leur communauté ? Non ; mais il est
censé, selon le sens obvié des termes, avoir donné une moitié de cet héritage à sa fille, et l'autre moitié à son gendre :
en conséquence l'héritage, pour la moitié qui a été donnée
à la fille, sera propre de la fille, et il sera, pour l'autre moitié qui a été donnée au gendre, un conquêt de leur communauté. En conséquence, lors de la dissolution de la communauté, au cas qu'elle soit acceptée par la femme ou ses héritiers,
l'homme n'aura qu'un quart du total de cet heritage : si
c'étoit par le contrat de mariage que la donation eût été faite
de cette manière, il seroit propre à chacun d'eux pour moitié.

174. La coutume s'étant exprimée indistinctement par ces
termes, *en ligne directe*, on a fait la question, si les héritages
donnés par un enfant à son père, pendant le mariage de son
père, étoient dans le cas de l'exception, et devoient être
propres de communauté à son père. Renusson décide pour
l'affirmative, et il se fonde sur ce que la coutume s'est exprimée indistinctement, sans distinguer la ligne descendante
de l'ascendante. Je crois qu'il se trompe. Si la coutume n'a
pas exprimé la distinction de la ligne descendante et de l'ascendante, c'est qu'il a paru que cette distinction se sous-entendoit assez facilement, sans qu'il fût besoin de l'exprimer.
En effet, cette exception n'est fondée que sur ce que les donations en ligne directe sont des avancements de succession,
ou des actes qui en tiennent lieu ; et conséquemment que les
héritages ou autres immeubles donnés en ligne directe, sont
des propres, et non des acquêts, qui ne peuvent par conséquent être *conquêts*. Or il est évident que cette raison ne peut
recevoir d'application qu'aux donations faites à l'un des conjoints par quelqu'un de ses parents de la ligne directe ascendante, n'y ayant que ces donations qui soient des avancements de succession. On ne peut pas dire de même que

les donations faites à l'un des conjoints par quelqu'un de ses
enfants, soient un avancement de succession; ce seroit per-
vertir l'ordre de la nature. Les héritages donnés à ce conjoint
par un de ses enfants, ne sont donc pas dans le cas de l'exception : ils ne sont pas des propres, ce sont des acquêts,
et par conséquent des conquêts, si la donation a été faite
pendant le mariage.

Cela a lieu, quand même la femme de celui à qui la donation a été faite, ne seroit que la belle-mère du donateur.
Si l'enfant donateur a fait cette donation en majorité, et
après que son père lui a rendu compte, cette donation sera
valable, et l'héritage donné entrera dans la communauté qui
est entre son père et sa belle-mère, s'il n'est pas stipulé par
l'acte, qu'il sera propre au donataire.

En vain dira-t-on qu'il n'est pas présumable que l'enfant,
en donnant un héritage à son père, ait eu intention que sa
belle-mère en profitât. Si le donateur ne vouloit pas qu'elle
en profitât, il étoit en son pouvoir de l'empêcher, en appo-
sant à sa donation la clause que l'héritage donné seroit propre au donataire; lorsqu'il ne l'a pas apposée, il est censé
avoir consenti que sa belle-mère pût profiter de la donation,
comme commune.

175. La coutume de Paris n'excepte que les donations *en
ligne directe*, parce que, suivant la coutume de Paris, et
suivant le droit commun, il n'y a que les donations en ligne
directe qui soient réputées *avancement de succession*. Dans les
coutumes qui regardent aussi, comme *avancements de succession*, les donations faites à l'héritier présomptif en collatérale, les héritages donnés, durant le mariage, à l'un des
conjoints, héritier présomptif en collatérale du donateur,
doivent être aussi compris dans notre second cas d'exception,
comme nous l'avons vu sur la première règle.

176. Le troisième cas d'exception, proposé par notre quatrième règle, est, lorsque la donation est faite, à la charge
que la chose donnée sera propre au donataire. La coutume
de Paris, dans l'article que nous avons ci-dessus rapporté,
en fait mention. Il y est dit : « Chose immeuble donnée à l'un
» des conjoints, pendant leur mariage, à la charge qu'elle
» sera propre au donataire, ne tombe en communauté. »

Nous avons déjà parlé de cette clause, *supra*, n. 102,
dans le cas auquel elle est apposée à une donation d'une

somme d'argent, ou d'autres choses mobilières; auquel cas, de même que dans ce cas-ci, la clause que les choses données seront propres au donataire, les empêche d'entrer dans la communauté.

Cela est fondé sur ce principe de la raison naturelle, qu'il est permis, à celui qui donne quelque chose, de la donner sous telles conditions et sous telles restrictions que bon lui semble. Lors donc que le donateur n'a donné qu'à condition que les choses qu'il donnoit, n'entreroient pas dans la communauté du donataire, ce qu'il a suffisamment témoigné en déclarant qu'elles seroient propres au donataire, les choses données n'y doivent pas entrer.

177. Observez que, lorsque la donation est une donation entre vifs, cette clause, pour être valable, doit être apposée incontinent par l'acte de donation; inutilement seroit-elle apposée *ex intervallo*, après la conclusion de l'acte, par une convention qui interviendroit entre le donateur et le donataire. La raison est, que les donations entre vifs, recevant toute leur perfection aussitôt que l'acte est achevé, il ne peut plus être au pouvoir du donateur d'en changer l'effet : les choses données ayant cessé dès-lors d'appartenir au donateur, le donateur n'en ayant plus, en conséquence, la disposition, il ne peut plus rien prescrire ni ordonner par rapport à ces choses. D'ailleurs, les choses données ayant été, aussitôt la perfection et la conclusion de la donation, acquises à la communauté, elle n'en peut plus être dépouillée.

Cela a lieu, quand même l'autre conjoint interviendroit à la convention faite *ex intervallo*, et donneroit son consentement à la clause que l'héritage donné seroit propre au conjoint donataire ; car ce consentement seroit un avantage qu'il feroit au conjoint donataire durant le mariage, ce qui n'est pas permis, nos lois ayant interdit tout avantage direct ou indirect entre conjoints durant le mariage.

Lorsque la donation est une donation testamentaire, ces donations n'étant parfaites que par la mort du testateur, il est toujours au pouvoir du testateur, tant qu'il vit, d'y apposer cette clause.

178. Quand même j'aurois souscrit au contrat de mariage de mon héritier présomptif, par lequel il étoit convenu que tout ce qui aviendroit à chacun des conjoints, pendant le mariage, par succession, donation ou autrement, entre vifs,

8.   S

entreroit en communauté, cela ne m'empêcheroit pas de pouvoir apposer valablement à la donation que je lui ferois depuis, durant le mariage, la condition que les choses données n'entreront pas en communauté ; car, en souscrivant au contrat de mariage où étoit cette convention, je ne me suis pas pour cela obligé à rien laisser de mes biens à ce conjoint, qui étoit mon héritier présomptif. Ayant donc été le maître de disposer de mes biens envers d'autres personnes, et de ne lui en rien laisser, il a dû être en mon pouvoir, en les lui donnant, d'apposer à ma donation telles conditions que bon m'a semblé.

179. Dans la donation qui est faite à l'un des conjoints, durant le mariage, la clause que l'héritage donné lui sera propre, doit être expresse ; elle ne s'infère pas de ce qu'il a été donné à la charge d'une substitution : l'héritage donné ne laisse pas de tomber, en ce cas, dans la communauté, avec la charge de la substitution ; et la communauté venant à se dissoudre par la mort de l'autre conjoint, ses héritiers prennent leur part dans cet héritage, et en jouissent jusqu'à l'ouverture de la substitution.

180. La clause apposée à la donation que le donateur fait de quelque héritage à l'un des conjoints, son héritier présomptif, en ligne collatérale, que la donation lui est faite en avancement de sa succession, renferme-t-elle la clause que l'héritage donné sera propre au donataire ? Je pense qu'elle la renferme. Il est vrai que cette clause, que la donation est faite en avancement de succession, ne peut pas avoir l'effet que la donation soit véritablement avancement de succession ; car un avancement de succession est l'acquittement que quelqu'un fait d'avance de la dette naturelle de de sa succession. Il est impossible que la donation que quelqu'un fait à son héritier présomptif, en ligne collatérale, soit un acquittement anticipé de la dette naturelle de sa succession, puisque nous ne devons pas notre succession à nos héritiers collatéraux, et qu'il répugne qu'on s'acquitte de ce qu'on ne doit pas. Cette donation ne peut donc pas être un avancement de succession, quelque clause qu'on ait apposée. Il est vrai aussi que cette clause ne peut pas avoir l'effet de donner à l'héritage la qualité de bien patrimonial, et d'empêcher qu'il ne soit acquêt, tant qu'il n'a pas encore été rapporté à la succession du donateur ; les qualités de

bien patrimonial et d'acquêt ne dépendant pas de la volonté des personnes, mais de la nature du titre. Mais, si cette clause ne peut pas avoir ces effets, que la nature des choses ne permet pas qu'elle puisse avoir, elle doit avoir ceux que le donateur qui l'a apposée à sa donation, a pu lui procurer; et par conséquent elle doit avoir, non-seulement l'effet que le donataire soit tenu, lorsqu'il viendra à la succession du donateur, d'y rapporter et d'y précompter, sur sa part héréditaire, l'héritage qui lui a été donné sous cette clause; mais elle doit pareillement avoir l'effet que l'héritage soit un propre de communauté du donataire, et ne tombe pas plus dans sa communauté que s'il lui étoit échu de la succession du donateur.

181. Lorsque quelqu'un a fait, durant la communauté, à l'un des conjoints, don ou legs d'une rente viagère, avec l'expression que c'étoit *pour ses aliments*, le donateur me paroît, en ce cas, avoir, par cette expression, suffisamment déclaré sa volonté que la rente demeurât propre au conjoint donataire, sans que, lors de la dissolution de la communauté, les héritiers de l'autre conjoint puissent prétendre aucune part dans les arrérages qui courront depuis la dissolution de communauté.

Quoique le testateur n'ait pas exprimé qu'il léguoit la rente viagère pour les aliments du légataire, cela peut facilement se présumer, soit par la qualité de la personne du légataire, soit par d'autres circonstances : comme lorsqu'un maître a légué une rente viagère à un domestique, le legs est présumé fait pour ses aliments, quoique cela ne soit pas exprimé; et il ne tombe pas, par conséquent, dans la communauté du légataire, si ce n'est pour les arrérages qui en courront pendant que la rente durera.

Cette présomption n'a pas si facilement lieu dans les donations entre vifs, qui ne sont pas susceptibles d'une interprétation aussi étendue que les testaments.

182. Il nous reste à observer que la clause que l'héritage donné sera propre au donataire, et n'entrera pas dans la communauté, ne concerne que la propriété de cet héritage; elle n'empêche pas que les jouissances et revenus de cet héritage ne tombent dans la communauté, tant qu'elle durera, de même que les jouissances des autres propres des conjoints y tombent; ce qui a lieu, à moins que le contraire

8. .

ne fût convenu expressément : car le donateur étant le maître de donner, sous telle condition que bon lui semble, il peut valablement stipuler que l'héritage qu'il donne, n'entrera dans la communauté, ni pour le fonds, ni pour les jouissances, et que le donataire aura la reprise de celles qui y seront tombées. Mais cette clause, étant insolite, doit être bien expresse.

183. Aux trois exceptions que nous venons d'exposer, on peut en ajouter une quatrième, qui est que les dons ou legs, quoique faits durant le mariage, ne tombent pas en communauté, lorsque la chose donnée ou léguée à l'un des conjoints, est de nature à ne pouvoir subsister que dans la personne du conjoint à qui elle est léguée, et est incommunicable à d'autres.

Par exemple, si mon créancier d'une rente ou de quelque autre chose, me fait, par don ou legs, durant mon mariage, remise de ce que je lui dois, ce don ou legs, par la nature de la chose donnée ou léguée, ne peut tomber dans ma communauté, et j'en dois seul profiter. La libération et la décharge d'une dette est quelque chose qui ne peut subsister que dans celui qui en est le débiteur, et il n'y a que lui qui en puisse profiter.

Il en seroit autrement, si le legs ne portoit pas que le testateur fait remise à un tel de la rente qu'il lui doit, mais qu'il fût dit qu'il lègue à tel la rente qu'il lui doit. En ce cas, la rente due par le conjoint légataire tomberoit dans sa communauté : car, la rente qu'il doit, est une chose qui peut y tomber. Il est vrai qu'il se feroit, en ce cas, confusion et extinction de la rente, pour la part que le conjoint légataire, débiteur de cette rente, a dans les biens de sa communauté ; mais il en demeurera débiteur pour moitié envers l'autre conjoint, qui a moitié dans les biens de la communauté.

184. On peut apporter, pour second exemple, le legs qui me seroit fait, durant mon mariage, d'un droit de servitude prédiale, pour la commodité de mon héritage propre de communauté, sur un héritage du testateur, voisin du mien. Ce legs, par la nature de la chose léguée, ne peut tomber dans ma communauté : car un droit de servitude prédiale est inséparable de l'héritage pour lequel il est con-

stitué, et ne peut appartenir à d'autres qu'au propriétaire de cet héritage.

Il ne faut pas dire la même chose du legs d'un usufruit fait à l'un des conjoints pendant le mariage : ce legs tombe en communauté ; car, quoique le fonds du droit d'usufruit, *ipsum jus usûsfructûs*, soit attaché à la personne de l'usufruitier, et ne puisse passer à d'autres, néanmoins, quant à l'émolument qu'il renferme, il est cessible et communicable : *Ususfructus vendi et locari potest;* et par conséquent il peut tomber dans la communauté du légataire à qui il est légué.

CINQUIÈME RÈGLE.

185. Lorsque l'un des conjoints rentre, durant le mariage, dans un héritage, par la rescision, la résolution ou la simple cessation de l'aliénation qu'il en a faite, il redevient propriétaire, au même titre qu'il l'étoit lorsqu'il l'a aliéné.

COROLLAIRE PREMIER.

Il suit, de cette règle, que l'héritage dans lequel l'un des conjoints est rentré, durant le mariage, n'entre pas dans la communauté légale, si ce n'est qu'il eût été conquêt lors de l'aliénation qui en a été faite durant le mariage ; auquel cas il redevient conquêt, tel qu'il étoit.

COROLLAIRE II.

Lorsque l'héritage dans lequel le conjoint est rentré, durant le mariage, a été aliéné avant le mariage, il ne peut jamais être conquêt; car le titre auquel il en étoit propriétaire lorsqu'il l'a aliéné, et qui revit, précédoit en ce cas nécessairement le temps du mariage. Or, suivant notre seconde règle, il n'y a de conquêts que les acquêts dont le titre ne précède pas le temps du mariage.

Cette règle est évidente, aussi bien que ses corollaires. N'y ayant aucun nouveau titre d'acquisition en vertu duquel le conjoint redevienne propriétaire de l'héritage dans lequel il rentre, il est nécessaire que ce soit au même titre auquel il l'étoit lorsqu'il l'a aliéné; lequel titre revit, en ce cas, par la rescision, résolution ou cessation de l'aliénation qui avoit été faite de l'héritage.

186. Notre cinquième règle comprend trois cas.

Le premier cas, est celui auquel le conjoint rentre dans un héritage par la rescision de l'aliénation qu'il en avoit faite. Nous pouvons supposer, pour exemple de ce cas, que le conjoint a vendu un héritage, et que, sur des lettres de rescision obtenues contre le contrat de vente, soit de sa part, soit de la part de l'acheteur, le contrat ayant été déclaré nul, et les parties mises au même état qu'avant le contrat, il est rentré dans l'héritage qu'il a vendu. Y étant rentré par la rescision de la vente et de l'aliénation qu'il en avoit faite, on doit dire, suivant notre règle, qu'il en est redevenu propriétaire au même titre auquel il l'étoit lorsqu'il l'a aliéné. On peut même dire, dans ce cas, pour raison surabondante, que l'aliénation ayant été rescindée et aliénée, le conjoint est censé n'avoir pas aliéné son héritage, et en être toujours demeuré propriétaire au même titre auquel il l'a toujours été.

187. Le second cas de notre règle, est celui auquel le conjoint rentre dans l'héritage qu'il a aliéné, non par la rescision de l'aliénation qu'il en a faite, mais par une simple résolution de cette aliénation, qui ne la détruise que pour l'avenir, et la laisse subsister pour le passé. On ne peut pas dire, dans ce cas-ci, comme dans le précédent, que le conjoint est censé n'avoir pas aliéné l'héritage dans lequel il rentre, et en avoir toujours été propriétaire au même titre auquel il l'a toujours été; mais on peut toujours dire que quoiqu'il ait véritablement cessé pendant un temps d'être propriétaire de l'héritage dans lequel il rentre, n'y ayant aucun nouveau titre d'acquisition en vertu duquel il en redevienne propriétaire, il ne peut le redevenir qu'au même titre auquel il l'étoit lorsqu'il l'a aliéné, comme nous l'avons dit ci-dessus.

On peut apporter plusieurs exemples de ce cas.

PREMIER EXEMPLE.

L'un des conjoints, dans un temps auquel il n'avoit point d'enfants, a fait donation à quelqu'un d'un héritage : depuis, la donation ayant été révoquée par la survenance d'un enfant, il est rentré, durant son mariage, dans cet héritage. Il n'y rentre en ce cas que par la simple résolution de l'aliénation qu'il en avoit faite; il n'y a aucun nouveau titre d'acquisition en vertu duquel il en redevienne propriétaire. Il ne peut donc le redevenir qu'au même titre auquel il l'étoit lorsqu'il l'a aliéné.

SECOND EXEMPLE.

L'un des conjoints a vendu son héritage sous faculté de réméré : il est rentré, durant le mariage, dans cet héritage, en vertu de son droit de réméré. On ne peut pas dire que ce réméré qu'il a exercé, soit une nouvelle vente, ni une rétrocession que l'acheteur lui ait faite de l'héritage, puisqu'il n'est pas besoin, pour ce réméré, d'un nouveau consentement de l'acheteur. Ce réméré n'est donc que la résolution de la vente et de l'aliénation que ce conjoint avoit faite de l'héritage dans lequel il rentre ; ce n'est pas un nouveau titre d'acquisition, en vertu duquel il en redevienne le propriétaire, et par conséquent il ne peut le redevenir qu'au même titre auquel il l'étoit lorsqu'il l'a vendu.

188. Il n'importe que la résolution de l'aliénation se fasse *ex causâ antiquâ, necessariâ et inhœrente contractui*, comme dans les deux exemples précédents, ou que ce soit *ex causâ novâ*, comme dans ceux qui suivent.

TROISIÈME EXEMPLE.

L'un des conjoints, qui avoit fait donation à quelqu'un d'un héritage, y est rentré, durant le mariage, en vertu d'un jugement qui a déclaré la donation révoquée pour cause d'ingratitude, et lui a permis d'y rentrer. Ce jugement n'est pas un nouveau titre d'acquisition ; il ne renferme qu'une résolution de la donation et de l'aliénation. Le conjoint n'en redevenant donc pas propriétaire en vertu d'aucun nouveau titre d'acquisition, il ne peut le redevenir qu'au même titre auquel il l'étoit lors de l'aliénation qu'il en a faite.

QUATRIÈME EXEMPLE.

L'un des conjoints avoit aliéné à titre de bail à rente un héritage ; il y est rentré par le déguerpissement que lui en a fait le preneur durant le mariage. Ce déguerpissement n'est pas un nouveau titre d'acquisition ; ce n'est que la résolution du bail à rente qui en avoit été fait. Le conjoint ne redevenant donc pas en ce cas propriétaire de l'héritage dans lequel il rentre, en vertu d'aucun nouveau titre d'acquisition, il ne peut le redevenir qu'au même titre auquel il l'étoit lors du bail à rente qu'il en a fait.

CINQUIÈME EXEMPLE.

189. L'un des conjoints, qui avoit vendu un héritage, y rentre durant le mariage, en vertu d'une convention qu'il a avec l'acheteur qui n'avoit pas encore payé le prix de son acquisition, ou qui ne l'avoit payé qu'en partie, par laquelle cet acheteur s'est désisté purement et simplement de la vente qui lui en a été faite. Ce désistement n'est pas une rétrocession, ni une nouvelle vente que l'acheteur fasse à ce conjoint de l'héritage ; ce n'est qu'une résolution de celle que ce conjoint lui en avoit faite ; c'est plutôt *distractus quàm novus contractus*. La coutume d'Orléans, suivie en ce point par celles qui ne s'en sont pas expliquées, en a une disposition précise dans l'article 112, par lequel elle déclare qu'il n'est pas dû un nouveau profit de vente par ce désistement ; ce qui suppose qu'il ne renferme pas une nouvelle vente, mais une simple résolution de la première. Le conjoint qui rentre, durant le mariage, en vertu de ce désistement, dans l'héritage qu'il avoit vendu, n'en redevenant pas propriétaire en vertu d'un nouveau titre d'acquisition, il ne peut le redevenir qu'au même titre auquel il l'étoit lorsqu'il l'a vendu.

190. Cette décision n'a lieu que lorsque le désistement de l'acheteur, en vertu duquel le conjoint est rentré dans l'héritage qu'il lui avoit vendu, est un désistement pur et simple. Si ce désistement ne s'est fait que pour quelqu'augmentation de prix, et à de nouvelles conditions, ce n'est pas en ce cas un simple désistement, c'est une rétrocession ; c'est une nouvelle vente que cet acheteur fait de l'héritage au conjoint qui lui avoit vendu. Le conjoint qui y rentre en vertu de cette convention qu'il a eue avec l'acheteur, durant le mariage, en redevient propriétaire en vertu d'un nouveau titre d'acquisition ; et ce nouveau titre étant du temps du mariage, l'héritage est conquêt.

Il en est de même lorsqu'après que la vente que l'un des conjoints a faite de son héritage, a été entièrement consommée de part et d'autre, par la tradition de l'héritage et le paiement du prix en entier, ce conjoint a, durant le mariage, une convention avec l'acheteur, qui lui rétrocède l'héritage pour le même prix. Cette rétro-

cession que fait l'acheteur, quoique faite pour le même
prix et aux mêmes conditions, ne peut être regardée
comme un simple désistement de la vente qui lui en avoit
été faite ; car on ne peut se désister que des actes qui
n'ont pas encore reçu toute leur exécution : *Discedi potest
ab actu inchoato, non ab actu consummato.* Elle ne peut donc
être regardée que comme une nouvelle vente que l'acheteur fait de cet héritage à ce conjoint qui le lui avoit vendu :
c'est donc pour le conjoint un nouveau titre d'acquisition, en vertu duquel il en redevient propriétaire. Ce nouveau titre étant du temps du mariage, il est sans difficulté
que l'héritage devient conquêt, quand même il auroit été
propre de communauté, lorsque le conjoint l'a vendu ; à
moins que la rétrocession n'ait été faite expressément, afin
de tenir lieu du remploi dû à ce conjoint, pour la vente qu'il
en avoit faite durant le mariage ; auquel cas il seroit propre
de communauté par subrogation, comme nous le verrons
infrà, sur la règle 8e.

Notre décision doit avoir lieu, quand même dans l'acte
on ne se seroit pas servi du terme de *rétrocession*, mais de
celui désistement : *putà*, s'il étoit dit que *l'acheteur se désiste
de la vente d'un tel héritage, qui lui a été faite par un tel, et consent qu'il y rentre, en lui rendant le prix qu'il a payé,* l'acte ne
devroit pas moins passer pour une véritable rétrocession et
pour un nouveau titre : car on doit plutôt considérer, dans
les actes, la nature de l'acte, que les termes dans lesquels il
est conçu : *Magis spectandum id quod actum est, quàm verba.*

191. Le troisième cas de notre règle, est lorsque le conjoint rentre dans un héritage, par la cessation de l'aliénation qu'il en a faite ; comme lorsque l'ayant aliéné pour
un certain temps, ou jusqu'à l'événement d'une certaine
condition, il y rentre par l'expiration de ce temps, ou par
l'événement de cette condition. Redevenant en ce cas propriétaire de l'héritage, sans aucun nouveau titre d'acquisition, il le redevient au même titre auquel il l'étoit lorsqu'il
l'a aliéné.

SIXIÈME RÈGLE.

192. Ce qui est uni par une union réelle à un héritage, en
suit la nature. C'est pourquoi ce qui est uni, quoique pendant le mariage, par une union réelle à un héritage propre de

communauté, est propre comme l'héritage auquel il est uni.

La raison est, que ce qui est uni par une union réelle à un héritage, ne faisant qu'un seul et même corps, qu'une seule et même chose avec l'héritage auquel il est uni, il ne peut avoir d'autre qualité que celle qu'a l'héritage auquel il est uni : n'étant pas quelque chose de distingué réellement de cet héritage, il ne peut avoir aucune qualité qui lui soit propre, et qui soit distinguée de celle de l'héritage auquel il est uni. C'est le cas de la maxime : *Accessorium sequitur naturam rei principalis.*

PREMIER EXEMPLE.

Lorsque le propriétaire d'un héritage voisin d'une rivière navigable, a, par concession du prince, le droit d'alluvion, c'est-à-dire, d'avoir les accrues que la rivière feroit à son héritage, lesquelles, sans une pareille concession, appartiennent au roi, les accrues qui se sont faites, quoique durant le mariage, à cet héritage, ne sont point conquêts, mais ils sont propres de communauté; si l'héritage est propre de communauté : car étant unies par une union réelle et naturelle à cet héritage, et ne faisant par conséquent avec lui qu'une seule et même chose, qu'un seul et même héritage, elles ne peuvent avoir une autre qualité que la sienne.

SECOND EXEMPLE.

Lorsqu'on a construit, quoique durant le mariage, un bâtiment sur un terrein propre de communauté, ce bâtiment étant censé ne faire qu'une seule et même chose avec le terrein sur lequel il est construit, et en étant un accessoire, suivant la règle, *Ædificium solo cedit*, inst. *de rer. div.*, §. 31; il doit, suivant cette règle, *Accessorium sequitur naturam rei principalis,* avoir la même qualité de propre de communauté qu'a le terrein, sauf la récompense que doit en ce cas à la communauté le conjoint propriétaire du terrein, comme nous le verrons *infrà.*

193. Il n'en est pas de même de l'union qui n'est que civile. Par exemple, si j'ai acquis durant mon mariage, un héritage qui relevoit en fief ou en censive d'une terre seigneuriale qui m'étoit propre de communauté; quoique cet héritage soit réuni à mon fief, duquel il relevoit, et ne fasse

plus avec lui qu'un seul et même fief, il ne laissera pas d'être conquêt, et il n'aura pas la qualité de propre de communauté qu'a mon fief dont il relevoit : car, quoiqu'il soit réuni à mon fief, et qu'il ne fasse plus qu'un même fief avec lui, cette union n'est qu'une union civile ; ce n'est qu'une union de fief, ce n'est pas une union réelle et naturelle. Cet héritage que j'ai acquis, nonobstant cette union de féodalité, est réellement un corps différent et distingué de ma terre seigneuriale dont il relevoit en fief ou en censive, et il est par conséquent susceptible d'une qualité différente : rien ne l'empêche d'être conquêt, quoique ma terre soit un propre de communauté.

194. Pareillement, lorsque j'ai acquis durant mon mariage un héritage, et que je l'ai uni à un autre qui m'étoit propre de communauté, cette union, qui n'est qu'une union de simple destination, n'empêche pas l'héritage d'être conquêt. Par exemple, si j'ai acquis durant mon mariage une pièce de terre voisine des terres d'une métairie qui m'est propre de communauté, et que depuis j'aie compris dans le bail à ferme que j'ai fait de cette métairie, cette pièce de terre nouvellement acquise, avec les autres terres dépendantes anciennement de cette métairie ; quoique, par le bail à ferme, j'aie uni cette pièce de terre à ma métairie, en la comprenant dans le bail à ferme que j'en ai fait, cette pièce de terre ne laissera pas d'être un conquêt, et n'aura pas la qualité de propre de communauté qu'a ma métairie : car cette union ne consiste que dans la seule destination du père de famille, et n'est point une union réelle, puisque, depuis que j'ai compris la pièce de terre nouvellement acquise dans le bail de la métairie, elle est tout aussi réellement séparée et distinguée des anciennes terres de cette métairie, qui sont propres de communauté, qu'elle l'étoit avant que je l'eusse comprise dans ce bail, et même avant que je l'eusse acquise ; et par conséquent elle peut avoir une qualité différente.

Il en seroit de même, quand même j'aurois renfermé dans mon parc la pièce de terre nouvellement acquise, en reculant les murs de mon parc. Cela n'empêche pas cette pièce d'être conquêt, quoique le reste de mon parc fût propre de communauté : car cette union qui unit cette terre au reste de mon parc, n'est qu'une union de simple destination, ce n'est pas une union réelle. Quoiqu'elle soit enfermée dans mon parc, elle ne change pas de place, et elle est aussi réellement distinguée des autres terres de mon parc, qu'elle l'étoit auparavant.

Pareillement, lorsque l'un des conjoints a acheté, pendant la communauté, la maison voisine d'une qui lui étoit propre, et que des deux il n'en a fait qu'une, cette union n'est qu'une union de destination : car le terrein de la maison nouvellement acquise, demeure réellement distingué, comme il l'étoit, de celui de l'ancienne. Il ne doit donc pas prendre la qualité de propre qu'a celui de l'ancienne, mais il est, avec tout ce qu'il contient, un conquêt de communauté.

SEPTIÈME RÈGLE.

195. Ce qui reste d'un héritage, en conserve la qualité aussi bien que les droits qu'on y retient lorsqu'on l'aliène. C'est pourquoi ce qui reste d'un héritage propre de communauté, est propre de communauté aussi bien que les droits qu'on a retenus dans cet héritage, ou par rapport à cet héritage, en l'aliénant.

Par exemple, si une maison, propre de communauté, vient à être incendiée durant le mariage, la place et les matériaux qui en restent, conservent la qualité de propres de communauté qu'avoit la maison : ils conservent même la qualité de propres en matière de succession, si la maison incendiée avoit cette qualité.

Observez, à l'égard des matériaux, qu'ils ne conservent la qualité d'immeubles que tant qu'on n'a pas abandonné le dessein de reconstruire la maison, et de les employer à la reconstruction, comme nous l'avons vu *suprà*, *n.* 62. Lorsque ce dessein paroît abandonné, ils demeurent meubles, et ne sont plus par conséquent susceptibles de la qualité de propres en matière de succession : mais, quoique devenus meubles, ils conservent toujours la qualité de propres de communauté ; car les choses, quoique de nature mobilière, qui proviennent d'un propre de communauté, n'entrent point en communauté, comme nous l'avons vu *suprà*, *n.* 96.

196. Pareillement, les droits qu'on retient en aliénant un héritage propre de communauté, sont propres de communauté ; ce qui doit s'entendre non-seulement des droits qu'on retient dans l'héritage même, tels que les droits de cens, de rente foncière, d'usufruit, etc., qu'on appelle *jus in re ;* mais

aussi des droits qu'on retient à la chose, qui tendent à rentrer un jour dans la chose, qu'on appelle *jus ad rem*, tels que sont ceux qui naissent d'une clause de réméré, ou de quelque autre clause résolutoire, expresse ou tacite, sous laquelle l'aliénation est faite.

HUITIÈME RÈGLE.

197. Les héritages et autres immeubles, quoique acquis durant la communauté, sont propres de communauté par la fiction de la subrogation, lorsqu'ils ont été acquis à la place d'un propre de communauté, et pour en tenir lieu.

Pour l'intelligence de cette règle, il faut expliquer ce que c'est que la fiction de subrogation.

C'est une fiction de droit, par laquelle une chose que j'ai acquise à la place d'une autre que j'ai aliénée, prend la qualité de la chose aliénée, à la place de laquelle elle a été acquise, et à laquelle elle est subrogée.

Cette fiction n'a lieu qu'à l'égard des qualités extrinsèques d'une chose, telles que sont la qualité de propre ou patrimoniale, et la qualité de propre de communauté : elle n'a pas lieu à l'égard des qualités intrinsèques. On appelle qualités intrinsèques, celles qu'une chose a, en quelques mains qu'elle passe : telles sont les qualités de meuble, d'immeuble, d'héritage féodal, d'héritage censuel. Si j'acquiers une chose meuble à la place d'un immeuble que j'ai aliéné, cette chose ne pourra pas acquérir, par la fiction de subrogation, la qualité d'immeuble. Pareillement, si j'acquiers un héritage censuel à la place d'un féodal que j'ai aliéné, il ne pourra acquérir la qualité d'héritage féodal, parce que les qualités d'immeuble et de féodal sont des qualités intrinsèques.

Pour que la fiction de la subrogation ait lieu, il faut encore que la chose que j'acquiers à la place d'une que j'ai aliénée, soit capable et susceptible de la qualité qu'avoit la chose que j'ai aliénée. C'est pourquoi, si j'ai acquis une chose meuble à la place d'un héritage patrimonial que j'ai aliéné, *putà*, en changeant mon héritage patrimonial contre un diamant ou contre un tableau, ce diamant ou ce tableau ne pourra pas acquérir, par la fiction de la subrogation, la qualité de patrimonial ou propre en matière de succession qu'avoit mon héritage, parce qu'il n'y a que les immeubles qui soient susceptibles de cette qualité de bien patrimonial et de *propres* en matière de succession Un diamant, un tableau, étant choses meubles, n'en sont pas susceptibles.

Mais les meubles étant susceptibles de la qualité de propres de communauté, aussi bien que les immeubles, lorsque l'héritage propre de communauté de l'un des conjoints est aliéné durant la communauté, pour une somme d'argent ou d'autres choses mobilières, cette somme d'argent ou ces autres choses mobilières ont, par la subrogation, la qualité de propres de communauté de ce conjoint, et en conséquence elles n'y tombent qu'à la charge de la reprise au profit de ce conjoint.

Enfin, pour qu'une chose acquière, par la fiction de la subrogation, la qualité de celle que j'ai aliénée, il faut qu'elle me tienne lieu immédiatement de celle que j'ai aliénée. Par exemple, si j'ai échangé mon héritage patrimonial contre un autre héritage, cet héritage que j'ai acquis, en échange du mien, aura, par la fiction de la subrogation, la qualité de bien patrimonial et de propre, en matière de succession, qu'avoit celui que j'ai aliéné.

Au contraire, si j'ai vendu mon héritage patrimonial pour une certaine somme d'argent, pour laquelle l'acheteur m'a constitué une rente, cette rente, que l'acheteur m'a constituée, n'acquerra pas, par subrogation, la qualité de bien patrimonial et de propre, en matière de succession, qu'avoit l'héritage que j'ai vendu, quoique cette rente, qui est un immeuble, soit susceptible de cette qualité; car cette rente ne me tient pas lieu immédiatement de l'héritage que j'ai vendu; elle me tient lieu plutôt du prix pour lequel je l'ai vendu; c'est pour ce prix qu'elle m'a été constituée. Ce qui me tenoit lieu immédiatement de l'héritage que j'ai vendu, étoit le prix pour lequel je l'ai vendu : la qualité *de bien patrimonial* qu'avoit cet héritage, n'ayant pu passer à ce prix, qui, étant quelque chose de mobilier, n'en étoit pas susceptible, elle s'est éteinte, et n'a pu passer à la rente qui m'a été constituée. Mais cette rente, quoiqu'elle m'ait été constituée, durant le mariage, par le contrat de vente que j'ai fait de mon héritage, durant le mariage, et quoiqu'elle soit un acquêt que j'ai fait durant mon mariage, ne sera pas néanmoins conquêt, et elle aura, par le moyen de la subrogation, la qualité de propre de communauté; car cette qualité *de propre de communauté* étant une qualité dont les choses meubles sont susceptibles aussi bien que les immeubles, cette qualité a passé, de mon héritage, au prix pour lequel je l'ai vendu; et de ce prix, à la rente qui a été constituée pour ce prix.

Lorsque le conjoint, par le contrat d'échange qu'il a fait durant la communauté, a payé un retour en deniers, pour l'héritage qu'il a reçu en contre-échange de son héritage propre, l'héritage qu'il a reçu en contre-échange, sera-t-il conquêt *au prorata* de la somme de deniers payée pour la soute de partage ? D'Argentré, sur l'*article* 418 de la coutume de Bretagne, *gl.* 2, *n.* 3, suivi par Lebrun et Duplessis, décide que, nonobstant la soute, il ne laissera pas d'être propre, pour le total, à la charge seulement de récompenser la communauté de la somme qui en a été tirée pour payer la soute. La raison est, que la soute n'est qu'un accessoire du contrat, qui n'en doit pas changer la nature : ce contrat, nonobstant la soute, est principalement un contrat d'échange que le conjoint a fait de son héritage propre contre un autre héritage, lequel rend propre de subrogation l'héritage reçu en contre-échange. Si néanmoins le conjoint, pour acquérir l'héritage qu'il a reçu en contre-échange, avoit donné une somme de deniers, égale à peu près à la valeur de l'héritage qu'il a donné en échange, ou même qui la surpassât, on ne pourroit se dispenser de considérer le contrat comme un contrat mixte, mêlé de vente et d'échange, et en conséquence, l'héritage acquis par le contrat, comme conquêt au *prorata* de la somme de deniers donnée pour l'acquérir, et propre de subrogation pour le surplus seulement.

198. Lorsque j'achète, durant la communauté, un héritage, avec déclaration que c'est des deniers qui m'étoient propres, *putà*, qui provenoient du prix de la vente que j'avois précédemment faite, durant la communauté, d'un héritage propre; ou lorsqu'il est dit que c'est pour me tenir lieu de remploi du prix de cet héritage ; l'héritage acquis, avec cette déclaration, quoiqu'acquis durant la communauté, a, par la subrogation, la qualité de propre de communauté qu'avoient les deniers provenus du prix de la vente de mon héritage, ou l'action de remploi dont il me tient lieu.

Si je l'avois acheté pour un plus grand prix que celui pour lequel j'avois vendu précédemment mon héritage propre de

communauté, il ne sera propre de communauté, par subrogation, que jusqu'à concurrence du prix pour lequel
j'ai vendu mon héritage propre ; il sera conquêt pour le
surplus. Par exemple, si j'ai vendu mon héritage propre
pour le prix de 12,000 livres, et que j'en aie acheté un
autre pour le prix de 24,000 livres, avec déclaration que
c'étoit pour me tenir lieu de remploi du prix qui m'étoit dû
de celui que j'ai vendu 12,000 livres, cet héritage, nouvellement acquis, ne sera propre de communauté, par subrogation, que jusqu'à concurrence de 12,000 livres, c'est-
à-dire, pour la moitié ; il sera conquêt pour le surplus. Je
suis censé, en ce cas, avoir fait l'acquisition pour moitié,
pour mon compte particulier, et pour me tenir lieu de remploi ; et l'avoir faite, pour l'autre moitié, pour le compte de
la communauté.

Néanmoins, si la somme dont le prix de la nouvelle
acquisition excède celle dont le remploi m'étoit dû, étoit
peu considérable, je pense que je devrois être censé avoir
fait l'acquisition, entièrement pour mon compte, à la
charge de récompenser la communauté, de ce que j'ai
mis, pour cette acquisition, de plus que la somme dont
le remploi m'étoit dû. Par exemple, si j'avois vendu mon
héritage pour le prix de 12,000 livres, et que j'en eusse
depuis acquis un autre pour la somme de 13,000 livres,
avec déclaration que c'est pour me tenir lieu du remploi
qui m'est dû, je pense qu'il est bien plus raisonnable que
je sois censé avoir fait cette acquisition entièrement pour
mon compte, et que l'héritage me soit propre en total, à
la charge de la récompense de 1,000 livres envers la communauté, plutôt que de regarder cette acquisition comme
faite pour la treizième partie, pour le compte de la communauté, dans laquelle ma femme auroit une vingt-sixième
partie.

Observez que, pour que la déclaration puisse rendre
l'héritage nouvellement acquis propre de communauté par
subrogation, il faut que cette déclaration soit faite *in con-
tinenti*, par le contrat d'acquisition de l'héritage nouvellement acquis. Si l'acquisition avoit été faite sans cette déclaration, inutilement la feroit-on *ex intervallo* ; car l'héritage
ayant été fait conquêt lorsqu'il a été acquis, faute de
cette déclaration, la communauté ne peut plus, par cette

déclaration qu'on feroit *ex intervallo*, être privée d'une chose qui lui a été une fois acquise.

199. Lorsque c'est pour tenir lieu de remploi des propres de la femme, que le mari acquiert un héritage durant le mariage, il faut pareillement que la déclaration soit faite, par le contrat d'acquisition, que l'héritage est acquis pour tenir lieu de ce remploi. Mais cette déclaration n'est pas seule suffisante pour que l'héritage tienne lieu de ce remploi, et soit, en conséquence, *propre de communauté de la femme, par subrogation;* il faut, outre cela, que la femme consente que cet héritage lui tienne lieu de remploi.

Par ce consentement qu'elle donne, l'héritage ou autre immeuble acquis pour lui tenir lieu de remploi, devient, par subrogation, l'héritage propre de la femme, et est à ses risques, comme le sont ses autres propres : c'est pourquoi, si une maison acquise pour lui tenir lieu de remploi, après le consentement qu'elle a donné à ce remploi, venoit à brûler par le feu du ciel, la perte tombe sur la femme, et non sur la communauté; elle ne peut prétendre autre chose, pour son remploi, que la place et les matériaux qui en restent.

Par la même raison, si le mari avoit acquis une rente pour tenir lieu de remploi à sa femme, laquelle rente devînt, par la suite, caduque par l'insolvabilité du débiteur, la femme qui a donné son consentement à ce remploi, doit seule supporter la perte de cette caducité.

Néanmoins Lebrun, *l. 3, chap. 2, sect.* 1, *dist.* 2, *n.* 84, décide que si la rente est devenue caduque avant la dissolution de la communauté, la femme n'est pas obligée de la prendre, quoiqu'elle ait consenti à ce remploi; parce que le mari, comme administrateur de sa femme, étoit tenu de faire un bon emploi des deniers de sa femme. J'ai de la peine à croire que la femme, ayant donné en majorité son consentement à ce remploi, pût être reçue à le critiquer.

Si la femme étoit mineure lorsqu'elle a consenti à un remploi désavantageux, nul doute, en ce cas, qu'elle peut se faire restituer contre son consentement.

200. Pour qu'un héritage ou autre immeuble acquis par le mari, avec déclaration que c'est pour tenir lieu de remploi à sa femme, soit propre de subrogation, il faut, à la vérité, que cette déclaration soit portée par le contrat d'ac-

8.   9

quisition ; mais il n'est pas de même nécessaire que le consentement que la femme doit donner à ce remploi, soit donné par le contrat, ni dans le même temps : la femme peut le donner *ex intervallo* ; et, en attendant ce consentement de la femme, la déclaration faite par le mari, dans le contrat d'acquisition, que l'héritage est acquis pour tenir lieu de remploi des propres de la femme, tient en suspens l'état et la qualité de cet héritage. Si la femme ratifie et consent cette déclaration, les ratifications ayant un effet rétroactif, suivant la règle de droit, *Ratihabitio mandato comparatur ;* l. 152, *aliàs* 194, *n.* 2, ff. *de reg. jur.* (1), l'héritage sera censé avoir été, dès l'instant de son acquisition, acquis pour tenir lieu du remploi de sa femme, et avoir toujours été, en conséquence, propre de communauté de la femme, par subrogation. Si, au contraire, elle refuse d'accepter cet héritage pour son remploi, cet héritage sera conquêt ; la déclaration servira seulement, en ce cas, à donner à la femme, sur ce conquêt, une hypothèque privilégiée pour le remploi dont elle est créancière.

Lorsque la femme a laissé passer tout le temps du mariage, sans s'expliquer si elle entendoit approuver la déclaration faite par le mari, dans le contrat d'acquisition de l'héritage, est-elle en droit, après la dissolution du mariage, d'accepter, pour son remploi, l'acquisition de l'héritage, malgré les héritiers du mari ? Duplessis tient la négative. Il trouve que la femme, en ne s'expliquant pas, ayant toujours laissé l'héritage aux risques de la communauté, ayant toujours été en son pouvoir de refuser l'emploi, si l'héritage eût diminué de prix, il ne seroit pas équitable qu'elle pût, en acceptant l'emploi, profiter de l'augmentation du prix qui seroit survenue sur l'héritage. D'autres auteurs pensent, nonobstant ces raisons, que tant que la femme n'a pas été mise en demeure de s'expliquer, non-seulement la femme, mais même ses héritiers, sont en droit de prendre l'acquisition pour leur compte.

---

(1) Quoique la loi d'où cette maxime est tirée, traite des délits, néanmoins elle a pareillement lieu en matière de contrats ; et la ratification que je fais d'un contrat fait en mon nom, équipolle à un mandat. *Voyez Cujas,* ad l. 60, ff. *de reg. jur.*

Si la femme avoit souscrit ou avoit été présente au contrat d'acquisition de l'héritage, par lequel contrat le mari a déclaré que l'acquisition est faite pour tenir lieu à la femme de son remploi, quoiqu'il ne soit pas dit expressément, par le contrat, que la femme a accepté cet héritage pour lui tenir lieu de son remploi, la présence ou la souscription de la femme au contrat où cette déclaration est portée, en est une suffisante acceptation; et par conséquent nul doute, en ce cas, que cet héritage doit lui en tenir lieu, et être un propre de communauté de la femme, par subrogation.

201. Quoique la femme, créancière du remploi de ses propres, ait acquis, conjointement avec son mari, un héritage durant le mariage; si, par le contrat d'acquisition de cet héritage, il n'y a pas une déclaration expresse que l'acquisition est faite pour tenir lieu du remploi des propres de la femme, on ne pourra pas inférer de cela seul que la femme l'a acquis avec son mari, que l'acquisition a été faite pour lui tenir lieu de remploi : c'est pourquoi, faute de déclaration, l'héritage sera conquêt.

Cette décision doit surtout avoir lieu, lorsqu'il restoit, par le contrat d'acquisition, des obligations à acquitter envers le vendeur. En ce cas, il paroît une raison pour laquelle la femme a acheté, conjointement avec son mari, qui est celle de donner plus de sûreté au vendeur, pour les obligations qui restoient à accomplir. Mais, quand même toutes les obligations des acheteurs auroient été entièrement accomplies par le contrat, par le paiement entier du prix, dont le contrat porteroit quittance, et qu'ainsi l'intervention de la femme, à ce contrat, fût superflue, je pense néanmoins qu'il faudroit décider de même, que, faute de déclaration, l'héritage est conquêt.

202. Le principe que nous avons exposé jusqu'à présent, a souffert, en 1720, une exception en un cas; c'est le cas auquel les maris avoient reçu, en billets de la banque royale, dans le temps qu'ils avoient cours, le rachat des rentes propres de leurs femmes. Par une déclaration du roi, rendue en ce temps, les maris ont été autorisés à faire emploi de ces billets de banque, en rentes sur l'hôtel-de-ville, ou en rentes provinciales. En conséquence, ces rentes qu'un mari a acquises en ce temps, durant son mariage, avec dé-

claration faite par le contrat de constitution, que les billets
de banque pour lesquels elles sont constituées, proviennent
du rachat qu'il a reçu des rentes propres de sa femme, tiennent lieu du remploi de la femme, sans qu'il ait été nécessaire, pour cela, que le consentement de la femme
intervînt; et elles lui sont propres de communauté, par
subrogation.

NEUVIÈME RÈGLE.

203. Un héritage ou autre immeuble, dont on ne trouve
pas le titre d'acquisition, est, dans le doute, présumé conquêt, lorsqu'aucune des parties ne peut justifier qu'il lui ait
appartenu avant le mariage, et qu'il lui fût propre.

La raison de cette règle est évidente. Celui des deux conjoints qui prétendroit que l'héritage lui est propre, doit le
justifier, suivant cette règle de droit : *ei incumbit probatio qui
dicit;* l. 2, ff. *de probat.* Aucun des deux ne pouvant le justifier, il ne peut passer pour le propre d'aucun des deux; il ne
peut par conséquent être considéré autrement que comme
conquêt.

Cette justification peut se faire, non-seulement par titres,
mais, à défaut de titres, par la seule preuve testimoniale.
C'est pourquoi je pense que l'un des conjoints ou ses héritiers qui réclament un héritage comme propre, doivent être
reçus à la preuve qu'il le possédoit avant le mariage. C'est
ce qui a été très-bien observé par le nouveau commentateur
de la coutume de la Rochelle. Il seroit dangereux de n'admettre d'autre preuve que celle qui résulte des titres, les
titres pouvant se supprimer.

ARTICLE III.

Des fruits des propres.

204. Les fruits des héritages et autres biens propres de
chacun des conjoints, qui sont perçus, nés et échus durant la
communauté, sont la troisième espèce de choses qui composent la communauté légale.

Toutes les charges du mariage devant tomber sur la communauté, il étoit juste de lui donner ces fruits, pour les supporter.

On dira peut-être que les fruits des propres de chacun des

conjoints, qui sont perçus ou échus durant la communauté, étant des choses meubles, ils entrent, en leur qualité de choses meubles, dans la communauté légale, dans laquelle entrent tous les biens meubles de chacun des conjoints, comme nous l'avons vu en l'article premier ; qu'ainsi il est inutile de considérer dans ces fruits leur qualité de *fruits*, et d'en faire une troisième espèce de choses qui composent la communauté légale.

Je réponds que cela n'est pas inutile, et que la qualité de fruits qu'ont ces choses, est une qualité particulière qu'ils ont pour entrer dans la communauté légale, distinguée de leur qualité générale de biens meubles, et qui les y fait entrer dans certains cas, dans lesquels leur seule qualité générale de biens meubles ne les y feroit pas entrer.

En effet, le principe que tous les biens meubles de chacun des conjoints entrent dans la communauté, souffre exception à l'égard de ceux qui sont provenus de leurs biens propres durant la communauté, tels que sont des bois de haute futaie abattus durant la communauté, sur les héritages propres de l'un ou de l'autre conjoint ; *suprà, n.* 96. Si donc les fruits perçus ou échus durant la communauté, entrent dans la communauté, ce n'est pas en leur qualité générale de choses meubles, puisque des choses meubles provenues pendant la communauté des propres des conjoints, n'y entrent pas, comme nous venons de le dire.

Il faut donc rechercher et considérer dans ces fruits, outre leur qualité générale de choses meubles, la qualité particulière qu'ils ont de *fruits* des propres des conjoints, perçus ou échus durant leur communauté, puisque c'est cette qualité particulière seule qui les fait entrer dans la communauté.

Cela est encore plus nécessaire par rapport à la communauté conventionnelle, dont nous parlerons au chapitre suivant. Par exemple, si chacun des conjoints, par une clause du contrat de mariage, a limité la quantité de ses biens meubles qui entreroit dans la communauté, *putà*, à une somme de dix mille livres, et réservé propre le surplus de ses biens, tant présents qu'à venir, qui lui écherroient par succession ou autrement, les fruits des propres de chacun des conjoints entrent dans cette communauté, outre cette somme de dix mille livres à laquelle ils ont borné la quantité de leurs biens meubles qui doivent y entrer, parce qu'ils y entrent en une qualité particulière qu'ils ont pour y entrer, qui est la qualité de *fruits* perçus ou échus durant le mariage.

Il faut à présent voir quelles sont les choses qui sont fruits des biens propres de chacun des conjoints. On appelle fruits, ce qui naît et renaît d'une chose : *Fructus est quidquid ex re nasci et renasci solet.* Par exemple, les blés et les autres grains, les foins, les fruits des vignes et des arbres, sont des fruits d'une terre, parce que la terre les produit, et en reproduit d'autres les années suivantes. Pareillement une coupe de bois taillis est en fruit, parce que les souches sur lesquelles on a fait la coupe, repoussent, et reproduisent de quoi faire. au bout d'un certain temps, une autre coupe. La pêche d'un étang est pareillement un fruit, parce qu'au moyen du peuple qu'on y laisse, il reproduit de quoi faire, au bout d'un certain temps, une autre pêche. Au contraire, les pierres et les marbres qu'on tire d'une carrière ne sont pas des fruits; car il n'en renaît pas d'autres à la place de ceux qu'on tire ; c'est le fonds même qu'on épuise en les tirant; *voyez supra, n.* 97.

205. Les fruits se divisent en fruits naturels et en fruits civils. Les fruits naturels sont ceux que la terre produit. et qui ont un être physique. Ils se subdivisent en fruits purement naturels et en fruits industriels. Les fruits purement naturels sont ceux que la terre produit sans culture, comme l'herbe des prés, la coupe d'un bois taillis, les noix, et les autres fruits des arbres. Les fruits industriels sont ceux que la terre ne produit que par le moyen de la culture, tels que sont les blés et autres grains, les fruits des vignes, etc.

Les fruits civils sont ceux *qui in jure consistunt,* qui n'ont pas un être physique ; mais un être moral et intellectuel ; *v. g.* les fermes des biens de campagne ; les loyers des maisons ; les arrérages des rentes, tant foncières que constituées ; les profits et droits seigneuriaux, etc.

206. Les fruits naturels, soit purement naturels, soit industriels, sont acquis à la communauté, et y entrent aussitôt qu'ils sont perçus durant la communauté.

Ces fruits sont censés perçus par leur séparation de la terre où ils étoient pendants : car c'est par cette séparation qu'ils acquièrent un être particulier et distingué de la terre avec laquelle auparavant ils étoient censés ne faire qu'une seule et même chose. C'est pourquoi la coutume de Paris, *art.* 92, dit : « Bois coupé, blé, foin, ou grain soyé ou fauché, sup-» posé qu'il soit (c'est-à-dire, quoiqu'il soit) encore sur le » champ et non transporté, est réputé meuble. »

C'est pourquoi, si un propre de communauté de l'un des conjoints est fauché aujourd'hui, et que le conjoint meure le soir, tout le foin est acquis à la communauté, ayant été séparé de la terre, pendant que la communauté duroit encore, quoiqu'il soit encore sur le pré.

207. Quoique les fruits des propres soient accordés à la communauté, pour supporter les charges du mariage, ce n'est pas néanmoins au *prorata* du temps que la communauté a duré, et qu'elle a supporté ces charges, que ces fruits lui appartiennent. Les coutumes donnent à la communauté généralement tous les fruits qui sont perçus durant la communauté, à la charge de supporter pendant ce temps toutes les charges du mariage : c'est pourquoi si la récolte des fruits pendants sur l'héritage de l'un des conjoints, s'étoit faite peu de temps après le mariage, quelque peu de temps que le mariage eût duré, n'eût-il duré qu'un mois ou deux, la récolte entière appartiendroit à la communauté.

Cela a lieu quand même les fruits qui ont été cueillis peu après le mariage, qui n'auroit duré que peu de mois, seroient le fruit d'un grand nombre d'années. Supposons, par exemple, que peu après le mariage, il s'est fait, durant la communauté, une coupe d'un bois taillis, propre de l'un des conjoints, qui ne se coupe que tous les dix ans : quoique cette coupe soit le fruit de dix années, et que le mariage n'ait duré que peu de mois, la coupe entière ne laissera pas d'appartenir à la communauté.

Vice versá, quoique le principal revenu de l'héritage de l'un des conjoints, *putà*, de la femme, consistât dans un bois taillis, d'où il n'y a eu aucune coupe à faire pendant tout le temps qu'a duré le mariage; quoique le mariage ait duré plusieurs années, le mari ne pourra rien prétendre pour la communauté qu'il a eue avec sa défunte femme, dans la coupe qui s'en fera après la mort de sa femme, qui a dissous la communauté.

En cela, ce qui s'observe à l'égard des fruits des propres, est différent de ce qui s'observoit par le droit romain, à l'égard des fruits du bien dotal, qui n'appartenoient au mari qu'à proportion du temps que le mariage avoit duré, et qu'il avoit supporté les charges du mariage, pour le support desquelles la dot lui étoit donnée.

En cela pareillement, ce qui s'observe à l'égard de la communauté, est différent de ce qui s'observe à l'égard des titulaires des bénéfices, qui ne peuvent prétendre les fruits qu'à proportion du temps qu'ils ont été en possession du bénéfice.

208. N'y ayant que les fruits des propres, perçus durant le temps de la communauté, qui appartiennent à la communauté, ceux qui ont été perçus avant le mariage, et par conséquent avant que la communauté ait commencé, y entrent bien en qualité de choses meubles, mais ce n'est pas en qualité de fruits.

209. A l'égard de ceux qui étoient encore pendants lors de la dissolution de la communauté, et qui n'ont été perçus que depuis; n'ayant point été perçus durant la communauté, ils ne peuvent appartenir à la communauté; mais ils appartiennent en entier au conjoint propriétaire de l'héritage, ou à ses héritiers.

C'est ce qu'enseigne la coutume de Paris, *art.* 231, où il est dit : « Les fruits des héritages propres, pendants par » les racines au temps du trépas de l'un des conjoints par » mariage, appartiennent à celui auquel appartient l'hé- » ritage, à la charge de payer la moitié des labours et » semences. »

Notre coutume d'Orléans a, à cet égard, une disposition semblable à celle de Paris, qui s'observe pareillement, à cet égard, comme un droit commun, dans celles qui ne s'en sont pas expliquées.

210. Si un mari, par affectation et en fraude de sa communauté, avoit retardé une récolte qui étoit à faire sur son héritage propre, durant la communauté, afin de se l'approprier en entier, en la retardant après la mort de sa femme, qu'il voyoit menacée d'une mort prochaine, les héritiers de la femme pourroient prétendre, en qualité de communs, part dans la récolte que le mari feroit depuis la mort de sa femme, comme ayant été retardée en fraude du droit de communauté de sa femme. On peut apporter pour exemple le cas auquel un bois taillis du propre du

mari, se trouvant dans l'année où l'on a coutume de le couper, le mari, qui voyoit sa femme menacée d'une mort prochaine, en auroit, contre l'usage, remis la coupe à une autre année.

211. *Vice versâ*, si un mari, voyant sa femme à l'extrémité, et la préparation d'une récolte abondante à faire sur les vignes de sa femme, les avoit, par affectation et en fraude des héritiers de sa femme, vendangées avant le temps, les héritiers de sa femme qui seroit morte aussitôt après cette vendange prématurée, et encore avant le temps de la vendange, seroient bien fondés à prétendre des dommages et intérêts contre le mari.

C'est ce qu'insinue l'article 207 de la coutume d'Orléans, où il est dit : « Fruits cueillis, coupés et abattus, ÉTANT » EN MATURITÉ,.... sont réputés meubles. » Par ces termes, ÉTANT EN MATURITÉ, la coutume insinue que le mari qui, en fraude des héritiers de sa femme, a recueilli les fruits de l'héritage propre de sa femme, avant leur maturité, ne peut pas se les attribuer comme meubles entrés dans sa communauté. Il ne suffit pas même au mari de rendre ces fruits en l'état qu'ils sont aux héritiers de la femme, auxquels ils devoient appartenir, si on eût attendu le temps de leur maturité pour les couper; car le mari ayant détérioré ces fruits, en les coupant trop tôt, doit dédommager les héritiers de sa femme, de ce qu'ils souffrent de cette détérioration par son dol.

212. La coutume oblige le propriétaire de l'héritage, qui perçoit à son profit seul les fruits de son héritage propre, après la dissolution de la communauté, de rembourser à l'autre conjoint la moitié des frais faits par la communauté, pour les faire venir. Cette disposition est tirée d'un principe général qui a lieu pour toutes les sociétés et communautés, qui est qu'un associé ou commun est obligé *actione pro socio*, ou *actione communi dividundo*, de faire raison à la société ou communauté, de ce qui en a été tiré pour une affaire qui lui est particulière, et dont il profite seul, un associé ou commun ne devant pas s'avantager aux dépens de la communauté : d'où il suit que la perception des fruits que fait le propriétaire de l'héritage après la dissolution de la communauté, étant une affaire qui le concerne seul et dont il profite seul, il doit récompense à la communauté, du montant des frais

qui ont été faits par la communauté, pour faire venir lesdits fruits, comme ayant été faits pour une affaire qui lui est particulière, et dont il profite seul.

Pourroit-il se décharger de cette récompense, en offrant d'abandonner la récolte à la communauté? Non, de même qu'il ne seroit pas recevable à l'abandonner à un *negotiorum gestori* qui auroit fait cette impense pour lui. Quoique, par la récolte, elle n'ait pas rempli en entier le conjoint, des frais de labours et semences, le conjoint ne laisse pas de profiter en entier du prix de cette impense; parce que cette impense étant une impense nécessaire, qu'il eût été obligé de faire de ses propres deniers, si elle n'eût pas été faite de ceux de la communauté, il profite de cette impense, *quatenùs propriæ pecuniæ pepercit :* il profite de la somme qu'il eût été obligé de tirer de sa bourse particulière, et qui eût été égale à celle qui a été tirée de la communauté.

Cette récompense, qui est due à la communauté, appartient, en cas d'acceptation de la communauté, à chacun des conjoints ou à leurs héritiers, pour la moitié que chacun d'eux a dans les biens de la communauté. C'est pourquoi la coutume de Paris, qui, dans l'*art* 231, suppose le cas d'acceptation de la communauté comme le cas le plus ordinaire, oblige le conjoint ou ses héritiers, débiteurs de cette récompense, à en payer la moitié à l'autre conjoint ou à ses héritiers. A l'égard de l'autre moitié de cette récompense, qui appartient au conjoint, qui en est le débiteur pour la moitié qu'il a lui-même dans les biens de la communauté, ce conjoint ne pouvant en être débiteur envers lui-même, il s'en fait confusion et extinction pour cette moitié.

Mais, dans le cas de la renonciation à la communauté, la femme débitrice de la récompense due à la communauté, pour les frais de labours et semences faits sur son héritage propre, dont elle a perçu les fruits à son profit seul, depuis la dissolution de la communauté, n'ayant, au moyen de sa renonciation à la communauté, aucune part dans les biens de la communauté, ni par conséquent dans la récompense qu'elle doit à la communauté, pour les frais de labours et semences faits sur son héritage, elle doit en payer le total aux héritiers de son mari.

Il en est de même des héritiers de la femme qui ont renoncé à la communauté.

Par la même raison, si c'est sur l'héritage propre du mari, que les frais de labours et semences ont été faits, le mari ou ses héritiers, qui en ont perçu les fruits après la dissolution du mariage, ne doivent aucune récompense à la femme ou aux héritiers de la femme, qui, au moyen de leur renonciation à la communauté, n'ont rien à prétendre dans les récompenses dues à la communauté.

213. La coutume de Paris ne parle que des *labours et semences* : elle n'a pas pensé aux vignes, auxquelles il y a d'autres façons et d'autres impenses à faire pour la production de leurs fruits. Il n'y en avoit peut-être pas alors, ou très-peu dans son territoire. La coutume d'Orléans, *art.* 208, s'est plus expliquée, et doit servir de supplément à ce que celle de Paris a manqué d'énoncer ; il y est dit, « à la charge de payer la moitié des *labou. s , semences, façons et impenses.* » Ces termes comprennent les façons qu'il faut faire tous les ans aux vignes, pour en tirer les échalas l'hiver, les repiquer au printemps, pour lier les vignes, les accoler, les ébourgeonner ; et les impenses qu'il faut faire quelquefois pour éplucher les vers qui se mettent dans le verjus certaines années. Le conjoint qui, après la dissolution du mariage, fait à son profit seul la vendange sur son héritage propre, est tenu, même dans la coutume de Paris, de rembourser à l'autre conjoint ou à ses héritiers, moitié des frais desdites façons et impenses, aussi bien que des labours.

214. Si un gentilhomme avoit fait seul, sans le secours de personnes, toutes les façons et tous les labours à faire aux vignes de l'héritage propre de sa femme, les héritiers de sa femme seroient-ils fondés à refuser de rembourser le mari, desdits labours et façons, pour la part qu'il a dans la communauté, en lui opposant qu'il n'a rien déboursé ni rien tiré de sa communauté, et qu'il est au-dessous de sa naissance de se faire payer du prix de son travail ? Je pense que les héritiers seroient mal fondés, et qu'ils ne peuvent se dispenser de rembourser au mari, pour sa part, le prix desdits labours et façons. Il est vrai qu'il est au-dessous de la naissance de ce gentilhomme, de louer ses bras à des étrangers : mais ce n'étoit point une chose au-dessous de sa naissance, que de labourer et cultiver, pendant la communauté, la vigne de sa femme.

215. Il y a quelques coutumes particulières qui se sont

écartées de la disposition de la coutume de Paris et du droit commun, en abandonnant à la communauté, pour ses frais de culture et semences, la récolte qui se fait sur les héritages propres des conjoints après la dissolution de la communauté, lorsqu'au temps de cette dissolution, les terres étoient déjà ensemencées, et les vignes marrées et taillées.

De ce nombre est la coutume de Blois, qui dit, en l'*art.* 184 : « Si, lors du trépas de l'un desdits conjoints, les terres sont » ensemencées, et les vignes (1) marrées et taillées, qui » étoient propres de l'un desdits conjoints, les fruits des- » dites terres et vignes se diviseront, pour ladite année, » entre le survivant et les héritiers du premier décédé éga- » lement. »

216. Suivant le même esprit, au lieu que par le droit commun, la pêche d'un étang qui ne se fait qu'après la dissolution de la communauté, appartient en entier au propriétaire de l'étang, en remboursant à la communauté le prix de l'empoissonnement, lorsqu'il s'est fait aux dépens de la communauté ; au contraire, la coutume de Blois a, pour indemniser la communauté des frais de l'empoissonnement, abandonné à la communauté la pêche de l'étang qui s'est trouvé en pêche dans l'année de la dissolution de communauté, quoique la pêche n'ait été faite qu'après cette dissolution. C'est ce qui est dit par l'article suivant : « Et touchant » les fruits d'un étang qui auroit été peuplé à communs dé- » pens ; si ledit étang étoit en pêche l'année du trépas de l'un » desdits conjoints, sera la pêche partie comme meuble » également entre le survivant et les héritiers du premier » décédé. »

La coutume, dans ces articles, suppose le cas d'acceptation de la communauté, comme le cas le plus commun. En cas de renonciation à la communauté, par la femme ou ses héritiers, les récoltes et la pêche, dans l'espèce desdits articles, appartiennent en total au mari ou à ses héritiers.

217. De ce que la coutume de Blois, et les autres qui ont une disposition semblable, donnent à la communauté les

_____

(1) *Marrées*, c'est-à-dire, lorsqu'on a fait le premier labour, qui se fait à la suite de l'hiver. Ce terme vient du nom de *marre*, qui est le nom qu'on donne, dans le Blaisois et l'Orléanois, à l'instrument avec lequel on laboure les vignes.

fruits qui, lors de la dissolution de la communauté, sont
pendants par les racines sur les héritages propres des conjoints, il n'en faut pas conclure que ces coutumes décident
que ces fruits pendants par les racines sont meubles : la décision seroit absurde; car ces fruits faisant partie de l'héritage
sur lequel ils sont pendants, jusqu'à ce qu'ils en soient séparés, ils ne peuvent pas avoir une qualité différente de celle
qu'a l'héritage avec lequel ils ne font qu'un seul et même
fonds. Tout ce que ces coutumes ont voulu, est que ces
fruits, quoiqu'ils ne doivent être récoltés et devenir meubles
qu'après la dissolution de la communauté, appartinssent
néanmoins à la communauté, pour lui tenir lieu des frais
qu'elle a faits pour la production. De là vient que, même
dans ces coutumes, en matière de succession, les fruits pendants sur un héritage propre lors de l'ouverture de la succession, n'appartiennent pas à l'héritier aux meubles, mais à
l'héritier aux propres, qui succède à l'héritage. De là vient
que, même en matière de communauté, les fruits qui
étoient pendants lors de la dissolution de la communauté,
n'appartiennent à la communauté que lorsque les frais
faits pour leur production, ont été faits par la communauté, le mari les faisant valoir par ses mains; et qu'il
en est autrement lorsque ces frais n'ont pas été faits par la
communauté, mais par un fermier qui tenoit l'héritage par
bail à moitié. La coutume du Maine, *art.* 256, en a une disposition qui doit servir d'interprétation à celle de Blois.
Après y avoir dit que les fruits des vignes qui seront bêchées,
et des terres qui seront labourées et ensemencées du *meuble
commun*, appartiendront à la communauté, quoiqu'ils ne
soient récoltés sur l'héritage propre de l'un des conjoints,
qu'après la dissolution de la communauté, la coutume
ajoute : « Si lesdites vignes ou terres ont été baillées à faire
» à moitié, ou pour en avoir par celui qui les laboure, autre por-
» tion des fruits, ce ne sera réputé être fait de *meuble commun.* »

218. Dans cette variété de coutumes, dont les unes donnent la récolte des fruits industriels qui se fait sur l'héritage
propre de l'un des conjoints après la dissolution du mariage,
au propriétaire de l'héritage, à la charge de rembourser la
communauté des frais de culture, et dont les autres la donnent à la communauté, doit-on suivre la coutume des lieux
où les héritages sont situées, ou plutôt celle à laquelle les

parties se sont soumises en se mariant, soit expressément, par une clause de leur contrat de mariage, soit tacitement, parce que c'étoit la loi du lieu où étoit alors leur domicile? La question souffre difficulté. Ceux qui soutiennent que c'est la coutume du lieu où l'héritage est situé, disent que les dispositions des coutumes qui règlent si les fruits pendants sur les héritages propres des conjoints lors de la dissolution de la communauté, doivent appartenir, ou non, à la communauté, sont des statuts réels, qui n'ont d'empire que sur les héritages situés dans leur territoire; qu'en conséquence, lorsque deux Blaisois ont contracté mariage, leur coutume de Blois ne peut donner à la communauté qui étoit entre les conjoints, les fruits pendants lors de la dissolution de la communauté, sur l'héritage propre de l'un des conjoints, qui est situé sous la coutume d'Orléans, la coutume de Blois ne pouvant avoir d'empire sur ces héritages.

Ceux qui tiennent l'opinion contraire, nient formellement que les dispositions des coutumes sur ce point, soient des statuts réels : ils soutiennent, au contraire, que suivant la doctrine de Dumoulin, que nous avons exposée *suprà*, n. 10, les dispositions des coutumes sur la communauté, et les choses qui doivent y entrer ou non, sont statuts personnels, qui n'ont d'autre objet que de déclarer ce dont les personnes soumises à leur empire, doivent être présumées ou supposées être convenues en se mariant. Suivant ce principe, Dumoulin décide, comme nous l'avons vu, que lorsque deux Parisiens se sont mariés sans contrat de mariage, et que l'un d'eux acquiert un héritage situé dans une province dont la loi n'admet pas la communauté, cet héritage entre dans leur communauté, suivant la coutume de Paris, quoique cette coutume n'ait pas d'empire hors de son territoire; parce que ce n'est pas *immediatè et per se* qu'elle l'y fait entrer, mais en conséquence de la convention qu'elle présume et suppose être intervenue entre les conjoints, lorsqu'ils se sont mariés, qu'ils seroient communs en biens, et que ce que chacun d'eux acquerroit durant le mariage, entreroit en leur communauté.

Suivant cette doctrine de Dumoulin, qui répute statuts personnels les dispositions sur la communauté, et sur les choses qui y doivent entrer ou en être exclues, celles qui concernent les fruits en question doivent être regardées,

non comme statuts réels, mais comme statuts personnels,
qui ne font autre chose que décider, si, lorsque les personnes soumises à leur empire se marient, on doit présumer
qu'elles ont voulu que les fruits en question entrassent dans
leur communauté, ou si on doit présumur qu'elles ont
voulu qu'ils en fussent exclus. Suivant ces principes, lorsque deux Orléanois ont contracté communauté de biens en
se mariant, les fruits pendants, lors de la dissolution de la
communauté, sur l'héritage propre de l'un d'eux, quoique
situé sous la coutume de Blois, sont exclus de la communauté, parce que les parties sont présumées avoir, conformément à la coutume d'Orléans, voulu qu'ils en fussent exclus. *Contrà, vice versâ*, lorsque les Blaisois se sont mariés,
les fruits pendants, lors de la dissolution de la communauté,
sur des terres ensemencées et labourées aux frais de la communauté, doivent appartenir à la communauté, quoiqu'elles
soient situées sous la coutume d'Orléans, qui a une disposition contraire, parce que ce n'est pas la coutume de Blois
immediatè et in se, qui les y fait entrer, mais la convention
que cette coutume suppose que ces personnes ont cues pour
les y faire entrer.

Si les parties s'étoient soumises expressément à la coutume de Blois pour leur communauté, hésiteroit-on à décider que cette convention devroit faire tomber en la communauté les fruits pendants, lors de la dissolution, sur l'héritage de l'un des conjoints, quelque part que fût situé
l'héritage ? Lorsque le contrat n'exprime pas de soumission
à une coutume, les parties sont censées s'être soumises à
celle du lieu de leur domicile matrimonial : cette soumission tacite doit avoir le même effet qu'une soumission expresse.

J'incline pour cette seconde opinion.

219. Passons à présent aux fruits civils. Il n'y a que ceux
qui sont nés durant la communauté, qui y entrent. Ceux
qui sont nés auparavant, y entrent comme choses meubles,
mais non comme fruits : ceux qui ne sont nés qu'après la
dissolution de la communauté, appartiennent au propriétaire de la chose qui les a produits.

Il est donc nécessaire de savoir quand ils doivent être
censés nés. Ils sont censés nés lorsqu'ils commencent à être
dus : *Fructus civiles tunc nasci intelliguntur, quum incipiunt*

deberi. Il faut faire l'application de ce principe aux différentes espèces de fruits civils. Commençons par les fermes des héritages de campagne.

Les fermes étant le prix des fruits que le fermier recueille sur l'héritage qui lui a été donné à ferme, elles ne sont dues que lorsqu'il a recueilli ces fruits, ou lorsqu'il n'a tenu qu'à lui de les recueillir. Cette espèce de fruit civil ne naît donc que lors de la récolte des fruits pour lesquels la ferme est due, et la ferme par conséquent n'appartient à la communauté que lorsque cette récolte s'est faite pendant le temps que duroit encore la communauté.

C'est pourquoi, si la dissolution de la communauté est arrivée avant la récolte, fût-ce la veille de la récolte; la communauté n'aura rien dans la ferme qui sera due pour cette récolte; elle appartiendra en entier au propriétaire de l'héritage. Au contraire, si la dissolution de la communauté n'est arrivée qu'après la récolte faite, la ferme due pour cette récolte appartient en ce cas en entier à la communauté. Si elle est arrivée pendant la récolte, la communauté aura part à la ferme, à proportion de ce qu'il y avoit de fruits déjà cueillis. Par la même raison, lorsqu'un héritage qui produit plusieurs espèces différentes de fruits, a été affermé pour une seule somme par chacun an, et que la dissolution de la communauté est arrivée après la récolte d'une certaine espèce de fruits, et avant celle des autres espèces, il faut faire une ventilation de la part que chaque espèce de fruits doit porter dans le prix total de la ferme; et si, par cette ventilation, on estime que l'espèce de fruits dont la récolte étoit faite, doit porter, *putà*, le tiers ou le quart du prix total de la ferme, elle appartiendra pour cette part à la communauté, et pour le surplus au propriétaire de l'héritage.

220. Il n'en est pas de même des loyers de maisons, qui sont une autre espèce de fruits civils : ils échéent tous les jours, et sont dus tous les jours par parties. Par exemple, si une maison a été louée pour une somme de trois cent soixante-cinq livres par chacun an; du jour que le locataire est entré ou qu'il a dû entrer en jouissance de ma maison, il est dû et échu chaque jour la trois cent soixante et cinquième partie du loyer, qui monte à vingt sous par chaque jour. Il est vrai que ces parties du loyer, qui

sont dues et échues chaque jour, ne sont pas payables chaque jour, et qu'elles ne le sont qu'après l'expiration du terme
convenu pour le paiement du loyer ; mais ce terme n'en
diffère que l'exigibilité, et n'empêche pas ces parties du
loyer d'être dues et échues chaque jour ; et elles sont en
conséquence acquises chaque jour à la communauté.

C'est pourquoi, lors de la dissolution de la communauté,
non-seulement le terme du loyer échu avant la dissolution
de la communauté, appartient à la communauté, s'il n'a
pas encore été payé ; mais la communauté a encore droit
d'avoir, dans le terme qui écherra après la dissolution de
la communauté, une part, à proportion du temps qui s'est
écoulé de ce terme jusqu'au jour de la dissolution de la communauté. Par exemple, supposons que la maison propre de
l'un des conjoints fût louée pour une somme de quatre cents
livres par chacun an, payable par quartier, de trois mois
en trois mois, et qu'il se soit écoulé, durant la communauté,
outre le dernier terme échu, quinze jours de celui qui doit
échoir après la dissolution de la communauté : ce temps
de quinze jours étant à peu près la sixième partie du terme
qui doit échoir, la sixième partie de la somme payable
pour ce terme, doit appartenir à la communauté ; le loyer
du temps qui s'est écoulé durant la communauté, ayant
été dû et acquis chaque jour à la communauté pendant qu'il
s'écouloit.

La raison de différence à cet égard, entre les fermes des biens
de campagne et les loyers de maisons, est sensible. La ferme
d'un bien de campagne étant le prix des fruits que le fermier doit recueillir sur l'héritage qui lui a été donné à ferme,
il ne doit sa ferme que lorsqu'il les recueille. Si, par une
force majeure, ils venoient à périr entièrement avant qu'il
les eût recueillis, il ne devroit point de ferme. La ferme n'est
donc due que dans le temps et à mesure que les fruits sont
recueillis. Au contraire, un loyer de maison est le prix de
la jouissance annuelle de cette maison. Le locataire qui
habite la maison tous les jours, ou qui a droit de l'habiter,
recueille chaque jour une partie de cette jouissance de la
maison, et par conséquent il doit chaque jour une partie
du loyer, qui est le prix de cette jouissance.

Il faut décider la même chose à l'égard du loyer de toutes
les autres espèces d'héritages dont la jouissance est conti-

8.

10

nuelle et quotidienne, tels que sont un magasin, un moulin, etc. Le loyer de ces choses, de même que celui des maisons, échet et est dû par parties chaque jour, et est de même acquis par parties, chaque jour, à la communauté.

221. Les arrérages de rentes, soit foncières, soit constituées, soit perpétuelles, soit viagères, sont aussi des espèces de fruits civils, qui, comme les loyers de maisons, échéent aussi, et sont dus, par parties, par chacun jour du temps pendant lequel ils ont couru; c'est pourquoi, lors du rachat de ces rentes, on doit payer. avec le principal, non-seulement les arrérages échus jusqu'au dernier terme, mais aussi ceux qui sont dus pour tous les jours qui se sont écoulés depuis le dernier terme jusqu'au jour du rachat.

Par la même raison, lors de la dissolution de la communauté, les arrérages des rentes propres de l'un ou de l'autre des conjoints, appartiennent à la communauté, non-seulement pour tout ce qui en est échu, jusqu'aux termes qui ont précédé la dissolution de communauté, mais aussi pour tout le temps qui s'est écoulé depuis lesdits derniers termes jusqu'au jour de la dissolution.

Quand même la rente foncière seroit due sur des biens de campagne, les arrérages se compteroient, de jour à jour, de même que ceux des autres rentes, de la manière dont nous venons de l'expliquer : car, ces arrérages de rente foncière, différents en cela des fermes, ne sont pas dus pour raison des fruits qui se recueillent sur l'héritage sujet à la rente, mais pour raison du fonds même de l'héritage, et de la possession qu'en a le détenteur sujet à la rente.

222. Tout ce que nous venons de dire, touchant la manière de compter les loyers des maisons et les arrérages des rentes, est un droit commun qui s'observe par-tout, même dans la coutume d'Orléans, quoiqu'elle ait un article qui, par rapport aux termes dans lesquels il est conçu, paroît contraire, mais qui a reçu, par l'usage, une interprétation conforme au droit commun. Voici cet article 207, qui est conçu en ces termes : « Fruits civils, coupés et abattus en maturité, » ensemble les moisons et fermes dues à raison desdits fruits, » sont réputés meubles, encore que les termes de payer les- » dites moisons ou fermes, ne soient échus; et, au regard des » arrérages de rentes foncières ou constituées, et loyers de

» maisons, sont réputés meubles, *lors seulement que les termes*
» *de paiement sont échus.* »

Par ces derniers termes, *sont réputés meubles, lors seulement
que les termes de paiement sont échus*, il sembleroit que la coutume voudroit dire que les loyers de maisons et les arrérages
de rentes ne deviennent meubles, ne commencent à être
dus, et ne sont acquis à la communauté, que lorsque le
terme de paiement est échu; et qu'en conséquence il ne
peut être rien dû à la communauté dans les loyers ou rentes
dont le terme de paiement n'est échu qu'après la dissolution.

Néanmoins, cet article n'est pas entendu dans la Province, dans ce sens qu'il paroît présenter : un usage constant lui a donné une autre interprétation, suivant laquelle
tout ce que la coutume veut dire en cet article, est qu'au-
lieu que les fermes des biens de campagne, aussitôt que les
fruits sont recueillis, sont dues entièrement, et sont, en
conséquence, ameublies et acquises pour le total de la communauté, quoique les termes de paiement desdites fermes
ne soient pas encore échus; au contraire, les loyers de maisons et les arrérages de rentes ne sont ameublis et acquis
pour le total à la communauté, et ne sont *entièrement* dus que
lors seulement que les termes de paiement sont échus. Mais,
quoiqu'ils ne soient pas ameublis *pour le total*, et dus *entièrement* auparavant, ils ne laissent pas auparavant de s'ameublir par parties, et d'être acquis à la communauté par parties, à mesure que s'écoule le temps de ce terme; de manière
que, dans le terme qui n'échet qu'après la dissolution, il est
dû à la communauté, dans la somme due pour ce terme,
une portion pour le temps qui en a couru durant la communauté.

C'est l'interprétation que donnent, à cet article, Lalande
et l'auteur des notes de 1711, et que j'ai suivie dans mes
notes de l'édition de 1760; et elle est constamment suivie
dans l'usage. Dans tous les actes de partage de communauté,
on ne manque jamais de tirer en ligne, dans la masse de
l'actif de la communauté, les arrérages de chaque rente
propre de l'un ou de l'autre conjoint, échus jusqu'au dernier terme, et ensuite le montant de ce qui en a couru depuis le dernier terme jusqu'au jour de la mort du prédécédé,
qui a dissous la communauté.

223. Il résulte, de tout ce que nous venons de dire, que les loyers de maisons et les arrérages de rentes se comptent de jour à jour, *de die in diem;* c'est-à-dire, que la somme due, pour chaque terme ou demi-terme de loyers de maisons ou d'arrérages de rentes, se divise en autant de portions qu'il y a de jours dont le terme ou demi-terme est composé; lesquelles portions sont dues et acquises à la communauté, à mesure que s'écoule chacun des jours dont le terme ou demi-terme est composé. Mais ces loyers et arrérages de rentes ne se comptent pas de *momento ad momentum;* c'est-à-dire, que ce qui est dû pour chaque jour de loyers ou d'arrérages de rentes, ne se subdivise pas; c'est pourquoi il n'importe à quelle heure du jour soit arrivée la mort du conjoint prédécédé qui a dissous la communauté : ce qui est dû pour ce jour, de loyers ou d'arrérages de rentes, ne commence à être dû que lorsque ce jour est entièrement écoulé, et ne peut appartenir à la communauté, n'ayant commencé à être dû que depuis la mort du conjoint, arrivée en ce jour avant qu'il fût entièrement écoulé.

224. Les arrérages de cens sont une espèce de fruits civils, différente des arrérages de rente foncière. Les cens étant principalement dus *in recognitionem directi dominii,* c'est-à-dire, pour la reconnoissance solemnelle que le censitaire, à un certain jour marqué par les titres, doit faire de la seigneurie directe qui appartient au seigneur sur son héritage; ce sens n'est dû et ne commence à être dû qu'au jour auquel doit se faire cette reconnoissance solemnelle de la seigneurie, c'est-à-dire, au jour auquel ce cens est payable : c'est pourquoi, si la dissolution de la communauté est arrivée avant ce jour, fût-ce la veille de ce jour, il n'est dû à la communauté aucune portion dans les sommes qui doivent être payées ce jour par les censitaires.

Mais si la dissolution de la communauté est arrivée le jour même que le cens est payable, tous les cens qui sont payables ce jour, doivent appartenir à la communauté; car, aussitôt que ce jour est arrivé, dès le premier moment de ce jour, il y a une ouverture au devoir de la reconnoissance de la seigneurie directe; et, par conséquent, le cens qui doit se payer en témoignage de cette reconnoissance, a commencé d'être dû, quoique les censitaires aient tout le temps de ce jour, c'est-à-dire, depuis le matin jusqu'au commencement de la nuit, pour s'acquitter de cette dette.

A l'égard des défauts encourus par les censitaires qui ne sont pas venus payer le cens ce jour, ils ne sont pas dus à la communauté, dont la dissolution est arrivée le jour que le cens est payable ; car, ces défauts étant la peine de la demeure en laquelle a été le censitaire de venir reconnoître la seigneurie, et payer le cens au jour marqué, ils ne peuvent commencer à être dus qu'après que ce jour est écoulé entièrement, et par conséquent après la dissolution de la communauté, qu'on suppose arrivée dans ce jour ; le censitaire, qui pouvoit encore s'acquitter de ce devoir au dernier instant de ce jour, n'ayant pu être en demeure qu'après que ce jour a été entièrement écoulé.

On opposera peut-être que nous avons dit *suprà*, n. 223, que ce qui étoit dû pour loyers de maisons ou arrérages de rentes, pour le jour auquel est arrivée la dissolution de la communauté, n'appartenoit pas à la communauté. N'est-ce pas tomber en contradiction avec nous-mêmes, que de dire que le cens dû le jour qu'est arrivée la dissolution de la communauté, appartient à la communauté ? Non : la raison de différence vient de la différente cause de ces dettes. Un jour de loyer est le prix d'un jour de jouissance que le locataire a eu de la maison qui lui a été louée ; un jour d'arrérages de rente, est le prix d'un jour de la jouissance que le débiteur de la rente a eu ou dû avoir du sort principal de la rente : le locataire de la maison, le débiteur de la rente, ne doivent donc le jour de loyer ou le jour d'arrérages de rente, que lorsqu'ils ont eu ce jour de jouissance ; et ils ne l'ont eu que lorsque le jour est écoulé : le jour de loyer ou d'arrérages de rente n'est donc dû que lorsqu'il est écoulé ; il n'est donc dû qu'après que la dissolution de la communauté est arrivée, qu'on suppose être arrivée dans ce jour, et il ne peut par conséquent appartenir à la communauté. Au contraire, le cens est dû pour la reconnoissance de la seigneurie ; il est donc dû aussitôt qu'il y a ouverture à ce devoir : or, il y a ouverture à ce devoir aussitôt qu'est arrivé le jour auquel doit se faire cette reconnoissance, et auquel le cens est payable. Quoique le censitaire ait tout le temps de ce jour pour s'acquitter de cette dette, il ne s'ensuit pas qu'il n'en soit pas débiteur dès le commencement du jour ; et, lorsqu'il va payer le cens dans les premières heures du jour, on ne peut pas dire qu'il le paie d'avance : le cens étant donc dû aussitôt que le jour auquel il est payable est arrivé, et dès le commencement de ce jour, il a été dû pendant que la communauté duroit encore, quoique la dissolution en soit arrivée dans le cours de ce jour.

225. Il est évident que les dîmes et les champarts ne sont dus qu'au temps et à mesure que se fait la récolte des fruits qui sont sujets à ces droits ; et il en est de même des fermes de ces droits, lorsqu'on a donné ces droits à ferme. Tout ce qui a été dit des fruits que la terre produit, et des fermes des biens de campagne, reçoit application à l'égard de ces droits et des fermes de ces droits.

226. Les droits casuels sont une autre espèce de fruits civils ; tels sont les profits seigneuriaux qui sont dus en cas de ventes ou de mutations des biens relevants en fief ou en censive d'une seigneurie propre de l'un ou de l'autre des conjoints : ils sont dus et acquis à la communauté aussitôt que la clause qui y donne ouverture, arrive durant la communauté.

Par exemple, lorsqu'un héritage relevant soit en fief, soit en censive, de la seigneurie de l'un des conjoints, est vendu ; aussitôt que la convention a été arrêtée, soit par acte devant notaires, soit par acte sous signatures privées, le profit de vente est dû ; et, si c'est durant le temps de la communauté qu'elle a été arrêtée, il est acquis à la communauté.

A l'égard de l'amende pour ventes recélées, cette amende étant due pour la demeure en laquelle a été le censitaire, de déclarer son contrat, quoique la vente ait été faite durant le temps de la communauté, et qu'en conséquence le profit de vente ait été acquis à la communauté, l'amende pour ventes recélées n'appartiendra pas à la communauté, si le temps que le censitaire avoit pour déclarer son contrat, n'est expiré que depuis la dissolution de la communauté.

Les profits de rachat qui sont dus pour les mutations, sont pareillement dus et acquis à la communauté aussitôt que les morts ou les mariages qui ont opéré ces mutations, sont arrivés durant la communauté.

227. Quoique la mort du vassal, qui a fait naître le profit de rachat, et celle de l'un des conjoints qui a dissous la communauté, soient arrivées le même jour ; si

l'on peut justifier que celle du vassal a précédé celle du
conjoint, le profit appartiendra à la communauté, comme
étant né pendant qu'elle duroit encore, la mort du conjoint qui l'a dissoute n'étant arrivée que depuis : si, au
contraire, celle du conjoint a précédé, le profit né par
la mort du vassal, qui n'est arrivée que depuis, appartiendra en entier au propriétaire de la seigneurie, ce profit
n'étant né que depuis la dissolution de la communauté.

S'il étoit incertain laquelle des deux morts a précédé,
je pense que, dans le doute, le profit doit appartenir à
celui des conjoints ou à ses héritiers qui sont propriétaires
de la seigneurie, et qu'il ne peut être prétendu par la
communauté. Ma raison est, qu'un propriétaire, en sa
qualité de propriétaire, est fondé de droit commun, et a
un droit général pour prétendre tous les fruits qui sont
nés de sa chose, tant qu'un autre ne justifie pas avoir un
droit particulier pour les prétendre à son exclusion. C'est
donc à l'autre conjoint, ou à ses héritiers, qui font valoir
les droits de la communauté, à justifier que le profit appartient à la communauté, et par conséquent à justifier que
le profit est né durant la communauté, et que la mort du
vassal qui l'a fait naître, a précédé la dissolution de la
communauté : faute de pouvoir justifier cela, le profit,
dans le doute, appartient au propriétaire.

On peut faire la même question, lorsque le contrat de
vente qui a donné ouverture au profit, a été passé le jour
de la mort de l'un des conjoints, et qu'il est incertain si le
contrat a précédé la mort.

228. Les amendes, les épaves, les droits de déshérence et
de confiscation, sont les fruits civils d'un droit de justice.
Lorsque l'un des conjoints est propriétaire d'un droit de
justice, ces fruits de son droit de justice tombent, de
même que tous les autres fruits des propres, dans la communauté, lorsqu'ils naissent durant la communauté.

Les amendes en matière civile, telles que sont toutes les
amendes de police, sont dues et acquises à la communauté
aussitôt qu'est rendu le jugement qui les prononce, lorsque ce jugement est contradictoire : s'il est rendu par défaut,
l'amende prononcée par ce jugement, n'est due que du jour
de la signification du jugement.

229. Le droit d'épave est un autre fruit du droit de jus-

tice; il fait partie de celui que notre droit françois donne
au haut-justicier, de s'attribuer, privativement à tous autres
toutes les choses qui n'ont point de maîtres, TA ADESPOTA, qui
se trouvent dans le territoire de leur justice. On appelle
épaves, les bêtes ou autres meubles égarés : celui qui les
trouve, doit, à peine d'amende, les déférer à la justice du
lieu où il les trouve.

Le droit du seigneur de justice, par rapport aux épaves,
consiste à se les faire adjuger ou vendre à son profit, au bout
d'un certain temps prescrit par les coutumes ou par l'usage,
qui commence à courir du jour qu'elles ont été déférées,
et après les proclamations faites pendant ce temps, aux
lieux et jours accoutumés, lorsqu'elles n'ont pas été réclamées
par le propriétaire, avant l'adjudication.

Ce fruit n'est censé perçu, et n'est acquis au seigneur de
la justice que par l'adjudication ; car la chose pouvant
toujours être réclamée par le propriétaire, jusqu'à l'adjudication, ce n'est que par l'adjudication qu'elle est acquise
au seigneur de la justice, et elle ne tombe par conséquent
dans la communauté que lorsque l'adjudication en a été
faite durant la communauté.

230. Le trésor trouvé en terre, pour la portion que notre
droit françois en accorde au seigneur de la justice du lieu
où il a été trouvé, est un fruit de son droit de justice,
qui lui est acquis aussitôt que la découverte en a été
faite, et qui appartient par conséquent, comme fruit, à
la communauté, si la découverte en a été faite durant
la communauté : il n'est pas besoin d'attendre, comme
à l'égard des épaves, si quelqu'un viendra le réclamer ;
car le trésor est, par sa nature, une chose dont on ne peut
connoître le propriétaire, *vetus depositio pecuniæ cujus me-*
moria non extat, et qui, par conséquent, n'est pas sujet à
réclamation.

231. Les droits de déshérence et de confiscation sont
aussi des fruits du droit de justice ; ils consistent dans le
droit qu'ont les seigneurs de justice de s'attribuer les biens
situés ou trouvés dans le territoire de leur justice, des personnes qui sont mortes sans laisser aucun héritier, ou qui
ont été condamnées par un jugement qui emporte confiscation. Le droit à ces biens est acquis au seigneur de justice, dès l'instant de la mort de celui qui n'a pas laissé d'hé-

ritiers, ou de la prononciation du jugement qui emporte confiscation, lorsqu'il est contradictoire; et, s'il est par défaut, du jour de l'exécution. Lorsque le droit à ces biens est acquis au seigneur de justice pendant la communauté, il appartient, comme fruit de son droit de justice, à la communauté.

232. Il nous reste à observer, à l'égard des fruits des propres des conjoints, que, non-seulement les fruits de ceux qui ont une durée perpétuelle, appartiennent à la communauté, mais pareillement les fruits de ceux qui ont une durée bornée à un temps certain ou incertain : tels sont les fruits d'un héritage, dont l'un des conjoints n'a qu'un droit de propriété reversible, ou dans lesquels il n'a qu'un droit d'usufruit : tels sont les arrérages d'une rente viagère propre de l'un des conjoints, comme il a été jugé par l'arrêt du 4 août 1729, rapporté *suprà, n.* 90.

SECTION II.

Du passif de la communauté.

Le passif de la communauté légale consiste principalement dans les dettes de chacun des conjoints, dont cette communauté est chargée : nous en traiterons dans le premier article. La communauté a encore d'autres charges qui font partie de son passif, dont nous ferons l'énumération dans le second article.

ARTICLE PREMIER.

Des dettes des conjoints.

Pour connoître quelles sont les dettes de chacun des conjoints qui sont une charge de leur communauté, nous traiterons séparément de celles qu'ils ont contractées avant leur mariage; de celles que chacun des conjoints contracte durant leur mariage, et enfin des dettes des successions qui leur échéent durant le mariage.

§. I. Des dettes que les conjoints ont contractées avant leur mariage.

233. La communauté légale est chargée de toutes les dettes mobilières dont chacun des conjoints étoit débiteur au temps que s'est contracté le mariage.

Cela est conforme à un principe de notre ancien droit françois, que les dettes mobilières d'une personne sont une charge de l'universalité de ses meubles. Chacun des conjoints, en se mariant, faisant entrer l'universalité de ses meubles dans la communauté légale, il s'ensuit, suivant ce principe, que cette communauté doit être tenue de leurs dettes mobilières, qui en sont une charge.

La coutume de Paris, *art.* 221, s'en explique : « A cause » de laquelle communauté le mari est tenu personnelle-» ment payer les dettes mobilières dues à cause de sa » femme ;.... et aussi la femme est tenue, après le trépas » de son mari, payer la moitié des dettes mobilières faites » et accrues par ledit mari, tant durant ledit mariage » qu'auparavant icelui, etc. »

Nous ne citons cet article que pour faire voir que la coutume de Paris fait entrer, dans la communauté légale, toutes les dettes mobilières dont chacun des conjoints étoit débiteur lorsqu'ils ont contracté leur mariage : nous réservons de rapporter cet article en entier, et d'en donner l'explication *infrà, part.* 5, où nous traiterons de la manière dont chacun des conjoints est tenu des dettes de la communauté après sa dissolution.

234. Une dette est mobilière lorsque la chose due est une chose mobilière : par exemple, les dettes d'une somme d'argent, d'une certaine quantité de blé ou de vin, d'un cheval, d'un lit, etc., sont des dettes mobilières.

235. Lorsque quelqu'un s'est obligé à faire ou à ne pas faire quelque chose, cette dette est une dette mobilière ; car, à faute par le débiteur d'accomplir son obligation, elle se résout en des dommages et intérêts qui consistent dans une somme d'argent à laquelle ils sont évalués ; et par conséquent en quelque chose de mobilier.

236. Quoique ces dettes soient accompagnées d'hypothèque, telles que celles pour lesquelles il y a un acte devant notaires, ou une sentence, elles ne laissent pas d'être dettes mobilières, et d'être par conséquent une charge de la communauté des conjoints, qui s'en sont trouvés débiteurs lorsqu'ils ont contracté leur mariage.

237. Lorsque l'un ou l'autre des conjoints a contracté, avant son mariage, une dette mobilière solidairement avec d'autres, étant débiteur de cette dette pour le total, la com-

munauté en est chargée pour le total, sauf à exercer le même recours qu'a le conjoint, contre ceux qui en sont les codébiteurs.

Mais si le conjoint, lorsqu'il s'est marié, n'étoit personnellement débiteur d'une dette mobilière que pour certaine portion ; quoiqu'il en fût tenu hypothécairement pour le total, la communauté ne sera chargée que de la portion pour laquelle ce conjoint en est personnellement tenu.

Par exemple, si l'un des conjoints a été, avant son mariage, héritier pour un quart d'une personne, sa communauté ne sera chargée que pour un quart des dettes mobilières hypothécaires de cette succession, dont le conjoint étoit encore débiteur lorsqu'il s'est marié : elle n'en sera pas chargée pour le surplus ; car ces dettes ne sont dettes de la personne du conjoint, que pour le quart dont il en est personnellement tenu en sa qualité d'héritier; pour le surplus, elles ne sont pas une dette de sa personne, mais une charge des biens de la succession qui y sont hypothéqués, et auxquels il a succédé. Ces biens n'entrant pas dans la communauté, elle ne doit pas être tenue de cette charge : c'est pourquoi, si ces dettes sont payées durant la communauté, sans qu'on ait pu avoir de recours contre les cohéritiers du conjoint, à cause de leur insolvabilité, le conjoint dont les biens ont été libérés, doit à la communauté récompense pour les trois quarts.

238. En général la coutume, en chargeant la communauté légale des dettes passives des conjoints, ne la charge que des dettes mobilières dont ils sont débiteurs personnels, et non de celles dont ils ne sont tenus qu'hypothécairement, à cause de quelqu'un de leurs héritages qui y est hypothéqué ; c'est pourquoi, si, pour libérer l'héritage, ces dettes sont acquittées durant le mariage, des deniers de la communauté, le conjoint dont l'héritage a été libéré, doit récompense à la communauté, qui n'étoit pas tenue de cette dette.

239. On a coutume d'apporter une exception au principe que toutes les dettes mobilières dont chacun des conjoints se trouve débiteur lorsqu'ils contractent leur mariage, sont une charge de la communauté.

Cette exception concerne les dettes mobilières qui ont pour cause le prix d'un propre de communauté de l'un ou de l'autre des conjoints.

Par exemple, si j'ai acheté avant mon mariage un héritage pour le prix d'une somme de 10,000, l., payable dans un certain temps, dont je suis encore débiteur lors de mon mariage ; quoique cette dette soit une dette mobilière, puisqu'elle est la dette d'une somme d'argent, néanmoins la communauté n'en sera pas chargée. Par la même raison, si, lors de mon mariage, j'étois débiteur d'une certaine somme d'argent pour un retour de partage d'immeubles d'une succession qui m'est échue avant mon mariage; ce retour étant le prix des immeubles qui me sont échus par le partage, lesquels me sont propres de communauté, la communauté ne sera point chargée de la somme que je dois pour ce retour, quoique ce soit une dette mobilière, parce qu'elle est due pour le prix de mes propres de communauté.

Cette exception, qui est adoptée par tous les auteurs, et qui est suivie dans l'usage, est fondée sur ce qu'il a paru trop dur qu'un conjoint fît payer à la communauté le prix d'un héritage qu'il retient pour lui seul, et qui lui est propre de communauté.

Cette raison n'a d'application qu'au cas auquel le conjoint est, lors de son mariage, possesseur de l'héritage dont il doit le prix ; et ce n'est que dans ce cas que la dette du prix de l'héritage, quoique mobilière, n'entre pas en communauté.

Mais si, dès avant mon mariage, j'avois revendu ou autrement disposé de l'héritage pour le prix duquel je suis débiteur d'une certaine somme, la communauté seroit chargée de cette dette, de même que de toutes mes autres dettes mobilières.

Pareillement, cette raison qui a fait considérer la cause de la dette, pour exclure de la communauté les dettes d'une somme d'argent dont l'un des conjoints étoit débiteur pour le prix d'un propre de communauté, étant une raison qui n'a d'application qu'à ces dettes passives, c'est mal-à-propos que Lebrun en a voulu tirer argument pour prétendre exclure pareillement de la communauté les dettes actives mobilières antérieures au mariage, qui ont pour cause le prix de l'aliénation que l'un des conjoints a faite de quelqu'un de ses héritages avant son mariage. *Voyez suprà*, n. 77.

Quelques auteurs ont eu une opinion singulière à l'égard de cette dette du prix d'un héritage propre, acquis par l'un des conjoints avant le mariage. Ils conviennent que cette

dette est une dette propre de ce conjoint, et qu'en conséquence le conjoint en doit récompense à la communauté,
lorsqu'elle a été payée des deniers de la communauté ;
mais ils y apportent un tempérament, qui est que cette dette
étant une dette qui, par sa qualité de dette mobilière, devroit tomber dans la communauté, et qui n'en est excluse
que parce qu'elle est la dette du prix d'un propre du conjoint, le conjoint peut se décharger de cette dette, et la
faire entrer dans la communauté, en abandonnant à la
communauté son héritage propre, pour le prix duquel elle
est due, et à cause duquel elle étoit excluse de la communauté. Vaslin, en son Commentaire sur la coutume de la
Rochelle, cite pour cette opinion Valla, *de rebus dubiis*, Laurent Jouet et Ferrière ; et il la rejette avec raison : car cette
dette, par rapport à sa cause, n'étant point entrée dans la
communauté lorsque la communauté a commencé, il ne
peut plus être permis au conjoint de l'y faire entrer par la
suite. Le conjoint devant seul profiter de l'augmentation du
prix qui surviendroit sur son héritage propre, il ne doit
pas, lorsqu'il est diminué de prix, en faire supporter la
perte à sa communauté, en abandonnant à la communauté
cet héritage, pour se décharger du prix qu'il en doit.

240. Le principe que les dettes passives mobilières de chacun des conjoints, sont une charge de la communauté légale, reçoit encore une exception à l'égard des dettes passives
d'un corps certain qui, quoique mobilier, appartient à celui
des conjoints seul qui en est débiteur, et n'est point entré
dans sa communauté.

On peut apporter, pour exemple, la dette qui résulte de
la vente que l'un des conjoints a faite à un marchand de
bois, avant son mariage, d'arbres qui étoient encore sur
pied sur son héritage lors de son mariage. Cette dette est
une dette mobilière de ce conjoint; car il ne doit donner les
arbres qu'il a vendus, qu'après qu'ils auront été abattus,
et qu'ils seront, en conséquence, devenus choses meubles.
Néanmoins comme ces arbres, quoique meubles, étant provenus, durant le mariage, d'un propre de communauté,
n'entrent point en communauté, et appartiennent au conjoint seul à qui est le propre, la dette de ces arbres est la
dette de ce conjoint seul, et non de la communauté.

241. Il reste à observer, à l'égard des dettes passives mo-

bilières, soit de l'homme, soit de la femme, qu'elles entrent dans la communauté légale, quand même elles excéderoient la valeur de l'actif mobilier, et même la valeur de tous les biens du conjoint qui en est débiteur. La femme a un remède, qui est la renonciation à la communauté; mais le mari n'en a point pour se décharger des dettes dont sa femme étoit débitrice lorsqu'il l'a épousée, et qui sont, en conséquence, entrées dans la communauté : de là cet axiome, *Qui épouse la femme, épouse les dettes.*

242. Quoique le mari devienne débiteur des dettes de la femme qu'il a épousée, les créanciers de la femme, quoiqu'ils eussent un titre exécutoire contre elle, ne peuvent procéder contre le mari, par voie d'exécution, qu'ils n'aient, au préalable, obtenu sentence contre lui, qui le condamne au paiement, ou, ce qui revient au même, qui déclare exécutoires contre lui les titres que les créanciers ont contre sa femme.

243. A l'égard des dettes passives immobilières dont chacun des conjoints est le débiteur lorsqu'ils contractent mariage, le conjoint, qui en est le débiteur, en demeure seul tenu, et la communauté n'en est pas chargée.

Par exemple, si, peu avant mon mariage, j'avois vendu un certain héritage dont je n'avois pas encore mis l'acheteur en possession lors de mon mariage, je demeure seul tenu de la dette de cet héritage envers l'acheteur; ce n'est point une dette de ma communauté, dans laquelle l'héritage n'est point entré.

Il n'importe que la dette soit d'un immeuble certain et déterminé, comme dans l'espèce précédente, ou d'un immeuble indéterminé.

Par exemple, si mon père, dont je suis héritier, qui n'avoit point de vignes, a légué à quelqu'un, en ces termes : *Je lègue à un tel un arpent de vignes dans les bons cantons de la province ;* ce legs, dont j'étois encore débiteur lorsque je me suis marié, est la dette d'un immeuble indéterminé, dont la communauté légale, avec ma femme, ne doit pas être chargée. C'est pourquoi, si, durant mon mariage, j'achète un arpent de vignes pour le délivrer au légataire, et acquitter le legs, je devrai récompense à la communauté, de la somme que j'en ai tirée pour l'acquisition de cet arpent comme ayant servi à acquitter une dette dont j'étois seul tenu.

Il en seroit autrement si le legs étoit conçu en ces termes : *Je lègue à un tel de quoi acheter un arpent de vignes.* Ce ne seroit pas, en ce cas, un arpent de vignes qui auroit été légué, mais la somme d'argent qui est nécessaire pour l'acheter. La dette qui résulte de ce legs dont je suis tenu, ne seroit pas la dette d'un immeuble, mais la dette d'une somme d'argent, et par conséquent une dette mobilière, qui entre dans la communauté.

244. Si l'un des futurs conjoints, qui étoit, lorsqu'il s'est marié, débiteur d'un héritage envers une personne à qui il s'étoit obligé de le donner, étoit en outre débiteur envers la même personne, par rapport à cet héritage, de sommes d'argent, *putà*, pour les fruits qu'il en avoit perçus, pour les dégradations qui y avoient été faites par sa faute, il n'y a que la dette de l'héritage qui n'entre pas dans la communauté; celles pour raison des fruits et des dégradations, étant dettes de sommes d'argent, et par conséquent dettes mobilières, y entrent.

245. Lorsque la dette dont l'un des conjoints est débiteur au temps de son mariage, est une dette alternative de deux choses, dont l'une est immeuble et l'autre est meuble, c'est le paiement qu'en fera le conjoint qui en est le débiteur, qui déterminera si la dette est une dette immobilière dont le conjoint doit être seul débiteur, ou si c'est une dette mobilière dont la communauté doit être chargée.

Cette option de paiement de l'une des deux choses, donnet-elle lieu à quelque récompense? *Voyez infrà, part.* 4.

Il ne faut pas confondre, avec les dettes alternatives, la dette d'une seule chose, avec faculté au débiteur d'en payer une autre à la place, comme nous l'avons vu *suprà.*

246. Y ayant variété dans les coutumes sur la nature des rentes constituées à prix d'argent, que les unes réputent immeubles, et les autres réputent meubles, est-ce la loi du domicile du créancier à qui la rente est due, ou celle du conjoint qui en est le débiteur, qui doit décider si la rente dont le conjoint est débiteur, doit entrer, ou non, dans la communauté de ce conjoint? Lebrun, *Traité de la communauté, l.* 1, *ch.* 5, *n.* 35, décide fort bien que c'est la loi du domicile qu'a le créancier de la rente, au temps au-

quel le débiteur se marie, qui doit régler si elle entrera, ou non, dans la communauté. Cela est une suite de ce que nous avons dit *suprà, n.* 85, que c'étoit la loi du domicile du créancier de la rente qui en régloit la nature, et qui lui donnoit la qualité d'immeuble ou de meuble.

Suivant ce principe, si un Rémois, lorsqu'il se marie, doit une rente à un Parisien, cette rente étant un immeuble, suivant la loi du domicile du créancier qui en règle la nature, la dette de cette rente, dont ce Rémois est débiteur, est la dette d'un immeuble, qui ne doit pas par conséquent entrer dans la communauté légale de ce Rémois.

Vice versâ, si un Parisien, lorsqu'il se marie, doit une rente à un Rémois, la rente étant meuble, suivant la loi du créancier à qui la rente est due, la dette de cette rente, dont le Parisien est débiteur, est la dette d'un meuble, et par conséquent une dette mobilière qui doit entrer dans la communauté légale de ce Parisien.

Lorsque la dette d'une rente est entrée dans la communauté en sa qualité de dette de *chose mobilière* que donnoit à la rente la loi du domicile qu'avoit alors le créancier ; quoique cette rente, par la suite, durant le mariage, vienne à changer de nature par la translation du domicile du créancier sous une coutume qui répute les rentes immeubles, la communauté, pour cela, n'en sera pas déchargée.

Pareillement, si la rente dont le conjoint étoit débiteur lorsqu'il s'est marié, étoit alors immeuble, quoique par la suite, durant le mariage, elle devienne meuble par la translation du domicile du créancier, ce conjoint continuera d'en être seul débiteur.

247. Ce n'est qu'à l'égard de leur principal, que les rentes constituées sont réputées immeubles, et qu'elles n'entrent pas dans la communauté légale du conjoint qui en est le débiteur. Les arrérages sont dettes mobilières qui entrent dans cette communauté.

Il est évident que les rentes foncières, dont les héritages des conjoints sont chargés, n'entrent point dans la communauté légale, dans laquelle les héritages, qui en sont chargés, n'entrent pas ; mais tout ce qui en est dû d'arrérages, lors de la célébration du mariage, y entre ; ces arrérages étant une dette mobilière du conjoint à qui les héritages appartiennent.

La communauté est aussi tenue de tous les arrérages des rentes, tant constituées que foncières, dues par chacun des conjoints, qui courront pendant tout le temps qu'elle durera : car, puisque tous les revenus des biens propres de chacun des conjoints appartiennent à la communauté, comme nous l'avons vu *suprà, sect.* 1, *art.* 3, elle doit être tenue de ces arrérages, qui sont les charges desdits revenus, et qui les diminuent de plein droit.

C'est pourquoi les créanciers des rentes, soit foncières, soit constituées, dues par la femme, sont en droit d'exiger du mari, comme chef de la communauté, un titre nouvel, par lequel il s'oblige, en sa qualité de mari d'une telle, à la prestation des arrérages desdites rentes, qui courront pendant tout le temps que la communauté durera.

§. II. **Des dettes que les conjoints contractent durant leur mariage.**

248. Le mari étant, pendant que le mariage et la communauté durent, seul maître de cette communauté, comme nous l'avons observé au commencement de ce traité; ayant le droit d'en disposer à son gré, tant pour sa part que pour celle de sa femme, sans son consentement, même de les perdre et de les dissiper; c'est une conséquence que la communauté est tenue de toutes les dettes qu'il contracte pendant que durent le mariage et la communauté.

Ce droit qu'a le mari, de charger les biens de la communauté, tant pour la part qu'il y a que pour celle qu'y a sa femme, de toutes les dettes qu'il contracte pendant la communauté, est une suite de la qualité qu'il a de chef de la communauté, que lui donne le droit de puissance qu'il a sur sa femme. La femme, lorsque son mari contracte, est censée, non en son propre nom, mais en sa qualité de commune, contracter et s'obliger avec lui pour sa part en la communauté, même sans qu'elle en ait rien su, et sans qu'elle puisse s'y opposer.

Ce principe a lieu à l'égard de toutes les dettes que le mari contracte pendant que dure la communauté.

Il n'importe que la communauté en ait profité, ou non; il n'importe même qu'il les ait contractées pour les affaires de la communauté, ou non. Par exemple, si le mari, du-

8, 11

rant le mariage, s'est rendu caution pour quelqu'un, pour
des affaires auxquelles il n'a aucun intérêt, et uniquement pour faire plaisir au débiteur son ami; quoique le
cautionnement ne concerne point les affaires de la communauté, elle ne laissera pas d'être chargée de la dette qui
résulte de ce cautionnement, quand même le débiteur,
que le mari a cautionné, seroit insolvable.

Il y a plus : lorsque le mari a commis un délit pendant
le mariage, on ne peut pas dire, à la vérité, que sa femme,
qui n'y a eu aucune part, soit censée l'avoir commis avec
lui; mais elle n'en est pas moins censée s'être obligée avec
lui, en sa qualité de commune, à la réparation du délit,
pour sa part en la communauté : cette réparation est une
dette de la communauté, quoiqu'elle n'ait profité aucunement du délit. Par exemple, si le mari, durant le mariage,
a, dans une rixe, grièvement blessé quelqu'un, envers qui
il a été condamné en une certaine somme, pour réparation
civile, la communauté est tenue de cette dette.

Elle est pareillement tenue des amendes auxquelles le
mari est condamné durant le mariage, soit en matière de
police, soit en matière criminelle.

249. Il faut en excepter l'amende à laquelle le mari seroit
condamné par un jugement à une peine capitale.

Les peines capitales sont celles de mort, celles des galères à perpétuité, et du bannissement à perpétuité hors du
royaume.

La raison pour laquelle la communauté n'est pas tenue
de l'amende prononcée contre le mari par un tel jugement, est que ce jugement, faisant perdre de plein droit
au mari son état civil, opère de plein droit la dissolution
de la communauté : d'où il suit qu'on ne peut pas dire
que la dette de cette amende ait été contractée durant la
communauté, puisque le jugement qui la prononce, et
par lequel la dette de cette amende a été contractée, avoit
opéré la dissolution de la communauté.

En vain opposeroit-on que le crime a été commis durant la communauté : car le crime rend bien digne de
l'amende celui qui l'a commis, mais il ne l'en rend pas
proprement débiteur : c'est le jugement de condamnation
qui forme cette dette.

Il y a plus de difficulté à l'égard de la réparation civile à laquelle le mari a été condamné envers une partie civile, par le jugement qui le condamne à une peine capitale. On peut dire que le mari, en commettant ce crime durant la communauté, a, dès ce temps, contracté l'obligation de réparer le tort qu'il a causé par ce crime à cette partie civile : la dette de cette réparation civile a donc été contractée durant la communauté. Ce n'est pas le jugement de condamnation qui a produit cette dette, il n'a fait que la liquider. Néanmoins on juge favorablement que lorsque la réparation civile est prononcée par un jugement capital, la communauté n'en est tenue que jusqu'à concurrence de ce qu'elle en auroit profité. Livonière en a fait une maxime, *liv.* 4, *chap.* 1, *n.* 24.

250. Le principe que nous avons établi, que la communauté est tenue de toutes les dettes que le mari contracte pendant qu'elle dure, souffre exception à l'égard de celles qui sont contractées pour des affaires qui concernent l'intérêt du mari seul, et dont il n'y a que lui qui profite.

Cette exception dérive d'un principe, qui est, qu'encore bien que le mari soit, durant le mariage et pendant que la communauté dure, maître absolu des biens de la communauté, et qu'il puisse en conséquence en disposer à son gré, et les dissiper, il ne peut néanmoins s'en avantager au préjudice de la part que doit y avoir sa femme.

Suivant ce principe, si, durant ma communauté, je me suis obligé envers mon voisin à lui donner une certaine somme pour l'affranchissement d'un droit de servitude, dont mon héritage étoit chargé envers le sien, ma communauté ne sera point tenue de cette dette ; car elle a été contractée par une affaire qui ne concerne que l'intérêt de moi seul, et dont je profite seul. C'est pourquoi, si, par la suite, je payois des deniers de la communauté cette somme, j'en devrois récompense à la communauté.

On peut apporter une infinité d'autres exemples. Voyez *infrà*, *part,* 4, où nous traiterons des récompenses.

251. Le principe que la communauté est tenue de toutes les dettes que le mari a contractées pendant qu'elle dure, reçoit pareillement exception à l'égard de celles qu'il contracte, durant la communauté, en faveur de quelqu'un des enfants qu'il a d'un précédent mariage ; ou même, lorsqu'il n'a pas d'enfants, en faveur de quelqu'un de ses héritiers

11.

présomptifs, dont ces personnes seules profitent; car il ne peut pas plus avantager, des biens de la communauté, ces personnes que lui-même, au préjudice de la part que doit y avoir sa femme.

Par exemple, si, durant la communauté, le mari, par le contrat de mariage de quelqu'un de ses enfants d'un précédent mariage, ou de quelqu'un de ses héritiers présomptifs, s'est engagé de donner une certaine somme pour la dot, il est seul tenu de cette dette; sa communauté n'en est pas chargée.

Il en est de même de toutes les autres dettes qui ne sont contractées que pour l'intérêt de ces personnes, tel que seroit un cautionnement que le mari, durant la communauté, auroit subi pour les affaires de ces personnes.

252. C'est au temps que le mari a contracté la dette, que l'on considère si la personne en faveur de qui il l'a contractée, étoit son héritière présomptive.

C'est pourquoi, si un mari, pendant sa communauté, a promis une certaine somme pour la dot de sa cousine, qui étoit alors son héritière présomptive, la communauté ne sera pas tenue de cette dette, quoique par la suite, par des enfants qui sont survenus au mari, cette cousine ait cessé d'être son héritière présomptive.

Vice versâ, si cette cousine n'étoit pas alors son héritière présomptive, quoiqu'elle le soit depuis devenue, la communauté qui a été chargée de cette dette, continuera d'en être chargée, à moins qu'il ne l'eût promis expressément que pour le cas auquel elle le deviendroit.

Par exemple, si un homme qui n'a qu'un enfant, promet à une cousine qui est, après cet enfant, sa plus proche parente, une certaine somme en dot, dans le cas auquel cet enfant viendroit à la prédécéder, cette dette doit être considérée comme contractée en faveur de son héritière présomptive, puisqu'elle est contractée pour le cas auquel cette cousine la deviendroit; et, en conséquence, la communauté n'en doit pas être chargée.

Il n'en est pas de même d'une dette que le mari contracteroit, sans le consentement de sa femme, en faveur de quelqu'un de leurs enfants communs. Cette dette est une charge de la communauté : car cet enfant n'appartenant pas moins à sa femme qu'à lui, on ne peut pas dire qu'en contractant cette dette, il attire de son côté, au préjudice de sa femme, les biens de la communauté.

Par la même raison, lorsqu'un homme a épousé une femme de sa famille, et qu'ils ont l'un et l'autre, pour héritière présomptive la même personne, la communauté paroît devoir être chargée de la dette que le mari, sans le consentement de sa femme, a contractée en faveur de cette personne.

253. Le principe que la communauté doit être chargée de toutes les dettes que le mari contracte pendant qu'elle dure, doit-il recevoir une troisième exception à l'égard de l'obligation de garantie qu'il contracte envers un acheteur à qui il vend, durant la communauté, un héritage propre de sa femme, sans le consentement de sa femme ? J'ai cru autrefois que cette obligation de garantie étoit une dette de communauté, de même que toutes celles que le mari contracte pendant que la communauté dure. Dans cette supposition, j'ai décidé, dans mon traité du contrat de vente, *n.* 179, qu'un homme ayant vendu, pendant la communauté, l'héritage propre de sa femme, sans son consentement, la femme ayant depuis accepté la communauté, l'acheteur devoit avoir une exception de garantie contre la demande en revendication de cet heritage, pour y faire déclarer la femme non recevable pour la moitié, comme étant tenue, en sa qualité de commune, de cette obligation de garantie pour la moitié. Je crois devoir changer d'avis, et faire, pour cette obligation de garantie, une troisième exception au principe qui charge la communauté de toutes les obligations que le mari contracte pendant qu'elle dure. Voici sur quoi je me fonde : c'est la loi qui donne au mari la puissance qu'il a sur la personne et les biens de sa femme, et qui lui donne le droit de contracter, tant pour elle que pour lui, et de la rendre, en sa qualité de commune, participante de toutes les obligations qu'il contracte, sans avoir besoin pour cela de son consentement : mais la loi n'accorde au mari ce droit de puissance sur la personne et les biens de sa femme, qu'à la charge expresse qu'il ne pourra vendre les héritages propres de sa femme, sans le consentement de sa femme. Par cette défense, la loi de la puissance maritale excepte le contrat de vente des héritages propres de la femme, de la généralité des contrats qu'elle autorise le mari, comme chef de la communauté, à faire tant pour lui que pour sa femme, en sa qua-

lité de commune, sans avoir besoin de son consentement. C'est pourquoi, lorsque le mari vend pendant la communauté, l'héritage propre de sa femme, sans son consentement, il ne peut être censé avoir fait ce contrat tant pour lui que pour sa femme, en sa qualité de commune, ni par conséquent avoir contracté tant pour lui que pour sa femme, comme commune, l'obligation de garantie envers l'acheteur, que ce contrat renferme. Donc il contracte seul cette obligation de garantie : sa communauté n'en est pas chargée; elle n'est tenue, en cas d'éviction, qu'à la restitution du prix qu'elle a reçu. La femme peut donc, quoiqu'elle ait accepté la communauté, revendiquer son héritage propre que son mari a vendu, en offrant seulement à l'acquéreur la restitution du prix pour la part dont elle est tenue comme commune; sauf à lui à se pourvoir contre les héritiers du mari, pour le surplus et pour les dommages et intérêts résultants de l'obligation de garantie.

La coutume de Poitou a suivi ce sentiment, en permettant, par l'art. 230, à la femme, sans distinguer si elle est commune, ou non, de se faire rendre son héritage propre, lorsque le mari l'a vendu.

Lebrun, *liv.* 2, *chap.* 3, *n.* 58, dit que la femme, quoiqu'elle ait accepté la communauté, peut évincer pour le total l'acheteur de son héritage propre, et qu'elle est, comme commune, tenue envers lui pour sa part des dommages et intérêts résultants de l'obligation de garantie que son mari a contractée durant la communauté, en le lui vendant. Cela implique contradiction; car on ne peut supposer que la femme peut invincer pour le total l'acheteur, qu'en supposant qu'elle n'est aucunement tenue de l'obligation de garantie que son mari a contractée envers lui; puisque, si elle en étoit tenue, elle ne seroit pas recevable dans sa demande en revendication pour la part dont elle seroit tenue de cette obligation, suivant le principe : *Quem de evictione tenet actio, eum agentem repellit exceptio.* Mais si elle n'est pas tenue de cette obligation de garantie, elle ne peut pas être tenue des dommages et intérêts résultants de l'inexécution de cette obligation.

§. III. Des dettes contractées par la femme durant la communauté.

254. Les dettes contractées par la femme durant la communauté, pour les affaires de la communauté, sont charges de la communauté, lorsqu'elle a été autorisée de son mari pour les contracter.

255. Les dettes qu'elle a contractées pour raison d'un commerce qu'elle exerce au vu et au sçu de son mari, sont pareillement dettes de la communauté, quoique son mari ne l'ait pas expressément autorisée pour les contracter : car le mari ayant donné, au moins tacitement. son consentement au commerce que sa femme exerce, il est censé avoir donné tacitement son consentement aux dettes que la femme a contractées pour raison de ce commerce, dont elles sont une suite nécessaire.

256. A l'égard des autres dettes que la femme a contractées sans l'approbation de son mari; quoiqu'elle les ait valablement contractées, s'étant, sur le refus de son mari, fait autoriser par justice pour les contracter, la communauté n'en est tenue que jusqu'à concurrence de ce qu'elle a profité de l'affaire pour laquelle elles ont été contractées.

Par exemple, si une femme, sur le refus de son mari, s'est fait autoriser par justice pour la poursuite de droits successifs qu'on lui disputoit, la communauté ne sera tenue des dettes que cette femme a contractées pour raison de cette poursuite, que jusqu'à concurrence de ce qu'elle a profité.

C'est pourquoi, si le mari est assigné par les créanciers de la femme, pour le paiement des dettes qu'elle a contractées pour cette poursuite, le mari, en offrant de rapporter les choses qui lui sont parvenues de cette succession, et de compter des fruits qu'il en a perçus, peut se faire décharger de leur demande.

La coutume d'Orléans, *art.* 201, a une disposition conforme à ces principes. En l'art. 201, il est dit : « Femme » conjointe par mariage peut poursuivre ses actions et droits » avec l'autorité de son mari ; et, au refus, elle peut requé- » rir être autorisée par justice, et, en cette qualité, intenter » lesdites actions, sans que les sentences ou jugements qui » pourroient être donnés à l'encontre desdites femmes non » autorisées, ni avouées par lesdits maris , puissent être

» exécutés sur les biens de la communauté, pendant icelle :
» toutefois le mari sera tenu rapporter ce qu'il aura pris et
» reçu à cause desdits droits et actions poursuivis par sadite
» femme. »

Pour cet effet, le mari doit faire un inventaire de tout
ce qui lui est parvenu à cause desdits droits, et le représenter aux créanciers, ou en justifier par quelque autre
acte équipollent, à peine, faute de l'avoir fait, d'être tenu
indéfiniment envers lesdits créanciers.

257. Lorsque la communauté n'a aucunement profité des
dettes que la femme a contractées durant le mariage, sans
l'approbation de son mari, quoique ce soient des dettes
qu'elle a valablement contractées, la communauté n'en est
aucunement tenue.

Par exemple, si une femme, pendant son mariage, a
commis quelque délit, pour raison duquel elle ait été poursuivie et condamnée en quelque somme d'argent, soit pour
amende, soit pour réparation, la communauté, qui n'a pas
profité du délit, ne sera aucunement tenue de cette dette;
et, comme tous les revenus des biens de la femme appartiennent à la communauté pendant tout le temps qu'elle
dure, comme nous l'avons vu *suprà, sect.* 1, *art.* 3, le créancier ne se pourra faire payer de cette dette sur les biens de
la femme, qu'après la dissolution de la communauté.

Notre coutume d'Orléans, *art.* 200, en a une disposition.
Il y est dit : « Femme mariée..... peut être convenue, sans
» son mari, pour l'injure qu'elle auroit faite ou dite à aucun.
» Toutefois si ladite femme est condamnée, le mari, et les
» biens que lui et sadite femme ont et possèdent constant leur
» mariage, n'en sont tenus durant la communauté de biens. »

La coutume s'explique mal. Les biens de la femme sont
tenus de la dette qui résulte de la condamnation intervenue
contre elle; ils y sont hypothéqués du jour du jugement. La
coutume veut dire seulement, que les revenus des biens de
la femme, pendant que la communauté dure, ne sont pas
tenus de cette dette; parce que les revenus de tout ce temps
n'appartiennent pas à la femme débitrice, mais à la communauté, qui n'est pas tenue de cette dette.

Cette disposition de la coutume d'Orléans, ainsi que la
précédente, rapportée *suprà,* étant fondée sur les principes
généraux de la communauté entre conjoints par mariage,

elles doivent avoir lieu dans les coutumes qui ne s'en sont pas expliquées.

258. Lorsque le créancier a fait constituer prisonnière la femme, pour la réparation civile en laquelle il l'a fait condamner, est-il fondé à répéter du mari, durant le mariage, les sommes qu'il paie pour les aliments de la femme, pendant le temps qu'il la retient en prison? Les moyens du créancier sont, que la communauté doit à la femme des aliments : le créancier a donc acquitté une dette de la communauté, en les lui fournissant ; et, par conséquent, il pourroit paroître fondé à s'en faire rembourser par le mari, chef de la communauté, qui étoit débitrice desdits aliments, et à la décharge de laquelle il les a fournis.

Les moyens du mari pour se défendre de cette demande, sont, que la communauté n'a pas profité des aliments que le créancier a fournis à la femme qu'il retient prisonnière ; que ceux qui auroient été fournis à la femme en la maison de son mari, qui est le lieu où ils lui sont dûs, n'auroient rien coûté à la communauté, qui en auroit été dédommagée par les services que la femme auroit rendus à la maison.

259. Quelques coutumes se sont écartées des principes généraux que nous venons d'exposer sur les dettes qui naissent des délits, soit du mari, soit de la femme : telles sont les coutumes d'Anjou et du Maine. Ces coutumes ne font aucune distinction entre le mari et la femme : elles disent indistinctement que le créancier du conjoint qui a commis le délit, peut se venger sur les biens communs, pour la réparation qui lui est due, sauf à l'autre conjoint qui n'a pas commis le délit, à requérir la séparation des biens de la communauté, à l'effet de restreindre le créancier à la part qu'y doit avoir le conjoint qui a commis le délit, laquelle séparation de biens continue à l'avenir.

260. Il nous reste à observer que, pour éviter les fraudes par lesquelles la femme pourroit éluder, par des antidates, la règle qui ne lui permet pas de charger la communauté, sans le consentement de son mari, des dettes qu'elle contracte durant le mariage, la jurisprudence des arrêts a établi que la communauté n'étoit point tenue de toutes les dettes contractées par la femme, par des actes sous signature privée, quoiqu'ils eussent une date antérieure au mariage, à moins que le créancier ne justifiât la vérité de cette date ; sauf à lui à s'en faire payer,

après la dissolution du mariage, par la femme. Les arrêts sont
rapportés par Denisart. La décision de ces arrêts est fondée
sur le principe établi en notre traité des obligations, *n.* 749,
que les actes sous signature privée ne font pas foi de leur date
contre les tiers, contre lesquels ils sont censés n'avoir de date
que du jour qu'ils sont produits. Je crois néanmoins qu'on
doit avoir égard aux circonstances.

§. IV. **Des dettes des successions qui échéent à l'un ou à l'autre des
conjoints par mariage, pendant la communauté.**

261. Lorsque, durant la communauté, il est échu une
succession à l'un ou à l'autre des conjoints, que ce conjoint
a acceptée; si toute cette succession ne consiste qu'en mobilier, la communauté profitant, en ce cas, en entier de la
succession, doit en supporter toutes les charges, et être tenue de toutes les dettes, tant des dettes mobilières que des
rentes qui étoient dues par le défunt. Il y a néanmoins une
différence entre le mari et la femme. Lorsque le mari a accepté indiscrètement la succession d'un homme insolvable,
et qui ne consistoit qu'en mobilier, la communauté, qui a
recueilli tout l'actif de cette succession, est tenue entièrement
des dettes, quoiqu'elles excèdent de beaucoup l'actif dont
elle a profité. Au contraire, lorsqu'une femme, sur le refus
de son mari, a été autorisée par justice pour accepter une
succession qui ne consistoit pareillement qu'en mobilier, la
communauté n'est tenue des dettes de cette succession, que
jusqu'à concurrence de l'actif dont elle a profité.

262. La raison de différence à cet égard entre le mari et la
femme, dérive des principes que nous avons établis dans les
paragraphes précédents. Le mari étant maître absolu des
biens de la communauté pendant tout le temps qu'elle dure,
pouvant en disposer à son gré, même les perdre, la communauté est chargée entièrement de toutes les dettes qu'il contracte pendant qu'elle dure, soit qu'elle ait profité ou non
des affaires pour lesquelles il les a contractées, comme nous
l'avons vu *suprà*, *n.* 247 : elle doit donc être chargée entièrement des dettes des successions échues au mari pendant
qu'elle dure, dont le mari s'est rendu débiteur en acceptant
indiscrètement ces successions, quoique ces dettes excèdent
l'actif desdites successions dont elle a profité. Au contraire,
la femme n'ayant pas le droit de disposer des biens de la

communauté, pendant qu'elle dure, dans lesquels elle n'a
encore qu'un droit informe, elle ne peut charger la communauté des dettes qu'elle contracte sans l'approbation de son
mari, pendant qu'elle dure, si ce n'est jusqu'à concurrence
de ce que la communauté profite des affaires pour lesquelles
elle les a contractées, comme nous l'avons vu *suprà*, *n.* 254 :
d'où il suit que lorsque, durant la communauté, une femme
autorisée par justice, au refus de son mari, accepte indiscrètement une succession plus onéreuse que profitable, la communauté ne peut être tenue des dettes de cette succession,
dont la femme se rend débitrice en l'acceptant, si ce n'est
jusqu'à concurrence de ce que ladite communauté profite
des biens de ladite succession.

C'est pourquoi, si le mari, comme chef de la communauté, est poursuivi par les créanciers desdites successions,
en offrant de leur compter de tout ce qui lui en est parvenu,
il doit être renvoyé de leurs demandes ; et ces créanciers
sont obligés d'attendre le temps de la dissolution de la
communauté, pour se faire payer de ce qui manque pour les
remplir, par la femme, qui, en acceptant la succession,
s'est rendue leur débitrice ; la femme ne le pouvant plus tôt,
puisque jusqu'à ce temps les revenus de tous ses biens ne
lui appartiennent pas, mais appartiennent à la communauté,
comme nous l'avons vu *suprà*.

263. Lorsque la succession échue à l'un des conjoints durant la communauté, n'est composée que d'immeubles,
tout l'actif en ce cas étant propre de communauté au conjoint à qui la succession est échue, il doit être tenu de tout
le passif, tant des dettes mobilières que des rentes : la communauté, qui ne succède à rien de l'actif n'en doit être aucunement tenue, si ce n'est des arrérages et des intérêts qui
courront depuis l'ouverture de la succession jusqu'à la dissolution. Ces arrérages et ces intérêts étant des charges des
revenus des biens de cette succession, lesquels, ainsi que
ceux de tous les autres biens du conjoint, appartiennent,
durant tout ce temps, à la communauté.

264. Lorsque la succession qui échet à l'un des conjoints
durant la communauté, est composée en partie de meubles
qui entrent dans la communauté, et en partie d'immeubles qui n'y entrent pas, et qui sont propres de communauté à celui des conjoints à qui la succession est échue,

Lebrun et Renusson pensent que la communauté est chargée, en ce cas, de toutes les dettes mobilières de la succession, et que le conjoint à qui elle est échue, est seul chargé de tous les principaux de rentes dus par la succession; sauf que dans le cas auquel les dettes mobilières excéderoient l'actif mobilier, il accorde à la communauté récompense de cet excédant contre le conjoint, jusqu'à concurence de ce qu'il profite des immeubles de la succession qui lui sont propres de communauté : et pareillement, dans le cas auquel les principaux de rentes dus par la succession, dont ils chargent le conjoint, excéderoient la valeur des immeubles auxquels il succède, ils lui donnent récompense contre la communauté, jusqu'à concurrence de ce qu'elle profite de l'actif mobilier, déduction faite du passif. Je pense qu'il y a de la distinction à faire entre les différentes coutumes.

Il y a des coutumes qui chargent le mobilier des successions de toutes les dettes mobilières de la succession : il n'est pas douteux que dans ces coutumes, la communauté dans laquelle entre tout le mobilier actif des successions échues à l'un ou à l'autre des conjoints, est tenue de toutes les dettes mobilières desdites successions.

Mais il y a des coutumes qui, comme celle de Paris, *article* 334, font contribuer les héritiers aux différentes espèces de biens, à toutes les différentes espèces de dettes, soit mobilières, soit rentes, à proportion de ce que chacun d'eux a dans l'actif de la succession. L'esprit de ces coutumes est, que chaque différente espèce de biens dont est composée l'universalité de la succession, soit chargée d'une portion dans toutes les différentes espèces de dettes, ou mobilières, ou rentes, qui soit dans la même raison et proportion qu'est la valeur de chaque espèce de biens, à celle du total de la succession. Par exemple, si le mobilier de la succession fait le tiers du total de la succession, le mobilier, dans ces coutumes, est chargé du tiers de toutes les dettes, tant des mobilières que des principaux de rentes dus par la succession.

265. Lorsqu'une succession est déférée, dans ces coutumes, à l'un des conjoints par mariage pendant sa communauté, et qu'elle est composée de mobilier qui entre dans la communauté, et d'immeubles qui deviennent propres de communauté à ce conjoint, j'aurois de la peine à suivre l'opinion de Lebrun et de Renusson, et j'inclinerois plutôt pour celle de

Lemaître et de quelques autres auteurs, qui pensent que dans ce cas la communauté doit être chargée de la portion dans toutes les dettes, tant mobilières que principaux de rentes dus par la succession, dont la coutume qui a déféré la succession, charge ce mobilier : et pareillement le conjoint qui retient les immeubles de la succession, comme propres de communauté, doit être seul tenu de l'autre portion des dettes, tant mobilières que principaux de rentes, dont la communauté charge les immeubles de cette succession.

Par exemple, si le mobilier de la succession en fait le tiers, et les immeubles en font les deux autres tiers, la communauté sera tenue du tiers de toutes les dettes, tant mobilières que principaux de rentes, et le conjoint sera tenu seul des deux autres tiers ; sauf que la communauté sera tenue en entier de tous les intérêts et arrérages qui courront pendant tout le temps que la communauté durera ; parce que les revenus desdits immeubles, ainsi que ceux de tous les biens du conjoint, appartiennent pendant ledit temps à la communauté.

266. Je me fonde sur ce que le contrat de communauté qui intervient tacitement entre les conjoints, renferme, de même que tous les autres contrats de société, des cessions réciproques que chacune des parties fait à l'autre partie, des choses et droits qu'elle met dans la communauté, pour la part que l'autre conjoint doit avoir dans la communauté : c'est pourquoi, lorsqu'il m'est échu une succession pendant ma communauté, au partage que je fais, après la mort de ma femme, des biens de la communauté, avec l'héritier de ma femme, cet héritier de ma femme doit être considéré, en sa qualité de commun pour moitié, comme cessionnaire pour moitié de mes droits successifs dans le mobilier de la succession. Il doit, par conséquent, être tenu des dettes de cette succession, que j'ai fait entrer dans la communauté, de la même manière qu'en seroit tenu tout autre cessionnaire à qui un héritier auroit fait une cession de la moitié de ses droits successifs dans le mobilier d'une succession. Or un tel cessionnaire, dans la coutume de Paris, seroit tenu de la moitié, non de toutes les dettes mobilières de cette succession, mais de la portion que le mobilier de cette succession doit porter dans toutes les dettes, tant mobilières que rentes dues par cette succession, suivant la contribution et répartition qui doit s'en faire sur les différentes espèces de

biens dont la succession est composée. Dans cette espèce, l'héritier de ma femme doit donc pareillement être tenu de la moitié, non de toutes les dettes mobilières de la succession tombée en communauté, mais de la portion que le mobilier de ladite succession doit porter dans toutes les dettes, tant mobilières que rentes dues par ladite succession; et c'est de cette portion seule que la communauté doit être chargée.

267. On oppose, contre cette opinion, qu'elle est contraire aux principes de la matière de la communauté. Suivant ces principes, la communauté doit être chargée de toutes les dettes mobilières de chacun des conjoints. Les dettes d'une succession, par l'acceptation pure et simple que l'héritier fait de la succession, deviennent des dettes personnelles de l'héritier; les dettes mobilières d'une succession, que l'un des conjoints a acceptées durant la communauté, étant devenues les dettes de ce conjoint, la communauté, qui doit être chargée de toutes les dettes mobilières de chacun des conjoints. doit donc être chargée de toutes les dettes mobilières de la succession, qui sont devenues, par son acceptation, les dettes de ce conjoint. L'opinion de Lemaître, qui ne l'en charge que d'une partie, est donc contraire aux principes de la communauté.

La réponse est, que le principe qui charge la communauté de toutes les dettes mobilières de chacun des conjoints, souffre une exception à l'égard de celles que l'un des conjoints a contractées pour raison de quelqu'un de ses propres de communauté, comme nous l'avons vu *suprà*, *n.* 239. Or, les dettes mobilières de la succession, pour la portion dont les immeubles de la succession sont chargés, sont dettes que le conjoint a contractées pour raison desdits immeubles, auxquels il a seul succédé, et par conséquent pour raison de ses propres de communauté, qui doivent être exceptées de la règle qui fait tomber les dettes mobilières des conjoints dans la communauté, et dont il doit être tenu seul.

Denisart atteste que cette opinion, que nous avons embrassée, est suivie par l'usage au Châtelet de Paris.

268. J'étois créancier, lorsque je me suis marié, d'une rente constituée qui m'étoit due par mes parents. Cette rente étant réputée immeuble, m'est un propre de communauté. Depuis je suis devenu unique héritier pur et simple du débi-

teur de cette rente : suis-je fondé à prétendre que notre communauté me doit faire raison de cette rente, ou pour le total, si la succession qui m'est échue ne consistoit qu'en mobilier, et est entrée en entier dans notre communauté; ou pour la portion dont le mobilier de cette succession étoit tenu des dettes de cette succession, si elle consistoit en mobilier et en immeubles? La raison de douter est, qu'il s'est fait extinction et confusion de cette rente lorsque je suis devenu l'unique héritier pur et simple de celui qui en étoit le débiteur, les qualités de créancier et de débiteur étant des qualités qui se détruisent réciproquement, lorsqu'elles viennent à concourir dans une même personne. Or, dit-on, je ne puis être fondé à prétendre que notre communauté me fasse raison de ce qui n'existe plus. Notre communauté n'a pu jamais être débitrice envers moi de cette rente, puisqu'elle a cessé d'exister aussitôt et dans le même instant que je suis devenu héritier de mon débiteur. Nonobstant cette raison, il faut décider que notre communauté est tenue, envers moi, de la continuation de cette rente ; et qu'en conséquence, lors de la dissolution de la communauté, ma femme ou ses héritiers, en cas d'acceptation de la communauté, seront tenus de me la continuer pour la moitié qu'ils ont dans la communauté. Cette décision est fondée sur la loi 2, §. 18, ff. *de hered. vend.*, qui décide que lorsqu'un héritier, après avoir accepté une succession, a cédé à quelqu'un ses droits successifs, le cessionnaire desdits droits successifs est tenu de faire raison à l'héritier, son cédant, de ce qui étoit dû audit cédant par le défunt dont on a cédé les droits successifs : *Quum quis debitori suo hæres extitit*, dit cette loi, *confusione creditor esse desinit ; sed si vendidit hæreditatem, æquissimum videtur emptorem hæreditatis, vicem hæredis obtinere, et idcircò teneri venditori hæreditatis.* Or, comme nous l'avons observé, notre communauté, dans laquelle entrent les biens et les droits de la succession de mon débiteur, qui m'est échue, doit être considérée comme un cessionnaire de droits successifs : elle doit donc, aux termes de cette loi, me faire raison de ce qui m'étoit dû par le défunt.

La raison de la loi est, que le cessionnaire de droits successifs, ayant tout l'émolument de la succession, en doit aussi supporter toutes les charges : c'est pourquoi il doit

rembourser à l'héritier, son cédant, tout ce que l'héritier
a payé pour acquitter les dettes de la succession, non-seulement par des paiements réels, mais par la confusion qui
s'est faite des dettes de la succession, qui étoient dues à
l'héritier, laquelle confusion est une espèce de paiement.

269. Que doit-on décider sur la question inverse? J'étois,
lorsque je me suis marié, débiteur envers un de mes parents, d'une certaine somme, pour le prix d'un héritage
qu'il m'avoit vendu, peu avant mon mariage, et qui étoit
par conséquent propre de communauté. Cette dette ayant
été contractée pour raison d'un propre de communauté, j'en
suis tenu seul; elle n'est pas dette de communauté;
suprà, n. 239. Depuis je suis devenu, durant ma communauté, héritier unique du créancier. Cette créance, que le
défunt avoit contre moi, étant une créance mobilière, sera-
t-elle censée être entrée dans notre communauté, de même
que tout le reste du mobilier de cette succession qui m'est
échue, et en serai-je débiteur envers notre communauté?
La raison de douter est, que s'étant fait confusion et extinction de cette créance que le défunt avoit contre moi, dès
le premier instant que je suis devenu son héritier, cette
créance, qui étoit éteinte et qui n'existoit plus, n'a pu entrer dans notre communauté. La raison de décider, au contraire, est que la communauté d'un conjoint à qui il échet
une succession, doit être considérée comme un cessionnaire
des droits successifs mobiliers de ce conjoint. Or, la loi 37,
ff. *de pecul.*, décide que l'héritier qui a cédé ses droits successifs, doit faire raison à son cessionnaire de ce qu'il devoit
au défunt, parce que, par cette succession, il lui cède tout
ce qui lui est parvenu ou qui doit lui parvenir de cette succession, et par conséquent l'émolument qu'il a perçu, en
devenant héritier, de l'extinction de la dette dont il étoit débiteur envers le défunt. Je dois donc, suivant cette loi,
faire raison, à notre communauté, qui est cessionnaire de
mes droits successifs mobiliers dans la succession qui m'est
échue, de la créance mobilière que le défunt avoit contre
moi; cette créance, dont j'ai été libéré en devenant son
héritier, faisant partie des droits successifs mobiliers dont
notre communauté est cessionnaire.

ARTICLE II.

Des autres charges de la communauté légale.

270. Les autres charges de la communauté sont les aliments qu'elle doit fournir aux conjoints : l'éducation des enfants communs.

A l'égard des aliments et des frais de l'éducation des enfants que chacun des conjoints a d'un précédent mariage, si lesdits enfants ont un revenu suffisant pour y subvenir, la communauté n'en doit pas être chargée; ils doivent être pris sur le revenu desdits enfants : mais si lesdits enfants n'avoient pas de revenu pour y subvenir, les aliments et l'éducation sont, en ce cas, une dette naturelle de leur père ou de leur mère, dont la communauté, dans laquelle entrent les dettes de chacun des conjoints, doit être chargée.

271. La communauté ayant, pendant tout le temps qu'elle dure, la jouissance des propres de chacun des conjoints, c'est une conséquence qu'elle soit chargée de l'entretien de leurs héritages propres. Cet entretien comprend toutes les dépenses qu'il faut faire pour la jouissance de ces héritages, et pour les tenir en bon état, selon leur différente nature.

Par exemple, l'entretien d'un héritage en nature de vignes, comprend les dépenses qu'il faut faire pour les cultiver, pour les fumer, pour les garnir suffisamment d'échalas, pour les provigner, pour les renouveler, en arrachant celles qui sont trop vieilles, pour en planter d'autres à leur place.

Les dépenses qui sont à faire pour l'empaillement d'une métairie, pour marner les terres, pour peupler un colombier ou une garenne, pour empoissonner un étang, pour entourer les héritages de fossés ou de haies, où il en est de besoin, sont aussi des choses qui concernent l'entretien dont la communauté est chargée.

Il en est de même des réparations qui sont à faire aux bâtiments sur les héritages propres de chacun des conjoints.

272. Il faut néanmoins en excepter celles qu'on appelle *grosses réparations*, qui sont plutôt reconstructions que réparations. Ces grosses réparations ne sont pas réparations d'entretien, et la communauté n'en est pas, par conséquent, chargée. La coutume de Paris, *art.* 262, nous donne une règle pour discerner quelles sont les réparations d'entretien

qui sont à la charge de ceux qui ont la jouissance de l'héritage, et quelles sont celles qu'on appelle *grosses réparations*, qui sont à la charge du propriétaire : elle dit que celles d'entretien sont toutes les réparations, hors les *quatre gros murs*, *les poutres*, *entières couvertures et voûtes*.

Les quatre gros murs sont les deux pans et les deux pignons qui ferment un bâtiment. Si quelqu'un de ces quatre gros murs est à refaire à neuf sur l'héritage de l'un des conjoints, c'est une grosse réparation, dont la communauté n'est pas chargée, et à qui, par conséquent, il est dû récompense par le conjoint propriétaire de l'héritage, lorsqu'elle a fourni les deniers pour la faire, comme nous le verrons *infrà*. Il en est de même s'il a fallu substituer une poutre neuve à la place d'une qui étoit pourrie, ou reconstruire une voûte, ou refaire en entier une couverture dont la charpente ne valoit plus rien.

Quoique la communauté ne soit pas ordinairement chargée de ces grosses réparations, néanmoins si elles étoient à faire sur un héritage propre de la femme, et qu'elles fussent provenues du défaut d'entretien de cet héritage pendant le temps qu'a duré la communauté, le mari, qui, comme chef de la communauté, étoit chargé de cet entretien, auroit, en ce cas, chargé sa communauté de ces grosses réparations, auxquelles il auroit donné lieu par sa faute.

273. Les impenses qui se font sur un héritage, non pour la simple jouissance de cet héritage, mais pour convertir la forme de cet héritage en une autre forme plus avantageuse, ne sont point des impenses de simple entretien : telles sont celles qui se font pour défricher une terre inculte, pour planter en vignes ou en bois une terre nue, pour en faire un pré ou un étang, ou pour construire dessus un bâtiment. Si donc il a été fait durant la communauté, de ces sortes d'impenses sur l'héritage propre de l'un des conjoints, il est dû récompense à la communauté, qui a fourni les deniers pour les faire.

274. On doit aussi comprendre, parmi les charges de la communauté, les frais de l'inventaire qu'on doit faire après la dissolution, des effets dont elle est composée, et des titres qui en dépendent ; les frais de liquidation des reprises que les conjoints ou leurs héritiers ont à exercer sur la communauté, ou des récompenses qu'ils doivent à la communauté

enfin les frais de partage des biens de la communauté, et tous ceux qu'il faut faire pour y parvenir, tels que sont ceux faits pour l'estimation des biens.

275. Les frais funéraires du conjoint prédécédé ne sont point charges de la communauté; sa succession en est tenue en entier. Plusieurs coutumes, comme Meaux, *chap.* 9, *art.* 51, et autres, en ont des dispositions, qui doivent être suivies dans celles qui ne s'en sont pas expliquées. La raison est, que ces frais ne se font qu'après la mort, auquel temps il n'y a déjà plus de communauté, puisqu'elle a été dissoute par la mort du conjoint.

La somme qu'on adjuge à la veuve, pour son habit de deuil, fait partie de ces frais funéraires, et doit, par conséquent lui être payée en entier sur la succession du mari, et non sur la communauté.

276. Il est évident que les legs faits par le prédécédé ne sont pas dus par la communauté, et que la succession en est seule chargée pour le total. Cela a lieu, même à l'égard de ceux faits par le mari; car le pouvoir qu'avoit le mari, de disposer à son gré des biens de la communauté, est un pouvoir qu'il n'a que pendant sa vie et pendant que dure la communauté. Il ne peut donc en disposer que par des actes entre vifs, qui ont leur effet pendant sa vie et pendant que dure la communauté; mais il ne peut en disposer par des dispositions testamentaires, qui ne peuvent avoir d'effet qu'après sa mort, et par conséquent après la dissolution de la communauté.

277. Néanmoins, si le legs étoit causé pour restitution de quelque tort que le mari auroit fait au légataire, et que la cause fût justifiée, ce legs étant en ce cas dette de la communauté, plutôt qu'un legs, la communauté en seroit chargée. Mais si la cause, quoiqu'exprimée par le testament, n'est pas justifiée, la communauté n'en doit pas être tenue; autrement il seroit au pouvoir du mari de se proroger le droit de disposer, après sa mort, des biens de la communauté, en prétextant d'une fausse cause de restitution, les dispositions qu'il en feroit.

Les héritiers du mari, qui prétendent que le legs doit être acquitté sur les biens de la communauté, n'ont en ce cas, faute de preuve de la cause du legs, que la voie de déférer à la veuve le serment, si elle n'en a pas de connoissance.

CHAPITRE· III.

De la communauté conventionnelle, et des différentes conventions qui interviennent par rapport à la communauté.

SECTION PREMIÈRE.

De la communauté conventionnelle.

278. La communauté conventionnelle est celle qui est formée par la convention expresse des parties, portée par leur contrat de mariage.

La convention de communauté dans les contrats de mariage, se fait ordinairement *purè*. Rien n'empêche néanmoins que les parties ne puissent y apposer un terme ou une condition. Par exemple, on peut convenir qu'il y aura communauté entre les conjoints, qui ne commencera qu'au bout d'un an de mariage.

Pareillement on peut convenir *qu'il y aura communauté entre les conjoints, s'ils ont des enfants de leur mariage.* On a élevé la question, si cette condition étoit accomplie par la naissance d'un seul enfant, et quoiqu'il fût depuis mort durant le mariage. On a jugé pour l'affirmative, par arrêt du 22 mai 1759, rapporté par Denisart. La décision de cet arrêt est conforme à celle de la loi 4, *cod. quand. dies leg. ced.*, où il est dit : *Quum uxori ususfructus fundi legatur, et ejus proprietas, quum liberos habuerit ; nato filio, statim proprietatis legati dies cedit ; nec quidquam obest, si is decedat.*

279. Lorsque les parties, par leur contrat de mariage, ont simplement dit qu'il y auroit entre elles communauté de biens, sans s'expliquer davantage, cette communauté conventionnelle n'est pas différente en ce cas de la communauté légale, et elle est composée, tant en actif que passif, des mêmes choses dont la coutume du lieu du domicile que le mari avoit lorsqu'il s'est marié, compose la communauté.

280. La communauté conventionnelle ne commençant, aussi bien que la communauté légale, qu'au jour de la célébration du mariage, comme nous l'avons établi *suprà*, *n.* 23; c'est une conséquence que c'est à ce temps qu'on doit avoir égard si les choses qui appartiennent à chacun des con-

joints, sont de nature à y entrer. C'est pourquoi, si un homme de Cambrai, dont la coutume répute meubles les rentes constituées à prix d'argent, vient prendre femme à Paris, en conservant son domicile à Cambrai, où il compte retourner avec sa femme après la célébration du mariage, et que, par le contrat de mariage, il y ait une communauté stipulée, sans autre explication; les rentes qui appartiennent à sa femme, lesquelles étoient immeubles tant qu'elle a eu son domicile à Paris, deviennent meubles à l'instant de la célébration du mariage, parce qu'elle perd son domicile de Paris, et qu'elle acquiert le domicile de son mari, qui est à Cambrai. Elles doivent donc entrer dans la communauté.

On doit suivre la même décision dans le cas inverse. Lorsqu'un Parisien va prendre femme à Cambrai, dans le dessein de retourner à Paris, la femme acquérant, dès l'instant de la célébration du mariage, le domicile de son mari, qui est à Paris, les rentes qui lui appartiennent deviennent immeubles, et ne tombent pas en communauté.

281. Il ne doit pas néanmoins être permis à l'un des conjoints de changer de nature, en fraude de l'autre conjoint, les biens qu'il avoit lors du contrat de mariage, qui étoient de nature à entrer dans cette communauté, en aliénant les biens meubles, et en acquérant des immeubles à la place; car les parties, lors du contrat de mariage, en ne s'expliquant pas sur les choses qui composeroient leur communauté, sont censées être tacitement convenues qu'elle sera composée des choses que chacune d'elles avoit alors, qui étoient de nature à y entrer. C'est pourquoi les immeubles dans lesquels l'un des conjoints a, dans le temps intermédiaire, converti ses biens mobiliers, quoiqu'acquis par lui avant la communauté, doivent y entrer, comme tenant lieu de biens mobiliers qu'il avoit lors du contrat de mariage, qui devoient y entrer, et sur lesquels l'autre conjoint avoit droit de compter.

Il n'en est pas de même d'un héritage qui auroit été donné à l'un des conjoints dans le temps intermédiaire. La donation ayant été faite avant la communauté commencée, l'héritage n'entrera pas en communauté. Il n'est fait en ce cas aucune fraude à l'autre conjoint, qui n'a pas dû compter sur cet héritage.

Si l'un des conjoints avoit, pendant le temps intermédiaire,

converti en mobilier les immeubles qu'il avoit lors de
son contrat de mariage, dans le dessein de faire entrer ce
mobilier dans la communauté, et d'avantager par ce moyen
l'autre conjoint, ce mobilier en doit être exclus : sans cela,
ce seroit un avantage qu'il feroit à l'autre conjoint dans un
temps prohibé.

Il est bien permis à des futurs conjoints de se faire, avant
le mariage, tous les avantages qu'ils jugent à propos de se
faire; mais il ne leur est pas permis de s'en faire secrètement
dans le temps intermédiaire du contrat de mariage. L'affectation qu'ils ont eue de les dissimuler lors de leur contrat de
mariage, fait présumer qu'ils sont dictés par la passion, puisqu'ils ont honte de les faire. C'est la raison pour laquelle les
coutumes déclarent nulles toutes contre-lettres aux contrats
de mariage.

SECTION II.

Des différentes clauses qui peuvent intervenir dans les contrats de mariage, par rapport à la communauté.

ARTICLE PREMIER.

De la clause par laquelle les futurs conjoints conviennent que leur communauté sera régie par une certaine coutume.

282. La communauté, lorsque les parties ne s'en sont pas
expliquées, se règle, comme nous l'avons déja vu, par la
coutume du lieu du domicile qu'avoit le mari lors du
mariage.

Quelquefois par une clause du contrat de mariage, elles
conviennent que leur communauté sera réglée par une telle
coutume, qui n'est pas celle du domicile du mari.

Si la coutume par laquelle les parties ont déclaré qu'elles
vouloient que leur communauté fût régie, n'a pas de dispositions différentes de celle du lieu du domicile du mari, la
clause est superflue; mais si elle en a de différentes, la
clause a effet : car, en conséquence de cette clause, ce n'est
pas la coutume du lieu du domicile du mari, c'est celle par
laquelle les parties ont déclaré vouloir que leur communauté
fût régie, qui doit régler tout ce qui concerne cette communauté.

283. Suivant ce principe, si, par le contrat de mariage d'un

Orléanois, il est dit que la communauté sera régie par la coutume de Blois, les fruits qui, lors de la dissolution de la communauté, se trouveront pendants sur les terres des héritages propres de chacun des conjoints, quoiqu'ils ne soient recueillis que depuis la dissolution de la communauté, appartiendront, conformément à la coutume de Blois, à la communauté, pourvu que les terres aient été labourées et ensemencées durant la communauté; au lieu que la coutume d'Orléans les donne au conjoint à qui appartient l'héritage, ou à ses héritiers, en remboursant à la communauté les labours et semences, comme nous l'avons vu *suprà, chap. 2, art. 3.*

284. Lorsqu'un homme, conservant son domicile sous la coutume de Cambrai, qui répute meubles les rentes constituées à prix d'argent, vient prendre femme à Paris, la clause portée par le contrat de mariage, que la communauté sera régie par la coutume de Paris, exclut-elle de la communauté les rentes constituées qui appartiennent à chacun des conjoints? Pour la négative, on dit que la coutume de Paris n'a aucune disposition formelle et directe qui exclut de la communauté les rentes constituées; celle par laquelle elle les répute immeubles, ne comprend que les rentes qui appartiennent à des personnes que leur domicile rend sujettes à ses lois. Ce Cambrésien, aussi bien que sa femme, qui, dès l'instant de la célébration du mariage, a perdu son domicile de Paris, et acquis celui de son mari, étant régis l'un et l'autre par la coutume de Cambrai, les rentes qui appartiennent à l'un et à l'autre, sont meubles : par conséquent elles doivent entrer en communauté; car la coutume de Paris, par laquelle ces conjoints ont voulu qu'elle fût régie, dit expressément qu'homme et femme sont communs en *tous biens meubles.*

On dit au contraire pour l'affirmative, que l'intention de la famille de la femme, en stipulant que la communauté seroit régie par la coutume de Paris, a été qu'il n'entrât dans la communauté que ce qui y entreroit si le mariage étoit contracté avec un Parisien, et que les choses que la coutume de Paris répute immeubles, qu'elle exclut en conséquence de la communauté conjugale, telles que sont les rentes constituées, fussent pareillement, par rapport à la communauté, réputées telles, à l'effet de n'y pas entrer : qu'on doit d'autant plus croire que c'est ce qu'a voulu la famille par cette convention, qu'autrement elle seroit superflue ; la coutume de Paris n'ayant pas d'ailleurs, sur la matière de la communauté, des dispositions différentes de celle de Cambrai : que suivant la seconde règle d'interprétation que nous avons proposée dans notre traité des obligations, *n.* 92, une convention doit être entendue plutôt dans un sens qui lui donne quelque effet, que dans un sens qui la rendroit superflue.

Il y a lieu à la même question dans le cas inverse, lorsqu'un Parisien, conservant son domicile à Paris, a été prendre femme à Cambrai, et qu'il a été convenu, par le contrat de mariage, que la communauté sera régie par la coutume de Cambrai.

285. Ces conventions, que la communauté sera régie par une telle coutume, ou que les conjoints seront communs suivant une telle coutume, n'ont d'effet que sur ce qui concerne la communauté ; telles que sont les choses qui y doivent entrer ou non, le préciput que le survivant doit prendre au partage de la communauté, etc.

286. Celle par laquelle il est dit simplement que les parties promettent s'épouser suivant une telle coutume, étant conçue en termes indéfinis, est plus générale, et elle s'étend à toutes les conventions matrimoniales, *putà*, au douaire, dont la coutume à laquelle les parties se sont soumises, doit régler la quantité, et s'il doit être propre aux enfants, etc.

Mais elle ne donne pas aux parties le droit que la coutume suivant laquelle elles ont déclaré vouloir se marier, accorde aux conjoints par mariage, de disposer l'un envers l'autre, durant le mariage, de certains biens, lorsque la loi du lieu où est leur domicile le leur défend : car cette convention ne peut pas les soustraire à l'empire de la loi de leur domicile, ni par conséquent leur permettre ce que cette loi leur défend.

Suivant ce principe, quoique la coutume de Blois permette aux conjoints par mariage, ayant des enfants, de se donner durant leur mariage, par don mutuel, l'usufruit des meubles et conquêts ; des conjoints par mariage domiciliés à Orléans, quoique mariés selon la coutume de Blois, ne peuvent pas, s'ils ont des enfants, se faire ce don, que la coutume d'Orléans ne leur permet pas de se faire.

Par la même raison, quoique les parties, par leur contrat

de mariage, se soient soumises à une coutume qui ne défend pas aux femmes de contracter des obligations pour autrui, avec l'autorité de leur mari ; si les parties sont domiciliées sous une coutume qui ne permet pas aux femmes mariées de s'obliger, même avec l'autorité de leur mari, la femme ne le pourra pas.

Vice versâ, quoique les parties se soient soumises à une coutume qui ne permet pas aux femmes de s'obliger pour autrui avec l'autorité de leur mari, si les parties sont domiciliées sous une coutume qui le permet, la femme pourra s'obliger, avec l'autorité de son mari ; autrement les parties qui contractent avec elles sous la foi de la loi de leur domicile, qui le leur permet, seroient induites en erreur.

ARTICLE II.

De la convention d'apport à la communauté.

287. Il est très-ordinaire, dans les contrats de mariage, que chaque conjoint promette d'apporter à la communauté une certaine somme déterminée : c'est ce que nous appelons la *convention d'apport.*

L'effet de cette convention est que le conjoint se rend, par cette convention, débiteur envers la communauté, de la somme qu'il a promis d'y apporter ; de manière que si, lors de la dissolution de la communauté, elle n'est pas entièrement acquittée, il doit faire raison à la communauté, de ce qui s'en manque.

Nous verrons, par rapport à cette convention, 1° quelles sont les choses que le conjoint peut imputer sur la somme qu'il a promis d'apporter à la communauté ; 2° comment il doit justifier qu'il a fourni cette somme ; 3° en quoi cette convention différencie la communauté conventionnelle de la communauté légale.

§. I. Quelles sont les choses qui peuvent être imputées sur la somme que le conjoint a promis d'apporter à la communauté.

288. Les choses qui s'imputent sur la somme que le conjoint a promis d'apporter à la communauté, sont tous les effets mobiliers que le conjoint peut justifier avoir eus lors de son mariage, lesquels, étant entrés en la communauté, ont été reçus par la communauté en paiement de la somme

que le conjoint a promis d'y apporter, et ont acquitté le conjoint d'autant de cette somme.

La communauté ne commençant qu'au jour de la bénédiction nuptiale, et non dès le temps du contrat de mariage, comme nous l'avons établi *suprà*, *n.* 22, il suit de là qu'il n'y a que les choses que le conjoint avoit lors de la bénédiction nuptiale, qui puissent être censées avoir été reçues par la communauté en paiement de la somme promise par le conjoint pour son apport, et qui puissent en conséquence y être imputées. Il n'importe qu'il les eût dès le temps du contrat de mariage, ou qu'il les ait acquises depuis : au contraire, celles qu'il avoit lors du contrat de mariage, et qu'il a cessé d'avoir dans le temps intermédiaire, de quelque manière qu'il ait cessé de les avoir, ne peuvent être imputées sur la somme qu'il a promis d'apporter à la communauté, qui ne peut être censée les avoir reçues, puisque le conjoint ne les avoit plus lorsqu'elle a commencé.

289. Il suit aussi de notre principe, que c'est sur le pied de la valeur qu'avoient, au temps de la bénédiction nuptiale, les effets mobiliers du conjoint, qu'ils doivent être imputés sur la somme promise pour son apport : car c'est en ce temps que la communauté les a reçus en paiement; et quand on reçoit des choses en paiement, c'est pour le prix qu'elles valent au temps auquel on les reçoit.

290. Les dettes actives qui appartiennent à chacun des conjoints lors du mariage, ne s'imputent sur la somme promise pour l'apport, qu'autant qu'elles ont été payées durant la communauté; car ce n'est que par le paiement qui en est fait durant la communauté, que la communauté en profite.

Observez une différence à cet égard entre celles du mari et celle de la femme. Le mari, pour pouvoir imputer sur la somme qu'il a promise pour son apport, les dettes actives qu'il avoit lors de son mariage, est tenu de justifier qu'elles ont été payées durant la communauté, soit par des contre-quittances qu'il auroit tirées des débiteurs, soit au moins par un journal non suspect. Au contraire, la femme n'est pas chargée de prouver que les dettes actives qu'elle justifie lui avoir appartenu lors de son mariage, lui ont été payées durant la communauté. Si le mari ne justifie pas, par des diligences faites à temps contre les débiteurs, qu'il n'a pu en tirer paiement, il n'est pas recevable à alléguer qu'elles n'ont pas été payées durant la commnnauté, puisque c'est lui qui en a dû procurer le paiement : c'est pourquoi ces dettes doivent être en ce cas réputées avoir été payées durant la communauté, et elles doivent en conséquence être imputées sur la somme promise par la femme pour son apport.

291. Tout ce qui fait partie de la dot mobilière d'un conjoint, et qui est entré dans la communauté, s'impute sur la somme qu'il a promise pour son apport : c'est pourquoi si les père et mère de l'un des conjoints ont promis par le contrat de mariage, outre la dot qu'ils lui donnoient, de nourrir chez eux pendant un certain nombre d'années, *putà*, pendant trois ans, les futurs conjoints et leurs domestiques ; ces nourritures qui, en exécution de cette clause, ont été fournies aux futurs conjoints pendant ledit temps, sont censées faire partie de la dot de ce conjoint ; et, en conséquence, la communauté, qui en a profité, doit imputer la somme à laquelle elles doivent être appréciées, sur celle promise pour l'apport de ce conjoint.

292. Les père et mère d'un conjoint lui donnent quelquefois en dot les fruits d'un certain héritage pendant un certain nombre d'années, et non l'héritage même. Ces fruits composent en ce cas le principal de la dot; l. 4, ff. *de pact. dot.* C'est pourquoi ces fruits que la communauté a recueillis, non-seulement doivent s'imputer sur la somme promise par ce conjoint pour son apport; mais, s'ils excédoient la somme promise pour l'apport, l'excédant seroit repris comme propre.

C'est ce qui a été jugé, il y a quelques années, par une sentence du bailliage d'Orléans, qui a été confirmée par arrêt de la cour. Les père et mère de la dame de Rochefort lui avoient donné en dot la coupe d'une certaine quantité de bois taillis, pendant un certain nombre d'années. Le sieur de Rochefort avoit fait toutes lesdites coupes durant la communauté. Sa fille, après la mort de sa mère, demanda la reprise du prix desdites coupes, sous la déduction de la somme promise pour l'apport de sa mère. Cette reprise lui fut adjugée, attendu que lesdites coupes composoient le principal de la dot de sa mère.

Si ce sont en ce cas les fruits qui composent le principal de la dot, quels peuvent donc être en ce cas les fruits de la dot de la femme qui peut entrer en communauté, et servir à supporter les charges du mariage ? La loi 4, ff. *de pact.. dot.* ci-dessus citée, fournit la réponse à cette demande. Les fruits de cette dot sont, suivant cette loi, les intérêts que peuvent produire les sommes provenues du prix desdites coupes.

293. Il faut décider autrement, lorsque c'est le droit d'usufruit d'un certain héritage qui a été donné en dot à l'un des conjoints. Ce ne sont pas en ce cas les fruits de cet héritage qui sont perçus durant la communauté, qui composent le principal de la dot, c'est le droit d'usufruit en lui-même qui est la dot. Les fruits de l'héritage sont les fruits de ce droit d'usufruit, lesquels, comme fruits de la dot, appartiennent à la communauté, et ne peuvent, par conséquent, être imputés sur la somme promise pour l'apport de ce conjoint.

294. N'étant pas ordinaire que des fruits qui doivent être perçus durant la communauté, composent le principal de la dot, ils ne la composent que lorsque les parties s'en sont clairement expliquées : lorsqu'il y a de l'ambiguité dans les termes du contrat de mariage, cette intention ne se présume pas facilement. C'est sur ce fondement que Lebrun décide, *traité de la communauté*, que lorsque des père et mère ont donné en dot, peu avant la récolte, un héritage, en ces termes, *un tel héritage, avec les fruits qui sont pendants*, on ne doit pas croire que leur intention a été que les fruits qui étoient pendants au temps du mariage, et qui n'ont été perçus que depuis, dussent faire partie du principal de la dot: on doit plutôt croire qu'ils n'ont voulu dire autre chose, sinon qu'ils donnoient cet héritage tel qu'il se trouvoit, sans s'en réserver la récolte qui étoit à faire, quoiqu'imminente. Ces termes, *avec les fruits qui y sont pendants*, doivent donc être regardés comme superflus : la récolte qui en est faite durant la communauté, doit appartenir à la communauté, et ne peut conséquemment être imputée sur la somme promise pour l'apport.

295. Le conjoint ne doit pas non plus imputer sur la somme qu'il a promise pour son apport, le mobilier qui lui avient durant le mariage par succession, donation, ou autrement ; car c'est sur les biens présents qu'il a lors du mariage, qu'il s'oblige de fournir à la communauté la somme qu'il a promise pour son apport. Il est censé avoir aussi tacitement promis d'y apporter, suivant la loi des communautés

conjugales, les effets mobiliers qui lui aviendroient par la suite durant la communauté, à quelque titre que ce fût, lorsqu'il ne s'est pas expliqué du contraire par le contrat de mariage.

Mais, lorsque par le contrat de mariage, il se réserve propre ce qui lui aviendroit par succession, donation ou legs, en ce cas, on doit faire, jusqu'à due concurrence, compensation de la somme qu'il a promis d'apporter à la communauté, et dont il est débiteur envers elle, avec la reprise qu'il a droit d'exercer sur la communauté, pour le montant du mobilier qui lui est avenu durant la communauté, à titre de succession, donation ou legs.

§. II. Comment le conjoint doit-il justifier qu'il a fourni à la communauté la somme qu'il a promis d'y apporter.

296. C'est au conjoint qui a promis d'apporter à la communauté une certaine somme, à justifier de la quantité de son mobilier qui y est entré; faute de quoi il demeure débiteur envers elle de la somme qu'il promis d'y apporter.

297. Cette quantité de mobilier peut se justifier, 1° par le contrat de marige où elle est déclarée : car on présume facilement, sur-tout lorsqu'il ne s'est pas écoulé un temps considérable entre le contrat de mariage et la célébration, que le conjoint avoit encore, lors de la célébration du mariage, la quantité de mobilier déclarée par le contrat de mariage, et qu'elle est en conséquence entrée dans la communauté, tant que le contraire ne paroît pas.

Il y a à cet égard une différence à observer entre l'homme et la femme. Le contrat de mariage qui contient la déclaration faite par la femme, de la quantité de son mobilier, doit être quittancé par le mari, qui doit reconnoître avoir reçu de sa femme cette quantité de mobilier. A l'égard du mari, entre les mains de qui, comme chef de la communauté, est le mobilier qu'il a promis d'apporter; comme il ne peut se donner quittance à lui-même, la déclaration de la quantité de son mobilier, qui est porté par le contrat de mariage, suffit seule pour établir qu'il avoit effectivement ce mobilier; la femme et la famille de la femme peuvent s'en informer avant que de signer le contrat. C'est ce qui a été jugé par un arrêt du 25 juillet 1712, rapporté au sixième tome du Journal des audiences.

298. La quantité du mobilier que chacun des conjoints avoit lors du mariage, lorsqu'elle n'a pas été déclarée par le contrat de mariage, peut aussi se justifier par un état fait entre les conjoints, même depuis le mariage, et sous leur signature privée, qui en contient le détail et la prisée. Aucun des conjoints, qui ont signé cet état, n'est recevable à l'attaquer, en alléguant que dans la vue d'avantager l'autre conjoint contre la défense de la loi, il a considérablement diminué, par cet état, la quantité de son mobilier, ou souffert que l'autre conjoint grossît la quantité du sien : car on n'est pas recevable à alléguer sa fraude.

Néanmoins, s'il alléguoit que par inadvertance et par oubli, il a omis, dans cet état, certains articles de son mobilier, et qu'il fût en état d'en faire facilement la preuve, il pourroit être admis à la faire, et à faire ajouter à l'état les omissions qu'il auroit justifiées.

299. A l'égard des héritiers du conjoint prédécédé, lorsqu'ils attaquent de fraude l'état que les conjoints ont fait de leur mobilier, en soutenant que dans la vue d'avantager le conjoint survivant, le mobilier du prédécédé a été, par cet état, considérablement diminué, ou celui du survivant, grossi; si les faits de fraude qu'ils allèguent, sont bien circonstanciés et considérables, ils peuvent être admis à la preuve de cette fraude.

En vain opposeroit-on que l'héritier qui représente le défunt, et qui ne peut avoir plus de droit que lui, ne peut pas être reçu à la preuve à laquelle le défunt n'auroit pas été reçu. La réponse est, que ce principe souffre exception lorsque la preuve demandée est la preuve d'une fraude qui a été faite à un héritier, en sa qualité d'héritier.

300. 3° La preuve de la quantité du mobilier qu'une des parties avoit lors du mariage, peut aussi se faire par des actes non suspects, faits avant ou peu après le mariage, quoique l'autre conjoint n'y ait pas été présent.

Par exemple, un partage que le conjoint, avant ou peu après son mariage, a fait du mobilier des successions de ses père et mère, lequel contient et exprime la quantité du mobilier qui lui est échue par ce partage, pour son lot, prouve que ce conjoint avoit effectivement, lors de son mariage, cette quantité de mobilier.

Pareillement, un compte de tutelle rendu à un des conjoints peu avant ou peu après son mariage, fait foi de ce qui lui étoit dû lors de son mariage.

Lorsqu'il n'y a aucun acte par lequel on puisse justifier la quantité du mobilier que les conjoints ou l'un des conjoints avoient lors du mariage, on en admet la preuve par la commune renommée : on laisse à la discrétion du juge, à fixer sur les enquêtes faites de la commune renommée, la quantité de ce mobilier.

Le juge, pour la fixation de ce mobilier, doit être plus indulgent envers la femme ou ses héritiers, qu'envers le mari; l'empire qu'a le mari sur la femme, pouvant souvent ne lui avoir pas laissé le pouvoir de constater, pendant le mariage, par quelque acte, le mobilier qu'elle avoit lors de son mariage.

§. III. En quoi la convention d'apport d'une somme déterminée différencie-t-elle la communauté conventionnelle de la légale.

301. La première différence que cette convention d'apport met entre la communauté légale et la conventionnelle, est que la communauté légale acquiert, à titre univerel, tout le mobilier de chacun des conjoints : au contraire, par cette convention d'apport, la communauté conventionnelle acquiert, à titre particulier, les effets de chacun des conjoints en paiement de la somme qu'il a promise pour lors, et seulement jusqu'à due concurrence de cette somme. S'il y a plus grande quantité de mobilier, cet excédant n'entre pas dans cette communauté conventionnelle, et est de droit un propre de communauté au conjoint, dont il doit avoir la reprise lors de la dissolution de communauté.

COROLLAIRE. De là naît la décision d'une question que nous agiterons *infrà*, *art.* 5, où je renvoie.

302. Une seconde différence que la convention d'apport d'une certaine somme met entre la communauté légale et la conventionnelle, est que chacun des conjoints ne s'oblige d'apporter, en la communauté légale, que les effets mobiliers qu'il a, et autant qu'ils sont à lui : c'est pourquoi, si la communauté souffre par la suite éviction de quelqu'un des effets mobiliers que ce conjoint possédoit lors du mariage, ce conjoint n'est tenu de rien pour raison de cette éviction. Au contraire, par la convention d'apport d'une certaine somme, le conjoint se rendant débiteur de cette somme en-

vers la communauté conventionnelle, si le prix de tous les effets mobiliers que ce conjoint avoit lors du mariage, et qu'il a fait entrer en communauté en paiement de cette somme, ne monte pas à cette somme, il demeure débiteur de ce qui s'en manque envers la communauté; et si la communauté a souffert éviction de quelques effets mobiliers que ce conjoint possédoit lors du mariage, et qu'il avoit fait entrer, en cette communauté, en paiement de la somme promise pour son apport, le prix desdits effets, dont la communauté a souffert éviction, ne pourra être imputé, ni venir en paiement de la somme promise par ce conjoint pour son apport; ce qui est conforme à un principe que nous avons établi en notre traité des obligations, *n.* 540, 543, que le paiement fait d'une chose ne libère le débiteur qu'autant qu'il transfère à celui à qui il est fait, une propriété irrévocable de la chose donnée en paiement, dont il ne soit pas évincé par la suite : *Nec enim videntur data quæ eo tempore quo dantur, accipientis non fiunt;* l. 167, ff. *de reg. jur.*, et celle-ci : *Quod evincitur, in bonis non est:* l. 190, ff. *d. t.*

ARTICLE III.

De la convention d'ameublissement.

303. La convention d'ameublissement est une convention par laquelle les parties, ou l'une d'elles, font entrer dans leur communauté conjugale tous leurs immeubles, ou quelques-uns d'eux.

Cette convention est appelée convention d'*ameublissement;* et les immeubles des conjoints qui, en conséquence de cette convention, entrent en communauté, sont appelés *propres ameublis,* parce que cette convention fait entrer dans la communauté ces immeubles, de la même manière que les meubles y entrent, et qu'elle donne au mari le même pouvoir sur ces immeubles, qu'il a sur les meubles.

Cette convention donne à la communauté conventionnelle plus d'étendue que n'en a la communauté légale, en y faisant entrer des immeubles qui n'entrent pas dans la communauté légale.

Nous verrons, sur cette convention, 1° quelles sont les différentes espèces d'ameublissement, et quelles sont les clauses qui renferment ou non une convention d'ameublis-

sement : 2° si les mineurs sont capables de cette convention :
3° quels sont les effets des ameublissements, tant généraux
que particuliers, de corps déterminés : 4° quels sont les
effets d'ameublissements indéterminés.

§. I. Quelles sont les différentes espèces d'ameublissements ; et quelles
sont les différentes clauses qui renferment, ou non, une convention
d'ameublissement.

304. Il y a différentes espèces d'ameublissements ; il y a
des ameublissements généraux, il y en a de particuliers.

C'est un ameublissement général, lorsqu'on apporte à la
communauté une universalité de biens immeubles ; comme
lorsqu'il est dit par le contrat de mariage, que les futurs conjoints seront communs en tous biens.

C'est une question, si cette communauté de tous biens
comprend seulement l'universalité des biens présents des
conjoints, ou si elle s'étend à tous ceux qui leur aviendront
dans la suite durant la communauté.

Par le droit romain, la société de tous biens comprenoit les
biens présents et à venir, à quelque titre qu'ils avinssent. La
loi 3, §. 1, ff. *pro. soc.*, en a une disposition formelle ; il y
est dit : *Quum specialiter omnium bonorum societas coita est,*
tunc et hereditas et legatum, et quod donatum est, aut quâquâ
ratione acquisitum, communioni acquiretur.

Dans notre jurisprudence, les conventions d'ameublissement, de même que celles de réalisation, étant de droit
étroit, il y a de la difficulté à adopter la décision de cette
loi, et à étendre la stipulation d'une communauté de tous
biens, aux biens à venir, lorsque les parties ne s'en sont pas
expliquées.

C'est encore un ameublissement général, lorsque les
parties conviennent que les successions qui leur aviendront
durant la communauté, seront communes ; puisque cette
convention renferme l'universalité des biens de ces successions, tant des immeubles que des meubles.

305. C'est un ameublissement particulier, lorsqu'on promet d'apporter en communauté, non l'universalité de ses
immeubles, mais quelques immeubles particuliers.

Cet ameublissement est ou déterminé, ou indéterminé. Il
est déterminé, lorsque par le contrat de mariage une partie
promet d'apporter en communauté tel et tel immeuble.

Au contraire, lorsqu'il est dit par le contrat de mariage, que l'un des futurs conjoints apportera à la communauté ses biens meubles ou immeubles, jusqu'à la concurrence de tant; ou bien lorsqu'il est dit que le conjoint apportera en la communauté une certaine somme à prendre d'abord sur ses meubles, et, pour ce qui s'en manqueroit, sur ses immeubles, *lesquels jusqu'à concurrence sortiront nature de conquêts;* ces clauses contiennent un ameublissement indéterminé.

Observez que dans la dernière de ces clauses, ce sont ces termes, *lesquels jusqu'à concurrence sortiront nature de conquêts,* qui renferment l'ameublissement, et qui différencient cette clause de la simple convention d'apport d'une certaine somme; car, par ces derniers termes, le futur conjoint ne promet pas simplement d'apporter à la communauté une certaine somme, et de s'en rendre débiteur envers elle; mais il promet, pour ce qui manquera du prix de ses meubles, qui doivent entrer en communauté, afin de remplir la somme fixée pour son apport, de mettre quelques-uns de ses immeubles jusqu'à due concurrence dans cette communauté, lesquels y sortiront nature de conquêts : il se rend, jusqu'à cette concurrence, débiteur envers la communauté, non d'une simple somme d'argent, mais d'immeubles qu'il promet mettre dans la communauté; ce qui forme un ameublissement.

Mais lorsqu'il est dit simplement, que le futur conjoint promet d'apporter à la communauté la somme de tant, à prendre sur ses biens meubles ou immeubles, cette convention n'est qu'une simple convention d'apport d'une telle somme, et ne renferme aucun ameublissement : ces termes, *à prendre sur ses biens meubles et immeubles,* ne signifient autre chose, sinon qu'il hypothèque tous ses biens à cette obligation; ou bien encore, que s'il est aliéné durant la communauté quelqu'un de ses immeubles, le prix qui en sera reçu, durant la communauté, viendra en déduction et en paiement de la somme promise pour son apport.

Il en est de même de la clause par laquelle il seroit dit, dans un contrat de mariage, que le mari pourroit vendre un certain héritage de la femme, dont le prix entrera en communauté : cette clause ne renferme pas une convention d'ameublissement; car ce n'est pas l'héritage que la femme promet, par cette clause, d'apporter en commu-

nauté, mais la somme qu'il vaut, et pour laquelle il sera
vendu. S'il ne l'a pas été, la femme est débitrice à la
communauté, non de l'héritage, mais de la somme qu'on
estimera qu'il vaut, et qu'il peut être vendu.

§. II. Si les mineurs sont capables de la convention d'ameublissement.

306. Pour la négative, on peut dire que la convention
d'ameublissement tend à l'aliénation de l'héritage ameubli.
Elle rend commun un héritage qui appartenoit en entier
à celui des conjoints qui l'a ameubli; elle tend même à
l'aliénation entière de l'héritage, dans le cas auquel, par
le partage de la communauté qui doit se faire après la
dissolution de la communauté, l'héritage ameubli par l'une
des parties écherroit au lot de l'autre partie; ou dans le
cas auquel le mari, durant la communauté, aliéneroit l'héritage ameubli par sa femme. Or, tous actes qui renferment
une aliénation, ou qui tendent à l'aliénation des immeubles
des mineurs, leur sont interdits : l'ameublissement de leurs
immeubles leur doit donc être interdit.

Nonobstant ces raisons, la jurisprudence a établi que,
lorsqu'un mineur, qui contracte mariage, n'avoit pas en
biens meubles de quoi faire à la communauté un apport
du tiers de ses biens, il pouvoit, avec l'autorité de son
tuteur ou de son curateur, ameublir de ses immeubles
jusqu'à concurrence de ce qui s'en manquoit. La raison est,
qu'étant de l'intérêt public que les mineurs se marient, on
doit leur permettre toutes les conventions qui sont ordinaires dans les contrats de mariage. De là cette maxime :
Habilis ad nuptias, habilis ad pacta nuptialia. Or, c'est une
convention des plus ordinaires dans les contrats de mariage,
que les parties fassent, de part et d'autre, un apport proportionné à leurs facultés, pour composer leur communauté. On doit donc mettre les mineurs en état de faire cet
apport, en leur permettant d'apporter, à la communauté,
une partie de leurs immeubles, lorsqu'ils n'ont pas en biens
meubles, de quoi faire cet apport.

§. III. Des effets des ameublissements, tant généraux que particuliers,
de corps certains et déterminés.

307. Dans le cas d'un ameublissement général, comme
lorsque les parties, en se mariant, ont stipulé une commu-

nauté de tous biens, aussitôt que le mariage est célébré, tous les héritages et autres immeubles de chacun des conjoints, deviennent effets de communauté.

Pareillement, lorsque par le contrat de mariage il a été convenu que les successions qui écherroient aux conjoints durant le mariage, seroient communes, si, durant le mariage, il échet quelque succession à l'un ou à l'autre des conjoints, tous les immeubles qui lui écherront de cette succession, aussi bien que les meubles, deviendront, dès l'ouverture de cette succession, effets de la communauté.

Dans le cas d'un ameublissement particulier, lorsqu'il est déterminé, l'un des futurs conjoints ayant, par le contrat de mariage, promis d'apporter à la communauté tels et tels immeubles, ces immeubles deviennent pareillement, dès l'instant de la célébration du mariage, effets de la communauté.

308. Corollaire premier. Ces immeubles ameublis devenant effets de la communauté, il suit de là qu'ils deviennent en même temps aux risques de la communauté, et si par la suite ils périssent ou sont détériorés, la perte en tombe, non sur le conjoint qui les a ameublis, mais sur la communauté.

Il n'importe qu'ils soient péris ou détériorés, ou par force majeure, ou par le fait du mari; car le mari étant, durant le mariage, maître absolu de tous les biens qui composent la communauté, il peut les perdre sans en être comptable envers sa communauté, comme nous l'avons déjà vu, et comme nous le verrons encore plus amplement *infrà*, *part*. 2.

309. Corollaire second. Le mari peut disposer par vente, donation, ou à quelque autre titre que ce soit, des héritages ameublis par sa femme, de même que de tous les autres effets de sa communauté, sans avoir pour cela besoin de son consentement.

310. Corollaire troisième. Les héritages et autres immeubles qui ont été ameublis par chacun des conjoints, doivent, après la dissolution de communauté, être compris dans la masse du partage qui est à faire des biens de la communauté. Néanmoins celui des conjoints qui a ameubli l'héritage, peut le retenir, en le précomptant sur sa part, pour le prix qu'il vaut au temps du partage, et pour lequel il a été couché dans

la masse, et en laissant l'autre partie prélever, sur la masse, d'autres effets pour pareille valeur.

Les héritiers du conjoint qui a fait l'ameublissement, ont le même droit.

Lorsqu'un enfant a recueilli successivement les successions de ses père et mère, sans qu'il ait été fait aucun partage entre lui et le survivant, cet enfant est censé avoir recueilli en entier l'héritage ameubli, dans la succession de celui qui en a fait l'ameublissement : c'est pourquoi, dans la succession de cet enfant, l'héritage ameubli sera réputé, pour le total, propre du côté de celui qui a fait l'ameublissement, de même que s'il n'avoit point été ameubli. C'est ce qui a été jugé par un arrêt du 10 avril 1668, rapporté par les auteurs.

311. Lorsque la communauté a souffert éviction d'un héritage ameubli par l'un des conjoints, pour quelque cause qui existoit au temps qu'en a été fait l'ameublissement, le conjoint qui l'a ameubli est-il tenu de l'éviction envers la communauté ?

Il n'y a pas lieu à cette question à l'égard des ameublissements généraux ; car, par ces ameublissements généraux, les parties n'entendent apporter à la communauté d'autres héritages et immeubles que ceux qui leur appartiennent, et seulement autant qu'ils leur appartiennent.

La question ne tombe que sur les ameublissements particuliers. On peut à cet égard proposer deux cas. Le premier cas est, lorsqu'il est dit par le contrat de mariage, que le futur conjoint apportera à la communauté une certaine somme, en paiement de laquelle il a ameubli un tel héritage. Si par la suite la communauté vient à être évincée de cet héritage, il n'est pas douteux que le conjoint qui l'a ameubli demeure débiteur envers la communauté, de la somme qu'il a promise d'y apporter : l'héritage qu'il avoit donné en paiement à la communauté qui en a été évincée, n'a pu le libérer de cette somme ; un paiement ne pouvant être valable, ni par conséquent libérer le débiteur, s'il ne transfère au créancier à qui il est fait, une propriété irrévocable de la chose qui lui a été donnée en paiement, comme nous l'avons vu *suprà*, n. 302.

Le second cas est, lorsque par le contrat de mariage, l'ameublissement n'est précédé d'aucune promesse d'apporter une certaine somme à la communauté ; comme lorsqu'il est dit simplement, par le contrat de mariage, que le futur conjoint, pour composer la communauté de sa part, y a apporté et ameubli un tel héritage. Le conjoint qui l'a apporté sera-t-il en ce cas tenu de l'éviction de cet héritage ? Il y a trois opinions. La première est de ceux qui décident indistinctement que le conjoint, qui a fait l'ameublissement, n'est aucunement tenu en ce cas de l'éviction que la communauté a soufferte de cet héritage. La seconde est de ceux qui pensent qu'on doit faire une distinction. Lorsque l'apport que j'ai fait d'un certain héritage, est un apport égal à celui de l'autre conjoint, la communauté de biens, que nous avons constatée, et à laquelle nous avons entendu apporter autant l'un que l'autre, étant un contrat commutatif, je suis garant, envers la communauté, de l'éviction de l'héritage que j'y ai apporté ; la garantie des évictions ayant lieu dans tous les contrats commutatifs : c'est pourquoi, en cas d'éviction de l'héritage que j'ai ameubli, je suis tenu de conférer, en argent ou autres effets, la valeur de cet héritage. Mais, lorsque par le contrat de mariage par lequel j'ai ameubli un héritage à la communauté, l'autre conjoint n'avoit rien apporté de sa part ; ou lorsqu'outre l'héritage que j'ai ameubli, j'avois apporté en autres effets à la communauté autant que lui, l'ameublissement que j'ai fait, étant en ce cas un titre lucratif, je ne suis aucunement tenu de l'éviction que la communauté a soufferte de cet héritage, n'y ayant pas lieu, dans les titres lucratifs, à la garantie des évictions.

La troisième opinion est de ceux qui, en rejetant la distinction que font ceux de la seconde opinion, décident indistinctement que le conjoint qui a apporté, par le contrat de mariage, un héritage, est tenu, en cas d'éviction, de faire raison de la valeur à la communauté, parce que le contrat de société est un contrat de commerce dans lequel, par conséquent, il y a lieu à la garantie. Quoique par ce contrat, l'une des parties y apporte en choses plus que l'autre, ce contrat n'est pas pour cela (hors le cas de l'édit des secondes noces), censé renfermer une donation faite à la partie qui apporte moins en choses, laquelle est présumée suppléer, en industrie, ce qu'elle apporte de moins en choses ; l. 5, §. 1, ff. *pro soc.* J'avois, dans mon introduction à la cou-

tume d'Orléans, embrassé la seconde opinion ; on m'a fait
revenir à la troisième.

312. Il nous reste à observer, sur les effets des ameublissements, soit généraux, soit particuliers, qu'ils n'ont lieu
qu'entre les parties contractantes ou leurs héritiers, et pour
le cas de la communauté ; ce qui est conforme à ce principe
de droit : *Animadvertendum ne conventio in aliâ re aliâve personâ factâ , in aliâ re vel personâ noceat;* l. 27 , ff. *de pact.*

Lors donc que l'un des conjoints a ameubli un certain
héritage, cet héritage n'est réputé conquêt que vis-à-vis
de l'autre conjoint ou de ses héritiers, et pour le cas de la
communauté : vis-à-vis de tous les autres , il conserve la
qualité qu'il avoit avant l'ameublissement. C'est pourquoi,
lorsque j'ai ameubli un héritage qui m'étoit propre d'une
certaine ligne, cet héritage, pour la part que j'y ai , et
même pour le total, s'il m'est demeuré en total par le partage de la communauté , conservera, dans ma succession ,
la qualité de propre de cette ligne ; et ce seront mes héritiers, aux propres de cette ligne, qui y succéderont.

Par la même raison , il sera sujet aux réserves coutu-
mières , et je ne pourrai en disposer, soit par donation entre
vifs , soit par testament, pour une plus grande part que celle
pour laquelle la loi coutumière du lieu où il est situé, permet de disposer des propres.

Par la même raison , il sera sujet au retrait lignager lorsqu'il sera vendu. *Voyez notre traité des retraits , n.* 130.

§. IV. Des effets des ameublissements indéterminés.

313. Lorsque l'ameublissement est indéterminé; comme
lorsque l'un des conjoints a apporté en communauté ses
meubles et immeubles jusqu'à la concurrence d'une certaine
somme ; tant que cet ameublissement demeure indéterminé,
tant que les parties n'ont pas réglé entre elles lesquels des
immeubles de ce conjoint entreroient dans la communauté,
aucun n'y est entré, et la communauté n'a qu'un simple
droit de créance et une simple action contre le conjoint qui
a fait l'ameublissement, pour l'obliger, lors de la dissolution
de la communauté , à comprendre dans la masse des biens
de la communauté qui sont à partager, quelques-uns de
ses immeubles, jusqu'à concurrence de la somme par lui
promise, desquels immeubles le choix lui doit être laissé,

ou à ses héritiers ; et, faute par lui ou ses héritiers de le faire, dans un temps qui sera limité par le juge, ce choix doit être référé à l'autre conjoint, ou aux héritiers de l'autre conjoint.

Il suit de ce principe, que tant que l'ameublissement est indéterminé, si, durant la communauté, quelqu'un des immeubles du conjoint qui a fait cet ameublissement, vient à périr par force majeure, la perte en est supportée en entier par ce conjoint, et non par la communauté ; car, l'ameublissement étant indéterminé, on ne peut pas dire que c'est celui qui a péri, qui est entré en la communauté : c'est pourquoi le conjoint doit fournir à la communauté, dans les immeubles qui lui restent, la somme entière qu'il a promise pour son apport.

On avoit aussi tiré de notre principe cette conséquence, que tant que l'apport de la femme étoit indéterminé, le mari n'avoit pas droit de vendre aucun des immeubles de la femme, parce qu'on ne pouvoit dire d'aucun, qu'il fût celui qui a été ameubli, et qui est entré dans la communauté : c'est ce que Mornac dit, en quelque endroit, avoir été jugé par un arrêt qu'il rapporte. Je pense néanmoins que les ameublissements se faisant principalement pour qu'il y ait un fonds de biens de communauté, dont le mari puisse, en cas de besoin, disposer, la clause d'un ameublissement indéterminé que la femme fait de ses immeubles jusqu'à concurrence d'une certaine somme, renferme tacitement un pouvoir qu'elle donne au mari, tant qu'elle n'a point encore déterminé son apport, d'aliéner ceux des immeubles qu'il jugera à propos, jusqu'à concurrence de ladite somme ; et l'aliénation qu'en fera le mari, déterminera l'apport indéterminé de la femme à ceux qu'il aura aliénés. Mais si, avant que le mari eût vendu aucun héritage de sa femme, elle lui avoit fait signifier qu'elle déterminoit son ameublissement à tels et tels héritages, le mari ne pourroit plus disposer que de ceux auxquels l'ameublissement auroit été déterminé.

314. Il nous reste à observer la différence entre un ameublissement indéterminé que je fais de mes immeubles jusqu'à concurrence d'une certaine somme, et la simple clause par laquelle je promets d'apporter à la communauté une certaine somme. Celle-ci donne à la communauté un droit de créance

contre moi de cette somme. Lorsque ma femme meurt en laissant, pour son héritier, un enfant de notre mariage, cet enfant, en sa qualité d'héritier de sa mère, a, contre moi, pour la part qu'il a en la communauté, c'est-à-dire, pour la moitié, un droit de créance de ce qui reste dû de cette somme. Cette créance, qu'il a contre moi, étant la créance d'une somme d'argent, et par conséquent une créance mobilière, si cet enfant vient par la suite à mourir sans postérité, je lui succéderai, en qualité de son héritier, au mobilier, à cette créance qu'il avoit contre moi, et il s'en fera extinction et confusion.

Lorsque j'ai ameubli à la communauté mes immeubles, jusqu'à concurrence d'une certaine somme, cet ameublissement indéterminé ne donne pareillement contre moi à la communauté qu'un droit de créance. Mais (et c'est en cela que l'ameublissement indéterminé diffère de la simple convention d'apport d'une certaine somme d'argent) cette créance n'est pas une créance mobilière; car ce n'est pas une somme d'argent que la communauté a droit d'exiger de moi : elle a droit d'exiger que je mette quelqu'un de mes immeubles, jusqu'à concurrence de la somme convenue, dans la masse des biens de la communauté. Cette créance, ayant pour objet des immeubles, est une créance immobilière. C'est pourquoi lorsque ma femme meurt, l'enfant né de notre mariage, qui lui succède à cette créance pour la part qu'elle avoit en la communauté, c'est-à-dire pour la moitié, succède à une créance immobilière, laquelle est en sa personne un propre maternel, auquel, s'il vient à mourir par la suite, succéderont à mon exclusion ses héritiers aux propres maternels : je pourrai seulement, dans les coutumes de Paris et d'Orléans, succéder en usufruit, suivant la disposition de ces coutumes, qui défèrent au survivant la succession en usufruit des conquêts auxquels leurs enfants ont succédé au prédécédé.

ARTICLE IV.

De la convention de réalisation, ou stipulation de propre.

315. La convention d'ameublissement, dont nous avons traité dans l'article précédent, intervient pour donner à la communauté plus d'étendue que n'en a la communauté

légale : la convention de réalisation intervient au contraire pour la restreindre.

La convention de réalisation est une convention usitée dans les contrats de mariage, par laquelle les parties ou l'une d'elles excluent de la communauté conjugale qu'elles se proposent de contracter, leur mobilier, soit pour le total, soit pour partie.

La convention de réalisation, lorsqu'elle est simple, ne concerne que le cas de la communauté ; mais, par les contrats de mariage, on y ajoute souvent des extensions qui l'étendent à d'autres cas.

Nous traiterons, dans un premier paragraphe, de la simple clause de réalisation ; et, dans un second, des extensions qu'on y apporte par les contrats de mariage.

§. I. De la simple convention de réalisation, ou stipulation de propre.

316. La convention de réalisation est ou expresse, ou tacite. Elle est expresse, lorsque les parties ont stipulé par leur contrat de mariage, que *leur mobilier* ou *le surplus de leurs biens seroit propre.*

La clause par laquelle on stipule qu'une somme d'argent sera employée en achat d'héritages, est équivalente à celle par laquelle on stipule qu'elle sera propre ; et elle renferme, aussi bien qu'elle, une convention de réalisation.

La coutume de Paris en a une disposition en l'article 93 : « Somme de deniers donnée par père, mère, aïeul ou aïeule, » ou autres ascendants, à leurs enfants, en contemplation de » mariage, pour être employée en achat d'héritage, encore » qu'elle n'ait été employée, est réputée immeuble, à cause » de sa destination. »

C'est par forme d'exemple que la coutume de Paris parle d'une somme donnée par père, mère, ou autre ascendant : il en est de même du cas auquel elle auroit été donnée à l'un des futurs conjoints, par quelqu'un de ses collatéraux, ou par un étranger, pour être employée en achat d'héritages ; et pareillement lorsque l'un des futurs conjoints stipule, à l'égard d'une somme d'argent qui lui appartient, qu'elle sera employée en achat d'héritages. Dans tous ces cas, la clause que la somme sera employée en achat d'héritages, équipolle à la stipulation qu'elle sera propre ; et la somme est, à cause de sa destination, réputée immeuble, et excluse en conséquence de la communauté, de même que si on l'avoit stipulée propre.

317. La convention de réalisation se fait aussi quelquefois tacitement, lorsque l'un des conjoints, ou quelqu'un pour lui, promet d'apporter à la communauté une certaine somme. La limitation qui est faite de son apport à cette somme renferme une réalisation tacite du surplus de ses biens mobiliers. Par exemple, lorsqu'il est dit, par le contrat, que le père de l'un des futurs conjoints lui donne pour sa dot de mariage une somme de 30,000 livres, de laquelle il en entrera à la communauté une somme de 10,000 livres ; quoiqu'on n'ait pas ajouté que le surplus de cette somme lui seroit propre, ce surplus est censé tacitement exclus de la communauté, de même que s'il eût été expressément stipulé propre : car dire que de cette somme il en entrera en communauté 10,000 livres, c'est bien dire que le surplus n'y entrera pas : *Qui dicit de uno, negat de altero.*

Par la même raison, lorsque les parties se sont expliquées sur leur communauté en ces termes, *les futurs conjoints seront communs en tous les biens qu'ils acquerront,* on doit sous-entendre une tacite réalisation de tous les biens mobiliers qu'elles ont : car dire que leur communauté sera composée des biens qu'elles acquerront, c'est dire que ceux qu'elles ont déjà n'y entreront pas, suivant la susdite règle : *Qui dicit de uno, negat de altero.*

Il n'en est pas de même de cette clause : *les futurs conjoints seront communs en biens meubles et immeubles qu'ils acquerront.* Elle ne renferme point de réalisation ; elle n'exclut point de la communauté les biens meubles que les conjoints ont lors de leur mariage ; car, étant susceptible de deux sens, l'un qui rapporteroit ces termes, *qu'ils acquerront,* à toute la phrase, tant aux meubles qu'aux immeubles ; l'autre, qui ne rapporte ces termes, *qu'ils acquerront,* qu'à ceux-ci, *aux immeubles,* qui précèdent immédiatement, on doit préférer ce second sens, comme plus conforme au droit commun des communautés, qui y fait entrer le mobilier ; la présomption étant que des parties dans leur convention ont suivi le droit commun et le plus usité, lorsque le contraire ne paroît pas.

318. La convention de réalisation peut se faire, non-seulement à l'égard du mobilier que les parties ont lorsqu'elles se marient, mais pareillement à l'égard de celui qui leur avient depuis, durant le mariage, soit à titre de succession, soit à quelque autre titre, comme de donation ou de legs. C'est ce qu'on a coutume d'exprimer par ces termes : *Tout ce qui aviendra aux futurs conjoints, durant le mariage, de succession, donation ou legs, leur sera propre.*

319. Les conventions de réalisation étant de droit étroit, ne s'étendent pas d'une chose à une autre : c'est pourquoi lorsque les futurs conjoints, après avoir apporté chacun une certaine somme à la communauté, ont stipulé que le surplus de leurs biens seroit propre, cette clause ne comprend que les biens mobiliers qu'ils avoient alors; elle ne s'étend pas à ceux qui leur aviennent depuis, durant le mariage, soit à titre de succession, soit à quelque autre titre.

320. Mais si la somme d'argent ou autre chose mobilière qui est avenue à l'un des conjoints, durant le mariage, lui est avenue en vertu d'un titre qu'il avoit déjà lors de son mariage, quoiqu'il n'ait été ouvert, et ne lui ait acquis la chose que depuis le mariage, elle sera comprise dans la clause de réalisation des biens mobiliers qu'il avoit lors de son mariage.

Par exemple, si le conjoint qui, par son contrat de mariage, a stipulé propre le surplus de ses biens, avoit une créance conditionnelle d'une somme de cent pistoles, quoique la condition n'ait été accomplie, et que la somme n'ait été payée que depuis le mariage, cette créance est censée comprise dans la stipulation de propre, et le conjoint a la reprise de la somme payée durant la communauté.

321. Par la même raison, si le conjoint qui a stipulé la réalisation des biens qu'il avoit lors de son mariage, avoit dès-lors, parmi ses biens, un billet de loterie, quoique la loterie n'ait été tirée que depuis le mariage, et que le lot échu à son billet ne lui ait été acquis que depuis le mariage, il doit néanmoins être censé compris dans la stipulation de propre, et le conjoint en doit avoir la reprise : car le billet de loterie qu'il avoit lors de son mariage, et qui faisoit partie de ses biens stipulés propres, étoit une espèce de créance conditionnelle du lot qui écherroit à ce billet par la roue de fortune, au cas qu'il en échût un.

Néanmoins si, dans l'état des biens de ce conjoint réservés propres, du montant desquels la communauté se rendoit débitrice lors de la dissolution envers ce conjoint, le billet de loterie y étoit compris pour la valeur qu'il avoit avant le tirage de la loterie, la communauté ayant pris, en ce cas, pour son compte et à ses risques le billet de loterie, le lot échu à ce billet devroit, en ce cas, appartenir à la communauté, laquelle ne doit, en ce cas, que le prix que valoit le billet avant le tirage, et pour lequel il avoit été compris dans l'état des biens réservés propres.

322. De même que la clause de réalisation des biens qu'ont les conjoints lorsqu'ils se marient, ne s'étend pas à ceux qui leur aviendront par la suite, pareillement, *vice versá*, la clause par laquelle les futurs conjoints ont réalisé les biens qui leur aviendroient, durant le mariage, ne s'étend pas à ceux qu'ils avoient lorsqu'ils se sont mariés.

Par la même raison, la clause que *ce qui aviendra aux futurs conjoints, durant le mariage, par succession, leur sera propre*, comprend bien ce qui leur seroit donné ou légué par leurs père, mère, ou quelque autre de leurs ascendants, ces titres étant regardés comme des espèces de successions ; mais elle ne comprend pas ce qui leur seroit donné ou légué, durant le mariage, par d'autres parents ou par des étrangers.

Vice versá, s'il étoit dit que ce qui aviendroit aux futurs conjoints *par donation*, leur seroit propre, cette clause ne s'étend pas à ce qui leur aviendroit par succession ; mais elle comprend ce qui peut leur avenir à titre de legs ou de substitution, le terme de *donation* étant un terme général qui comprend les donations testamentaires aussi bien que les donations entre vifs

323. On ajoute quelquefois dans ces clauses, *ou autrement*. Ces termes *ou autrement*, sont des termes généraux qui comprennent tous les titres lucratifs par lesquels des biens peuvent avenir durant le mariage ; c'est pourquoi il n'est pas douteux que s'il est dit que ce qui aviendra aux futurs conjoints, durant le mariage, *par succession ou autrement, sera propre*, la clause comprend tout ce qui leur sera donné ou légué, *et vice versá*.

Lorsque les conjoints ont stipulé propre ce qui leur aviendroit durant le mariage, *par succession, don, legs, ou autrement*, ces termes *ou autrement*, comprennent les bonnes fortunes qui pourroient arriver à l'un ou à l'autre des conjoints durant la communauté. Par exemple, si l'un des conjoints, durant la communauté, a trouvé une épave ou un trésor, le tiers qui lui appartient, *jure inventionis*, dans l'épave ou dans le trésor, lui sera propre, et sera exclus de la communauté par ces termes *ou autrement*.

Lorsque l'un des conjoints, durant la communauté, a eu un lot à une loterie, si la somme payée pour acquérir le billet de loterie a été payée des deniers de la communauté, le lot doit appartenir à la communauté. Le lot est une acquisition que la communauté a faite; il est le prix du risque que la communauté a couru de perdre la somme payée pour le billet de loterie. Mais si le billet de loterie n'a pas été payé des deniers de la communauté, mais des deniers d'un tiers qui les a donnés au conjoint, le lot sera propre au conjoint, comme une acquisition de bonne fortune, exclue de la communauté par cette clause.

Il y en a qui pensent que par ces termes *ou autrement*, ce qui avenoit à l'un des conjoints par droit de déshérence ou de confiscation, durant la communauté, en étoit exclus. Je ne le crois pas; car les choses qui lui aviennent à ce titre, sont fruits de son droit de justice, comme nous l'avons vu *suprà, n.* 231. Or, la convention de réalisation, quelque étendus qu'en soient les termes, ne s'étend pas aux fruits des biens propres des conjoints, qui se perçoivent ou naissent durant la communauté.

324. Enfin, par ces termes, *donation, legs, ou autrement,* on ne doit entendre que les titres lucratifs. Pour cette raison, il a été jugé, par un arrêt du 12 mars 1738, rapporté par Denisart, qu'un héritage acquis à rente viagère par l'un des conjoints, durant la communauté, appartient à la communauté, nonobstant la clause du contrat de mariage, parce que la rente viagère étant assez forte pour pouvoir être considérée comme le véritable prix de l'héritage, l'acquisition de cet héritage n'est pas faite à titre de donation, quoiqu'on eût donné à l'acte le nom de donation.

325. L'effet de la clause de réalisation est, que les biens mobiliers des conjoints, qui sont réalisés par cette clause, sont réputés immeubles et propres conventionnels, à l'effet d'être exclus de la communauté, et d'être conservés au conjoint seul qui les a réalisés.

Il y a néanmoins une grande différence entre les véritables immeubles qui sont propres réels de communauté, et ces propres conventionnels. La communauté a seulement la jouissance des immeubles réels qui sont propres de communauté ; mais ils ne se confondent pas avec les biens de la communauté : le conjoint à qui ils appartiennent, continue, durant le mariage, d'en être seul propriétaire, comme il l'étoit avant le mariage ; et, en conséquence, le mari ne peut aliéner les propres réels de communauté de sa femme sans son consentement. Au contraire, les mobiliers réalisés, ou propres conventionnels, se confondent dans la communauté avec les autres biens mobiliers de la communauté, qui est seulement chargée d'en restituer, après sa dissolution, la valeur à celui des conjoints qui les a réalisés. En conséquence, le mari, comme chef de la communauté, peut aliéner les meubles que la femme a réalisés. La réalisation de ces meubles, et leur exclusion de communauté, ne consiste que dans une créance de reprise de leur valeur, que le conjoint qui les a réalisés a droit d'exercer, après la dissolution de la communauté, contre la communauté, dans laquelle ces meubles réalisés se sont confondus ; et c'est à cette créance de reprise que la qualité de propre conventionnel est attachée. Le conjoint n'est pas créancier *in specie* des meubles réalisés ; il ne l'est que de leur valeur ; et, s'il s'en trouvoit quelques-uns en nature, lors de la dissolution de la communauté, il y auroit seulement un privilége pour la créance de reprise, en les faisant reconnoître.

La raison de cette différence entre les immeubles réels propres de communauté, et les meubles réalisés, est que la communauté doit avoir la jouissance de tous les propres de chacun des conjoints, *ad sustinenda onera matrimonii*. Elle peut avoir la jouissance de leurs immeubles propres réels, sans que cette jouissance en consomme le fonds. Il n'est donc pas nécessaire, pour qu'elle ait cette jouissance, qu'elle ait le droit d'aliéner le fonds : au contraire, les meubles réalisés étant des choses qui se consomment par l'usage même qu'on en fait, *quæ usu consumuntur*, ou du moins qui s'altèrent et deviennent de nulle valeur par un long usage ; pour que la communauté en puisse avoir la jouissance, et pour conserver en même temps au conjoint qui les a réalisés quelque chose qui lui tienne lieu du droit de propriété qu'il a

entendu se réserver par la convention de réalisation, il a été
nécessaire d'abandonner à la communauté ces meubles réalisés, et de laisser au mari, chef de cette communauté, le
droit de les aliéner et d'en disposer, sans quoi la communauté n'en pourroit pas avoir la jouissance. Il a fallu aussi,
pour conserver au conjoint son droit de propriété sur les
meubles qu'il a réalisés, lui donner une créance de reprise
de la valeur des effets réalisés, qu'il aura droit d'exercer
contre la communauté lors de sa dissolution. Ceci est conforme aux principes de droit sur le quasi-usufruit; *Instit. tit.
de usufr.*, §. 3, et *tit.* ff. *de usufr. ear. rer. quœ usu consum.*

§. II. Des extensions qu'on apporte, par les contrats de mariage, à la convention de réalisation.

326. La convention de réalisation, lorsqu'elle est simple,
n'a d'effet que pour le cas de la communauté. La créance
pour la reprise de la somme à laquelle monte la valeur des
effets réalisés, que l'enfant héritier du prédécédé qui a fait
la réalisation, a contre la communauté et contre le conjoint
survivant, pour la part qu'a le survivant dans la communauté, n'est regardée comme un propre conventionnel que
pour le cas de la communauté; mais, dans la succession de
cet enfant, cette créance de reprise qu'a cet enfant, n'est
regardée que comme une créance mobilière à laquelle le
survivant, en sa qualité d'héritier au mobilier de ses enfants,
lui succède, et en fait confusion et extinction en y succédant.

La convention de réalisation est simple, lorsqu'on a dit
simplement que le mobilier du conjoint *seroit propre*, ou
bien *qu'il seroit propre au futur conjoint.*

327. Pareillement, lorsqu'il a été dit simplement qu'une
somme d'argent donnée à l'un des conjoints, ou qui lui appartient, seroit *employée en achat d'héritages;* l'emploi n'ayant
pas été fait, la convention de réalisation de cette somme,
qui résulte de cette destination en achat d'héritages, n'est
qu'une simple clause de réalisation, qui n'a d'effet que pour
le cas de la communauté, et qui n'empêche pas que dans la
succession de l'enfant créancier de cette somme, elle ne
doive être regardée comme une simple créance mobilière
à laquelle le survivant, comme héritier au mobilier de ses
enfants, a droit de succéder. Cela a souffert néanmoins quel-

que difficulté à l'égard de la somme d'argent apportée en mariage par la femme, avec la clause qu'elle seroit employée en achat d'héritages, lorsqu'elle étoit morte avant que l'emploi eût été fait, laissant pour héritier un enfant, lequel étoit mort ensuite. On a douté si, dans la succession de cet enfant, le mari survivant, père de cet enfant, pouvoit succéder à la créance de reprise de cette somme. On disoit en faveur des héritiers aux propres maternels, que si le mari survivant avoit fait l'emploi de la somme en héritages, ces héritages auroient été des propres maternels en la personne de l'enfant héritier de sa mère, auxquels propres il n'auroit pu succéder à cet enfant; que c'étoit, de la part du mari, une fraude de n'avoir pas rempli la destination portée par le contrat de mariage, pour se procurer la succession de la reprise de cette somme lors de la mort de ses enfants; qu'il ne devoit pas profiter de cette fraude, et que l'emploi en héritages, qui devoit être fait de cette somme, devoit, vis-à-vis de lui, être réputé fait, suivant cette règle de droit, *In omnibus causis pro facto accipitur id in quo aliquem mora fit quominùs fiat,* l. 9, ff. *de reg. jur.;* et qu'en conséquence, dans la succession de l'enfant, le père devoit être exclus du succéder à la reprise de cette somme, de même qu'il eût été exclus de succéder aux héritages, si l'emploi eût été fait.

Par ces raisons, quelques anciens arrêts cités par Renusson, en son traité de la communauté, avoient jugé contre le mari; mais cet auteur nous apprend que la jurisprudence a depuis changé, et que les arrêts postérieurs ont jugé que lorsqu'une femme a apporté en mariage une certaine somme, pour être employée en achat d'héritages, cette destination d'emploi n'imposoit pas au mari une obligation précise de le faire; et qu'en conséquence, faute de l'avoir fait, il ne devoit pas être exclus de succéder à ses enfants à la reprise de cette somme, qu'ils ont droit d'exercer comme héritiers de leur mère.

Il en seroit autrement si le mari s'étoit obligé formellement, envers la famille de sa femme, à faire l'emploi. L'inexécution de son obligation le rend débiteur des dommages et intérêts de cette famille; et il doit, pour lesdits dommages et intérêts, céder à cette famille la succession de la reprise de la somme, à la place des héritages auxquels cette famille eût succédé, s'il avoit fait l'emploi.

8.   14

328. La simple convention de réalisation du mobilier des conjoints n'a d'effet, comme nous l'avons dit, que pour le cas de la communauté; mais on a introduit, dans les contrats de mariage, des additions qu'on fait à la convention de réalisation, qui l'étendent au cas de la succession des enfants.

La première espèce d'addition qu'on fait à la convention de réalisation, est lorsqu'après qu'il a été dit que le mobilier du futur conjoint lui seroit propre, et pareillement, après qu'il a été dit qu'une certaine somme d'argent, faisant partie de la dot de l'un des conjoints, seroit employée en achat d'héritages qui lui seroit propres, on ajoute ces termes, *et aux siens.*

L'effet de cette addition, *et aux siens*, est d'étendre la convention de réalisation ou stipulation de propres, au cas de la succession des enfants; de manière que lorsque l'un des conjoints, *putà*, la femme, dont le mobilier a été stipulé propre à elle *et aux siens*, meurt laissant pour ses héritiers ses enfants : si quelqu'un desdits enfants vient à mourir, la créance de la reprise de la somme réalisée pour la portion à laquelle ils ont succédé à leur mère, est, dans leur succession, réputée immeuble et propre maternel, auquel les autres enfants succèdent, à l'exclusion du mari survivant, héritier au mobilier de ses enfants.

Observez que ces stipulations étant de droit étroit, le terme *siens* ne comprend que les enfants du conjoint dont le mobilier a été stipulé propre à lui *et aux siens*. Ce n'est qu'en faveur desdits enfants que la créance de reprise de la somme réalisée est réputée propre de succession. C'est pourquoi, si tous les enfants du conjoint dont le mobilier a été stipulé propre à lui et aux siens, meurent successivement, la créance de la reprise de la somme réalisée qui a été réputée immeuble, et propre dans la succession des enfants, tant qu'il est resté quelque enfant pour la recueillir, ne sera plus, dans la succession du dernier mourant des enfants, considérée que comme une créance mobilière, telle qu'elle l'est dans la vérité, à laquelle succédera le conjoint survivant, en sa qualité d'héritier au mobilier de ses enfants : car la réalisation n'ayant été faite qu'au profit *des siens*, c'est-à-dire, des enfants, il ne reste plus, lors de la succession du dernier mourant des enfants, aucun de ceux en faveur de qui la réalisation a été faite; et par conséquent son effet doit cesser.

Il en est de même des termes *hoirs*, employés dans les conventions de réalisation : ces termes ne comprennent que les hoirs ou héritiers de la ligne directe, c'est-à-dire, les enfants. C'est pourquoi, lorsque le mobilier de l'un des conjoints a été stipulé propre à lui et *à ses hoirs*, la réalisation pour le cas de la succession, n'est censée faite qu'en faveur des enfants de ce conjoint, et est entièrement semblable à la stipulation par laquelle son mobilier auroit été stipulé propre à lui et aux siens.

Au reste, dans ces stipulations, ces termes, *siens, hoirs*, comprennent non seulement les enfants du premier degré, mais aussi les petits-enfants, et toute la postérité du conjoint qui a fait la stipulation.

Ils comprennent non-seulement les enfants qui naîtront du mariage, mais ceux que le conjoint qui a fait la stipulation, a de ses précédents mariages.

329. La seconde addition qui se fait par les contrats de mariage, aux conventions de réalisation, est celle qui se fait par ces termes, *et à ceux de son côté et ligne*, lorsqu'il est dit par le contrat de mariage, que le mobilier du futur conjoint sera propre à lui, aux siens *et à ceux de son côté et ligne*.

Ces termes, *de son côté et ligne*, comprennent tous les parents, même collatéraux du conjoint qui a fait la stipulation, et étend à leur profit la fiction de la réalisation dans la succession du dernier mourant des enfants.

C'est pourquoi, si le mobilier de l'un des conjoints, *putà*, de la femme, a été stipulé propre à elle, aux siens et à ceux de son côté et ligne, et qu'elle soit morte en laissant pour ses héritiers ses enfants, lesquels sont tous morts aussi successivement, la créance de reprise de la somme réalisée sera, dans la succession du dernier mourant des enfants, réputée immeuble et propre maternel, auquel succéderont les héritiers maternels dudit enfant, à l'exclusion du conjoint survivant, père et héritier au mobilier dudit enfant.

Il s'est élevé une question sur l'effet de ces deux additions faites à des stipulations de propres, qui a été jugée par un arrêt du 17 avril 1703, rendu en forme de règlement, rapporté par Augeard, *t.* 1.

Dans l'espèce sur laquelle a été rendu l'arrêt, le nommé Conthié, par son contrat de mariage avec Susanne Barré, sa troisième femme, avoit apporté 2,000 livres en commu-

nauté , et stipulé propre le surplus de son mobilier à lui, aux
siens et à ceux de son côté et ligne. Il mourut le premier,
laissant pour héritiers huit enfants de ses différents mariages.
Deux des enfants du troisième mariage étant morts depuis,
leur mère prétendit, en sa qualité de leur héritière au mobilier, devoir leur succéder aux portions qu'ils avoient dans la
reprise de propres, préférablement à leurs frères et sœurs,
leurs héritiers aux propres paternels. Elle soutenoit que ces
stipulations de propres aux siens et à ceux de son côté et
ligne, n'étoient valables, à l'effet de faire de la créance de
la reprise de la somme réalisée, un propre conventionnel en
matière de succession, que lorsque la dot de l'un des conjoints, à laquelle on apposoit ces stipulations, lui étoit donnée par ses père et mère, étant permis, en ce cas, aux dona-
teurs d'apposer à leur donation telle loi que bon leur sem-
bloit ; mais que lorsque le conjoint se marioit *de suo*, il ne
pouvoit pas changer lui-même la nature de son bien, et
faire d'un effet mobilier, un propre de son côté dans la succession de ses enfants. La cour n'eut aucun égard à cette
distinction, et l'arrêt adjugea aux frères, comme héritiers
paternels, les parts que les enfants décédés avoient dans la
reprise de propre, comme étant un propre paternel dont
la mère étoit exclue par la stipulation.

330. Ces deux espèces d'additions qu'on fait à la convention de réalisation, donnent à la créance de reprise de la
somme réalisée, la qualité d'immeuble et de propre pour le
cas de la succession, à l'effet que le conjoint survivant n'y
puisse succéder en sa qualité d'héritier au mobilier de ses
enfants ; mais elles ne donnent pas à cette créance la qualité
de propre de disposition. C'est pourquoi, lorsque ces enfants
sont en âge de tester de leur mobilier, cette créance de reprise qu'ont lesdits enfants, est comprise, comme bien meuble, dans le legs de leurs meubles et acquêts qu'ils auroient
fait au survivant.

Pour obvier à cela, il y a une troisième addition qui se
fait quelquefois par les contrats de mariage, à la convention
de réalisation : la partie qui stipule que son mobilier lui *sera
propre et aux siens ;* ou bien qu'*il lui sera propre, aux siens et
à ceux de son côté et ligne,* ajoute ces termes, *même quant à la
disposition,* ou bien ceux-ci, *quant à tous effets.*

L'effet de l'addition de ces termes est d'étendre la convention de réalisation même au cas de la disposition ; de manière que les enfants héritiers du conjoint prédécédé, qui a réalisé ainsi son mobilier, ne puissent, soit par donation entre vifs, soit par testament, pas plus disposer au profit du survivant de la créance de reprise de la somme réalisée, qu'ils ne le pourroient d'un propre réel.

351. Chacun des futurs conjoints peut comprendre dans ces stipulations de propre à lui, aux siens et à ceux de son côté et ligne, non-seulement le mobilier qu'il a lorsqu'il se marie, mais celui qui lui aviendra. C'est ce qu'on a coutume d'exprimer par ces termes : *Le surplus de ses biens, ensemble ce qui lui aviendra durant le mariage par succession, don ou legs, lui sera propre, aux siens et à ceux de son côté et ligne.*

Pourroit-on encore ajouter à cette clause, celle-ci : *Sera pareillement propre aux siens et à ceux de son côté et ligne, tout ce qui, après sa mort, aviendra directement aux enfants à naître du mariage, par des successions de sa famille ?* Je crois que cette clause est valable : par cette clause l'autre conjoint renonce au droit de succéder à ses enfants, aux biens mobiliers qu'ils auroient eus des successions des parents de la famille de celui qui a fait la stipulation. Nous avons vu, dans la préface, que la faveur des contrats de mariage y a fait admettre les renonciations à des successions futures. Si l'on peut renoncer entièrement à une succession future, on peut y renoncer pareillement quant à certains biens desdites successions.

352. Sur l'effet de ces additions qu'on fait aux conventions de réalisation, il y a trois principes à observer.

Premier principe. Ces additions sont de droit étroit : elles doivent en conséquence s'interpréter selon le sens rigoureux et grammatical des termes dans lesquels elles sont conçues, duquel il n'est pas permis de s'écarter, sur des conjectures, de l'intention des parties. On peut apporter, pour premier exemple de ce principe, le cas auquel un père, en dotant seul et entièrement *de suo* sa fille, se seroit, par le contrat de mariage de sa fille, exprimé en ces termes : « Le père de la »future, en faveur de mariage, a donné à sa fille la somme »de tant en argent, que le futur époux a confessé avoir reçue, »de laquelle somme il en entrera tant en la communauté, et » le surplus sera propre à la future, aux siens *et à ceux de son* »*côté et ligne.* » Quoiqu'il soit très-probable que l'intention du donateur a été de conserver à sa propre famille, plutôt qu'à celle de sa femme, qui lui est étrangère, ce qu'il a eu soin de réserver propre, néanmoins on ne doit pas, sur cette conjecture de sa volonté, s'écarter du sens rigoureux et grammatical des termes. Or, dans cette clause, *sera propre à la future, aux siens et à ceux de son côté et ligne*, ces termes, *et à ceux de son côté et ligne*, selon leur sens grammatical, se réfèrent à la future, et non au donateur, et signifient *ceux du côté et ligne de la future*, et non pas seulement ceux du côté et ligne du donateur. C'est pourquoi la créance de reprise de la femme, ainsi réalisée, ne doit, dans la succession des enfants qui y ont succédé à leur mère, être regardée que comme un propre conventionnel, qui ne remonte pas plus haut qu'à leur mère; et il suffit, pour leur succéder à ce propre, d'être parent desdits enfants du côté de leur mère, sans qu'il soit besoin de l'être aussi du côté de celui qui a fait la donation. C'est ce qui a été jugé par plusieurs arrêts, et notamment par un arrêt en forme de règlement du 16 mars 1733, rapporté par l'auteur du traité des contrats de mariage, *tome* 2, *p.* 421. Dans l'espèce de cet arrêt, le sieur Dumoulin et sa femme, en mariant leur fille à M. de Fieubet, avoient stipulé, à l'égard d'une certaine partie de la dot, qu'elle seroit propre à la future, aux siens et à ceux de son côté et ligne. Madame de Fieubet étant morte, et ayant laissé pour héritier un fils mineur, qui mourut aussi quelque temps après; dans la succession de ce mineur, la créance pour la reprise de la partie de la dot stipulée propre, que le mineur, comme héritier de sa mère, avoit contre son père, fut disputée entre la veuve Dumoulin, aïeule du mineur, et les parents collatéraux de la famille Dumoulin. Ceux-ci prétendoient succéder pour moitié à cette reprise, en soutenant que les sieur et dame Dumoulin ayant doté chacun pour moitié, la reprise de cette dot étoit, pour moitié, propre conventionnel de la famille Dumoulin. L'arrêt jugea que le propre conventionnel ne devoit pas monter plus haut qu'à la personne de madame de Fieubet, et adjugea en conséquence à la veuve Dumoulin cette créance pour le total.

Pour conserver à la famille du donateur la somme réservée propre par le donateur, il auroit fallu concevoir la clause autrement, et dire, *sera propre à la future, aux siens et à ceux du côté et ligne du donateur.*

On peut apporter, pour un second exemple de notre principe, celui de la clause par laquelle il est dit que s'il est aliéné durant le mariage quelque propre de l'un des conjoints, la créance pour le remploi du prix lui sera *propre, aux siens et à ceux de son côté et ligne*. Quoiqu'il y eût quelque sujet de présumer que le conjoint qui a fait la stipulation, a eu intention de conserver le prix de ses propres qui seroient aliénés, aux familles d'où ils procédoient, néanmoins, dans l'espèce de cette clause, ces termes, *et à ceux de son côté et ligne*, pris dans leur sens propre et grammatical, comprennent dans leur généralité indistinctement tous les parents de ce conjoint qui a fait la stipulation, sans remonter plus haut. La créance, pour le remploi du prix des propres, sera donc un propre conventionnel, qui ne remontera pas plus haut qu'à la personne du conjoint qui a fait la stipulation, et il ne sera pas nécessaire, pour y succéder, d'être de la ligne d'où procédoit le propre aliéné. C'est ce qui a été jugé par un arrêt du 16 mai 1735, rapporté par l'auteur du traité des contrats de mariage. Il auroit fallu, pour le conserver à cette ligne, dire expressément que la créance pour le remploi du prix, seroit propre *à ceux de la ligne d'où procédoient les propres aliénés ;* ou bien, *qu'elle seroit propre de même nature que les propres qui seroient aliénés.*

333. Second principe. Les additions qui se font aux conventions de réalisation, ne s'étendent ni d'une personne à une autre, ni d'une chose à une autre, ni d'un cas à un autre.

Ce principe est une suite du précédent.

1° Ces additions ne s'étendent pas d'une personne à une autre : c'est pourquoi lorsqu'un conjoint a stipulé que son mobilier lui seroit propre *et aux siens*, ce qu'il a stipulé pour *les siens*, c'est-à-dire, pour ses enfants, ne doit pas s'étendre à ses collatéraux ; et en conséquence la créance de reprise ne doit pas, dans la succession du dernier mourant des enfants, être considérée comme un propre conventionnel de la ligne de celui qui a fait la stipulation, comme nous l'avons dit *suprà, n.* 328.

334. Lorsqu'un conjoint a stipulé que son mobilier seroit propre à lui et à ceux de son côté et ligne, sans dire *aux siens*, et sans se servir d'aucun autre terme qui désigne ses enfants, peut-on, suivant le principe que les stipulations ne

s'étendent pas d'une personne à une autre, dire que dans cette espèce, la créance de reprise de la somme réalisée ne doit pas être réputée propre conventionnel en faveur des enfants du conjoint qui a fait la stipulation ? Je pense que les enfants de celui qui a fait la stipulation, sont, dans cette espèce, compris dans la convention de la réalisation, quoiqu'ils n'y soient pas désignés par des termes qui leur soient particuliers tels que ceux-ci, *et aux siens*, qu'on a coutume d'employer : ils sont, avec les collatéraux, compris sous ces termes, *et à ceux de son côté et ligne ;* car personne n'est plus proche de la ligne de celui qui a fait la stipulation, que ses enfants. Il est d'autant plus nécessaire de regarder les enfants comme compris dans cette convention de réalisation, qu'il ne tombe pas sous le sens que le conjoint ait voulu conserver ses biens mobiliers à ses collatéraux, et qu'il n'ait pas voulu pareillement les conserver à ses enfants, qui doivent lui être beaucoup plus chers que ses collatéraux.

Notre décision souffriroit encore moins de difficulté, si le conjoint s'étoit servi du terme, *même ; putà,* s'il étoit dit, *lui sera propre, et* MÊME *à ceux de son côté et ligne.*

335. 2° Les additions faites à la convention de réalisation ne s'étendent pas d'une chose à une autre : c'est pourquoi, lorsqu'il est dit par le contrat de mariage, à l'égard de l'un des futurs conjoints, que le surplus de ses biens sera propre à lui, aux siens et à ceux de son côté et ligne, et qu'il est dit ensuite que ce qui lui aviendra par succession, don ou legs, lui sera propre, l'addition qui est faite à la convention de réalisation pour le surplus des biens mobiliers que le conjoint avoit en se mariant, ne s'étend pas à ce qu'il a stipulé pour le mobilier qui lui aviendroit par succession, lequel ne sera qu'un simple propre de communauté.

Par la même raison, cette addition, *aux siens et à ceux de son côté et ligne,* à la stipulation de propre que l'un des conjoints a fait du surplus de ses biens, se borne à faire, de la reprise de la valeur du mobilier qu'il avoit en se mariant, un propre conventionnel dans la succession de ses enfants, mais elle ne s'étend pas au remploi du prix de ses immeubles qui auroient été aliénés durant le mariage. La créance de ce remploi, dans la succession des enfants de ce conjoint, ne passera que pour une simple créance mobilière,

à laquelle succédera le conjoint survivant, comme héritier
au mobilier de ses enfants : car le conjoint, en stipulant propre aux siens et à ceux de son côté et ligne le surplus de
ses biens, est censé n'avoir entendu parler que de ceux qu'il
avoit en se mariant, et non des créances pour le remploi
du prix de ces propres qui seroient aliénés durant le mariage, lesquelles étoient des choses qui n'existoient pas encore, et qui n'ont commencé d'exister que durant le mariage, lorsque les propres ont été aliénés.

Il y a néanmoins un cas auquel la stipulation que fait l'un
des conjoints, que le surplus de ses biens lui sera propre,
à lui, aux siens et à ceux de son côté et ligne, doit être
censée comprendre la créance pour le remploi du prix de
ses propres qui seront aliénés durant le mariage ; c'est le cas
auquel le surplus des biens que le conjoint a, de cette manière, stipulé propre, ne consistoit qu'en immeubles.

Par exemple, si les père et mère de la fille, en la mariant, lui ont donné en mariage 30,000 livres ; savoir : 6,000
livres en effets mobiliers, que le futur époux a reconnu
avoir reçus, et 24,000 livres en tels et tels immeubles ; et
qu'il soit dit ensuite que la communauté sera, de la part
de la future, composée de 10,000 livres, à prendre d'abord
sur son mobilier, et ensuite sur ses immeubles, et que le
surplus de ses biens sera propre à elle, aux siens et à ceux de
son côté et ligne, dans cette espèce, le surplus des biens que
la future se réserve propre et à ceux de son côté et ligne,
ne consiste que dans des immeubles ; car tout son mobilier
est entré dans son apport à la communauté. La future,
en stipulant que ses immeubles lui seront propres, aux siens
et à ceux de son côté et ligne, n'a pu considérer le cas auquel
elle conserveroit ces immeubles en nature jusqu'à la dissolution ; car la stipulation de propre ne peut avoir aucun effet
dans ce cas, ces immeubles ne pouvant pas recevoir de la
stipulation de propre, une qualité de propres qu'ils ont de
leur propre nature. Il est donc nécessaire, pour donner quelque effet à cette stipulation, de supposer que le conjoint,
en stipulant ses immeubles propres à lui, aux siens et
à ceux de son côté et ligne, a fait cette stipulation pour le
cas auquel ils seroient aliénés durant le mariage, et que c'est
la créance pour le remploi du prix pour lequel ils seroient
vendus, que les parties ont eu en vue dans cette stipulation

de propre. Cela est conforme à cette règle d'interprétation, que les conventions doivent plutôt être entendues dans un sens selon lequel elles ont quelque effet, que dans un sens selon lequel elles n'en pourroient avoir aucun. *Traité des obligations*, *n*. 92.

Hors ce cas, la stipulation de propre à ceux de son côté et ligne, que le futur conjoint fait du surplus de ses biens, ne s'applique pas à la créance pour le remploi du prix de ses propres : il faut, pour faire de cette créance un propre conventionnel dans la succession des enfants, ou stipuler expressément que cette créance sera propre aux siens, ou qu'elle sera propre aux siens et à ceux de son côté et ligne ; ou appliquer, par quelques termes de relation, la stipulation de propre pour la créance du remploi du prix des propres aliénés, à celle que le conjoint a précédemment faite pour le surplus de ses biens ; comme lorsqu'après la clause par laquelle il est dit que le surplus des biens du conjoint lui sera propre, aux siens et à ceux de son côté et ligne, il est ajouté de suite, que la créance pour le remploi du prix de ses propres qui seroient aliénés durant le mariage, *sera propre de la même manière*, ou bien, *sera pareillement propre* : ces termes, *de la même manière*, et ce terme, *pareillement*, sont des termes de relation à la clause précédente, lesquels, dans la succession des enfants du conjoint qui a fait ces stipulations, font de la créance, pour le remploi du prix des propres aliénés, un propre conventionnel semblable à celui qui résulte de la clause précédente, pour la reprise de la valeur du surplus des biens mobiliers que le conjoint avoit lorsqu'il s'est marié.

On peut de même appliquer, par des termes de relation, la stipulation que le conjoint a faite, que le surplus de ses biens sera propre aux siens et à ceux de son côté et ligne, à celle qu'il fait pour ce qui lui aviendra par succession ou donation, en ajoutant de suite : *Ce qui aviendra au conjoint par succession ou donation, lui sera propre* DE LA MÊME MANIÈRE, ou bien, *lui sera* PAREILLEMENT *propre*.

Néanmoins, pour éviter toutes contestations, au lieu de ces termes de relation, il est plus sûr de répéter expressément, soit à l'égard de la créance pour le remploi du prix des propres aliénés, soit à l'égard de ce qui pourroit avenir par succession , que ces créances seront propres aux siens et à ceux de son côté et ligne.

336. 3° Les additions qu'on fait à la convention de réalisation, ne s'étendent pas d'un cas à un autre. Par exemple, comme nous l'avons déjà dit *suprà*, *n.* 330, ce qui est stipulé pour le cas de succession des enfants, ne s'étend pas au cas de la faculté de disposer.

337. Troisième principe. Les conventions de réalisation, et toutes les additions qu'on y fait, ne peuvent avoir aucun effet qu'entre ceux qui étoient parties à la convention, leurs héritiers ou autres successeurs. C'est pourquoi les propres conventionnels qui sont formés par les conventions, ne peuvent être réputés tels qu'entre les familles contractantes, et non envers des tiers qui n'y ont pas été parties.

Ce principe est tiré de cette règle générale du droit : *Animadvertendum ne conventio in aliâ re facta aut cum aliâ personâ, in aliâ re aliâve personâ noceat*; l. 27, §. 4, ff. *de pact. Voyez* ce que nous avons dit en notre *traité des obligations*, *n.* 85 *et* 87 *et suiv.*

On peut faire l'application de ce principe à l'espèce suivante : Titius, 1er du nom, a épousé Sempronia, laquelle, par contrat de mariage, a stipulé qu'une certaine somme lui sera propre, aux siens et à ceux de son côté et ligne. Elle a laissé pour son héritier son fils Titius, second du nom, lequel a épousé Cornélia, et qui est mort ensuite, laissant pour son héritier Titius, troisième du nom, qui est mort aussi. Dans la succession de ce Titius, troisième du nom, Cornélia, sa mère, comme son héritière au mobilier, lui succédera à la créance qu'il avoit contre son aïeul Titius, 1er du nom, pour la reprise de la somme stipulée propre par Sempronia, sans que les parents de la famille de Sempronia puissent lui opposer que cette somme ayant été stipulée par Sempronia, propre à elle, aux siens et à ceux de son côté et ligne, la créance pour la reprise de cette somme, est un propre conventionnel affecté à la famille de Sempronia : car la convention n'étant intervenue qu'entre Titius et Sempronia, la créance, pour la reprise de cette somme, ne peut être réputée un propre conventionnel de la famille de Sempronia, que vis-à-vis de Titius, avec qui la stipulation a été faite, et ceux qui le représenteroient. Elle ne doit pas, suivant notre principe, être réputée un propre conventionnel vis-à-vis de Cornélia, qui n'a pas été partie à cette convention.

L'auteur du traité des contrats de mariage rapporte un arrêt du 20 janvier 1738. Dans l'espèce de cet arrêt, le sieur Dumoulin, par son contrat de mariage avec Antoinette de la Collonge, avoit stipulé qu'une somme de 9,000 liv. qui faisoit partie de son mobilier, lui seroit propre, aux siens et à ceux de son côté et ligne. Gaspard de Fieubet, par le prédécès de sa mère, avoit recueilli la succession du sieur Dumoulin, son aïeul maternel, dans laquelle s'étoit trouvé ce propre conventionnel de 9,000 liv. Ledit Gaspard de Fieubet, étant depuis décédé en minorité, ses héritiers aux propres de la famille de Dumoulin prétendirent avoir droit de lui succéder à cette somme de 9,000 liv. stipulée propre par le contrat de mariage du sieur Dumoulin, que le mineur de Fieubet avoit recueillie dans la succession dudit sieur Dumoulin. Ils se fondoient sur ce que la convention de propre, portée au contrat de mariage du sieur Dumoulin, avoit fait de cette somme de 9,000 liv., un propre conventionnel affecté à la famille Dumoulin. M. de Fieubet, père du mineur défunt, et son héritier au mobilier, leur répondoit fort bien : Cette convention de propre a bien pu faire de cette somme de 9,000 liv., un propre conventionnel vis-à-vis d'Antoinette de la Collonge, avec qui la convention a été faite, mais elle n'en a pu faire un vis-à-vis de moi, qui n'ai pas été partie à cette convention. L'arrêt a débouté les parents de la famille Dumoulin de leur demande, et a adjugé cette somme de 9,000 liv. à M. de Fieubet, comme faisant partie de la succession mobilière du mineur.

338. Suivant le même principe, lorsqu'une femme, par son contrat de mariage avec son premier mari, a stipulé qu'une certaine somme lui seroit propre, aux siens et à ceux de son côté et ligne, *même quant à la disposition*, la créance qu'elle a pour la reprise de cette somme contre les héritiers de son premier mari, doit tomber, comme un effet mobilier, dans la communauté légale avec son second mari. On ne peut pas opposer que la clause ci-dessus rapportée, a fait de cette créance un propre conventionnel, même de disposition : car les conventions n'ayant d'effet qu'entre ceux qui y ont été parties, cette clause, portée au contrat du premier mariage, n'a pu faire de cette créance *un propre de*

disposition que vis-à-vis du premier mari, à l'effet que les enfants qui auroient succédé à leur mère à cette créance, n'eussent pu en disposer envers leur père pour plus que pour un propre réel : mais cette clause ne peut, suivant notre principe, faire réputer cette créance pour un propre conventionnel vis-à-vis du second mari, qui n'a pas été partie dans cette convention ; et elle ne peut, par conséquent, empêcher qu'elle ne tombe dans la communauté légale de cette femme avec son second mari. Lebrun, en décidant le contraire en son traité de la communauté, *liv.* 1, *chap,* 5, §. 1, *d.* 3, *n.* 12, a péché contre les premiers principes de la matière des conventions et des propres conventionnels.

339. On a depuis peu agité la question, si lorsque l'un des conjoints a, par son contrat de mariage, réalisé son mobilier au profit des siens et de ceux de son côté et ligne, la créance, pour la reprise de ce mobilier, devoit être réputée propre conventionnel, non-seulement vis-à-vis la personne de l'autre conjoint, mais même vis-à-vis tous ceux de la famille ; ou s'il ne devoit être réputé tel que vis-à-vis le conjoint, ou ceux qui viendroient de son chef.

Par exemple, lorsqu'une femme a stipulé que son mobilier seroit propre à elle, aux siens et à ceux de son côté et ligne ; dans la succession de l'enfant qui a succédé à sa mère à cette créance, il n'est pas douteux que vis-à-vis du conjoint survivant, père de cet enfant, cette créance sera réputée être un propre conventionnel maternel de sa succession, duquel il sera exclus par les parents maternels de cet enfant. Mais en supposant que le père fût prédécédé, et que l'enfant eût renoncé à sa succession ; dans la succession de l'enfant, la créance qu'il a contre la succession de son père, pour la reprise du mobilier réalisé de sa mère, sera-t-elle pareillement réputée propre conventionnel maternel vis-à-vis de l'aïeul paternel de cet enfant, son héritier au mobilier, et cet aïeul devra-t-il en conséquence être exclus de succéder à cette créance par les parents maternels ? L'opinion commune sur cette question, étoit que la créance pour cette reprise étoit, dans la succession des enfants, réputée un propre conventionnel du côté du conjoint qui avoit fait la stipulation, non-seulement vis-à-vis la personne de l'au-

tre conjoint, mais vis-à-vis tous ceux de la famille de
l'autre conjoint; et qu'en conséquence, dans l'espèce proposée, les parents maternels devoient succéder à l'enfant,
à la créance pour la reprise des deniers réalisés par sa mère,
comme à un propre maternel, à l'exclusion de l'aïeul paternel.

La question a été jugée, contre cette opinion commune,
par arrêt du 17 mai 1762, rendu en forme de règlement.
Dans l'espèce de l'arrêt, M. Bellanger Dessenlis, par son
contrat de mariage avec Marie-Marguerite Maillard, avoit
stipulé une partie de son mobilier propre à lui, aux siens
et à ceux de son côté et ligne. M. Bellanger Dessenlis
étant mort, avoit laissé pour héritier M. Bellanger de
Beauvoir, son fils. Dans la succession de M. de Beauvoir
se trouvèrent certains effets qu'il avoit eus de la succession de son père, lesquels étoient à la vérité, par leur
nature, effets mobiliers, mais qui étoient compris dans
la convention de propre portée au contrat de mariage de
M. Bellanger père. La succession de ces effets fut disputée
entre les bisaïeux maternels du défunt, qui étoient ses
héritiers au mobilier, et les parents paternels. Ceux-ci
soutenoient que ces effets, quoique mobiliers par leur nature, avoient été faits propres conventionnels de la famille
Bellanger, par la convention de propre portée au contrat
de mariage de M. Bellanger, qui devoient être regardés
comme tels, contre tous les parents de la famille mater-
nelle; parce que les conventions de propres à ceux du
côté et ligne de l'un des conjoints, portées par les contrats de mariage, devoient être regardées non-seulement
comme des conventions intervenues entre l'homme et la
femme qui contractent mariage, mais comme des conventions intervenues entre les familles de l'homme et de
la femme, qui devoient faire une loi pour lesdites familles.

On ajoutoit que cette opinion étoit très-favorable, puisqu'elle tendoit à conserver les biens dans les familles. Si
on s'en écartoit, les personnes dont toute la fortune consiste dans un mobilier considérable, et qui donnent à
leurs enfants, en les mariant, des dots considérables qui
ne consistent qu'en argent ou en effets mobiliers, ne pourroient plus avoir de voie assurée pour conserver leur bien

à leur famille, que celle des substitutions, qui est une voie dispendieuse, gênante et sujette à beaucoup d'embarras.

Les héritiers au mobilier du mineur répondoient que les conventions de propres portées par les contrats de mariage, ne peuvent pas être considérées comme conventions intervenues entre les familles des futurs conjoints. Chaque famille ne forme pas un corps, et n'a pas une personne civile capable de contracter : les parents de chacun des futurs conjoints, qui assistent et signent au contrat de mariage, n'assistent et ne signent au contrat que par honneur, et n'y sont pas parties contractantes. La convention portée par un contrat de mariage, par laquelle l'un des futurs conjoints stipule qu'une partie de son mobilier lui sera propre, aux siens et à ceux de son côté et ligne, est donc une convention qui n'intervient qu'entre les futurs conjoints, laquelle par conséquent ne peut avoir aucun effet qu'entre eux. Elle ne peut donc faire, des effets mobiliers stipulés propres, un propre conventionnel de la famille du conjoint qui a fait la stipulation dans la succession de ses enfants, que contre l'autre conjoint, à l'effet de l'exclure, lui ou ceux qui seroient à ses droits, de la succession de ce propre conventionnel : mais elle ne peut faire regarder ce mobilier comme un propre conventionnel, contre d'autres personnes qui viennent de leur chef à la succession de ce mobilier, la convention par laquelle on a réalisé ce mobilier, ne pouvant être opposée à ces personnes, ni avoir aucun effet contre elles, puisqu'elles n'y ont pas été parties. Donc, disoient les bisaïeul et bisaïeule maternels de M. de Beauvoir, la stipulation de propre portée au contrat de mariage de M. Bellanger Dessenlis, n'a pu faire, des effets mobiliers en question, un propre conventionnel que contre Marie-Marguerite Maillard sa femme, avec qui la convention a été faite, à l'effet de l'exclure de la succession de ce mobilier, si elle eût survécu à son fils, et eût été son héritière : mais cette stipulation n'a pu vis-à-vis de nous, qui venons de notre chef à la succession de ce mobilier, en faire un propre conventionnel ; une convention à laquelle nous n'avons pas été parties, ne pouvant avoir aucun effet contre nous. Marguerite Maillard a bien pu renoncer pour elle à succéder à ses enfants au mobilier compris dans la convention de propre ; mais elle n'a pu y renoncer pour nous, qui venons à cette succession de notre chef, et qui ne tenons point d'elle le droit que nous avons d'y succéder. Sur ces raisons, l'arrêt a débouté les parents paternels de leur demande, et adjugé aux bisaïeul et bisaïeule maternels de M. de Beauvoir, la succession de tout son mobilier, même de celui compris en la stipulation de propre portée au contrat de mariage de son père.

340. Il nous reste à voir de quelle manière s'éteignent les propres conventionnels qui sont formés par les additions qu'on fait à la convention de réalisation. Ils s'éteignent de plusieurs manières : par la consommation de la fiction, par le paiement, par la confusion, et par le transport qui en est fait à un étranger.

De la consommation de la fiction.

341. Le propre conventionnel s'éteint par la consommation de la fiction, c'est-à-dire, lorsqu'elle a eu tout l'effet qu'on s'est proposé par la convention qui l'a formé.

Par exemple, lorsque l'un des conjoints, *putà*, la femme, a stipulé que son mobilier lui seroit propre, aux siens et à ceux de son côté et ligne, la fiction qui fait de la créance pour la reprise de ce mobilier, un propre conventionnel, est consommée lorsqu'à la mort du dernier resté des enfants, à qui cette créance appartenoit, les parents maternels de cet enfant y ont succédé comme à un propre maternel ; car elle a eu tout l'effet qu'on s'étoit proposé par la convention, qui étoit de conserver ce bien, même aux parents collatéraux de la femme, à l'exclusion de l'autre conjoint. C'est pourquoi cette créance pour la reprise du mobilier réalisé, à laquelle les parents du côté maternel de l'enfant ont succédé, comme à un propre maternel conventionnel, cessera d'être, dans la personne de ces parents, un propre conventionnel, et ne sera plus qu'une simple créance mobilière.

Si cette femme n'a stipulé propre qu'à elle et aux siens, sans ajouter, *et à ceux de son côté et ligne,* la fin qu'elle s'est proposée en ce cas, n'étant que de conserver à tous ses enfants le mobilier qu'elle a réalisé, et d'empêcher son mari, père desdits enfants, de succéder à cette reprise à ceux d'entre eux qui mourroient les premiers, au préjudice de ceux qui resteroient, il s'ensuit qu'aussitôt que le dernier resté des enfants y a succédé aux prédécédés, la fiction ayant eu tout son effet, le propre conventionnel est éteint, et que dans la personne de ce dernier resté des enfants, cette créance n'est plus qu'une simple créance mobilière à laquelle, à sa mort, son père succédera comme son héritier au mobilier.

342. Supposons que la femme qui a stipulé que son mobilier sera propre à elle et aux siens, ait laissé trois enfants qui lui ont succédé chacun pour un tiers à la créance de cette reprise. A la mort du premier décédé desdits enfants, les deux qui restoient lui ont succédé, à l'exclusion de leur père, chacun pour moitié, au tiers qu'ils avoient dans ladite reprise. A la mort du second, le père, en convenant que le dernier resté des enfants doit succéder, à son exclusion, au tiers que le défunt tenoit de son chef de la succession de sa mère, est-il fondé à prétendre qu'il en doit être autrement de la portion que le défunt a eue de la succession du premier décédé des enfants, parce que la fiction doit être réputée consommée pour ce tiers, et par conséquent le propre conventionnel doit être réputé éteint pour ce tiers? Cette prétention du père n'est pas fondée. Il est vrai que la fiction a eu une partie de son effet à la mort de l'enfant premier décédé, par rapport au tiers qui lui appartenoit dans le propre conventionnel, en y faisant succéder les deux enfants qui restoient, à l'exclusion du père : mais elle n'a pas eu tout son effet. Elle n'aura tout son effet, et elle ne sera entièrement consommée que lorsque le dernier resté des enfants y aura succédé; la fin que la femme s'est proposée en réalisant ce mobilier aux siens, étant de le conserver en entier à ses enfants, jusqu'à celui qui restera le dernier, et d'empêcher que le conjoint survivant n'y succédât, pour quelque portion que ce fût, au préjudice des enfants.

Du paiement.

343. La créance pour la reprise du montant du mobilier réalisé, à laquelle la convention de réalisation, et les additions qu'on y a faites, ont donné la qualité de propre conventionnel, s'éteint, de même que toutes les créances, par le paiement : *Solutione extinguitur obligatio.*

Le propre conventionnel qui n'est autre chose qu'une qualité de cette créance, est donc éteint par le paiement qui est

8.   15

fait de cette créance ; une qualité ne pouvant pas subsister lorsque son sujet est détruit.

C'est pourquoi, si, après la mort du conjoint qui a fait la stipulation de propre, il est intervenu un partage des biens de la communauté entre les enfants et le conjoint survivant, et que les enfants aient, à ce partage, exercé la reprise dont ils étoient créanciers en leur qualité d'héritiers du conjoint prédécédé, et qu'ils en aient été payés, n'y ayant plus de créance de reprise, il n'y a plus de propre conventionnel.

C'est pourquoi, si, depuis ce partage, ces enfants meurent en majorité, le conjoint survivant, en sa qualité de leur héritier aux meubles et acquêts, leur y succédera entièrement, sans que les héritiers aux propres de la famille du conjoint prédécédé, qui a fait la stipulation portée au contrat de mariage, puissent prétendre, dans les successions desdits enfants, la reprise du mobilier compris en cette stipulation ; la créance de cette reprise étant une chose qui n'existe plus, et qui a été éteinte par le paiement qui en a été fait auxdits enfants. C'est le sentiment de tous les auteurs ; et cela a été jugé par deux arrêts, l'un du 16 mai 1692, l'autre en 1749, rendu au profit de M. de Bomelle, qui sont cités par l'auteur du traité des contrats de mariage.

344. Il en seroit autrement, si l'enfant qui a été payé de la reprise du mobilier, compris dans la stipulation de propre du conjoint prédécédé, étoit mort en minorité : car, suivant l'article 49 de la coutume de Paris, qui forme sur ce point un droit commun pour les autres coutumes, ayant été, lors de la réformation de cette coutume, ajouté et formé sur la jurisprudence qui étoit établie alors ; lorsqu'une rente propre, appartenante à un mineur, lui a été remboursée, si le mineur décède en minorité, les deniers provenus de ce remboursement, ou le remploi qui en a été fait, représente, dans la succession du mineur, cette rente ; et les héritiers aux propres, qui y succéderoient si elle étoit en nature, succèdent aux deniers qui en sont provenus. Par la même raison, lorsque le mineur qui a été payé de la reprise de propre qui lui étoit due, meurt en minorité, les deniers provenus du paiement qui lui en a été fait, appartiennent à son héritier aux propres, qui succéderoit au propre conventionnel, s'il étoit encore en nature : car ce que la coutume de Paris a ordonné, à l'égard des

deniers provenus du remboursement d'une rente propre, a été étendu à tous les autres propres, aux conventionnels comme aux autres : *quum tantumdèm operetur fictio in casu ficto, quantùm veritas in casu vero.*

De la confusion.

345. Lorsque l'enfant, créancier d'une reprise qui est un propre conventionnel du côté du conjoint prédécédé, devient héritier de l'autre conjoint qui en étoit le débiteur, il se fait confusion et extinction de cette créance de reprise, et, par conséquent, du propre conventionnel, tant parce que les qualités de créancier et de débiteur sont des qualités qui se détruisent réciproquement, lorsqu'elles concourent dans la même personne, que parce que la créance est censée payée et acquittée, l'enfant étant censé avoir trouvé, dans la succession de son débiteur, de quoi en être payé : *Aditio hereditatis pro solutione est.*

346. Ce principe souffre exception en deux cas. Le premier cas d'exception est lorsque c'est par bénéfice d'inventaire que l'enfant créancier du propre conventionnel, est devenu héritier du conjoint dernier mort, qui en étoit le débiteur : car l'effet du bénéfice d'inventaire est d'empêcher la confusion des droits de l'héritier et de ceux de la succession bénéficiaire, et par conséquent d'empêcher l'extinction des créances de l'héritier contre la succession bénéficiaire, jusqu'à ce qu'il en soit payé sur les biens de ladite succession, par une liquidation faite avec les créanciers de ladite succession. *Voyez notre introduction au tit.* 17 *de la coutume d'Orléans,* n. 52.

347. Le second cas d'exception est lorsque l'enfant ayant été en minorité héritier pur et simple du conjoint dernier décédé, débiteur du propre conventionnel, est mort en minorité. En ce cas, les héritiers qui auroient succédé à ce propre, s'il se fût trouvé en nature dans la succession de l'enfant, succèdent à cet enfant, suivant l'article 94 de la coutume de Paris, ci-dessus cité, au remploi du prix de ce propre, qu'ils sont censés trouver dans sa succession; les biens de la succession du conjoint qui en a été le débiteur, dont l'enfant a été héritier, lui tenant lieu du remploi du prix de ce propre, jusqu'à due concurrence.

348. On ajoutoit un troisième cas d'exception, savoir, lorsqu'en fin de la stipulation portée au contrat de mariage, par laquelle l'un des futurs conjoints stipuloit que le surplus de son mobilier lui seroit propre, aux siens et à ceux de son côté et ligne, il étoit ajouté, *et sera réputé tel dans les successions des enfants qui naîtront du mariage, nonobstant toute confusion et concours d'hérédités survenus en leur personne.* Mais, depuis que la nouvelle jurisprudence établie par l'arrêt de règlement de 1762, rapporté *suprà*, n. 338, a établi que la créance de reprise de propre qu'a l'enfant héritier du conjoint prédécédé, contre le conjoint survivant, ne peut être, dans la succession de cet enfant, réputé propre conventionnel que contre la personne du conjoint survivant avec qui la convention de propre a été faite, ou ceux qui seroient à ses droits, et non contre les autres personnes de la famille de ce conjoint qui viendroient de leur chef à la succession de l'enfant; il ne peut plus y avoir lieu, dans le ressort du parlement de Paris, aux questions de savoir si l'enfant créancier de la reprise, en recueillant la succession du conjoint survivant qui en étoit le débiteur, a fait confusion de cette créance, et si cette confusion a été le propre conventionnel; de manière que, dans la succession de l'enfant, les parents du côté du conjoint qui a fait la stipulation, ne puissent plus le prétendre contre ceux de la famille de l'autre conjoint. Car, suivant cette jurisprudence, il suffit que le conjoint débiteur de cette reprise soit mort avant l'enfant, et ne puisse plus par conséquent venir à sa succession, pour qu'il ne puisse plus y avoir de propre conventionnel dans la succession de l'enfant, n'y ayant que lui à qui, suivant cette jurisprudence, la convention de propre puisse être opposée. Néanmoins, comme il y a d'autres parlements dans le ressort desquels cette jurisprudence peut n'être pas suivie, tout ce que nous avons dit sur la confusion, ne doit pas être regardé comme inutile.

Du transport.

349. C'est un principe commun à tous les propres, de quelque espèce qu'ils soient, aux conventionnels aussi bien qu'aux réels, que la qualité de propre n'est pas une qualité intrinsèque, mais une qualité purement extrinsèque et re-

lative à la personne qui en est le propriétaire; c'est pourquoi, lorsque le propriétaire d'une chose qui est en sa personne un propre, soit réel, soit conventionnel, aliène cette chose, la qualité de propre qu'avoit cette chose, se perd entièrement, et s'évanouit par l'aliénation qu'il en fait.

En conséquence, lorsque l'enfant à qui appartient une créance de reprise, qui est en sa personne un propre conventionnel, a aliéné cette créance par le transport qu'il en a fait à quelqu'un, cette créance, par l'aliénation qui en est faite, perd sa qualité de propre conventionnel, et les héritiers de cet enfant, du côté d'où elle procédoit, ne peuvent rien prétendre à cet égard dans la succession de cet enfant, dans laquelle cette créance ne se trouve plus.

Ce principe souffre exception dans le cas auquel l'enfant qui a fait un transport de sa créance propre conventionnel, meurt en minorité; car, en ce cas, les héritiers du côté d'où le propre procédoit, lui succèdent, suivant l'article 94 de la coutume de Paris, aux deniers provenus du prix du transport qui en a été fait, ou au remploi d'iceux.

ARTICLE V.

De la convention de séparation de dettes, et de la clause de franc et quitte.

350. Quoique la clause par laquelle, dans un contrat de mariage, les père et mère, en mariant leur fils, le déclarent franc et quitte de dettes, soit une convention qui n'appartient pas proprement à la matière de la communauté, et qui est très-différente de la convention de séparation de dettes, néanmoins comme quelques personnes les confondent quelquefois, nous avons cru qu'il étoit à propos qu'après avoir traité, dans un premier paragraphe, de la convention de séparation de dettes, nous traitassions aussi, dans un second, de la clause de franc et quitte, afin de faire mieux connoître le rapport qu'ont entre elles ces deux clauses, et leurs différences.

§. I. De la convention de séparation de dettes.

351. La convention de séparation de dettes est une convention par laquelle les parties conviennent, par leur contrat

de mariage, que leur communauté ne sera point chargée des dettes que chacune d'elles a contractées avant le mariage.

Cette convention se fait ordinairement en ces termes : *chacun des futurs conjoints acquittera séparément ses dettes faites auparavant le mariage.* Elle peut se faire par quelques autres termes que ce soit.

352. C'est une question, si, lorsque les conjoints ont, par leur contrat de mariage, apporté chacun une somme certaine ou quelque corps certain, pour en composer leur communauté, leurs dettes antérieures au mariage doivent être, par cela seul, censées exclues de la communauté, sans qu'il soit besoin d'une convention expresse de séparation de dettes. C'est l'avis de La Thaumassière, dans ses Questions sur la coutume de Berri. Je le crois conforme aux principes. Si les coutumes chargent la communauté des dettes mobilières de chacun des conjoints, antérieures au mariage, c'est qu'elles y font entrer l'universalité de leurs biens mobiliers, dont, suivant les principes de l'ancien droit françois, les dettes mobilières sont une charge; mais, lorsque les conjoints ont composé autrement leur communauté conventionnelle, et qu'au lieu d'y apporter l'universalité de leurs biens mobiliers, ils n'y ont apporté chacun qu'une somme certaine ou des corps certains pour la composer, on doit, par une raison contraire, décider que cette communauté ne doit pas être chargée de leurs dettes antérieures au mariage; car les dettes ne sont charges que d'une universalité de biens, et non de choses certaines ou de sommes certaines : *Æs alienum universi patrimonii, non certarum rerum onus est : doctores ad l.* 50, §. 1, ff. *de judic.*

Cela doit sur-tout avoir lieu lorsque les futurs conjoints ont fait chacun un apport égal; comme lorsqu'il est dit que, pour composer la communauté, les futurs conjoints y apporteront chacun une somme de dix mille livres, cette somme de dix mille livres que chacun promet apporter, doit être entendue d'une somme de dix mille livres effective, *de net, et toutes dettes payées* : car la communauté conventionnelle à laquelle chacun des conjoints apporte une somme égale, est de la classe des contrats commutatifs, de la nature desquels il est que les contractants s'y proposent l'égalité, et que chacun d'eux ait intention d'y recevoir autant qu'il donne. Mais cette égalité, que les futurs conjoints sont présumés s'être proposée, seroit entièrement renversée, si, pendant que celui des conjoints qui ne doit rien, y apporteroit dix mille livres effectives, celui qui doit beaucoup, en apportant ses dettes avec la somme de dix mille livres qu'il a promis d'apporter, n'y apporteroit rien, ou presque rien d'effectif.

Nonobstant ces raisons, Lebrun, *liv. 2, ch. 3, n.* 6, est d'avis contraire, et il entreprend de réfuter l'opinion de La Thaumassière. Les raisonnements qu'il emploie pour cela me paroissent mauvais, et ne renferment que des pétitions de principe. Il dit en premier lieu, *que l'apport ne règle point les dettes, ni les dettes ne règlent point l'apport.* On ne sait pas trop ce qu'il veut dire : mais s'il veut dire que pour régler si la communauté doit être chargée des dettes des conjoints antérieures au mariage, on ne doit pas considérer de quoi l'apport de chacun des conjoints est composé, si c'est d'une universalité de biens, qui est une chose qui renferme la charge des dettes; ou si c'est d'une somme certaine, ou d'un corps certain, qui sont des choses qui ne renferment pas cette charge; c'est poser pour principe ce qui fait précisément l'objet de la question, et par conséquent une pétition de principe.

Il dit, en second lieu, *que toutes les dettes mobilières, en quelque temps qu'elles soient créées, sont à la charge de la communauté, s'il n'y a convention contraire.* C'est encore une pétition de principe; car c'est précisément ce qui est en question, si une communauté dans laquelle les conjoints n'ont apporté chacun qu'une somme certaine, et non l'universalité de leur mobilier, est chargée de leurs dettes mobilières antérieures au mariage, quoiqu'il n'y ait pas de convention expresse qui les exclue.

Il dit, en troisième lieu, que *l'apport égal n'empêche pas qu'il n'y ait ordinairement entre les conjoints une industrie inégale, et des dettes inégales, qui ne sont point censées rompre l'égalité de cet apport.* Il veut dire que lorsque deux conjoints promettent chacun apporter une somme égale, *putà*, une somme de dix mille livres chacun; quoique l'un d'eux charge la communauté plus que l'autre, par ces dettes, il est néanmoins vrai de dire que quant à la somme qu'ils ont promis chacun d'apporter, ils ont fait un apport égal, puisque c'est une même somme de part et d'autre; de même que lorsque l'un d'eux a plus d'industrie, quoique par son industrie il apporte réellement plus que l'autre, l'apport est censé égal lorsqu'ils apportent une somme égale. Je réponds que l'inégalité d'industrie est mal-à-propos comparée avec l'inégalité de dettes.

Lorsque deux conjoints promettent d'apporter chacun à la communauté une certaine somme, *putà*, de dix mille livres, il n'est pas question entre eux de leur industrie. Chacun s'oblige d'apporter une somme effective de dix mille livres; et celui qui a le moins d'industrie ne satisfait pas moins à son obligation que celui qui en a davantage, en apportant, comme lui, une somme effective de dix mille livres qu'il a de net, toutes dettes payées. Mais, lorsque deux futurs conjoints, dont l'un doit beaucoup, et l'autre ne doit rien, ont promis chacun d'apporter une somme de dix mille livres, celui qui doit beaucoup, en apportant une somme de dix mille livres avec la charge de ses dettes, qui montent, *putà*, à huit mille livres, ne fait pas un apport aussi effectif de la somme de dix mille livres qu'il a promis d'apporter, que celui qui apporte une somme de dix mille livres sur laquelle il ne doit rien : car celui qui doit huit mille livres, n'apporte réellement et effectivement que deux mille livres. Il n'apporte pas d'une manière effective les huit mille livres; il ne les apporte à la communauté que pour les en faire sortir pour payer ses dettes.

Nous avons deux principales questions sur la convention de séparation de dettes. La première, est de savoir quelles sont les dettes comprises dans cette convention ; la seconde, quel est l'effet de cette convention, tant à l'égard des conjoints entre eux, que vis-à-vis de leurs créanciers

PREMIÈRE QUESTION.

Quelles sont les dettes comprises dans la convention de séparation de dettes.

553. Les dettes comprises dans la convention de séparation de dettes, sont les dettes des conjoints qui sont antérieures au mariage.

La convention comprend non-seulement les dettes dont chacun des conjoints étoit débiteur envers des tiers, mais pareillement celles dont l'un des conjoints étoit débiteur envers l'autre. Par exemple, si Pierre épouse Marie, qui étoit sa débitrice d'une somme de cinq cents livres; s'il n'y a ni réalisation de la créance de Pierre, ni séparation de dettes, cette dette entrant en communauté, tant en actif que passif, il s'en fera confusion et extinction entière. S'il y a séparation de dettes, il ne se fera pas de confusion de cette dette, si ce n'est lors de la dissolution de communauté, pour la moitié qu'auront, dans les biens de la communauté, Marie ou ses héritiers, lesquels continueront d'être débiteurs de l'autre moitié de la dette envers Pierre ou ses héritiers : si Marie renonce à la communauté, elle continuera d'en être débitrice pour le total.

Vice versâ, si c'étoit Pierre qui fût débiteur de cette somme envers Marie, lorsqu'il l'a épousée, la séparation de dettes n'aura cet effet, que lors de la dissolution de communauté ; Pierre continuera d'en être débiteur envers Marie et ses héritiers, pour la part qu'ils auront dans la communauté. Si Marie, en vertu d'une clause de son contrat de mariage, reprenoit son apport, en renonçant à la communauté, Pierre continueroit d'être débiteur envers elle de cette somme pour le total.

554. Les dettes antérieures au mariage, qui sont excluses de la communauté par la convention de séparation de dettes, sont celles que chacun des conjoints a contractées avant le mariage.

De là il suit qu'une dette que l'un des conjoints a contractée avant le mariage, quoique sous une condition qui n'a été accomplie que depuis le mariage, est comprise dans la séparation de dettes.

A plus forte raison, celle qui a été contractée sans condition avant le mariage, doit-elle y être comprise, quoique le terme du paiement ne soit arrivé que depuis le mariage.

555. Par la même raison, les dettes contractées avant le mariage sont comprises dans la séparation de dettes, quoi-qu'elles n'aient été liquidées que depuis le mariage.

En conséquence, lorsque l'un des conjoints a été con-damné, durant le mariage, en une certaine somme envers quelqu'un, pour réparation civile d'un délit commis avant le mariage, cette réparation adjugée par la sentence, quoi-que rendue durant le mariage, est comprise dans la conven-tion de séparation de dettes : car c'est une dette antérieure au mariage; la sentence n'a fait que la liquider : elle a été contractée par le délit commis avant le mariage.

356. Il y a plus de difficulté à l'égard de l'amende en laquelle l'un des conjoints a été condamné, durant le mariage, pour un délit commis avant le mariage : car ce n'est que par la sentence de condamnation qu'il devient débiteur de l'amende : d'où il semble suivre que cette dette n'est pas antérieure au mariage, ni par conséquent comprise en la convention de séparation de dettes. Néanmoins Lebrun décide qu'elle y est comprise. On peut dire, en faveur de son sentiment, que la dette de l'amende en laquelle le conjoint a été condamné, durant le mariage, pour un délit commis avant le mariage, avoit dans ce délit un germe antérieur au mariage. Ce germe auroit avorté, si le conjoint fût mort avant qu'il fût intervenu aucune condamnation contre lui : mais celle qui est intervenue a fait éclore ce germe; et c'est à raison de ce germe antérieur au mariage, que la dette de cette amende peut être regardée comme ayant un commencement antérieur au mariage, et par conséquent comme une dette antérieure au mariage, comprise dans la convention de séparation de dettes.

357. Lorsqu'un homme a entrepris et commencé avant le mariage un procès qui a duré depuis le mariage, et sur lequel est intervenu, durant le mariage, un jugement qui l'a condamné aux dépens, la dette des dépens faits par sa partie depuis le mariage, qu'il est condamné de lui rembourser, est-elle comprise dans la convention de séparation de dettes? La raison de douter est, que cet homme n'ayant pu être débiteur du remboursement des dépens faits par sa partie envers qui il a été condamné, avant que ces dépens aient été faits, la dette de ceux qui n'ont été faits que depuis le mariage, ne peut être antérieure au mariage. La raison de décider que cette dette doit être regardée comme une dette antérieure au mariage, et comprise en conséquence dans la convention de séparation de dettes, est que quoique la dette ne soit née que durant le mariage, elle est née d'une cause antérieure au mariage, qui est la téméraire contestation que cet homme a formée en entreprenant le procès; ce qui suffit pour que cette dette soit regardée comme antérieure au mariage, comprise dans la clause de séparation de dettes.

Il en est de même de la dette des dépens qu'il doit à son

procureur. La dette même de ceux qui n'ont été faits que depuis le mariage, est une dette antérieure au mariage, ayant pour cause le mandat qu'il a donné à son procureur, de poursuivre le procès lorsqu'il l'a entrepris.

Quid, si depuis le mariage, pendant le cours du procès, il avoit changé de procureur? La dette des dépens faits par ce nouveau procureur, quoique procédant d'un mandat contracté durant le mariage, ayant pour cause originaire le procès entrepris avant le mariage, peut être considérée comme une dette dont la cause est antérieure au mariage, et par conséquent comme une dette antérieure au mariage, comprise dans la convention de séparation de dettes; autrement il seroit au pouvoir du mari, en changeant de procureur, de faire supporter à sa communauté les frais d'un procès dans lequel il étoit engagé avant son mariage.

Observez qu'il n'y a que les dépens faits sur les contestations formées avant le mariage, qui soient compris dans la convention de séparation de dettes : mais si depuis le mariage, pendant le cours du procès, le mari a formé des demandes incidentes, ou s'il en a été formé contre lui, les dépens faits sur ces demandes incidentes, auxquels il aura été condamné, aussi bien que ceux faits par son procureur, sont à la charge de la communauté.

Lorsque c'est la femme qui étoit engagée dans un procès avant son mariage; si le mari a repris l'instance, il n'y aura que les dépens faits avant le mariage, qui seront compris dans la séparation de dettes; la dette des dépens faits depuis la reprise d'instance, auxquels le mari a été condamné, aussi bien que celle de ceux faits par son procureur qui a repris pour lui, sont dettes de la communauté, ayant été contractées durant la communauté, par la reprise d'instance.

Mais si, sur le refus du mari de reprendre l'instance, la femme a été autorisée par le juge à poursuivre le procès, la communauté ne sera pas tenue des condamnations qui pourroient intervenir contre elle, suivant les principes établis *infrà*, part. 2.

558. Si, pour gratifier un hôpital, j'ai donné ordre, avant mon mariage, à un entrepreneur, de construire à mes dépens un bâtiment dont cet hôpital avoit besoin; quoique le bâtiment n'ait été construit que depuis mon mariage, le prix que j'en dois à cet entrepreneur est compris dans la

convention de séparation de dettes : car cette dette procédant de la convention que j'ai eue avec l'entrepreneur, avant mon mariage, a une cause antérieure au mariage.

Mais si, depuis mon mariage, il avoit fait, de mon ordre, des augmentations, le prix de ces augmentations seroit une dette de la communauté, l'ordre, pour les faire, ayant été donné pendant la communauté.

359. Si, dès avant mon mariage, j'étois chargé d'une tutelle, ou de quelque autre administration publique ou particulière, que j'ai continuée depuis mon mariage, le reliquat de mon compte ne sera censé compris dans la séparation de dettes, que pour raison des articles dont j'étois débiteur avant mon mariage ; mais ce que je dois pour raison de ce que j'ai reçu depuis mon mariage, ou par les fautes que j'ai commises dans ma gestion depuis mon mariage, est une dette de communauté.

360. Quoique les dettes mobilières de chacun des conjoints, antérieures au mariage, soient, par la convention de séparation de dettes, exclues de la communauté, les intérêts de ces dettes, de même que les arrérages des rentes, soit foncières, soit constituées, soit perpétuelles, soit viagères, dues par chacun des conjoints, quoique constituées avant le mariage, sont, pour tout le temps que lesdits intérêts et arrérages ont couru depuis le mariage et durant la communauté, des charges de la communauté, comme étant lesdits intérêts et arrérages les charges naturelles des revenus des biens de chacun des conjoints, lesquels tombent dans la communauté, et que lesdits intérêts et arrérages diminuent de plein droit ; car on n'a de revenu effectif que ce qui reste, déduction faite des intérêts et arrérages qu'on doit.

A l'égard des intérêts et arrérages courus avant le mariage, jusqu'au jour du mariage, ils sont compris dans la convention de séparation de dettes, et la communauté n'en est pas chargée, non plus que de ceux qui courent depuis la dissolution de la communauté : on compte pour cela lesdits intérêts et arrérages de jour à jour.

Ceux courus depuis le mariage et pendant que la communauté a duré, sont tellement une charge de la communauté, que Lebrun, *l.* 2, *chap.* 3, *sect.* 4, *n.* 10, a été jusqu'à dire qu'ils n'en pouvoient pas être exclus, même par une convention expresse portée au contrat de mariage. Mais je crois

qu'il va trop loin ; quoique cette convention soit insolite, je
ne vois rien qui l'empêche d'être valable.

Quoique les intérêts et arrérages courus durant le mariage, soient censés n'avoir pas été compris dans la convention de séparation de dettes, parce qu'ils sont une charge
des revenus, néanmoins la communauté en est entièrement
chargée, quand même ils excèderoient les revenus. Il suffit
pour cela que les parties, qui, en se mariant, n'en ont pas fait
une balance avec les revenus, soient censées n'avoir pas eu
intention de les comprendre dans leur convention de séparation de dettes.

QUESTION II.

Quel est l'effet de la convention de séparation de dettes, tant à l'égard
des conjoints entre eux, que vis-à-vis de leurs créanciers.

361. L'effet qu'a la convention de séparation de dettes, à
l'égard des conjoints entre eux, est que si les dettes exclues
de la communauté, par cette convention, ont été acquittées
des deniers de la communauté, le conjoint qui en étoit débiteur, ou ses héritiers, en doivent récompense à la communauté lors de sa dissolution. Nous traiterons de cette récompense *infrà, part.* 4.

362. A l'égard des créanciers, la convention de séparation
de dettes ne peut empêcher les créanciers de la femme de
demander au mari, durant la communauté, le paiement des
dettes de la femme, quoiqu'exclues de la communauté, à
moins qu'il ne soit en état de leur représenter un inventaire
des biens mobiliers de sa femme qui lui sont parvenus, et de
leur en compter.

C'est la disposition de l'*article* 222 de la coutume de
Paris, qui est conçu en ces termes : « Et combien qu'il
» soit convenu entre deux conjoints qu'ils paieront séparé-
» ment leurs dettes faites auparavant le mariage, ce néan-
» moins ils en seront tenus, s'il n'y a inventaire préalable-
» ment fait ; auquel cas ils demeurent quittes, représentant
» l'inventaire ou l'estimation d'icelui. »

Cette disposition a été copiée dans les mêmes termes dans
notre coutume d'Orléans, en l'*article* 212 : elle doit avoir lieu
dans les coutumes qui ne s'en sont pas expliquées, ayant été
insérée dans la coutume de Paris lors de sa réformation,
et formée sur la jurisprudence qui s'observoit alors.

363. La coutume exige deux choses du mari, pour qu'il puisse se dispenser du paiement des dettes de sa femme, antérieures à son mariage, quoiqu'exclues de la communauté par une convention de séparation de dettes. 1° Elle exige qu'il ait fait un inventaire des biens mobiliers de sa femme qu'elle lui a apportés en mariage.

Le futur conjoint doit faire cet inventaire avec sa future femme, avant le mariage. C'est ce qui résulte de ces termes, *s'il n'y a inventaire* PRÉALABLEMENT *fait*.

Il doit être fait par-devant notaires; ou s'il a été fait sous les signatures privées des parties, il faut qu'il ait été reconnu par acte devant notaires, avant la célébration du mariage, pour en rendre la date certaine.

Lorsque le contrat contient par détail les biens mobiliers que la femme apporte en mariage, il tient lieu de cet inventaire.

Le compte rendu à la femme, quoique depuis le mariage, peut tenir lieu de cet inventaire, lorsque celui qui lui rend compte a administré ses biens jusqu'au temps de son mariage.

Le mari doit comprendre, dans cet inventaire, tous les effets mobiliers que la femme a apportés en mariage, sans aucune exception, tant ceux qu'elle a mis en communauté, que ceux qu'elle a réalisés par une stipulation de propres.

Il y a quelque chose de particulier pour le cas auquel une veuve, débitrice d'un compte de tutelle envers ses enfants d'un premier mariage, contracte un second mariage, avec une convention de séparation de dettes. Par arrêt de règlement du 14 mars 1731, la cour a ordonné, qu'en ce cas, soit qu'il y ait communauté stipulée (avec la clause de séparation de dettes), soit qu'il y ait exclusion de communauté, l'inventaire ne sera réputé valable, s'il n'est fait, avant la célébration du mariage, devant notaires, et en présence d'un tuteur nommé pour cet effet par le juge, sur un avis de parents, aux enfants à qui le compte est dû. Faute de l'observation de ces formalités, le second mari est tenu, solidairement avec sa femme, du compte de tutelle envers les enfants, nonobstant la clause de séparation de dettes, ou même d'exclusion de communauté, sauf son recours contre sa femme.

364. La seconde chose que la coutume exige, est que,

sur la demande des créanciers de la femme, le mari leur représente l'inventaire, ou l'estimation d'icelui. Elle dit : *Il demeure quitte, représentant l'inventaire, ou l'estimation d'icelui.* C'est-à-dire, qu'il doit abandonner auxdits créanciers les effets compris dans l'inventaire qu'il doit leur représenter, qui se trouvent en nature, pour, par lesdits créanciers, se venger sur lesdits effets pour le paiement de leurs créances ; et, à l'égard des effets compris audit inventaire, qui ne se trouvent plus en nature, il doit leur compter du prix qu'il en a reçu ou dû recevoir, et de l'emploi qu'il en a fait pour le paiement des dettes de sa femme ; et, s'il lui reste quelque chose du prix desdits meubles entre les mains, il doit le leur remettre.

Il n'importe que lesdits effets aient été réalisés par une stipulation de propres : le mari ne doit pas moins les représenter aux créanciers, s'ils se trouvent en nature ; ou compter du prix, s'ils ne se trouvent pas. La réalisation qui en a été faite, n'a aucun effet vis-à-vis des créanciers, et elle n'empêche pas qu'ils ne puissent être saisis et exécutés comme toute autre espèce de meuble.

Il n'importe aussi qu'ils aient été apportés sous le nom de dot, et qu'il ne reste aucuns autres biens de la femme pour soutenir les charges du mariage ; car la coutume ne fait aucune distinction.

Le mari doit aussi compter aux créanciers des biens mobiliers qui seroient échus à sa femme depuis le mariage, de même que de ceux compris en l'inventaire.

A l'égard des fruits des biens de la femme que le mari a perçus durant le mariage, jusqu'à la demande des créanciers, il n'est pas obligé de leur en compter, étant censé les avoir consommés de bonne foi, *ad sustinenda onera matrimonii.*

Il reste à observer que c'est seulement, pendant la durée de la communauté, que le mari peut être poursuivi pour les dettes de sa femme, quoiqu'exclues de la communauté par une convention de séparation de dettes, faute de rapporter un inventaire : après la dissolution de communauté, les créanciers de la femme ne peuvent plus demander au mari le paiement de leurs créances ; ils n'ont contre lui que la voie de la saisie et arrêt, de ce qu'il pourroit devoir à la femme, leur débitrice.

§. II. De la clause de franc et quitte.

365. La clause de franc et quitte, est une convention par laquelle les parents de l'un des futurs conjoints se font fort envers l'autre, qu'il n'a pas de dettes.

C'est ordinairement les parents de l'homme qui se font fort qu'il est franc et quitte de dettes.

Ils s'obligent, par cette convention envers la femme, *in id quanti ejus interest,* que l'homme se trouve tel qu'ils l'ont assuré, c'est-à-dire, exempt de dettes ; et, en conséquence, dans les cas où il ne seroit pas trouvé tel, à indemniser la femme du préjudice que lui auroient causé les dettes de son mari, antérieures au mariage.

366. Lesdites dettes peuvent causer deux espèces de préjudice à la femme. Le premier, et le principal, est, par rapport à sa dot, son douaire et ses autres conventions matrimoniales, en cas d'insolvabilité de son mari, sur les biens duquel elle ne seroit pas, pour ses créances, utilement colloquée pour une aussi grande somme que celle pour laquelle elle l'eût été, sans lesdites dettes.

La seconde espèce de préjudice que lesdites dettes peuvent causer à la femme, est celui qui résulte de ce que sa part en la communauté auroit été meilleure, si elle n'eût pas été diminuée par lesdites dettes.

C'est une question entre les auteurs, si lorsque des parents, en mariant leur fils, l'ont déclaré franc et quitte de dettes, ils doivent être censés s'être obligés envers la femme de l'indemniser de ces deux espèces de préjudices, ou seulement de celui de la première espèce.

Renusson, *traité de la communauté, part.* 1, *chap.* 11, *n.* 36, croit que cette clause renferme l'obligation d'indemniser la femme de ces deux espèces de préjudices.

Au contraire Lebrun, en son *traité de la communauté, liv.* 2, *chap.* 3, *sect.* 3, *n.* 41 *et* 42, pense que cette convention ne s'étend pas à l'espèce de préjudice que la femme pourroit souffrir par rapport à la communauté, et que les parties, dans cette convention, sont censées n'avoir d'autre objet que d'indemniser la femme du préjudice que les dettes antérieures au mariage pourroient apporter à l'acquittement de ses créances.

L'opinion de Lebrun paroît être celle qui est suivie dans

l'usage ; et les père et mère qui, en mariant leur fils, le
déclarent franc et quitte de dettes, ne contractent d'autre obligation que celle d'indemniser la femme de la
somme pour laquelle les dettes du mari antérieures au
mariage, empêcheroient qu'elle ne pût être utilement colloquée sur les biens de sondit mari pour le paiement de
ses créances.

567. C'est ce qui s'éclaircira par les exemple suivants.

Premier exemple. Je suppose qu'après la dissolution de communauté, les biens du mari ont été discutés. Le prix des
meubles, qui étoient en petite quantité, n'a servi qu'à
payer les dettes privilégiées, comme celle du maître
d'hôtel, etc. Le prix des immeubles, déduction faite des
frais, monte à 20,000 livres. Il s'est trouvé pour 25,000 l.
de créances hypothécaires antérieures au mariage ; au moyen
de quoi, la femme créancière de 40,000 livres, n'a pu rien
toucher de la somme de 20,000 livres qu'elle eût touchée,
s'il n'y avoit pas eu de dettes antérieures au mariage. Elles
lui causent donc un préjudice de 20,000 livres. Les parents
qui ont déclaré son mari franc et quitte, doivent donc,
pour indemniser la femme, lui payer la somme de 20,000 l.,
à laquelle monte le préjudice que les dettes antérieures lui
causent.

Second exemple. Je suppose à présent, que les biens du
mari qu'on a déclaré franc et quitte, ne consistent qu'en
mobilier, et que le mari est domicilié sou une coutume
où les meubles ne sont pas susceptibles d'hypothèque, et où
en conséquence le prix s'en distribue au sous la livre entre
tous les créanciers. Je suppose que le mobilier, déduction
faite des frais et dettes privilégiées, n'a produit que 10,000
livres ; sur quoi il y a pour 100,000 livres de dettes à
payer ; savoir 40,000 livres pour les créances de la femme ;
40,000 livres pour dettes postérieures au mariage ; et, pour
dettes antérieures au mariage, 20,000 livres. Les créanciers
antérieurs au mariage ont été colloqués pour 20,000 livres.
Sans ces créances, il y auroit eu 2,000 livres à distribuer
entre la femme, qui en auroit eu 1,000 livres, et les créanciers postérieurs au mariage, qui auroient eu les autres 1,000
livres. Les créanciers antérieurs au mariage, font donc en
ce cas un préjudice de 1,000 livres à la femme, et les parents qui l'ont déclaré franc et quitte, doivent en consé-

quence payer à la femme une somme de 1,000 livres pour
l'en indemniser.

Observez que dans la distribution du mobilier de l'homme
qu'on a déclaré franc et quitte de dettes, on ne doit pas ordinairement, parmi les dettes de l'homme antérieures au
mariage, dont la femme doit être garantie, comprendre
ses dettes chirographaires, leur date ne pouvant faire contre
des tiers une foi suffisante du temps auquel elles ont été
contractées. *Traité des obligations*, n. 749.

368. Lorsque la femme, après la dissolution de la communauté, a trouvé, dans les biens de son mari, de quoi être
payée entièrement de ses créances, l'obligation des parents
du mari qui l'ont déclaré franc et quitte de dettes, demeure
par-là acquittée.

Il ne suffit pas pour cela que sa dot lui ait été entièrement restituée; il faut qu'elle ait été entièrement payée de
toutes ses conventions, et généralement de toutes les créances
qu'elle a contre son mari.

369. Lebrun, *livre 3, chap. 2, sect. 2, d. 6, n. 19*, en
excepte la créance que la femme a contre son mari, pour
son indemnité des obligations qu'elle a contractées pour lui
durant le mariage. J'aurois de la peine à admettre cette exception. Les parents, déclarant leur fils franc et quitte, s'o-
bligent envers la femme *in id quanti ejus interest*, que son mari
ait été tel qu'on le lui a déclaré. Or, l'intérêt qu'a la femme
que son mari ait été tel, ne s'étend pas moins à son indemnité qu'à ses autres créances, ayant intérêt que les
dettes antérieures de son mari ne l'empêchent pas de trouver, dans les biens de son mari, de quoi se payer de ses
créances d'indemnité, aussi bien que des autres.

On oppose que la femme n'est pas recevable à se plaindre
de n'avoir pu être payée sur les biens de son mari, de sa
créance pour indemnité; que c'est par sa faute qu'elle souffre cette perte; qu'ayant été en son pouvoir de ne se pas
obliger pour son mari, elle doit s'imputer de l'avoir fait. La
femme répond à cela, qu'elle ne s'est obligée pour son mari,
que parce qu'elle comptoit pouvoir en être indemnisée sur
le bien de son mari, qu'elle croyoit franc et quitte de dettes
antérieures au mariage, comme on le lui avoit assuré;
que ce sont ceux qui le lui ont assuré, qui l'ont induite
en erreur, et qui doivent être par conséquent obligés de

l'indemniser du préjudice que les dettes antérieures de son mari lui ont causé, en empêchant qu'elle n'ait pas été payée sur les biens de son mari, sur lesquels elle comptoit, et sur lesquels elle eût effectivement trouvé de quoi être payée, sans lesdites dettes.

Les autres moyens que Lebrun emploie pour fonder son opinion, ne sont pas meilleurs. *La raison est*, dit-il, *que par cette clause l'ascendant ne garantit les conventions de la femme de son fils, que contre les dettes antérieures au mariage, non contre les postérieures.*

La réponse est, qu'on convient que les parents qui ont déclaré leur fils franc de dettes, ne garantissent, par cette clause, la femme que des dettes de son mari antérieures au mariage, et qu'en conséquence, s'il ne s'en trouve aucune, ils ont rempli leur obligation, et ils ne sont point tenus en ce cas de la perte que la femme a soufferte en s'obligeant, pour son mari, pour des dettes postérieures à son mariage : mais, en garantissant la femme des dettes de son mari antérieures au mariage, ils s'obligent de l'indemniser de tout le préjudice que lesdites dettes antérieures au mariage lui ont causé, en empêchant qu'elle ne pût être payée sur les biens de son mari, de son indemnité pour les obligations qu'elle a contractées pour son mari depuis le mariage.

Le second moyen de Lebrun est de dire, *qu'il seroit au pouvoir des conjoints de ruiner l'ascendant.* Cela est faux ; car, quoique le mari puisse, depuis son mariage, contracter des dettes immenses, et que la femme puisse s'obliger pour lui pour des dettes immenses, les parents du mari qui l'ont déclaré franc et quitte, ne seront pas néanmoins, par cette clause, obligés *in immensum*, ne pouvant l'être que jusqu'à concurrence du montant des dettes antérieures au mariage, et de la somme pour laquelle les créanciers antérieurs au mariage auront été utilement colloqués sur les biens du mari.

370. Il résulte de tout ce que nous venons de dire de la clause par laquelle les parents de l'homme le déclarent franc et quitte de dettes, que cette convention est entièrement différente de la convention de séparation de dettes.

1° La convention de séparation de dettes est une convention qui intervient entre les deux futurs conjoints ; au contraire, la clause de franc et quitte est une convention qui n'intervient pas entre les futurs conjoints, mais qui n'intervient qu'entre la femme et les parents de l'homme, qui le déclarent franc et quitte. Il n'y a, par cette convention, que lesdits parents qui contractent une obligation envers la femme ; l'homme qui est marié franc et quitte, n'en contracte aucune, et n'est pas censé partie à la convention.

371. 2° La convention de séparation de dettes concerne la communauté de biens qui doit être entre les futurs conjoints : elle a pour objet d'en exclure la charge de leurs dettes antérieures au mariage; chacun d'eux s'oblige réciproquement d'indemniser la communauté de ce qui en seroit tiré pour payer les dettes antérieures au mariage.

Au contraire, la clause par laquelle les parents du futur conjoint le déclarent franc et quitte, ne concerne pas la communauté de biens qui doit être entre les futurs conjoints : elle peut intervenir dans un contrat de mariage par lequel il y auroit exclusion de communauté; et, lorsqu'il y a communauté, cette clause n'a pas pour objet d'exclure de la communauté la charge des dettes du futur conjoint antérieures au mariage; son unique objet est que lesdites dettes n'empêchent pas la femme de pouvoir être payée sur les biens de son mari, comme nous l'avons expliqué.

372. La clause par laquelle les parents déclarent leur fils franc et quitte, est aussi très-différente de celle par laquelle les parents promettroient de payer ses dettes antérieures au mariage, et de l'en acquitter; car, par la clause dans laquelle les parents déclarent leur fils franc et quitte, ils ne s'obligent pas de payer ses dettes, mais seulement d'indemniser la femme de ce qu'elle a manqué de toucher pour le paiement de ces créances sur les biens de son mari, par rapport aux créanciers antérieurs de son mari, qui ont été colloqués avant elle. Si le mari n'avoit laissé aucuns biens sur lesquels la femme eût pu être payée, quand même il n'y auroit pas eu de créances antérieures aux siennes, les parents du mari qui l'ont déclaré franc et quitte de dettes ne seront tenus de rien envers la femme.

En cela, cette clause est très-différente de celle par laquelle les parents du mari se seroient rendus cautions envers la femme, de la restitution de la dot et de ses conventions matrimoniales ; car, par ce cautionnement, les parents s'obligent envers la femme, de la payer entièrement de ce dont elle n'aura pu être payée sur les biens de son mari ; au lieu que, par la clause de franc et quitte, ils ne s'obligent de la payer que jusqu'à concurrence de la somme pour laquelle les créanciers du mari, antérieurs au mariage, auront été utilement colloqués sur les biens du mari.

373. Lorsque ce sont les parents de la fille qui déclarent, en la mariant, qu'elle est franche et quitte de dettes (ce qui arrive très-rarement); si, par le contrat de mariage, la fille avoit fait donation à son mari, en cas de survie, d'une certaine somme à prendre sur ses biens, la clause pourroit s'entendre de la même manière, en ce sens, que les parents de la fille s'obligeroient, par cette clause, d'indemniser le mari de ce dont les créanciers de sa femme, antérieurs au mariage, qui auroient été utilement colloqués sur les biens de sa femme, auroient empêché qu'il n'eût pu être payé, sur lesdits biens, de la somme comprise en la donation qui lui a été faite par sa femme.

Mais lorsque la femme qu'on a déclarée être franche et quitte de dettes, n'a fait aucune donation à son mari, le mari ne pouvant, en ce cas, avoir aucune créance à exercer contre sa femme, il ne peut avoir en ce cas d'autre intérêt que sa femme soit franche et quitte de dettes, que celui qu'il a que les dettes de sa femme, antérieures au mariage, ne diminuent pas sa communauté par les sommes qu'il en faudroit tirer pour les acquitter, tant en principaux qu'intérêts. Les parents de la fille s'obligent donc, par cette convention envers son mari, à payer à la décharge de sa communauté, toutes les dettes de sa femme antérieures au mariage. Si elles en étoient déjà exclues pour le fonds, par une clause de séparation de dettes, ils seroient censés s'être obligés d'acquitter la communauté des intérêts desdites dettes courus depuis le mariage, et pareillement des arrérages des rentes constituées dues par la femme avant son mariage, courus depuis. C'est ce qu'enseigne Lebrun, en son *Traité de la communauté*, liv. 2, ch. 3, sect. 3, n. 50.

374. La garantie des dettes de la femme qu'on a déclarée franche et quitte, comprend celles dont elle étoit débitrice envers ses parents, qui l'ont déclarée franche et quitte, aussi bien que celles dont elle étoit débitrice envers d'autres personnes. Lebrun, au lieu cité, fait de longs raisonnements

pour prouver cette proposition, qui est évidente par elle-même, et il cite en pure perte des textes de droit qui n'ont aucune application à la question.

Cet auteur décide, en conséquence, qu'une mère qui, en mariant sa fille, la déclare franche et quitte de dettes, est censée faire remise du douaire qui lui est dû par sa fille. Je pense que lorsque ce douaire consiste dans une rente annuelle, la clause ne s'étend qu'à la charge des arrérages du douaire qui courent jusqu'au temps de la dissolution de la communauté, et qu'elle ne s'étend pas à ceux qui courront depuis la dissolution de la communauté arrivée, soit par la mort du mari, soit par une séparation. La raison est, que cette clause est une convention intervenue entre les parents de la femme, qui l'ont déclarée franche et quitte, et le mari. Ce n'est qu'envers le mari que l'obligation qui résulte de cette clause est contractée; et elle ne peut par conséquent s'étendre qu'aux arrérages, à la décharge desquels le mari a intérêt. Or, le mari a bien intérêt à la décharge des arrérages du douaire qui courront jusqu'à la dissolution de la communauté, parce que la communauté en seroit chargée; mais il n'a aucun intérêt à la décharge de ceux qui ne courent que depuis la dissolution de la communauté.

375. La clause par laquelle les parents de la femme la déclarent franche et quitte des dettes antérieures au mariage, diffère de la convention de séparation de dettes.

1° Celle-ci est une convention qui intervient entre les futurs conjoints : celle par laquelle les parents déclarent la fille franche et quitte, intervient entre lesdits parents de la fille, et l'homme qui la doit épouser.

2° La convention de séparation de dettes ne comprend que les sommes principales dues par chacun des conjoints avant le mariage : elle n'empêche pas que la communauté ne soit chargée de tous les intérêts desdites sommes, qui courront pendant le temps de sa durée, aussi bien que des arrérages des rentes dues par chacun des conjoints, qui courront pendant ledit temps. Mais la clause qu'on a ajoutée, par laquelle les parents de la femme l'ont déclarée franche et quitte de dettes, les oblige à acquitter la communauté même des intérêts des sommes dues par la femme avant le mariage, courus pendant le temps de sa durée, et des arrérages des rentes dues par la femme, courus pendant ledit temps, comme nous l'avons vu.

376. La clause par laquelle les parents de la femme la déclarent franche et quitte de dettes, étant une convention qui intervient entre lesdits parents et l'homme qui doit l'épouser, et à laquelle convention la femme n'est pas partie, c'est une conséquence que si l'homme n'a pas pu se faire indemniser par les parents de la femme, qui se sont trouvés insolvables, des sommes qui ont été tirées de la communauté, pour payer les dettes de la femme antérieures au mariage, l'homme ou ses héritiers n'auront aucun recours pour en être indemnisés contre la femme qui ne seroit pas héritière de ses parents qui l'ont déclarée franche et quitte; à moins qu'outre cette clause, il n'y eût une convention de séparation de dettes; auquel cas l'homme auroit bien, en vertu de la convention de séparation de dettes, un recours contre sa femme pour les sommes principales par elles dues avant son mariage, et acquittées des deniers de la communauté; mais il n'en auroit aucun pour les intérêts desdites sommes, et pour les arrérages des rentes : il n'a recours que contre les parents de sa femme qui l'ont déclarée franche et quitte, et contre leur succession.

377. La clause par laquelle les parents de la femme la déclarent franche et quitte de dettes, est différente de celle par laquelle ils s'obligeroient formellement d'acquitter ses dettes antérieures au mariage. Ils s'obligent, en ce second cas, tant envers leur fille qu'envers l'homme qui doit l'épouser. C'est une donation qu'ils font à leur fille, de la somme à laquelle montent ses dettes, qui fait partie de la dot qu'ils lui donnent. C'est pourquoi, en ce second cas, bien loin que les parents puissent avoir recours contre leur fille, après la dissolution de la communauté, pour ses dettes qu'ils ont acquittées, c'est au contraire leur fille qui a action contre eux, pour qu'ils soient tenus de les acquitter, si cela n'a pas encore été fait.

Au contraire, lorsque les parents de la femme l'ont simplement déclarée franche et quitte de dettes, cette clause étant une convention qui n'intervient qu'entre les parents de la femme et l'homme qu'elle doit épouser, et en laquelle la femme n'est pas partie, les parents de la femme ne contractent en ce cas d'obligation qu'envers l'homme, et ne garantissent que lui des dettes de sa femme antérieures au mariage. Les parents de la femme, qui, en conséquence de l'engagement qu'ils ont contracté avec leur gendre, ont payé les dettes de la femme antérieures au mariage, ont, après la dissolution de la communauté, l'action *negotiorum gestorum* contre leur fille, pour répéter d'elle les sommes qu'ils ont payées pour acquitter ses dettes, pourvu néanmoins que l'action ne puisse réfléchir contre leur gendre ou ses héritiers.

C'est pourquoi, lorsque par le contrat de mariage, outre la clause par laquelle les parents de la femme l'ont déclarée franche et quitte de dettes, il y a entre les futurs conjoints une convention de séparation de dettes, les parents de la femme qui, en exécution de leur engagement envers leur gendre, ont payé des sommes principales dues par leur fille avant son mariage, en ont la répétition contre leur fille, après la dissolution de la communauté, *actione negotiorum gestorum*, l'action ne pouvant pas en ce cas réfléchir contre l'homme ni contre ses héritiers, la communauté n'étant pas tenue desdites dettes de la femme, au moyen de la séparation de dettes.

Mais si, par le contrat de mariage, il n'y avoit pas de séparation de dettes, les dettes de la femme, antérieures au mariage, étant, en ce cas, tombées dans la communauté, les parents de la femme, qui, en exécution de leur engagement envers leur gendre, les ont acquittées, ne peuvent les répéter contre leur fille, qui a renoncé à la communauté, parce que l'action réfléchiroit, en ce cas, contre le mari ou ses héritiers, qu'ils en ont garantis; la femme, au moyen de sa renonciation, ayant action contre son mari ou ses héritiers, pour être acquittée de toutes les dettes de communauté, et par conséquent des siennes, qui, faute de séparation de dettes, sont devenues dettes de communauté.

Si la femme avoit accepté la communauté, ses parents pourroient répéter d'elle la moitié des sommes par eux payées pour le paiement de ses dettes, leur action, pour cette moitié, ne pouvant en ce cas réfléchir contre le mari ou ses héritiers, puisque sa femme, en qualité de commune, est débitrice pour moitié, sans recours, des dettes de la communauté.

578. La clause par laquelle les parents de la femme la

déclarent franche et quitte de dettes, peut avoir lieu, quoique le contrat de mariage porte exclusion de communauté : car le mari ayant droit de percevoir tous les revenus des biens qui lui sont apportés en dot par sa femme, pendant tout le temps du mariage, pour en supporter les charges, il a intérêt qu'il ne se trouve aucune dette de la femme, antérieure au mariage, qui diminue lesdits revenus. C'est pourquoi les parents qui ont déclaré la femme franche et quitte de dettes, s'obligent, en ce cas, d'acquitter le mari de toutes les poursuites que les créanciers de sa femme, antérieurs audit mariage, pourroient faire sur les biens de sa femme, qui lui ont été apportés en dot.

ARTICLE VI.

De la clause de reprise de l'apport de la femme, en cas de renonciation.

379. C'est une convention très-usitée dans les contrats de mariage, que celle par laquelle la femme stipule qu'elle pourra, lors de la dissolution de communauté, en y renonçant, reprendre franchement et quittemennt ce qu'elle y a mis.

Cette convention par laquelle la femme doit avoir part aux gains, si la communauté prospère, sans rien supporter des pertes dans le cas contraire, étant une convention que la faveur des contrats de mariage y a fait admettre, quelque contraire qu'elle soit aux règles ordinaires des sociétés, elle est de droit très-étroit.

Nous verrons sur cette convention, 1° quand il y a ouverture au droit qui en résulte : 2° au profit de quelles personnes : 3° par quelles personnes peut être exercée l'action qui en naît, lorsque le droit a été ouvert au profit de la femme ou des autres personnes comprises dans la convention : 4° quelles choses sont l'objet de cette convention.

§. I. Quand y a-t-il ouverture au droit qui résulte de la convention pour la reprise de l'apport de la femme.

380. C'est la dissolution de communauté qui donne ouverture au droit qui résulte de cette convention. Aussitôt que la dissolution de communauté est arrivée du vivant de la femme, *putà*, par la mort du mari, le droit qui résulte de cette convention est acquis à la femme, dès l'instant de la mort du

mari : il devient dès-lors un droit formé qui fait partie des biens de la femme, dont elle peut disposer, et qu'elle transmet dans sa succession.

Il n'est pas nécessaire, pour que ce droit soit ouvert, d'attendre que la femme ait renoncé à la communauté. La renonciation à la communauté n'est pas apposée, dans cette convention, comme une condition qui en doive suspendre l'ouverture ; c'est plutôt *lex faciendi ;* c'est la charge sous laquelle la femme doit user du droit que cette convention lui donne de reprendre franchement et quittement ce qu'elle a apporté à la communauté. Elle ne peut le reprendre qu'à la charge d'abandonner le surplus en renonçant à la communauté : mais, dès avant qu'elle ait renoncé à la communauté, elle a, par la dissolution de communauté, le droit de reprendre ce qu'elle y a mis, à la charge d'abandonner le surplus; et, si elle meurt avant d'avoir pris qualité, elle transmet à ses héritiers ce droit tel qu'elle l'avoit, c'est-à-dire, le droit de reprendre ce qu'elle a apporté à la communauté, en renonçant à la communauté. C'est ce qui a été jugé par un arrêt du 29 juillet 1716, rapporté au sixième tome du Journal des audiences.

381. Les notaires expriment quelquefois cette convention d'une manière louche. Au lieu de la concevoir en ces termes : *Arrivant la dissolution de la communauté, la future épouse pourra, en renonçant à la communauté, reprendre franchement et quittement tout ce qu'elle y a apporté;* il y a des notaires qui la conçoivent en ceux-ci : *La future seule survivant, pourra renoncer à la communauté ; ce faisant, reprendre ce qu'elle y aura apporté.* Cela a donné lieu à la question, si ce terme *survivant,* renfermoit une condition, de manière qu'arrivant la dissolution de communauté par une sentence de séparation de biens, le droit qui résulte de cette clause ne dût être ouvert que dans le cas auquel la femme survivroit à son mari. Lebrun, *Traité de la communauté, liv.* 3, *ch.* 2, *sect.* 2, ff. 5, *n.* 21, décide que ce terme ne renferme pas une condition ; que, par ces termes, les parties n'avoient voulu dire autre chose, sinon que le droit de reprendre l'apport en renonçant à la communauté, n'étoit accordé, par cette convention, qu'à la personne seule de la femme, et non à ses enfants ni à ses autres héritiers. En conséquence les parties, par ces termes, *la femme survivant,* ont seulement voulu dire

qu'il y auroit ouverture à la reprise au profit de la femme survivante, dans le cas auquel la dissolution de communauté arriveroit par le prédécès du mari, et que, dans le cas contraire, auquel elle arriveroit par le prédécès de la femme, il n'y auroit pas ouverture à la reprise au profit de ses héritiers, parce que l'intention des parties étoit d'accorder la reprise à la seule personne de la femme, et non à ses héritiers. Si les parties ne se sont pas expliquées sur le cas auquel la dissolution de communauté arriveroit par une sentence de séparation, c'est qu'elles n'ont pas pensé à ce cas, qu'elles ne comptoient pas devoir arriver ; mais on n'en doit pas conclure qu'elles aient voulu restreindre le droit de reprise accordé par la convention à la femme, au seul cas auquel la dissolution de la communauté arriveroit par le prédécès du mari, et l'exclure pour le cas auquel elle arriveroit par une sentence de séparation. Lebrun autorise sa décision par des arrêts rapportés par Brodeau sur Louet, *lettre C, chap.* 26, qui ont jugé qu'une femme, dans le cas d'une sentence de séparation de biens, pouvoit exercer la reprise qu'elle avoit stipulée en cas de survie.

382. On a agité autrefois la question, si, lorsque la femme, après une sentence de séparation, avoit exercé la reprise qui, par la convention, n'étoit accordée qu'à elle seule, ladite femme venant depuis à prédécéder, le mari survivant ne devoit pas avoir la répétition de cette reprise contre les héritiers de la femme. L'annotateur de Lebrun, au lieu ci-dessus, rapporte deux arrêts, l'un du 20 décembre 1712, l'autre du 26 février 1718, qui ont admis le mari à répéter, contre les héritiers de sa femme, l'apport dont elle avoit exercé la reprise après une sentence de séparation de biens. On se fondoit, pour cette répétition, sur ce que la reprise de l'apport n'étant accordée qu'à la personne seule de la femme, ses héritiers ne pouvoient le retenir : mais le même annotateur rapporte ensuite un autre arrêt contraire aux deux précédents, du 30 décembre 1718, par lequel, sur les conclusions de M. Gilbert de Voisins, il a été donné congé aux héritiers de la femme, de la demande que le mari avoit donnée contre eux en répétition de l'apport dont la femme avoit exercé la reprise après une sentence de séparation de biens. Cet arrêt est aussi rapporté au septième tome du Journal des audiences.

C'est à la décision de ce dernier arrêt qu'on doit s'en tenir. De ce que, par la convention, la reprise de l'apport, en renonçant à la communauté, a été accordée à la personne seule de la femme, on doit seulement conclure qu'il ne peut y avoir ouverture à cette reprise qu'au profit de la seule personne de la femme ; et qu'en conséquence, lorsque la dissolution de communauté arrive par le prédécès de la femme, elle ne peut faire ouverture à la reprise au profit des héritiers de la femme, qui ne sont pas compris dans la convention. Mais, lorsque le droit de reprise a été ouvert, au profit de la femme, le droit, par cette ouverture, ayant été acquis à la femme, étant devenu un droit formé qui fait partie de ses biens, rien n'empêche qu'elle ne le puisse transmettre à ses héritiers, et tout ce qui lui en est provenu, de même que tous ses autres biens.

383. Ce n'est que la dissolution de communauté qui arrive par le prédécès du mari, ou par une séparation, qui peut donner ouverture au profit de la femme, au droit qui résulte de cette convention.

Ce ne peut être que celle qui arrive par le prédécès de la femme, qui puisse y donner ouverture au profit des enfants ou autres héritiers qui ont été expressément compris dans la convention.

Ceci sert à l'interprétation d'une clause qui étoit conçue en ces termes : *Advenant le prédécès du mari, la femme et ses enfants renonçant à la communauté, reprendront, etc.* La femme étant prédécédée, les enfants renoncèrent à la communauté, et demandèrent à exercer la reprise. On leur opposoit que la reprise étant stipulée, pour le cas du prédécès du mari, et ce cas n'étant pas arrivé, il ne pouvoit y avoir ouverture à la reprise. Les enfants répondoient que ces termes, *advenant le prédécès du mari,* ne pouvoient se rapporter qu'à la femme, à qui, par cette clause, la reprise en renonçant étoit accordée, *advenant le prédécès du mari;* mais, à leur égard, ayant été aussi compris dans la convention, la reprise doit être censée leur être accordée pour le cas du prédécès de la femme, leur mère, puisque c'est le seul cas qui pouvoit donner ouverture, à leur profit, à la convention. Sur ces raisons, la reprise leur fut adjugée par arrêt du 13 décembre 1641, rapporté par Brodeau sur Louet, *lettre F, chap.* 28, *n.* 3.

§. II. Au profit de qui la dissolution de communauté donne-t-elle ouverture à la convention, pour la reprise de l'apport.

384. Quoique ce soit un principe général pour toutes les conventions, que nous sommes censés avoir stipulé pour nos héritiers tout ce que nous avons stipulé pour nous ; *Qui sibi paciscitur, sibi heredique suo paciscitur ;* (Traité des obligations, *n.* 63 *et suiv.*); néanmoins, par une exception à ce principe général, la convention dont nous traitons, étant d'un droit très-étroit, lorsqu'une femme a stipulé qu'arrivant la dissolution de communauté, elle pourroit, en y renonçant, reprendre franchement ce qu'elle y a apporté, elle n'est censée n'avoir stipulé cela que pour elle seule, et non pour ses héritiers, s'ils ne sont pas expressément compris dans la convention, soit en les y nommant, soit en s'expliquant de manière qu'on ne puisse douter de la volonté que les parties ont eue de les y comprendre. En conséquence, lorsqu'il est dit simplement que la future, en renonçant à la communauté, reprendra franchement ce qu'elle y a apporté ; si, dans ce cas, la communauté vient à se dissoudre par le prédécès de la femme, ses héritiers, n'étant point expressément compris dans la convention, ne pourront pas exercer la reprise ; et, en renonçant à la communauté, ils y laisseront tout ce qui y a été apporté par la femme, sans qu'ils puissent reprendre autre chose que ce qui a été réservé propre.

Les enfans avoient néanmoins prétendu autrefois devoir être censés tacitement compris dans cette convention ; mais les arrêts rapportés par Louet et Brodeau, *lettre F, n.* 28, et par les autres arrêtistes, ont jugé qu'ils n'y étoient pas plus compris que les autres héritiers, si les parties ne s'en étoient pas expliquées par la convention.

385. Ce principe, que la femme est censée avoir stipulé pour elle seule le droit de reprendre, en renonçant à la communauté, ce qu'elle y a apporté, et non pour ses enfants ou autres héritiers, s'ils ne sont expressément compris dans la convention, a lieu non-seulement lorsque la clause est conçue en ces termes : *La future pourra, etc.;* ou *Il sera permis à la future, etc.;* il a lieu même dans le cas où la clause auroit été conçue en termes impersonnels. C'est ce qui a été jugé par un arrêt du 19 février 1604, rapporté par

La Thaumassière, en ses Questions, *centur.* 72. Dans l'espèce de cet arrêt, la clause étoit conçue en ces termes : *Avenant dissolution de communauté, en cas de renonciation à la communauté, reprise sera faite de tout ce que la femme y aura apporté.* La dissolution de communauté étant arrivée par le prédécès de la femme, l'arrêt débouta les enfants de la reprise de l'apport qu'ils vouloient exercer en renonçant à la communauté.

586. Pour que la femme puisse rendre transmissible, par son prédécès à ses héritiers, le droit qu'elle a stipulé par cette convention, de reprendre, en renonçant à la communauté, ce qu'elle y a apporté, il faut qu'elle les comprenne expressément dans la convention. En ce cas, lorsque, par son prédécès, elle laisse des héritiers de la qualité de ceux compris dans la convention, elle leur transmet ce droit par son prédécès, et il se fait, par son prédécès, ouverture à ce droit au profit desdits héritiers, qui peuvent l'exercer de même que l'eût exercé la femme, si le droit eût été ouvert de son vivant, par le prédécès du mari, ou par une séparation.

Mais si la femme, par son prédécès qui a dissous la communauté, n'a laissé que des héritiers qui ne sont pas de la qualité de ceux qui sont compris dans la convention; *putà,* si la reprise a été stipulée au profit de la future et de ses enfants, et qu'elle ne laisse pour héritiers que des collatéraux, elle ne transmet pas auxdits héritiers le droit qu'elle a stipulé de reprendre, en renonçant à la communauté, ce qu'elle y a apporté, et la convention devient caduque.

587. On comprend assez souvent les enfants dans cette convention. C'est ce qui se fait par ces termes : *La future et ses enfants pourront, etc.,* ou *La future et les siens;* ou *La future et ses hoirs, etc. :* car ces termes, *siens, hoirs,* dans ces clauses qui sont de droit étroit, ne comprennent que les héritiers de la ligne descendante, c'est-à-dire les enfants. C'est ce que nous avons déja observé *suprà, n.* 328 par rapport, aux propres conventionnels.

Au reste, ces termes, *enfants, siens, hoirs,* comprennent non-seulement les enfants du premier degré, mais ceux de tous les degrés. Le terme *enfant,* dans notre langue, répond au terme latin *liberi :* or, la loi 220, ff. *de verb. sign.,* nous apprend que *Liberorum appellatione nepotes et pronepotes, cœterique qui ex his descendunt, continentur.* Il n'y a aucune raison de croire que les parties, dans cette clause, se soient écartées de cette signification ordinaire du terme *enfants*; l'affection qu'on a pour ses petits-enfants, étant la même qu'on a pour ses propres enfants.

Ces raisons me paroissent décisives contre l'opinion de Lebrun, qui restreint dans cette clause le terme *enfants*, à ceux du premier degré.

Ces termes comprennent aussi tous les enfants de la femme, non-seulement ceux qui naîtront du mariage, mais pareillement ceux qu'elle a des mariages précédents. Néanmoins s'il étoit dit : *La future et ses enfants qui naîtront du mariage, pourront reprendre, etc.*; ces termes, *qui naîtront du mariage*, excluroient de la convention ceux des précédents mariages, suivant la règle : *Inclusio unius est exclusio alterius.* C'est pourquoi, dans ce cas, si la femme, par son prédécès qui a dissous la communauté, n'a laissé pour ses héritiers que des enfants de ses précédents mariages, il n'y aura pas ouverture à la reprise pour ses héritiers.

Obiter nota : mais lorsque la femme a laissé un enfant du mariage, ceux des précédents mariages profitent de la reprise qui a été ouverte au profit de cet enfant avec qui ils la partagent; cet enfant ne devant pas être plus avantagé qu'eux dans la succession de la mère commune, et étant en conséquence obligé à leur faire rapport de l'avantage que lui a fait sa mère, en stipulant la reprise à son profit.

388. Voici une espèce dans laquelle on a jugé que ces termes, *qui naîtront du mariage*, n'excluoient pas les enfants des précédents mariages, dans le cas auquel la femme n'en avoit laissé aucun de ce mariage. La clause étoit conçue en ces termes : « Il sera permis à la future épouse et aux enfants » qui naîtront du mariage, même à ses héritiers collatéraux, » d'accepter ou de renoncer à la communauté; auquel cas de » renonciation, reprendront franchement et quittement tout » ce qu'elle aura apporté, etc. ». Par arrêt du mois d'août 1685, rapporté par Berroyer, *tome* 1 des Arrêts de Bardet, *l.* 2, *chap.* 11, nonobstant ces termes, *qui naîtront du mariage*, on adjugea la reprise à un enfant d'un précédent mariage. La circonstance de la reprise accordée dans cette clause, *même aux héritiers collatéraux*, fit présumer que les parties, par ces termes, *aux enfants qui naîtront du mariage*, n'avoient pas entendu exclure les enfants du mariage précédent, qui

étoient infiniment plus chers à la femme que ses parents collatéraux, pour lesquels elle avoit stipulé la reprise.

389. Par la même raison, si la convention étoit conçue en
ces termes : *La future et ses héritiers collatéraux* pourront, en
renonçant à la communauté, reprendre ce qu'elle y a apporté ; je penserois qu'on doit entendre la clause comme s'il
y avoit *et ses héritiers,* MÊME *collatéraux,* et regarder en conséquence les enfants comme compris dans la convention : car
il ne peut tomber sous le sens que ce que les parties ont bien
voulu accorder à tous les héritiers collatéraux de la femme,
elles l'aient refusé à leurs propres enfants, qui leur sont infiniment plus chers.

Je sais qu'il y a plusieurs auteurs qui sont d'avis contraire ;
Lebrun, *Traité de la comm.* , *liv.* 3, *chap.* 2 , *sect.* 2, *d.* 5, *n.* 12 ;
Lemaître , Duplessis , etc. : mais je ne puis déférer à leur
avis.

En vain opposent-ils que la convention étant de droit étroit,
les enfants ne peuvent être censés compris dans la convention, qu'ils n'y soient expressément compris. La réponse est
que, pour que les enfants soient expressément compris dans
la convention, il n'est pas précisément nécessaire qu'il y
soient nommés : il suffit que les parties se soient, par les termes de la convention, expliquées de manière qu'il n'y ait pas
lieu de douter raisonnablement de la volonté qu'elles ont eue
de les y comprendre. Or, les parties, en comprenant dans la
convention, même leurs héritiers collatéraux, ne laissent
aucun lieu de douter de la volonté qu'elles ont eue d'y comprendre, à plus forte raison, leurs enfants. L'arrêt, qui est
le 112ᵉ du recueil de Montholon, et qu'on oppose contre notre opinion, n'a aucune application à la question. Dans l'espèce de cet arrêt, il étoit dit : *La femme survivante son mari
sans enfants, aura tout ce qu'elle a apporté , en renonçant à la
communauté ; et, si elle prédécède sans enfants , le mari sera quitte ;
et reprendront les collatéraux tout ce qu'elle aura apporté, sans
prendre par eux aucune chose en ladite communauté.* La femme
étant prédécédée, et ayant laissé pour héritier un enfant, cet
enfant prétendit avoir droit de reprendre, en renonçant à la
communauté, ce que sa mère y avoit apporté. Il en fut débouté par l'arrêt, et avec raison : car il est évident, dans cette
espèce, que les enfants n'étoient compris dans aucune des
parties de cette clause. Si l'on accordoit par la seconde partie

de la clause aux héritiers collatéraux de la femme, le droit
de reprendre tout ce qu'elle avoit apporté, c'étoit par une
raison qui lui étoit particulière : on leur accordoit cela comme
une récompense de ce qu'ils étoient restreints à cela pour
tout droit de communauté, et privés de pouvoir prétendre
aucune part dans tous les gains et profits de la communauté,
si elle eût prospéré. Mais les enfants, qui auroient participé
à la bonne fortune, et auroient eu moitié dans tous les gains,
profits et acquisitions, si la communauté eût prospéré, doivent aussi, dans le cas contraire, participer à la mauvaise
fortune, et perdre, en renonçant à la communauté, ce que
leur mère y a apporté.

590. Lorsque la femme a stipulé qu'elle et ses héritiers collatéraux pourroient reprendre, en renonçant à la communauté, ce qu'elle y a apporté, doit-on sous-entendre, comme
compris dans la convention, non-seulement les enfants, mais
pareillement, à défaut d'enfants, les père et mère, et autres
héritiers de la ligne directe ascendante de la femme? Je le
pense; car nos parents de la ligne directe ascendante nous
étant plus chers que des collatéraux, et étant plus ordinaire
de stipuler cette reprise pour les père et mère de la femme
que pour ses collatéraux, il y a tout lieu de présumer que
les parties, en étendant la convention de la reprise de l'apport jusqu'aux héritiers collatéraux, ont entendu, à plus
forte raison, comprendre dans la convention les parents de
la ligne directe ascendante.

Quelque étendue que soit la convention pour la reprise de
l'apport, en renonçant à la communauté, lorsqu'on y a expressément compris même les héritiers collatéraux de la
femme, elle n'a pas néanmoins encore, en ce cas, la même
étendue que les conventions ordinaires : car, dans les conventions ordinaires, ce qu'une personne stipule, elle est
censée le stipuler pour elle et pour sa succession, en tant
qu'elle est sa succession simplement, soit qu'elle doive être
acceptée, et quelles que soient les personnes qui l'accepteront,
soit qu'elle doive être jacente. Au contraire, la convention
pour la reprise de l'apport, en renonçant à la communauté,
étant une convention d'une nature particulière, par laquelle
la femme qui stipule cette reprise, est censée ne la stipuler
que pour elle, et pour ceux qu'elle a expressément compris

S.   17

dans la convention; c'est une conséquence, que lorsqu'elle
y a compris expressément même ses héritiers collatéraux,
elle n'a pas même, en ce cas, stipulé pour sa succession
simplement, en tant qu'elle est sa succession, mais seulement pour sa succession, en tant qu'elle sera acceptée par
quelqu'un de ses parents. C'est pourquoi si, après sa mort,
sa succession est jacente, le curateur à sa succession jacente
ne pourra exercer la reprise.

Par la même raison, si, ne s'étant trouvé aucuns parents
de la femme, et son mari s'étant trouvé incapable de lui
succéder, *putà*, parce que c'est un étranger non natura-
lisé, le seigneur haut justicier à qui la succession de la
femme a été déférée, ne pourra exercer la reprise, que
la femme n'a stipulée que pour elle et pour ses héritiers
qui seroient de sa parenté.

391. On a agité la question, si, dans l'espèce suivante,
les enfants doivent être censés compris dans la convention pour la reprise de l'apport de la femme, la clause
étant conçue en ces termes : « En cas de prédécès, sera
» permis à la future épouse, et à ses enfants issus du
» futur mariage SEULEMENT, de renoncer à la communauté,
» ou icelle accepter; et, en cas de renonciation, reprendra
» ladite future épouse tout ce qu'elle aura apporté, etc. »
La femme étant morte la première, et ayant laissé un
enfant pour héritier, le subrogé tuteur renonça pour l'enfant à la communauté, et demanda la reprise de ce que
sa mère y avoit apporté. Le père, pour s'en défendre,
disoit que l'enfant étoit bien compris dans la première
partie de la clause, qui permettoit la renonciation à la
communauté; mais qu'il n'étoit pas compris dans la seconde partie, qui accorde la reprise de l'apport en cas
de renonciation. C'est, dit-on, ce qui paraît par les termes
dont cette seconde partie de la clause est conçue : *Et, en
cas de renonciation, reprendra ladite future, etc.* Ces termes,
qui sont au singulier, *reprendra ladite future,* ne comprennent que la femme. Pour que les enfants y fussent
compris, il auroit fallu dire : *Et, en cas de renonciation,
reprendront;* ou bien : *Et, en cas de renonciation, reprendra.*
On disoit, au contraire, pour l'enfant, que les deux parties de la clause étoient tellement connexes, et avoient

une telle relation, qu'il suffisoit que les enfants fussent compris dans la première partie de la clause, pour qu'ils dussent être sous-entendus dans la seconde ; la simple faculté de renoncer à la communauté, étant une faculté qu'ont tous ceux qui succèdent aux droits de la femme, quels qu'ils soient, et qui n'a pas besoin d'être stipulée. Ces termes de la clause, *Sera permis à la future épouse et à ses enfants issus du futur mariage* SEULEMENT, *de renoncer à la communauté, etc.*, ne doivent pas s'entendre d'une simple faculté de renoncer, telle qu'elle est de droit commun, et qui n'a pas besoin d'être stipulée, mais d'une faculté de renoncer, telle qu'elle étoit énoncée dans la suite de la clause, et à laquelle étoit attaché le droit de reprendre l'apport de la femme en renonçant. C'est ce que prouve évidemment le terme *seulement*, employé dans cette clause, lorsqu'il y est dit, *sera permis à la future épouse et à ses enfants issus du futur mariage* SEULEMENT, *de renoncer, etc.* Il est évident que la faculté de renoncer, que les parties restreignent aux enfants issus du mariage, par ce terme *seulement*, est la faculté de renoncer, à laquelle est joint le droit de reprendre l'apport, et non la simple faculté de renoncer, telle qu'elle a lieu de droit commun. Ce n'est que le droit de reprendre l'apport en renonçant, qu'on a refusé aux autres héritiers et successeurs de la femme; on n'a pas voulu leur interdire la faculté de se décharger des dettes de la communauté, en y renonçant, et y laissant ce qui y a été mis. On ne doit donc pas dire que, dans cette espèce, les enfants ne sont pas compris dans la convention pour la reprise de l'apport, en renonçant, sous le prétexte que par les derniers termes de la clause, il est dit simplement, *En cas de renonciation, reprendra ladite future, etc.*, sans dire que les enfants reprendront pareillement : car il suffit, pour que cela doive se sous-entendre, que les enfants aient été expressément compris dans le commencement de la clause, qui ne renferme autre chose, dans tout ce qu'elle contient, que la faculté accordée aux personnes qui y sont comprises, de reprendre l'apport de la femme, en renonçant à la communauté.

Sur ces raisons, est intervenu l'arrêt du 27 février 1629, qui, dans la présente espèce, a accordé à l'enfant héritier de sa mère, la reprise de l'apport de sa mère, en renonçant

à la communauté. Il est rapporté au tome premier du Journal des audiences, *liv.* 1, *chap.* 21, et dans le recueil de
Barbet, tome premier, *liv.* 2, *chap.* 11.

392. Lebrun, Traité de la commun., *liv.* 3, *chap.* 2, *sect.* 2,
d. 5, *n.* 11, rapporte une autre espèce. Il étoit dit par un
contrat de mariage : « Sera loisible à la future épouse, en
» cas qu'elle survive, de renoncer; et, en ce faisant, re-
» prendre franchement et quittement ce qu'elle a apporté;
» et, en cas qu'elle prédécède, *ladite* faculté de renoncer sera
» transmissible aux enfants qu'elle laissera du mariage; et
» à leur défaut, à ses héritiers collatéraux. » Le cas du
prédécès de la femme étant arrivé, Lebrun, consulté sur
cette espèce, décida que les enfants ne pouvoient prétendre
la reprise en renonçant, et que la faculté de renoncer,
dont il étoit parlé dans la seconde partie de la clause, ne
devoit être entendue que de la simple faculté de renoncer à
la communauté, telle que la coutume l'accorde. La raison
qui peut faire adopter l'avis de Lebrun sur cette espèce,
est qu'étant une chose insolite d'accorder indistinctement
aux héritiers collatéraux de la femme, le droit de reprendre,
en renonçant, ce qu'elle a apporté, il y a lieu de croire
que la faculté de renoncer, dont il est parlé dans la seconde
partie de la clause, et qui est accordée même aux héritiers
collatéraux, n'est autre chose que la simple faculté de renoncer, que la coutume accorde à tous les successeurs de la
femme, pour se décharger des dettes Mais s'il n'eût pas
été parlé, dans cette partie de la clause, des héritiers collatéraux, et qu'il eût été dit simplement, *ladite faculté de re-*
noncer sera transmissible aux enfants, je crois que cela devroit
s'entendre de la faculté de renoncer, dont il a été parlé dans
la première partie de la clause, à laquelle est joint le droit
de reprendre, en renonçant, ce que la femme a apporté.
C'est le sens que présentent ces termes, LADITE *faculté.*

§. III. Lorsque la convention pour la reprise de l'apport de la femme
a été ouverte, soit au profit de la femme, soit au profit de ses héritiers
compris dans la convention, par qui l'action qui en résulte peut-elle
être exercée.

393. Lorsque la convention pour reprendre, en renonçant,
ce que la femme a apporté en communauté, a été ouverte au profit de la femme, soit par le prédécès de son mari,

soit par une séparation, l'action qui naît de cette convention, pour exiger du mari ou des ses héritiers, en renonçant à la communauté, ce que la femme y a apporté, peut être exercée non-seulement par la femme, au profit de qui le droit qui naît de cette convention a été ouvert; elle peut pareillement être excercée par toutes les personnes qui ont succédé aux droits de cette femme, ou qui ont droit d'exercer ces droits.

En vain opposeroit-on que le droit qui naît de la convention pour la reprise de l'apport, en renonçant, est un droit personnel à la femme. Il n'est personnel qu'en ce sens, qu'il ne se peut faire ouverture à ce droit qu'au profit de la seule personne de la femme, par la dissolution de communauté qui arrive de son vivant; et que, lorsque la dissolution arrive par son prédécès, il ne peut y avoir ouverture au profit des héritiers de la femme, au droit qui naît de cette convention, s'ils ne sont eux-mêmes compris dans la convention. Mais, lorsqu'une fois le droit qui naît de cette convention a été ouvert au profit de la femme, c'est un droit qui lui est acquis en pleine propriété, dont elle peut disposer, et qu'elle transmet dans sa succession, de même que tous ses autres biens. C'est pourquoi l'action qui résulte de ce droit peut être exercée par ses héritiers ou autres successeurs. Elle transmet ce droit à ses héritiers, quand même elle seroit morte avant que de s'être expliquée si elle entendoit accepter ou renoncer à la communauté; et il a été jugé en conséquence, par arrêt du 2 juillet 1716, rapporté par l'auteur du traité des contrats de mariage, que ses héritiers étoient eu ce cas reçus à exercer l'action pour la reprise de son apport, en renonçant à la communauté, comme nous l'avons vu *suprà*, n. 380.

Il en est de même de ses autres successeurs, tels que seroit son légataire universel, comme Lebrun en convient; *Traité de la commun.*, liv. 3, chap. 2, sect. 2, d. 5., n. 17.

394. par la même raison, le droit qui naît de la convention pour la reprise de l'apport de la femme, en renonçant à la communauté, ayant été ouvert au profit de la femme, les créanciers de la femme doivent être reçus à exercer l'action qui en naît pour la reprise de l'apport de la femme. C'est mal-à-propos que Lebrun, *ibidem*, distingue si c'est du vivant de la femme, ou depuis la mort de la femme,

qui est morte après que le droit a été ouvert à son profit,
que les créanciers de la femme demandent à exercer pour
elle cette reprise. Cette distinction n'a aucun fondement. Des
créanciers sont reçus, soit du vivant, soit après la mort de
leur débiteur, à exercer tous les droits qui appartiennent à
leur débiteur, ou à sa succession.

Il y a plus : quand même la femme au profit de qui le droit
de reprendre son apport, en renonçant, a été ouvert par le
prédécès de son mari, auroit, en fraude de ces créanciers,
et pour favoriser ses enfants débiteurs de cette reprise, accepté une communauté mauvaise, et se seroit par-là privée
de son droit, qui ne lui est accordé qu'en renonçant à la
communauté ; les créanciers de la femme devroient, en faisant déclarer nulle et frauduleuse l'acceptation que leur débitrice a faite de la communauté, être admis à y renoncer
pour elle, et à exercer la reprise de son apport qu'elle a droit
d'exercer, en y renonçant. C'est une suite de ce principe de
notre jurisprudence, qu'un débiteur ne peut, en fraude de
ses créanciers, se désister des droits qui lui sont acquis. C'est
pour cela que lorsqu'un débiteur a renoncé, en fraude de
ses créanciers, à une succession avantageuse, ses créanciers
sont admis, dans notre jurisprudence, contre la subtilité du
droit romain, à exercer les droits de leur débiteur dans cette
succession, en faisant déclarer nulle et frauduleuse la renonciation qu'il y a faite.

395. Lorsque, par le prédécès de la femme, le droit de
reprendre l'apport de la femme en renonçant à la communauté, a été ouvert au profit de l'héritier de la femme qui
étoit compris dans la convention, non-seulement ledit héritier, au profit de qui le droit a été ouvert, peut exercer
l'action qui naît de ce droit ; les héritiers et autres successeurs de cet héritier, et pareillement les créanciers de cet
héritier le peuvent de même que lui.

396. Si cet héritier compris dans la convention, au profit
de qui le droit de reprendre l'apport de la femme, en renonçant à la communauté, a été ouvert par le prédécès de
la femme, avoit accepté la succession sous bénéfice d'inventaire, et qu'il fît ensuite abandon de la succession aux créanciers de la succession, pour se décharger des dettes ; ce droit
de reprendre l'apport de la femme, étant un droit qui a été
ouvert au profit de cet héritier, et qui lui a été acquis en sa

qualité d'héritier de la femme, compris dans la convention, un droit qu'il tient par conséquent de la succession de la femme, il doit être compris dans l'abandon qu'il fait aux créanciers de cette succession, de tous les biens et droits de cette succession. Les créanciers de la succession de la femme, à qui il a fait l'abandon, peuvent donc exercer l'action qui qui naît de ce droit.

397. Ces principes servent à décider la question, s'il y a ouverture au droit qui naît de la convention de reprendre l'apport de la femme, en renonçant à la communauté, lorsque la femme est prédécédée, en laissant pour son héritier un enfant ou autre parent expressément compris dans la convention ; et, pour légataire universel, une autre personne qui n'y est pas comprise. Lebrun, *ibid. n.* 17, prétend qu'il n'y a pas en ce cas ouverture au droit de reprise, ni au profit de l'héritier, quoique compris dans la convention, parce que le legs universel fait à une autre personne, l'empêche d'en pouvoir profiter, ni au profit du légataire universel, parce qu'il n'est pas compris dans la convention.

Il faut dire au contraire, conformément à nos principes, que si l'héritier de la femme accepte la succession, cet héritier étant de la qualité de ceux auxquels, aux termes de la convention, ce droit est transmissible, il s'ensuit que ce droit a été ouvert au profit de cet héritier, et lui a été acquis ; ce qui suffit pour que cet héritier le fasse passer, ainsi que tous les autres biens et droits de la succession, au légataire universel par le saisissement et la délivrance de son legs universel.

Le légataire universel, après avoir été saisi de son legs, peut donc exercer l'action qui naît de ce droit, comme l'eût pu faire l'héritier au profit duquel il a été ouvert, et au lieu duquel est le légataire universel.

On opposera peut-être que c'est un principe, que les choses léguées sont censées passer directement de la personne du défunt en celle du légataire : ce droit n'a donc pu, dira-t-on, être ouvert au profit de l'héritier, et acquis à cet héritier, pour passer de lui au légataire universel. La réponse est, que ce n'est que par une fiction que les biens et les droits de la succession sont censés passer directement au légataire. Dans la vérité, ils passent d'abord à l'héritier, pour, de lui, passer au légataire. C'est ce que prouve la règle, *le mort saisit le vif, son plus prochain héritier.* C'est ce qui est renfermé dans l'essence du titre d'héritier, qui n'est autre chose que le successeur à tous les droits du défunt, *successor in universum jus defuncti.* La fiction qui fait réputer les choses léguées, comme passées directement du défunt au légataire, étant une fiction qui n'est établie qu'en faveur du légataire pour certains effets, elle ne peut être rétorquée contre lui et à son préjudice, ni empêcher par conséquent que le droit de reprise n'ait été ouvert ou profit de l'héritier, et n'ait passé de l'héritier à lui : *Quod in favorem alicujus introductum est, non debet contrà eum retorqueri.* A ces raisons, qui sont les raisons fondamentales de notre opinion, et qui sont prises dans la nature des choses, on peut encore ajouter une raison d'inconvénient qui est que, dans l'opinion de Lebrun, la femme auroit une voie ouverte pour avantager son mari, en faisant un légataire universel pour décharger son mari de la reprise stipulée au profit de l'héritier. Enfin, notre opinion a été confirmée par un arrêt de 1711, rapporté par l'Annotateur de Lebrun.

598. Il y a des auteurs qui ont donné dans une autre extrémité, en soutenant que lorsqu'une femme a laissé un héritier compris dans la convention, et un légataire universel, ce légataire universel peut exercer la reprise, même dans le cas auquel l'héritier auroit renoncé à la succession : ils prétendent qu'on ne doit pas avoir égard à cette renonciation, comme faite en fraude du legs universel. Cette opinion ne me paroît pas soutenable. Le droit de reprendre l'apport de la femme, en renonçant, étoit un droit qui étoit transmissible dans sa succession à cet héritier, comme compris dans la convention : mais ce droit étant un droit de la succession, il ne peut être transmis à l'héritier, ni ouvert à son profit, s'il n'accepte pas la succession. Le légataire ne peut donc en ce cas exercer la reprise, ne le pouvant ni de son chef, puisqu'il n'est pas compris dans la convention, ni du chef de cet héritier, au profit de qui le droit n'a pu être ouvert, puisqu'il a renoncé à la succession. Quant à ce qu'on dit, qu'on ne doit pas avoir égard, dans cette espèce, à la renonciation de cet héritier, comme faite en fraude du légataire universel, la réponse est, qu'un débiteur ne peut à la vérité renoncer, en fraude de ses propres créanciers, à une succession avantageuse qui lui est déférée, avec laquelle il eût pu s'acquitter

envers eux, en tout ou en partie, de ce qu'il leur doit : mais, dans cette espèce, l'héritier, en renonçant à la succession, ne commet aucune fraude envers le légataire universel, dont il n'est pas le débiteur.

§. IV. Quelles choses sont l'objet de cette convention.

399. La convention par laquelle la femme stipule la reprise de ce qu'elle a apporté en communauté, en cas de renonciation à la communauté, étant une convention de droit étroit, elle doit être étroitement renfermée dans les bornes des termes dans lesquels elle est conçue, et elle ne peut être étendue d'une chose à une autre.

C'est pourquoi, lorsqu'il est dit simplement par la convention, que la femme, en renonçant à la communauté, reprendra ce qu'elle a apporté, la convention ne renferme que ce qu'elle a apporté à la communauté en se mariant ; elle ne s'étend pas à ce qu'elle y a fait entrer depuis, par les successions ou donations qui lui sont avenues durant le mariage.

Lorsqu'on veut que la femme ait aussi la reprise de ces choses, on ne se contente pas de dire que la femme reprendra ce qu'elle a apporté en communauté ; on ajoute ces termes, *et tout ce qu'elle y aura fait entrer depuis pendant le mariage ;* ou bien ceux-ci, *et tout ce qui y sera entré à cause d'elle,* ou autres semblables.

400. Dans l'espèce d'un arrêt du 12 août 1731, rapporté par Bardet, *tome* 1, *liv.* 4, *ch.* 45, la future avoit été dotée par ses père et mère d'une somme de 36,000 livres, et il étoit dit : *La future épouse, renonçant à la communauté, reprendra les 36,000 livres par elle apportées en dot, et tout ce qu'elle montrera avoir apporté de plus.* La cour jugea que ces termes, *tout ce qu'elle montrera avoir apporté de plus,* comprenoient la reprise d'un legs qui lui avoit été fait, durant le mariage, par un étranger. En effet, ces termes ne permettoient pas de borner la convention à ce que la femme avoit apporté en se mariant, puisque n'y ayant apporté qu'une somme fixe et certaine de 36,000 livres, il étoit dit qu'elle reprendroit *ce qu'elle montrera avoir apporté de plus :* ces termes ne peuvent s'entendre que de ce qui lui seroit avenu pendant tout le temps qu'a duré la communauté, par succession, don ou legs.

401. Par un arrêt du 18 juin 1687, rapporté au second tome du Journal du Palais, il a été jugé que cette clause : La future, en renonçant à la communauté, *reprendra franchement tout ce qu'elle se trouvera y avoir apporté,* ne comprenoit que ce que la femme y avoit apporté en se mariant, et ne s'étendoit pas à un legs qui lui avoit été fait durant le mariage.

Lebrun, *Traité de la comm.,* liv. 2, ch. 2, s. 2, d. 5, n. 37, n'approuve pas la décision de ce dernier arrêt : il pense que, dans la convention de reprise, ces termes, *ce qu'elle se trouvera avoir apporté,* ou ceux-ci, *ce qu'elle aura apporté,* étant au temps futur, ne se réfèrent pas au temps auquel a commencé la communauté, mais au temps futur de la dissolution de la communauté, et qu'ils comprennent par conséquent, non-seulement ce que la femme a fait entrer en communauté en se mariant, mais tout ce qu'elle y a fait entrer jusqu'au temps de la dissolution de communauté, pendant tout le temps qu'elle a duré. Cela paroît effectivement être assez le sens de ces termes, qui sont au temps futur.

402. Quelquefois par la convention par laquelle la femme stipule le droit de reprendre, en renonçant, ce qu'elle a apporté à la communauté, il est dit que ce sera sous la déduction d'une certaine somme que le mari pourra retenir pour l'indemniser des frais de noces. Lebrun, *Traité de la communauté,* liv. 3, chap. 2, §. 2, d. 5, n. 28, demande, au sujet de cette clause, si la dissolution de communauté étant arrivée par le prédécès du mari, les héritiers du mari, débiteurs de la reprise envers la femme, ont le droit de retenir sur cette reprise la somme qu'eût pu retenir le mari. Il est sans difficulté qu'ils le peuvent. La femme ne peut pas exiger d'eux plus que ce qu'elle a stipulé. Or, elle n'a pas stipulé la reprise de tout ce qu'elle a apporté, mais seulement la reprise de ce qu'elle a apporté, sous la déduction d'une certaine somme ; elle ne peut donc demander la reprise de son apport, que sous la déduction de cette somme. Les héritiers d'un défunt ne peuvent être débiteurs, en cette qualité d'héritiers, de plus que de ce dont le défunt étoit débiteur : or, le mari n'étoit pas débiteur de la reprise de tout l'apport, mais seulement de la reprise de l'apport, sous la déduction d'une certaine somme : ses héritiers ne doivent donc pareillement

être tenus de la reprise de l'apport, que sous la déduction de
cette somme.

403. Assez souvent la femme, par cette convention, stipule
pour elle, sans aucune déduction, la reprise de tout son
apport, et elle stipule, pour ses héritiers compris dans la
convention, la reprise de cet apport sous la déduction d'une
certaine somme que le mari pourra retenir pour les frais de
noces ; comme lorsque la clause est conçue en ces termes : *La future épouse, en cas de renonciation à la communauté, reprendra ce qu'elle y a apporté. Ses enfants, et à défaut de ses
enfants, les père et mère le reprendront pareillement : mais lesdits
père et mère ne le reprendront que sous la déduction de la somme
de tant.* La dissolution de communauté est arrivée par le
prédécès du mari, et a donné ouverture au droit au profit
de la femme, laquelle est morte sans avoir pris qualité, et a
laissé pour ses héritiers ses père et mère, lesquels, en leur
qualité d'héritier de la femme, renoncent à la communauté,
et demandent, contre les héritiers du mari, la reprise de ce
que leur fille a apporté à la communauté. Les père et mère
seront-ils obligés de souffrir la déduction de la somme portée
par la convention ? Non ; car cette déduction n'a pas été accordée au mari dans tous les cas, mais seulement dans le cas
auquel, par le prédécès de la femme sans enfants, il y auroit
ouverture à la reprise au profit des père et mère de la femme.
Mais, dans cette espèce, ce n'est pas au profit des père et
mère de la femme, que le droit de reprise a été ouvert ; il a
été ouvert par le prédécès du mari, au profit de la femme,
qui l'a stipulé pour elle, sans aucune déduction. Ce droit lui
ayant été acquis sans aucune déduction, elle l'a transmis
tel qu'elle l'avoit, et par conséquent sans aucune déduction,
à ses père et mère, qui sont ses héritiers.

404. Voici une question qu'on m'a dit s'être présentée :
Par un contrat de mariage, la reprise de l'apport étoit accordée aux père et mère de la future, en renonçant à la
communauté ; et il étoit ajouté, *et audit cas,* il sera donné *au
mari la somme de tant, pour frais de noces.* La femme laissa
pour héritiers son père, pour les meubles et acquêts ; et des
collatéraux, pour les propres maternels. Le père, qui exer-
çoit la reprise, prétendoit que la somme stipulée pour les
frais de noces, étoit une dette de la succession de la femme,
à laquelle les héritiers maternels devoient contribuer avec

lui ; et que ces termes, *il sera donné*, présentoient un sens différent de ceux dont on se sert ordinairement, *il sera fait déduction*. Je crois la prétention du père mal fondée. Ces termes, *audit cas il sera donné, etc.*, ne renferment autre chose qu'une charge opposée à la reprise qui est accordée aux père et mère. Or, à qui est-ce à acquitter la charge sous laquelle une disposition a été faite, si ce n'est à celui au profit de qui la disposition a été faite sous cette charge ? En vain diroit-on que ces termes ne contiennent pas tant une charge apposée à la reprise, que la dette d'une somme que la femme a contractée envers son mari, dans le cas auquel il y auroit lieu à la reprise ; laquelle dette passe à sa succession : car, quand même on accorderoit que la femme auroit contracté cette dette envers son mari, elle auroit été éteinte en même temps que contractée, par la compensation qui s'en seroit faite jusqu'à due concurrence avec la dette de la restitution de l'apport, que l'homme a contractée envers sa femme ; deux personnes ne pouvant pas contracter réciproquement, l'une envers l'autre, des dettes de sommes d'argent, sous une même condition, sans qu'il s'en fasse nécessairement, et de plein droit, compensation jusqu'à due concurrence.

405. Lorsque la convention a été conçue en ces termes : *La future et ses enfants qui naîtront du mariage, reprendront ce qu'elle a apporté en communauté : les enfants qu'elle a du précédent mari, auront aussi cette reprise, mais sous la déduction de la somme de quatre mille livres, que le mari retiendra pour frais de noces :* la femme étant prédécédée, et ayant laissé pour héritiers un enfant de ce mariage, et un autre d'un mariage précédent, au profit desquels il y a eu ouverture à la reprise, étant l'un et l'autre compris dans la convention, on demande, à l'égard de la déduction de la somme de quatre mille livres, dont l'enfant du précédent mariage a été chargé, s'il y a lieu à cette déduction pour le total, ou seulement pour partie. Lebrun, *Traité de la communauté, liv.* 3, *ch.* 2, *s.* 2, *d.* 5, *n.* 43, rapporte quatre opinions différentes sur cette question.

La première est, que l'enfant du mariage précédent, aura la moitié de la reprise, à la charge de faire déduction au mari de la somme entière de 4,000 livres, portée par la convention. La seconde est, qu'il aura la moitié de la reprise, à

la charge de faire déduction au mari de la moitié des 4,000 l.
La troisième est, qu'il ne doit être fait aucune déduction,
même par l'enfant du premier mariage, parce qu'elle réfléchiroit sur l'enfant du second lit, au profit duquel la reprise
a été stipulée, sans aucune déduction. La quatrième est, que
l'enfant du second lit, aussi bien que celui du premier, doivent, en ce cas, faire chacun déduction pour moitié sur leur
part, de la somme de 4,000 livres.

De ces quatre opinions, c'est la seconde qu'on doit suivre,
et qui est suivie par Lebrun. Elle est fondée sur ce principe
d'équité, que lorsqu'une disposition, faite au profit de quelqu'un, sous une certaine charge, ne peut avoir lieu que pour
partie, celui au profit de qui elle est faite, ne doit être tenu
de la charge que pour la même partie; l. 43, §. 2; l. 44,
§. 9, ff. *de cod. et dem.* Suivant ce principe, l'enfant du premier lit, pour qui la reprise avoit été stipulée, à la charge de
laisser 4,000 livres au mari, n'ayant été héritier de sa mère
que pour moitié, la reprise en conséquence n'ayant été ouverte à son profit, que pour la moitié, il ne doit être tenu
que pour moitié, de la charge de laisser au mari 4,000 liv.,
et il ne doit lui faire déduction que de 2,000 livres; la charge
de lui faire déduction de 4,000 livres, ne lui étant imposée
que dans le cas auquel, se trouvant seul héritier de sa mère,
par le défaut ou la renonciation des enfants du premier lit,
la reprise se seroit trouvée ouverte, pour le total, à son profit.
Ajoutez que les deux parties de la convention, celle pour laquelle la reprise a été stipulée sous la déduction d'une somme
de 4,000 livres, et celle pour laquelle elle a été stipulée sans
déduction pour les enfants qui naîtroient du mariage, doivent se concilier, et avoir chacune leur effet. Mais, si l'enfant
du premier lit étoit obligé de faire, sur sa portion de la reprise, déduction au mari de la somme toute entière de
4,000 livres, l'enfant du second lit, qui se trouveroit, par ce
moyen, avoir dans la succession de sa mère 4,000 livres de
plus que celui du premier, seroit tenu, par la loi du rapport,
de faire raison à l'enfant du premier lit, de 2,000 livres
pour la moitié de ladite somme; et, par ce moyen, la clause
par laquelle la reprise a été stipulée pour lui sans déduction,
n'auroit aucun effet et ne lui serviroit de rien, puisqu'il se
trouveroit supporter de cette déduction, autant que s'il en
eût été chargé, de même que l'enfant du premier lit. Cela

doit faire rejeter la première opinion, et la quatrième, qui n'est qu'une suite de la première, et qui n'en diffère qu'en ce qu'elle évite le circuit auquel il y auroit lieu dans la première.

On ne doit pas non plus suivre la troisième opinion, qui, pour trop donner d'effet à la partie de la clause par laquelle on a stipulé la reprise sans aucune déduction pour les enfants qui naîtront du mariage, détruit entièrement l'autre partie de la clause par laquelle on a chargé l'enfant du premier lit d'une déduction de 4,000, en privant le mari entièrement de cette déduction, même vis-à-vis de l'enfant du premier lit, qui en a été expressément chargé; parce que, dit-on, la déduction que feroit l'enfant du premier lit, réfléchiroit, par la loi du rapport, contre l'enfant du second lit, contre les termes de la clause qui lui accorde la reprise sans aucune déduction. Cette opinion me paroît vicieuse, en ce qu'elle ne concilie pas les deux parties de la clause, qui doivent, l'une et l'autre, avoir leur exécution. Si celle qui concerne les enfants du second lit, a son exécution, celle qui concerne la déduction dont l'enfant du premier lit est chargé, doit avoir aussi la sienne. Elle ne l'a pas dans la troisième opinion; mais, dans la seconde que nous avons embrassée, on concilie les deux parties de la convention. Celle qui concerne la déduction de la somme dont l'enfant du premier lit est chargé envers le mari, reçoit son exécution, puisque cet enfant fait à son beau-père cette déduction pour la même part qu'il a dans la reprise : celle qui concerne l'enfant du second lit, pour qui la reprise a été stipulée sans aucune déduction, reçoit aussi son exécution, puisqu'il n'est fait aucune déduction au mari pour la part que cet enfant a dans la reprise. Il est vrai que l'enfant du second lit supporte indirectement une partie de la déduction, en ce que, par la loi du rapport, il est obligé de faire raison à l'enfant du premier, d'une somme de 1,000 liv., moitié de celle de 2,000 liv. qu'il se trouve avoir de plus que lui : mais ce rapport est une chose étrangère dont le mari n'est pas garant.

Il suffit, pour que la clause qu'il reprendroit sans aucune déduction, ait eu son effet, qu'il n'ait été fait aucune déduction au mari de la somme de 4,000 livres pour la part que l'enfant du second lit a eue dans la reprise. L'enfant du second lit en profite, en ce que s'il eût été assujetti à la déduction, aussi bien que celui du premier lit, il l'auroit supportée pour 2,000 liv.; au lieu que sa part n'ayant pas été sujette à la déduction, il n'en supporte que pour 1,000 liv.

Observez, dans l'espèce proposée, que si l'enfant du second lit avoit renoncé à la succession de sa mère, celui du premier lit se trouvant, par ce moyen, seul héritier, le droit de reprise seroit ouvert pour le total au profit de cet enfant du premier lit, qui devroit, en conséquence, faire au mari la déduction de la somme entière de 4,000 liv. *Contrà, vice versâ*, si, par la renonciation de l'enfant du premier lit, celui du second étoit seul héritier, la reprise ayant été stipulée pour lui sans déduction, le mari n'auroit aucune déduction à prétendre.

406. Il ne peut y avoir d'autres choses comprises dans la reprise que la femme a stipulée au profit de quelqu'un de ses héritiers, que celles auxquelles cet héritier a droit de succéder. Voici un exemple de ce principe. Par un contrat de mariage, il est dit que *la future, ses enfants et ses père et mère reprendront, en renonçant à la communauté, tout ce qu'elle y a apporté et tout ce qu'elle y aura fait entrer par les successions, dons et legs qui lui seront avenus durant le mariage;* et, par une autre clause, il est dit que les successions, tant mobilières qu'immobilières, qui aviendront durant la communauté à chacun des conjoints, y entreront. La dissolution de communauté arrive par le prédécès de la femme sans enfants, qui laisse son père pour héritier aux meubles et acquêts, et des parents collatéraux maternels, pour les héritiers aux propres maternels. La communauté étant obérée, les différents héritiers y renoncent. Le père, qui est compris dans la convention, et au profit de qui, par conséquent, le droit de reprise est ouvert, exerce la reprise. Il ne peut, en l'exerçant, demander au mari que le mobilier que sa fille a fait entrer en communauté. Les héritages qui sont échus à la fille, durant le mariage, de la succession de sa mère, et qui, au moyen de la clause que les successions seront communes, sont entrés dans la communauté, demeurent au mari : le père n'en peut avoir la reprise, parce qu'il n'en est pas héritier, lesdits héritages étant des propres maternels. Les parents maternels, qui sont héritiers aux propres maternels, ne peuvent pas non plus en avoir la reprise, parce que les collatéraux ne sont pas compris dans la convention.

Il en seroit autrement, si le droit de reprise avoit été ouvert au profit de la femme, par le prédécès du mari. Le droit
de reprise, tant des héritages que des meubles par elle apportés en communauté, ayant été acquis à la femme, elle le
transmettroit dans sa succession ; savoir, le droit de reprise
des meubles, à son héritier au mobilier ; et le droit de reprise
des héritages qu'elle a eus de la succession de sa mère, à ses
héritiers aux propres maternels.

407. La reprise des effets mobiliers que la femme a apportés ou fait entrer en la communauté, ne se fait pas en nature. Le mari ou ses héritiers sont, pour cette reprise, lorsqu'il y a ouverture, débiteurs de la somme que lesdits effets
valoient lorsque la femme les a apportés ou fait entrer en la
communauté : on suit, à cet égard, l'estimation qui en
a été faite lorsque la femme les a apportés ou fait entrer
en la communauté. La femme, ou les héritiers au profit
de qui la reprise est ouverte, ont seulement sur lesdits
effets qui se trouveroient en nature, lors de la dissolution
de la communauté, un privilége sur tous les autres créanciers du mari, pour le paiement de la somme due pour la
reprise.

408. Lorsque la femme a apporté à la communauté, ou y
a fait entrer des dettes actives, le mari est débiteur envers
la femme qui a stipulé la reprise, ou envers ses héritiers
compris dans la convention, non-seulement des sommes
qu'il a effectivement reçues des débiteurs, mais de tout ce
qu'il en a dû recevoir ; à moins qu'il n'établisse, par le
rapport des diligences par lui faites contre les débiteurs, qu'il
n'a pas été en son pouvoir d'en être payé. En vain opposeroit-on que le mari a le droit de perdre les effets de la communauté : car le principe souffre une exception à l'égard de
ceux dont la femme a stipulé la reprise, dans le cas auquel
il y a lieu à cette reprise.

409. A l'égard des héritages que la femme a apportés ou a
fait entrer en communauté, lorsqu'ils se trouvent en la possession du mari ou de sa succession, au temps de la dissolution de communauté, qui a donné ouverture à la reprise, la femme ou ses héritiers doivent les reprendre en
nature.

S'ils se trouvoient détériorés par le fait ou la faute du
mari, le mari, de même que tout débiteur de corps certain,

est tenu, en ce cas, de la somme à laquelle seront estimées les détériorations.

Si, au contraire, le mari avoit fait des améliorations, s'il les avoit faites du consentement exprès de la femme, il devroit lui être fait raison du prix qu'elles ont coûté. S'il ne justifioit pas les avoir faites du consentement exprès de la femme, on devroit même, en ce cas, lui faire raison de ce dont l'héritage s'en trouve plus précieux, ou du moins lui permettre de les enlever, en remettant l'héritage dans l'état auquel il étoit auparavant.

410. Lorsque le mari, pendant la communauté, a aliéné les héritages que la femme y a apportés, la femme qui exerce le droit de reprise de son apport, n'est pas fondée à les revendiquer contre les acquéreurs; la clause, pour la reprise de l'apport, doit se concilier avec la clause d'ameublissement.

L'intention des parties, dans la clause d'ameublissement, étant principalement de donner au mari la faculté de disposer des héritages ameublis par sa femme, et de les convertir en argent, quand il en aura besoin; la clause de reprise de l'apport, qui doit se concilier avec elle, ne doit pas priver le mari de cette faculté. C'est pourquoi, lorsque le mari use du droit qu'il avoit de vendre les héritages ameublis par sa femme, le droit de reprise de la femme doit en ce cas se convertir au droit de reprise de la somme que valoient lesdits héritages lors de l'aliénation que le mari en a faite.

Lorsque le mari les a vendus sans fraude, la somme pour laquelle il les a vendus, est censée être la valeur desdits héritages, et c'est de cette somme que la reprise est due. Mais, s'il paroissoit que le mari a vendu ces héritages à vil prix, en fraude de la reprise, soit pour gratifier l'acquéreur, soit en recevant de lui secrètement des deniers d'entrée, la femme qui exerce la reprise, n'est point obligée en ce cas de se tenir au prix porté par le contrat, et elle peut la demander suivant l'estimation qui en sera faite.

Pareillement, si l'héritage ameubli, lorsqu'il a été vendu, étoit en mauvais état, on doit, lorsque la femme ou ses héritiers exerceront la reprise, leur faire raison de ce qu'il auroit été plus vendu, s'il eût été dans l'état dans lequel le mari devoit l'entretenir.

Quoique la clause de reprise de l'apport ne doive pas priver le mari de la faculté d'aliéner les propres ameublis de sa femme, néanmoins, comme cela pourroit être révoqué en doute, il est de la prudence, pour lever toute difficulté, de faire usage de la clause indiquée par l'auteur des contrats de mariage, que *le futur époux pourra librement disposer de tout ce qui est ameubli, sauf, en cas de reprise de l'apport, à se pourvoir sur les biens de la communauté ou du mari, pour le prix.*

411. La femme qui exerce la reprise de ce qu'elle a apporté à la communauté, doit-elle faire déduction de ses dettes passives qu'elle avoit lors de son mariage ? Lebrun, *ibid.*, *n.* 58, décide hardiment que, s'il n'y a pas une clause de séparation de dettes par le contrat de mariage, le mari ou ses héritiers doivent rendre à la femme qui exerce la reprise, tout l'actif qu'elle y a apporté, et que non-seulement il ne peut faire aucune déduction des dettes passives de la femme, qu'il a payées, mais qu'il est même tenu de l'acquitter de celles qui ne sont pas encore payées. Cette opinion de Lebrun est évidemment injuste. Par la convention qui accorde à la femme, en renonçant à la communauté, la reprise de ce qu'elle y a apporté, on ne lui accorde la reprise que de ce qu'elle a apporté *effectivement*. Or, la femme, en apportant à la communauté l'universalité de ses biens mobiliers, n'y a apporté d'effectif que ce qui reste, déduction faite de ses dettes mobilières, qui en sont une charge, *quum bona non intelligantur nisi deducto ære alieno* : elle ne doit donc les reprendre que sous la déduction desdites dettes ; autrement elle reprendroit plus qu'elle n'a apporté.

Il en seroit autrement, si la reprise n'étoit pas de l'universalité des biens que la femme a apportés en communauté, mais d'une certaine somme, ou de certaines choses. Par exemple, s'il étoit dit : *La future épouse, en cas de renonciation à la communauté, reprendra la somme de 6,000 liv., pour lui tenir lieu de ce qu'elle y a apporté ;* ou bien s'il étoit dit, *reprendra l'argenterie qu'elle y a apportée ;* il n'est pas douteux que, dans l'un et dans l'autre de ces cas, la femme doit reprendre, sans aucune déduction, soit la somme de 6,000 liv., soit la valeur de l'argenterie qu'elle a apportée en communauté.

412. Lorsqu'une femme a apporté à la communauté du mobilier et quelque héritage qu'elle y a ameubli, la reprise qu'elle stipule de son apport, en cas de renonciation à la communauté, forme, lorsqu'elle est ouverte, une créance

qui est créance mobilière, pour raison du mobilier qui a été apporté en communauté, et immobilière pour raison de l'héritage qui a été ameubli. C'est pourquoi si, par le prédécès de la femme, le droit de reprise a été ouvert au profit d'un enfant qui meurt peu après, le droit de reprise, dans la succession de cet enfant, est pour raison du mobilier qui a été apporté en la communauté, une créance mobilière, à laquelle le mari débiteur de cette reprise, comme héritier au mobilier de son enfant, succède, et dont il se fait en conséquence confusion et extinction : mais la reprise par rapport à l'héritage qui a été ameubli, étant une créance immobilière, est dans la succession de l'enfant, par rapport audit héritage, un propre maternel, auquel succèdent les héritiers aux propres maternels de cet enfant, lesquels, en leur dite qualité, ont droit de reprendre le propre ameubli.

ARTICLE VII.

De la convention du préciput.

413. On appelle préciput, en matière de communauté, ce que le survivant a droit de prélever sur les biens de la communauté, lors du partage qui en est à faire.

Il y a deux espèces de préciputs; le préciput légal, et le préciput conventionnel.

§. I. Du préciput légal.

414. Le préciput légal est le droit que plusieurs coutumes accordent au survivant de deux conjoints nobles, de prélever au partage qui est à faire des biens de leur communauté, les biens meubles dépendants de leur communauté sous certaines charges.

La coutume de Paris est du nombre de celles qui accordent ce préciput au survivant noble. Voici comme elle s'en explique en l'*art.* 238 : «Quand l'un des deux conjoints nobles, » demeurants tant en la ville de Paris que dehors, vivants » noblement, prédécède, il est en la faculté du survivant de » prendre et accepter les meubles étant hors la ville et fau- » bourgs de Paris, sans fraude; auquel cas il est tenu payer » les dettes mobilières, et les obsèques et funérailles d'icelui » trépassé, selon sa qualité, s'il n'y a enfants; et, s'il y a en- » fants, partissent par moitié. »

La coutume de Paris diffère des autres coutumes qui accordent ce préciput, en ce que celle de Paris n'y fait entrer que les meubles qui sont hors la ville et faubourgs de Paris, au lieu que les autres y font entrer indistinctement tous les meubles.

Notre coutume d'Orléans n'accorde aucun préciput.

415. Pour qu'il y ait lieu à ce préciput légal, il faut que cinq choses concourent.

Il faut, en premier lieu, que les conjoints aient leur domicile sous une coutume qui accorde ce préciput. La raison est, que les meubles n'ayant aucune situation, ils ne peuvent être régis que par la loi qui régit la personne à qui ils appartiennent, qui est celle de son domicile.

Est-ce au temps du contrat de mariage qu'il faut que les conjoints aient eu leur domicile sous une coutume qui accorde ce préciput ? ou est-ce au temps du prédécès de l'un des conjoints ?

Pour le temps du contrat de mariage, on dit que c'est la loi du domicile que l'homme avoit lors du contrat de mariage, ou à défaut de contrat, lors de la célébration du mariage, qui règle la communauté, comme nous l'avons vu *suprà*.

Les parties sont censées être, du moins virtuellement, convenues d'établir entres elles une communauté de biens, telle que la coutume de ce domicile l'établit, suivant la règle, *in contractibus tacitè veniunt ea quæ sunt moris et consuetudinis.* Elles sont censées être virtuellement convenues de la composer des choses dont cette coutume la compose, de la partager de la manière dont elle le prescrit, et par conséquent elles sont censées convenues du préciput qu'elle accorde au survivant noble, lors de ce partage. Elles ne peuvent donc plus, en transférant leur domicile ailleurs, déroger à cette convention ; et le survivant de deux conjoints nobles, mariés sous une coutume qui accorde ce préciput, doit l'avoir, quoique, lors de la dissolution de communauté, il ait son domicile sous une autre coutume qui ne l'accorde pas. *Contrà, vice versâ*, si, lors du mariage, l'homme étoit domicilié sous une coutume qui n'accorde pas ce préciput, le survivant ne peut pas le prétendre, quoique, lors de la dissolution de communauté, il demeure sous une coutume qui l'accorde ; les parties étant censées avoir établi leur communauté suivant la coutume que l'homme avoit lors de leur mariage, laquelle ne l'accorde pas.

Au contraire, pour le temps du prédécès, on dit que la disposition des coutumes qui accordent au survivant de deux conjoints nobles, les meubles, n'a pas pour objet principal la matière de la communauté, mais plutôt une espèce de grain de survie, qu'elle défère au survivant de deux conjoints nobles, des meubles du prédécédé. Ce gain de survie étant déféré au survivant par le prédécès de l'autre, c'est au seul temps de ce prédécès qu'il suffit que les parties soient régies par la coutume qui le défère.

C'est l'avis de Lebrun, *Traité de la communauté*, *liv.* 3, *chap.* 2, *sect.* 1 et 4, *n.* 26, et de son annotateur, *ibid.* ; de Bacquet, *Traité des droits de justice*, *chap.* 21, *n.* 75; de Lemaître, sur Paris, etc.

416. Lorsque par le mariage d'un noble Orléanois avec une demoiselle de Chartres, il est dit qu'il y aura communauté entre les conjoints, selon la coutume de Chartres, à laquelle les parties se soumettent, cette convention suffit-elle pour que le survivant domicilié à Orléans, dont la coutume n'accorde aucun préciput, puisse prétendre celui que la coutume de Chartres accorde au survivant noble ? Cette question dépend de la précédente. Si la disposition de la coutume de Chartres, qui accorde au survivant de deux conjoints nobles, les meubles, étoit censée avoir pour objet principal la matière de la communauté, et de régler comment le partage doit s'en faire lors de sa dissolution; en ce cas les parties, en déclarant qu'elles se soumettent pour leur communauté à la coutume de Chartres, devroient être censées implicitement convenues entre elles de ce qui est porté par cette disposition; et le survivant seroit, en vertu de cette convention implicite, fondé à prétendre tous les meubles. Mais si, au contraire, suivant l'opinion la plus autorisée, cette disposition qui accorde tous les meubles au survivant, quoiqu'insérée sous un titre qui traite de la communauté, n'a pas néanmoins pour objet principal la matière de la communauté, mais plutôt une espèce de gain de survie, qu'elle défère au survivant de deux conjoints nobles; les parties, en ce cas, en soumettant leur communauté à la coutume de Chartres, ne sont pas censées pour cela être convenues de ce qui est porté par cette disposition; et la

survivant qui, au temps du prédécès, n'a pas son domicile sous la coutume de Chartres, ne peut profiter de la disposition de cette coutume, nonobstant la soumission portée par le contrat de mariage à la coutume de Chartres, pour le fait de communauté.

417. Il faut, en second lieu, que les conjoints soient nobles.

Observez que la veuve d'un homme noble, qui lui survit, quoiqu'elle soit de naissance roturière, est néanmoins admise à ce préciput des nobles; car, en se mariant à un homme noble, elle est devenue participante de la noblesse de son mari.

Contrà, *vice versá*, une femme de naissance noble, qui survit à son mari roturier, n'est pas admise à ce préciput, quoique, par la dissolution du mariage, elle recouvre sa noblesse, qui n'étoit qu'éclipsée pendant le mariage. La raison est, que les coutumes requièrent la noblesse, non-seulement dans la personne du survivant, mais dans les deux conjoints. La coutume dit, *quand l'un des deux conjoints nobles.*

Est-il nécessaire que les conjoints fussent nobles dès le temps qu'ils ont contracté leur mariage, ou s'il suffit qu'ils le soient lors du prédécès? Cette question dépend encore des précédentes. Si l'on décide, dans les questions précédentes, que ce préciput ne naît d'aucune convention, au moins virtuelle, entre les conjoints, lors de leur mariage, mais que c'est un simple gain de survie de la part des meubles du prédécédé, que la coutume défère au survivant, on doit décider dans cette question, qu'il suffit que les conjoints le soient lors du prédécès de l'un d'eux, qui donne ouverture, au profit du survivant, à cette espèce de gain de survie.

418. Il faut, en troisième lieu, qu'il y ait eu communauté de biens entre les conjoints, et qu'elle subsiste au temps du prédécès. C'est ce qui paroît par les termes de l'art. 131 de l'ancienne coutume de Paris : *Entre nobles, quand l'un des deux conjoints va de vie au trépas, le survivant peut, si bon lui semble, prendre les meubles et créances demeurés de son décès, et qui* COMMUNS *étoient entre eux, et dont ils jouissoient au temps d'icelui trépas.* Quoique ces termes, *et qui communs étoient*, ne se trouvent pas dans l'article de la nou-

velle coutume, ils doivent y être supposés, n'ayant été omis que pour abréger, ne paroissant pas, par le procès-verbal, qu'on ait voulu faire à cet égard aucune innovation. D'ailleurs, à prendre l'article de la nouvelle coutume tel qu'il est conçu, il paroît qu'il est dans l'espèce d'une communauté subsistante au temps du prédécès, puisqu'il est dit à la fin de cet article, que les meubles, *s'il y a enfants, se partissent par moitié.*

Il n'y a donc pas lieu à ce gain de survie, 1° lorsque, par le contrat de mariage, il y avoit exclusion de communauté : 2°. lorsque la communauté, ayant été dissoute par une séparation, ne subsistoit plus au temps du prédécès.

419. Y a-t-il lieu, en cas de renonciation, à la communauté ? Il est évident que lorsque c'est le mari qui a survécu, la renonciation qui est faite par les héritiers de la femme à la communauté, fait cesser ce gain de survie : car, au moyen de cette renonciation, la femme prédécédée n'a, dans les meubles de la communauté, aucune part qui puisse être déférée au mari survivant; il retient de son chef le total, *jure non decrescendi.*

Lorsque c'est la femme qui survit, Lebrun, *ibid, n.* 28, décide que si elle renonce à la communauté, elle ne peut prétendre ce gain de survie. C'est aussi l'avis de Duplessis. La raison est, que lorsqu'une femme a renoncé à la communauté, elle est censée n'y avoir jamais eu aucune part : tous les biens de la communauté demeurent au mari , *jure non decrescendi,* et sont censés n'avoir jamais été communs. La femme qui a renoncé ne peut donc pas prétendre ces meubles : car les coutumes ne défèrent au survivant la succession que des meubles *communs* entre le prédécédé et lui.

420. Il faut , en quatrième lieu, qu'il n'y ait point d'enfants. L'art. 238 de la coutume de Paris, dit expressément, *pourvu qu'il n'y ait enfants; et, s'il y a enfants, partissent par moitié.*

Ces termes comprennent les petits-enfants. Un enfant du prédécédé, en quelque degré qu'il soit, fait défaillir cette condition, *pourvu qu'il n'y ait enfants; l.* 1, *cod. de condit. insert. ; etc.,* et exclut par conséquent le survivant.

Un posthume qui naît vivant et à terme, fait aussi défaillir cette condition : *Non intelligitur sinè liberis decessisse qui prægnantem uxorem reliquit; si quis prægnantem uxorem re-*

liquit, non videtur sinè liberis decessisse; l. 187, ff. *de R. J. Intelligendus est* (*enim*) *mortis tempore fuisse qui in utero relictus est;* l. 153, ff. *de verb. signif.*

421. Pour que le survivant soit exclus par les enfants ou l'enfant du prédécédé, il n'importe pas non plus que ce soient des enfants communs, ou des enfants que le prédécédé ait eus d'un précédent mariage : car, ayant un droit égal aux biens du prédécédé, de quelque mariage qu'ils soient nés, ils doivent avoir un droit égal d'en exclure le survivant. C'est pourquoi Dumoulin, sur ces termes de l'ancienne coutume, dit : Ce qui s'entend *ex quocumque ipsius matrimonio.*

422. Il n'y a que les enfants du prédécédé qui jouissent de l'état civil, qui puissent exclure le survivant : ceux qui, lors du prédécès, l'avoient déjà perdu, soit par la profession religieuse, soit par une condamnation à une peine capitale, étant censés n'avoir aucune existence dans la société civile, ne peuvent avoir le droit d'exclure le survivant.

Si l'enfant que le prédécédé a laissé, n'avoit été condamné que par contumace à une peine capitale, par un jugement exécuté avant la mort du prédécédé, le droit du survivant seroit en suspens. S'il mouroit après les cinq ans, sans s'être représenté, il seroit censé mort civilement dès l'exécution du jugement, et il n'auroit pu, par conséquent, faire obstacle au survivant : au contraire, s'il étoit mort dans les cinq ans, le jugement de contumace rendu contre lui, étant en ce cas anéanti, la succession du prédécédé seroit censée lui avoir été déférée, et il auroit exclus le survivant.

423. Si le prédécédé n'a laissé qu'un enfant, qu'il a exhérédé pour une juste cause, cet enfant, quoiqu'exhérédé, fait-il défaillir la condition, *pourvu qu'il n'y ait enfants?* On peut citer, pour l'affirmative, la loi 114, §. 13, ff. *de leg.* 1°, où il est dit : *Quum erit rogatus, si sinè liberis decesserit, fideicommissum restituere, conditio defecisse videbitur, si patri supervixerint liberi ; nec quæritur an hæredes extiterint.* Pour la négative, on peut dire, au contraire, que la coutume, par ces termes, *pourvu qu'il n'y ait enfants,* n'a entendu parler que des enfants capables de succéder au prédécédé : car elle n'a apporté cette condition que parce qu'elle a voulu préférer au survivant les enfants du prédécédé, pour la part que le prédécédé avoit dans les meubles communs; mais elle n'a entendu lui préférer que ceux qui étoient capables d'y succé-

der, et non celui que l'exhérédation en a rendu incapable.

424. Il n'en est pas de même de l'enfant qui a renoncé à la succession du prédécédé : il suffit, pour faire défaillir la condition, *pourvu qu'il n'y ait enfants*, que le prédécédé ait laissé un enfant à qui la succession ait été déférée, et qui ait pu la recueillir.

425. Lorsque le prédécédé n'a point laissé d'enfants, ceux que le survivant auroit d'un précédent mariage, font-ils défaillir la condition, *pourvu qu'il n'y ait pas d'enfants?* Il est étonnant que Lebrun, *ibid*, *n*. 31, et Duplessis proposent cette question, et il l'est encore plus qu'ils la décident pour l'affirmative. Il est, au contraire, de la dernière évidence que cette condition ne peut être entendue que des enfants du prédécédé, qui sont les seuls en faveur de qui elle a pu être apposée, ceux du survivant n'ayant aucun intérêt à la disposition de cet article. L'art. 131 de l'ancienne coutume s'en expliquoit formellement; il portoit, *pourvu qu'il n'y ait enfants du trépassé*. Si, dans la nouvelle coutume, ces mots, *du trépassé*, ne se trouvent plus, ce n'est que pour abréger qu'on les a retranchés, comme superflus : elle fait d'ailleurs assez entendre qu'elle ne parle que des enfants *du trépassé*, par ce qui suit, *et, s'il y a enfants, partissent par moitié;* ceux du survivant n'ayant pas de partage à faire avec lui. La seule raison que Lebrun et Duplessis allèguent pour leur opinion, est que ce préciput, disent-ils, doit être égal et respectif comme le don mutuel : mais sur quoi cela est-il fondé?

426. Enfin il faut, en cinquième lieu, que les parties n'aient pas, par leur contrat de mariage, renoncé à ce préciput, que les coutumes accordent aux survivants nobles. Cette convention est très-licite; on peut valablement renoncer aux dispositions des lois qui ne concernent que l'intérêt des particuliers qui y renoncent; l. 31, ff. *de pact.*

427. Les parties qui, par leur contrat de mariage, conviennent d'un certain préciput qu'aura le survivant, sont-elles censées, par cela seul, renoncer au préciput légal? Non. Mais, dira-t-on, convenir par un contrat de mariage, que le survivant aura pour préciput des meubles de la communauté jusqu'à concurrence d'une certaine somme, c'est bien convenir qu'il n'en prendra pas plus, et par conséquent qu'il

ne prendra pas le total desdits meubles que les coutumes défèrent au survivant. Je réponds par une distinction. Convenir que le survivant prendra, à titre de préciput conventionnel, des meubles de la communauté jusqu'à concurrence d'une certaine somme, c'est convenir qu'il n'en prendra pas au-delà de cette somme. Je distingue : c'est convenir qu'il n'en prendra pas au-delà de cette somme à ce titre ; je l'avoue : à un autre titre, je le nie. Or, la disposition de la coutume qui donne au survivant de deux conjoints nobles, le droit de prendre le total des meubles de la communauté, à la charge des dettes mobilières de ladite communauté, est un titre entièrement différent du titre que forme la convention du préciput portée par le contrat. La disposition de la coutume est un avantage que la loi fait au survivant ; c'est un titre universel auquel est attachée la charge des dettes de la communauté : au contraire, le titre qui résulte d'une convention du préciput portée par un contrat de mariage, est un avantage que les conjoints se font réciproquement : ce n'est point un titre universel ; ce n'est pas un titre auquel soit attachée la charge de payer les dettes, ni aucune autre charge.

428. Après avoir vu quelles sont les cinq choses qui doivent concourir pour qu'il y ait lieu au préciput légal que plusieurs coutumes accordent au survivant de deux conjoints nobles, il nous reste à voir quelles sont les choses dans lesquelles il consiste, et quelles en sont les charges.

Il consiste dans les meubles de la communauté qui se trouvent lors du prédécès : ces coutumes donnent au survivant la part qu'y avoit le prédécédé.

Toutes ces coutumes, à l'exception de celle de Paris, les donnent au survivant, sans en rien excepter. Celle de Paris en excepte ceux qui, lors du prédécès, se trouvent dans la ville de Paris et dans les faubourgs : elle s'exprime ainsi en l'art. 238 : *Il est en la faculté du survivant, de prendre et accepter les meubles étant* HORS LA VILLE ET FAUBOURGS DE PARIS, *sans fraude.*

La raison de cette exception vient apparemment de ce que le luxe ayant commencé à Paris avant que de se répandre dans les provinces, on a cru que les meubles que les personnes demeurantes à Paris, auroient dans Paris, seroient souvent d'un prix trop considérable pour en gratifier le survivant au préjudice des héritiers du prédécédé : c'est pour cette

raison que la coutume de Paris a voulu que le survivant de
de deux conjoints nobles, sans enfants, n'eût *que les meubles
étant hors la ville et faubourgs de Paris, sans fraude.*

Ces termes *sans fraude*, tombent sur les meubles qu'on
avoit coutume de laisser à Paris, et que le survivant n'avoit
fait transporter ailleurs que dans la vue d'en profiter à la
mort du prédécédé ; ce qui se présume lorsqu'on les en a
transportés pendant la dernière maladie du prédécédé..

429. On a agité la question, si, à l'exception des meubles
corporels qui se trouvent à Paris lors de la mort du prédécédé, et de ceux qui en auroient été transportés en fraude,
la coutume donne généralement au survivant tous les autres
effets mobiliers de la communauté, les incorporels, tels que
sont les dettes actives mobilières, aussi bien que les meubles
corporels. Lebrun, *ibidem, n.* 41 *et* 42 ; Auzanet, Duplessis
et Lemaître pensent que la coutume n'accorde au survivant
que les meubles matériels et corporels, parmi lesquels ils
comprennent l'argent comptant qui se trouve hors de Paris,
et qu'elle ne lui accorde point les dettes actives mobilières.
Ces auteurs se fondent sur ces termes de l'article 238, *étant
hors la ville, etc.* Ces termes *étant*, disent-ils, désignent des
meubles qui *sont* dans un lieu, et ne peuvent par conséquent
s'appliquer aux meubles incorporels, lesquels ne subsistent
que dans l'entendement, et ne sont dans aucun lieu. Lebrun
ajoute qu'en droit, les droits et biens incorporels font une
troisième espèce de biens, distinguée des biens corporels et
des biens-fonds ; *L. A. D. Pio,* 15, §. 2, ff. *de re judic.*, et
qu'ils ne doivent pas par conséquent être compris sous le
terme de *meubles.* Néanmoins Dumoulin, agitant cette question sur l'*art.* 116 de l'ancienne coutume de Paris (1), conçue
dans les mêmes termes que le 238ᵉ de la nouvelle, après
avoir rapporté pour raisons de douter celles sur lesquelles
Lebrun fonde son opinion, décide que la coutume comprend
non-seulement les meubles matériels et corporels, mais pareillement les incorporels, c'est-à-dire, les créances mobilières.

Dumoulin s'explique sur cette question d'une manière

_____

(1) Il porte : Il est en la faculté du survivant d'accepter les meubles
étant hors ladite ville et faubourgs de Paris, sans fraude.

trop énergique, pour ne pas rapporter ses propres termes :
« Reste une difficulté, dit-il. Le survivant a seulement les
» meubles corporels et matériels étant hors la ville et fau-
» bourgs, sans fraude, et sans qu'il puisse rien prétendre aux
» créances et dettes actives, combien qu'elles procèdent de
» choses étant hors la ville : il est bien clair *quòd in terminis*
» *juris, appellatione mobilium simpliciter, non veniunt nomina;*
» *L. A. D. Pio,* ff. *de re judic.* ; encore moins, *quandò additur*
» *circumstantia quæ non congruit nominibus, prout situs loci,*
» comme *ibi* meubles étant hors la ville. Mais il y a bien autre
» raison de présent; car les coutumes de France ne sont pas
» statuts d'Italie, et ne se restreignent *ad modum loquendi et in-*
» *telligendi juris romani,* mais s'entendent, *secundùm modum*
» *loquendi et utendi* de France et des coutumes, lesquelles
» quand elles disposent des meubles, elles comprennent aussi
» les dettes actives mobilières, *etiam alio non addito.* »

Dumoulin, après avoir prouvé cela par des exemples,
ajoute : « *Quantò fortiùs,* quand il y a la charge expresse
» de payer les dettes mobilières! Car cela montre bien,
» *per locum et argumentum à correlativis,* que sous ce mot
» viennent les créances ou dettes actives : autrement n'y
» auroit propos qu'il payât les passives; ce seroit contre
» la règle et raison naturelle et incommutable ; *de quâ.*
» *in L. secundùm naturam,* ff. *de reg. jur.* »

Cet argument de Dumoulin me paroit très-fort. La charge
des dettes passives, imposée par la coutume au survivant,
étant une charge de l'universalité des meubles, qui comprend les incorporels et les corporels, démontre suffisamment que, par le terme de *meubles,* c'est cette universalité
qui comprend les incorporels et les corporels, que la coutume a entendu déférer au survivant.

Ajoutez que l'*art.* 131 de l'ancienne coutume de Paris,
s'étoit expliqué formellement sur les créances; il y est dit :
Entre nobles, quand l'un des deux conjoints va de vie à trépas, le
survivant peut prendre les meubles et créances demeurés de son
décès. Si dans l'*art.* 238 de la nouvelle coutume, dans lequel
on a réuni cet *art.* 131, qui concernoit les nobles demeurants
sous le ressort de la coutume de Paris, mais hors la ville de
Paris ; et le 116, qui concernoit les nobles bourgeois de
Paris, ces termes, *et créances,* ne se trouvent pas, on peut
dire qu'ils n'ont été retranchés que pour abréger, comme

superflus, et étant suffisamment compris sous le terme général de *meubles*.

430. Le préciput légal comprend non-seulement les dettes
actives et créances que la communauté a contre des tiers ;
elle comprend pareillement celles qu'elle a contre les conjoints. Supposons, par exemple, que le survivant fût débiteur envers la communauté, d'une récompense de 20,000
livres, pour pareille somme tirée de la communauté, soit
pour impenses faites sur ses héritages propres, soit pour acquitter ses dettes mobilières antérieures au mariage, et excluses de la communauté par une clause de séparation de
dettes, soit pour d'autres causes ; et que, compensation faite
de ladite somme de 20,000 livres avec une somme de 12,000
livres à laquelle je suppose que montent les créances que le
survivant a contre la communauté pour ses reprises, le survivant se trouve reliquataire d'une somme de 8,000 livres ;
le survivant, en acceptant le préciput légal, devient quitte
de ce reliquat de 8,000 livres, et il s'en fait confusion : car
la créance que la communauté avoit contre lui pour ce reliquat, étant un effet actif mobilier de la communauté, elle
entre dans son préciput légal.

431 A l'égard de l'exception que la coutume de Paris fait
des meubles de Paris, Dumoulin observe fort bien qu'on
doit comprendre dans cette exception, non-seulement les
meubles corporels qui sont à Paris, mais pareillement les
créances qui procéderoient de choses qui sont à Paris ; telles
que sont, par exemple, des loyers qui se seroient trouvés
dus lors du prédécès, pour des maisons de Paris, et des
profits seigneuriaux de censives étant dans la ville et faubourgs de Paris.

432. Si des conjoints Parisiens avoient coutume de porter
à leur terre, lorsqu'ils y vont passer un certain temps de
l'année, quelques-uns de leurs meubles de Paris, *putà*, leur
argenterie, et de les remporter lorsqu'ils y retournent ; l'un
d'eux venant à prédécéder pendant leur séjour à la campagne, cette argenterie qui se trouve à la campagne, pourroit-
elle être prétendue par le survivant ? La raison de douter
est, qu'elle se trouve sans fraude hors de Paris ; le survivant,
qui ne prévoyoit pas le décès de l'autre conjoint, ne l'ayant
pas portée hors de Paris en fraude, et à dessein d'en profiter.
La raison de décider, au contraire, que cette argenterie ne

peut être prétendue par le survivant, et qu'ayant coutume
d'être à Paris, d'où elle n'a été transportée que dans l'intention de l'y remporter, elle est, par sa destination, un meuble de Paris, et par conséquent dans le cas de l'exception.
Cela est fondé sur cette règle de droit : *Rebus quæ in fundo
sunt, accedunt etiam quæ tunc non sunt, si esse solent ;* l. 78,
§. 7, ff. *de leg.* 3°.

Il en seroit autrement d'une argenterie que les conjoints
seroient dans l'usage de laisser à leur terre, sous la garde
d'un concierge, lorsqu'ils s'en retournent à Paris : il n'est pas
douteux que c'est un meuble *étant hors la ville de Paris,* qui
ne peut être contesté au survivant.

Quand même on auroit fait venir à Paris quelque pièce
de cette argenterie, *putà,* pour la faire raccommoder, et dans
l'intention de la renvoyer à la campagne ; quoiqu'elle se
trouvât à Paris lors du décès, on ne pourroit la contester au
survivant. Cette chose ne se trouvant à Paris que par accident, elle n'est pas un meuble de Paris ; mais elle est, par sa
destination, un meuble *étant hors de la ville* de Paris.

Il en est de même lorsque des conjoints sont revenus à
Paris avec les chevaux qui servent à l'exploitation de leur
terre. Quoique le décès de l'un d'eux soit arrivé aussitôt
après leur retour à Paris, avant que les chevaux en aient
été renvoyés, ces chevaux, qui ne se trouvent à Paris que
par accident, sont censés, à cause de leur destination, meubles de campagne, meubles étant *hors la ville* de Paris, et on
ne peut conséquemment les contester au survivant.

433. Lorsqu'un Parisien, après avoir fait emplette à Rome
de tableaux de grand prix, pour les placer dans son hôtel à
Paris, vient à perdre sa femme pendant que les tableaux sont
encore en chemin, peut-il les prétendre comme meubles
étant hors la ville de Paris ? Je le pense ; car, quoiqu'ils
fusssent destinés à être *meubles de Paris,* ils ne l'étoient pas
encore. Lorsque des meubles de Paris sont transportés de
Paris dans un autre lieu, avec intention de les y faire revenir,
cette destination leur conserve bien la qualité de *meubles de
Paris* qu'ils avoient déjà ; mais la destination ne peut pas
donner à des meubles la qualité de meubles de Paris avant
qu'ils y soient arrivés ; *voyez suprà, n.* 39.

434. Les meubles du prédécédé, que les coutumes accordent au survivant de deux conjoints nobles, sont seulement

ceux de leur communauté. Plusieurs coutumes s'en expliquent formellement, et on le doit supposer dans celles qui ne s'en expliquent pas. L'article 131 de l'ancienne coutume s'en explique formellement : il y est dit, *demeurés de son décès, et qui étoient communs entre eux.* Ce n'est que pour abréger que ces mots ont été retranchés dans l'art. 238 de la nouvelle.

Sur les meubles, tant corporels qu'incorporels, dont la communauté est composée, *voyez suprà, ch. 2, sect. 1, art. 1.*

Les héritages ameublis ne sont pas compris sous le nom de meubles.

435. Il nous reste à parler des charges. L'article 238 de Paris dit, *auquel cas il est tenu payer les dettes mobilières, et les obsèques et funérailles d'icelui trépassé.*

Lebrun, *ibidem, n.* 36, estime que par ces termes, le survivant est chargé indistinctement de toutes les dettes mobilières du prédécédé; non-seulement de celles qui étoient dettes de communauté, mais même de celles qui étoient particulières au prédécédé, *putà,* au moyen d'une clause de séparation de dettes. C'est aussi l'avis de Duplessis. Lemaître pense, au contraire, que le survivant n'est chargé, par cet article, que d'acquitter les héritiers du prédécédé, de la part des dettes de la communauté dont la succession est tenue. Son opinion me paroît préférable. La coutume ne faisant pas succéder, par cet article, le survivant indistinctement à l'universalité des biens meubles du prédécédé, mais seulement à l'universalité des biens meubles de la communauté, pour la part qu'y avoit le prédécédé, comme nous l'avons vu au nombre précédent, il ne doit pas être présumé avoir été chargé d'autres dettes mobilières que de celles de la communauté, qui sont les seules qui soient une charge de l'universalité des biens de la communauté, à laquelle il succède au prédécédé, pour la part qu'il y avoit. Le survivant n'étant donc tenu que des dettes de la communauté, par la nature de la chose à laquelle il succède, pour qu'il pût être réputé tenu des autres, il eût fallu que la coutume s'en fût expliquée d'une manière plus formelle; ce que n'ayant pas fait, les dettes mobilières dont elle le charge doivent être entendues, *secundùm subjectam materiam,* de celles de la communauté.

Suivant ce principe, si la succession du prédécédé étoit débitrice envers le survivant, *putà*, pour une donation que le prédécédé auroit faite au survivant de quelque somme d'argent ou de choses mobilières, ou pour des récompenses mobilières que le prédécédé devoit à la communauté, il ne s'en fera pas de confusion, et le survivant, quoiqu'il accepte le préciput légal, ne laissera pas d'en demeurer créancier ; car ces dettes sont bien des dettes mobilières de la succession du prédécédé, mais elles ne sont pas dettes de la communauté, qui sont les seules dont le survivant qui accepte le préciput légal, est tenu d'acquitter la succession du prédécédé.

436. Quoique la créance qu'a le survivant pour la reprise de ses deniers exclus de la communauté, par une convention de réalisation, ou pour le remploi du prix de ses propres, soit une dette de la communauté, néanmoins il n'en est pas chargé par cet article. Mais ce n'est pas par les raisons qu'en donne Lebrun, qui dit que c'est *parce que la communauté n'en est que dépositaire, et qu'elles se prennent par distraction et par délibation.* C'est parler très-improprement, que de dire que la communauté n'en est que dépositaire. Un dépositaire est celui qui garde la chose d'autrui sans pouvoir s'en servir, pour la remettre en nature à celui qui l'a confiée à sa garde. Ce n'est point de cette manière que la communauté a les sommes de deniers que chacun des conjoints s'est réservées propres, ou qui proviennent du prix de ses propres aliénés durant le mariage. Elles s'emploient pour les affaires de la communauté, qui est obligée d'en rendre autant, lors de sa dissolution, à celui des conjoints à qui elles appartiennent, ou à ses héritiers. La communauté n'en est donc pas dépositaire simplement, elle en est véritablement débitrice. Les créances qu'a le survivant pour la reprise de ses deniers stipulés propres, ou pour le remploi du prix de ses propres, sont donc de véritables dettes de la communauté, dont les héritiers du prédécédé sont débiteurs pour la part qu'ils ont dans la communauté. Si ces reprises s'acquittent lors du partage des biens de la communauté, *par délibation* et prélèvement sur les biens de la communauté, elles n'en sont pas moins des dettes de la communauté. Elles le sont si bien, qu'à l'égard de celles de la femme, le mari et ses héritiers en sont tenus envers la femme ou ses

héritiers , quand même il n'y auroit pas de biens dans la
communauté, de quoi les acquitter. Les créances qu'a le survivant pour ses reprises, et pour le remploi du prix de ses
propres aliénés , sont donc véritablement des dettes de
la communauté. Si , en acceptant les meubles , il ne les
confond pas, et s'il n'est pas obligé d'en acquitter la succession
du prédécédé pour la part dont elle en est tenue , la seule
véritable raison est , que ces créances, quoiqu'elles soient
dans la vérité créances mobilières, sont, entre les conjoints,
réputées pour immeubles fictifs, que le survivant, chargé
seulement des dettes *purement* mobilières , n'est pas tenu
d'acquitter.

437. Le survivant qui prend les meubles, confond-il le préciput conventionnel stipulé à son profit par le contrat de
mariage ? Lebrun , *ibidem* , n. 21, fait une distinction. Il
convient que , lorsque le préciput conventionnel consiste en
une somme de deniers , le survivant doit le confondre, parce
que c'est en ce cas une dette mobilière de la communauté,
dont il doit acquitter la succession du prédécédé, pour la
part dont elle en est tenue : mais, lorsque le préciput consiste en meubles, que le survivant pourra prendre jusqu'à
concurrence d'une certaine somme, cet auteur prétend que le
survivant qui prend le préciput légal, ne confond point ce
préciput conventionnel, qu'il peut prendre dans les meubles qui sont à Paris, lesquels n'entrent pas dans le préciput légal. *La raison,* dit-il, *est , que le préciput conventionnel
n'est point* (en ce cas) *une dette mobilière , mais une distraction de certains meubles.*

Je réponds, qu'il est faux que le préciput de *choses* ne soit
pas une dette mobilière de la communauté. Il n'est pas
moins une dette que le préciput d'une somme d'argent :
la seule différence qu'il y a , est que celui-ci est une dette
quantitatis , et que le préciput de *choses* est une dette *specierum.* Le préciput de choses, de même que le préciput
d'une somme, naît de la convention par laquelle les parties
contractantes s'obligent réciproquement envers le survivant,
de lui laisser prélever, lors du partage de la communauté,
les choses portées par la convention. Cette convention forme
donc une obligation. Le préciput de choses est donc une dette;
car dette et obligation, c'est bien la même chose. C'est une
dette de communauté, puisque c'est sur les biens de la

communauté qu'elle doit être acquittée. C'est une dette mobilière, puisque les choses qui en font l'objet sont des choses mobilières. Le survivant qui prend les meubles, doit donc confondre ce préciput. L'article 238, qui le charge de toutes les dettes mobilières, comprend, dans la généralité de ses termes, toutes les dettes mobilières de la communauté, de quelque espèce qu'elles soient, les dettes *specierum*, aussi bien que les dettes *quantitatis*. Duplessis est de notre avis.

438. La charge d'acquitter les frais funéraires du prédécédé, est une charge que les coutumes ont jugé à propos d'imposer au préciput légal, quoique cette charge ne soit pas une charge de la communauté, mais de la succession du prédécédé.

Le deuil que la femme survivante a droit d'exiger des héritiers du prédécédé, est censé faire partie de ces frais funéraires : c'est pourquoi elle le confond, lorsqu'elle prend le préciput légal.

Quelques coutumes chargent aussi le survivant, qui prend le préciput légal, de l'acquittement des legs faits par le prédécédé, qu'elles appellent *pies*, *pieux*, *piteux* ou *pitoyables*. Ce sont ceux qui contiennent des aumônes faites aux pauvres, ou ceux faits à des églises pour des prières. Cela ne doit s'entendre que de legs modiques.

Cette charge des legs pieux n'a lieu que dans les coutumes qui en ont une disposition expresse : hors de ces coutumes, le prédécédé ne peut diminuer en rien, par des dispositions testamentaires, le préciput du survivant; ce sont les héritiers du prédécédé qui sont seuls chargés de les acquitter.

439. Il reste une question, qui est de savoir si le survivant, après avoir, en majorité, accepté le préciput légal, peut, lorsqu'il a fait un inventaire, se décharger des charges de ce préciput, en renonçant, et en offrant de compter, aux héritiers du prédécédé, de leur part dans les biens meubles de la communauté. Les auteurs sont encore partagés sur cette question. Ceux qui tiennent la négative, tirent argument de ce qui s'observe à l'égard de la garde-noble. Le gardien noble, après qu'il a une fois accepté la garde, ne peut plus se décharger de l'obligation qu'il a contractée, en l'acceptant, d'acquitter les dettes mobilières du mineur, quoiqu'il offre d'abandonner tout l'émolument de la garde, et de compter de tout ce qui lui est parvenu des biens et des revenus du mineur. On dit, au contraire, pour l'affirmative, qu'il y a

une grande différence entre le préciput légal et la garde-noble.
Le préciput légal est une pure donation que la loi fait au
survivant, de la part du prédécédé, dans le mobilier de la
communauté, à la charge de payer la part dudit prédécédé
dans les dettes mobilières de ladite communauté. Or, c'est
un principe commun à tous les donataires, que le donataire, quoiqu'il ait accepté la donation, n'est tenu des charges
de la donation que jusqu'à concurrence de l'émolument, et
qu'il ne peut se soustraire aux charges en abandonnant les
choses données, et en comptant de tout ce qu'il a perçu de
la donation. Le survivant, qui a accepté le préciput légal,
peut donc, de même que tous les autres donataires, se décharger des charges qui y sont attachées, en abandonnant ce
préciput. Au contraire, la garde-noble n'est pas tant un don
qu'une espèce de marché que la loi fait pour le mineur avec
le gardien qui veut bien accepter la garde, par lequel elle lui
abandonne les revenus des biens qu'avoit le mineur de la
succession du prédécédé, et dans quelques coutumes ses
meubles, pour qu'il le rende, à la fin de la garde-noble,
quitte de toutes dettes mobilières, qu'il lui remette ses héritages en bon état, et qu'il lui donne une éducation convenable à un gentilhomme. Ce marché est une espèce de forfait, dont le profit qu'y peut faire le gardien, ou la perte,
dépendent souvent de l'événement incertain du temps que
durera la garde. Or, quand on a fait un marché, on n'est
pas reçu à s'en départir pour éviter la perte qui s'y trouve.
On ne peut donc tirer argument de la garde, qui est un
marché, au préciput légal, qui est un don.

§. II. De la convention du préciput, et du préciput conventionnel.

440. C'est une convention très-ordinaire, dans le contrat
de mariage, que le futur époux, au cas de survie, aura dans
les biens de la communauté par préciput, ses habits et linges
à son usage, et ses armes et chevaux, si c'est *un homme de
guerre;* ou *ses livres,* si c'est un homme de lettres; ou *ses
outils,* si c'est un artisan. A l'égard de la femme, on stipule
que la future épouse aura pareillement, en cas de survie, ses
habits, bagues et joyaux.

S'il étoit dit seulement *ses habits,* les bagues et joyaux n'y
seroient pas compris; *et vice versá,* s'il étoit dit seulement
ses bagues et joyaux, les habits n'y seroient pas compris.

Ces termes, *ses habits*, comprennent tout ce qui sert à couvrir le corps. Le terme *joyaux*, qui répond au terme latin *ornamenta*, comprend ce qui sert à orner et parer une femme, plutôt qu'à la couvrir : *Ornamenta muliebria sunt, quibus mulier ornatur, veluti inaures, armillæ, viriolæ, annulli, præter signatorios, et omnia quæ ad aliam rem nullam parantur, nisi corporis ornandi causá; l.* 25, §. 10, ff. *de aur. arg. leg.*; c'est-à-dire, les pendants d'oreilles, les bracelets, bagues, anneaux, colliers, aiguilles de tête, et autres ornements de tête, etc.

La montre qu'une femme porte à sa ceinture, l'éventail qu'elle porte à la main, une tabatière, un étui, sont aussi compris, dans l'usage, sous le terme de joyaux; et, en cela, notre terme *joyaux* a un peu plus d'étendue que le terme latin *ornamenta*.

On n'y comprend pas la toilette et tout ce qui en dépend : tout cela appartient plutôt à un autre genre, que les jurisconsultes appeloient *mundus muliebris*, et qu'ils distinguoient très-fort de ce qu'ils appeloient *ornamenta*. *Ornamenta*, dit Ulpien, *sunt quibus mulier ornatur* : *mundus muliebris*, dit le même Ulpien, *est quo mulier mundior fit; d. l.* 25, §. 10.

Si, à ces termes, *ses habits*, *bagues et joyaux*, on avoit ajouté ceux-ci, *et généralement ce qui se trouvera servir pour l'usage de la personne de la future épouse*, la toilette seroit comprise sous la généralité de ces termes, et tout ce qui en dépend, comme miroirs de toilette, boîtes de toilette, pommades, parfums, etc.

Cette convention s'appelle *convention de préciput*. Les choses que le survivant, en conséquence de cette convention, a droit de prélever au partage de la communauté, s'appellent *le préciput du survivant*. On donne le même nom au droit qu'il a de les prélever.

441. Cette convention se fait de différentes manières. Quelquefois on fait consister le préciput en espèces; comme lorsqu'il est dit : Le survivant prendra pour préciput ses habits, armes et chevaux. Quelquefois on le fait consister en une somme d'argent; comme lorsqu'il est dit, prendra pour préciput la somme de tant.

Lorsqu'on fait consister en espèces le préciput, quelquefois il est illimité; comme lorsqu'il est dit simplement que le survivant prendra ses habits, armes et chevaux, ou que la future prendra ses habits, bagues et joyaux. Au contraire, quelquefois il est limité par ces termes, que le notaire ajoute, *jusqu'à concurrence de la somme de tant.*

Lorsque le préciput en espèces est illimité, il consiste dans toutes les choses de ces espèces, qui se trouvent dans les biens de la communauté lors de sa dissolution, en quelque nombre qu'elles soient, et à quelque prix qu'elles montent; pourvu néanmoins que ce prix ne soit pas excessif, eu égard à l'état et aux facultés des parties; car, quoique les parties n'aient pas limité le préciput à une somme déterminée, elles sont néanmoins censées être convenues d'un préciput qui fût proportionné à leur état et à leur faculté. Donc, lorsqu'il est excessif, les héritiers du prédécédé sont bien fondés à demander qu'il soit réduit et modéré *arbitrio judicis.*

On doit aussi retrancher de ce préciput les choses qui paroissent avoir été, pendant la dernière maladie du prédécédé, acquises en fraude et dans la vue de le grossir : comme si un gentilhomme de campagne, qui, depuis un très-long temps qu'il est marié, n'avoit jamais eu d'autres chevaux que ceux qui servoient au labour de ses terres, avoit, pendant la dernière maladie de sa femme, acheté un attelage de six chevaux de carrosse de grand prix, il seroit évident qu'il n'a fait cette emplette que dans la vue de grossir le préciput illimité de ses armes et chevaux, et les héritiers du prédécédé seroient bien fondés à l'empêcher de les y comprendre.

442. Quelquefois on donne le choix au survivant, du préciput en espèces, ou du préciput d'une somme d'argent; comme lorsqu'il est dit, *prendra ses habits, armes et chevaux, ou la somme de tant.* Le préciput en espèces peut, en ce cas, excéder la somme d'argent dont on lui a donné le choix, pourvu néanmoins qu'il n'y ait pas une trop grande disproportion.

Quelquefois on donne l'un et l'autre; savoir, un préciput en argent, et un préciput en espèces; comme lorsqu'il est dit, *aura par préciput la somme de tant, et en outre ses habits, armes et chevaux.*

Quoique la convention de préciput, quelles que soient les choses et les sommes dans lesquelles on la fait consister, renferme un avantage que celui des conjoints qui doit prédécéder, fait au survivant, et qu'il soit regardé comme tel, tant par rapport au premier qu'au second chef de l'édit des secondes noces, comme nous l'avons vu en la dernière partie du traité du contrat de mariage, néanmoins elle est regardée plutôt comme convention de mariage, que comme donation, et en conséquence elle n'est pas sujette à la formalité de l'insinuation.

Voyez la déclaration du 25 juin 1729, et l'article 21 de l'ordonnance de 1731.

443. Le préciput n'étant accordé, qu'en cas de survie, ce ne peut être que le prédécès de l'un des conjoints qui donne ouverture au préciput au profit du survivant.

La mort civile de l'un des conjoints doit-elle être regardée comme un prédécès qui donne ouverture au préciput? Par exemple, si un homme, par un arrêt ou autre jugement en dernier ressort, avoit été condamné à la peine des galères à perpétuité, cette condamnation, qui lui fait perdre son état civil, doit-elle être regardée comme un prédécès qui donne ouverture au préciput de la femme? et la femme, en conséquence, peut-elle le prélever au partage qui est à faire des biens de la communauté, entre elle et les seigneurs confiscataires qui succèdent à la part du condamné? On peut dire, pour l'affirmative, qu'une personne, par la mort civile qu'elle a encourue, n'étant plus censée exister par rapport à la société civile, sa mort civile doit être regardée comme un véritable *prédécès*, qui ne l'en a pas moins retranchée que ne l'en auroit retranchée la mort naturelle, et qui doit, par conséquent, donner ouverture au préciput. Néanmoins, par un célèbre arrêt du 2 juin 1549, le roi Henri II, tenant son lit de justice, il a été jugé que la mort civile ne donnoit pas ouverture au préciput, et que la seule mort naturelle y donnoit ouverture. La raison est, que la convention de préciput étant une convention que les parties contractantes ont jugé à propos de faire dépendre de l'existence d'une condition, il ne peut pas y avoir ouverture à cette convention, que la chose que les parties ont jugé à propos d'y apposer pour condition, ne soit arrivée. Or, le cas du prédécès de l'un des conjoints, et la survie de l'autre, que les parties ont jugé à propos d'apposer pour condition à la convention du préciput, est le seul cas du prédécès, qui doit arriver par la mort naturelle du premier mourant des conjoints; c'est le seul cas qu'elles aient prévu: il n'est pas naturel qu'elles aient prévu, ni même qu'elles aient pu penser au cas de la mort civile qui arriveroit à l'une des parties. Le cas apposé pour condition à la convention de préciput, est donc le seul cas de la mort naturelle du premier mourant des conjoints ; ce n'est point celui de la mort civile de l'un d'eux ; et par conséquent il n'y a que celui de la mort naturelle qui puisse faire exister la condition apposée à la convention, et donner ouverture au préciput. On ne peut pas non plus dire que le cas de la mort civile et celui de la mort naturelle soient entièrement semblables ; car le cas de la mort civile laisse quelque espérance de retour à la vie, par la restitution à l'état civil qui peut être accordée par le prince : il n'y a que la mort naturelle qui soit sans espérance de retour à la vie.

Ne pourroit-on pas opposer à cet arrêt l'article 24 de l'ordonnance des substitutions, qui porte que dans tous les cas où la condamnation pour crime emporte mort civile, elle donnera ouverture au fidéicommis ? La réponse est, qu'on ne peut pas argumenter des fidéicommis à la convention de préciput ; les fidéicommis qui sont faits en l'absence de la personne au profit de qui la disposition est faite, étant susceptibles d'une interprétation beaucoup plus étendue que ne le sont les conventions entre vifs.

La disposition de l'ordonnance des substitutions n'est donc pas seule suffisante pour établir qu'on s'est écarté de la jurisprudence établie par l'arrêt de 1549 : mais j'ai appris que la cour s'en étoit formellement écartée, en jugeant, dans l'espèce d'un homme qui étoit sorti du royaume pour cause de religion, que la mort civile qu'il avoit encourue par sa sortie hors du royaume, avoit donné ouverture au préciput au profit de sa femme.

Le magistrat qui m'a fait part de cet arrêt, et qui avoit été un des juges, m'a aussi appris qu'on avoit jugé, par cet arrêt, que la femme étant sortie avec son mari, le mari devoit être censé sorti le premier, et la femme n'avoir fait autre chose que le suivre ; qu'en conséquence, le préciput lui avoit été acquis par la mort civile de son mari, pendant un instant de raison, et qu'elle l'avoit transmis avec ses biens à ses héritiers, par la mort civile qu'elle avoit encourue elle-même par sa sortie du royaume. Le magistrat n'approuvoit pas l'arrêt en ce point ; la femme n'ayant pu transmettre à ses héritiers un droit qu'elle n'a jamais pu elle-même exercer, et qui n'a pu lui être acquis dans le temps auquel son mari est sorti, puisque dans le même temps elle sortoit elle-même avec lui.

444. Lorsque les deux conjoints qui, par leur contrat de mariage, étoient convenus d'un préciput, sont depuis morts par un même accident, *putà*, dans un naufrage ou dans un incendie, sans qu'on puisse prouver lequel a survécu à l'au-tre, il n'y aura point de préciput au partage qui est à faire entre les héritiers de l'un desdits conjoints, et ceux de l'autre; car ni les uns ni les autres ne peuvent justifier que c'est celui des conjoints auquel ils ont succédé, qui a survécu, et au profit de qui il y ait ouverture au préciput : et, par conséquent, ni les uns ni les autres ne peuvent demander le préciput, parce que ni les uns ni les autres ne sont en état de fonder la demande qu'ils en feroient. **Voyez** *in Pand. Justin. tit. de* **R. D.** *n.* 4.

445. Lorsque la dissolution de communauté est arrivée du vivant des deux conjoints, *putà*, par une séparation, le par-tage se fait sans préciput, auquel il n'y a pas encore ouver-ture; mais il se fait à la charge que lorsqu'il y aura ouver-ture par le prédécès de l'un d'eux, la succession du prédécédé fera raison de ce préciput au survivant. C'est pourquoi, si le préciput porté au contrat de mariage est, par exemple, d'une somme de 4,000 livres, la succession du prédécédé devra au survivant, sur la part que le prédécédé a eue au partage de la communauté, la somme de 2,000 livres.

Lorsque le préciput est en espèces, il faut faire une esti-mation des choses sujettes au préciput de chacun des con-joints, qui se sont trouvées parmi les biens de la communauté lors de la dissolution, afin de fixer la somme que la succes-sion du prédécédé devra au survivant, lorsqu'il y aura ou-verture au préciput par le prédécès de l'un des conjoints.

En attendant, chacun des conjoints prendra, sur le pied de l'estimation, les choses sujettes à son préciput, non en les prélevant par forme de préciput, auquel il n'y a pas en-core ouverture, mais en les précomptant sur sa part; à la charge que lorsqu'il y aura ouverture au préciput par le pré-décès de l'un des conjoints, la succession du prédécédé devra au survivant, sur la part que le prédécédé a eue au partage, la moitié de l'estimation du préciput du survivant.

446. Suivant la jurisprudence de l'arrêt de 1549, lorsque l'un des conjoints ayant été condamné à une peine capitale,

le partage des biens de la communauté s'est fait entre le fisc et l'autre conjoint; si le condamné vient par la suite à prédécéder, le fisc doit de la même manière faire raison au survivant de son préciput.

Mais si c'est le condamné qui survit, le fisc ne peut pas prétendre, comme étant à ses droits, le préciput convenu par le contrat de mariage; car le fisc n'a pu succéder au condamné à ce préciput, qui n'étoit pas ouvert lors de sa condamnation, et il n'a pu, par le prédécès de l'autre conjoint, être ouvert au profit de ce condamné, qui n'existoit plus dans la société civile.

447. Le préciput ne peut ordinairement s'exercer qu'en cas d'acceptation de la communauté par la femme ou les héritiers de la femme.

Lorsque c'est le mari qui a survécu, il est evident que si les héritiers de la femme renoncent à la communauté, la convention du préciput devient inutile au mari, puisque tous les effets de la communauté, ceux qui auroient composé le préciput, ainsi que les autres, lui demeurent *jure non decrescendi*.

Lorsque c'est la femme qui a survécu, elle ne peut pas non plus prétendre son préciput, si elle a renoncé à la communauté; car, par sa renonciation à la communauté, elle renonce entièrement à tous les biens de la communauté, à quelque titre qu'elle eût pu les prétendre. D'ailleurs, le préciput étant un droit qui s'exerce au partage de la communauté, il ne peut y avoir de préciput lorsque, par la renonciation de la femme, il n'y a plus de partage à faire de la communauté.

448. On convient néanmoins assez souvent, par les contrats de mariage, que la future épouse, en cas de renonciation à la communauté, aura son préciput.

L'esprit de cette convention est de rendre le mari et sa succession, garants du préciput de la femme. C'est pourquoi, non-seulement elle a l'effet de rendre la femme, en cas de renonciation à la communauté, créancière du montant de son préciput contre la succession de son mari; elle a aussi l'effet, en cas d'acceptation de la communauté, de rendre la femme créancière de la succession de son mari, de ce qui s'est trouvé de manque dans les biens de la communauté, pour la remplir en entier de son préciput : au lieu que, hors le cas de cette convention, et lorsque les parties sont simplement convenues d'un préciput de telles choses ou d'une telle somme ; de même que la femme, en cas de renonciation, n'a aucun préciput, elle n'a non plus, en cas d'acceptation, aucun recours contre la succession de son mari, pour ce qui s'est trouvé de manque dans les biens de la communauté, pour la remplir de son préciput ; le préciput n'étant *in se* qu'un droit de prélever sur la masse, qui ne peut avoir lieu qu'autant qu'il y a de quoi prélever.

ARTICLE VIII.

De quelques autres espèces de conventions

§. I. De la convention par laquelle on assigne à chacun des conjoints, ou à ses héritiers, des parts inégales au partage qui se fera des biens de la communauté.

449. Quoique, suivant nos coutumes, les conjoints par mariage soient communs chacun pour moitié, et que lors de la dissolution de la communauté, les conjoints ou leurs héritiers les partagent par portions égales, et non par portions proportionnées à ce que chacun d'eux y a apporté, néanmoins on peut valablement convenir, par le contrat de mariage, qu'ils y auront des parts inégales ; par exemple, que *la femme sera commune pour un tiers* ou *pour un quart*, et qu'en conséquence, au partage de la communauté, l'homme aura les deux tiers ou les trois quarts.

On peut pareillement convenir qu'arrivant la dissolution de la communauté par le prédécès de l'un des conjoints, les héritiers du prédécédé n'auront que le tiers ou le quart, ou quelque portion moindre, et que le survivant aura le surplus.

Dans le cas de ces conventions, chacun doit supporter la même part dans les dettes de la communauté, que celle qui lui est assignée dans le partage de l'actif. On ne pourroit pas valablement convenir que l'un des conjoints auroit une certaine part dans l'actif de la communauté, et qu'il supporteroit une part différente dans le passif, ou plus grande, ou moindre ; parce que, par ces conventions, on pourroit éluder les lois, qui ne permettent pas que l'un des conjoints par mariage puisse, pendant le mariage, ou s'avantager aux dépens de l'autre, ou avantager l'autre à ses dépens.

Par exemple, s'il étoit dit, par le contrat de mariage, que la femme n'auroit que le tiers dans l'actif de la communauté, et qu'elle supporteroit néanmoins la moitié des dettes, il est évident qu'une telle convention, si elle pouvoit être valable, donneroit le pouvoir au mari de s'avantager aux dépens de sa femme, en faisant des acquisitions dont il devroit le prix; car il feroit payer à sa femme la moitié du prix de ces acquêts, dont elle n'auroit que le tiers, et dont il auroit les deux tiers.

Vice versâ, s'il étoit dit, par le contrat de mariage, que la femme n'auroit que le tiers dans la communauté, mais qu'elle l'auroit franc de dettes, ou qu'elle supporteroit seulement un sixième dans les dettes, il est visible qu'une telle convention, si elle pouvoit être valable, mettroit le mari en état d'avantager à ses dépens sa femme, en faisant des acquisitions dont il devroit le prix; car la femme auroit le tiers de ces acquisitions, et le prix de ce tiers que la femme y auroit, seroit payé par le mari, à la décharge de la femme, ou en total, ou en partie. Ces conventions doivent donc être déclarées nulles; et, sans y avoir égard, les conjoints ou leurs héritiers doivent partager la communauté également, tant en actif que passif.

Dans le cas de la seconde espèce que nous venons de proposer, les héritiers du mari seroient-ils fondés à prétendre qu'on ne doit déclarer nulle la convention que pour la seconde partie, par laquelle il a été convenu que la femme auroit sa part franche de dettes, ou qu'elle en supporteroit une moindre part que celle qu'elle a dans l'actif; et qu'on doit laisser subsister la première partie de la convention, qui restreint au tiers la portion de la femme?

On peut dire pour raison de douter, en faveur de cette prétention des héritiers du mari, que ce n'est que sur la seconde partie que tombe l'injustice de la convention. C'est cette seconde partie qui donne au mari le moyen d'avantager sa femme à ses dépens : on ne doit donc déclarer nulle que la seconde partie. Néanmoins, on doit décider que la convention doit être déclarée nulle dans sa totalité, et que le partage de la communauté doit se faire par portions égales, tant en actif que passif, comme s'il n'y avoit eu aucune convention. La raison de décider est, que la première partie de la convention est inséparable de la seconde; la femme n'ayant consenti, par la première partie de la convention, à la réduction de sa part de la communauté au tiers, que parce que par la seconde partie on la lui accordoit franche de dettes, ou qu'on la chargeoit seulement de la sixième partie des dettes. La seconde partie de la convention est une condition de la première : la nullité de la seconde partie de la convention doit donc entraîner la nullité de la première, et la convention doit être déclarée nulle dans sa totalité.

§. II. Du forfait de communauté.

450. On convient quelquefois, par un contrat de mariage, que les héritiers de la femme auront, pour tout droit de communauté, une certaine somme.

Si, dans le cas de cette convention, il n'y avoit pas dans les biens de la communauté, lors de sa dissolution, de quoi payer cette somme, le mari seroit-il fondé à prétendre que la clause n'a été mise qu'en sa faveur; que chacun pouvant renoncer à ce qui a été stipulé en sa faveur, il peut renoncer à cette convention, et se décharger de la somme y portée, aux offres d'admettre les héritiers de la femme à partager à l'ordinaire la communauté? Cette prétention n'est pas fondée. La convention ne contient pas une simple faculté qui soit donnée au mari, de retenir tous les biens de la communauté, en donnant la somme convenue; elle est une cession que la femme fait à son mari, au cas qu'il lui survive, de la part incertaine qu'elle auroit pu avoir dans les biens de la communauté lors de sa dissolution. La somme convenue, pour le prix de la cession, est donc due aux héritiers de la femme, en quelque état que se trouve la communauté lors de sa dissolution. Si elle se fût trouvée opulente, le mari en auroit eu le bénéfice; lorsqu'elle est mauvaise, il en doit supporter la perte : *Æquum est ut quem sequuntur commoda, eum sequantur incommoda.* C'est ce qui a été jugé par arrêts des 15 avril 1608, et 19 février 1646, rapportés par Brodeau sur Louet, *lettre M,* *chap.* 4. Le prix de la cession leur est dû, quand même il ne resteroit aucuns biens de la communauté lors de sa dissolution; car la cession d'un droit de communauté, de même que celle d'un droit successif, est une espèce de contrat aléatoire, semblable à la vente qu'un pêcheur fait de son coup de filet. De même que la vente du coup de filet n'a pas pour objet quelque chose de réel et de physique, mais un être moral, qui est l'espérance des poissons qui pourront être pris; et qu'en conséquence le prix du coup de filet soit dû, quoiqu'il n'ait été pris aucun poisson par le coup de filet, l'acheteur ayant eu l'espérance de ceux qui pouvoient être pris, qui est la seule chose qui lui ait été vendue; de même la cession que la femme, en cas de dissolution de communauté par son prédécès, fait à son mari, de sa part dans les biens de la communauté, n'a pour objet que l'espérance de ceux qui pourront se trouver. C'est pourquoi le prix de la cession est dû, quoiqu'il ne se soit trouvé aucuns biens de la communauté lors de la dissolution : il suffit qu'il ait pu s'en trouver, l'espérance de ceux qui pourroient se trouver, étant la seule chose qui ait été l'objet de la cession. C'est l'avis de d'Argentré sur l'article 22 de l'ancienne coutume de Bretagne, *glos.* 4, sur la fin, où il est dit : *Si maritus sponsæ ducenta pepigisset pro suâ parte conquæstuum, etiamsi secuto matrimonio nulli acquæstus fierent, tamen non minùs ducenta deberentur, veluti incerto eventûs redempto.* Sa décision est dans l'espèce où c'est la femme elle-même qui a été restreinte à une certaine somme pour son droit de communauté; mais il y a même raison de le décider dans l'espèce où ce ne sont que les héritiers de la femme qui y sont restreints.

451. Il faudroit décider autrement, si, après la clause que les héritiers de la femme auroient pour tout droit de communauté une telle somme, on avoit ajouté cette restriction, *si tant s'en trouve* : car, en ce cas, la somme portée par la convention, ne seroit due que jusqu'à concurrence de ce qu'il se trouveroit de biens dans la communauté; et, s'il n'en restoit aucuns, il ne seroit rien dû. Cela est encore conforme au sentiment de d'Argentré,qui, après ce que nous avons rapporté ci-dessus, ajoute de suite, *nisi quidem conditionaliter concepta esset stipulatio, veluti sub verbis, si quos fieri contingeret.*

452. Il faudroit aussi décider autrement, si la clause étoit conçue en ces termes : *Il sera loisible au futur survivant, de retenir tous les biens de la communauté, en donnant aux héritiers de la femme une telle somme.* Ces termes, *il sera loisible,* expriment une faculté et un choix qui est accordé à l'homme,

ou de retenir tous les biens de la communauté, en donnant la somme aux héritiers de la femme, ou de les admettre à la partager à l'ordinaire.

453. La clause que les héritiers de la femme auront, pour tout droit de communauté, une certaine somme, n'exclut du droit de partager la communauté que lesdits héritiers, et non la femme. Elle ne peut en conséquence avoir lieu que dans le seul cas auquel la dissolution de communauté arrive par le prédécès de la femme. Si elle arrivoit du vivant de la femme, par une sentence de séparation d'habitation, le droit de partager la communauté avec le mari, ayant été ouvert au profit de la femme par la sentence de séparation, quand même la femme viendroit à mourir peu après, avant que d'avoir procédé à ce partage, elle transmettroit ce droit à ses héritiers; et le mari ne pourroit en ce cas les en exclure, en leur offrant la somme portée par la convention.

454. Cette clause, que les héritiers de la femme auront, pour tout droit de communauté, une certaine somme, comprend tous les héritiers, tant les enfants que les collatéraux.

455. Le mari qui, en conséquence de cette convention, demeure propriétaire de tous les biens de la communauté, à la charge de donner aux héritiers de la femme la somme portée par la convention, peut sur cette somme leur faire déduction de toutes les créances que la communauté a contre la femme, *putà*, pour les sommes tirées de la communauté, afin d'acquitter des dettes mobilières de la femme, antérieures au mariage, et excluses de la communauté par une clause de séparation de dettes, ou pour des impenses (autres que celles d'entretien) faites des deniers de la communauté sur les héritages propres de la femme, ou pour quelque autre cause que ce soit.

Si les créances de la communauté contre la femme excédoient la somme que le mari doit donner aux héritiers de la femme pour leur droit de communauté, non-seulement le mari demeureroit quitte envers eux de cette somme, mais ils seroient débiteurs envers lui de l'excédant.

456. Lorsque la femme, durant le mariage, a doté, conjointement avec son mari, des biens de la communauté, quelqu'un de leurs enfants communs; si elle prédécède, on doit mettre au rang des créances de la communauté

contre la femme, ce qu'elle en a tiré, afin de contribuer pour sa moitié à cette dot. La clause que les héritiers de la femme auront, pour tout droit de communauté, une certaine somme, renferme une renonciation qu'elle a faite à la communauté pour cette somme, dans le cas de son prédécès. Cette renonciation l'exclut entièrement des biens de la communauté, et par conséquent l'oblige à faire raison à la communauté de tout ce qu'elle en a tiré.

Il en seroit autrement, si elle n'avoit pas été partie à la dotation ; car ne dote qui ne veut. Il ne suffit pas, pour qu'elle soit censée avoir doté, qu'elle ait été en qualité au contrat de mariage ; car elle est censée n'y avoir été que pour donner son consentement au mariage.

457. Le mari qui retient tous les biens de la communauté, à la charge de donner la somme convenue aux héritiers de la femme, doit en conséquence être seul tenu pour le total de toutes les dettes de la communauté. C'est pourquoi il doit payer aux héritiers de la femme, outre la somme portée par la convention, tout ce que la communauté doit à la femme pour ses reprises, remplois de propres, et pour quelque autre cause que ce soit, sans que les héritiers de la femme en fassent aucune confusion.

458. Les héritiers de la femme, qui ont reçu du mari la somme portée par la convention, pour leur droit de communauté, ne sont pas tenus des dettes de la communauté, même envers les créanciers, à moins que la femme ne se fût obligée envers eux. En cela cette convention est différente de la cession que les héritiers feroient à un tiers, de leur droit en la communauté : ils seroient en ce cas tenus des dettes de la communauté envers les créanciers, sauf leur recours contre leur cessionnaire, qui doit les en acquitter. La raison de différence est que les héritiers de la femme, qui cèdent à un tiers leur part en la communauté, doivent avoir acquis cette part pour pouvoir la lui céder : et, comme ils ne peuvent avoir acquis cette part que par une acceptation de la communauté, la cession qu'ils font de leur part à un tiers, renferme nécessairement une acceptation de la communauté, acceptation qui les oblige aux dettes de la communauté. Au contraire, les héritiers de la femme, auxquels le mari paye la somme portée par la convention, *pour tout droit*

de communauté, n'ont aucune part dans la communauté. La femme cède par cette convention, en cas de dissolution de la communauté par son prédécès, non la part que ses héritiers auront, mais celle qu'ils auroient pu y avoir, et à laquelle elle renonce pour le prix porté par la convention.

459. Quelquefois ce n'est pas seulement aux héritiers de la femme, c'est à la femme elle-même qu'on assigne, par le contrat, une somme pour tout droit de communauté. Dans le cas de cette convention, de quelque manière qu'arrive la dissolution de communauté, il ne peut y avoir lieu à un partage de communauté. Ni la femme ni ses héritiers n'ont pas droit de le demander : ils sont seulement créanciers de la somme portée par la convention ; et ni le mari ni ses héritiers ne sont reçus, pour s'en décharger, à offrir d'admettre la femme à un partage de la communauté. *Arrêt du 15 avril 1608, rapporté par Brodeau sur Louet, lett.* M, *chap.* 4.

Au surplus, tout ce que nous avons dit, à l'égard de l'espèce précédente, peut pareillement s'appliquer à celle-ci.

460. Il y a une troisième espèce de convention, par laquelle on convient que les héritiers du prédécédé n'auront, pour tout droit de communauté, qu'une telle somme ; ce qui comprend aussi bien les héritiers du mari, si c'est lui qui prédécède, que ceux de la femme, lorsque c'est elle qui prédécède.

Observez une grande différence qui se rencontre dans cette espèce et dans les précédentes. Dans la première espèce, quelque mauvaise que soit la communauté lors de sa dissolution, le mari ne peut se dispenser de payer aux héritiers de la femme la somme convenue, franche et quitte des dettes de la communauté ; le mari demeure seul chargé de ces dettes. Les héritiers du mari contractent la même obligation dans la seconde espèce. Au contraire, dans cette troisième espèce, la femme survivante peut bien, suivant la convention du contrat, retenir tous les biens de la communauté, lorsqu'elle la trouve avantageuse, en donnant aux héritiers du mari la somme portée par la convention ; mais cette convention ne prive pas la femme du droit de renoncer à la communauté, lorsqu'elle la trouve mauvaise, et de laisser, par sa renonciation, aux héritiers du mari les biens de la com-

munauté avec toutes les charges. La raison de différence est,
que le mari ne pouvant renoncer à sa communauté, dont il
est le chef, ses héritiers, qui succèdent à toutes ses obligations, ne le peuvent pas non plus. Au contraire, la femme a
tellement le droit de renoncer à la communauté, qu'elle ne
peut même en être privée par quelque convention que ce
soit : comme il ne doit pas être au pouvoir du mari d'engager les propres de sa femme, sans son consentement, en
contractant des dettes durant la communauté, il doit toujours être au pouvoir de la femme de renoncer à la communauté pour s'en décharger.

Dans l'espèce de cette convention, lorsque la femme survivante juge à propos de renoncer à la communauté, la convention demeure sans effet : les héritiers du mari ayant,
par la renonciation de la femme, tout le droit de la communauté en total, ne peuvent demander à la femme survivante
la somme portée par la convention, qui ne leur est accordée
qu'à la place et pour leur tenir lieu du droit qu'ils peuvent
prétendre à la communauté.

§. III. De la clause d'exclusion de communauté.

461. On peut convenir, par contrat de mariage, qu'il n'y
aura aucune communauté de biens entre les conjoints. L'effet
de cette convention est, que ni la femme, ni les héritiers de
la femme ne peuvent prétendre aucune part, lors de la dissolution du mariage, dans les biens, soit mobiliers, soit
immobiliers, que le mari a acquis, durant le mariage, à
quelque titre que ce soit, ni encore moins dans ceux qu'il
avoit lorsqu'il s'est marié.

Quand même les acquisitions que le mari a faites, durant
le mariage, auroient été faites des revenus des biens de la
femme, dont le mari a droit de jouir, la femme et ses héritiers n'en seroient pas plus fondés à y prétendre part.

La femme et ses héritiers, en conséquence de cette convention, n'ayant aucune part dans les biens que le mari acquiert, durant le mariage, ils ne sont pas tenus des dettes
qu'il contracte; et si la femme s'y étoit obligée, elle en doit
être indemnisée par son mari.

462. Le mari, de son côté, n'a aucune part dans la propriété des biens de sa femme; mais il a le droit d'en jouir,

S.   20 *ad sustinenda onera matrimonii*, tant de ceux qu'elle a, lors du mariage, que de ceux qu'elle acquiert depuis, à quelque titre que ce soit : car c'est une maxime, dans nos pays coutumiers, que tous les biens d'une femme sont réputés dotaux.

Nous ne suivons pas, à l'égard de cette jouissance, la disposition des lois romaines, qui accordoient au mari les fruits de la dot, au prorata du temps qu'avoit duré le mariage. Le mari, en cas d'exclusion de communauté, a droit de percevoir à son profit tous les fruits, tant civils que naturels, qui se perçoivent ou naissent, durant le temps du mariage, pour se récompenser des charges du mariage qu'il supporte ; de même que, lorsqu'il y a communauté, ces fruits appartiennent à la communauté, pour la dédommager des charges du mariage, qui sont à la charge de la communauté, lorsqu'il y en a une.

463. Le mari, dans le cas de cette convention, n'ayant que le droit de jouir des biens de la femme, durant le mariage, il doit, lors de la dissolution du mariage, rendre à la femme ou à ses héritiers tous les biens que sa femme lui a apportés, soit en se mariant, soit durant le mariage.

La femme peut quelquefois en poursuivre la restitution durant le mariage, lorsqu'elle peut établir que les mauvaises affaires du mari mettent sa dot en péril.

§. IV. De la séparation contractuelle.

464. On peut convenir, par un contrat de mariage, que non-seulement il n'y aura pas de communauté de biens entre les conjoints, mais que chacun d'eux jouira séparément de ses biens. On appelle cette convention *séparation contractuelle*. Elle a cela de plus que la simple exclusion de communauté, qu'elle prive le mari de la jouissance des biens de la femme.

La femme, par cette séparation contractuelle, a bien le droit de recevoir les revenus de ses biens, d'en faire de simples baux à loyer ou à ferme, et généralement de faire tous les actes d'une simple administration, sans avoir besoin, pour tous ces actes, de l'autorisation de son mari, comme nous l'avons vu dans notre *Traité de la puissance maritale*. Mais, comme cette séparation contractuelle ne la soustrait pas à la puissance de son mari, elle ne peut aliéner ses immeubles, ni même recevoir le rachat de ses

rentes, sans être autorisée par son mari ou par justice ;
le mari peut même arrêter les deniers du rachat, jusqu'à
ce qu'il en soit fait emploi, pour sûreté des charges du
mariage, auxquelles elle est obligée de contribuer.

Si la femme qui, en conséquence d'une séparation contractuelle, jouit séparément de ses biens, refusoit de contribuer aux charges du mariage, le mari pourroit la faire
condamner à y contribuer. Le juge doit en ce cas régler la
pension que cette femme doit payer à son mari avec qui elle
demeure, à une somme, eu égard à ses facultés et à sa qualité : il doit pareillement régler la somme pour laquelle elle
doit contribuer aux aliments et à l'éducation des enfants
communs.

465. En cela, la séparation contractuelle convient avec celle
qui intervient, durant le mariage, par une sentence du juge.
Elle en diffère en ce que, lorsque la séparation est intervenue
durant le mariage, les conjoints peuvent, d'un commun
consentement, quand bon leur semble, se désister de la
sentence, et se remettre en communauté comme avant la
sentence. Au contraire, la séparation contractuelle est irrévocable, comme le sont toutes les conventions des contrats
de mariage ; et les conjoints ne peuvent, durant le mariage,
au préjudice de cette convention, établir une communauté.
C'est ce qui a été jugé par des arrêts rapportés par Louet.

§. V. D'une autre espèce de convention.

466. La femme pouvant valablement convenir qu'elle jouira
séparément de tous ses biens, comme nous l'avons vu au
paragraphe précédent, il s'ensuit qu'elle peut pareillement
convenir valablement qu'elle jouira séparément d'un certain
héritage, des revenus duquel elle pourra disposer à son gré
pendant tout le temps que le mariage durera, et établir au
surplus une communauté de biens avec son futur époux.
C'est une conséquence de ce principe, que *qui peut le plus,
peut le moins*.

Les acquisitions que la femme auroit faites en ce cas durant le mariage, qui seroient provenues de ses épargnes sur
lesdits revenus, doivent-elles tomber en communauté ? Borjon décide pour l'affirmative. J'y trouve de la difficulté : car
la femme s'étant réservé par cette convention tous les revenus de cet héritage, qui seroient à percevoir pendant tout

le temps que dureroit le mariage, ces revenus sont pour elle
des propres. Or, tout ce qui provient des propres sans en être
un fruit, ne tombe pas en communauté; *suprà*, n. 96. Mais,
au moins, pour que ces acquisitions soient propres, il ne suffit
pas qu'il soit dit par le contrat qu'elles sont faites des deniers
provenus desdits revenus, si cela n'est bien justifié; autrement le mari auroit une voie ouverte d'avantager sa femme,
en faisant passer sous son nom toutes les acquisitions qui se
feroient durant le mariage.

———

~~~~~~

SECONDE PARTIE.

Du droit des conjoints sur les biens de la communauté.

467. Le droit de mari, sur les biens de la communauté, est renfermé dans les deux axiomes suivants :

Premier axiome. Le mari, comme chef de la communauté, est réputé seul seigneur des biens de la communauté, tant qu'elle dure, et il en peut disposer à son gré, sans le consentement de sa femme.

Second axiome. Ces dispositions, néanmoins, ne sont valables qu'autant qu'elles ne paroissent pas faites en fraude de la part que la femme et les héritiers de la femme ont droit d'y avoir lors de la dissolution de la communauté : il ne peut sur-tout s'en avantager, ni ses héritiers, au préjudice de cette part.

Nous développerons chacun de ces axiomes dans des articles séparés, et nous traiterons, dans un troisième article, du droit de la femme.

ARTICLE PREMIER.

Développement du premier axiome.

468. Nous avons vu, dès le commencement de ce traité, que la communauté de biens qui est établie, soit par la loi, soit par la convention, entre des conjoints par mariage, est en quelque façon *in habitu*, plutôt qu'*in actu*, et que le mari, tant qu'elle dure, est, en sa qualité de chef de cette communauté, réputé en quelque façon seul seigneur des biens dont elle est composée; parce qu'il a droit, en cette qualité, de disposer à son gré, non-seulement de sa part, mais de celle de sa femme, sans lui en être comptable. « Le mari, dit la » coutume de Paris, en l'*art.* 225, est seigneur des meubles

» et conquêts immeubles par lui faits durant et constant le
» mariage de lui et de sa femme. »

Ces termes, *par lui faits*, se sont glissés dans le texte par
inadvertance, et sont superflus. La disposition de la coutume
n'est pas restreinte, par ces termes, aux seuls immeubles
que le mari a lui-même acquis durant le mariage; elle comprend tous ceux dont la communauté est composée; même
ceux que la femme y apportés par une convention d'ameublissement. Ce principe est si constant, et les longues raisons
de douter que Lebrun a apportées, sont si inutiles, qu'elles
ne m'ont pas paru valoir la peine d'être rapportées.

469. COROLLAIRE PREMIER. Le mari peut charger les biens
de la communauté, de toutes les dettes qu'il juge à propos de
contracter pendant qu'elle dure, non-seulement de celles
qu'il contracte pour les affaires de la communauté, ou qui
pourroient paroître la concerner, mais même de celles qui
n'ont aucun rapport aux affaires de la communauté, même
de celles qui ont pour cause les délits par lui commis, comme
nous l'avons vu au long, *suprà*, n. 248.

470. COROLLAIRE SECOND. Le mari peut, à son gré, perdre les
biens de la communauté, sans en être comptable : il peut
laisser périr par la prescription les droits qui dépendent de sa
communauté, dégrader les héritages, briser les meubles, tuer
par brutalité ses chevaux et autres animaux dépendants de la
communauté, sans être comptable à sa femme de toutes ces
choses.

471. COROLLAIRE TROISIÈME. Le mari peut aliéner par des
actes entre vifs, à quelque titre que ce soit, même à titre de
donation entre vifs, envers telles personnes qu'il juge à propos, sauf à celles dont il sera parlé en l'article suivant, les
différents biens dont la communauté est composée. Il peut
charger lesdits biens d'hypothèques, non-seulement pour ses
dettes, mais pour les dettes d'autrui : il peut les charger de
servitudes.

La coutume de Paris, en l'article 225, ci-dessus cité, a
elle-même tiré ces conséquences. Après avoir dit, *le mari est
seigneur*, etc., elle ajoute : « en telle manière qu'il les peut
» vendre, aliéner ou hypothéquer, et en faire et disposer par
» donation ou autre disposition faite entre vifs, à son plaisir
» et volonté, sans le consentement de sadite femme, à per-
» sonne capable, et sans fraude. »

Nous verrons, dans l'article suivant, l'explication de ces termes *à personne capable*, *et sans fraude*.

472. Presque toutes les coutumes ont à cet égard la même disposition que celle de Paris. Il y en a néanmoins quelques-unes qui ne regardent le mari que comme un simple administrateur *cum liberá*, et qui en conséquence permettent bien au mari de vendre, permuter et hypothéquer les biens de la communauté, mais qui ne lui permettent pas de les donner entre vifs, si ce n'est pour sa part seulement. Telles sont les coutumes d'Anjou, *art.* 289; du Maine, *art.* 304; de Lodunois, *chap.* 26, *art.* 6.

La coutume de Saintonge, *tit.* 8, *art.* 68, excepte de la faculté qu'elle donne au mari, de disposer sans sa femme des meubles et conquêts, ceux qui ont été faits par le mari et sa femme, *contractants ensemble*.

D'autres en exceptent ceux qui ont été faits par la femme et par son industrie. Bayonne, *tit.* 9, *art.* 29; Labour, *tit.* 9, *art.* 2.

473. COROLLAIRE QUATRIÈME. Il se trouve dans l'article 233 de la coutume de Paris, où il est dit : « Le mari est seigneur » des actions mobilières et possessoires, *posé* qu'elles procè- » dent du côté de la femme; et peut le mari agir et déduire » lesdits droits et actions en jugement sans sadite femme. »

La communauté étant composée de tous les biens mobiliers de chacun des conjoints, et le mari étant, en sa qualité de chef de la communauté, seul seigneur des biens de la communauté, tant qu'elle dure, la coutume a très-bien tiré la conséquence, qu'il est seigneur pour le total des actions mobilières de sa femme, et qu'il peut seul les déduire en jugement.

Pareillement la jouissance des propres de chacun des conjoints appartenant à la communauté, la coutume a très-bien conclu que les actions possessoires qui concernent la jouissance des héritages de la femme, appartiennent au mari, comme seigneur des biens et droits de la communauté.

La disposition de cet article a lieu, quand même le mobilier de la femme auroit été réalisé par une clause de réserve de propre : car tout l'effet de cette clause, comme nous l'avons vu *suprá*, *n.* 325, est de lui accorder, et à ses héritiers, une reprise lors de la dissolution de communauté : elle n'empêche pas que le mobilier de la femme ne tombe dans la communauté, à la charge de la reprise.

De même que le mari peut intenter seul les actions mobilières et possessoires de sa femme, il peut aussi défendre seul aux actions mobilières et possessoires qu'on a contre elle.

Quand même ces actions auroient été intentées par la femme ou contre elle avant son mariage, elles ne peuvent plus, après son mariage, être poursuivies par elle ou contre elle seule ; il faut que l'instance soit reprise par le mari, ou contre le mari.

Quoique ces actions qu'on a contre la femme, puissent être valablement intentées et poursuivies contre le mari seul, néanmoins un créancier de la femme a intérêt d'assigner le mari et la femme, afin que la condamnation qu'il obtiendra contre le mari et la femme, lui donne une hypothèque sur les biens de la femme.

474. De ce que le mari est réputé seul seigneur des biens de la communauté pendant qu'elle dure, et de ce qu'il peut les aliéner pour le total, on en avait tiré autrefois une mauvaise conséquence, qui est que lorsqu'un homme étoit condamné à une peine capitale qui emporte confiscation, il devoit rendre confiscables les biens de la communauté pour le total, au profit du seigneur.

Quelques coutumes, du nombre desquelles étoit notre ancienne coutume d'Orléans, en avoient des dispositions. Celle de Bretagne avoit cru faire une grâce aux veuves, que de leur accorder une provision sur les biens de la communauté du mari condamné.

Ce n'étoit que par un privilége accordé aux bourgeois de Paris, dont Loysel fait mention en ses *Inst. Cout.*, *liv.* 6, *tome 2, art.* 26, qu'à Paris les femmes étoient admises à distraire de la confiscation des biens de leur mari, adjugée au roi, leur part dans les biens de la communauté.

Dumoulin s'est élevé avec raison contre cette mauvaise jurisprudence. Il a observé que le mari n'est seigneur pour le total des biens de la communauté, que pendant le temps qu'elle dure : la dissolution de communauté donnant ouverture à la part que la femme ou ses héritiers doivent avoir dans les biens de la communauté, elle réduit le droit du mari à la moitié desdits biens. Le jugement qui condamne le mari à une peine capitale, faisant perdre l'état civil au mari, dissout la communauté. La confiscation des biens du mari, qui est une suite de cette peine capitale, n'a donc lieu que dans un temps où la communauté est dissoute, et par conséquent dans un temps où le droit du mari, sur les biens de la communauté, se trouve réduit à moitié. Il n'en peut donc rendre confiscable que la moitié.

Ces raisons, et l'autorité de Dumoulin, ont fait changer la jurisprudence. On a suivi la décision de ce jurisconsulte, dans l'*art.* 209 de notre nouvelle coutume d'Orléans, où il est dit que l'homme condamné en cas de confiscation, rend confiscable, avec ses propres, la moitié des meubles et conquêts immeubles de la communauté; et on a en cela dérogé à l'ancienne coutume, qui, par l'article 176, confisquoit le total.

475. Du principe que le droit du mari, qui est seigneur pour le total des biens de la communauté pendant qu'elle dure, est, par sa dissolution, réduit à la moitié, il suit aussi qu'il ne peut disposer par testament, des biens de la communauté, que pour la moitié : car les dispositions testamentaires n'ayant d'effet qu'à la mort du testateur, le mari ne peut disposer par testament, que du droit qu'il se trouvera avoir lors de sa mort, dans les biens de la communauté. Or, lors de sa mort, il n'y a plus que la moitié, puisque sa mort a opéré la dissolution de communauté, et réduit en conséquence à la moitié son droit dans les biens de la communauté. La plupart des coutumes s'en expliquent en termes formels.

L'article 225 de la coutume de Paris, ci-dessus rapporté, n. 471, l'insinue clairement, en disant que le mari peut disposer à son gré des meubles et conquêts, *par donation ou autre disposition faite entre vifs.* Par ces termes *faite entre vifs,* elle dit assez que le mari ne peut pas en disposer de même par des dispositions testamentaires, mais seulement pour la part qu'il y a.

476. De là naît une question : Lorsque le mari a légué par son testament un certain effet de la communauté, il n'est pas douteux que ce legs ne peut préjudicier à la part de la femme : mais est-il valable pour le total vis-à-vis des héritiers du mari, de manière qu'ils soient obligés de racheter à leurs dépens la part de la femme, et de faire la délivrance de la chose entière au légataire ? ou si le legs n'est censé être que de la part du mari dans la chose léguée ? Il y a plusieurs cas à

distinguer sur cette question. Le premier cas est, lorsqu'on a employé dans le legs les pronoms *mon* ou *son*; comme lorsque le testament porte, *Je lègue à un tel* mon *pré*; *Je lègue à un tel* son *pré*. Ces termes, *mon*, *son*, paroissent devoir restreindre les legs à la part du mari testateur dans ladite chose. C'est ce qui paroît résulter de la loi 5, §. 2, ff. *de leg.* 1° où Paul dit : *Quum fundus communis legatus sit, non adjectâ portione, sed* MEUM *nominaverit, portionem deberi constat.*

Je ne pense pas néanmoins qu'on doive faire de ce texte de droit une règle générale, et qu'on doive décider indistinctement que les pronoms *mon*, *son*, employés dans le legs que le mari a fait d'un effet de la communauté, restreignent le legs à la part que le mari doit y avoir lors de la dissolution de la communauté. Lorsque par le testament il est dit : Je lègue à un tel mon pré, ou je lègue à un tel ma vigne, j'accorderai volontiers que par ces termes, *mon*, *ma*, le testateur est censé avoir voulu restreindre son legs à sa portion dans le pré ou dans la vigne : mais, lorsqu'il est dit, *je lègue à* mon *valet-de-chambre* ma *garde-robe; je lègue à un tel*, mon *ami*, ma *tabatière d'or; je lègue à un tel* mon *cheval*; je pense que dans ces legs, ces termes, *mon*, *ma*, ne signifient autre chose que, *qui est à mon usage*, et qu'ils ne sont pas employés pour restreindre les legs à la portion indivise qu'a le mari dans sa garde-robe, sa tabatière et son cheval; étant vraisemblable que la volonté du testateur (qui est ce qu'on doit rechercher pour l'interprétation des legs) a été de léguer toute sa garde-robe, et de léguer une tabatière et un cheval en entier, et non pas seulement une portion dans une tabatière ou dans un cheval.

477. Le second cas est, lorsque la chose a été léguée simplement, sans employer lesdits pronoms; comme lorsque le legs est conçu en ces termes : *Je lègue à un tel la maison de la Croix-blanche.* Cette maison étant un conquêt, le mari est-il censé l'avoir léguée entière, et avoir chargé ses héritiers de racheter la part de la femme? ou est-il censé, même dans ce cas, n'avoir légué que sa part dans ce conquêt? Cette question paroît être la même que celle qui est traitée par Vinnius, *illust. Quæst.* 11, 26, sur le legs d'une chose qui appartenoit au testateur en commun avec un tiers. Vinnius, sur cette question, rapporte l'opinion d'Accurse, qui pense que le legs d'une chose dans laquelle le testateur n'avoit qu'une

part, s'il n'est expressément restreint à cette part, est de la chose entière, lorsque le testateur n'a pas ignoré qu'il n'y avoit qu'une part; de même que le legs de la chose d'autrui est valable, lorsque le testateur n'a pas ignoré qu'elle appartenoit à un autre, suivant la décision qui est aux Institutes de Justinien, *tit. de leg.* §. 5.

Vinnius embrasse l'opinion contraire, qui est celle de Bartole, Balde, et d'autres auteurs par lui cités; et il décide que les legs d'une chose dans laquelle le testateur savoit n'avoir qu'une part, est présumé n'être que de cette part, quoiqu'il n'y ait pas de termes dans la disposition qui le restreignent expressément à cette part. Il fonde son opinion sur cette maxime de droit, qui se trouve aux Institutes, *supradicto paragrapho : nemo præsumitur hæredem suum redemptione rei alienæ gravare velle :* Un testateur, en faisant un legs particulier, n'est pas présumé, sans nécessité, avoir voulu charger son héritier d'acheter une chose qui ne seroit pas de sa succession. Il établit ensuite la différence à cet égard, entre le legs *rei alienæ,* c'est-à-dire, d'une chose dans laquelle le testateur n'a aucune part, et le legs *rei communis,* dans laquelle le testateur n'a qu'une part.

Lorsque le legs est *prorsùs rei alienæ,* et que le testateur, n'ignorant pas qu'elle ne lui appartenoit pas, a néanmoins voulu la léguer, la chose étant entièrement à autrui, il est en ce cas nécessaire de reconnoître que le testateur a voulu léguer la chose d'autrui, et conséquemment qu'il a voulu charger son héritier de l'acheter, pour en faire délivrance au légataire : par conséquent, il ne peut y avoir lieu à la maxime, *Nemo præsumitur hæredem suum redemptione rei alienæ gravare velle.* Il n'en est pas de même du legs d'une chose commune au testateur et à une autre personne : la maxime, *Nemo præsumitur hæredem suum redemptione gravare velle,* peut recevoir application, parce qu'on peut présumer, pour cet effet, que le testateur, en léguant cette chose, n'a entendu léguer que la part qu'il y avoit.

Vinnius autorise son opinion par des textes de droit. La loi 24, *de instruct. fund. leg.,* est formelle pour son opinion. Neratius avoit dit que lorsque quelqu'un léguoit un héritage avec les meubles qui servent à son exploitation, le legs comprenoit même ceux qui appartiennent au fermier. Paul décide, au contraire, qu'on doit plutôt présumer que le legs n'est que de ceux qui appartenoient au testateur : *Fundus legatus est cum instrumento, instrumentum quod colonus in eo habuit legato cedit,* disoit Neratius. Paul le reprend ainsi : *An quod coloni fuit; an tantùm id quod de eo testatoris fuit? Et hoc magis dicendum est, nisi nullum domini fuit.*

Enfin Vinnius répond aux objections qu'on fait contre son opinion. La principale consiste à dire, dans le langage ordinaire, *rei appellatione totum continetur.* Quand on dit *une telle chose,* en termes indéfinis, cela s'entend du total de cette chose, et non pas d'une partie de cette chose : donc lorsque le testateur, a dit, *je lègue une telle chose,* cela doit s'entendre du total de cette chose, et non pas seulement de la part que le testateur y avoit. La réponse est prompte. Cette proposition, *quand on dit* une telle chose, *en termes indéfinis, cela s'entend du total de la chose,* n'est vraie qu'autant qu'il ne se rencontre pas des circonstances qui fassent entendre d'une partie seulement de la chose, ce qu'on en a dit en termes indéfinis.

On doit encore, dans ce second cas, rechercher quelle a été la volonté du testateur, par les circonstances, tant de la nature de la chose léguée, que de la qualité de la personne du légataire

La raison qui sert de principal fondement à l'opinion de Vinnius, qui est que *nemo præsumitur hæredem suum redemptione rei alienæ gravare velle,* milite principalement à l'égard du legs d'une chose qui appartiendroit en commun au testateur, et à un tiers avec qui il n'auroit rien de commun que cette chose. C'est dans ce cas, que si la chose étoit léguée en total, l'héritier ne pourroit absolument acquitter le legs, qu'en déboursant de quoi racheter la part que ce tiers a dans cette chose. Mais cette raison ne milite pas également dans le cas d'un legs qu'un mari a fait d'un effet de sa communauté; car, en ce cas, on peut faire tomber la chose léguée dans le lot de l'héritier du mari, au partage qui est à faire des biens de la communauté entre lui et la veuve ; au moyen de quoi le legs pourra être acquitté, sans que l'héritier soit grevé *redemptione rei alienæ.*

478. Le troisième cas est, lorsque le legs fait par un homme qui a, parmi les effets de sa communauté, la maison de la Croix-blanche, est conçu en ces termes : *Lègue à un tel sa moitié de la maison de la Croix-blanche, et de ses meubles.* On a

formé la question, si, dans l'espèce de ce legs, le testateur, en léguant la moitié de *sa maison* et de *ses meubles*, est censé n'avoir légué que la moitié de sa part dans la maison et dans les meubles de la communauté, ce qui fait le quart au total de ladite maison et des meubles? On fait, en faveur des héritiers du mari, ce raisonnement : Il a été décidé, dit-on, sur le premier cas, que ces termes, *sa maison, ses meubles*, s'entendoient de la part qu'il avoit dans la maison, et de celle qu'il avoit dans les meubles ; d'où l'on conclut que dans l'espèce de ce legs, la moitié de sa maison et de ses meubles n'est que de la moitié de sa part dans la maison et dans les meubles. Néanmoins il a été jugé par arrêt du 8 février 1624, rapporté par Lebrun, *liv.* 2, *chap.* 2, *sect.* 1, *n.* 2, que le legs étoit de toute la moitié du mari dans la maison et dans les meubles de la communauté. Léguer la moitié de sa maison et de ses meubles, c'est léguer sa maison et ses meubles pour la moitié qui en appartient au testateur.

479. Le quatrième cas est, lorsque le testateur s'est expliqué expressément, qu'il léguoit la chose pour le total. Il n'est pas douteux, en ce cas, que les héritiers du mari doivent, ou s'accommoder avec la veuve, de la part qu'elle a dans la chose léguée, pour la délivrer en entier au légataire ; ou, s'ils ne peuvent s'en accommoder avec elle, ils doivent en payer au légataire l'estimation.

ARTICLE II.

Développement du second axiome.

480. Nous avons dit que les dispositions que le mari fait des effets de la communauté, ne sont valables qu'autant qu'elles ne paroissent pas faites en fraude de la part que la femme ou ses héritiers doivent avoir aux biens de la communauté, lors de sa dissolution.

C'est ce qui résulte de l'article 225 de la coutume de Paris, qui a été rapporté *suprà*, *n.* 471, où la coutume, après avoir dit que le mari peut disposer des effets de la communauté par donation ou autre disposition, ajoute ces termes, *à personne capable, et sans fraude*.

481. L'excès de la donation fait présumer cette fraude. C'est sur ce fondement que la coutume de Poitou, *art.* 244, après avoir dit que le mari peut donner les meubles et conquêts de sa communauté, ajoute, «pourvu que ce ne soit en

» fraude, aussi que ce ne soit par contrat général d'aliéna-
» tion de tous ses biens : car, en ce cas, la femme pourroit
» demander la moitié, et ne vaudroit ledit transport universel,
» que de ce qui étoit au mari. » La coutume de Saintonge,
tit. 8, *art.* 67, s'en explique pareillement.

Lebrun, *liv.* 2, *chap.* 2, *sect.* 1, *n.* 33, dit que la fraude se
présume aussi par le temps auquel la donation est faite. Par
exemple, si le mari faisoit une donation un peu considérable
pendant la dernière maladie de sa femme, elle devroit être
censée faite en fraude de la part que devroient y avoir les
héritiers de la femme. Cela est assez plausible.

Quant à ce que Lebrun dit au nombre suivant, que la donation entre vifs d'un conquêt, faite par le mari, sous la réserve d'usufruit au profit de lui seul, est censée faite en
fraude, par cela seul que l'usufruit est réservé au profit de
lui seul, j'aurois de la peine à être de son avis. Le mari pouvoit donner ce conquêt purement et simplement, et sans
aucune réserve d'usufruit, sans que sa femme, ni les héritiers de sa femme, eussent pu s'en plaindre. Pourquoi s'en
plaindroient-ils, lorsque la donation est faite sous la réserve
de cet usufruit ? On ne peut pas dire qu'il s'avantage par cette
réserve : car c'est la communauté qui profite de cet usufruit
réservé pendant tout le temps qu'elle dure ; et, après sa dissolution par la mort de la femme, cet usufruit que le mari
s'est réservé, étant un effet de la communauté, se partage
entre le mari et les héritiers de la femme, pendant tout
le temps qu'il doit durer.

482. Le principal cas de la fraude, est lorsque la disposition faite des biens de la communauté, tend à en avantager le mari ou ses hoirs, au préjudice de la part que la
femme ou ses héritiers doivent avoir un jour dans les
biens de la communauté, lors de sa dissolution.

C'est l'interprétation que Dumoulin donne à ces termes
de l'article 107 de l'ancienne coutume de Paris, *à personne
capable, et sans fraude :* C'est, dit-il, *s'enrichir, ou ses hoirs,
en diminution de communauté.*

C'est pour cette raison que toutes les fois que le mari
s'est avantagé des biens de la communauté, *putà,* en tirant
de la communauté, des sommes pour des affaires qui lui
étoient particulières, il en doit récompense à la communauté, lors de sa dissolution, et par conséquent à sa femme,

ou aux héritiers de sa femme, pour la part qu'ils ont dans la communauté. Nous traiterons de ces récompenses *infrà, part.* 4, et nous en parcourrons les différents cas.

Le mari non-seulement ne peut s'avantager directement des biens de la communauté, au préjudice de la part que la femme auroit dû y avoir; il ne le peut même indirectement. De là il suit que la donation que le mari feroit d'un conquêt de sa communauté à son père, ou à quelque autre de ses parents dont il attendroit la succession, doit être censée faite en fraude; car il ne le donne que pour qu'il lui revienne comme propre dans la succession du donataire, et, par ce moyen, s'en avantager indirectement au préjudice de la part qu'auroit eue sa femme dans ce conquêt, s'il ne l'eût pas donné.

483. Non-seulement le mari ne peut s'avantager lui-même des biens de la communauté; il ne peut pareillement, comme le dit Dumoulin, *en enrichir ses hoirs* : ce qui comprend les enfants qu'il a d'un précédent mariage; et, à défaut d'enfants, ceux de sa famille qui sont en degré de lui succéder.

Il ne peut donc rien donner à ces personnes, des biens de sa communauté, au préjudice de la part qu'y doivent avoir sa femme ou les héritiers de sa femme, lors de sa dissolution.

On doit regarder une donation comme suspecte de fraude, et comme faite à un incapable, non-seulement lorsqu'elle est faite à l'incapable lui-même, mais aussi lorsqu'elle est faite aux enfants de l'incapable; sur-tout lorsqu'il ne paroît pas que le donateur ait eu d'autre motif pour la leur faire, que celui d'éluder la loi qui ne lui permettoit pas de la faire à l'incapable lui-même.

484. Il n'y a que les donations que le mari fait à ses héritiers présomptifs, qui soient censées faites en fraude de la part de la femme; celles que le mari a faites à ses parents collatéraux, quelque proches qu'ils lui soient, lorsqu'ils ne sont pas ses héritiers présomptifs, ne sont pas censées faites en fraude. C'est ce qui a été jugé par un arrêt du 14 août 1571, *consultis classibus,* rapporté par les commentateurs de la coutume de Paris, dans l'espèce d'une donation faite par un homme, de quelques biens de sa communauté, à sa nièce, qui n'étoit pas son héritière

présomptive, étant précédée par des frères, par lesquels
elle se trouvoit exclue ; la représentation en collatérale
n'ayant été introduite que par la nouvelle coutume. La
veuve ayant demandé que le montant de cette donation
fût précomptée sur la part des héritiers du mari, elle en
fut déboutée. Guérin, qui rapporte cet arrêt, en tire cet
axiome : *Sic soli hæredes pro incapacibus habentur ; sanguinis*
autem ratio fraudis suspicionem non inducit.

485. Les donations entre vifs étant des actes qui ont
leur effet au temps du contrat, c'est au temps de la donation qu'on doit avoir égard, pour décider si elle a été faite
à personne capable, et sans fraude, ou si elle a été faite à
une personne qui la fasse présumer faite en fraude de la
portion de la femme ; et comme c'est la qualité d'héritier
présomptif du mari, dans la personne du donataire, qui
donne lieu à cette présomption de fraude, il suffit qu'au
temps de la donation, le donataire ait été héritier présomptif du mari, pour qu'il y ait lieu à cette présomption,
et pour que, lors de la dissolution de communauté, la
femme ou ses héritiers soient fondés en conséquence à en
demander récompense.

Il n'importe que ce donataire ne soit pas parvenu à la
succession du mari, soit par le prédécès de ce donataire,
soit par sa renonciation à cette succession, soit parce qu'il
est survenu depuis la donation un enfant au mari, qui a
fait perdre à ce donataire la qualité d'héritier présomptif :
car, comme nous venons de le dire, il suffit qu'il ait eu,
dans le temps de cette donation, cette qualité, pour qu'elle
ait infecté cette donation, et qu'elle ait empêché qu'elle
ne pût préjudicier à la femme. C'est le sentiment de Lebrun,
ibid., n. 26 et 28.

486. Que doit-on décider dans le cas inverse ? Si le
donataire, lors de la donation, n'étoit pas l'héritier présomptif du mari, qui avoit alors des enfants, et que depuis, par le prédécès des enfants, il soit devenu l'héritier
du mari, la donation qui lui a été faite sera-t-elle valable
au préjudice de la part de la femme ? Lebrun, *n.* 27,
décide pour la négative, parce que, dit-il, *il seroit injuste*
qu'étant donataire des conquêts au préjudice de la femme, il
vînt encore partager le restant. Cela me paroît être pétition
de principe : car c'est précisément ce qui est en question,

si cette donation faite à une personne qui n'étoit pas, lors de la donation, héritière présomptive du mari, peut être censée faite *au préjudice de la femme?* Et c'est aussi ce qui est en question, s'il est injuste que ce donataire, étant depuis devenu héritier du mari, partage avec la femme le restant des conquêts qui s'est trouvé lors de la dissolution de la communauté, sans précompter sur sa part ceux qui lui ont été donnés? Au fond, sur cette question, on peut dire, contre le sentiment de Lebrun, qu'une femme n'ayant droit qu'au partage des biens dont la communauté se trouvera composée lors de sa dissolution, les donations faites à titre singulier des conquêts de la communauté, à personnes capables, et sans fraude, ne sont point censées faites au préjudice de la femme, qui n'avoit, ni ne devoit avoir aucun droit aux choses données, puisqu'elle n'en doit avoir qu'à celles qui resteront. Or, n'y ayant que les parents du mari, qui sont ses héritiers présomptifs, qui ne soient pas *personnes capables,* la donation faite par le mari à ce parent, qui, lors de la donation, n'étoit pas son héritier présomptif, a été faite alors *à personne capable, et sans fraude.* En conséquence, les choses ont été alors valablement données par le mari, tant pour sa part, que pour celle qu'avoit sa femme dans les choses données : la femme est censée les avoir alors données elle-même pour sa part, en sa qualité de commune, par le ministère de son mari : les donations entre vifs ayant un effet présent et irrévocable, la qualité d'héritier présomptif du mari, qui est survenue depuis au donataire, n'a pu y apporter aucun changement.

Néanmoins, s'il étoit au moins vraisemblable, lors de la donation, que le parent du mari, à qui elle a été faite, seroit un jour son héritier, quoiqu'il ne fût pas encore alors en degré de lui succéder, je ne crois pas qu'en ce cas, la donation dût être censée faite à personne capable, et sans fraude. Par exemple, si le mari, qui n'avoit qu'un enfant, malade d'une pulmonie dans ses derniers périodes, ne pouvant espérer que cet enfant lui survécût, avoit fait donation d'un conquêt à son neveu, qui étoit son plus proche parent après cet enfant, la donation ne doit pas être censée faite à personne capable : car, quoique le donataire ne fût pas encore en degré de lui succéder, néanmoins le donateur le regar-

doit dès-lors comme celui qui devoit lui succéder ; ce qui suffit pour que ce donataire ne puisse être regardé comme personne capable, et pour que la donation doive être censée
faite *en fraude*, et dans le dessein d'enrichir ses héritiers aux
dépens de la communauté.

Je pense que cette décision doit avoir lieu, même dans le
cas où le donateur étant mort peu après, le neveu n'auroit
pas été son héritier : il suffit que, lors de la donation, le donateur l'ait pu regarder comme devant l'être, pour que ce
neveu ne fût pas personne capable.

487. Si le parent à qui le mari a fait donation d'une somme
d'argent ou d'un conquêt de la communauté, n'étoit pas son
héritier aux meubles et acquêts, mais l'étoit aux propres
d'une certaine ligne, la donation seroit-elle faite à une personne capable ? Lebrun, *ibid.*, *n.* 25, tient la négative : il
pense qu'il suffit que le donataire soit héritier présomptif du
mari, de quelque manière que ce soit, pour qu'il ne puisse
être censé personne capable. Ce sentiment me paroît souffrir beaucoup de difficulté. Quoique le donataire soit héritier
présomptif aux propres d'une certaine ligne, n'étant point
héritier présomptif aux meubles et acquêts, il est absolument étranger par rapport aux choses qui lui sont données.

488. Ce que nous avons dit jusqu'à présent, que le mari
ne peut donner aucuns biens de la communauté *à ses hoirs*,
au préjudice de sa femme, doit s'entendre de ses hoirs qui
lui sont particuliers, tels que sont les enfants qu'il a d'un précédent mariage, ou à défaut d'enfants, ses parents collatéraux qui sont en degré de lui succéder ; mais cela ne doit
point s'entendre des enfants qui sont communs à lui et à sa
femme.

La raison pour laquelle un mari ne peut avantager ses
héritiers aux dépens de la communauté, c'est qu'en avantageant ses héritiers, c'est en quelque façon s'en avantager
soi-même, puisque nous regardons ceux qui doivent nous
succéder, comme devant être la continuation de nous-mêmes, et que c'est pour eux que nous travaillons. C'est pour
cette raison que le mari ne peut donner aucuns biens de sa
communauté à ses héritiers présomptifs, au préjudice de sa
femme, parce que ce seroit, comme nous venons de le dire,
s'en avantager en quelque façon lui-même dans la personne
de ses héritiers. Mais on ne peut dire cela d'une donation de

quelque bien de la communauté que le mari fait à un enfant commun : car, cet enfant n'appartenant pas moins à sa femme qu'à lui, on ne peut pas dire qu'il s'enrichisse dans la personne de cet enfant, au préjudice de sa femme. L'enfant n'étant pas moins cher à la mère qu'au père, si ce qui est donné à l'enfant, est censé une richesse pour le père, il n'est pas moins censé une richesse pour la mère.

C'est donc mal-à-propos que Lebrun soutient que lorsque le mari a doté un enfant commun de quelques biens de la communauté, la femme qui n'a pas parlé à la dot, en peut prétendre récompense après la dissolution de communauté.

L'argument de Lebrun consiste à dire : La mère n'est pas obligée de doter ; car c'est une maxime parmi nous, que *ne dote qui ne veut.* Mais elle se trouveroit avoir doté malgré elle, si elle n'avoit pas récompense de ce que le mari a tiré de la communauté pour doter l'enfant commun : donc elle est fondée à prétendre cette récompense.

Je réponds en convenant avec Lebrun de la maxime, *ne dote qui ne veut.* Il suit seulement de cette maxime, que la femme n'est pas obligée, si elle ne le veut, de doter en son propre nom et sur ses propres : mais lorsque le mari, comme chef de la communauté, dote un enfant commun des biens de la communauté, et qu'il parle seul à la dot, la femme, représentée par son mari, chef de la communauté, est censée, non en son propre nom, mais en sa qualité de commune, doter conjointement avec son mari, sans qu'elle y consente ; de même que lorsque le mari fait donation à un étranger d'effets de la communauté, la femme, quoiqu'absente, et sans son consentement, est censée, en sa qualité de commune, par le ministère de son mari, et conjointement avec lui, faire donation à cet étranger, desdits effets pour la part qu'elle y a.

Denisart, sur le mot *Conquêts,* rapporte des arrêts qui ont jugé, conformément à notre avis et contre celui de Lebrun, que les enfants communs étoient personnes capables, auxquelles le mari pouvoit donner des biens de la communauté, sans le consentement de sa femme, et sans qu'elle en pût prétendre récompense.

Néanmoins, s'il paroissoit, par les circonstances, que le mari, en donnant à un enfant commun, des effets de la communauté, avoit eu intention de les lui donner, non comme chef de la communauté, mais en son propre nom et sur sa part, ce qu'il a ainsi donné, doit lui être précompté sur sa part au partage de la communauté, après la dissolution de la communauté.

C'est ce qui a été jugé par arrêt du 30 avril 1677, rapporté au premier tome du Journal du Palais. Dans l'espèce de cet arrêt, le père avoit donné, durant sa communauté, à un enfant commun, la moitié d'un conquêt, et la donation étoit conçue en ces termes : La moitié par indivis à lui appartenante de son conquêt des terres de Montgeron, etc. Il étoit évident, dans cette espèce, que le mari n'avoit entendu donner qu'en son nom et sur sa part : c'est pourquoi il fut jugé, par l'arrêt, que la veuve, au partage de la communauté, devoit prélever l'autre moitié de ce conquêt.

Par la même raison que la donation d'effets de la communauté, faite à un enfant commun, est censée faite *à personne capable, et sans fraude*, on peut aussi soutenir que si le mari et la femme avoient la même personne pour héritière présomptive, ce qui peut souvent arriver lorsqu'un homme à épousé une cousine germaine, la donation d'effets de la communauté que le mari feroit à une personne qui seroit l'héritière présomptive, tant de sa femme que de lui, devroit être censée faite à personne capable, et sans fraude.

489. Il y a certaines donations qui, quoique faites par le mari, d'effets, ou de sommes tirées de la communauté, à un enfant d'un précédent mariage, ne sont pas censées faites en fraude de la part de la femme : telles sont les donations d'aliments. Il y a néanmoins quelques distinctions à faire. Lorsque l'enfant que le mari a d'un précédent mariage, n'a pas de biens pour subvenir à ses aliments, ceux que le mari fournit du fonds de sa communauté, sont moins une donation qu'il lui fait de ce qu'il tire pour cet effet du fonds de sa communauté, que l'acquittement d'une dette naturelle. Ces aliments, quoique fournis du fonds de la communauté à cet enfant d'un précédent mariage, ne pouvant donc pas être regardés comme donnés en fraude, la femme n'en peut prétendre aucune récompense ; les dettes de chacun des conjoints étant une charge de la communauté.

490. *Quid*, s'il y avoit par le contrat de mariage une convention expresse ou tacite de séparation de dettes, la femme pourroit-elle prétendre récompense des sommes tirées de la

communauté pour les aliments de cet enfant ? Je pense que, même en ce cas, la femme ne seroit pas fondée à en prétendre récompense. Ces aliments sont comme une rente viagère que le mari devoit dès avant son mariage. Or, nous avons vu *suprà*, n. 360, que, même en cas de séparation de dettes, il n'étoit pas dû récompense à la communauté pour les arrérages courus pendant le temps de la communauté, et payés des deniers de la communauté, parce que ces arrérages étoient une charge annuelle qui diminuoit de plein droit les revenus du mari, débiteur de la rente, qui tombent dans la communauté. On en peut dire autant des aliments qu'il devoit à l'enfant de son premier lit.

491. Si cet enfant avoit un bien suffisant pour subvenir à ses aliments, son père, en ce cas, ne lui en devoit pas. C'est pourquoi, si, les lui ayant fournis aux dépens de sa seconde communauté, il ne les a pas employés en dépense dans le compte qu'il lui a rendu, et que, par ce moyen, le reliquat de ce compte qui a été payé à cet enfant par la seconde communauté, se soit trouvé plus fort, la somme dont ce reliquat s'est trouvé plus fort qu'il ne l'eût été, si les aliments eussent été employés en dépense, est un avantage que le mari est censé avoir fait des deniers de la communauté à cet enfant, et dont le mari doit récompense.

Cela a lieu lorsque c'est par une remise purement gratuite que le mari n'a pas employé en dépense, dans le compte qu'il a rendu à l'enfant de son premier mariage, les aliments qu'il lui a fournis des biens de la communauté; mais, s'il ne les avoit pas employés en dépense par une compensation qu'il en auroit faite avec les services que cet enfant auroit rendus à la maison, il est évident qu'il n'auroit fait en ce cas aucun avantage à cet enfant, et qu'il n'y auroit lieu à aucune récompense.

492. Quoique nous ne devions pas des aliments à nos collatéraux; si le mari avoit pour héritier présomptif un de ses parents collatéraux qui étoit dans l'indigence, et qu'il ait tiré de sa communauté de quoi lui fournir des aliments, je ne pense pas que cette donation d'aliments doive être regardée comme faite en fraude de la part de la femme, et comme devant donner lieu à une récompense : c'est l'acquittement d'une dette naturelle, c'est une aumône. On ne peut pas dire en ce cas qu'il a *en-*

richi *son héritier* aux dépens de la communauté, il l'a seulement fait vivre.

493. Lorsque le mari a eu auprès de lui son héritier présomptif, pour lui faire compagnie, et que, par cette considération, il n'a exigé de lui aucunes pensions, quoiqu'il eût le moyen d'en payer, je ne pense pas que cela doive passer pour une donation faite en fraude, et qui donne lieu à la récompense : on ne doit pas prendre si à la rigueur la défense d'avantager ses hoirs aux dépens de la communauté.

494. Il y a un autre cas auquel la donation que le mari a faite de quelques biens de la communauté à son héritier présomptif en collatérale, n'est point faite en fraude, et ne donne en conséquence lieu à aucune récompense : c'est le cas auquel la femme y a expressément consenti, et sur-tout lorsqu'elle a parlé au contrat, et donné conjointement avec son mari. Il est évident que la donation ne peut paroître en ce cas faite en fraude de la femme ; car *nemo volens fraudatur.* Néanmoins Lebrun, *ibid.*, *n.* 23, dit que notre décision ne doit avoir lieu que dans la coutume de Paris, qui permet expressément à l'un des conjoints qui n'a point d'enfants, de donner aux enfants de l'autre, et à plus forte raison aux héritiers présomptifs en collatérale de l'autre. Mais il soutient que dans les autres coutumes, à l'exception de celle de Paris, il n'est pas permis à l'un des conjoints de donner ni aux enfants, ni aux héritiers présomptifs, quoique collatéraux de l'autre conjoint : d'où il conclut que, lorsqu'une femme a donné conjointement avec son mari, des biens de la communauté à un héritier présomptif de son mari, la donation est nulle pour la moitié que la femme a donnée, et qu'il y a lieu à la récompense pour l'autre moitié que le mari a donnée.

Je conviens avec Lebrun, que, dans toutes les coutumes, à l'exception de celle de Paris, il n'est pas permis à l'un des conjoints de donner aux enfants que l'un des conjoints a d'un précédent mariage, comme nous l'allons voir au nombre suivant ; mais je ne sais où il a trouvé qu'il étoit pareillement défendu à un conjoint de donner aux héritiers présomptifs en collatérale de l'autre conjoint. Cette assertion de Lebrun n'est fondée ni sur aucune raison, ni sur aucune autorité, et elle est contredite par l'usage. Il cite Ricard, *Traité des donations*, *part.* 1, *n.* 727 : mais Ricard, au lieu cité, dit seulement que l'un des conjoints ne peut donner aux père, mère et enfants de l'autre conjoint ; il ne dit pas un seul mot des collatéraux. On doit donc tenir pour constant que la femme pouvant valablement donner aux parents collatéraux de son mari, quoique ses héritiers présomptifs, elle peut aussi valablement consentir aux donations que leur fait son mari, durant la communauté, et qu'au moyen de ce consentement, ces donations ne sont pas censées faites en fraude, et ne donnent lieu à aucune récompense.

495. Il n'en est pas de même des enfants que la mari a d'un précédent mariage. Dans toutes les coutumes qui ne permettent pas aux conjoints de s'avantager durant le mariage, à l'exception de la seule coutume de Paris, il n'est pas plus permis à une femme de donner, durant le mariage, aux enfants de son mari d'un précédent mariage, que de donner à son mari lui-même ; ce qui est fondé sur ce principe, que l'affection que nous avons pour nos enfants, nous fait regarder ce qu'on leur donne comme nous étant donné à nous-mêmes : *Quod donatur filio, videtur donatum patri.* Mais si la femme ne peut pas donner aux enfants de son mari d'un précédent mariage, elle ne peut pas non plus, par un consentement qu'elle donneroit à la donation que le mari feroit auxdits enfants, des biens de la communauté, renoncer à la récompense à laquelle cette donation doit donner lieu.

496. Les personnes qui sont incapables des donations que le mari leur a faites, des biens de la communauté, tels que sont les enfants d'un précédent mariage, et à défaut d'enfants, ses héritiers présomptifs en collatérale, n'en sont incapables que vis-à-vis de la femme, et non vis-à-vis du mari, qui leur en fait donation : c'est pourquoi ces donations ne sont point nulles. Mais elles ne peuvent porter aucun préjudice à la femme, et elles doivent, en conséquence, être censées faites sur la seule part du mari dans les biens de la communauté. C'est pourquoi, au partage des biens de la communauté, qui doit se faire après sa dissolution, le mari ou ses héritiers doivent en faire récompense, en rapportant, par fiction, à la masse de la communauté, le montant desdites donations, lequel doit être précompté sur la part du mari.

Le mari ne doit rapporter ainsi, par fiction, que les som-

mes qu'il a données à ces personnes : il n'est pas obligé
d'en rapporter les intérêts depuis la donation jusqu'à la dissolution de communauté. Pareillement, lorsque ce sont des
conquêts qu'il a donnés, il n'est pas obligé de tenir compte
des fruits que le donataire en a perçus ; mais, du jour de la
dissolution de communauté, les intérêts de la somme due à
la communauté, pour la récompense desdites donations,
sont dus, de même que de toutes les autres espèces de récompenses, comme nous le verrons en la quatrième partie.

ARTICLE III.

Du droit de la femme sur les biens de la communauté.

497. Le droit de la femme sur les biens de la communauté, n'est, pendant qu'elle dure, qu'un droit informe,
puisque non-seulement elle ne peut seule et d'elle-même
disposer en rien de la part qu'elle y a, mais que c'est son
mari qui, en sa qualité de chef de la communauté, a seul,
tant qu'elle dure, le droit de disposer comme de sa propre
chose, de tous les effets qui la composent, tant pour la
part de la femme que pour la sienne, sans en être comptable, comme nous l'avons vu *suprà*, article premier.

Le droit de la femme se réduit donc, tant que la communauté dure, à une simple espérance de partager les biens
qui se trouveront la composer lors de sa dissolution ; ce n'est
que par cette dissolution que le droit de la femme est ouvert, et qu'il devient un droit véritable et effectif de propriété pour moitié de tous les biens qui se trouvent alors
la composer.

498. La femme ne peut, comme nous l'avons dit, seule
et d'elle-même, disposer de rien de sa part de la communauté, tant que la communauté dure ; mais elle peut en
disposer conjointement avec son mari.

Elle peut disposer et contracter des biens de la communauté, conjointement avec son mari, de deux manières
différentes, ou en sa seule qualité de commune, ou en son
propre nom.

Lorsque le mari dispose et contracte seul des biens de la
communauté, comme c'est en sa qualité de chef de la communauté qu'il est censé contracter, il est, en conséquence,

censé contracter tant pour lui que pour sa femme; et sa femme, quoiqu'elle ne soit pas présente, ni nommée au contrat, est censée contracter avec lui pour la part qu'elle a dans la communauté. Mais elle n'est censée contracter qu'en sa seule qualité de commune, et non en son propre nom : c'est pourquoi, en renonçant à la communauté, elle peut se décharger de toutes les obligations qui résultent du contrat, même vis-à-vis de celui avec qui son mari a contracté.

Cela a lieu, non-seulement à l'égard des obligations qui naissent des contrats, mais à l'égard de toutes celles que le mari contracte durant la communauté.

Par exemple, lorsque le mari, durant la communauté, contracte envers quelqu'un l'obligation de réparer le tort qu'il lui a causé par quelque délit, la femme n'est pas, à la vérité, censée avoir commis, avec son mari, le délit que son mari a commis, mais elle est censée s'être obligée avec lui, en sa qualité de commune, à la réparation de ce délit.

499. Lorsque, par le contrat par lequel le mari contracte et dispose de quelques biens de sa communauté, la femme autorisée est présente et partie au contrat, elle contracte, en ce cas, non-seulement en sa qualité de commune en biens, mais en son propre nom; et elle ne peut pas, en ce cas, en renonçant à la communauté, se décharger des obligations résultantes de ce contrat vis-à-vis du créancier avec qui elle a contracté, sauf à elle à s'en faire indemniser par son mari, ou par les héritiers de son mari.

500. Lorsqu'une femme, marchande publique, dispose d'effets de la communauté, par des contrats relatifs à son commerce, elle est censée disposer, conjointement avec son mari, lequel, en lui souffrant faire son commerce, est censé approuver ces contrats, et les faire avec sa femme. Comme c'est la femme, en ce cas, qui contracte elle-même, elle s'oblige non-seulement en sa qualité de commune, mais en son propre nom.

501. Le droit de la femme devenant ouvert par la dissolution de la communauté, on a fait la question de savoir si, lorsque cette dissolution arrivoit par une condamnation capitale de la femme, la moitié de la femme, dans les meubles et conquêts, tomboit en confiscation? Les coutumes de Touraine, *art.* 255, et de Bourbonnois, *art.* 266, ont décidé pour l'affirmative. Le plus grand nombre a décidé pour la

négative ; et c'est le droit commun qui a été confirmé par
arrêt du 14 mai 1703, rapporté par Denisart, sur le mot
Confiscation. La raison est, que le droit qu'a la femme sur les
biens de la communauté, ne pouvant être ouvert que lors
de la dissolution, et la femme, dans cette espèce, se trouvant, lors de la dissolution, morte civilement, puisque c'est
par sa mort civile que cette dissolution s'opère, il s'ensuit
que dans cette espèce le droit de la femme, sur les biens de
la communauté, n'a jamais pu être ouvert à son profit; ne
pouvant pas y avoir d'ouverture d'un droit au profit de cette
femme, qui n'existe pas dans la société civile. Ne se trouvant donc pas dans les biens de la femme, au temps de sa
mort civile qui donne lieu à la confiscation, aucun droit ouvert et formé qu'elle eût dans les biens de la communauté,
le fisc n'en peut rien confisquer.

On opposera, peut-être, que lorsque la dissolution de la
communauté arrive par le prédécès de la femme, elle transmet son droit sur les biens de la communauté, à ses héritiers,
quoique lors de son prédécès, qui a opéré la dissolution de
communauté, elle n'existât plus, non-seulement dans la
société civile, mais même dans la nature. Donc lorsque la
dissolution de communauté arrive par une condamnation
capitale de la femme, elle peut pareillement transmettre son
droit sur les biens de la communauté, au fisc qui lui succède,
quoique lors de la dissolution de communauté, elle n'existât
plus dans la société civile.

La raison de différence est, que lorsque nous contractons,
nous sommes censés contracter pour nous et pour nos héritiers : *Qui pascicitur, sibi heredique suo paciscitur.* C'est ce qui fait
que lorsqu'il n'y a pas ouverture aux droits résultants d'un
contrat du vivant de la personne qui a contracté, il peut y
avoir ouverture auxdits droits après sa mort, au profit des
héritiers de cette personne, puisque lesdits héritiers sont
censés compris dans le contrat. Les parties contractantes
étant censées avoir contracté pour elles et pour leurs héritiers, il ne peut donc y avoir, au profit des héritiers de la femme,
ouverture au droit de la femme sur les biens de la communauté, quoique la dissolution de la communauté qui y donne
ouverture, arrive par le prédécès de la femme : car la femme,
en stipulant une communauté de biens, l'a stipulée pour
elle et pour ses héritiers.

Mais on ne peut pas dire de même que la femme, en stipulant une communauté de biens, soit censée l'avoir stipulée pour elle et pour le fisc, s'il devenoit son successeur.

Il ne peut donc pas y avoir, au profit du fisc, ouverture au droit de la femme sur les biens de la communauté; et elle ne peut transmettre au fisc la moitié desdits biens, à moins que le droit n'ait été ouvert de son vivant.

502. La dissolution de communauté qui arrive par la condamnation de la femme à une peine capitale, ne pouvant donner ouverture au droit de la femme sur les biens de la communauté, ni au profit de la femme, ni au profit du fisc qui lui succède, la part de la femme dans lesdits biens, doit-elle demeurer au mari, *jure non decrescendi*, ou doit-elle appartenir aux héritiers de la femme? Il paroît qu'elle ne doit pas appartenir aux héritiers de la femme, et qu'elle doit appartenir au mari, *jure non decrescendi*. La raison est, que le droit d'avoir des héritiers à qui nous transmettions notre succession, est un droit que nous ne tenons que de la loi civile, qui ne peut appartenir par conséquent qu'aux personnes à qui la loi civile l'accorde. Or, dans les provinces où la confiscation a lieu, la loi civile n'accorde point ce droit aux personnes qui sont condamnées à une peine capitale : les enfants ou autres parents de la femme condamnée à une peine capitale, n'ont donc pas droit de se porter ses héritiers, et de demander en cette qualité sa part dans les biens de la communauté, laquelle doit en conséquence demeurer au mari, *jure non decrescendi*. C'est la disposition des coutumes de Nivernois, *chap. 2, art. 4;* d'Auxerre, *art. 29.* C'est le sentiment de Bacquet, *Traité des droits de justice, chap. 15.* Il paroît que c'étoit aussi celui de Dumoulin, lequel, sur l'article 3 du chapitre 5 de la coutume de Montargis, dit : *Jure societatis præmanente marito per jus non decrescendi.*

Il y a néanmoins quelques coutumes qui adjugent aux héritiers de la femme condamnée à mort, sa part dans les biens de la communauté. Notre coutume d'Orléans est de ce nombre : il y est dit en l'article 209 : « Femme condamnée et » exécutée pour ses démérites, ne confisque les meubles et » conquêts immeubles qu'elle et son mari ont lors de la con- » damnation : ains demeurent aux héritiers de ladite femme. » La coutume de Laon, *art. 209,* a une pareille disposition. La raison sur laquelle se sont fondées ces coutumes, est que c'est la confiscation qui prive la personne condamnée, du droit de transmettre sa succession à ses héritiers; et que de même qu'elle la leur transmet dans les provinces où la confiscation n'a pa lieu, elle peut de même, dans les provinces où elle a lieu, transmettre à ses héritiers ses droits, qui, n'étant pas encore ouverts au temps de la confiscation, n'ont pu tomber dans la confiscation.

Remarquez ces termes dont se sert la coutume, *la femme condamnée et exécutée.* Par ces termes *et exécutée*, la coutume insinue que tant que la condamnation de la femme à une peine capitale n'a pas été suivie de sa mort naturelle, le mari a droit de retenir la part de la femme dans les biens de la communauté, jusqu'à la mort naturelle de sa femme, comme s'il n'y avoit pas eu de dissolution de communauté, le mari ne devant pas souffrir du crime de sa femme, qui l'a privée de son état civil.

TROISIÈME PARTIE.

De la dissolution de communauté; de l'acceptation qu'en font la femme ou ses héritiers, et de leur renonciation à la communauté.

Nous exposerons, dans le premier chapitre, les différentes manières dont se dissout la communauté. Dans le chapitre second, nous traiterons de l'acceptation de la communauté par la femme ou ses héritiers, et de leur renonciation à la communauté.

CHAPITRE PREMIER.

Des manières dont se dissout la communauté.

Nous parcourrons, dans un premier article, les différentes manières dont se dissout la communauté : dans un second article, nous traiterons en particulier de la séparation.

ARTICLE PREMIER.

Quelles sont les différentes manières dont se dissout la communauté.

503. La communauté qui est entre un mari et une femme, se dissout, de même que toutes les autres sociétés, par la mort naturelle de l'une ou de l'autre des parties : *morte socii solvitur societas.*

504. Elle se dissout aussi par la mort civile qui survient à l'une ou à l'autre des parties, par une condamnation à une peine capitale.

Quoique cette mort civile n'empêche pas le mariage de subsister quant au lieu naturel, il ne subsiste plus néanmoins comme mariage civil; il n'a plus les effets civils : d'où il suit que la communauté conjugale qui étoit entre les parties, laquelle étoit un des effets civils du mariage, ne peut plus subsister. Cette communauté étant quelque chose de civil, il ne peut plus y avoir de communauté avec une personne qui n'existe plus dans la société civile.

Quoique, suivant ces principes, la condamnation de la femme à une peine capitale doive opérer la dissolution de la communauté, néanmoins, comme le mari ne doit pas souffrir du crime de sa femme, auquel il n'a pas eu de part, ni de la peine de ce crime, quelques auteurs ont prétendu que le mari, outre la moitié de sa femme dans les biens de la communauté, qu'il retenoit *jure non decrescendi*, comme nous l'avons vu *suprà*, n. 501, devoit encore jouir des revenus des biens propres de sa femme confisqués, jusqu'à la mort naturelle de sa femme, comme s'il n'y avoit pas eu de dissolution de communauté. Mais Denisart, sur le mot *Confiscation*, rapporte un arrêt du 14 mars 1703, rendu en la première des enquêtes, sur un partage d'avis en la grand'-chambre, par lequel le mari a été débouté de cette prétention par rapport aux revenus des propres de sa femme confisqués.

505. Lorsque l'un des conjoints est absent, sans qu'on sache s'il est mort ou vivant, la communauté est provisionnellement réputée dissoute du jour de la demande qui a été donnée contre le conjoint présent, par les héritiers présomptifs de l'absent, qui, après le temps fixé par la coutume ou par l'usage, se sont fait envoyer en possession des biens de l'absent, ou du jour de celle que le conjoint a donnée contre eux.

On ne peut pas prétendre qu'elle ait été dissoute plus tôt, faute de pouvoir prouver le temps de la mort de l'absent, qui en ait opéré la dissolution. Si l'absent reparoissoit, quelque partage qu'on eût fait des biens de la communauté, elle seroit censée n'avoir jamais été dissoute; et ceux qui ont été mis en possession provisionnellement des biens de l'absent, seroient tenus d'en rendre compte.

506. La communauté se dissout par la séparation de biens : nous en traiterons spécialement dans l'article suivant.

Elle se dissout aussi par la séparation d'habitation, qui emporte toujours avec elle la séparation de biens. Comme

nous avons déjà traité cette matière de la séparation d'habitation, dans notre Traité du contrat de mariage, *part.* 6,
chap. 3, nous y renvoyons.

5o7. Le jugement qui, sur la plainte du mari, déclare la
femme convaincue d'adultère, opère aussi la dissolution de
la communauté, et prive la femme d'y prendre part. *Voyez
ce que nous en avons dit en notre Traité du contrat de mariage.*

Néanmoins, si le mari, durant le terme dans lequel le
jugement de condamnation lui permet de reprendre sa
femme, l'avoit ramenée en sa maison, il seroit censé lui
avoir pardonné sa faute ; et, au moyen de ce pardon,
les parties seroient censées avoir rétabli leur communauté
de biens, laquelle seroit censée avoir toujours continué.

5o8. Le jugement qui déclare un mariage nul, n'est
pas tant une dissolution de la communauté conjugale,
qu'une déclaration qu'il n'y a jamais eu de véritable communauté conjugale ; la convention de communauté étant,
de même que toutes les autres conventions des contrats de
mariage, dépendante de la condition, *si nuptiæ sequantur.*

Observez que s'il n'y a pas eu une véritable communauté conjugale, il y a eu entre les parties une société
de fait, au partage de laquelle chacune des parties doit
retirer ce qu'elle y a mis, et les profits doivent être partagés entre elles. C'est ce qui a été jugé par arrêt entre
les héritiers de Sailli et ceux de Charlotte de Créqui.

5o9. L'état de fureur, ou même de démence, de l'un
ou de l'autre des conjoints, ne dissout pas la communauté, au moins de plein droit : cet état, dans le mari,
peut seulement être pour la femme une cause de demander
la séparation.

ARTICLE II.

De la séparation de biens.

Nous verrons sur cette matière, 1° pour quelles causes
peut intervenir la séparation de biens, et par qui elle peut
être demandée ; 2° comment se fait cette séparation ; 3° comment elle peut être détruite.

§. I. **Pour quelles causes peut intervenir la séparation de biens.**

5io. La femme peut donner contre son mari la demande
en séparation de biens, pour les mêmes causes pour les-

quelles, par le droit romain, la femme pouvoit demander, durant le mariage, la restitution de sa dot.

La loi 24, ff. *sol. matrim.* nous apprend quelles sont ces causes. C'est, dit cette loi, toutes les fois que la dot de la femme est en péril, et qu'il paroit que le mauvais état des affaires du mari rend ses biens insuffisants pour en répondre : *Si constante matrimonio propter inopiam mariti mulier agere volet, unde exactionem dotis initium accipere ponamus? Et constat exindè dotis exactionem competere, ex quo evidentissimè apparuerit mariti facultates ad dotis exactionem non sufficere.*

Il n'est pas néanmoins nécessaire, pour que la femme soit reçue à demander la séparation, que son mari soit devenu entièrement insolvable ; la séparation seroit alors pour elle un remède inutile. Il suffit qu'il commence à le devenir, et que le mauvais train que prennent ses affaires, donne lieu de craindre qu'il ne le devienne de plus en plus.

Il n'est pas nécessaire que le mauvais état des affaires du mari soit arrivé par sa faute et par sa mauvaise conduite. Quoique le dérangement de ses affaires soit arrivé sans sa faute, par des pertes considérables survenues dans son commerce, qu'il n'avoit pas pu prévoir, il suffit, pour obtenir la séparation, que les biens du mari ne soient plus suffisants pour répondre de la dot de la femme.

511 Le défaut d'emploi des deniers dotaux de la femme qu'elle s'est réservés propres par son contrat de mariage, peut aussi être un moyen pour obtenir la séparation, sur-tout lorsque cet emploi a été stipulé par le contrat de mariage. C'est ce qui a été jugé par un arrêt du 10 janvier 1699, rapporté par Augear, *tome 3, chap.* 47. Cela néanmoins dépend des circonstances ; et ce défaut d'emploi ne seroit pas seul un moyen suffisant pour la séparation, s'il ne paroissoit du péril pour la dot, soit parce que le mari n'auroit pas assez de biens fonds pour en répondre, soit parce qu'il auroit des dettes considérables antérieures au mariage. L'arrêt ci-dessus cité, et rapporté par Augear, étoit dans cette espèce. C'est ainsi qu'on doit le concilier avec d'autres qui ont débouté la femme de sa demande en séparation qu'elle fondoit sur ce défaut d'emploi.

512. Le péril de la dot de la femme étant le fondement ordinaire des demandes en séparation de biens, en doit-on conclure qu'une femme qui n'a apporté aucune dot à son

mari, ne puisse jamais demander cette séparation? Non;
car une femme qui n'a apporté aucune dot, peut avoir un
talent qui lui en tienne lieu, comme lorsqu'elle est une ha-
bile couturière, une excellente brodeuse, etc. Si cette femme
a un mari dissipateur, tous les gains qu'elle fait de son talent, entrant dans la communauté, ne servent qu'à fournir
aux débauches de son mari, ou sont la proie de ses créanciers : la femme a donc intérêt d'obtenir la séparation de
biens, pour se conserver à l'avenir les gains qu'elle peut faire
de son talent.

513. Il n'y a que la femme qui puisse demander, contre son
mari, la séparation de biens; le mari ayant seul en sa libre
disposition tous les biens de la communauté, n'est pas recevable à la demander. Lebrun, néanmoins rapporte trois cas
dans lesquels il estime que le mari peut être reçu à demander
la séparation de biens. Le premier est, lorsque les affaires de
sa femme sont si embrouillées, que toute sa fortune ne suffit pas pour les débrouiller. Il cite un arrêt rapporté par Peleus, v. 25, qui a fait droit sur la demande en séparation
donnée par un mari, fondée sur ce que sa femme avoit cent
quatorze procès indécis. Le second cas est, lorsque les arrérages annuels des rentes dues par la femme, excèdent considérablement ses revenus. Le troisième est, lorsqu'un héritage de la femme étant chargé de rentes foncières qui excèdent le revenu, la femme a l'obstination de ne pas vouloir
consentir au déguerpissement. Lebrun prétend que, dans ces
trois cas, le mari peut demander la séparation; avec cette différence néanmoins que la femme qui se fait séparer de biens,
renonce à la communauté, tant pour le passé que pour l'a-
venir; au lieu que le mari ne peut renoncer à la communauté
pour le passé, et il est tenu de toutes les dettes de sa femme
qui y sont entrées; il ne peut se décharger de la communauté
que pour l'avenir. Je doute très-fort que le mari fût écouté,
même dans les trois cas rapportés par Lebrun. Denisart, sur
le mot *Séparation*, rapporte un arrêt du 24 juillet 1745, qui,
sur l'appel d'une sentence du bailliage de Bourges, qui avoit
admis une demande en séparation de biens, donnée par un
mari contre sa femme, déclara la sentence et toute la procédure nulles, nonobstant l'usage de la province, d'admettre ces demandes, attesté par La Thaumassière en ses
Maximes.

§. II. Comment se fait la séparation de biens.

514. La séparation de biens ne peut se faire par le seul consentement mutuel des parties; il est nécessaire qu'elle soit ordonnée par une sentence du juge, rendue avec connoissance de cause.

La raison est, que toutes les conventions de mariage sont irrévocables, et ne peuvent se changer durant le mariage, même par le consentement mutuel des parties, parce que tels changements pourroient renfermer des avantages indirects qui ne sont pas permis entre conjoints par mariage.

Supposons, par exemple, que deux conjoints par mariage, dont l'un a beaucoup plus de revenus que l'autre, ont contracté une communauté de biens, laquelle augmente tous les ans par les emplois que le mari fait des revenus de ladite communauté. N'est-il pas évident que celui des conjoints qui a beaucoup moins de revenus que l'autre, feroit un très-grand avantage à celui qui en a plus, en consentant à une séparation de biens?

On doit donc, pour empêcher de pareils avantages prohibés entre conjoints, rejeter les séparations de biens qui se feroient par le seul consentement des parties.

Une transaction par laquelle les parties conviendroient d'une dissolution de communauté, et qu'à l'avenir chacune des parties jouiroit séparément de son bien, seroit donc un acte nul.

Cela a lieu, quand même, dès le temps de cette transaction, la femme auroit eu de justes raisons de demander cette séparation, auxquelles le mari se seroit rendu : car, pour que la transaction soit nulle, il suffit que la séparation n'ait pas été faite dans la forme dans laquelle elle doit être faite.

Cela a lieu, quand même les parties auroient fait homologuer, en justice, cette transaction. L'une ou l'autre partie, ou ses héritiers, pourroient, en appelant de la sentence d'homologation, faire déclarer nulle la séparation; et les créanciers le pourroient pareillement, en formant opposition à cette sentence d'homologation.

La séparation de biens ne peut donc se faire que par une sentence qui l'ordonne, après une connoissance de cause préalable.

C'est ce qu'enseigne l'article 198 de la coutume d'Orléans, qui doit être suivi dans les coutumes qui ne s'en sont pas expliquées, et qui forme, à cet égard, le droit commun. Il y est dit : « Les séparations de biens d'entre homme et femme, » conjoints par mariage, se doivent faire avec connoissance » de cause, et information préalablement faite par les juges » des lieux où demeureront ceux qui requerront lesdites sé- » parations : et ne seront lesdites séparations déclarées va- » lables, sinon que les sentences d'icelles aient été publiées » en jugement, à jour ordinaire, le juge séant, et enregis- » trées en la juridiction dudit juge, et exécutées sans fraude. »

515. Pour parvenir à la sentence de séparation de biens, la femme doit commencer par donner requête au juge, par laquelle elle expose les sujets qu'elle a de demander la sépa- ration ; et elle demande à être par lui autorisée à donner cette demande contre son mari. Le juge met au bas de la re- quête son ordonnance, par laquelle il l'y autorise ; et, si elle est mineure, il lui nomme un curateur, sous l'autorité du- quel elle procédera. C'est ordinairement son procureur qu'on nomme pour son curateur à cet effet.

En vertu de cette ordonnance, la femme doit assigner son mari devant le juge, pour voir ordonner de la séparation. Elle ne doit pas pour cela se retirer de la maison de son mari ; et, en cela, la demande en séparation de biens diffère de celle en séparation d'habitation.

Le juge à qui la femme doit s'adresser, et devant qui la demande doit être donnée, est le juge du domicile des parties, comme il est porté par l'article ci-dessus rap- porté.

Ce qui n'exclut pas néanmoins le juge de privilége, lors- que le mari a droit de *committimus*.

Les juges d'église en avoient autrefois prétendu la connois- sance ; mais étant constant aujourd'hui qu'ils sont incompé- tents pour connoître des demandes en séparation d'habita- tion, comme nous l'avons vu en notre *Traité du contrat de mariage*, n. 518, à plus forte raison le sont-ils pour les de- mandes en simple séparation de biens.

516. Sur cette demande, le juge ne doit ordonner la sé- paration qu'après que la femme aura fait la preuve des faits qui servent de fondement à sa demande, c'est-à-dire, du mauvais état des affaires de son mari, qui met sa dot en

péril. C'est ce que la coutume enseigne par ces termes : *Les séparations.... se doivent faire avec connoissance de cause, et information préalablement faite.*

Ce terme, *information,* se prend pour *enquête,* et même, dans un sens encore plus large, pour toutes sortes de genres de preuves par lesquelles le juge puisse être *informé* et certifié de la vérité des faits qui donnent lieu à la séparation : car, comme nous le verrons ci-après, il n'est pas toujours nécessaire pour cela d'entendre des témoins, la preuve pouvant souvent s'en faire par des pièces beaucoup mieux que par des témoins.

Quand même le mari auroit, par ses défenses, avoué les faits qui servent de fondement à la demande de la femme, le juge ne doit pas moins exiger que la femme en fasse la preuve : car, les séparations ne devant pas se faire du consentement des parties, il est nécessaire, pour éviter la collusion qui pourroit être entre le mari et la femme, que les faits qui servent de fondement à la femme, soient justifiés autrement que par l'aveu du mari.

C'est pourquoi, soit que le mari soit disconvenu des faits allégués par la femme pour fonder sa demande, soit qu'il en soit convenu, le juge, en l'un et en l'autre cas, doit rendre un appointement qui permette à la femme d'en faire la preuve, tant par pièces que par témoins; et au mari, de faire la preuve contraire.

Cette preuve se fait tant par témoins qui déposent de la mauvaise conduite du mari, que par des pièces qui l'établissent : souvent même il n'est pas nécessaire de faire entendre des témoins, les pièces produites par la femme étant souvent seules suffisantes pour établir le mauvais état des affaires du mari, qui met en péril la dot de la femme; telles que peuvent être les pièces justificatives de la saisie réelle des biens du mari, les pièces justificatives de sa faillite, une multitude de sentences obtenues contre lui pour des sommes considérables.

517. Après que la femme a fait la preuve des faits qui servent de fondement à sa demande, le juge rend la sentence qui ordonne que les parties seront séparées de biens.

C'est cette sentence qui dissout la communauté.

La sentence, néanmoins, n'a cet effet qu'autant que la femme satisfait aux autres choses requises par l'article ci-

dessus cité. Si elle manquoit d'y satisfaire, elle seroit censée s'être désistée du profit de la sentence, laquelle demeureroit sans effet.

La coutume ordonne, en premier lieu, que la sentence
sera publiée en jugement, à jour ordinaire, le juge séant.

Cela est requis pour les sentences de séparation qui ont
été rendues en procès par écrit, sur un appointement à
mettre. Si la sentence avoit été rendue à l'audience, sur la
plaidoirie des avocats ou procureurs, il ne seroit pas besoin d'une autre publication.

Cette publication est requise pour la publicité de la sentence, étant nécessaire que le public soit instruit de ces
séparations, et qu'il sache que le mari n'a plus le droit de
disposer des revenus des biens de sa femme, et que la femme
est en état de contracter, pour l'administration de ses biens,
sans avoir besoin d'autorisation.

La coutume dit que la publication se fera à *jour ordinaire*.
Si les juges, pour quelque sujet, avoient indiqué un jour
d'audience extraordinaire, elle ne seroit pas valablement
faite à cette audience : mais les audiences qui se tiennent
régulièrement à certains jours, pendant le temps des vaca-
tions, pour l'expédition des affaires provisoires, sont des
audiences tenues *à jour ordinaire ;* et je ne doute pas qu'une
sentence de séparation n'y puisse être valablement publiée.

La coutume dit, *le juge séant ,* pour faire entendre que
la publication ne seroit pas valablement faite, si elle étoit
faite après que le juge a levé l'audience.

L'ordonnance de 1673, *tit.* 8, prescrit des formalités particulières pour les séparations des femmes des marchands,
tant en gros qu'en détail, et des banquiers. Elle ordonne
que les sentences de séparation soient publiées à l'audience
de la juridiction consulaire, s'il y en a; sinon dans l'assem-
blée de l'hôtel-de-ville, et qu'elles soient insérées dans un
tableau exposé en lieu public.

Elle ordonne pareillement que, dans les lieux où la communauté de biens entre homme et femme est de coutume
ou d'usage, les clauses des contrats de mariage de ces personnes qui y dérogent, soient pareillement publiées et insérées dans un tableau, *à peine de nullité :* (c'est-à-dire, que la
femme, faute d'avoir satisfait à cette formalité, ne pourra

opposer sa séparation, ni obtenir la récréance de ses meubles qui auroient été saisis par les créanciers de son mari, comme appartenants au mari.)

La formalité du tableau ne s'observe plus ici : je ne sais pas si elle s'observe dans d'autres villes.

Outre cette formalité de la publication en jugement, et de l'enregistrement de la sentence de séparation, il y a encore, dans différents siéges, des formalités particulières qui y doivent être observées. Il y a un règlement pour le bailliage d'Orléans, qui ordonne que les sentences de séparation seront publiées au prône et dans les marchés, à cri public, aux jours et heures des marchés; comme aussi qu'elles seront signifiées au syndic des notaires. Ce règlement ordonnoit aussi qu'il y auroit, dans l'auditoire, un tableau dans lequel il y auroit une note de toutes les sentences de séparation, qui contiendroit la date et les noms, demeures et qualités des parties; mais il y a long-temps que cela ne s'observe plus.

518. Enfin, pour qu'une sentence de séparation soit valable, il faut, comme il est dit par l'article ci-dessus rapporté, qu'elle ait *été exécutée sans fraude;* c'est-à-dire, qu'il faut qu'en exécution de la sentence de séparation, le mari ait restitué à sa femme sa dot, ou du moins qu'elle ait fait des poursuites pour se la faire rendre, et qu'elle ne les ait pas abandonnées.

§. III. De l'effet de la séparation de biens.

519. Le principal effet de la séparation de biens, est qu'elle dissout la communauté, comme nous l'avons dit *suprà.*

La femme qui a obtenu une sentence de séparation de biens, renonce ordinairement à la communauté; auquel cas la séparation ne donne lieu à aucun inventaire des biens de la communauté, ni à aucun partage : elle donne seulement lieu à l'action qu'a la femme contre son mari, pour la restitution de sa dot, c'est-à-dire, tant de ses reprises et remplois de propres, que de ce qu'elle a mis en communauté, et dont elle a, par son contrat de mariage, stipulé la reprise en cas de renonciation à la communauté.

Elle ne peut demander *ni préciput, ni douaire :* sa demande seroit prématurée, ces choses ne lui étant dues que dans le cas de la survie, qui n'est pas encore arrivé.

320. C'est une question, si la femme peut, après avoir obtenu une sentence de séparation de biens, accepter la communauté et en demander le partage ? Il semble d'abord que cette demande implique contradiction avec la séparation de biens, qui ne peut être fondée que sur le mauvais état des affaires du mari, et par conséquent de sa communauté. Néanmoins, Lebrun a fort bien remarqué qu'il peut se rencontrer des cas où une femme, après avoir obtenu une sentence de séparation de biens, est fondée à accepter la communauté, et à demander, en conséquence, qu'il soit procédé à l'inventaire et au partage des biens de la communauté.

Supposons, par exemple, qu'une femme a apporté en communauté tout son bien, qui consistoit en un gros mobilier. Elle n'a pas fait de contrat de mariage ; ou, si elle en a fait un, elle n'y a pas stipulé la reprise de son apport, en cas de renonciation à la communauté. Cette femme, s'apercevant que son mari a déjà dissipé la plus grande partie de son bien, et qu'il étoit en chemin d'achever de dissiper dans peu ce qui lui en restoit, donne la demande en séparation ; et, sur la preuve qu'elle fait des débauches et de la dissipation de son mari, elle obtient sentence de séparation. En exécution de cette sentence, elle ne renonce pas à la communauté, puisqu'en y renonçant, elle n'auroit rien à demander ; mais elle l'accepte, et elle demande à partager les débris qui en restent, qui sont sa seule ressource, pour la conservation de laquelle elle a demandé la séparation, avant que son mari eût achevé de tout dissiper. N'est-il pas évident que, dans ce cas, elle est bien fondée à accepter la communauté, et à en demander le partage ?

C'est ce qui se trouve autorisé par un acte de notoriété du Châtelet de Paris, du 27 juillet 1707, qui se trouve dans le recueil de Denisart. Il y est dit : « Lorsqu'une femme de- » mande la séparation, elle a la faculté de renoncer à la com- » munauté, ou de l'accepter.... Il est vrai que ceux qui n'ont » pas fait réflexion sur cet usage, sont d'abord prévenus d'un » sentiment contraire, ne pouvant pas comprendre qu'une » femme qui demande la séparation, causée toujours sur la » ruine et la dissipation de son mari, puisse demander le par- » tage d'une communauté qu'elle trouve bonne, puisqu'elle » demande à la partager : mais, en réfléchissant, on trouvera » que ce qui s'est observé, est fondé en raison.... L'on a

» trouvé qu'il n'étoit pas nécessaire qu'un homme fût ruiné,
» pour obtenir par la femme une séparation; mais lorsque l'on
» connoissoit un dérèglement.... l'on a cru qu'il n'étoit pas
» juste d'attendre que le bien qui avoit été acquis *ex mutuâ*
» *collaboratione*, fût dissipé ; et qu'une femme, en justifiant
» que son mari, par ses dérèglements, *vergit ad inopiam*, pou-
» voit demander la séparation et le partage de la commu-
» nauté. »

521. La communauté étant dissoute par la sentence de
séparation de biens, il n'est pas douteux que tout ce que
chacun des conjoints acquiert depuis la séparation, il l'acquiert pour son compte : mais la sentence de séparation
a-t-elle un effet rétroactif? Empêche-t-elle de tomber en
communauté ce que la femme auroit acquis dans le temps
intermédiaire entre la demande et la sentence? Par exemple,
si dans ce temps intermédiaire, une personne est morte, qui
a laissé cette femme pour son héritière, la succession mobilière qui a été acquise à cette femme, du jour de la mort de
cette personne, et par conséquent dans le temps intermédiaire de la demande et de la sentence de séparation, tom-
bera-t-elle dans la communauté ?

Pour la négative, on dira qu'il y a une différence à cet
égard entre les sociétés ordinaires et la communauté entre
homme et femme. Si, dans les sociétés ordinaires, la société
est censée dissoute du jour de la demande en dissolution de
société, c'est que, dans les sociétés ordinaires, la demande
que je donne contre mon associé, pour la dissolution de la
société, est ou par elle-même suffisante pour la dissoudre,
ou du moins elle met mon associé en demeure de la dissoudre. Or, je ne dois pas souffrir de la demeure injuste en laquelle a été mon associé d'acquiescer à une demande juste
que je lui faisois, et qui a été trouvée telle par la sentence qui
y a fait droit, et il doit encore moins en profiter.

Au contraire, la communauté qui est entre un mari et
une femme, ne pouvant se dissoudre que par la sentence
du juge, n'étant pas au pouvoir du mari d'acquiescer à la
demande en séparation qui est donnée contre lui, il paroîtroit
que la communauté dût subsister jusqu'à la sentence, et
qu'on ne pût pas même dire que le mari est, par la demande, mis en demeure de la dissoudre.

Nonobstant ces raisons, l'usage du Châtelet de Paris est

de donner aux sentences de séparation de biens un effet rétroactif au jour de la demande en séparation, et de regarder la communauté comme ayant cessé et ayant été dissoute de ce jour. C'est en conséquence de cet usage, que la femme a coutume de faire, dès le jour de sa demande, sa déclaration au greffe, qu'elle renonce à la communauté. La raison de cet usage est, qu'étant établi par la sentence de séparation qui a fait droit sur la demande de la femme, qu'elle a eu un juste sujet de demander la dissolution de communauté, cette dissolution de communauté étoit une justice qui lui étoit due dès le jour qu'elle l'a demandée, dont l'effet ne doit pas être retardé par la procédure qu'il faut faire pour parvenir à la sentence de séparation, que les chicanes du mari font souvent durer pendant un très-long temps, avant que de parvenir à la sentence.

L'usage du Châtelet ayant donné aux sentences de séparation de biens un effet rétroactif au jour de la demande, il paroît que c'est une conséquence d'adjuger à la femme, du jour de la demande en séparation, les intérêts de sa dot, que le mari est condamné de lui restituer, par la sentence de séparation. Néanmoins, il y a un arrêt du 8 avril 1672, rapporté au troisième tome du Journal des audiences, qui n'a adjugé à la femme les intérêts de sa dot, que du jour de la sentence de séparation. Nonobstant cet arrêt, Lacombe, sur le mot *Séparation*, prétend que l'usage constant du Châtelet est d'adjuger à la femme lesdits intérêts, du jour de sa demande; bien entendu, sous la déduction des aliments qui ont été fournis à la femme depuis ce temps, et de la part dont elle a dû contribuer aux charges du mariage. Je pense que cela doit être laissé à l'arbitrage du juge, qui compensera les intérêts de la dot, depuis la demande jusqu'à la sentence, avec les aliments fournis à la femme pendant ledit temps, et la part dont elle a dû contribuer aux charges du mariage, lorsqu'il trouvera qu'il n'y a pas grande différence, et sur-tout lorsque l'instance n'a pas duré long-temps. Mais lorsque, par les chicanes du mari, l'instance aura duré long-temps, et que la dot étant considérable, les intérêts excèdent de beaucoup lesdites choses, le juge les adjugera du jour de la demande, sous lesdites déductions.

522. C'est un des effets de la sentence de séparation, que la femme acquiert par là le droit d'administrer ses biens, et

de faire tous les contrats relatifs à cette administration, sans avoir besoin d'être autorisée; mais elle ne peut les aliéner sans être autorisée.

Tout ce que nous avons dit de la séparation contractuelle, *suprà, n.* 464, reçoit à cet égard application à la séparation judiciaire.

§. IV. Comment se détruit la séparation de biens judiciaire.

523. Il y a cette différence entre la séparation judiciaire, qui est formée par une sentence de séparation, et la séparation contractuelle, qui résulte d'une convention du contrat de mariage, que celle-ci est irrévocable, et que l'autre peut se détruire par le consentement des parties.

La raison de différence se tire de ce que les conventions de mariage sont irrévocables, et qu'il n'est pas au pouvoir des parties d'y déroger. C'est pourquoi lorsqu'il est convenu, par un contrat de mariage, qu'il n'y aura pas de communauté de biens entre les futurs conjoints, et que chacun jouira séparément de ses biens, les conjoints ne peuvent pas, par une convention contraire, durant le mariage, établir entrer eux une communauté de biens.

Au contraire, le retour à la loi du contrat de mariage étant favorable, lorsque les parties, en se mariant, ont, par une convention, ou expresse ou implicite, établi entre elles une communauté, laquelle, pour de justes raisons, a été dissoute par une sentence de séparation, il est au pouvoir des parties de se départir, par un consentement mutuel, de cette séparation judiciaire, et de rétablir leur communauté, en remettant leurs biens ensemble.

La sentence de séparation de biens peut donc être détruite, et elle peut l'être de deux manières:

1° Lorsque la femme qui l'a obtenue, ne la met pas à exécution; auquel cas, comme nous l'avons vu *suprà, n.* 518, la sentence demeure sans effet, et n'opère aucune séparation.

2° Quoique la séparation ait été exécutée, quelque long que soit le temps pendant lequel elle l'a été, il est au pouvoir des parties de détruire, par un consentement mutuel, cette séparation, en remettant leurs biens ensemble.

524. Est-il nécessaire que ce rétablissement de communauté soit constaté par un acte passé devant notaires, ou au

greffe? Il faut, à cet égard, distinguer entre la séparation d'habitation, et la simple séparation de biens.

Dans le cas de la séparation d'habitation, nous avons vu, dans notre Traité du contrat de mariage, n. 524, que le retour de la femme en la maison de son mari, suffit seul pour détruire la sentence de séparation d'habitation, sans qu'il soit besoin qu'il soit passé pour cet effet aucun acte devant notaires ou au greffe, parce que ce retour de la femme en la maison de son mari, est un fait notoire qui ne peut être ignoré du public.

Ce retour de la femme en la maison de son mari, en détruisant la séparation d'habitation, détruit aussi la séparation de biens, qui est comme un accessoire; à moins que la femme ne proteste, par un acte devant notaires, qu'en retournant avec son mari, elle n'entend se départir que de la séparation d'habitation, et non de la séparation de biens. Je crois qu'il est de l'intérêt public de permettre cette espèce de protestation; sans quoi, une femme qui croit n'avoir plus rien à craindre des mauvais traitements de son mari, dont l'âge a adouci le caractère, mais qui n'a pas la même confiance dans la conduite de son mari pour la sûreté de sa dot, pourroit être détournée de retourner avec son mari, si son retour faisoit nécessairement cesser la séparation de biens.

525. Dans le cas d'une sentence de simple séparation de biens, est-il nécessaire que le rétablissement de communauté soit constaté par un acte devant notaires, ou au greffe? Je crois que cet acte est nécessaire, au moins ordinairement. La raison de différence est, que le rétablissement de communauté après une sentence de simple séparation de biens, n'est pas un fait notoire, comme l'est le retour d'une femme en la maison de son mari. Quand même il seroit établi que, depuis la séparation de biens, l'homme et la femme auroient fait en commun l'acquisition de quelque héritage, ce ne seroit pas une preuve suffisante qu'ils eussent voulu rétablir leur communauté; car ils ont pu faire cette acquisition en commun, comme l'auroient pu faire deux étrangers qui n'auroient pas d'ailleurs de communauté entre eux. On ne peut pas non plus tirer une preuve d'un rétablissement de communauté, de ce que, depuis la séparation, le mari auroit fait la récolte sur les héritages propres de sa femme, ni de ce qu'il y auroit fait faire des réparations au vu et au sçu de sa femme;

car le mari a pu faire ces choses comme mandataire, ou comme *negotiorum gestor* de sa femme, sans que les parties aient voulu pour cela rétablir leur communauté, qui a été dissoute par la séparation. Il est donc à propos d'exiger que le rétablissement de communauté soit prouvé par un acte authentique.

1° Cela évite les procès auxquels donneroient lieu les questions sur la suffisance ou l'insuffisance des faits qui seroient allégués pour établir le rétablissement de communauté.

2° Ce rétablissement devant être connu du public, et surtout de tous ceux qui peuvent avoir des affaires avec l'un ou avec l'autre des conjoints, il doit être établi par des actes authentiques, et on ne doit pas le faire dépendre d'indices équivoques et incertains. C'est l'avis de Lebrun, en son *Traité de la communauté*, *liv*. 3, *chap*. 1, *n*. 25. Cet auteur veut même que l'acte de rétablissement de société soit passé au greffe du siége où la sentence de séparation a été rendue ; ou que s'il a été passé devant notaires, il soit enregistré audit greffe. Brodeau, sur Louet, *lettre S, chap*. 16, *n*. 12, exige aussi un acte par écrit du rétablissement de la communauté, et il autorise son avis par deux arrêts.

L'annotateur de Lebrun pense au contraire que cet acte n'est pas nécessaire. Il prétend que cela a été jugé par un arrêt du 16 mai 1705, rapporté par Brillon. Il cite aussi pour son avis l'article 199 de notre coutume d'Orléans, qui dit : *Si, après la séparation de biens d'entre homme et femme conjoints par mariage, lesdits conjoints se rassemblent et mettent leurs biens ensemble, cessera l'effet de ladite séparation.* Cette coutume, dit l'annotateur, demande, pour faire cesser la séparation, que les conjoints aient remis leurs biens ensemble ; elle ne dit pas qu'il sera passé un acte du rétablissement de la communauté : donc cet acte n'est point nécessaire. Ce n'est point de cette manière que cet article est entendu dans la Province. Lalande, en son Commentaire sur cet article, dit que ce rétablissement de communauté doit être justifié par un acte par écrit. C'est aussi l'avis de l'auteur des notes de 1711, etc. La coutume décide bien, par cet article, que la séparation est détruite lorsque, depuis la séparation, les conjoints ont remis leurs biens ensemble ; mais c'est une autre question, sur laquelle la coutume ne s'est pas expliquée, de savoir comment se devoit justifier le fait, que les parties ont remis leurs biens ensemble. Si elle n'a pas dit que, pour justifier ce fait, il falloit un acte par écrit, elle n'a pas dit non plus qu'il n'en falloit point.

526. Observez que, pour le rétablissement d'une communauté qui a été dissoute par une sentence de séparation, il faut le consentement mutuel du mari et de la femme. Denisart, sur le mot *Séparation*, rapporte plusieurs arrêts qui ont jugé des femmes non-recevables à se désister de sentences de séparation, soit d'habitation, soit de biens, qu'elles avoient obtenues; et ont, dans le cas de séparation d'habitation, donné congé de leur demande aux fins que leur mari fût tenu de les recevoir.

527. Le rétablissement de la communauté détruit tellement la séparation, qu'elle remet les choses au même état que s'il n'y en avoit jamais eu; de telle manière que la communauté est censée avoir toujours duré, et n'avoir point été discontinuée. C'est pourquoi toutes les choses que chacun des conjoints a acquises depuis la séparation, entrent dans la communauté, comme elles y seroient entrées s'il n'y avoit jamais eu de séparation; et les dettes que chacun des conjoints a contractées depuis la séparation, y tombent pareillement. C'est ce qu'explique très-bien l'article 199 de la coutume d'Orléans, lequel, après ce que nous en avons déjà rapporté ci-dessus, continue en ces termes : « Et rentreront en ladite communauté les meubles et acquêts immeubles, même ceux qui sont échus et acquis pendant ladite séparation, comme si elle ne fût avenue. »

528. Enfin l'article ajoute, *demeurant néanmoins bon et valable ce qui a été contracté pendant la séparation.* Ces contrats, qui sont confirmés par ces derniers termes de l'article, sont tous ceux que la femme a faits depuis la sentence de séparation, pour l'administration de ses biens; tels que sont des baux à ferme ou à loyer qu'elle auroit faits de ses héritages, des ventes, des achats, et autres contrats dépendants de ladite administration. Quoique tous ces contrats que la femme a faits sans autorisation, n'eussent pas été valables s'il n'y eût pas eu une séparation, néanmoins la sentence de séparation ayant donné à la femme le droit de les faire sans être autorisée, et ces contrats ayant été en conséquence faits valablement, il ne seroit pas juste que le rétablissement de

communauté qui est depuis intervenu, pût y donner atteinte. C'est le seul effet de la sentence de séparation de biens, que le rétablissement de la communauté laisse subsister.

529. L'effet qu'a le rétablissement de la communauté, de faire regarder la séparation comme non avenue, ne peut avoir lieu que vis-à-vis des conjoints et entre eux : il ne peut pas avoir cet effet vis-à-vis d'un tiers auquel la séparation auroit acquis un droit.

Supposons, par exemple, que par un contrat de mariage, un tiers, pour augmenter la dot de la future épouse, a compté au mari une certaine somme, avec clause qu'il auroit droit de répéter du mari cette somme, lors de la dissolution de la communauté, soit par mort, soit par séparation. Le cas étant arrivé par une sentence de séparation qui est intervenue, et qui a été bien et dûment exécutée; ce tiers ayant acquis, par l'événement de la condition, le droit de répéter la somme, le rétablissement de communauté qui intervient depuis, ne peut l'en priver. C'est ce qu'a fort bien observé Lebrun, *liv.* 3, *chap.* 1, *n.* 27, qui cite à ce sujet fort à propos la loi 65, ff. *de jur. dot.*, qui dit : *Stipulatio de dote reddendâ ab extraneo interposita, facto divortio statim committitur, nec redintegrato matrimonio actio stipulatori quæsita intercidit.*

Il nous reste une question sur le rétablissement de communauté, qui est de savoir si les parties, en rétablissant leur communauté, peuvent y apporter des limitations et restrictions, en convenant, par exemple, que les héritages acquis depuis la sentence de séparation, par l'un ou par l'autre des conjoints, lui demeureront propres, et n'entreront pas dans la communauté rétablie ; ou bien en convenant que chacun des conjoints sera seul tenu des dettes par lui contractées depuis la sentence de séparation ? Lebrun, *dicto loco, n.* 25, décide avec raison que ces conventions, portées par l'acte de rétablissement de communauté, sont nulles. Les séparations n'ont d'effet qu'autant qu'elles durent : elles sont détruites et regardées comme non avenues par le seul fait, lorsque les parties ont remis leurs biens en commun. Il ne peut pas y avoir deux communautés entre des conjoints par mariage, l'une qui ait duré jusqu'à la sentence de séparation, et l'autre qui ait commencé lors du rétablissement. Il n'y a, entre les conjoints, que la seule communauté qui a commencé lors de leur mariage, et qui a duré jusqu'à sa parfaite dissolution par la mort de l'une des parties ; dans laquelle communauté entrent toutes les choses que chacun des conjoints a acquises, et toutes les dettes qu'il a légitimement contractées, en quelque temps que ce soit, même depuis la sentence de séparation, qui, n'ayant pas duré jusqu'à la fin du mariage, a été sans effet, et n'a pas dissous la communauté.

CHAPITRE II.

De l'acceptation de la communauté, et de la renonciation à la communauté.

530. Le droit du mari, sur les biens de la communauté, qui, pendant qu'elle duroit, en étoit réputé seigneur pour le total, comme nous l'avons vu, est, par la dissolution de la communauté, réduit à la moitié desdits biens ; l'autre moitié appartient à la femme ou à ses héritiers, pourvu néanmoins qu'ils acceptent la communauté.

Cela est conforme à l'article 229 de la coutume de Paris, qui porte : « Après le trépas de l'un desdits conjoints, les »biens se divisent en telle manière, que la moitié en appar- »tient au survivant, et l'autre moitié aux héritiers du tré- »passé. »

Nous traiterons, dans un premier article, de l'acceptation de la communauté ; dans un second, de la renonciation à la communauté ; dans un troisième, du cas auquel, entre plusieurs héritiers de la femme, les uns ont accepté la communauté, et les autres y ont renoncé.

ARTICLE PREMIER.

De l'acceptation de la communauté.

Nous verrons, 1° par qui et en quel cas la communauté peut être acceptée ; 2° comment elle s'accepte ; 3° quels sont les effets de cette acceptation.

§. I. Par qui, et en quel cas la communauté peut être acceptée.

531. Après la dissolution de la communauté, il est ordinairement au choix de la femme, ou de ses héritiers et autres successeurs universels, d'accepter la communauté, ou d'y renoncer.

Ce principe souffre exception, 1° lorsqu'il en a été autrement convenu par le contrat de mariage ; comme lorsqu'il est convenu que les héritiers de la femme ne pourront prétendre, pour tout droit de communauté, qu'une certaine somme. La dissolution de communauté étant arrivée par le prédécès de la femme, les héritiers de la femme n'ont pas, en ce cas, le choix d'accepter ou de renoncer à la communauté ; ils ne peuvent demander que la somme portée par la convention. Nous avons traité de cette convention *suprà*, *n.* 450.

2° Lorsqu'une femme, sur la plainte du mari, a été déclarée convaincue d'adultère, elle est déchue de son droit à la communauté, dont les biens demeurent, en ce cas, en entier au mari, *jure non decrescendi*, comme nous l'avons vu en notre Traité du contrat de mariage, *n.* 527. Elle n'a donc pas, en ce cas, le choix d'accepter la communauté.

3° Une femme peut aussi être déclarée déchue de son droit de communauté, par sentence du juge, sur la demande de son mari, lorsqu'après plusieurs sommations que son mari lui a faites par un huissier, de retourner avec lui, elle a persévéramment refusé d'y retourner.

La peine, en ce cas, dépend des circonstances, et elle est laissée à l'arbitrage du juge, qui ne déclare pas toujours, en ce cas, la femme déchue entièrement de tout droit de communauté, mais seulement déchue de prendre part aux acquisitions faites depuis qu'elle a quitté son mari.

532. 4° Enfin, la femme ou ses héritiers n'ont le choix d'accepter la communauté, ou d'y renoncer, que jusqu'à ce qu'ils aient consommé leur choix : lorsqu'ils ont pris une fois l'un des deux partis, ils ne peuvent plus varier. C'est pourquoi la femme ni ses héritiers, après qu'ils ont renoncé à la communauté, ne peuvent plus accepter la communauté, et en demander le partage au mari, qui, par cette renonciation, est devenu propriétaire irrévocable des biens de la communauté, pour le total.

Si, néanmoins, la partie qui a renoncé à la communauté, étoit mineure, elle pourroit, en prenant des lettres de rescision contre sa renonciation, être mise au même état qu'elle étoit avant la renonciation, et en conséquence accepter la communauté, et en demander le partage.

Quoique les héritiers de la femme aient renoncé à la communauté en majorité, ils peuvent quelquefois être restitués contre leur renonciation, lorsque c'est par le dol du mari survivant qu'ils y ont été engagés; comme lorsqu'il leur a caché les forces de la communauté, en omettant malicieusement, dans l'inventaire, des effets considérables, ou en supposant de faux créanciers.

553. Quoique la femme ou ses héritiers qui ont renoncé à la communauté, ne soient plus recevables à l'accepter; néanmoins, si la femme, ou un héritier de la femme, avoit, en fraude de ses créanciers, renoncé à une communauté avantageuse, lesdits créanciers seroient reçus à faire déclarer frauduleuse cette renonciation, et à demander en conséquence la part qui appartient à leur débiteur dans les biens de la communauté; de même que lorsqu'un héritier a renoncé à une succession, en fraude de ses créanciers, ses créanciers sont reçus, dans notre jurisprudence françoise, à exercer les droits de leur débiteur dans la succession.

554. Tant que la femme ou ses héritiers ne sont pas poursuivis pour faire le choix qu'ils ont, d'accepter la communauté, ou d'y renoncer, ils sont toujours à temps de le faire : le mari survivant, qui est demeuré seul en possession des biens de la communauté, ne peut opposer aux héritiers de la femme, contre leur demande aux fins de partage, que la prescription de trente ans, laquelle même ne court pas contre les mineurs.

555. Il n'y a que la femme ou ses héritiers qui aient le choix d'accepter la communauté, ou d'y renoncer. Il est évident que le mari ne peut avoir un pareil choix, et qu'il ne peut renoncer à sa propre communauté : il demeure, lors de la dissolution de la communauté, nécessairement propriétaire de tous les biens de la communauté, ou pour moitié, si les héritiers de la femme acceptent la communauté, ou pour le total, s'ils y renoncent. On doit dire la même chose des héritiers du mari.

§. II. Comment s'accepte la communauté.

536. La communauté s'accepte ou expressément ou tacitement, *aut verbis, aut facto.*

La femme accepte la communauté *verbis* et expressément, lorsque, depuis la dissolution de la communauté, elle prend dans quelque acte la qualité de *commune.*

Si elle avoit pris cette qualité de *commune* dans un acte avant la dissolution de communauté, cette qualité seroit de nul effet, et ne seroit pas une acceptation de communauté; car le droit de la femme à la communauté n'étant ouvert que par la dissolution de communauté, la femme n'a pu, avant cette dissolution, accepter valablement une communauté à laquelle elle n'avoit encore aucun droit formé. Il en est de cela comme de celui qui auroit pris la qualité d'héritier d'une personne encore vivante.

537. La communauté s'accepte *facto* et tacitement, lorsque l'acceptation de la communauté s'induit et se collige de quelque fait de la femme, qui suppose dans elle la volonté d'être commune; de même que l'acceptation d'une succession s'induit et se collige de quelque fait d'une personne appelée à la succession, lequel suppose en elle la volonté d'être héritière.

Observez, néanmoins, que la femme ne pouvant être commune que par la volonté qu'elle a eue de l'être, et qu'elle a suffisamment déclarée, il faut, pour qu'un fait de la femme renferme une acceptation de la communauté, que ce fait soit tel qu'il suppose nécessairement en elle la volonté d'être commune, et qu'on ne puisse apercevoir de raison pourquoi elle auroit fait ce qu'elle a fait, si elle n'eût pas voulu être commune.

538. Telle est, par exemple, la disposition que la femme auroit faite, depuis la dissolution de la communauté, de quelques effets de la communauté, sans avoir d'autre qualité pour en disposer, que la qualité qu'elle pouvoit avoir de commune. La femme est censée par là avoir fait acte de commune : car, comme nous ne devons pas disposer des choses qui ne nous appartiennent pas, et dans lesquelles nous savons n'avoir aucun droit, la femme, en disposant de ces choses, les a regardées comme choses qui lui appartenoient; et, comme elles ne pouvoient lui appartenir qu'en qualité de

commune, elle s'est donc regardée comme commune, en disposant de ces choses ; elle a donc eu la volonté d'être commune, qu'elle a suffisamment déclarée en disposant desdites choses.

Quand même les choses dont la femme a disposé, n'auroient pas appartenu à son mari, ni par conséquent dépendu de la communauté, *putà,* parce qu'elles avoient été prêtées à son mari, ou lui avoient été confiées en dépôt, il suffit que la femme, qui ignoroit ce prêt ou ce dépôt, en ait disposé comme de choses qu'elle croyoit dépendre de la communauté, pour qu'en disposant de ces choses elle se soit regardée comme commune, et qu'elle ait suffisamment déclaré la volonté qu'elle avoit d'être commune.

Il en est de cela comme d'un héritier qui disposeroit d'une chose qu'il a trouvée parmi les effets de la succession, et qu'il croyoit dépendre de cette succession, quoiqu'elle n'en fît pas partie : en disposant de cette chose, qu'il croit être de la succession, il ne fait pas moins acte d'héritier, que s'il eût disposé d'une chose qui dépendît véritablement de la succession. C'est ce qui fait dire à Ulpien : *Interdùm animus solus eum obstringet hæreditati, ut putà, si re non hæreditariâ quasi hæres usus sit;* l. 21, §. 1, ff. *de acquir. hæred.* Par la même raison, la femme qui dispose d'effets qu'elle croit dépendre de sa communauté, quoiqu'ils n'en dépendent pas, ne fait pas moins acte de commune, que s'ils en dépendoient effectivement.

539. Ce n'est pas seulement en disposant de quelques effets de la communauté, ou qu'elle croit être de la communauté, que la femme fait acte de commune ; elle le fait pareillement en payant pour sa part quelque dette de la communauté, à laquelle elle n'est point obligée en son propre nom, et sans qu'elle ait d'autre qualité pour la payer, que celle de commune. Comme personne n'est présumé vouloir payer ce qu'il ne doit pas, la femme, en payant cette dette, est censée se réputer débitrice de cette dette ; et, comme elle n'en peut être débitrice que par la qualité de commune, elle est censée, en faisant ce paiement, prendre la qualité de commune, et déclarer suffisamment la volonté qu'elle a de l'être.

Il en est de cela comme d'une personne qui paieroit, quoique de ses propres deniers, quelque dette d'une succession à laquelle elle est appelée, sans avoir d'autre qualité pour faire

ce paiement, que celle d'héritier. Les lois décident que, par
ce paiement, cette personne fait acte d'héritier; l. 2, *cod. de
jur. deliber.;* car *gerit pro hærede qui animo agnoscit successio-
nem licèt nihil attingat hærediturium;* l. 88, ff. *de acq. hæred.* Par
la même raison, une femme qui paie, quoique de ses propres deniers, quelque dette de la communauté, sans avoir
d'autre qualité pour la payer, que celle de commune, doit
être censée faire, par ce paiement, acte de commune.

540. La femme, comme nous l'avons déjà dit, en disposant des effets de la communauté, ou en payant des dettes
de ladite communauté, ne fait acte de commune que lorsqu'elle n'avoit d'autre qualité que celle de commune pour
la faire : mais si elle avoit une autre qualité, *putà*, si elle
étoit exécutrice testamentaire de son défunt mari, ou tutrice
de ses enfants héritiers de sondit mari, et qu'elle eût disposé
de quelques effets ou payé quelques dettes de la communauté, on ne pourroit pas dire, en ce cas, qu'elle eût fait
acte de commune ; car elle peut l'avoir fait en sa qualité
d'exécutrice testamentaire de son mari, ou de tutrice de ses
enfants.

Pareillement, si elle étoit obligée en son propre nom à la
dette de la communauté, qu'elle a payée, quand ce ne seroit
que comme caution de son mari, qu'elle s'y fût obligée, elle
ne doit point être censée, en la payant, faire acte de commune, ayant pu la payer par le seul motif de se libérer de
sa propre obligation.

541. Observez qu'une veuve, après la dissolution de la
communauté arrivée par la mort de son mari, est de droit
préposée à la garde et conservation des effets de la communauté, avant qu'elle se soit déterminée sur le choix qu'elle a
de l'accepter ou d'y renoncer : c'est pourquoi tout ce qu'elle
fait pour la conservation des biens et effets de la communauté, ne doit pas passer pour acte de commune; comme
lorsqu'elle a fait faire des réparations urgentes à des biens de
la communauté; lorsqu'elle a vendu des effets périssables,
qu'elle a été obligée de vendre pour en éviter la perte.

Par la même raison, lorsque la veuve d'un marchand en
détail ou d'un artisan, a continué après la mort de son mari,
et avant qu'elle ait pris qualité, de tenir la boutique ouverte,
et d'y débiter les marchandises de la boutique, elle n'est
point censée faire acte de commune, en vendant et débitant

ces marchandises, qui sont des effets de la communauté, parce qu'il paroît qu'elle fait cela pour ne pas écarter les pratiques, et pour la conservation du fonds de commerce qui dépend de sa communauté.

Quoique la femme ne fasse pas acte de commune, en faisant ce qui est nécessaire pour la conservation des biens de la communauté, il est néanmoins de sa prudence, pour éviter les contestations, de protester qu'elle ne fait ce qu'elle fait, que pour la conservation des biens de la communauté, et sans préjudicier aux qualités qu'elle a à prendre : il est même encore plus sûr qu'elle se fasse autoriser pour le faire, en donnant pour cet effet requête au juge de son domicile.

542. Quoique les provisions de ménage qui se sont trouvées dans la maison du défunt, soient des effets de la communauté, la femme ne fait pas acte de commune, en consommant dans la maison lesdites provisions, jusqu'à concurrence de ce qu'il est besoin d'en consommer pour sa nourriture et celle de ses domestiques; car elle a le droit de vivre aux dépens de la communauté, depuis la mort jusqu'à ce que l'inventaire soit achevé. C'est ce qui est attesté par un acte de notoriété du Châtelet de Paris, du 21 juillet 1688, qui porte : « Il est d'usage constant et certain, qu'il est loisible à une » veuve, après le décès de son mari, de demeurer avec sa » famille en la maison où il est décédé, et d'y vivre, sans » que pour cette résidence on puisse lui imputer avoir fait » acte de commune, etc. »

543. Enfin, de même qu'un parent n'est point censé faire acte d'héritier, en commandant les obsèques de son parent, ni en payant ses frais funéraires, non plus qu'en poursuivant la vengeance de sa mort; *Si quid pietatis causâ fecit.... apparet non videri pro hœrede gessisse*; l. 20, ff. *de acquir. hœred.*; à plus forte raison doit-on décider qu'une femme ne fait pas par là acte de commune : car les frais funéraires ne sont pas une charge de la communauté, mais de la succession du défunt : et, à l'égard de la poursuite de la vengeance de la mort, c'est une action qui ne dépend ni de la communauté ni de la succession, mais que la veuve et les héritiers ont de leur chef.

544. La cession que la femme fait après la dissolution de communauté, soit à des étrangers, soit aux héritiers de son

mari, de ses droits de communauté, renferme une acceptation de la communauté, qui l'oblige, pour sa part, aux dettes de la communauté envers les créanciers, sauf son recours contre son cessionnaire, qui l'en doit indemniser. La raison est évidente : on ne peut céder que ce qu'on a. La femme ne peut donc céder son droit à la communauté, si elle ne l'a acquis. La cession qu'elle en fait, suppose qu'elle l'a acquis. Or, elle ne peut l'acquérir qu'en acceptant la communauté : cette cession suppose donc nécessairement en elle, et manifeste suffisamment sa volonté d'accepter la communauté.

Il en est de même de la renonciation que la femme feroit à la communauté en faveur de l'un des héritiers du mari, préférablement aux autres. Cette renonciation n'a que le nom de renonciation ; c'est une vraie cession qu'elle fait à cet héritier, de son droit à la communauté, laquelle renferme une acceptation que cette femme doit être nécessairement censée avoir faite de la communauté : car la femme, en renonçant à la communauté en faveur de cet héritier préférablement aux autres, n'abdique pas simplement son droit, elle en dispose en faveur de cet héritier. Or, comme personne ne peut disposer que de ce qui lui appartient, cette disposition que la femme fait de son droit en faveur de cet héritier, suppose nécessairement qu'elle regarde ce droit comme quelque chose qui lui appartient; et, comme ce droit ne peut lui appartenir que par une acceptation de la communauté, cette disposition qu'elle fait de son droit, renferme et suppose nécessairement une acceptation de la communauté.

Mais lorsque l'acte de renonciation porte que la femme a renoncé à la communauté en faveur des héritiers de son mari indistinctement, ces termes, *en faveur des héritiers de son mari*, qui sont superflus dans cet acte, et qui n'ont aucun effet, ne doivent faire passer cet acte pour autre chose que pour une simple renonciation à la communauté. Ces termes ne font qu'exprimer l'effet naturel qu'a la renonciation d'une femme à la communauté, qui est de faire accroître, *jure non decrescendi*, aux héritiers du mari, la part qu'eût eue la femme, si elle eût accepté.

545. Si la femme avoit reçu des héritiers de son mari une somme d'argent, pour renoncer à la communauté, seroit-elle en ce cas censée avoir fait acte de commune? La raison de

douter est, qu'elle semble, en recevant de l'argent, avoir fait une vente et une cession de son droit à la communauté, laquelle cession renferme, comme nous l'avons vu ci-dessus, une acceptation de communauté. Il faut décider, au contraire, que cette renonciation à la communauté, quoique faite pour de l'argent que la femme reçoit des héritiers, n'est proprement ni une vente, ni une cession que la femme fasse de son droit, mais c'est un contrat *do ut facias*. Les héritiers du mari ayant intérêt que la femme renonce à la communauté, lui donnent une somme d'argent, pour la porter à faire cette renonciation ; en conséquence, elle renonce à la communauté. Elle ne leur fait aucune cession de son droit à la communauté. Cette cession étoit inutile auxdits héritiers, puisque sans aucune cession, par la seule renonciation de la femme, tous les biens de la communauté leur demeurent, *jure non decrescendi*. Il en est de cette renonciation à la communauté, que la femme fait pour une somme d'argent qu'elle reçoit des héritiers de son mari, comme de celle que quelqu'un fait à une succession qui lui est déférée, pour une somme d'argent qu'il reçoit de ses cohéritiers, ou de l'héritier qui lui est substitué. Or, suivant la décision de la loi 24, ff. *de acquir. hared.*, une telle renonciation ne renferme point un acte d'héritier : *Qui pretium omittendæ hæreditatis causâ capit, non videtur hæres esse.* Il y a même raison pour décider que la femme qui a reçu de l'argent, pour renoncer, n'est pas censée pour cela avoir fait acte de commune.

546. Les règles que nous avons proposées jusqu'à présent, pour connoître quand la femme devoit être censée avoir fait acte de commune ou non, s'appliquent pareillement aux héritiers de la femme.

547. On a autrefois agité la question de savoir si la femme ou ses héritiers peuvent prendre des lettres de bénéfice d'inventaire, pour accepter la communauté, de même que les héritiers en prennent pour accepter une succession. On a jugé pour la négative, par arrêt de règlement du 8 mars 1605, rapporté par Louet, *lettre C, chap.* 53. La raison est, que la loi leur a subvenu par un autre bénéfice, qui est celui de n'être tenu de leur part dans les dettes de la communauté, que jusqu'à concurrence des biens qu'ils en amendent, dont nous parlerons *infrà, part.* 5.

§. III. De l'effet de l'acceptation de la communauté.

548. L'acceptation que la femme ou les héritiers font de la communauté, a un effet rétroactif au temps de la dissolution de communauté : la femme ou ses héritiers sont réputés en conséquence, dès l'instant de la dissolution de communauté, propriétaires pour une moitié par indivis de tous les biens dont la communauté s'est trouvée alors composée. Tous les fruits qui ont été perçus depuis ce temps, et généralement tout ce qui en est provenu, leur appartient pareillement pour moitié.

Par l'acceptation de la communauté, la femme ou ses héritiers deviennent débiteurs, pour la part qu'ils ont dans la communauté, de toutes les dettes de la communauté : la femme qui a accepté la communauté, ou dont les héritiers l'ont acceptée, est censée les avoir contractées, en sa qualité de commune, conjointement avec son mari, lorsque son mari, qui étoit le chef de la communauté, les a contractées, comme nous l'avons vu ci-devant.

Néanmoins, les coutumes accordent à la femme et à ses héritiers, lorsqu'ils ont accepté la communauté, le bénéfice de n'être tenus pour la part des dettes de la communauté, que jusqu'à concurrence de ce qu'ils ont amendé.

Nous traiterons de ce bénéfice *infrà, part.* 5.

ARTICLE II.

De la renonciation de la femme, ou de ses héritiers, à la communauté.

549. La renonciation à la communauté est un acte par lequel la femme ou ses héritiers, pour n'être pas tenus des dettes de la communauté, renoncent à la part qui leur est déférée par la dissolution de communauté, dans les biens dont elle est composée.

On prétend que l'origine du droit qu'ont les femmes de renoncer à la communauté, vient du temps des croisades, et qu'il fut accordé aux veuves des gentilshommes qui contractoient, en ce temps, des dettes considérables pour leurs voyages d'outre-mer.

Nous verrons, sur cette matière, 1° quelles sont les personnes qui peuvent renoncer à la communauté ; 2° si une femme peut, par le contrat de mariage, renoncer, soit pour elle, soit pour ses héritiers, à la faculté de renoncer à la communauté; 3° comment et quand cette renonciation doit se faire; 4° nous traiterons de l'inventaire que la femme doit faire pour renoncer à la communauté; 5° nous expliquerons quels sont les effets de la renonciation à la communauté.

§. I. Quelles sont les personnes qui peuvent renoncer à la communauté.

550. Il n'y avoit autrefois que les femmes nobles qui eussent le droit de renoncer à la communauté. C'est ce qui paroît par l'article 115 de l'ancienne coutume de Paris, qui porte : « Il est loisible à une noble femme, extraite de noble » lignée, et vivant noblement, de renoncer, si bon lui sem- » ble, après le trépas de son mari, à la communauté, etc. »

Depuis, la jurisprudence des arrêts a étendu ce droit de renoncer à la communauté, à toutes les femmes nobles ou non nobles; et elle l'a même étendu à leurs héritiers, par arrêt du 15 avril 1567.

La raison de cette jurisprudence, est que le mari ayant seul, pendant que la communauté dure, le droit d'en disposer, et de la charger de dettes sans le gré et la participation de sa femme, on a trouvé qu'il seroit injuste qu'un mari dissipateur pût, en contractant des dettes immenses, engager ou même absorber entièrement les propres de sa femme, sans que la femme pût se décharger desdites dettes par la renonciation à la communauté.

C'est sur cette jurisprudence qu'a été formé l'article 237 de la nouvelle coutume de Paris, qui porte : « Il est loisible » à toute femme noble ou non noble, de renoncer, si bon » lui semble, après le trépas de son mari, à la communauté » de biens d'entre elle et sondit mari, la chose étant en- » tière. »

Ces termes, *après le trépas de son mari*, ne sont pas res- trictifs : la coutume énonce le cas du trépas du mari, comme le plus ordinaire : au reste, il n'est pas douteux que la femme peut pareillement renoncer à la communauté du vivant de son mari, lorsqu'il y a dissolution de communauté par une sentence de séparation.

La coutume de Paris a omis, en cet article, de s'expliquer sur les héritiers de la femme; mais la coutume d'Orléans, réformée trois ans après celle de Paris, par les mêmes com- missaires, s'en est expliquée, et doit en cela servir d'expli-

cation à celle de Paris. Voici ce qu'elle porte : « Il est loisible
»à femme noble ou non noble, après le décès de son mari,
»OU A SES HÉRITIERS, SI ELLE PRÉDÉCÈDE, de renoncer, si bon
»lui semble, à la communauté de biens d'elle et dudit mari,
»la chose étant entière. »

Ces dispositions des coutumes de Paris et d'Orléans ayant
été formées sur la jurisprudence qui étoit déjà établie lors
de la réformation desdites coutumes, elles forment un droit
commun, et ont lieu dans les coutumes qui ne s'en sont pa
expliquées.

§. II. La femme peut-elle, par le contrat de mariage, renoncer, soit
pour elle, soit pour ses héritiers, à la faculté qu'elle a de renoncer
à la communauté.

551. Cette convention a été rejetée par la jurisprudence
des arrêts. Il y en a un du 5 avril 1597, rapporté par
Peleus, *liv.* 3, *art.* 61, et cité par l'annotateur de Lebrun,
qui a admis une veuve à renoncer à la communauté, nonobstant une clause de son contrat de mariage, qui portoit
qu'elle ne le pourroit dans le cas où il y auroit des enfants
du mariage, lequel cas étoit arrivé.

Les raisons de cette jurisprudence sont, 1° qu'il a paru
être contre le bon ordre et l'intérêt public, de laisser au pouvoir des maris d'engager et d'absorber les propres de leurs
femmes : *nam rei publicæ interest mulieres dotes salvas habere;*
l. 2, ff. *de jur. dot.* C'est pourquoi on a proscrit toutes les
conventions qui tendroient à laisser ce pouvoir au mari ;
telles qu'est celle par laquelle une femme se priveroit de renoncer à la communauté, pour se décharger des dettes immenses qu'un mari dissipateur auroit contractées.

2° Il n'y a que les créanciers qui aient intérêt que la femme
soit exclue du droit de renoncer à la communauté : le mari
n'en a aucun, puisque même, en cas d'acceptation de la
communauté, il est tenu d'acquitter la femme ou ses héritiers, de ce qu'ils paieroient de dettes au-delà de ce qu'ils
amendent des biens de la communauté. Le futur époux, en
stipulant par le contrat de mariage que la femme ne pourra
renoncer à la communauté, stipuleroit donc une chose à
laquelle il n'a aucun intérêt, ce qui suffit pour que la convention soit nulle, suivant les principes que nous avons
établis en notre Traité des obligations, *n.* 138.

Notre coutume d'Orléans, *art.* 204, paroît néanmoins autoriser cette convention, car, après avoir dit qu'il est loisible à femme noble ou non noble de renoncer à la communauté, en faisant faire bon et loyal inventaire, elle ajoute ces termes, *sinon qu'il n'y eût convention au contraire.* L'annotateur de Lebrun prétend que ces derniers termes de l'article ne doivent pas se rapporter à ce qui est dit au commencement de l'article, qu'*il est loisible à la femme de renoncer à la communauté*; mais qu'ils doivent se rapporter à ceux-ci, *en faisant faire bon et loyal inventaire,* qui les précèdent immédiatement; et qu'en conséquence, la coutume ne donne pas la permission de convenir que la femme ne pourra renoncer à la communauté, mais seulement de convenir que la femme ne seroit pas obligée, pour renoncer, de faire un inventaire. Cette interprétation ne vaut rien : il n'est pas vraisemblable que la coutume ait voulu approuver la convention par laquelle la femme seroit dispensée de faire inventaire pour renoncer. Cette convention, qui tendroit à procurer à la femme la facilité de tromper les héritiers ou les créanciers de son mari, étant une convention contraire aux bonnes mœurs, ne peut pas être valable : il vaut mieux dire que ces derniers termes de l'article de la coutume d'Orléans s'y sont glissés par inadvertance, et qu'ils ne doivent avoir aucun effet.

Non-seulement on ne peut, par le contrat de mariage, priver la femme du droit de renoncer à la communauté; on ne peut pas non plus en priver les héritiers de la femme. Il y a même raison : toute convention qui donne pouvoir au mari d'exténuer les propres de sa femme, est rejetée dans notre jurisprudence.

§. III. Quand et comment la renonciation à la communauté doit-elle se faire.

552. La renonciation de la femme à la communauté se faisoit autrefois lors des obsèques du mari, avec certaines cérémonies. Après que le corps du mari avoit été mis dans la fosse, la veuve, en signe de sa renonciation à la communauté, se déceignoit, et jetoit sur la fosse la bourse et les clés qu'elle avoit pendues à sa ceinture. Nous avons un monument de cet usage dans la Chronique de Monstrelet, *tome* 1, *chap.* 17, où il est dit que Marguerite, veuve de Phi-

lippe, duc de Bourgogne, qui mourut en 1404, renonça à la communauté, en mettant, sur la représentation du défunt, sa ceinture avec sa bourse et ses clés, *comme il est de coutume, et de ce demanda instrument à un notaire qui étoit là présent.*

La coutume de Meaux a conservé cet ancien usage : elle dit, en l'article 52, que la femme noble, après le décès de son mari, peut renoncer, *et en demonstrance doit mettre les clefs sur la fosse du trépassé, en déclarant qu'elle renonce, etc.* En l'article suivant, elle prescrit aux femmes roturières la même formalité, pour renoncer à la communauté.

La coutume de Vitry-le-François, *tit.* 5, *art.* 91, et celle de Bourgogne, *chap.* 4, *art.* 20, n'assujettissent à cette formalité que les veuves roturières. Depuis, cette formalité est entièrement tombée en désuétude, même dans les coutumes qui l'exigent expressément. C'est ce qui nous est attesté par les commentateurs.

Plusieurs coutumes veulent que la femme fasse sa renonciation à la communauté en justice, en personne, ou par procureur fondé de procuration spéciale.

Quelques coutumes veulent qu'elle promette par serment, devant le juge, de mettre tous les effets de la communauté en évidence.

Quelques-unes veulent que la renonciation se fasse, l'héritier appelé, s'il est sur le lieu; sinon en présence du procureur du roi. Au contraire, la coutume de Calais, qui veut que la femme fasse sa renonciation en jugement, la dispense expressément d'y appeler l'héritier.

Dans les coutumes qui ne se sont pas expliquées sur la manière dont doit se faire la renonciation à la communauté, il suffit de la faire par un acte devant notaires, par lequel la femme ou ses héritiers déclarent qu'ils renoncent à la communauté. Par arrêt rendu en forme de règlement, du 14 février 1701, il a été enjoint à tous notaires ou greffiers qui reçoivent des actes de renonciation à la communauté, d'en garder une minute.

553. A l'égard du temps auquel la renonciation à la communauté doit se faire, il est évident que la femme ne peut faire cette renonciation avant la dissolution de communauté; car ce n'est que par cette dissolution que le droit de la femme

à la communauté est ouvert. Or, on ne peut renoncer à un droit qui n'est pas encore ouvert.

Les coutumes se sont partagées sur le temps que la femme ou ses héritiers doivent avoir depuis la dissolution de la communauté, pour y renoncer.

Nous avons déjà vu que quelques-unes exigeoient que cette renonciation se fît lors des obsèques du mari. D'autres accordent pour la faire, un temps de huit jours, d'autres un temps de vingt jours, trente jours, quarante jours, trois mois. Quelques-unes distinguent entre les veuves nobles et les roturières ; comme celle de Mantes, qui accorde trois mois aux nobles, et quarante jours aux roturières ; et celles de Tours, quarante jours aux nobles, et vingt jours aux roturières.

Les dispositions de ces coutumes sur le terme dans lequel doit se faire la renonciation à la communauté, sont réputées avoir été abrogées par l'ordonnance de 1667, qui a réglé les délais que les veuves doivent avoir pour prendre qualité sur la communauté, comme nous l'allons voir. C'est ce qui m'a été attesté, pour la coutume de Tours, par des officiers et des avocats de Tours que j'ai consultés. Vaslin, en son commentaire sur l'article 46 de la coutume de la Rochelle, qui n'accorde que quarante jours à la veuve pour renoncer, atteste aussi que, suivant l'usage de cette province, cette disposition est regardée comme abrogée par l'ordonnance de 1667, et qu'on y accorde aux veuves les délais de trois mois, pour faire inventaire, et de quarante jours pour délibérer, qui sont accordés par cette ordonnance.

554. La coutume de Paris, et une grande partie des coutumes, n'ont limité aucun temps. Elles se contentent de dire qu'il est loisible à la femme de renoncer à la communauté ; *la chose étant entière,* c'est-à-dire, tant qu'elle n'a pas accepté la communauté, soit en prenant la qualité de commune, soit en faisant quelque acte de commune.

Suivant ces coutumes, la femme ou ses héritiers sont toujours à temps de renoncer à la communauté, tant qu'ils ne l'ont pas acceptée, et qu'ils ne sont pas poursuivis.

Mais lorsque la veuve est poursuivie par quelques créanciers de la communauté, pour payer sa part d'une dette de la communauté, elle doit s'expliquer sur la qualité qu'elle entend prendre.

Il faut néanmoins distinguer si les délais que l'ordonnance accorde pour prendre qualité, sont expirés ou non. L'ordonnance en accorde deux; savoir, un de trois mois pour faire inventaire, afin qu'elle puisse s'instruire, par cet inventaire, des forces de la communauté. Ce délai court du jour de la mort de son défunt mari, si elle étoit sur le lieu où son mari est mort; sinon, du jour qu'elle en a eu connoissance, et elle est présumée avoir eu cette connoissance au bout du temps qui est nécessaire pour l'avoir, si le contraire n'est justifié. Outre ce délai de trois mois qui est accordé à la veuve pour faire cet inventaire, l'ordonnance lui en accorde un de quarante jours pour délibérer, lequel commence à courir du jour que l'inventaire a été achevé, ou qu'il a dû être achevé : car si, par la négligence de la femme, l'inventaire n'avoit pas été achevé dans les trois mois, le délai de quarante jours commenceroit à courir du jour de l'expiration du temps du premier délai de trois mois, qui est le temps auquel l'inventaire auroit dû être achevé.

Si, lors de la demande du créancier, ces délais ne sont pas expirés, la veuve assignée peut arrêter ses poursuites, en lui opposant qu'elle est dans ses délais.

Après l'expiration de ces deux délais, soit qu'ils fussent déjà expirés, lors de la demande du créancier, soit qu'ils ne l'aient été que depuis, la femme doit s'expliquer précisément, et rapporter un acte de renonciation à la communauté, si elle veut éviter la condamnation.

555. La femme, poursuivie par un créancier de la communauté, ne peut lui opposer d'autres délais que ceux réglés par l'ordonnance de 1667, quoique par une clause de son contrat de mariage on lui eût accordé un délai plus long; car cette convention ne peut être valable que vis-à-vis des héritiers du mari, et ne peut nuire à ce créancier, qui n'étoit pas partie à la convention.

556. Faute par la femme, après les délais expirés, d'avoir rapporté sa renonciation, le juge la condamne à payer la dette de la même manière que si elle étoit commune. Mais, sur l'appel, et jusqu'à ce qu'il ait été rendu un jugement qui ait passé en force de chose jugée, la femme est encore à temps de rapporter sa renonciation; auquel cas elle doit être déchargée de la condamnation, et condamnée seulement aux dépens faits jusqu'au jour auquel elle l'a rapportée.

557. Lorsque la femme qui n'a point rapporté de renonciation, a été condamnée par un arrêt ou un jugement dont il ne peut y avoir d'appel, cet arrêt l'oblige envers le créancier qui a obtenu la condamnation, à lui payer la somme en laquelle elle a été condamnée envers lui, de même que si elle étoit commune; mais cet arrêt ne la rend pas commune, et n'empêche pas qu'elle ne puisse opposer un acte de renonciation à d'autres créanciers qui, depuis cet arrêt, lui demanderoient le paiement d'autres dettes de la communauté: car c'est un principe, qu'un jugement ne peut acquérir de droit qu'à la partie qui l'a obtenu : *Res inter alios judicatæ, neque emolumentum afferre his qui judicio non interfuerunt, neque præjudicium irrogare ; l. 2, cod. quib. res judic. non.*

558. La coutume ne permettant à la femme de renoncer à la communauté, que tant que la chose est entière; lorsqu'elle a cessé de l'être par une acceptation expresse ou tacite que la femme a faite de la communauté, il ne lui est plus dès-lors loisible de renoncer à la communauté; et la renonciation qu'elle feroit depuis seroit nulle, tant vis-à-vis des héritiers de son mari, auxquels elle ne peut plus demander la restitution de son apport dont elle a stipulé la reprise en cas de renonciation, que vis-à-vis des créanciers de la communauté, envers lesquels, nonobstant cette renonciation, qui est nulle, elle doit être condamnée à leur payer sa part des dettes de la communauté; sauf à elle à user du privilége qu'elle a de n'en être tenue que jusqu'à concurrence de ce qu'elle a amendé de la communauté, en leur comptant de tout ce qu'elle a amendé, et en leur représentant un bon et loyal inventaire, comme nous le verrons en son lieu.

Si, néanmoins, la femme étoit mineure lorsqu'elle a accepté la communauté, elle peut prendre des lettres de rescision contre son acceptation, si elle lui est préjudiciable; et son acceptation étant anéantie par l'entérinement desdites lettres, *la chose est entière,* et elle peut valablement renoncer à la communauté.

La femme qui a accepté la communauté en majorité, ne peut se faire restituer contre son acceptation, quelque préjudiciable qu'elle lui soit, à moins qu'elle n'eût la preuve de quelque supercherie employée par les héritiers du mari, pour lui faire faire cette acceptation; comme s'ils avoient supposé de fausses lettres par lesquelles on annonçoit le retour inespéré dans un port de France, d'un vaisseau qu'on avoit cru perdu, et sur lequel le défunt avoit un très-gros intérêt; et que, sur la foi de ces fausses lettres qu'on auroit représentées à la femme, elle eût accepté la communauté.

559. Quoique la femme qui a accepté la communauté, ne puisse plus y renoncer, néanmoins si elle a fait cette acceptation en fraude de ses créanciers, pour décharger les héritiers de son mari, de la reprise de son apport, stipulée par le contrat de mariage en cas de renonciation à la communauté, les créanciers de la femme peuvent, en ce cas, sur la demande par eux formée contre les héritiers du mari, faire déclarer nulle et frauduleuse l'acceptation de la communauté faite par la femme, et, sans y avoir égard, exercer la reprise de l'apport de la femme leur débitrice, en leur abandonnant toute la part de la femme en la communauté.

Tout ce que nous avons dit jusqu'à présent de la femme, reçoit application à l'égard des héritiers de la femme.

§. IV. De l'inventaire que la femme doit faire, pour être reçue à renoncer à la communauté.

560. Lorsque la dissolution de communauté arrive par le prédécès du mari, les coutumes ont voulu que la femme, pour être admise à renoncer à la communauté, ait fait un bon et loyal inventaire. C'est la disposition de l'article 237 de la coutume de Paris, qui porte : « Il est loisible à toute » femme de renoncer, après le trépas de son mari, à la com- » munauté.... en faisant faire bon et loyal inventaire. »

La raison pour laquelle cet inventaire est requis, est afin que la femme qui, par le prédécès de son mari, se trouve en possession de tous les effets de la communauté, justifie par cet inventaire, soit aux héritiers, soit aux créanciers de son mari, qu'elle abandonne tous les effets de la communauté, qu'elle est obligée d'abandonner en renonçant à la communauté.

561. La femme n'est obligée à faire cet inventaire, pour être admise à renoncer à la communauté, que lorsque c'est par le prédécès du mari qu'arrive la dissolution de communauté : mais lorsque c'est du vivant du mari, par une sentence de séparation, que la dissolution de communauté arrive, la femme peut renoncer à la communauté sans inventaire, parce que ce n'est pas elle en ce cas, c'est le

mari qui se trouve en possession des effets de la communauté.

562. Par la même raison, les héritiers de la femme peuvent renoncer à la communauté, sans inventaire, lorsque la dissolution de la communauté arrive par le prédécès de la femme.

563. Par la même raison, quoique ce soit par le prédécès du mari que la dissolution de communauté soit arrivée, si la femme, qui ne demeuroit pas alors avec son mari, ne s'est trouvée en possession de rien, et que ce soient au contraire les héritiers du mari qui se soient mis en possession de tous les effets de la communauté, la renonciation de la femme peut être valable sans inventaire. C'est l'avis de Ricard et de Fortin, sur l'*article* 237 de la coutume de Paris. C'est ce qui a été jugé par arrêt du 7 février 1707, rapporté par Augear, *t.* 2, *chap.* 69, et par l'annotateur de Lebrun. Dans l'espèce de cet arrêt, la veuve, lors de la mort de son mari, s'étoit trouvée dans un couvent, où son mari l'avoit fait renfermer pour cause de démence. Le curateur nommé, après la mort du mari, à cette veuve, renonça pour elle à la communauté, sans inventaire : par l'arrêt, la renonciation fut déclarée valable contre un créancier qui la débattoit.

564. Lorsque la veuve s'est trouvée en possession des biens de la communauté, elle ne peut à la vérité renoncer sans inventaire ; mais, s'il en avoit été fait un après la mort du mari, à la requête des héritiers du mari, la femme ne seroit pas obligée, pour renoncer, d'en faire un autre : il lui suffit d'employer ce qui lui a été fait à la requête des héritiers ; et, si elle a connoissance de quelques effets omis, elle doit les y ajouter.

Si le mari, peu avant sa mort, avoit fait un inventaire de ses effets, *putà*, pour dissoudre une société en laquelle il étoit avec un tiers, il suffiroit à la femme de faire un récolement qui contiendroit ceux des effets compris dans cet inventaire, qui ne se sont plus trouvés lors de la mort, et ceux qui se sont trouvés lors de la mort, et qui n'y ont point été compris.

Lorsqu'après la mort du mari, il a été fait, par quelque créancier, une saisie générale et une vente, la femme peut employer pour inventaire les procès-verbaux de saisie et de vente.

565. Il ne suffit pas à la veuve, pour se dispenser de rap-

porter un inventaire, de dire que son mari n'a laissé à sa mort aucuns effets; elle doit le justifier par un procès-verbal de carence. *Acte de notoriété du 23 février 1708.*

566. L'inventaire doit être fait devant notaires. Il en doit rester minute, afin qu'il ne soit pas au pouvoir de la femme de le faire paroître à son gré. *Arrêt du règlement du 14 février 1701, envoyé dans les siéges du ressort, rapporté par Joui.*

Au surplus, sur la forme, et sur les personnes avec qui doit être fait l'inventaire, voyez ce qui sera dit *infrà, part. 4.*

567. Pour que la femme puisse renoncer, il n'est pas nécessaire que son inventaire ait été clos et affirmé en justice; cette clôture n'est requise par l'article 241, que pour le cas dudit article, qui concerne la continuation de communauté : et cela a été jugé par arrêt du 18 novembre 1600, rendu *consultis classibus*, rapporté par Fortin, et dans le recueil de Joui. C'est aussi l'avis de Lebrun.

§. V. Des effets de la renonciation à la communauté.

568. PREMIER EFFET. L'effet de la renonciation de la femme ou de ses héritiers, est de les exclure des biens de la communauté, desquels en conséquence le mari ou ses héritiers demeurent propriétaires pour le total, *jure non decrescendi.*

La femme qui renonce à la communauté, est exclue du préciput stipulé par le contrat de mariage, au profit du survivant, sur les biens de la communauté, à moins qu'il ne fût dit par le contrat de mariage, qu'elle auroit ce préciput, même en cas de renonciation.

569. On doit néanmoins lui laisser une robe, et le reste de ce qui forme un habillement complet, quand même il n'y auroit aucun préciput stipulé par le contrat de mariage; car *non debet abire nuda.*

Quelques coutumes, comme Bourbonnois, *art.* 245, veulent que l'habillement que la femme peut retenir en renonçant, ne soit ni le meilleur, ni le pire. Chauni, art 136, a la même disposition. Bar, *art.* 80, lui laisse ceux qu'elle portoit les jours de fêtes.

Dans les coutumes qui ne s'en sont pas expliquées, je crois qu'on ne doit pas envier à la veuve le choix de son meilleur habillement.

La coutume de Tours, *art.* 293, est plus libérale envers les femmes qui renoncent à la communauté : elle donne, en ce cas, à la veuve un lit garni, ses heures et patenôtres, une de ses meilleures robes, et l'autre moyenne, tant d'hiver que d'été. Celle de Lodunois a à peu près la même disposition.

570. Quoiqu'en cas de renonciation à la communauté, tous les effets de la communauté appartiennent à la succession du mari, il est néanmoins d'usage que la femme puisse, jusqu'à la fin de l'inventaire, vivre, avec ses domestiques, des provisions qui se sont trouvées dans la maison à la mort du mari, sans que les héritiers du mari soient reçus à lui demander le prix de ce qu'elle en a consommé.

571. A plus forte raison, les héritiers du mari ne sont pas recevables à faire supporter à la veuve aucun loyer de la maison où elle est restée après la mort de son mari ; car c'est la communauté qui est censée avoir occupé la maison, par les effets qu'elle y avoit, et dont la femme, qui est restée dans la maison, n'étoit que la gardienne : c'est donc la communauté qui doit le loyer de la maison.

Même, après que la maison a cessé d'être occupée par les meubles de la communauté, il n'est pas d'usage que les héritiers du mari exigent de la veuve le loyer de cette maison, jusqu'au prochain terme, en quoi ils souffrent peu ; car ils n'eussent pas trouvé à la louer en sur-terme.

Au moins, en prenant les choses à la rigueur, la femme ne devroit le loyer que de la partie qu'elle en a occupée.

572. La femme ou ses héritiers, en renonçant à la communauté, renoncent non-seulement aux biens dont la communauté se trouve composée lors de sa dissolution, mais à tout ce qu'elle en a tiré, pendant qu'elle a duré, pour ses affaires particulières ; et elle doit en conséquence récompense aux héritiers du mari, de tout ce qu'elle en a tiré, à l'exception seulement de ce qui en a été tiré pour ses aliments, et pour l'entretien de ses héritages propres, ces choses étant des charges de la communauté.

Nous traiterons cette matière plus amplement *infrà*.

573. SECOND EFFET. Le second effet de la renonciation à la communauté, est que la femme, ou ses héritiers, qui ont renoncé à la communauté, sont déchargés de toutes les dettes de la communauté.

Ils en sont déchargés même envers les créanciers, lorsque

la femme n'étoit pas obligée en son propre nom. Au contraire, si la dette de la communauté procède de son chef, ou qu'elle s'y soit obligée en son propre nom, ayant été partie dans le contrat avec son mari, qui l'a autorisée, la femme et ses héritiers, nonobstant la renonciation, en sont tenus envers le créancier; mais ils en doivent être acquittés par les héritiers du mari.

574. À l'égard des dettes auxquelles la femme ne s'est pas obligée en son nom, la femme et ses héritiers n'en sont pas tenus, même envers le créancier, quand même ce seroient des dettes dont il pourroit sembler que la femme a profité; telles que sont celles du boulanger, du boucher, du marchand qui a vendu les étoffes dont elle est habillée. Denisart rapporte un arrêt du 22 juillet 1762, qui a donné à une veuve qui avoit renoncé à la communauté, congé de la demande du boucher, pour fournitures de viande jusqu'à la mort de son mari, en infirmant une sentence du Châtelet, qui avoit fait droit sur la demande.

La raison est, que la femme est censée avoir payé à son mari tout ce qu'elle a consommé de ces différentes fournitures, par la jouissance de la dot qu'elle lui a apportée *ad sustinenda onera matrimonii*. L'ayant payé à son mari, elle ne doit pas être obligée à le payer une seconde fois aux marchands qui n'ont contracté qu'avec son mari, et non avec elle : ils ne sont pas plus fondés à le lui demander, que ne le seroit un boulanger qui auroit fourni du pain à un maître de pension, et qui s'aviseroit d'en demander le prix aux pensionnaires qui l'ont mangé.

Cette décision doit avoir lieu, quand même la femme auroit arrêté les parties, ou fait elle-même les emplettes : car elle n'est censée faire cela que pour et au nom de son mari; elle n'est pas censée vouloir par là s'obliger en son nom.

Cela a été jugé par arrêt du 16 février 1694, rapporté au cinquième tome du Journal des Audiences.

575. Il en est de même de tous les marchés qu'une femme de marchand ou d'artisan fait pour le commerce de son mari : elle est censée les faire pour son mari, sans vouloir s'obliger en son nom. Mais, lorsqu'elle fait elle-même un commerce séparé, elle est censée s'obliger en son nom pour tout ce qui est relatif à ce commerce. C'est pourquoi, en renonçant à la communauté, elle est tenue de ces dettes envers les créan-

ciers avec qui elle a contracté, sauf son recours contre les héritiers de son mari, qui l'en doivent acquitter.

576. La femme qui renonce à la communauté, doit aussi être acquittée entièrement par la succession de son mari, des frais de l'inventaire, quoique fait à la requête de ladite femme. Lebrun lui en fait porter moitié; mais je crois que c'est une erreur. Ces frais sont une charge privilégiée des biens de la communauté, qu'il étoit nécessaire de constater par un inventaire : ils doivent par conséquent être acquittés sur lesdits biens, et non par la veuve; de même que, dans le cas d'une succession bénéficiaire, les frais d'inventaire se paient sur les biens de la succession, et non par l'héritier bénéficiaire. Lebrun tire argument pour son opinion, de l'article 107 de la coutume de Troyes, qui dit que le *survivant* paiera la moitié des frais dudit inventaire. La réponse est, que cet article suppose le cas d'acceptation, comme le plus commun.

ARTICLE III.

Du cas auquel la femme laisse plusieurs héritiers, dont les uns acceptent la communauté, et les autres y renoncent.

577. Le droit qu'a la femme, d'avoir moitié dans les biens dont la communauté se trouve composée lors de sa dissolution, est, suivant les principes que nous avons établis en notre Traité des obligations, *n.* 288, un droit divisible, puisqu'il a pour objet quelque chose de divisible; cette moitié dans lesdits biens, qui fait l'objet de ce droit, étant, ainsi que lesdits biens, quelque chose de divisible.

De là il suit, suivant les mêmes principes, que lorsque la femme laisse plusieurs héritiers, ce droit qu'a la femme d'avoir moitié dans les biens de la communauté, se divise de plein droit, de même que tous les autres droits divisibles de la succession, entre ses héritiers, lesquels y succèdent chacun pour leur part héréditaire. Par exemple, si la femme laisse quatre héritiers, chacun de ses héritiers succédera, pour un quart, à la part de la femme, et aura un quart en la moitié des biens de la communauté.

578. Cela est sans difficulté, lorsque tous les héritiers acceptent la communauté; mais si trois desdits héritiers renoncent à la communauté, et qu'un seul l'accepte, cet acceptant aura-t-il en entier la moitié de la femme dans les

biens de la communauté, ou n'aura-t-il que son quart de ladite moitié ?

Lebrun décide qu'il aura la moitié en entier. Cette décision me paroît contraire aux premiers principes. Ces trois héritiers de la femme ont bien renoncé à la communauté, pour la part qu'ils y avoient, mais ils n'ont pas renoncé à la succession de la femme. Celui qui a accepté la communauté, n'est toujours, nonobstant cette renonciation de ses cohéritiers, héritier de la femme que pour un quart; et par conséquent il n'est successeur aux droits de la femme que pour un quart; et par conséquent il ne peut succéder que pour un quart au droit de la femme, dans les biens de la communauté, de même qu'à tous les autres droits de la succession.

Ce n'est donc point à lui que doivent accroître les parts auxquelles ses cohéritiers ont renoncé : elles doivent, par leur renonciation, demeurer au mari, *jure non decrescendi*, par la même raison que la part de la femme seroit demeurée en entier au mari, si la femme, ou tous les héritiers de la femme, avoient renoncé à la communauté.

Chacun des quatre héritiers de la femme, qui a succédé pour son quart au droit de la femme, aux biens de la communauté, a, pour son quart, le même droit que la femme. Par conséquent, de même que la femme, si elle eût survécu, n'eût pu renoncer à la communauté, pour se décharger des dettes, qu'en laissant aux héritiers de son mari tout son droit dans les biens de la communauté; de même, chacun de ses héritiers ne peut renoncer à la communauté, qu'en laissant au mari le droit auquel il a succédé à la femme dans les biens de la communauté, pour la part qu'il y a.

Il résulte de tout ceci, que dans l'espèce proposée, lorsque la femme a laissé quatre héritiers, dont trois ont renoncé à la communauté, et un seul l'a acceptée, celui qui l'a acceptée ne doit avoir que son quart en la moitié, et le mari doit avoir le surplus; savoir, la moitié de son chef, et les trois quarts dans l'autre moitié, qui sont les portions auxquelles les trois autres héritiers ont renoncé.

On ne peut tirer aucun argument du droit d'accroissement qui a lieu entre les légataires d'une même chose, pour l'accroissement des parts des héritiers de la femme qui ont renoncé à la communauté, à celle de celui qui l'a accceptée.

Le droit d'accroissement qui a lieu entre les légataires, n'a lieu qu'entre ceux qui sont *conjuncti re*, soient qu'ils soient *conjuncti re et verbis*, soit qu'ils le soient *re tantùm*; c'est-à-dire, entre ceux à chacun desquels le testateur a légué la chose entière, de manière qu'il n'y eût que leur concurrence qui dût partager entre eux la chose léguée.

Lorsque l'un de ces légataires conjoints prédécède, ou répudie le legs, la part qu'il eût eue dans le legs, s'il l'eût accepté, doit accroître, ou plutôt ne pas décroître à celui qui l'a accepté, parce qu'il est légataire de la chose entière, et qu'il n'y avoit conséquemment que la concurrence de son co-légataire qui a renoncé, qui eût pu le priver d'une part de la chose.

Mais lorsque le testateur a assigné à chacun de ses légataires une part dans la chose qu'il leur a léguée, quoique par une même phrase, comme lorsqu'il a dit : Je lègue à Titius et à Caïus une telle chose par égales portions, *ex æquis partibus*; ces légataires sont *conjuncti verbis tantùm*, *qui ab initio partes habent*; et il n'y a pas lieu entre eux au droit d'accroissement, à moins que le testateur ne s'en soit expliqué. C'est pourquoi, si l'un d'eux répudie le legs, celui qui a accepté n'aura que la moitié qui lui a été assignée dans la chose léguée, sans pouvoir prétendre l'accroissement de la part de celui qui a répudié; car il n'est légataire que de sa moitié. C'est ce qui est décidé en la loi 11, *de usufr. accr.* C'est ce que dit Cujas, *ad l. 16*, ff. *de leg. 1°*.

En faisant l'application de ces principes aux héritiers d'une femme, qui ont succédé à son droit de communauté, et dont l'un a accepté la communauté, et les autres y ont renoncé, il est évident que ces héritiers ne peuvent être comparés à ces légataires, qui sont *conjuncti re*, et entre lesquels il y a lieu au droit d'accroissement : au contraire, ils ressemblent à ceux qui *ab initio partes habent*. Ces héritiers, de même que ces légataires, *ab initio partes habuerunt*; ils n'ont chacun succédé que pour leur part, au droit de la femme à la communauté : d'où il suit que de même qu'il n'y a pas lieu au droit d'accroissement entre ces légataires, qui ne sont point *conjuncti re*, et qui, au contraire, *ab initio partes hybent*, il ne doit pas non plus y avoir lieu au droit d'ac-croissement entre ces héritiers.

579. Passons à une autre question. En retenant l'espèce de quatre enfants, héritiers de leur mère, dont un accepte la communauté, et les trois autres y renoncent : si, par le con-trat de mariage, la reprise de l'apport de la femme avoit été stipulée au profit des enfants, en cas de renonciation, pour quelle part chacun des enfants qui ont renoncé à la commu-nauté aura-t-il la reprise de cet apport, et par qui la re-prise de cet apport leur est-elle due? Le droit de reprise de l'apport de la femme, en cas de renonciation, étant un droit divisible de sa succession, chacun des quatre enfants y a succédé pour sa part héréditaire, c'est-à-dire, pour un quart : d'où il suit que chacun des trois qui ont renoncé, ne peut exercer cette reprise que pour un quart. A l'égard du quart que celui qui a accepté la communauté auroit eu, s'il eût pareillement renoncé, il en a fait confusion par son ac-ceptation de la communauté, et ce quart de l'apport est demeuré confondu dans les biens de la communauté.

Cela est sans difficulté. Il y en a plus sur la question de savoir par qui est due cette reprise. L'enfant qui a accepté la communauté est-il tenu d'y contribuer pour le quart, en la moitié qu'il a dans les biens de la communauté? ou le mari est-il seul tenu d'acquitter cette reprise envers les trois enfants qui ont renoncé? Pour y faire contribuer l'en-fant qui a accepté, on dira que l'apport de la femme étant entré dans la communauté, la reprise de cet apport est une dette de la communauté, dont l'enfant acceptant doit être tenu, de même que de toutes les autres dettes de la commu-nauté, pour la part qu'il a dans la communauté.

On dira encore que la reprise de l'apport, de même que les autres reprises, s'exerce sur la masse des biens de la com-munauté, laquelle étant par là diminuée, la part que l'en-fant acceptant a dans cette masse, se trouve diminuée à proportion; et l'enfant, par ce moyen, contribue à cette reprise pour sa part. Nonobstant ces raisons, je pense qu'on doit décider que le mari doit payer seul, aux trois renon-çants, la part que chacun d'eux a dans l'apport de la femme, sans que l'enfant acceptant soit tenu d'y contribuer; et qu'en conséquence la reprise ne doit pas en être faite, en ce cas, sur la masse des biens de la communauté. La raison est, que l'enfant qui renonce pour sa part à la communauté, et demande pour sa part l'apport de sa mère, abandonne au mari l'apport qu'il a dans la communauté, pour la part qu'il a dans l'apport de sa mère, à laquelle il se tient : cette part, de l'apport de sa mère, est le prix de l'abandon qu'il fait au mari, de sa part en la communauté. **Or,** le mari profitant seul de l'abandon de cette part, qui demeure par-devers lui, *jure non decrescendi,* comme nous l'avons vu *suprà, n.* 480, c'est lui seul qui doit être tenu du prix de cet abandon.

580. Passons à présent au cas auquel la femme a laissé des héritiers à différentes espèces de biens; l'un à ses meubles et acquêts, l'autre à ses propres d'une certaine ligne. La part des dettes de la communauté, dont la succession de la femme est tenue, en cas d'acceptation de la communauté, devant être, en ce cas, supportée tant par l'héritier aux propres que par l'héritier aux meubles et acquêts, à proportion de ce que chacun a dans l'actif de la succession, quoique l'héritier aux propres ne succède à rien des choses qui composent la communauté, il s'ensuit que ces héritiers ont des intérêts opposés, par rapport au parti de l'acceptation de la communauté et à celui de la renonciation à la communauté. L'héritier aux propres, qui, en cas d'acceptation de la communauté, ne succède à rien de ce qui en compose l'actif, et porte néanmoins sa part des dettes de ladite communauté, a intérêt d'y renoncer, quelque avantageuse que soit en elle-même la communauté : pourra-t-il, au préjudice de l'héritier aux meubles et acquêts, renoncer à une communauté qui est en elle-même avantageuse, et par ce moyen se décharger de la part des dettes qu'il en doit supporter, qu'il fera retomber sur l'autre héritier?

Vice versâ, l'héritier aux meubles et acquêts peut quelquefois avoir intérêt d'accepter une communauté onéreuse, parce qu'en succédant seul à tout ce qui en compose l'actif, il se décharge d'une partie du passif, sur l'héritier aux propres : pourra-t-il, au préjudice de l'héritier aux propres, accepter une communauté qui en elle-même est plus onéreuse que profitable?

Vaslin, sur la coutume de la Rochelle, prétend, d'après Lebrun qu'il cite, que l'héritier aux meubles et acquêts peut accepter la communauté, quoique manifestement mauvaise, au préjudice de l'héritier aux propres, qu'il fera contribuer à la part des dettes de la communauté, dont la succession de la femme est chargée. Il se fonde sur ce que l'article 229 de la coutume déférant la moitié de la communauté aux héritiers, il a (dit-il) cette part de son chef; d'où il conclut qu'il peut à son gré l'accepter, sans que l'héritier aux propres puisse critiquer son acceptation; et que ce n'est pas le cas d'entrer dans l'examen du *quid utilius*, et de ce qu'auroit dû faire la défunte, puisque ce n'est pas du chef de la défunte, mais de son propre chef qu'il l'accepte. Cette opinion me paroit injuste, et fondée sur un faux principe. Il est faux que l'héritier aux meubles et acquêts ait de son chef la part des biens de la communauté. Il a cette part comme héritier de la femme, comme représentant la personne de la femme, et comme trouvant dans la succession de la femme le droit d'accepter cette part des biens de la communauté. S'il ne l'avoit pas de cette manière, s'il l'avoit de son chef, comme le prétend Vaslin, il s'ensuivroit qu'il seroit tenu seul de toutes les dettes de la communauté, dont cette part des biens de la communauté est chargée, et qu'il ne pourroit y faire contribuer en rien l'héritier aux propres. Ce droit d'accepter ou de répudier la communauté, est donc un droit de la succession de la femme, qui n'est qu'une seule et unique succession, quoique la loi y appelle plusieurs personnes auxquelles elle en distribue l'actif et le passif. Ce droit intéresse différemment l'héritier aux meubles et acquêts, qui a intérêt à l'acceptation, devant succéder à l'actif, et l'héritier aux propres, qui ne peut succéder qu'au passif. Ce choix, intéressant différemment les différents héritiers, ne doit pas se faire suivant l'intérêt particulier ni de l'un ni de l'autre des héritiers, mais suivant l'intérêt général de la succession. Les différents héritiers, représentant tous ensemble la personne de la femme, doivent faire pour elle le choix qu'elle ne peut plus faire par elle-même, mais qu'elle a intérêt de faire, en la considérant comme se survivant à elle-même par sa succession.

Il faut donc, pour ce choix, entrer dans l'examen du

quid utilius ; c'est-à-dire qu'il faut examiner, non l'intérêt particulier de l'un ou de l'autre des héritiers de la femme, mais l'intérêt général de sa succession. Si, par cet examen, il paroît que la communauté est en elle-même avantageuse, et qu'il est, en conséquence, de l'intérêt général de la succession de la femme de l'accepter, on doit en ce cas faire prévaloir le parti de l'acceptation ; et l'héritier aux propres n'est pas recevable à se décharger de la part qu'il doit supporter dans le passif de la communauté, en déclarant qu'il y renonce. Au contraire, s'il est trouvé que la communauté est en elle-même plus onéreuse que profitable, et qu'en conséquence il est de l'intérêt général de la succession de la femme d'y renoncer, on doit en ce cas faire prévaloir le parti de la renonciation ; et l'héritier aux meubles et acquêts ne peut pas, en acceptant cette communauté, faire rien supporter du passif de cette communauté, à l'héritier aux propres.

Quelquefois c'est l'héritier aux propres de la femme, qui a intérêt à l'acceptation de la communauté, comme dans le cas où elle se trouveroit presque entièrement composée de propres de la ligne de cet héritier, que la femme y auroit ameublis. Si, en ce cas, l'héritier aux propres vouloit accepter la communauté, pour succéder à ces propres ameublis, et que l'héritier aux meubles et acquêts voulût y renoncer, il faudroit entrer dans l'examen du *quid utilius,* comme dans l'espèce précédente ; et si la communauté étoit trouvée être en elle-même avantageuse, l'héritier aux meubles et acquêts ne pourroit pas, en déclarant qu'il y renonce, se décharger de la part qu'il doit supporter dans le passif de cette communauté. Au contraire, si elle est trouvée être plus onéreuse que profitable, l'héritier aux propres, qui l'a acceptée, ne pourra rien faire supporter du passif de cette communauté, à l'héritier aux meubles et acquêts qui y renonce.

581. Lorsque la femme a laissé pour successeur un héritier qui se tient aux quatre quints des propres, et un légataire universel, dans le legs duquel tombe tout l'actif de la communauté, pour la part qu'y avoit la femme ; si l'héritier avoit renoncé à la communauté avant que de saisir le légataire universel de son legs, il faudroit en ce cas entrer dans l'examen du *quid utilius.* Si, par cet examen, la communauté

se trouvoit être en elle-même avantageuse, en ce cas le légataire universel, nonobstant la renonciation à la communauté, faite par l'héritier, qui n'a pu la faire à son préjudice, seroit reçu, en sa qualité de légataire universel, à accepter la communauté, et à faire supporter à l'héritier, qui
s'est tenu aux quatre quints des propres, la part qu'il doit
supporter du passif de la communauté. Au contraire, si la
communauté étoit trouvée être plus onéreuse que profitable,
le légataire, en l'acceptant, ne pourroit rien faire porter du
passif à l'héritier.

QUATRIÈME PARTIE.

De la liquidation et du partage qui sont à faire après la dissolution de la communauté.

Nous traiterons, dans un premier chapitre, des différentes créances de chacun des conjoints contre la communauté, et des différentes dettes de chacun desdits conjoints envers elle. Dans un second chapitre, nous traiterons du partage des biens de la communauté, et des actes qui y sont préalables.

CHAPITRE PREMIER.

Des différentes créances de chacun des conjoints contre la communauté, et des différentes dettes de chacun desdits conjoints envers la communauté.

582. Après la dissolution de la communauté, on doit liquider les créances que chacun des conjoints a contre la communauté, et les dettes dont chacun des conjoints est débiteur envers la communauté.

Cette liquidation est nécessaire en cas d'acceptation de la communauté par la femme ou ses héritiers, afin que chacun des conjoints (ou ses héritiers) puisse, au partage qui se fera des biens de la communauté, exercer sur les biens de la communauté la reprise de la somme dont il se sera trouvé créancier de la communauté, déduction faite de celle dont il étoit débiteur envers elle; et que, dans le cas où l'un ou l'autre des conjoints se seroit trouvé débiteur de quelque somme envers la communauté, déduction faite de ce qui lui est dû par la communauté, cette somme dont il s'est trouvé redevable envers la communauté, lui soit, au partage, précomptée sur sa part.

583. Dans le cas de la renonciation à la communauté par la femme ou ses héritiers, il est inutile de liquider les créances qu'a le mari contre la communauté, et les dettes dont il est débiteur envers la communauté : car demeurant, par cette renonciation, seul propriétaire des biens, et seul tenu des dettes de la communauté, il fait confusion sur lui de tout ce qui lui est dû par la communauté, et de tout ce qu'il lui doit.

A l'égard de la femme, il faut, dans le cas de renonciation à la communauté, de même que dans celui de l'acceptation, liquider les créances de la femme contre la communauté; car elle a, pour ses créances, action contre le mari ou ses héritiers : et il faut pareillement liquider les dettes dont elle est tenue envers la communauté, la somme dont elle se trouvera redevable devant lui être déduite sur la restitution de sa dot.

Nous parcourrons, dans une première section, les différentes espèces de créances que chacun des conjoints peut avoir contre la communauté; et, dans une seconde section, les différentes espèces de dettes dont ils peuvent être débiteurs envers la communauté.

SECTION PREMIÈRE.

Des différentes créances des conjoints contre la communauté.

584. La première espèce de créance que chacun des conjoints peut avoir contre la communauté, est la reprise de tout le mobilier que chacun des conjoints s'est, par le contrat de mariage, réservé propre, et qui est entré dans la communauté, lors ou depuis le mariage. Nous avons déjà parlé de cette créance, *suprà*, part. 1, *chap.* 2, dans l'article où nous avons traité de la clause de réalisation.

La seconde espèce de créance de chacun des conjoints contre la communauté, est le remploi du prix de ses propres aliénés durant la communauté. Nous en traiterons en particulier dans le premier article de cette section. Nous parcourrons, dans un second article, les autres différentes espèces de créances des conjoints contre la communauté. Dans un troisième, nous observerons la différence entre l'homme et la femme, par rapport à ses créances.

Du remploi du prix des propres des conjoints, aliénés durant la communauté.

585. Lorsque, durant la communauté, l'héritage propre de l'un ou de l'autre des conjoints a été aliéné, ou lorsque la rente propre de l'un d'eux a été rachetée, et que la communauté en a reçu le prix, s'il n'a pas été fait remploi en autres héritages ou rentes, de la manière dont il a été dit *suprà*, *n*. 198 *et* 199, celui des conjoints à qui l'héritage ou la rente appartenoit, est créancier de la communauté de ce prix.

Cela a toujours été sans difficulté, lorsque, par le contrat de mariage, il avoit été stipulé que chacun des conjoints auroit remploi du prix de ses propres aliénés durant le mariage. A défaut de cette clause, par le contrat de mariage, ou du moins par l'aliénation, le conjoint ne pouvoit autrefois prétendre aucun remploi ni reprise du prix. Comme c'étoit une voie ouverte aux conjoints, de s'avantager, la nouvelle coutume de Paris, pour empêcher ces avantages indirects qui en résultoient, a accordé la reprise du prix, quoiqu'il n'y eût aucune convention. C'est la disposition de l'article 232, où il est dit : « Si, durant le mariage, est vendu aucun héritage ou rente » propre, appartenante à l'un ou à l'autre des conjoints par » mariage, ou si ladite rente est rachetée, le prix de la vente » ou rachat est repris sur les biens de la communauté, au » profit de celui à qui appartenoit l'héritage ou rente, en- » core qu'en vendant n'eût été convenu du remploi ou » récompense, et qu'il n'y ait eu aucune déclaration sur ce » faite. »

Cet article a été inséré dans la coutume d'Orléans, *art.* 192.

Dans les coutumes qui ne s'en sont pas expliquées, on avoit encore, depuis la réformation de la coutume de Paris, suivi pendant un peu de temps l'ancienne jurisprudence, qui n'accordoit aucune reprise, si elle n'avoit été convenue par le contrat de mariage ou par l'aliénation ; mais depuis, cette disposition de la coutume de Paris a été étendue à toutes les coutumes. C'est ce qui paroît par les arrêts rapportés par Brodeau sur Louet, *lettre R*, *ch. 30.*

Cette disposition de la coutume de Paris est principalement fondée sur ce principe, qu'il n'est pas permis à l'un des conjoints par mariage d'avantager l'autre, à ses dépens, durant le mariage.

De là il suit que l'un des conjoints ne peut, à ses dépens, avantager la communauté durant le mariage; car, en avantageant sa communauté, il avantage l'autre conjoint pour la part que l'autre conjoint doit avoir dans les biens de la communauté, lors de sa dissolution.

De là il suit que lorsque le propre de l'un des conjoints a été aliéné durant la communauté, il doit, lors de la dissolution de la communauté, avoir la reprise sur les biens de la communauté, de tout ce qui est parvenu à la communauté, par l'aliénation de ce propre; autrement il auroit avantagé la communauté à ses dépens.

Quoique la disposition de l'article 232 de la coutume de Paris ait été principalement faite pour empêcher les avantages indirects entre mari et femme, elle a néanmoins été étendue même aux coutumes qui leur permettent de s'avantager. Il a paru qu'il y auroit de l'inconvénient de permettre, dans ces coutumes, des avantages qui ne seroient pas l'effet d'une volonté expresse des parties.

Les principes que nous avons exposés, servent à la décision de tout ce qui fera la matière de ce que nous allons traiter dans cinq paragraphes : 1° En quoi consiste la reprise, lorsque l'héritage propre de l'un des conjoints a été vendu durant la communauté : 2° Quelles espèces d'aliénations d'un héritage ou autre droit immobilier propre de l'un des conjoints, donnent lieu à la reprise; et en quoi consiste-t-elle dans chacune desdites espèces d'aliénations. Dans un troisième, nous verrons si la vente d'un office de la maison du roi, dont le mari étoit pourvu avant le mariage, donne lieu au remploi. Dans un quatrième, nous rapporterons un cas auquel il y a lieu à la reprise du prix d'héritages aliénés avant que la communauté ait commencé. Dans un cinquième, nous verrons si le mari est tenu du remploi du prix des héritages de la femme, aliénés depuis la séparation.

§. I. En quoi consiste la reprise, lorsque l'héritage propre de l'un
des conjoints a été vendu durant la communauté.

586. Suivant nos principes, que la reprise est due de ce
qui est parvenu à la communauté, par l'aliénation du
propre du conjoint, cette reprise ne doit être ni du prix
auquel ce propre a été estimé par le contrat de mariage,
ni de celui qu'il valoit lors de l'aliénation, mais précisément de celui pour lequel il a été vendu, quand même
il auroit été vendu au-dessous ou au-dessus de ce qu'il
valoit. C'est ce qui est décidé par l'article 232 de la coutume de Paris, ci-dessus rapporté, qui porte : *Si durant
le mariage, est vendu aucun héritage propre,....* LE PRIX DE LA
VENTE EST REPRIS.

587. Suivant les mêmes principes, ces termes de la coutume, *le prix de la vente,* doivent s'entendre non-seulement
du prix principal, mais de tout ce qui est accessoire de ce
prix, et dont la communauté a profité; comme de ce qui a
été reçu pour pot de vin, pour épingles, ou sous quelqu'autre dénomination que ce soit, soit en argent, soit en effets
mobiliers.

Par exemple, si j'ai vendu mon héritage propre durant la
communauté avec ma femme, et que l'acheteur ait donné
pour épingles à ma femme une belle robe, je dois avoir la
reprise, non-seulement de la somme qui a fait le prix principal de la vente de mon propre, mais encore de la somme
que valoit cette robe qui a été donnée à ma femme pour épingles; car cette robe faisoit partie du prix de la vente de mon
propre, et ma communauté en a profité.

588. Par la même raison, on doit comprendre *dans le prix
de la vente,* dont la reprise est due, celui des charges appréciables à prix d'argent, qui ont été imposées à l'acheteur,
et dont la communauté a profité.

Par exemple, si un raffineur a, durant sa communauté,
vendu son héritage propre à Pierre, pour une certaine somme,
et à la charge que Pierre le serviroit gratuitement, en qualité de contre-maître, pendant trois ans, la charge de ce service imposée à Pierre, est une charge appréciable à prix d'argent, et dont la communauté a profité, puisqu'elle a été
déchargée, pendant ce temps de trois ans, des appointements
qu'il eût fallu donner à un contre-maître. Le raffineur doit

donc avoir la reprise du prix de cette charge, c'est-à-dire, de la somme à laquelle auroient monté les appointements des trois années dont la communauté a été déchargée.

Par la même raison, le conjoint doit avoir la reprise du prix des charges qu'il a imposées sur son héritage propre en l'aliénant, lorsque c'est la communauté qui en profite. Par exemple, si le conjoint, en vendant une maison qui lui étoit propre, l'a chargée d'un droit de servitude envers la maison voisine, qui est un conquêt de sa communauté, il doit avoir la reprise du prix qu'on estimera valoir ce droit de servitude dont la communauté profite aux dépens de ce conjoint, qui eût vendu sa maison plus cher, s'il l'eût vendue sans cette charge.

589. La communauté ne doit les intérêts du prix de la vente de l'héritage propre de l'un des conjoints qu'elle a reçu, que du jour de la dissolution de la communauté. Elle n'en doit point pour tout le temps qui a couru depuis qu'elle a reçu ce prix, jusqu'au temps de la dissolution de la communauté; car ils lui tiennent lieu des fruits de l'héritage qu'elle eût eus, si l'héritage n'eût pas été vendu.

590. Lorsque l'héritage a été vendu pour un seul prix, avec les fruits pendants; si la communauté a duré au-delà du temps de la récolte de ces fruits, on doit déduire sur ce prix celui des fruits pendants : car la communauté ne profite pas du prix desdits fruits, lesquels lui auroient appartenu, s'ils n'eussent pas été vendus; elle ne profite que du surplus : elle ne doit donc la reprise que du surplus.

Par la même raison, lorsque l'un des conjoints a vendu, durant la communauté, son héritage propre, pour un certain prix, que l'acheteur, qui entreroit en jouissance du jour du contrat, ne paieroit néanmoins qu'au bout de trois ans sans intérêts; si la communauté a duré jusques et au-delà des trois ans, le conjoint ne peut prétendre la reprise de ce prix, que sous la déduction de celui des trois années de jouissance qui auroient appartenu à la communauté, et qui est entré dans ce prix.

591. *Contrà, vice versâ,* si l'un des conjoints a vendu, durant la communauté, son héritage propre, pour un certain prix payé comptant lors du contrat, et à la charge néanmoins que l'acheteur n'entreroit en jouissance qu'au bout de trois ans; si la communauté a duré jusqu'à ce temps, ce conjoint

doit avoir la reprise non-seulement du prix porté au contrat, mais de ce que l'héritage auroit été vendu de plus sans la réserve de ses trois années de jouissance, réserve qui en a diminué le prix : autrement ce seroit une perte que feroit ce conjoint, dont la communauté profiteroit, qui, pendant ces trois ans, a eu tout à la fois et la jouissance de l'héritage, et la jouissance du prix.

592. Lorsque c'est un droit d'usufruit ou de rente viagère propre de l'un des conjoints, qui a été vendu durant la communauté, pour le prix d'une certaine somme d'argent payée comptant, le conjoint ne doit avoir la reprise de cette somme que sous la déduction de ce dont la communauté auroit profité des revenus de cet usufruit, ou des arrérages de cette rente, pendant tout le temps couru depuis la vente qui en a été faite, jusqu'à celui de la dissolution de communauté, au-delà des intérêts de la somme reçue pour le prix : car la communauté n'a profité de la somme reçue pour ce prix, que sous cette déduction.

Par exemple, je suppose qu'un droit d'usufruit dont le revenu étoit, tous risques et charges déduits, de 1,000 livres par chacun an, ait été vendu pour le prix de 12,000 livres, et que la communauté ait duré dix ans, dans un temps auquel l'intérêt de l'argent étoit au denier vingt. Cet usufruit, s'il n'eût pas été vendu, auroit, pendant les dix ans courus depuis la vente jusqu'à la dissolution de la communauté, produit par chacun an 400 livres de plus, ce qui fait pour les dix ans 4,000 livres. Le conjoint ne doit donc avoir la reprise de la somme de 12,000 livres, pour laquelle son propre a été vendu, que sous la déduction de ladite somme de 4,000 livres. Il n'importe, suivant cette opinion, que la dissolution de la communauté soit arrivée par le prédécès de celui des conjoints à qui appartenoit l'usufruit ou la rente viagère, ou par celui de l'autre conjoint. La reprise du prix se règle de cette manière en l'un et en l'autre cas.

§. 11. Quelles espèces d'aliénations des héritages et droits immobiliers de chacun des conjoints, donnent lieu à la reprise; et en quoi consiste-t-elle dans le cas de chacune desdites espèces d'aliénations.

593. Ce n'est pas seulement la vente des propres de chacun des conjoints, qui donne lieu à la reprise; toutes les autres espèces d'aliénation desdits propres, par lesquelles il par-

vient à la communauté, soit quelque somme d'argent ou autre chose, soit quelque avantage appréciable à prix d'argent, y donnent pareillement lieu. C'est ce que nous allons faire voir, en parcourant les différentes espèces d'aliénations.

594. *La dation en paiement.* Lorsque l'un des conjoints a donné son héritage propre en paiement de quelques dettes de la communauté, il est créancier de la communauté, de la reprise du montant desdites dettes : car la communauté a profité d'autant, par la libération desdites dettes que lui a procurée l'aliénation du propre de ce conjoint, qui a été donné en paiement desdites dettes.

La donation rémunératoire. Lorsque l'un des conjoints a fait donation à quelqu'un de son héritage propre, en récompense de services; si ces services étoient appréciables à prix d'argent, et que la récompense de ces services fût due par la communauté, le conjoint sera créancier de la communauté, de la reprise du montant du prix de ces services, dont la communauté a été libérée : car cette donation est, jusqu'à concurrence du prix desdits services, une dation en paiement d'une dette de la communauté.

La donation onéreuse. Lorsque l'un des conjoints, par la donation qu'il a faite à quelqu'un pendant la communauté, de son héritage propre, a imposé quelques charges au donataire; si ces charges sont appréciables à prix d'argent, et que ce soit la communauté qui en ait profité, le conjoint est créancier de la communauté, de la reprise du prix de ces charges, dont la communauté a profité; car c'est quelque chose qui est parvenu à la communauté, par l'aliénation de ce propre.

L'aliénation pour une rente viagère. Lorsque l'un des conjoints, durant la communauté, a aliéné son héritage propre, pour une rente viagère, la reprise due à ce conjoint consiste dans la somme dont les arrérages de la rente viagère, courus depuis l'aliénation de l'héritage jusqu'à la dissolution de la communauté, excèdent les revenus dudit héritage, lesquels seroient tombés dans la communauté, si l'héritage n'eût pas été aliéné.

Par exemple, supposons qu'un héritage dont le revenu étoit, tous risques et charges déduits, de 600 livres par chacun an, ait été aliéné pour une rente annuelle et viagère

de 1,000 livres, et que la communauté ait duré dix ans depuis
l'aliénation de cet héritage : la rente viagère excède de 400
livres par chacun an le revenu de l'héritage ; c'est, pour les
dix années qui en ont couru pendant la communauté, une
somme de 4,000 livres, dont la communauté a profité, et
dont le conjoint qui a aliéné son héritage doit avoir la
reprise.

Observez que si le prédécédé des deux conjoints avoit
donné son héritage propre pour une rente viagère au profit
de lui et de l'autre conjoint, pendant les vies de l'un et
de l'autre, les héritiers du prédécédé auroient droit de
percevoir cette rente à la place du survivant, pendant la
vie du survivant, à qui le prédécédé n'a pu faire valablement aucun avantage durant le mariage.

595. *L'échange.* Lorsque l'un des conjoints a aliéné son
héritage propre, à titre d'échange, contre des choses mobilières qu'il a reçues en contr'échange, ce conjoint est
créancier de la communauté, de la reprise de la somme
que valoient lesdites choses au temps qu'il les a reçues :
lesdites choses ayant été substituées, durant la communauté, à l'héritage propre de communauté, qui a été
aliéné, elles sont elles-mêmes des propres de communauté,
qui n'y ont pu entrer qu'à la charge de la reprise, comme
nous l'avons vu *suprà, n.* 99.

Pareillement, lorsque l'échange a été fait contre un
autre héritage, mais à la charge d'un retour, soit en deniers, soit en d'autres choses, le conjoint est créancier de
la communauté, de la reprise de la somme de deniers,
ou de la valeur des choses qu'il a reçues pour ce retour.

596. *Bail à rente.* Lorsque l'un des conjoints a, durant
la communauté, fait bail à rente de son héritage ; si, par
le bail, il a reçu, par forme de deniers d'entrée, ou une
somme d'argent, ou d'autres choses mobilières ; ou si, par
forme de deniers d'entrée, il a imposé au preneur quelque charge dont la communauté a profité, il est créancier de la communauté, de la reprise, soit de la somme
de deniers, soit de la valeur des choses qu'il a reçues
par forme de deniers d'entrée, soit de la valeur de la
charge qu'il a imposée au preneur, dont la communauté
a profité.

597. Pour que le conjoint soit créancier de la commu-

nauté, de la reprise de tout ce qui est parvenu à la communauté, par l'aliénation faite durant la communauté, de son héritage propre, il n'importe que l'aliénation ait été nécessaire ou volontaire. C'est ce qui paroît par l'article 232 de la coutume de Paris, ci-dessus rapporté, qui accorde la reprise du prix du rachat d'une rente propre, (ce qui est une aliénation nécessaire) aussi bien que celle du prix de la vente volontaire qui a été faite d'un héritage propre.

Par cette raison, lorsque pendant la communauté l'un des conjoints a été obligé de délaisser un de ses héritages propres, sur une action de réméré, ou sur une action de retrait, soit lignager, soit seigneurial, soit conventionnel, il est créancier de la communauté, de la reprise du prix de l'héritage qui lui a été rendu sur lesdites actions de réméré ou de retrait.

598. Il n'en est pas de même du délai d'un héritage que l'un des conjoints avoit acheté avant son mariage, qu'il a été obligé de faire durant la communauté, sur une action rescisoire du vendeur, soit pour cause de minorité, soit pour cause de lésion de plus de moitié du juste prix, soit pour quelque autre cause de rescision. La vente qui lui a été faite de cet héritage étant rescindée par le jugement qui intervient sur cette action, il est censé n'en avoir jamais été propriétaire. Le délai qu'il en fait sur cette action, ne peut donc passer pour une aliénation de son héritage propre; et la somme qui lui est rendue sur cette action par le vendeur, ne peut passer pour le prix de son héritage propre; il est censé avoir été seulement créancier pour la répétition de cette somme, *condictione sine causâ*, comme l'ayant payée en vertu d'un contrat nul. Cette créance étant la créance d'une somme d'argent, et par conséquent une créance mobilière, est tombée dans la communauté, sans que le conjoint en puisse avoir aucune reprise; à moins que par son contrat de mariage il n'eût, par une clause de réalisation, stipulé propre son mobilier.

Contrà, vice versâ, si l'un des conjoints avoit, avant son mariage, vendu son héritage pour un prix au-dessous de la moitié du juste prix, et que depuis, durant la communauté, il ait exercé l'action rescisoire contre l'acheteur, qui lui a payé une certaine somme pour le supplément du juste prix, le conjoint est créancier de la communauté, de la reprise de cette somme; car elle est le prix du rachat de l'action rescisoire que ce conjoint avoit contre cet acheteur, et par conséquent le prix du rachat d'un propre; car cette action rescisoire étoit un droit immobilier qui appartenoit à ce conjoint dès avant son mariage, et par conséquent un propre de communauté.

599. Lorsque l'un des conjoints, pendant la communauté, a été obligé de délaisser, sur une action hypothécaire, un héritage qui lui étoit propre de communauté; si, pour faire ce délai, il a reçu du demandeur une certaine somme d'argent pour le prix des méliorations faites par lui ou par ses auteurs, sur cet héritage, avant son mariage, il est créancier de la communauté, de la reprise de cette somme; car ces méliorations étant quelque chose qui fait partie de l'héritage sur lequel elles ont été faites, la somme qu'il a reçue pour le prix de ses méliorations, est une somme qu'il a reçue durant la communauté, pour le prix de son propre, qu'il a été obligé de délaisser et d'aliéner pendant la communauté.

Si les méliorations avoient été faites depuis le mariage, il n'y auroit pas de reprise de la somme payée par le demandeur, pour le prix de ces méliorations; car, ayant été faites en ce cas aux dépens de la communauté, c'est la communauté qui a dû en être remboursée.

600. Lorsque c'est sur une action de revendication que l'un des conjoints a été obligé de délaisser, pendant la communauté, un héritage qu'il possédoit avant son mariage, il ne doit pas avoir la reprise de la somme qu'il a reçue pour le prix des méliorations. On ne peut pas dire, dans cette espèce, que le prix de ces méliorations fût le prix de son propre; car, par le jugement qui est intervenu sur cette demande, il paroît que l'héritage ne lui appartenoit pas, et n'étoit pas par conséquent un héritage qui lui fût propre. Les méliorations faites sur cet héritage, quoique faites de ses deniers, étant quelque chose qui fait partie de l'héritage, ne lui appartenoient pas; elles appartenoient au propriétaire de l'héritage, suivant la règle : *Accessorium sequitur jus ac dominium rei principalis.* Le conjoint n'avoit, pour le remboursement du prix de ces méliorations, qu'une créance personnelle, *ex quasi contractu negotiorum gestorum*, contre le propriétaire de l'héritage : cette créance étant la créance d'une somme d'ar-

gent, et par conséquent créance mobilière, est tombée dans la communauté, comme le reste de son mobilier, sans qu'il puisse en avoir la reprise, à moins qu'il n'eût réservé propre son mobilier, par son contrat de mariage.

601. Lorsque, par une transaction, l'un des conjoints, durant la communauté, a fait, pour une certaine somme, le délaissement d'un héritage qu'il possédoit dès avant son mariage, à une personne qui lui en contestoit la propriété, le conjoint est créancier de la communauté, de la reprise de cette somme; car, quoiqu'il soit incertain si cet héritage lui appartenoit, et qu'il soit incertain par conséquent si la somme qu'il a reçue pour faire ce délaissement, est le prix d'un héritage propre de ce conjoint, au moins il est certain que cette somme qu'il a reçue durant la communauté, est le prix de la prétention qu'il avoit à cet héritage. Cette prétention est une espèce de droit qu'il avoit dès avant son mariage, et qui étoit par conséquent propre : la somme qu'il a reçue pour l'abandon de cette prétention, peut donc être regardée comme le prix d'un abandon de son propre qu'il a fait durant la communauté, dont il doit par conséquent avoir la reprise.

§. III. Si la vente d'un office de la maison du roi, dont le mari étoit pourvu avant son mariage, faite pendant le mariage, peut donner lieu au remploi du prix.

602. Cette question a été jugée par un arrêt du 24 septembre 1679, rapporté au second tome du Journal du Palais, pour un office de secrétaire du cabinet du roi, dont étoit pourvu le sieur Lucas dès avant son mariage, et qu'il avoit vendu durant son mariage, pour le prix de cent huit mille livres, avec l'agrément du roi. Lucas ayant demandé la reprise de cette somme au partage de la communauté, elle lui fut contestée par les héritiers de sa femme. Leur moyen étoit que ces offices n'étant, comme nous l'avons vu *suprà*, *n.* 91, que des commissions qui sont sous la main du roi, étant des choses qui ne sont pas *in bonis*, qui ne font pas proprement partie du patrimoine et des biens de l'officier qui en est revêtu, le sieur Lucas ne pouvoit pas prétendre que la somme qu'il avoit reçue du résignataire de son office, fût le prix de son *bien propre*, puisque l'office n'étant pas en tout son bien, ne pouvoit pas être son *bien propre*. Cette somme n'étant pas le prix d'un bien propre, ne peut être considérée que comme

une simple obvention que Lucas tient de la libéralité du roi, qui, pour gratifier Lucas, a bien voulu donner au résignataire l'agrément, sous la condition de payer à Lucas cette somme. Cette obvention étant avenue durant la communauté, est tombée dans la communauté. Lucas répondoit, que quoiqu'un office de la maison du roi, en tant qu'on le considère comme en la main et en la disposition du roi, ne soit pas le bien de l'officier, il le devient par la permission que le roi donne à l'officier de le vendre et d'en disposer. Le sieur Lucas, en vendant son office, a donc vendu son *bien*, et son bien *propre*, puisque c'étoit une chose qu'il avoit avant son mariage : la somme qu'il a reçue pour le prix de son office, est donc le prix d'un bien propre vendu durant la communauté, dont la coutume lui accorde la reprise. L'arrêt a jugé que la reprise étoit due.

§. IV. Cas auquel il y a lieu à la reprise du prix d'héritages aliénés avant que la communauté ait commencé.

603. Supposons que deux futurs conjoints, par leur contrat de mariage, ont stipulé qu'ils seroient communs, conformément à la coutume : l'un d'eux, dans le temps intermédiaire du contrat et de la célébration du mariage, a vendu ses héritages dans la vue d'avantager l'autre conjoint, en faisant entrer dans la communauté, au temps de la célébration, qui est le temps auquel elle commence, tout le mobilier qu'il se trouvoit avoir alors, dans lequel il a converti ses héritages, qui ne seroient pas entrés en la communauté, s'il ne les eût pas vendus. Dans ce cas, quoique les héritages de ce conjoint aient été aliénés avant que la communauté ait commencé, ce conjoint ou ses héritiers doivent avoir la reprise du prix qui en est depuis entré en la communauté lorsqu'elle a commencé. La raison est, que des futurs conjoints peuvent bien se faire tels avantages que bon leur semble par leur contrat de mariage; mais, dans le temps intermédiaire entre le contrat et la célébration, il ne leur est plus permis d'en changer les conditions, et de se faire aucun avantage, ni direct, ni indirect, à l'insçu et sans le gré de leurs parents qui y ont assisté. C'est pour cette raison que les coutumes de Paris, *art.* 258, et d'Orléans, *art.* 223, déclarent nulles toutes les contre-lettres faites à part, et hors la présence des parents qui ont assisté au contrat de mariage.

Voyez l'introduction. Or, la vente que ce conjoint a faite de ses héritages dans un temps intermédiaire entre le contrat et la célébration, est un avantage qu'il a voulu faire dans un temps prohibé à l'autre conjoint, en faisant entrer dans la communauté le mobilier dans lequel il a converti ses héritages, qui ne doivent pas y entrer. On doit donc, pour empêcher cet avantage, lui accorder, et à ses héritiers, la reprise du prix desdits héritages, qui est entré en la communauté. *Voyez suprà, n.* 281.

604. Le conjoint a-t-il pareillement en ce cas le remploi du prix de ses rentes, qui ont été rachetées dans le temps intermédiaire du contrat de mariage et de la célébration? La raison de douter est, que le rachat des rentes étant forcé, il semble qu'on ne peut pas dire que le conjoint, en recevant les deniers du rachat, ait eu intention d'avantager l'autre conjoint. Néanmoins, je pense qu'on doit pareillement lui accorder la reprise, pour obvier aux avantages indirects; autrement le conjoint à qui les rentes sont dues, pourroit trouver le moyen de s'en procurer le rachat, en engageant des tiers à fournir au débiteur les deniers pour le faire.

§. V. Le mari est-il tenu du remploi du prix des héritages vendus par sa femme séparée.

605. Lorsque le mari a autorisé sa femme, pour vendre un héritage propre de la femme, et pour en recevoir le prix, la femme l'ayant vendu, en ayant reçu le prix, et n'en paroissant aucun emploi, c'est une question entre les auteurs, si le mari est tenu en ce cas du remploi du prix envers la femme ou les héritiers de la femme. Pour la négative, on dit que la raison pour laquelle la coutume de Paris a accordé le remploi, ne peut avoir d'application dans ce cas-ci. La raison pour laquelle la coutume a accordé ce remploi, est pour empêcher les avantages indirects, qui ne sont pas permis entre conjoints pendant le mariage. La communauté ayant été enrichie par le prix du propre vendu qui y est entré, l'autre conjoint qui partage la communauté, se trouveroit avantagé aux dépens du conjoint qui a vendu son propre, si on ne lui en accordoit pas le remploi. Or, il est évident que cette raison ne peut recevoir aucune application dans ce cas-ci, auquel il n'y a pas de communauté dans laquelle le prix du propre de la femme ait pu entrer.

Ceux qui tiennent l'opinion contraire, et qui prétendent que le mari doit être tenu du remploi du prix des héritages vendus durant le mariage, par une femme séparée, conviendront volontiers que la raison pour laquelle on accorde le remploi dans le cas d'une communauté, n'a aucune application dans le cas d'une séparation. Mais il y a d'autres raisons très-fortes pour obliger le mari à faire faire un remploi du prix des héritages que sa femme séparée vend durant le mariage, et à le rendre responsable du prix, lorsqu'il n'en a fait faire aucun remploi. Ces raisons sont, que, sans cela, la séparation seroit une voie à un mari pour s'approprier tout le bien de sa femme, par l'abus qu'il pourroit faire de la puissance qu'il a sur sa femme, pour la porter à vendre ses fonds, et à lui en faire passer le prix de la main à la main, sans qu'il en parût rien. Il n'y a pas d'autre moyen de remédier à cet inconvénient, que celui d'obliger le mari à faire l'emploi dont on vient de parler. On ne fait en cela aucun grief au mari, au pouvoir duquel il est, ou de ne pas autoriser sa femme à vendre ses héritages; ou, lorsqu'il l'y autorise, de tenir arrêté, chez le notaire, le prix, jusqu'à ce qu'on ait trouvé à en faire emploi. Lorsque les deniers ne se trouvent plus, sans qu'il en ait été fait emploi, le mari est légitimement suspect de se les être appropriés, et il doit en conséquence en être responsable. Il ne doit pas être écouté à dire que c'est la femme qui a touché les deniers, et qui en a disposé comme bon lui a semblé; car il étoit en son pouvoir de les tenir arrêtés, et de ne pas les lui laisser toucher. Faute de l'avoir fait, il en est responsable, non-seulement comme légitimement suspect de se les être appropriés, mais encore par une autre raison, qui est que la séparation ne donnant à la femme que le droit d'administrer ses biens, et d'en recevoir les revenus, la femme séparée demeure, quant à sa personne, et quant à la disposition de ses fonds, sous la puissance et le gouvernement de son mari : or, c'est une suite de ce gouvernement qu'a le mari, qu'il soit tenu de veiller à la conservation des fonds de sa femme, et à faire un emploi du prix, lorsqu'ils sont aliénés.

Cette opinion est autorisée par deux arrêts des 24 mars 1741, et 30 juillet 1744, rapportés dans le Recueil d'arrêts de la quatrième chambre des Enquêtes; mais il y en a un contraire, du 27 avril 1748, rapporté dans le même Recueil.

Pour les concilier, il faut dire que lorsqu'une femme a vendu un héritage, ou reçu le rachat de quelque rente, depuis sa séparation, le mari qui l'a autorisée, est tenu du remploi du prix, tant envers la femme qu'envers les héritiers de la femme, lorsqu'il est suspect d'en avoir profité; ce qui se présume sur-tout lorsqu'il ne paroît aucun emploi qui en ait été fait. Dans l'espèce des deux arrêts qui ont jugé pour le remploi, le mari étoit suspect d'avoir profité du prix, suivant que le rapporte l'auteur du Recueil, qui avoit été un des juges.

Au contraire, lorsque le mari n'est pas suspect d'avoir profité du prix, la femme qui fait elle-même l'emploi du prix, quelque mauvais qu'ait été cet emploi, n'est pas recevable à le critiquer; et le mari qui n'a pas reçu les deniers, n'est pas tenu du remploi. C'est l'espèce de l'arrêt de 1748, qui a refusé le remploi. L'auteur qui nous le rapporte, nous dit que, dans l'espèce de cet arrêt, la femme avoit toujours été, depuis leur séparation de biens, en mauvaise intelligence avec son mari, et qu'ils s'étoient volontairement séparés d'habitation; que le mari ne pouvoit par conséquent être suspect d'avoir profité du prix : d'ailleurs, la femme convenoit de l'avoir employé elle-même en actions qui étoient devenues à rien.

ARTICLE II.

Des autres créances qu'a chacun des conjoints contre la communauté, lors de la dissolution.

606. Chacun des conjoints est créancier de la communauté, de la reprise, non-seulement de son mobilier réalisé par le contrat de mariage, et du prix de ses propres qui ont été vendus, et dont le prix a été payé durant la communauté, mais pareillement de toutes les choses qui, quoique mobilières, sont provenues de ses propres, sans en être des fruits, et qui leur ont été substituées, et généralement de toutes les choses que nous avons vu *suprà, part.* 1, *chap.* 1, *sect.* 1, *art.* 1, §. 3, devoir être, quoique mobilières, exclues de la communauté, et n'y entrer qu'à la charge de la reprise.

607. On peut aussi établir, pour principe général, que chacun des conjoints est, lors de la dissolution de la communauté, créancier de tout ce dont il a enrichi la communauté à ses dépens, pendant qu'elle a duré.

En voici un exemple. Supposons trois héritages contigus. Celui du haut est un héritage qui m'est propre de communauté; celui du milieu appartient à un voisin; celui du bas est un conquêt de ma communauté. Pendant la communauté, j'ai eu une convention avec le voisin, par laquelle j'ai affranchi son héritage d'un droit de servitude qu'il devoit à mon héritage propre de communauté; en récompense de quoi, le voisin a, de son côté, affranchi l'héritage conquêt de communauté, d'une servitude qu'il devoit à son héritage. Par cette convention, j'ai enrichi la communauté, en méliorant un conquêt de la communauté, par l'affranchissement d'un droit de servitude dont il étoit chargé; et c'est à mes dépens que j'ai procuré cet avantage à la communauté, puisque c'est par la remise que j'ai faite d'un droit de servitude qui appartenoit à mon héritage, en quoi j'ai diminué les droits et le prix de mon héritage propre. Je dois donc, en ce cas, lors de la dissolution de la communauté, être créancier de la communauté, de ce dont je l'ai enrichie par cette convention, c'est-à-dire, de la somme à laquelle on estimera valoir l'affranchissement de la servitude dont le conquêt étoit chargé, néanmoins jusqu'à concurrence seulement de celle à laquelle on estimera le droit de servitude dû à mon héritage, dont j'ai fait remise.

608. Voici une autre espèce. Un de mes parents en ligne collatérale m'a fait un legs. Il est mort pendant ma communauté, et sa succession m'a été déférée pour partie. Quoique la portion que j'eusse pu prétendre dans sa succession, eût été plus considérable que le legs qu'il m'a fait, néanmoins dans la vue, à ce qui paroît, d'avantager ma communauté dans laquelle le legs devoit entrer, et dans laquelle ne seroient pas entrés les immeubles que j'eusse eus pour ma portion héréditaire, j'ai renoncé à la succession, et j'ai choisi le legs. On demande si je dois être censé en ce cas avoir enrichi la communauté à mes dépens, et si je dois en conséquence avoir la reprise des choses léguées que j'ai fait entrer dans la communauté à mes dépens, ayant été obligé de renoncer pour cet effet à la portion que j'avois droit de prétendre dans la succession? Lebrun décide pour l'affirmative. Il se fonde sur ce que, si on n'accordoit pas la reprise dans cette espèce et dans les espèces semblables, ce seroit laisser aux conjoints le pouvoir de se faire, pendant le mariage, des avantages indi-

rects, prohibés par les coutumes. Je pense que l'opinion de Lebrun ne doit pas être suivie dans la pratique. Dans cette espèce et dans les autres espèces semblables, celui des conjoints qui a le choix de deux qualités, *putà*, de celle de légataire ou de celle d'héritier, et qui choisit l'une des deux, ne fait qu'user du droit qu'il a de choisir celle qui lui convient le mieux : ses héritiers ne doivent pas être recevables à soutenir que la qualité de légataire qu'il a choisie, étoit en elle-même moins avantageuse que celle d'héritier, et qu'il ne l'a choisie que dans la vue d'avantager la communauté, et, en avantageant la communauté, d'avantager l'autre conjoint. Ce seroit entrer dans une discussion qui donneroit lieu à des procès qu'on doit toujours éviter dans la pratique. D'ailleurs, quand il seroit bien établi que le legs qu'il a choisi, est de moindre valeur que la portion héréditaire à laquelle il a renoncé, il ne s'ensuivrait pas qu'il eût choisi le legs dans la vue d'avantager sa communauté : il peut avoir eu d'autres vues pour préférer le legs à une portion héréditaire, *putà*, pour ne pas s'exposer à des dettes inconnues qui pourroient survenir, et à des garanties de partage.

ARTICLE III.

Différence entre l'homme et la femme, par rapport à leurs créances contre la communauté.

609. PREMIÈRE DIFFÉRENCE. Le mari n'est créancier de la communauté, que de ce qu'il y a fait entrer. S'il a vendu quelqu'un de ses propres, durant la communauté, et que par sa négligence à poursuivre l'acheteur, qui est devenu insolvable, il n'ait été payé que d'une partie du prix, il n'est créancier de la communauté que de la partie du prix qu'il a reçue durant la communauté. S'il a laissé prescrire de ses rentes propres, faute de faire passer reconnoissance aux débiteurs, il ne peut prétendre aucune indemnité de cette perte contre la communauté. Au contraire, la femme est créancière de la communauté, pour la reprise de ses dettes actives stipulées propres, et pour le prix de ses propres vendus durant la communauté, quoique le mari ne s'en soit pas fait payer, si c'est par sa faute et par sa négligence qu'il ne l'a pas été. La raison est, que le mari étant, durant le mariage, administrateur des biens propres de sa femme, il

est, en cette qualité, tenu envers elle de la négligence qu'il a commise dans le recouvrement qu'il étoit obligé d'en faire, et il charge sa communauté de cette dette qu'il contracte envers sa femme.

Par la même raison, s'il a laissé perdre, soit par la prescription, soit en manquant de s'opposer à un décret, quelques rentes ou autres droits propres de la femme, il est tenu envers elle des dommages et intérêts qu'elle souffre de cette perte ; et, comme c'est durant la communauté qu'il contracte cette dette, il en charge sa communauté, et la femme est par conséquent créancière de la communauté, pour raison desdits dommages et intérêts.

610. SECONDE DIFFÉRENCE. Le mari ne peut, pour les créances qu'il a contre la communauté, se venger que sur ce qui reste des biens de la communauté, après que la femme a prélevé sur lesdits biens ce qui lui est dû par la communauté. La femme, quoiqu'elle ait accepté la communauté, n'est tenue de sa part de ce qui est dû à son mari par la communauté, de même que de toutes les autres dettes de la communauté, que jusqu'à concurrence de ce qu'elle amende de la communauté. Au contraire, la femme, pour les créances qu'elle a contre la communauté, à défaut des biens de la communauté, a droit de se venger sur les biens propres de son mari, et elle a hypothèque sur lesdits biens, du jour de son contrat de mariage ; ou, s'il n'y en a pas eu, du jour de la célébration du mariage.

611. L'hypothèque du jour du contrat de mariage ne souffre pas de difficulté à l'égard de la reprise des deniers réalisés, ni à l'égard de la reprise des propres de la femme aliénés durant le mariage, lorsque l'aliénation a été nécessaire : mais, lorsque l'aliénation a été volontaire, l'hypothèque qu'on fait remonter en ce cas au jour du contrat de mariage, souffre les mêmes difficultés que celle qui est accordée à la femme pour son indemnité des dettes de la communauté, auxquelles elle s'est obligée. Nous les discuterons *infrà, part.* 5, et nous y renvoyons

La jurisprudence a passé par-dessus ces difficultés ; et il n'est pas douteux aujourd'hui que la femme a hypothèque du jour de son contrat de mariage, pour la reprise de ses propres aliénés, soit que l'aliénation ait été nécessaire, soit qu'elle ait été volontaire.

SECTION II.

Des différentes dettes dont chacun des conjoints peut être tenu envers la communauté lors de la dissolution.

612. Les dettes dont chacun des conjoints ou ses héritiers peuvent se trouver débiteurs envers la communauté lors de sa dissolution, sont :

1° Ce qui reste dû de la somme que le conjoint a promis d'apporter à la communauté. *Voyez*, sur cette espèce de dette, ce que nous avons dit *suprà*, *part.* 1, *chap.* 3, *art.* 2.

2° Les récompenses qui peuvent être dues par chacun des conjoints à la communauté, pour ce qu'il en a tiré pendant la communauté, pour ses affaires particulières.

Nous établirons, dans un premier article, des principes généraux sur ces récompenses. Nous en parcourrons les différents cas dans les articles suivants.

ARTICLE PREMIER.

Principes généraux sur les récompenses dues à la communauté.

613. PREMIER PRINCIPE. Toutes les fois que l'un ou l'autre des conjoints s'est enrichi aux dépens de la communauté, il lui en doit récompense.

SECOND PRINCIPE. La récompense n'est pas toujours de ce qu'il en a coûté à la communauté pour l'affaire particulière de l'un des conjoints; elle n'est due que jusqu'à concurrence de ce qu'il a profité.

TROISIÈME PRINCIPE. La récompense n'excède pas ce qu'il en a coûté à la communauté, quelque grand qu'ait été le profit que le conjoint a retiré.

Nous aurons occasion de faire l'application de ces principes, en parcourant les différents cas de ces récompenses.

ARTICLE II.

De la récompense due à la communauté, pour l'acquittement des dettes propres de l'un des conjoints.

614. Lorsque l'un des conjoints a, durant la communauté, acquitté, des deniers de la communauté, une dette qui lui étoit propre, il en doit récompense à la communauté.

Cette récompense est fondée sur le premier principe, qu'un

conjoint doit récompense toutes les fois qu'il s'enrichit aux dépens de la communauté ; car ce conjoint s'enrichit en acquittant sa dette propre, et il s'enrichit aux dépens de la communauté, qui lui a fourni les deniers pour l'acquitter.

615. Lorsque cette dette étoit la dette d'une somme d'argent dont il étoit seul tenu, en vertu d'une convention de séparation de dettes, il doit récompense de la somme qu'il a payée : mais, lorsque la dette qu'il a acquittée des deniers de la communauté, étoit une rente dont il étoit débiteur, la communauté ne peut pas lui demander précisément la somme qu'il en a tirée pour la racheter ; il n'est débiteur envers la communauté, que de la continuation d'une rente telle que celle dont il s'est acquitté envers son créancier.

Cela est conforme à notre second principe sur la matière des récompenses, qui est que la récompense n'est due que de ce que le conjoint a profité aux dépens de la communauté. Le conjoint, dans cette espèce, n'ayant été libéré aux dépens de la communauté, que d'une rente, ne doit donc, suivant ce principe, être débiteur envers la communauté, que de la continuation d'une pareille rente.

C'est la disposition des articles 244 et 245 de la coutume de Paris : « Quand aucune rente due par l'un des conjoints » par mariage, ou sur ses héritages paravant leur mariage, » est rachetée par lesdits deux conjoints, ou l'un d'eux, cons- » tant ledit mariage, tel rachat est réputé conquêt ; *art.* 244.

» Et est tenu l'héritier (du conjoint débiteur de la rente) ou » détenteur de l'héritage sujet à la rente, continuer la moitié » de ladite rente (à l'autre conjoint), et payer les arrérages » du jour du décès, jusqu'à l'entier rachat ; » *art.* 245.

L'article suppose le cas de l'acceptation de la communauté : en ce cas l'héritier du conjoint, débiteur de la rente, étant propriétaire pour moitié des biens de la communauté, confond sur lui la moitié de cette rente dont il est débiteur envers la communauté, et il n'est tenu de la continuer à l'autre conjoint, que pour la moitié qu'a l'autre conjoint dans les biens de la communauté.

Mais si l'héritier de la femme débitrice de la rente, renonçoit à la communauté ; n'ayant rien dans les biens de la communauté, au moyen de cette renonciation, et le mari en demeurant seul propriétaire, il seroit tenu de continuer la rente pour le total au mari.

Si c'étoit une rente due par le mari, qui eût été rachetée des deniers de la communauté, il n'y auroit lieu à la disposition de ces articles, que dans le cas d'acceptation de la communauté par la femme ou ses héritiers : en cas de renonciation, il se feroit une entière confusion et extinction de la rente.

616. Il y a deux opinions sur l'interprétation de ces termes de l'article 244, *tel rachat est réputé conquêt*.

La première est de ceux qui les interprètent en ce sens, *tel rachat*, c'est-à-dire, la rente, ainsi rachetée des deniers de la communauté, est censée la même rente en nature, qui n'a fait que changer de créancier, et est devenue un conquêt de la communauté, pour le compte de laquelle elle est censée avoir été acquise du créancier à qui elle étoit due. Lebrun, *liv.* 5, *chap.* 2, *sect.* 1, *dist.* 5, suit cette opinion, et il tire argument de ces termes de l'article 245 : *Et est tenu l'héritier....... continuer la moitié de ladite rente.*

Ces termes, *de ladite rente*, disent assez formellement que c'est de la même rente qui a été rachetée des deniers de la communauté, que le conjoint qui l'a rachetée, continue d'être débiteur envers la communauté, à la place de celui qui en étoit le créancier. Si la coutume eût entendu que le conjoint qui a racheté des deniers de la communauté la rente qu'il devoit avant son mariage, fût tenu de continuer, non pas précisément la même rente, mais une rente qu'il seroit censé avoir constituée envers la communauté, pour le prix de la somme qu'il en a tirée pour faire le rachat de la rente, la coutume n'auroit pas dit qu'il est tenu de continuer la moitié *de ladite rente* à l'autre conjoint; mais elle auroit dit qu'il est tenu de lui continuer la moitié *de pareille rente*.

On peut encore tirer argument, pour cette opinion, de ce qui est dit en l'article 245 : *Et est tenu l'héritier* ou *détenteur de l'héritage sujet à la rente, continuer, etc.* La coutume, en décidant par cet article, que lorsque la rente que le conjoint a rachetée des deniers de la communauté, étoit une rente foncière dont son héritage propre étoit chargé, c'est le détenteur de cet héritage, celui qui succède à cet héritage, qui en est le principal débiteur, et qui la doit continuer; elle décide manifestement que c'est la même rente foncière qui subsiste au profit de la communauté : car si la rente dont la continuation est due, étoit une nouvelle rente que le conjoint fût censé avoir constituée à la communauté, pour le prix des deniers qu'elle lui a fournis pour le rachat, ce seroit une rente personnelle, qui seroit due par tous les héritiers de ce conjoint, et non pas précisément par le détenteur de l'héritage qui étoit chargé de celle qui a été rachetée.

617. La seconde opinion est de ceux qui pensent que la rente dont le conjoint devient débiteur envers la communauté, n'est pas la même rente en nature, qu'il a rachetée des deniers de la communauté, mais une nouvelle rente que ce conjoint est censé, *potestate juris*, avoir constituée au profit de la communauté, pour le prix de la somme qu'il en a tirée, afin de racheter et d'éteindre l'ancienne; laquelle constitution est faite avec subrogation aux priviléges et hypothèques de l'ancienne. Ils interprètent en conséquence ces termes, *tel rachat est réputé conquêt*, en ce sens, *tel rachat est réputé* renfermer *un conquêt*, c'est-à-dire, une acquisition faite au profit de la communauté, d'une pareille rente, contre le conjoint qui a racheté des deniers de la communauté, celle dont il étoit débiteur.

Pour cette seconde opinion, on dit que la principale intention du conjoint qui, durant la communauté, rachète des deniers de la communauté une rente dont il est débiteur, est d'éteindre la rente, et non de l'acquérir au profit et pour le compte de la communauté. Pareillement l'intention du créancier à qui est fait le rachat, n'est autre que de recevoir ce rachat, et non de la vendre. Ce n'est donc plus la même rente qui subsiste, puisqu'elle a été éteinte par le consentement mutuel du débiteur qui l'a rachetée, et du créancier qui en a reçu le rachat; c'est une nouvelle rente que le conjoint, qui étoit débiteur de l'ancienne, constitue au profit de la communauté, pour le prix des deniers qu'elle a fournis pour racheter l'ancienne, laquelle nouvelle rente est semblable à celle qui seroit constituée à un tiers qui fourniroit les deniers.

618. On réplique, en faveur de la première opinion, qu'en accordant que, dans la vérité, la rente a été éteinte, la loi a pu, par une fiction de droit, la faire revivre, et la faire regarder encore subsistante au profit de la communauté; et c'est ce que la coutume de Paris a voulu faire, suivant qu'il paroît par les termes dont elle s'est servie, comme on l'a fait voir ci-dessus.

Quoique la seconde opinion présente quelque chose de plausible, il faut convenir que la première paroît plus conforme à la lettre du texte.

619. Du choix que l'on fera de l'une ou de l'autre de ces deux opinions, dépend la décision des différentes questions qu'on fait sur cette matière.

L'un des conjoints devoit, avant son mariage, une rente au denier dix-huit, ce taux étant celui qui étoit le taux légitime lorsqu'elle a été constituée : il l'a rachetée aujourd'hui des deniers de la communauté. La rente continuera-t-elle, au profit de la communauté, sur le pied du denier dix-huit ? ou ne continuera-t-elle que sur le pied du denier vingt-cinq, qui est le taux auquel le rachat a été fait des deniers de la communauté ? Si, suivant la première opinion, la rente que le conjoint doit continuer à la communauté, est précisément la même rente qui a été rachetée des deniers de la communauté, il faut dire qu'elle continue au même taux du denier dix-huit. Lebrun cite, d'après Ricard, un arrêt du 7 septembre 1662, qui a jugé, conformément à cette opinion, que la rente continuoit au taux de sa constitution, quoique le taux fût plus foible au temps du rachat. Au contraire, suivant la seconde opinion, on doit décider que la rente étant une nouvelle rente, qui est censée constituée au profit de la communauté, pour le prix des deniers qu'elle a fournis pour le rachat de l'ancienne, elle n'est due qu'au denier vingt-cinq, qui est celui qui étoit le taux légitime lorsque la communauté a fourni la somme de deniers pour laquelle la rente est censée avoir été constituée.

620. Dans le cas inverse, lorsque la rente due par l'un des conjoints au denier cinquante, avant son mariage, a été rachetée des deniers de la communauté, la rente continuera-t-elle au taux du denier cinquante, ou au taux du denier vingt-cinq, qui étoit le taux des rentes au temps du rachat ? Il faut décider, dans l'une et dans l'autre opinion, que la rente continuera au denier cinquante. Cela est conforme à notre second principe sur la matière des récompenses, qui est que la récompense n'est due que jusqu'à concurrence de ce que le conjoint a profité aux dépens de la communauté. Le conjoint n'ayant donc profité que de la libération d'une rente au denier cinquante, il ne la doit continuer qu'au denier cinquante.

621. Lorsque l'un des conjoints a racheté, des deniers de la communauté, une rente foncière due sur un héritage propre, l'autre conjoint a-t-il, pour la moitié qui lui en doit être continuée, les mêmes droits et prérogatives qui sont propres aux seigneurs de rente foncière ? Suivant la première opinion, il faut dire qu'il les a; dans la seconde, il faut décider le contraire. La rente qui continue pour moitié envers l'autre conjoint, n'étant, suivant cette opinion, qu'une rente constituée à prix d'argent envers la communauté, pour la somme qu'elle a fournie, afin de racheter l'ancienne, le conjoint à qui on la continue, n'est point un créancier de rente foncière, et ne peut avoir par conséquent les droits de gage, de suite, de préférence sur les fruits de l'héritage qui étoit sujet à la rente foncière qui a été rachetée, ni sur les meubles servant à son exploitation; ces droits étant des droits qui n'appartiennent qu'aux seigneurs de rentes foncières.

La rente foncière due sur l'héritage propre de l'un des conjoints, qui a été rachetée des deniers de la communauté, étant une rente dont il pouvoit se libérer par le déguerpissement de l'héritage qui y étoit sujet, ce conjoint pourra-t-il pareillement, par ce déguerpissement, se libérer de celle dont il est devenu débiteur à la place envers la communauté ? Il n'est pas douteux qu'il le peut, suivant la première opinion, puisque, dans cette opinion, c'est précisément la même rente qui est censée continuer. Ne pourroit-on pas même, dans la seconde opinion, tenter de dire qu'il le peut, en faisant usage du second principe sur la matière des récompenses, et en disant que, suivant ce second principe, le conjoint ne doit pas être tenu envers la communauté, à plus qu'il n'a profité ? Ainsi, puisqu'il a été libéré d'une rente dont il avoit la faculté de se décharger par le déguerpissement de l'héritage, il devoit avoir la même faculté à l'égard de celle qu'il continuoit en sa place à la communauté. Néanmoins, je pense que, suivant la seconde, il ne peut y avoir lieu, en ce cas, au déguerpissement. La faculté du déguerpissement venoit de la nature de la rente qui a été rachetée, et de ce qu'elle étoit due par l'héritage plutôt que par la personne. Au contraire, celle dont le conjoint est débiteur en sa place envers la communauté, est, suivant la seconde opinion, une rente due par la personne du conjoint, contre la nature de laquelle il est que le conjoint qui en est le débiteur personnel, puisse s'en décharger par le déguerpissement d'un héritage qui n'y est qu'hypothéqué. Au reste, si le conjoint n'a pas, à l'égard de la nouvelle rente, la faculté du déguerpissement, il a à la place la faculté de la racheter à toujours, par le remboursement de la somme tirée de la communauté, pour laquelle il est censé l'avoir constituée.

622. Lorsque la rente que l'un des conjoints a rachetée des deniers la communauté, étoit une rente foncière dont son héritage propre étoit chargé, au rachat de laquelle le créancier a bien voulu consentir, quoique de sa nature elle ne fût pas rachetable, le conjoint qui l'a rachetée, et qui la doit continuer à l'autre conjoint, pour la part que l'autre conjoint a dans la communauté, a-t-il la faculté de la racheter, en rendant à l'autre conjoint, pour sadite part, la somme tirée de la communauté, pour le rachat? Cela n'est pas douteux dans la seconde opinion; mais même, en suivant la première, je pense qu'on doit décider qu'il a cette faculté. La coutume la lui accorde assez clairement, aussi bien qu'à ses successeurs, puisqu'elle dit en l'article 245, que *le détenteur de l'héritage sujet à rente* (ce qui ne peut s'entendre que d'une rente foncière), est tenu la continuer *jusqu'à l'entier rachat*. La coutume accorde donc, en ce cas, la faculté du rachat.

Cette faculté sera-t-elle sujette à s'éteindre par la prescription de trente ans? Je ne le crois pas. Il n'y a que les droits et les facultés qui naissent des conventions, qui soient sujettes à cette prescription. Le conjoint et ses successeurs tenant de la coutume la faculté de racheter la rente, cette faculté est imprescriptible, comme l'est la faculté que la loi accorde de racheter les rentes créées sur les maisons des villes.

623. L'un des conjoints, durant la communauté, a racheté, des deniers de ladite communauté, une rente foncière dont étoit chargé un héritage de son ancien patrimoine : si ce conjoint laisse en mourant différents héritiers, les uns aux meubles et acquêts, les autres aux propres, qui sont ceux qui sont tenus de la continuation de la rente envers l'autre conjoint? Sont-ce tous ses héritiers? ou est-ce seulement l'héritier aux propres, qui a succédé à l'héritage qui étoit chargé de la rente?

Suivant la seconde opinion, il faudroit dire que la rente

qui doit être continuée à l'autre conjoint, pour la part qu'il a dans la communauté, étant une nouvelle rente que le conjoint qui a racheté des deniers de la communauté la rente foncière dont son héritage étoit chargé, a constituée à la place à la communauté, et dont il s'est rendu débiteur personnel envers elle, tous ses héritiers, qui succèdent tous à ses obligations personnelles, en devroient être tenus chacun pour la part dont il est héritier. Néanmoins, la coutume décide en l'article 245, que c'est *le détenteur de l'héritage sujet à la rente*, qui la doit continuer ; ce qui, comme nous l'avons remarqué, paroît décisif pour la première opinion.

624. La continuation qui doit être faite à la communauté, de la rente due par l'un des conjoints, rachetée des deniers de la communauté, empêche-t-elle, suivant la première opinion, l'extinction des hypothèques que les créanciers de celui à qui la rente appartenoit, et à qui le conjoint l'a rachetée, avoient sur cette rente ? La raison de douter est que, suivant cette première opinion, la rente qui continue au profit de la communauté, est censée être précisément la même que celle rachetée des deniers de la communauté, et n'avoir fait que changer de créancier, par le rachat, de même que si celui à qui elle appartenoit en eût fait un transport. Mais si c'est la même rente qui subsiste, si par le rachat elle n'a point été éteinte, les hypothèques qui y sont attachées n'ont pas non plus été éteintes. Néanmoins, il faut décider, même dans cette première opinion, que les hypothèques ont été éteintes par le rachat. La raison est, que ce n'est que par fiction que la rente qui est continuée au profit de la communauté, est censée être la même qui a été rachetée des deniers de la communauté : dans la vérité, la rente qui a été rachetée des deniers de la communauté, a été éteinte par le rachat : le conjoint qui l'a rachetée, et le créancier à qui elle a été rachetée, ayant eu l'un et l'autre l'intention de l'éteindre, l'extinction de cette rente a entraîné celle des hypothèques qui y étoient attachées. Si, par une fiction introduite en faveur de l'autre conjoint, cette rente, rachetée des deniers de la communauté, est toujours continuée et regardée comme subsistante, ce n'est qu'à son égard qu'on doit la considérer ainsi, les fictions ne devant avoir d'effet qu'à l'égard des personnes en faveur de qui elles sont faites. Cette fiction ne doit donc avoir aucun effet à l'égard des créan-

ciers hypothécaires, n'ayant pas été faite pour eux ; et elle ne doit pas empêcher l'extinction de leurs hypothèques, qui s'est faite par le rachat de la rente.

625. Tout ce qui a été dit jusqu'à présent sur la première opinion, et sur toutes les conséquences qui en ont été tirées, étant fondé sur la lettre du texte des articles 244 et 245 de la coutume de Paris, n'a d'application qu'à cette coutume. Dans les autres coutumes, la seconde opinion ne souffre pas de difficulté. Lorsque l'un des conjoints a racheté, des deniers de la communauté, une rente qu'il devoit seul, celle qu'il doit continuer à la place à l'autre conjoint, pour la part qu'a l'autre conjoint dans la communauté, est regardée comme une nouvelle rente qu'il a constituée envers la communauté, pour le prix qu'il en a tiré pour le rachat. Lebrun en convient au lieu cité ci-dessus.

626. Lorsque la rente due par l'un des conjoints, qui a été rachetée des deniers de la communauté, durant la communauté, étoit une rente viagère ; si la personne sur la tête de qui étoit créée cette rente, est morte durant la communauté, il est évident qu'il n'est dû en ce cas aucune récompense à la communauté, par le conjoint qui en étoit le débiteur ; car la communauté étant tenue d'acquitter les arrérages des rentes, tant viagères que perpétuelles, dus par chacun des conjoints, courus pendant tout le temps qu'elle dure ; et, dans cette espèce, la personne sur la tête de qui la rente viagère a été constituée, étant morte durant la communauté, c'est la communauté seule qui a profité du rachat qui a été fait de cette rente, puisqu'elle auroit été chargée de tous les arrérages qui auroient couru de cette rente, jusqu'à son extinction, si elle n'eût pas été rachetée.

Si la dissolution de communauté est arrivée du vivant de la personne sur la tête de qui la rente est constituée, le conjoint qui en étoit le débiteur, profite en ce cas, aux dépens de la communauté, du rachat qui en a été fait des deniers de la communauté, de la libération de cette rente, qu'il eût été obligé d'acquitter depuis la dissolution de la communauté, jusqu'à la mort de cette personne, si la rente n'eût pas été rachetée. Il doit donc récompense à la communauté ; et cette récompense doit consister dans la continuation qu'il doit faire de cette rente à l'autre conjoint, pour la part qu'a l'autre conjoint dans les biens de la communauté, pendant

le temps qu'eût duré cette rente, si elle n'eût pas été rachetée ; c'est-à-dire, pendant le temps de la vie de la personne
sur la tête de qui elle étoit constituée; si mieux n'aime le
conjoint qui étoit débiteur de la rente, rembourser à l'autre
conjoint, pour la part qu'il a dans la communauté, la somme
tirée de la communauté, pour le rachat, sous la déduction de
ce que la communauté a profité elle-même du rachat, c'est-
à-dire, de ce dont les arrérages de la rente viagère eussent
excédé les intérêts de la somme pour laquelle elle a été rachetée, pendant tout le temps couru depuis le rachat de la
rente, jusqu'à la dissolution de la communauté.

ARTICLE III.

Des récompenses dues à la communauté, par rapport aux sommes qui
en ont été tirées pour les héritages propres de l'un des conjoints.

627. Chacun des conjoints doit récompense à la communauté, de ce qu'il en a tiré pour ses héritages propres.

1° Lorsque l'un des conjoints, durant la communauté, aux
dépens de la communauté, est devenu propriétaire d'un héritage qui lui est propre, il doit récompense à la communauté, de ce qu'il en a tiré pour le devenir.

Premier exemple. Lorsque l'un des conjoints a exercé, durant la communauté, le retrait lignager d'un héritage de sa famille, cet héritage lui est propre, comme nous l'avons vu
suprà, n. 166. Ce conjoint doit récompense à la communauté,
de la somme qu'il en a tirée pour exercer le retrait ; ce qui
comprend tout ce qu'il a payé, des deniers de la communauté,
à l'acquéreur sur qui il a exercé le retrait, pour le rembourser du prix de l'acquisition, et des loyaux coûts et mises.

Second exemple. Si le père de l'un des conjoints, qui avoit
promis à l'un des conjoints, en le mariant, une certaine
somme en dot, lui a donné à la place un héritage durant la
communauté, cet héritage lui est propre. Mais, comme il en
devient propriétaire aux dépens de la communauté, dans laquelle étoit entrée la créance de la somme promise en dot,
il doit à la communauté récompense de la somme promise
en dot.

Il en seroit autrement, si le père avoit promis en dot à ce
conjoint, en le mariant, cette somme, ou l'héritage, sous
une alternative, soit qu'il s'en fût réservé le choix, soit qu'il

l'eût laissé au conjoint. Le choix ayant été fait de l'héritage
durant la communauté, cet héritage est propre, sans que le
conjoint doive pour cela aucune récompense à la communauté; car la qualité de la créance de la dot étoit en suspens,
et dépendoit du choix qui seroit fait. Le choix ayant été fait
de l'héritage, la créance de la dot est censée avoir été toujours
immobilière (suivant les principes établis en notre Traité des
obligations, *n.* 254), et n'avoir par conséquent jamais appartenu à la communauté.

TROISIÈME EXEMPLE. On a donné, durant la communauté,
à l'un des conjoints, un héritage, à la charge de payer une
certaine somme à un tiers. Si le donateur étoit le père, ou la
mère, ou un autre parent de la ligne directe ascendante du
conjoint; ou, sans cela, si la donation a été faite expressément
pour lui être propre, l'héritage est un propre de ce conjoint;
mais il doit récompense à la communauté, de la somme qu'il
en a tirée, pour en acquitter la charge sous laquelle la donation lui a été faite.

Si la donation avoit été faite, à la charge de payer une rente
à un tiers, le conjoint ne devroit aucune récompense à la
communauté, de tous les arrérages qui en ont couru pendant
qu'elle a duré; car les arrérages des rentes dues par les conjoints, sont des charges de leurs revenus, qui les diminuent
de plein droit, et par conséquent sont à la charge de la communauté à qui appartiennent lesdits revenus.

QUATRIÈME EXEMPLE. L'un des conjoints est devenu, durant
la communauté, propriétaire d'un héritage, en vertu d'un
droit qu'il avoit dès avant son mariage, *putà,* en vertu d'un
droit de retrait conventionnel ouvert à son profit dès avant
son mariage. Cet héritage lui est propre; mais il doit récompense à la communauté, des sommes qu'il en a tirées, pour
en devenir propriétaire.

628. 2° Par la même raison, lorsqu'un des conjoints rentre, durant la communauté, dans un héritage que lui ou ses
auteurs avoient aliéné avant le mariage, il doit récompense
à la communauté, des sommes qu'il a tirées, pour y rentrer;
comme lorsqu'il est rentré dans un héritage sur une action
de réméré, ou sur une action rescisoire, il doit récompense
à la communauté, des sommes qu'il en a tirées, pour rembourser ceux sur qui il a exercé ces actions.

Il y a pareillement lieu à la récompense dans l'espèce suivante. L'un des conjoints a vendu, avant son mariage, un héritage, sans en recevoir le prix : il s'est marié ensuite, et a contracté, en se mariant, une communauté à l'ordinaire, dans laquelle est entrée sa créance pour le prix de son héritage, ainsi que le reste de son mobilier. Depuis, durant la communauté, il est rentré dans cet héritage par une convention qu'il a eue avec l'acheteur, à qui il a fait remise du prix qui en étoit dû : il doit récompense à la communauté, du prix dont il a fait remise à l'acheteur, pour rentrer dans l'héritage; autrement il profiteroit de cet héritage qui lui est propre, aux dépens de la communauté, a qui appartenoit la créance du prix dont il a fait remise, pour rentrer dans ledit héritage.

629. 3° Lorsque, par un partage d'immeubles, fait durant la communauté, par l'un des conjoints avec ses cohéritiers, ou avec ses copropriétaires d'héritages qu'il avoit en communauté avec eux dès avant son mariage, le lot échu audit conjoint a été chargé d'un retour qu'il a acquitté des deniers de la communauté, il doit récompense à la communauté, de la somme qu'il en a tirée pour acquitter ce retour.

Par la même raison, si, au lieu de partager les immeubles avec sesdits cohéritiers ou copropriétaires, il s'est rendu adjudicataire par licitation, les héritages dont il s'est rendu adjudicataire lui étant propres pour le total, comme nous l'avons vu *suprà*, n. 145, il doit récompense à la communauté, des sommes qu'il en a tirées, pour payer à ses colicitants leurs parts dans le prix de la licitation.

630. Par la même raison, si l'un des conjoints, au partage de la succession de ses père et mère, qui s'est fait depuis son mariage, a fait un rapport effectif d'une certaine somme d'argent qui lui avoit été donnée avant son mariage, et n'a eu par le partage, dans son lot, que des immeubles, il doit à la communauté récompense de cette somme qu'il en a tirée pour faire ce rapport.

S'il étoit échu dans son lot du mobilier, il ne devroit récompense à la communauté, de la somme qu'il en a tirée, que sous la déduction de ce mobilier qui y est entré à la place.

Si la somme dont le conjoint a fait le rapport, lui avoit été donnée durant la communauté; n'ayant pu, en ce cas, la faire entrer dans la communauté que sous la même charge du rapport sous laquelle il l'avoit reçue, la communauté, en ce cas, est tenue du rapport, et il n'y a lieu à aucune récompense.

631. Si l'un des conjoints, par le partage qu'il a fait durant la communauté, avec son cohéritier, des biens d'une succession qui étoit composée de meubles et d'immeubles, a eu dans son lot plus d'immeubles à proportion que de meubles, doit-il récompense à la communauté, de ce qu'il a eu de moins en meubles, pour avoir plus d'immeubles ?

Par exemple, si la masse des immeubles étoit de 20,000 l., et la masse mobilière de 10,000 livres, et que le conjoint ait eu, pour son lot de partage dans cette succession, 12,000 l. en immeubles, et 3,000 livres seulement en meubles, devra-t-il récompense de la somme de 2,000 livres à la communauté ? Pour l'affirmative, on dira que la part du conjoint, dans la masse immobilière, ne montant, avant le partage, qu'à 10,000 livres, et sa part dans le mobilier montant, avant le partage, à 5,000 livres, ce conjoint profite, par le partage, de 2,000 livres en immeubles, aux dépens de sa part dans la masse mobilière, dans laquelle il a pareille somme de 2,000 livres de moins, et par conséquent aux dépens de sa communauté, dans laquelle devoit entrer sa part dans le mobilier. Néanmoins, il faut décider qu'il n'est dû, dans ce cas, aucune récompense à la communauté.

La raison est, qu'un conjoint ne doit récompense à la communauté, que de ce qu'il en a tiré pour ses affaires particulières. Or, dans cette espèce, il ne peut être censé en avoir rien tiré ; car les partages ayant, dans notre jurisprudence, un effet rétroactif et déclaratif, le conjoint est censé n'avoir succédé au défunt, à d'autres choses qu'à celles qui lui sont échues dans son lot, auxquelles le partage est censé avoir déterminé sa part dans la succession, qui étoit auparavant indéterminée. Il n'a donc fait entrer dans sa communauté que les 3,000 livres de mobilier échus dans son lot : la communauté est censée n'en avoir jamais eu davantage. Il n'a donc point ce qu'il a d'immeubles aux dépens de la communauté, et il ne lui doit aucune récompense.

632. 4° Ce que l'un des conjoints a tiré des biens de sa communauté, pour se conserver son héritage propre, étant donné pour raison de son héritage, il en doit pareillement récompense à la communauté. On peut apporter pour exemple le cas auquel l'un des conjoints a acheté, avant son mariage, un héritage sur lequel le vendeur avoit contre lui une action rescisoire pour cause de lésion d'outre moitié du juste

prix. Si ce conjoint, durant la communauté, a payé, des deniers de la communauté, au vendeur, une certaine somme pour le supplément du juste prix, le conjoint ayant tiré cette somme de sa communauté, pour se conserver son héritage propre, il en doit récompense à la communauté.

On peut apporter, pour second exemple, le cas auquel l'un des conjoints, poursuivi, durant la communauté, en action hypothécaire, par un créancier qui avoit une hypothèque sur l'héritage propre dudit conjoint, auroit acquitté, des deniers de la communauté, les causes de l'hypothèque, pour éviter le délai de son héritage propre.

Enfin, on peut apporter, pour troisième exemple, le cas auquel l'un des conjoints, durant la communauté, par une transaction sur une action, de quelque espèce qu'elle fût donnée contre lui, pour lui faire délaisser son héritage propre, auroit donné, des deniers de la communauté, une somme au demandeur, pour le faire désister de sa demande : le conjoint ayant tiré cette somme de la communauté, pour raison de son héritage propre, et pour se le conserver, il en doit récompense à la communauté.

633. 5° Un conjoint est aussi censé avoir tiré de la communauté, pour son héritage propre, ce qu'il en a tiré pour les impenses qu'il y a faites, et pour en racheter les charges. C'est ce qui va faire la matière de l'article suivant.

ARTICLE IV.

De la récompense due à la communauté, pour raison des impenses et méliorations faites sur les héritages propres de chacun des conjoints.

634. Il n'est pas question ici des impenses de simple entretien : l'entretien des héritages propres de chacun des conjoints, étant une des charges de la communauté, comme nous l'avons vu *suprà*, *n.* 271 *et suivants*, c'est une conséquence que celles qui ont été faites sur lesdits héritages, durant la communauté, ne peuvent donner lieu à aucune récompense.

Nous avons, à l'endroit cité, donné des règles pour distinguer quelles sont les impenses qui sont de simple entretien, et dont la communauté est en conséquence chargée, et quelles sont celles qui ne sont pas impenses d'entretien : nous y renvoyons.

C'est de ces impenses qui ne sont pas impenses d'entretien, et qui ont été faites durant la communauté, des deniers de la communauté, sur l'héritage propre de l'un des conjoints, qu'il est ici question. Ce sont celles qui donnent lieu à une récompense qui est due à la communauté par le conjoint propriétaire de l'héritage sur lequel elles ont été faites.

Cette récompense est fondée sur le principe que nous avons établi, qu'un conjoint ne peut, durant le mariage, s'avantager, ni avantager l'autre conjoint, aux dépens de la communauté.

635. Il faut, par rapport à cette récompense, distinguer trois espèces d'impenses ; les nécessaires, les utiles, et celles qui sont purement voluptuaires.

Les impenses nécessaires sont celles qu'il est indispensables de faire : *Necessariæ* (*impensæ*) *dicuntur quæ habent necessitatem impendendi ;* l. 1, §. 1, *de imp. in res dot.* Telles sont la réfection à neuf d'un gros mur de la maison propre de l'un des conjoints ; la réfection entière de la couverture, dont la charpente ne vaut plus rien, etc.

Le conjoint propriétaire de l'héritage sur lequel l'impense nécessaire a été faite, doit toujours récompense à la communauté, de la somme qu'elle a coûtée à la communauté, quand même la chose pour laquelle l'impense a été faite, ne subsisteroit plus, la maison sur laquelle elle a été faite ayant été incendiée par le feu du ciel. La raison est, que l'impense étant supposée nécessaire et indispensable ; si elle n'eût été faite des deniers de la communauté, le conjoint propriétaire de l'héritage eût été obligé de la faire de ses propres deniers, ou de ceux qu'il auroit empruntés d'un tiers : c'est pourquoi, quoique l'impense ne subsiste plus, il profite toujours de toute la somme qu'il a tirée de la communauté, en ce qu'elle lui a épargné de tirer une pareille somme de son propre fonds, ou de l'emprunter d'un tiers : *Hactenùs locupletior est, quatenùs propriæ pecuniæ pepercit.*

La somme due pour cette espèce de récompense, peut se justifier par les quittances des marchands et ouvriers, lorsqu'elles se trouvent parmi les papiers de la communauté, ou par un journal sur lequel scroit inscrite la dépense. A défaut de ces titres, il faut avoir recours à l'estimation par experts,

qui doivent estimer ce qu'il en a pu coûter à la communauté,
pour ces sortes d'impenses.

636. Les impenses utiles sont celles qu'on pouvoit se passer de faire, mais qui augmentent le prix de l'héritage sur
lequel elles ont été faites.

Il y a une grande différence entre la récompense qui est
due pour ces impenses, lorsqu'elles ont été faites sur l'héritage propre de l'un des conjoints durant la communauté, et
des deniers de la communauté, et celle qui est due pour les
impenses nécessaires. La récompense de celle-ci est due,
comme nous l'avons dit, de tout ce qu'il en a coûté à la
communauté, soit que la chose pour laquelle elle a été faite
subsiste, soit qu'elle ait cessé de subsister. Au contraire, la
récompense pour les impenses utiles n'est due qu'autant et
jusqu'à concurrence de ce que l'héritage propre de l'un des
conjoints, sur lequel elles ont été faites, se trouve en être
plus précieux au temps de la dissolution de la communauté,
suivant l'estimation qui en doit être faite par experts.

La raison de cette différence est sensible. Le conjoint sur
l'héritage de qui l'impense nécessaire a été faite, profite,
en quelque cas que ce soit, de tout ce qu'il a tiré du fonds
de la communauté, pour la faire ; en ce que, comme nous
l'avons remarqué, en le faisant du fonds de la communauté,
il a épargné d'autant son propre fonds, duquel il auroit été
obligé de tirer la même somme, pour faire cette impense, si
elle n'eût pas été faite du fonds de la communauté, puisqu'il
étoit indispensable de la faire.

On ne peut pas dire la même chose à l'égard des impenses
utiles ; ces impenses étant des impenses qu'on pouvoit se
passer de faire, on ne peut pas dire que le conjoint, sur
l'héritage de qui elles ont été faites, en les faisant du fonds
de la communauté, ait épargné d'autant son propre fonds ;
car, s'il n'eût pas trouvé, dans le fonds de la communauté,
les deniers dont il s'est servi pour les faire, il auroit pu ne
pas les faire, et ne pas entamer son propre fonds. Le conjoint sur l'héritage duquel l'impense utile a été faite, ne peut
donc être censé, au temps de la dissolution de la communauté, en profiter que jusqu'à concurrence de ce que son
héritage s'en trouve alors plus précieux ; et, par conséquent,
ce n'est que jusqu'à cette concurrence qu'il doit récompense
à la communauté, des deniers qu'on en a tirés pour la faire.

Ce que l'impense a coûté de plus à la communauté, que l'héritage n'en a augmenté de valeur, est une perte pour la communauté, et il n'en est pas dû de récompense.

La raison est, que le mari étant maître absolu des biens de la communauté, il peut employer les deniers de la communauté à tout ce que bon lui semble, pourvu qu'il n'en avantage ni lui ni sa femme. Il a donc pu employer les deniers de la communauté aux impenses qu'il lui a plû de faire sur son héritage propre, sans en devoir aucun compte, si ce n'est jusqu'à concurrence de ce qu'il s'en trouve avantagé; et il n'est avantagé que de ce que son héritage s'en trouve plus précieux. Pareillement, lorsque les impenses ont été faites sur l'héritage de sa femme, elle n'en doit récompense que jusqu'à concurrence de ce qu'elle en est avantagée; et elle ne l'est que de ce que son héritage s'en trouve plus précieux.

637. Les impenses volontaires sont celles qui ne procurent que de l'agrément, sans augmenter le prix de l'héritage sur lequel elles sont faites : telles sont celles qui se font pour faire des bosquets, des jets d'eau; pour peindre un plafond, pour faire des cheminées à la mode, pour des boiseries, des parquets, des glaces, des chambranles, etc.

Observez que les impenses pour les mêmes choses, peuvent, selon les différents lieux où elles sont faites, être différemment considérées. Par exemple, les mêmes embellissements qu'on fait dans les appartements d'un château à la campagne, et qui y sont considérés comme impenses purement voluptuaires, parce qu'elles n'augmentent ni le revenu ni la valeur de la terre; lorsqu'ils sont faits, au contraire, dans une maison de Paris, ou de quelque autre grande ville, ils sont considérés comme impenses utiles, parce qu'ils augmentent le revenu de la maison, dont on tire un plus gros loyer par rapport à ces embellissements.

Par la même raison que nous avons ci-dessus décidé qu'il n'étoit dû récompense, pour les impenses utiles, que jusqu'à concurrence de ce que l'héritage sur lequel elles ont été faites, en est devenu plus précieux, on doit décider qu'il n'est dû aucune récompense pour les impenses purement voluptuaires qui ont été faites durant la communauté, des deniers de la communauté, sur l'héritage de l'un des conjoints; puisque l'héritage n'en étant pas devenu plus précieux, le conjoint ne se trouve pas avantagé aux dépens de la communauté.

Mais au moins le conjoint, sur l'héritage duquel ont été faites les impenses voluptuaires, ne peut refuser la permission d'enlever les choses dans lesquelles ces impenses consistent, et qui peuvent s'enlever sans détérioration, pour les vendre au profit de la communauté, si mieux n'aime les retenir, en faisant raison à la communauté, du prix qu'elles valent; autrement il profiteroit, aux dépens de la communauté, du prix qu'il en peut retirer, quand il le voudra, en les vendant.

638. Lorsqu'une servitude prédiale, dont étoit chargé l'héritage propre de l'un des conjoints, a été rachetée, durant la communauté, des deniers de la communauté, ce rachat procure, aux dépens de la communauté, un avantage au conjoint propriétaire de l'héritage, son héritage devenant plus précieux par la libération de cette charge : ce conjoint doit donc récompense à la communauté, de la somme qui en a été tirée pour le rachat de cette servitude.

Si la servitude étoit sur l'héritage propre de la femme, et qu'elle n'ait pas consenti à ce rachat, elle ou ses héritiers peuvent, lors de la dissolution de la communauté, se dispenser de la récompense, en offrant de souffrir la servitude, sauf au mari son recours contre le voisin, s'il y a lieu.

Je dis s'il y a lieu, car le voisin peut quelquefois se défendre de rendre la somme qu'il a reçue pour le rachat de son droit de servitude, *putà*, s'il a employé cette somme à quelque dépense qu'il a faite pour se passer de cette servitude. Supposons, par exemple, que la maison de ma femme étoit chargée, envers la maison voisine, de souffrir les habitants de cette maison venir tirer de l'eau au puits de la sienne : si j'ai racheté cette servitude pour la somme de trois cents livres, sans la participation de ma femme, et que lors de la dissolution de la communauté, ma femme ne veuille pas faire récompense à la communauté, de cette somme, en offrant de souffrir la servitude, le propriétaire de la maison voisine, qui a reçu la somme de trois cents livres pour le rachat du droit de servitude qu'il avoit, peut se défendre de la rendre, s'il a employé cette somme à faire un puits chez lui, qui lui rend inutile le droit de servitude qu'il avoit sur la maison de cette femme.

639. Lorsque la servitude, dont l'héritage de l'un des conjoints étoit chargé, et qui a été rachetée des deniers de la communauté, étoit une servitude personnelle, *putà*, si c'étoit un droit d'usufruit; pour décider s'il y a lieu à la récompense, je crois qu'on doit distinguer si le tiers qui avoit ce droit d'usufruit, qui a été racheté des deniers de la communauté, est mort avant la dissolution de la communauté, ou s'il y a survécu. S'il est mort avant, il n'y a pas lieu à la récompense; car c'est la communauté qui a seule profité du rachat de cet usufruit, puisqu'elle a reçu les revenus de l'héritage pendant tout le temps qu'eût duré l'usufruit, s'il n'eût pas été racheté. Si, au contraire, le tiers à qui appartenoit le droit d'usufruit, a survécu à la dissolution de la communauté, le conjoint propriétaire de l'héritage profite du rachat qui a été fait des deniers de la communauté, de l'usufruit dont étoit chargé son héritage, puisqu'il entre aussitôt en jouissance de cet héritage; au lieu qu'il n'y seroit entré qu'à la mort de cet usufruitier, si l'usufruit n'eût pas été racheté. Il doit donc, pour ce rachat dont il profite, une récompense à la communauté.

Mais en quoi doit consister cette récompense? La récompense devant se régler sur ce qu'il en a coûté à la communauté, de manière néanmoins que cela n'excède point ce dont le conjoint a profité, je pense que le conjoint débiteur de la récompense, doit avoir le choix de deux choses; ou de rendre à la communauté la somme qui en a été tirée pour faire ce rachat, sous la déduction de ce que la communauté a reçu des jouissances de l'héritage, au-delà de l'intérêt de cette somme, pendant tout le temps que la communauté a duré, depuis ce rachat jusqu'à sa dissolution; ou d'abandonner à l'autre conjoint, pour la part qu'il a dans la communauté, la jouissance de l'héritage, afin qu'il en jouisse pour ladite part, pendant la vie de celui à qui appartenoit l'usufruit qu'on a racheté.

Par exemple, dans cette hypothèse, l'héritage propre de l'un des conjoints étoit chargé d'un droit d'usufruit qu'y avoit Marie. Cet usufruit a été racheté en l'année 1750, durant la communauté, pour une somme de 12,000 livres, payée à Marie, des deniers de la communauté. La dissolution de la communauté est arrivée en 1760. La communauté, depuis le rachat jusqu'à sa dissolution, a reçu pendant dix ans le revenu de cet héritage, qui étoit, tous risques et charges déduits, de 1,000 livres par chacun an, lequel excédoit, par conséquent, de 400 livres par chacun an, l'intérêt des 12,000 livres que la communauté a fournies pour le rachat; ce qui fait pour les dix années 4,000 livres, dont il doit être fait déduction sur ladite somme de 12,000 livres : restera par conséquent 8,000 livres, dont le conjoint propriétaire de l'héritage doit récompenser la communauté, si mieux il n'aime abandonner le profit qu'il retire du rachat de cet usufruit, en cédant à l'autre conjoint, pour la part qu'a l'autre conjoint dans la communauté, la jouissance de son héritage, pendant tout le temps de la vie de Marie.

640. Un autre exemple d'augmentation faite sur l'héritage propre de l'un des conjoints, aux dépens de la communauté, est le cas auquel l'un des conjoints, qui, lors de son mariage, avoit un héritage dont dépendoient des bois taillis, les auroit laissé croître, durant la communauté, en haute futaie. Cette haute futaie est une augmentation qui s'est faite sur l'héritage de ce conjoint, aux dépens de la communauté, qui a été privée des coupes qui auroient dû se faire de ces bois durant la communauté, si on ne les eût pas laissé croître en futaie. Le conjoint doit donc récompense à la communauté, de la somme qu'elle auroit retirée du prix de ces coupes, si elles eussent été faites.

ARTICLE V.

De la récompense due pour les dots des enfants des conjoints, qui ont été dotés des biens de la communauté.

641. Lorsqu'un homme a, durant la communauté, doté des biens de la communauté, un enfant qu'il a d'un précédent mariage, il n'est pas douteux qu'il doit récompense à la communauté, du montant de cette dot; car il ne peut s'avantager, ni les siens, aux dépens de la communauté, comme nous l'avons vu *suprà*.

Pareillement, lorsque la femme autorisée de son mari, a doté des biens de la communauté, un enfant qu'elle a d'un précédent mariage, elle doit récompense à la communauté, du montant de cette dot, soit qu'elle accepte la communauté, soit qu'elle y renonce.

642. Quand même il seroit porté par le contrat de mariage de cet enfant, que c'est son beau-père et sa mère qui l'ont doté conjointement, la femme ne laisseroit pas de devoir récompense du total du montant de la dot à la communauté, dans les coutumes qui défendent aux conjoints de s'avantager : car, à l'exception de celle de Paris, qui, en l'article 283, selon l'interprétation commune, permet à l'un des conjoints par mariage, qui n'a point d'enfants, de donner aux enfants que l'autre conjoint a d'un précédent mariage, dans toutes les autres coutumes qui défendent aux conjoints de s'avantager, la jurisprudence a étendu la prohibition aux enfants qu'ils ont de leurs précédents mariages. C'est pourquoi, dans ces coutumes, quoique, par le contrat de mariage, il soit dit que le beau-père et la femme donnent, le beau-père étant incapable de rien donner pendant le mariage, à l'enfant de sa femme, c'est la femme qui est censée seule donner toute la dot, et qui doit par conséquent récompense à la communauté, du total de la dot. Les termes par lesquels il est dit que le beau-père donne, doivent s'entendre en ce sens, qu'il approuve la donation que fait sa femme, et qu'il l'autorise à la faire.

643. Si le beau-père avoit parlé seul à la dotation de l'enfant de sa femme, la donation de cette dot seroit, dans lesdites coutumes, une donation nulle, et il auroit la répétition des choses données, contre l'enfant à qui elles ont été données : mais il ne peut prétendre, pour raison de cette dot qu'il a donnée sans le consentement de sa femme, aucune récompense contre elle, car elle ne peut être obligée à doter malgré elle.

644. Passons maintenant au cas auquel c'est un enfant commun qui a été doté.

Avant que de décider en quel cas il est dû récompense pour cette dot, il est à propos d'établir quelques maximes.

Première maxime. Les dots des enfants communs sont, dans notre droit, une dette naturelle de l'un et de l'autre des conjoints.

Cette maxime est reconnue par tous les auteurs.

En cela, notre droit est différent du droit romain, qui imposoit cette charge au père seul : *Omninò paternum est officium*

dotem , vel ante nuptias donationem pro suâ dare progenie ; l. *fin.*
cod. *de dot. promiss.*

La raison de différence entre le droit romain et le nôtre, à
cet égard, me paroît venir de ce que la charge de doter les
enfants est une charge attachée au droit de puissance paternelle. Par le droit romain, le droit de puissance paternelle
étoit un droit qui n'appartenoit qu'au père ; la mère ne par-
ticipoit en aucune manière à ce droit : elle n'avoit pas ce
droit sur ses enfants, même après la mort de son mari ; ses
enfants n'étoient pas même ses héritiers, jusqu'au temps de
Marc-Aurèle, où ils furent appelés à sa succession par le
sénatus-consulte Orphitien. La puissance paternelle étant
un droit du père seul, la charge de doter les enfants étoit
aussi une charge du père seul.

Au contraire, dans notre droit françois, le droit de puissance paternelle est un droit qui est commun au père et à la
mère, quoique le père, en sa qualité de chef, en ait principalement l'exercice durant le mariage. La charge de doter
les enfants, qui est attachée à ce droit, doit donc pareillement être commune au père et à la mère.

645. SECONDE MAXIME. Quoique l'obligation de doter les
enfants soit une dette naturelle de l'un et de l'autre conjoint,
et qu'en ce sens cette dette soit appelée une dette commune,
néanmoins elle n'est pas une dette de leur communauté,
mais plutôt une dette propre de chacun d'eux, pour la part
dont chacun d'eux y doit contribuer.

Les aliments et l'éducation des enfants communs sont bien
une charge de la communauté, parce qu'elle doit s'acquitter sur les revenus des biens des conjoints, dont la communauté est composée : il n'en est pas de même des dots des
enfants, pour lesquelles les pères et mères doivent souvent
entamer chacun leur patrimoine. C'est donc plutôt une
dette propre de chacun d'eux, qu'une dette de leur communauté.

Si la dot des enfants communs étoit une dette de la communauté, il s'ensuivroit que lorsque le père qui a parlé seul
à la dotation d'un enfant commun, a donné pour cette dot un
de ses héritages propres, il devroit avoir récompense sur les
biens de la communauté, comme ayant à ses dépens acquitté
une dette de la communauté, et par conséquent enrichi à
ses dépens la communauté, ce qui produit une récompense.

Néanmoins personne ne s'est encore jamais avisé de dire qu'il y ait lieu en ce cas à une récompense. Il n'est donc pas vrai que les dots des enfants communs soient une dette de la communauté.

646. TROISIÈME MAXIME. L'obligation de doter les enfants communs, est une dette qui n'est que naturelle, pour l'acquittement de laquelle la loi ne donne aucune action aux enfants contre leurs pères et mères. C'est pourquoi chacun des conjoints ne doit doter, s'il ne le veut bien ; et, par la même raison, chacun d'eux ne contribue à la dot que pour la part pour laquelle il veut bien y contribuer.

En cela, notre droit est différent du droit romain ; car, dans le droit romain, suivant la constitution de Sévère et d'Antonin, un père pouvoit être contraint par le magistrat à doter ses enfants ; l. 19, ff. *de rit. nupt.*

Au contraire, dans notre droit, la loi présume assez de l'affection que la nature inspire aux pères et mères pour leurs enfants, pour croire que lorsqu'ils ne dotent pas leurs enfants, c'est qu'ils n'ont pas le moyen de le faire d'une manière convenable : elle juge qu'il seroit contre le respect que les enfants doivent à leurs pères et mères, qu'ils pussent les traduire en justice, et les obliger à y découvrir le secret de leurs affaires, pour connoître s'ils ont, ou non, le moyen de donner une dot convenable.

Il peut, à la vérité, se rencontrer des pères et mères qui ne rendent pas sur ce point justice à leurs enfants ; mais c'est un cas rare, et un moindre mal qu'il faut tolérer, pour en éviter un plus grand.

647. QUATRIÈME MAXIME. La femme n'est pas obligée, à la vérité, suivant la maxime précédente, de contribuer de ses biens propres à la dot des enfants communs, si elle ne le veut bien ; mais son mari peut, sans avoir besoin de son consentement, l'y faire contribuer pour la part qu'elle a dans les effets de la communauté, qu'il donne en dot à un enfant commun.

Cette maxime est une suite du droit qu'a le mari, en sa qualité de chef de la communauté, de disposer sans le consentement de sa femme, tant pour elle que pour lui, des effets de la communauté, tant pour la part que sa femme a dans lesdits effets, que pour la sienne, à quelque titre que ce soit, même à titre de donation faite entre vifs à personne

capable, comme nous l'avons vu *suprà*, *n.* 471. Or, un enfant commun est une personne capable, comme nous l'avons
établi, *n.* 487. Donc le mari peut, sans le consentement de
sa femme, donner en dot à un enfant commun, des effets de
la communauté, tant pour la part qu'y a sa femme, que
pour la sienne, et faire par là contribuer sa femme à cette
dot, sans qu'elle y ait consenti.

Si le mari peut, sans le consentement de sa femme, disposer d'effets de la communauté, tant pour la part qu'y a sa
femme, que pour la sienne, afin d'en faire une donation entre
vifs à un étranger, à laquelle sa femme n'a aucun intérêt,
à plus forte raison cela doit-il lui être permis pour donner à
un enfant commun une dot, qui n'est pas moins une dette
naturelle de sa femme que de lui.

648. CINQUIÈME MAXIME. Lorsque le mari a donné en dot à
un enfant commun, des effets de la communauté, quoiqu'il
ait parlé seul au contrat de dotation, s'il ne paroît pas que
son intention ait été de doter seul, et seulement sur sa part,
il est censé avoir fait, en sa qualité de chef de la communauté, cette dotation, comme il est censé faire en cette
qualité tous les actes par lesquels il dispose des effets de la
communauté : il est censé en conséquence avoir donné en
dot ces effets, tant pour sa femme que pour lui, comme
cela lui est permis, suivant la quatrième maxime. C'est
pourquoi la femme, ni les héritiers de la femme, ne peuvent prétendre, au partage de la communauté, aucune récompense.

Cette maxime contredit l'opinion de Lebrun, qui décide,
en son Traité de la communauté, que le mari qui a parlé seul
à la dotation d'un enfant commun, doit récompense, au
partage de la communauté, du montant des effets qu'il a
tirés de la communauté, pour le doter.

Lebrun fonde son opinion sur le principe qu'un conjoint
doit récompense à la communauté, de ce qu'il en a tiré pour
acquitter ses dettes propres : d'où il conclut que la dot des
enfants étant une dette du mari qui les a dotés, il doit récompense de ce qu'il a tiré de la communauté, pour acquitter cette dette.

La réponse est, qu'un conjoint doit récompense de ce
qu'il a tiré de la communauté, pour acquitter une dette qui
étoit la dette de lui seul, et dont l'autre conjoint n'étoit pas

tenu : mais la dot d'un enfant commun, qu'il a fournie en effets de la communauté, est une dette qui n'étoit pas moins la dette de sa femme que la sienne, et à laquelle il avoit droit, suivant notre quatrième maxime, de la faire contribuer pour la part qu'elle avoit dans les effets de la communauté donnés en dot, sans qu'il eût besoin pour cela de son consentement, et sans qu'il fût besoin qu'elle fût présente avec lui au contrat de dotation, ayant, en sa qualité de chef de la communauté, une qualité suffisante pour la représenter dans tous les actes par lesquels il dispose des effets de la communauté. La femme ne peut donc prétendre aucune récompense pour cette dot.

649. Il faut maintenant exposer les différents cas dans lesquels un enfant commun a été doté durant le mariage.

Premier cas. Le père et la mère ont doté conjointement un enfant commun, et lui ont fourni une dot en effets de la communauté, sans qu'il soit dit pour quelle part chacune des parties entend y contribuer. Le père et la mère sont censés, en ce cas, avoir doté chacun pour moitié; et la femme ou ses héritiers, en cas de renonciation à la communauté, doivent récompense à la communauté, de ce qui en a été tiré pour la moitié, dont elle a consenti de contribuer à cette dot; de laquelle récompense on doit déduction sur les reprises que la femme ou ses héritiers ont à exercer contre la communauté.

C'est ce qui a été jugé par plusieurs arrêts rapportés par Brodeau, *lettre* R, *chap.* 54, *n.* 11; par un du 7 décembre 1679, rapporté au Journal du Palais, etc. C'est ce qu'enseignent Brodeau, Renusson et plusieurs autres.

La raison est que, quoique la dot ne fût qu'une dette naturelle de la femme, qu'elle pouvoit se dispenser de reconnoître et d'acquitter sur ses propres, en ne parlant pas au contrat de dotation, néanmoins, ayant parlé au contrat, et ayant doté conjointement avec son mari, elle a regardé et reconnu cette dot, quant à la moitié pour laquelle elle y contribuoit, comme une dette dont elle étoit tenue; et suivant la deuxième maxime, comme sa dette propre, pour laquelle par conséquent elle doit récompense à la communauté, de même que pour toutes ses autres dettes propres qui auroient été payées, durant la communauté, des deniers de la communauté.

650. Néanmoins, si, par le contrat de dotation, il y avoit une clause par laquelle il auroit été dit que la mère n'entendoit doter que sur la part à elle appartenante dans les biens de la communauté, et que dans le cas auquel elle n'y auroit aucune part, par la renonciation qui seroit faite par elle ou par ses héritiers à la communauté, la dot seroit, en ce cas, réputée avoir été donnée par le père seul, la clause seroit valable ; car la mère ayant pu ne pas doter, elle a pu apposer à sa dotation telle condition que bon lui a semblé.

Dans le premier cas proposé, auquel le père et la mère ont doté conjointement, chacun par moitié, d'effets de la communauté, l'enfant commun, il est évident que, si la communauté a été acceptée, il se fait en ce cas compensation de la somme que chacune des parties a tirée de la communauté, pour cette dot.

Si, néanmoins, on avoit ajouté au contrat de dotation la clause que la dot seroit imputée en entier sur la succession du prédécédé, en ce cas le prédécédé seroit censé avoir doté seul, et avoir acquitté, des deniers de la communauté, sa dette propre, dont il étoit seul débiteur : en conséquence, au partage de la communauté, la dot entière seroit précomptée sur la part appartenante à la succession du prédécédé.

651. Un second cas est, lorsque le père et la mère ont doté conjointement, d'effets de la communauté, leur enfant, mais pour des sommes inégales, chacune des parties doit récompense à la communauté, de la somme qu'elle en a tirée, afin d'acquitter la portion pour laquelle elle a contribué à la dot. C'est pourquoi, en cas d'acceptation de la communauté, la partie qui a contribué à la dot pour une plus grande portion, et qui a par conséquent tiré une plus grande somme de la communauté, doit à l'autre partie le mi-denier de ce qu'elle a tiré de plus qu'elle de la communauté.

C'est ce qui a été jugé par arrêt du 30 août 1677, rapporté au premier tome du Journal du Palais, dans l'espèce suivante. Un père et une mère avoient doté conjointement leur fille, d'une somme de 100,000 livres tirée de leur communauté, et il étoit dit, par le contrat de dotation, que sur cette dot de 100,000 livres, le père en donnoit 94, et la mère 6,000 livres. L'arrêt jugea que la succession du père devoit à la veuve, qui avoit accepté la communauté, la moitié de la somme de 88,000 livres que le père en avoit tirée de plus qu'elle pour cette dot. Si c'étoit la mère qui eût donné 94,000 livres, elle devroit pareillement, en cas d'acceptation de la communauté, à la succession de son mari, qui n'auroit contribué à la dot que pour 6,000 livres, le midenier de ce qu'elle auroit donné de plus que lui ; et, si elle renonçoit à la communauté, elle lui devroit la somme de 94,000 livres.

652. Un troisième cas, est lorsqu'il est dit par le contrat de dotation d'un enfant, que le père et la mère lui ont donné en dot un tel héritage, lequel est le propre héritage de l'un d'eux, *putà*, du père : en ce cas, la femme, qui n'a rien fourni de sa part pour cette dot, doit récompense à son mari, de la moitié du prix de l'héritage donné en dot.

La raison est, que la femme, en dotant conjointement avec son mari, a reconnu qu'elle étoit tenue de contribuer pour sa part à cette dot. N'ayant rien fourni pour cela, elle est censée avoir donné charge à son mari, de donner tant pour elle que pour lui, l'héritage qui a été donné en dot à leur enfant. Elle est donc obligée, *actione mandati contrariâ*, de rembourser à son mari le prix de la moitié de son héritage qu'il a donné pour elle.

Il n'importe, en ce cas, que la femme ait accepté la communauté, ou qu'elle y ait renoncé ; car ce n'est pas à la communauté, c'est à son mari qu'elle doit le prix de la moitié de l'héritage propre de son mari, qu'il a donné pour elle.

Si l'héritage que le père et la mère ont donné en dot conjointement, étoit l'héritage propre de la mère, le père devroit pareille récompense à sa femme.

653. Un quatrième cas, est lorsqu'il est dit par le contrat de dotation, que le père et la mère ont donné en dot à l'enfant, savoir, le père telles et telles choses, et la mère telles et telles choses.

Dans ce cas, chacune des parties est censée n'avoir voulu contribuer à la dot, que pour les choses qu'il est dit qu'elle a données. C'est pourquoi, quoique les choses données par l'une des parties soient d'une valeur beaucoup plus grande que celle des choses données par l'autre, la partie qui a donné plus, n'a aucune récompense à prétendre contre celle qui a donné moins : celle-ci est censée n'avoir voulu contribuer à la dot, que pour les choses qu'elle a données ; et, suivant la troisième maxime, elle n'étoit pas obligée de contribuer à plus qu'à ce dont elle a bien voulu y contribuer.

Dans ce quatrième cas, lorsque, parmi les choses que l'une des parties a déclaré donner pour la part pour laquelle elle contribue à la dot, il y a des effets de la communauté, elle doit récompense à la communauté, du prix de ces effets; car, les ayant donnés pour sa part, elle les a tirés de la communauté, pour son compte particulier, et elle en doit par conséquent récompense.

654. Un cinquième cas, est lorsque le père et la mère ont donné à leur enfant une dot qu'ils ont composée tant d'effets de la communauté, que d'héritages, dont les uns sont propres du père, les autres propres de la mère, sans que, par le contrat de dotation, on ait distingué les choses que chacune des parties donnoit, ni exprimé pour quelle part chacune des parties contribuoit à la dot; comme lorsqu'il est dit simplement par le contrat de dotation, que le père et la mère ont donné en dot à leurs enfants la somme de tant, en telles et telles choses : il y a lieu de penser que, dans ce cas, les parties ne s'étant pas expliquées sur la part pour laquelle chacune d'elles devoit contribuer à la dot, ni distingué les choses que chacune d'elles donnoit, les parties étoient censées avoir doté chacune pour moitié; et qu'en conséquence la partie qui a fourni moins que sa moitié de la dot, est redevable de ce qui s'en manque, à la partie qui a fourni plus. Par exemple, si le père et la mère ont donné conjointement à leur enfant, une dot de 60,000 liv., consistante en 10,000 liv. d'argent, un héritage propre du père, du prix de 30,000 liv., et un héritage propre de la mère, du prix de 20,000 liv. ; en ce cas, la mère, au partage de la communauté qu'elle a acceptée, se trouve avoir fourni pour cette dot, son héritage, qui est de 20,000 liv., et 5,000 liv. pour la moitié qui lui appartenoit dans la somme de 10,000 liv. en deniers, qui ne font en tout que 25,000 liv. : par conséquent, ayant fourni 5,000 liv. de moins que la moitié de cette dot, qui monte à 30,000 liv., elle est redevable de cette somme de 5,000 liv. envers la succession de son mari, qui a fourni 35,000 liv.

Si la femme avoit renoncé à la communauté, elle n'auroit fourni que son héritage de 20,000 liv. : n'ayant eu rien dans les 10,000 liv. tirées de la communauté, au moyen de sa renonciation, elle auroit en ce cas fourni 10,000 liv. de moins que sa moitié de la dot, dont elle seroit redevable à la succession de son mari.

655. Un sixième cas, est lorsque le père et la mère se sont conjointement obligés de payer, pour la dot de leur enfant, une certaine somme qui n'est pas encore payée.

Dans ce cas, la femme, quoiqu'elle ait renoncé à la communauté, demeure débitrice de cette dot, quant à la part pour laquelle elle s'y est obligée, sans qu'elle puisse prétendre pour cela aucun recours contre la succession de son mari. C'est ce qui a été jugé par les arrêts que Brodeau a rapportés sur Louet, *lettre R, chap.* 34. En vain se fonderoit-elle sur la clause qui est dans tous les contrats de mariage, que la femme, en cas de renonciation à la communauté, sera acquittée par la succession de son mari, de toutes les dettes auxquelles elle se sera obligée pendant le mariage : car cette clause ne comprend que les dettes de la communauté, auxquelles la femme s'est obligée ; elle ne s'étend pas aux dettes propres de la femme. Or, suivant la seconde maxime ci-dessus, la dette dont chacun des conjoints est tenu pour la dot de leurs enfants, n'est pas une dette de communauté, mais une dette propre de chacun desdits conjoints, pour la part dont il en est tenu.

656. Un septième cas, est celui auquel le père a doté seul, et a fourni la dot en effets de la communauté.

En ce cas, quoique le mari ait parlé seul au contrat de dotation, étant censé, suivant la cinquième maxime ci-dessus, avoir donné, en sa qualité de chef de la communauté, les effets de la communauté, qu'il a donnés en dot, sa femme, ni les héritiers de sa femme, n'en peuvent prétendre contre lui aucune récompense au partage de la communauté. Voyez *suprà*, n. 645.

Néanmoins, s'il paroissoit, par les circonstances, que le mari, qui a parlé seul au contrat de dotation, n'a pas eu intention de doter en sa qualité de chef de la communauté, et de donner, tant sur la part de sa femme que sur la sienne, les effets de la communauté, qu'il a donnés en dot ; que son intention a été au contraire de doter en son propre nom, et seulement sur sa part, en ce cas, le montant des effets par lui donnés en dot, doit lui être précompté au partage de la communauté.

Cette intention du mari, de donner, sur sa part seulement,

les effets de la communauté qu'il a donnés en dot, paroît lorsqu'il est dit, par le contrat de dotation, qu'il les donne *en avancement de sa succession.*

Cette intention paroissoit dans l'espèce de l'arrêt de 1677, rapportée *suprà, n.* 650, dans laquelle un père, durant sa communauté, avoit donné à un enfant commun, *la moitié à lui appartenante* dans un héritage conquêt de sa communauté.

657. Un huitième cas, est celui auquel le père a parlé seul au contrat de dotation, et a promis une somme d'argent qu'il n'a pas encore payée.

Dans ce cas, à moins qu'il ne parût par des circonstances particulières, que le père a eu intention de doter en son nom seul, et pour sa part seulement, il est censé avoir promis la dot en sa qualité de chef de la communauté. En conséquence, la femme est débitrice, non en son propre nom, n'ayant pas parlé au contrat de dotation, mais en sa qualité de commune, de la moitié de cette dot, jusques à concurrence seulement de ce qu'elle amendera des biens de la communauté.

658. Un neuvième cas, est celui auquel le père seul a parlé au contrat de dotation, et a donné en dot un de ses héritages propres.

Il n'est pas douteux qu'il a seul doté en ce cas, et que sa femme ne contribue en rien à cette dot.

659. Un dixième cas, est lorsque la mère, autorisée de son mari, a parlé seule au contrat de dotation, et a promis une certaine somme pour la dot, ou l'a fournie en effets de la communauté, sans que le mari, de son côté, ait rien donné ni promis, ayant été au contrat de dotation uniquement pour autoriser sa femme.

On ne peut pas dire en ce cas, que le mari ait doté; car le mari peut bien, en sa qualité de chef de la communauté, sans le consentement de sa femme, disposer de la part de sa femme dans les effets de la communauté qu'il donne en dot à un enfant commun; mais la femme ne peut pas, *vice versâ,* disposer de la part de son mari, sans le consentement de son mari. C'est pourquoi on ne peut pas dire, en ce cas, que le mari ait en rien contribué à la dot : c'est la femme seule qui a doté; c'est en conséquence elle seule qui est débitrice de la dot; et ce qu'elle a tiré de la communauté, pour la dot, doit lui être précompté sur sa part en la communauté, et en cas de renonciation, sur ses propres.

ARTICLE VI.

Des récompenses que peut devoir le mari, pour raison de son office.

660. Le mari qui est revêtu d'un office qui lui est propre, doit récompense à la communauté, des sommes qu'il en a tirées pour payer des taxes imposées sur son office pendant le mariage, lorsque ces taxes ont été imposées pour des augmentations de gages, ou pour de nouveaux droits et émoluments attribués à l'office : l'office s'en trouvant augmenté, le mari profite de ces taxes payées aux dépens de sa communauté, et lui en doit par conséquent récompense.

S'il avoit été permis, par la création de ces augmentations de gages, de les désunir de l'office, le mari devroit avoir le choix de les retenir, en récompensant la communauté, ou de les lui abandonner pour le prix qu'elle en a payé.

Lorsque les taxes imposées durant le mariage sont des taxes sèches, sans aucune attribution, le mari qui n'en profite pas, n'en doit pas de récompense à la communauté qui les a payées ; c'est une perte survenue durant la communauté, qui tombe sur la communauté.

661. Lorsque le mari s'est fait recevoir, durant le mariage, dans un office qui lui étoit propre, il ne doit aucune récompense à la communauté, de ce qu'il en a tiré pour les frais de provisions et de réception ; car il n'en est pas enrichi, ces frais étant en pure perte, l'office n'en étant pas de plus grand prix après qu'il s'y ait fait recevoir, qu'il l'étoit avant qu'il y fût reçu. D'ailleurs, la communauté profite de cette réception, par les revenus de l'office qui y tombent, et la femme participe aux honneurs qui y sont attribués.

662. Il n'est pas dû de récompense à la communauté, pour la paulette qui a été payée, quoiqu'elle ait procuré la conservation de l'office ; car la paulette étant une charge annuelle de la jouissance de l'office, la communauté, qui perçoit le revenu de l'office, en doit être chargée.

ARTICLE VII.

De la récompense pour raison de l'office acquis durant la communauté,
et retenu par le mari.

663. Lorsqu'un homme, durant la communauté, acquiert
un office, dans lequel il se fait recevoir il n'est pas censé,
en s'y faisant recevoir, le prendre à ses risques. Cet office,
quoiqu'il s'y soit fait recevoir, est un conquêt de la communauté, qui est par conséquent aux risques de la communauté, et qui périt pour la communauté, soit en cas
de suppression, soit en cas de perte de l'office, par la
mort du conjoint qui en étoit pourvu, et qui n'a pas payé
la paulette.

Quoique cet office soit un conquêt, néanmoins la jurisprudence a accordé à l'officier, lorsqu'il survit à la dissolution
de la communauté, le droit de retenir, si bon lui semble,
l'office dont il se trouve revêtu, à la charge de récompenser
la communauté, du prix que l'office a coûté. Ce droit est
fondé sur l'indécence qu'il y auroit à dépouiller un officier
de son office.

Trois questions se présentent : 1° Quand l'officier doit-il
déclarer s'il entend, ou non, retenir l'office ; et quel est
l'effet du défaut de cette déclaration ? 2° En quoi consiste la
récompense qu'il doit à la communauté, lorsqu'il retient
l'office ? 3° A l'égard de quels offices ce droit a-t-il lieu ?

§. I. Quand le mari doit-il déclarer s'il entend, ou non, retenir son
office ; et de l'effet, tant de cette déclaration, que du défaut de
cette déclaration.

664. Tant que la communauté dure, le mari n'est point
obligé de faire sa déclaration s'il entend retenir, ou non,
l'office acquis durant la communauté, dans lequel il s'est
fait recevoir : mais, lorsque la dissolution de la communauté
a donné ouverture au droit qu'ont les héritiers de la femme
dans les biens de la communauté, le mari ne doit pas tarder
à faire sa déclaration ; car le prix des offices étant très-sujet à
des variations, il ne seroit pas juste qu'en ne faisant point sa
déclaration, il fût le maître de profiter de l'augmentation qui
pourroit, depuis la dissolution de la communauté, arriver
sur l'office, en le retenant, et se décharger de la perte, s'il

venoit à diminuer de prix, en le remettant en ce cas à la communauté.

Quel est le temps qu'on doit déterminer, dans lequel le mari doit faire cette déclaration ? Doit-il être laissé à l'arbitrage du juge ? J'inclinerois assez à adopter l'opinion de l'annotateur de Lebrun, qui pense qu'on doit accorder les délais que l'ordonnance accorde aux veuves et aux héritiers pour prendre qualité ; savoir, trois mois pour vaquer à la confection de l'inventaire et le parachever, et quarante jours pour délibérer depuis le jour que l'inventaire a été achevé ; et, lorsqu'il ne l'est pas, du jour de l'expiration du temps de trois mois, pendant lequel il a dû être achevé.

Le même auteur enseigne que, lorsqu'après la mort de la femme, il y a eu continuation de communauté, le délai qu'a le mari pour faire cette déclaration, ne court pas, tant que la continuation de communauté dure ; mais que, si les enfants renoncent à la continuation de communauté, la communauté étant censée en ce cas dissoute dès le temps du décès de la femme, le délai qu'a le mari pour faire cette déclaration, est censé avoir couru dès ce temps.

665. Lorsque le mari, dans ce temps qui lui est accordé pour faire son choix, a déclaré qu'il entendoit retenir l'office, l'effet de cette déclaration est, qu'il est censé avoir acquis l'office pour son compte particulier, et non pour celui de la communauté ; de manière que cet office est réputé n'avoir jamais été conquêt, mais avoir toujours été un effet propre du mari, qui a comme emprunté de la communauté les deniers qui lui ont servi à en faire l'acquisition.

Au contraire, si, dans le temps accordé au mari pour faire son choix, le mari a déclaré qu'il n'entendoit pas retenir l'office, l'effet de cette déclaration est, que le mari ne peut plus par la suite demander à retenir l'office, ayant, par cette déclaration, renoncé au droit qu'il avoit de le retenir. C'est pourquoi l'office doit être, en ce cas, compris dans la masse des biens de la communauté qui sont à partager, comme un des conquêts de cette communauté, et il doit être couché pour le prix qu'il vaut au temps présent, c'est-à-dire, au temps auquel les parties, pour parvenir au partage, font faire l'estimation des biens qui sont à partager.

666. Lorsque le mari a laissé expirer le temps, sans avoir fait sa déclaration sur le choix qu'il entend faire, il n'est

plus recevable à le faire ; et il n'est pas nécessaire pour cela qu'il ait été, par quelque interpellation judiciaire, constitué en demeure de le faire.

On a agité la question, si, faute par le mari de l'avoir fait, l'office devoit être regardé comme conquêt, sans que désormais le mari pût être écouté à demander à retenir l'office, pour le prix qu'il a coûté ; ou si au contraire le mari doit être présumé avoir pris l'office à ses risques, pour le prix qu'il a coûté, sans pouvoir plus désormais le porter dans la masse des biens de la communauté ?

Pour la première opinion, on dit : l'office est, dans la vérité, un conquêt de la communauté, puisqu'il a été acquis durant la communauté. Le droit que le mari avoit de le retenir comme propre, en récompensant la communauté, étoit un droit qui lui étoit accordé, dont il pouvoit user ou ne pas user. L'héritage ne peut être regardé comme propre du mari, qu'autant qu'il paroîtroit avoir voulu user de son droit dans le temps qui lui est accordé pour en user ; il ne peut pas paroître qu'il en ait voulu user, lorsqu'il ne s'en est pas expliqué. Par conséquent, l'office doit être en ce cas considéré tel qu'il est dans la vérité, c'est-à-dire, comme conquêt. Lebrun rapporte un arrêt qui a jugé conformément à cette opinion.

Pour l'opinion contraire, on dit qu'il est vrai que l'office ne peut être regardé comme un propre du mari, à la charge de la récompense, qu'autant qu'il peut paroître que le mari a voulu user du droit qu'il avoit de le retenir ; mais qu'en étant revêtu, on présume facilement qu'il a voulu le retenir, par cela seul qu'il n'a pas fait de déclaration contraire.

C'est ce qui a été jugé par un arrêt du 1ᵉʳ mars 1627, rapporté par Bardet, *tome* 1. Dans l'espèce de cet arrêt, le mari, pendant sa communauté, avoit été pourvu d'un office de commissaire au Châtelet de Paris, pour une somme de 2,400 livres. Dans l'inventaire fait après la mort de sa femme, il avoit compris les provisions dudit office, et les quittances de finance de ladite somme de 2,400 livres, sans déclarer s'il entendoit le retenir, et l'avoit, huit ans après, vendu 16,000 livres. L'arrêt jugea qu'il étoit censé l'avoir retenu pour son compte, et qu'il n'étoit tenu en conséquence envers ses enfans, que du mi-denier de la

8.				28

somme de 2,400 livres. On citoit, en faveur du père, plusieurs arrêts précédents.

Il y a un autre arrêt du 27 février 1655, qui a jugé, suivant le même principe, que le mari n'ayant point fait de déclaration s'il entendoit retenir l'office pour son compte, étoit censé l'avoir retenu, et en conséquence tenu de faire raison du mi-denier du prix qu'il l'avoit acheté, quoiqu'il fût considérablement diminué de prix depuis. Borjon en cite un plus moderne, du 25 juillet 1703, qui a jugé de même.

§. II. En quoi consiste la récompense.

667. Le mari qui, lors de la dissolution de la communauté, retient l'office pour son compte, doit récompense à la communauté, du prix qu'il a coûté.

Quoique, depuis l'acquisition que le mari a faite de l'office, durant la communauté, l'office ait beaucoup augmenté de valeur, et qu'il soit, lors de la dissolution de la communauté, d'un prix beaucoup plus grand que celui pour lequel il a été acheté, le mari ne doit néanmoins récompense à la communauté, que de la somme qu'il lui a coûté. C'est une suite de ce qui a été dit ci-dessus, n. 665, que la déclaration que le mari fait, après la dissolution de la communauté, qu'il entend retenir l'office, a un effet rétroactif au temps de l'acquisition, qui la fait réputer faite pour le compte du mari seul, plutôt que pour celui de la communauté.

Il paroît, néanmoins en cela, quelque apparence d'injustice; car l'office, depuis qu'il a été acquis, jusqu'à la déclaration que le mari a faite après la dissolution de la communauté, qu'il entendoit le retenir, ayant été toujours aux risques de la communauté, dans laquelle le mari n'eût pas manqué de le laisser, s'il fût considérablement diminué ou s'il fût péri, il semble que l'équité demande que la communauté, qui auroit souffert la perte, profite de l'augmentation, suivant cette règle d'équité : *Ubi periculum, ibi et lucrum,* l. 22, §. 3, *cod. de furt.* Par ces raisons, Dumoulin, sur l'article 111 de l'ancienne coutume de Paris, décide, contre l'avis de Chartier, célèbre consultant, son contemporain, que le mari qui veut retenir l'office, doit récompense à la communauté, non du prix qu'il a coûté, mais du prix qu'il vaut lors de la dissolution de la communauté. Mais ce sentiment de Dumoulin n'a pas été suivi; et il a prévalu, suivant l'avis de Chartier, que le mari ne devoit récompense que du prix que l'office avoit coûté. La faveur des officiers a fait donner au mari cette petite prérogative.

668. Le mari qui retient l'office, ne doit aucune récompense des sommes tirées de la communauté pour les frais de provisions et de réception. La raison est que, suivant les principes sur la matière des récompenses, le mari ne doit récompense à la communauté, que de ce dont il profite aux dépens de la communauté. Les frais de provisions et de réception se faisant en pure perte pour le mari, il n'en doit pas récompense à la communauté, qui n'auroit pas moins perdu ces frais, si l'office eût été laissé à la communauté. Il doit suffire à la femme qu'elle ait participé aux honneurs de l'office, et que les émoluments de l'office soient entrés dans la communauté pendant qu'elle a duré. C'est l'avis de Lebrun, *l.* 1, *ch.* 5, *sect.* 2, *n.* 66. Voyez *suprà*, *n.* 667.

A l'égard des taxes qui ont été levées sur l'office, et payées des deniers de la communauté, il faut distinguer : lorsque ces taxes sont des taxes sèches, qui n'ont procuré à l'office aucune augmentation de gages ou de droits, le mari n'en doit pas de récompense; mais si elles ont procuré à l'office des augmentations de gages ou d'émoluments, le mari en doit récompense. Lebrun, *n.* 67. Voyez *suprà*, *n.* 660.

§. III. A l'égard de quels offices ce droit a-t-il lieu.

669. Ce droit a lieu à l'égard des offices vénaux acquis durant la communauté, dont le mari se trouve revêtu lors de la dissolution de la communauté, non-seulement à l'égard des offices de magistrature, mais aussi à l'égard des offices inférieurs, tels que ceux des notaires, procureurs, huissiers, sergents, et généralement à l'égard de tous les offices vénaux de justice, police ou finance.

670. Si le mari avoit acquis plusieurs offices durant la communauté, de tous lesquels il se trouve revêtu lors de la dissolution, il pourroit user de ce droit, ou à l'égard de tous lesdits offices, ou seulement de l'un desdits offices, en déclarant qu'il entend le retenir, et laisser les autres à la communauté.

Si néanmoins les offices étoient de nature que leur séparation les dépréciât, le mari ne pourroit pas retenir l'un, et remettre l'autre à la masse de la communauté : il faudroit, ou qu'il retînt les deux, ou qu'il remît les deux à la masse.

671. Ce droit étant fondé sur l'indécence qu'il y a de dépouiller un officier de son office, ne doit pas avoir lieu à l'égard d'un office acquis durant la communauté, mais dans lequel le mari ne se seroit pas encore fait recevoir lorsque la dissolution de la communauté est arrivée. Suffiroit-il au mari, pour pouvoir user de ce droit, qu'au temps de la dissolution de la communauté, il eût déjà obtenu des provisions de l'office, quoiqu'il n'y fût pas encore reçu ? On peut dire pour la négative, que le droit est accordé aux *officiers ;* que celui qui n'est pas encore reçu dans l'office, quoiqu'il en soit pourvu, n'est pas encore *officier*, puisque c'est la réception qui fait l'officier. On peut dire, au contraire, pour l'affirmative, que les frais de provisions étant ceux qui sont les plus considérables, le mari qui s'est déjà fait pourvoir de l'office, a déjà fait la plus grande partie du chemin pour y parvenir, et qu'il est favorable d'étendre jusqu'à lui ce droit. La question est fort arbitraire.

672. Cette faveur que la jurisprudence a accordée à l'officier, étant fondée principalement sur la dureté qu'il y auroit à dépouiller un homme de son état, ce droit ne doit pas avoir lieu à l'égard des offices qu'on n'a que pour le revenu, et qui ne constituent pas l'état de la personne qui en est revêtue. C'est ce qui a été jugé à l'égard d'un office d'inspecteur sur les veaux, par arrêt du 7 juillet 1745, rapporté par Denisart.

673. Par une semblable raison. Lebrun, *liv.* 1, *ch.* 5, *sect.* 2, *d.* 1, *n.* 58, refuse au mari ce droit à l'égard de tous les offices domaniaux, tels que sont les greffes et autres. La raison qu'il en donne, est que ces offices sont moins attachés à la personne que les autres; ces offices étant souvent possédés par des femmes et par des mineurs, qui les font exercer par un commis qui les tient à ferme, ou qui en compte de clerc à maître.

Cet auteur accorde seulement, à l'égard de ces offices, au mari qui en est titulaire, le droit de les avoir par préférence, non pour le prix qu'ils ont coûté, mais pour le prix de leur valeur présente, lorsque les héritiers de la femme en demandent la vente.

Lorsqu'aucune des parties ne demande la vente de l'office,

il doit rester en commun, et les émoluments doivent se partager en commun, sous la déduction d'une certaine somme, telle qu'elle sera réglée, qui doit être prélevée par le mari titulaire, pour son exercice.

674. A l'égard des offices de la maison du roi, et autres semblables, auxquels il n'y a aucune finance attachée, ces offices, comme nous l'avons vu *suprà, n.* 91, étant regardés comme de simples commissions qui ne font point partie du patrimoine des particuliers, et qui ne sont point par conséquent regardés comme faisant partie des biens de la communauté; lorsque le mari a acquis, durant la communauté, un office de cette espèce, dont il se trouve revêtu lors de la dissolution de la communauté, il le retient, sans être obligé de donner aucune récompense à la communauté, des deniers qu'il a tirés de la communauté pour l'acquérir; car cet office n'étant pas une chose qui soit *in bonis*, ni par conséquent qui soit susceptible d'aucune estimation, il n'est pas censé s'être enrichi, en l'acquérant des deniers de la communauté, et il ne doit par conséquent aucune récompense. Cela est conforme à l'édit de 1678.

Mais si le mari avoit, durant la communauté, obtenu du roi un brevet de retenue sur cet office, ce brevet de retenue seroit un effet de la communauté, et en conséquence les héritiers de la femme devroient avoir leur part dans la somme qui seroit payée par le successeur à l'office.

ARTICLE VIII.

De la récompense due à la communauté, pour la conversion que l'un des conjoints a faite de son mobilier en immeubles, pendant le temps intermédiaire entre le contrat de mariage et la célébration du mariage.

675. Lorsque des parties, par leur contrat de mariage, sont convenues qu'il y auroit communauté de biens, selon la coutume, elles sont censées, en ne réalisant aucune partie de leur mobilier par une stipulation, être tacitement convenues que tout le mobilier que chacune d'elles avoit alors, entreroit alors en communauté. Si donc l'une des parties, dans le temps intermédiaire entre le contrat de mariage et la célébration du mariage, convertit une grande partie de son mobilier en acquisition d'immeubles, lesquels n'entreront pas en la communauté, ayant été acquis avant le mariage,

elle doit récompense à la communauté, du montant de ce mobilier qu'elle a converti en acquisition d'immeubles; sans quoi il est évident qu'elle contreviendroit à la convention tacite d'apporter à la communauté tout le mobilier qu'elle avoit alors.

SECTION III.

Des créances que l'un des conjoints peut avoir, non contre la communauté, mais contre l'autre conjoint.

676. Il y a des créances que l'un des conjoints a quelquefois lors de la dissolution de communauté, non contre la communauté, mais contre l'autre conjoint.

Par exemple, si les deniers que l'un des conjoints s'est réservés propres, ou qui sont provenus du prix de l'aliénation de ses propres, ont été employés, durant la communauté, à acquitter une dette propre de l'autre conjoint, le conjoint à qui appartenoient ces deniers, est créancier, non de la communauté, mais de l'autre conjoint, de la somme qui a servi à acquitter la dette propre de l'autre conjoint.

Lorsque c'est la femme qui a employé ses deniers propres à acquitter la dette propre de son mari, cette créance, que la femme a contre son mari pour la restitution de cette somme, ayant pour objet la restitution d'une somme qui faisoit partie de la dot de la femme, elle a hypothèque pour cette créance, du jour de son contrat de mariage; ou, s'il n'y en a pas eu, du jour de la célébration du mariage, sur tous les biens de son mari, qui, en se mariant, est censé s'être obligé à la restitution de la dot de la femme.

Au contraire, lorsque c'est le mari qui a employé ses deniers propres à acquitter la dette propre de sa femme, il n'a de son chef aucune hypothèque sur les biens de sa femme, pour la créance qu'il a contre sa femme pour la restitution de cette somme : il peut seulement avoir celle qu'avoit le créancier qu'il a payé, s'il a eu la précaution, en le payant, de requérir la subrogation.

677. Lorsque l'un des conjoints, dès avant le mariage, étoit créancier de l'autre conjoint, d'une certaine somme d'argent, et que cette dette a été exclue de la commu-

nauté, tant de la part du conjoint créancier, par une clause de réalisation de son mobilier, que de celle du conjoint débiteur, par une convention de séparation de dettes, cette créance est une créance que le conjoint créancier continue d'avoir lors de la dissolution de la communauté, non contre la communauté, mais contre l'autre conjoint qui en est le débiteur, ou ses héritiers.

Il en est de même lorsque l'un des conjoints a succédé, durant la communauté, au créancier de l'autre conjoint, et que la dette a été exclue de la communauté, tant de la part du conjoint qui a succédé au créancier, par une clause de réalisation des successions, que de la part du conjoint débiteur, par une convention de séparation de dettes.

Quoique la créance que la femme avoit contre son mari, avant son mariage, ou à laquelle elle a succédé, ne fût que chirographaire, la femme a, pour cette créance, hypothèque sur les biens de son mari, du jour de son contrat de mariage; ou, s'il n'y en a pas eu, du jour de la célébration du mariage : car cette créance fait partie de la dot de la femme : le mari, en se mariant, a contracté l'obligation d'exiger de lui-même le montant de cette créance, et de le rendre à la femme avec le surplus de la dot. A l'égard de la créance que le mari avoit contre la femme, ou à laquelle il a succédé, il n'acquiert aucune hypothèque par le mariage.

678 Le douaire de la femme et son deuil sont aussi des créances que la femme a, non contre la communauté, mais seulement contre les héritiers de son mari.

Nous traiterons du douaire dans un traité particulier qui suivra celui-ci. Nous dirons ici deux mots du deuil de la femme. C'est une créance qu'une femme veuve a contre la succession de son mari, qui est tenue de lui fournir la somme qui lui est nécessaire pour porter le deuil de son mari. Cette somme est quelquefois fixée par le contrat de mariage. Lorsqu'elle ne l'a pas été, elle doit être arbitrée, eu égard à l'état et aux facultés du défunt.

On fait entrer, dans les frais du deuil, le prix des robes et autres habillements de deuil, tant de la veuve que de ses domestiques.

On y comprend aussi, à l'égard des personnes riches et de qualité, la draperie du carrosse.

On n'accorde pas de deuil aux femmes du bas peuple, telle qu'est la veuve d'un gagne-denier.

Ce deuil, que les héritiers du mari sont obligés de fournir à la veuve, est regardé comme faisant partie des frais funéraires du mari : c'est ainsi que le considèrent Lebrun, Renusson et autres. En conséquence, il est d'usage de donner à la veuve, pour la créance de son deuil, le même privilége qu'à celle des frais funéraires. Mais si la femme est préférée, pour son deuil, aux créanciers de son mari, mort insolvable, au moins doit-on avoir, en ce cas, attention à le régler à la moindre somme qu'il est possible.

Le deuil est dû à la femme, soit qu'il y ait communauté, ou non ; soit qu'elle l'accepte, soit qu'elle y renonce.

Lorsque c'est la femme qui est prédécédée, le mari n'est pas reçu à demander aux héritiers de la femme les frais de son deuil : l'usage est constant. Je ne vois pas la raison de la différence qu'on a faite à cet égard entre l'homme et la femme. La loi 9, ff. *de his qui not. inf.* qu'on a coutume de citer, où il est dit, *Uxores viri lugere non compelluntur,* ne me paroît pas avoir ici aucune application, puisque, suivant nos mœurs, le mari porte le deuil de sa femme, comme la femme le porte de son mari. Il faut, à cet égard, s'en tenir à ce que dit Julien : *Non omnium quæ à majoribus constituta sunt ratio reddi potest;* l. 20, ff. *de legib.*

679. Enfin, la créance qui résulte des donations que les conjoints se sont faites par leur contrat de mariage, est une créance que le conjoint donataire a, non contre la communauté, mais contre la succession de l'autre conjoint qui lui a fait la donation

680. Observez, à l'égard de toutes les créances que l'un des conjoints a, non contre la communauté, mais contre l'autre conjoint ou sa succession, que le conjoint qui en est créancier, ne les prélève pas sur les biens de la communauté, puisque ce n'est pas la communauté qui en est débitrice ; mais il en doit être payé en total, tant sur la part que le conjoint qui en est débiteur aura eue dans les biens de la communauté, que sur les autres biens dudit conjoint débiteur.

CHAPITRE II.

Du partage des biens de la communauté, après la dissolution ; et des actes qui y sont préalables.

L'inventaire des biens de la communauté étant la première démarche nécessaire pour parvenir au partage des biens de la communauté après la dissolution, nous traiterons, dans un premier article, de l'inventaire, et des recels ; dans un second, des autres actes qui sont préalables au partage des biens de la communauté ; dans un troisième, nous traiterons de ce partage ; et, dans un quatrième, de ses effets, et de la garantie qu'il produit.

ARTICLE PREMIER.

De l'inventaire, et des recels.

Nous verrons, 1° ce que c'est que l'inventaire ; quelles sont les choses qu'on doit y comprendre ; 2° comment, à la requête de qui, et en présence de qui il se fait ; 3° nous traiterons des recels.

§. I. Ce que c'est que l'inventaire, et quelles sont les choses qu'on y doit comprendre.

681. L'inventaire est un acte qui contient, par le détail, la description de tous les effets dont la communauté est composée.

A la tête de cet acte est une prémisse qui contient les noms et qualités des personnes à la requête desquelles, et de celles en la présence desquelles l'inventaire est fait.

Après cette prémisse, l'inventaire contient la description, par le détail, de tous les meubles corporels dont la communauté est composée.

682. On y doit comprendre même les habits, linges et hardes qui sont à l'usage du survivant, sauf un habillement complet qu'on doit lui laisser, et qui, ne devant point entrer en partage, ne doit point être inventorié.

Lorsque le survivant est un homme d'épée, on doit pareillement lui laisser l'épée qu'il a coutume de porter; et, si c'est un homme de robe, on doit lui laisser sa robe de cérémonie.

Les manuscrits qu'un homme d'esprit a composés, ne doivent pas non plus être compris dans l'inventaire; ce sont choses inestimables, qui ne sont pas censées faire partie d'une communauté de biens, ni même d'une succession : on doit donc les laisser au survivant qui les a composés ; et, s'il est prédécédé, à l'aîné de ses enfants; ou, à défaut d'enfants, à l'aîné de sa famille, quand même ces personnes auroient renoncé à sa succession.

Les portraits de famille ne font point partie des biens, et ne doivent pas être inventoriés. Chacune des parties doit prendre les portraits de sa famille. Le portrait du conjoint prédécédé doit être laissé à l'autre conjoint, pendant sa vie, à la charge de le rendre, après sa mort, à l'aîné de la famille du prédécédé.

Il en est de même des marques des ordres de chevalerie, dont le mari a été décoré, telles qu'est une croix de saint Louis. Ces choses ne font pas partie de la communauté, et ne doivent pas être inventoriées, mais elles doivent être laissées, pour les garder comme des monuments de l'honneur de la famille.

683. On joint à chacun des meubles corporels, compris dans l'inventaire, une mention de la somme à laquelle il a été estimé.

Cette estimation, ou prisée, se fait ordinairement par un huissier-priseur, qui se fait, pour cet effet, assister de quelque revendeur ou revendeuse publique. Cette assistance n'est pas néanmoins absolument nécessaire. Elle se pratique dans les villes de province, où les huissiers-priseurs, faute d'expérience, ne connoissent guère le prix des meubles. A Paris, les huissiers-priseurs font la prisée, sans être assistés de personne, sauf lorsqu'ils ont à priser une bibliothèque; car alors ils appellent des libraires pour prendre leurs avis.

684. Après la description des meubles corporels, l'inventaire doit comprendre la déclaration de tous les titres, papiers et enseignements des biens de la communauté, tels que sont les journaux et autres papiers domestiques, les livres de commerce, les obligations passées devant notaires, et les billets sous signature privée, des débiteurs de la communauté, les

titres des rentes et des héritages qui appartiennent à la communauté.

Lorsqu'il y a quelques dettes actives de la communauté, dont il n'y a aucun acte par écrit, telles que seroit celle qui résulte du prêt d'une somme d'argent fait à un ami sans billet, le survivant qui en a la connoissance, en doit faire déclaration par l'inventaire.

Enfin l'inventaire contient la déclaration des dettes passives de la communauté.

§. II. Comment se fait l'inventaire ; à la requête de qui, et en présence de qui.

685. L'inventaire se fait ordinairement par un acte devant notaires, et il se fait aussi quelquefois par un acte sous les signatures privées des parties.

Il se fait ordinairement en la maison qui étoit le domicile des parties lors de la mort du prédécédé, parce que c'est en ce lieu que sont ordinairement les meubles et les titres qui dépendent de la communauté, au moins pour la plus grande partie.

Lorsqu'il y a des meubles en différents lieux, quelquefois on se transporte dans les différents lieux où ils sont, pour en faire l'inventaire ; quelquefois on les fait transporter du lieu où ils sont, dans le lieu principal où se fait l'inventaire, pour les y inventorier ; quelquefois on se contente de la déclaration que le survivant fait, par l'inventaire, qu'il y a, dans tel et tel lieu, tels et tels effets ; *putà*, tant de muids de blé, tant de pièces de vin, un troupeau de tant de bêtes, tels et tels ustensiles de pressoir, etc., qu'on estime valoir tant.

686. L'inventaire se fait ordinairement à la requête du survivant ; néanmoins quelquefois à la requête des héritiers du prédécédé : comme dans le cas auquel la femme survivante, sans être séparée par sentence, ne demeuroit pas avec son mari prédécédé.

687. Le survivant doit faire l'inventaire en présence des héritiers du prédécédé, ou eux dûment appelés. Il n'est néanmoins obligé d'appeler que ceux qui sont sur le lieu. Comme il peut ne pas connoître ceux qui ne sont pas sur le lieu, ou du moins ne pas connoître leur demeure, il peut se passer de leur présence, en faisant assister à l'inventaire le procureur du roi, ou le procureur-fiscal de la justice du lieu.

Lorsque les héritiers se trouvent volontairement à l'inventaire, il n'est pas nécessaire qu'ils y aient été judiciairement appelés; mais, lorsqu'ils ne s'y trouvent pas, le survivant doit les assigner devant le juge du lieu, et faire rendre une sentence qui donne assignation aux parties, à tel jour, à telle heure, et aux jours suivants, en la maison du survivant, pour y être procédé à l'inventaire.

Lorsque la sentence a été rendue par défaut, le survivant doit la leur faire signifier.

En conséquence de cette sentence, le survivant peut, aux jours et heures portés par la sentence, faire procéder à son inventaire, soit que les héritiers s'y trouvent, soit qu'ils ne s'y trouvent pas; et l'inventaire fait en leur absence, est en ce cas aussi valable que s'ils y avoient été présents, parce qu'ils y ont été dûment appelés.

Lorsque les héritiers du prédécédé sont des enfants mineurs dont le survivant est le tuteur, il doit leur faire nommer, par le juge, un subrogé tuteur qui y assiste pour eux.

§. III. Des recels.

688. On appelle *recel*, l'omission malicieuse que le survivant a faite dans son inventaire, de quelques effets corporels, ou de quelques titres des biens et droits de la communauté, dans la vue d'en dérober la connoissance aux héritiers du prédécédé, et de les priver, par ce moyen, de la part qu'ils ont droit de prétendre à titre de communauté dans lesdits effets.

Les omissions qui se trouvent dans l'inventaire que le survivant a fait faire, ne passent pour recels, et ne sont sujettes aux peines du recel, que lorsqu'il y a lieu de les présumer malicieuses.

Elles sont sur-tout présumées n'être pas malicieuses, lorsque le survivant, avant que personne se soit plaint des omissions, a ajouté à l'inventaire les effets ou les titres qu'il avoit omis d'y comprendre.

Quand même les héritiers du prédécédé auroient découvert l'omission avant que le survivant eût ajouté à son inventaire les choses omises, l'omission peut encore être présumée n'être pas malicieuse, soit par rapport à la modicité de l'objet, soit parce qu'il paroît, par les circonstances, que ces choses ont pu échapper à la connoissance du survivant: c'est pourquoi, en ce cas, les héritiers du prédécédé, qui ont découvert l'omission de ces choses, ne peuvent demander autre chose, sinon qu'elles soient ajoutées à l'inventaire, et ils ne peuvent pas conclure, contre le survivant, aux peines des recels.

Au contraire, l'omission est présumée malicieuse, lorsque la multitude des choses omises, et la qualité de ces choses, qui étoient en évidence, et d'un usage journalier, ne permet pas de penser qu'elles aient pu échapper à la connoissance du survivant, qui ne les a pas comprises dans son inventaire.

L'omission doit sur-tout être jugée malicieuse, lorsque les effets omis dans l'inventaire ont été, par le survivant, depuis la mort ou pendant la dernière maladie du prédécédé, détournés du lieu où ils étoient, et portés hors de la maison, ou cachés dans quelque recoin.

689. Les héritiers de la femme ne sont recevables à se plaindre des recels prétendus faits par le mari, que lorsqu'ils ont accepté la communauté; car, s'ils y renoncent, il est évident qu'ils n'ont aucun intérêt aux recels.

Néanmoins, s'ils prétendoient que c'est par le dol du mari survivant, qui, par les recels qu'il a faits, leur a caché les forces de la communauté, qu'ils ont été engagés à y renoncer, ils pourroient, en prenant des lettres de rescision, être admis à la preuve du dol et des recels du mari; et, après avoir en conséquence fait entériner leurs lettres et fait rescinder leur renonciation, être reçus à accepter la communauté, et à conclure contre le mari à la peine du recel.

690. La peine du recel est, que le survivant qui en est convaincu, est non-seulement condamné à ajouter à l'inventaire et à la masse des biens de la communauté, les choses recelées, mais qu'il est encore déclaré déchu de sa part dans les meubles qu'il a recelés, et dans les droits et créances dont il a recelé les titres; lesquels effets recelés appartiendront en conséquence, pour le total, aux héritiers du prédécédé. *Arrêt du 15 mai 1656, au premier tome du Journal des audiences.*

Par exemple, si le survivant avoit caché les billets de quelques débiteurs de la communauté, les créances portées par ces billets appartiendront en entier aux héritiers du prédécédé, en punition du recel.

Si le survivant qui a fait les recels, étoit donataire en usufruit, de la part du prédécédé, il seroit aussi déclaré déchu de cet usufruit, dans les effets recelés. C'est ce qui a été jugé par l'arrêt ci-dessus cité.

La femme survivante, qui a commis des recels, outre cette peine qui lui est commune avec le mari, est encore sujette à d'autres peines qui lui sont particulières. Ces peines sont, qu'elle est déchue du droit de renoncer à la communauté, comme nous l'avons vu *suprà*, *n.* 560; et de celui de n'être tenue des dettes de la communauté, que jusqu'à concurrence du profit qu'elle en a eu.

Il nous reste à observer que le survivant qui a commis des recels, peut, avant que les héritiers du prédécédé en aient eu connoissance, éviter par son repentir la peine de ses recels, en rapportant les choses recelées, et les ajoutant à son inventaire. C'est ce qui a été jugé par les arrêts que Brodeau a rapportés sur Louet.

Mais, s'il paroît que les héritiers du prédécédé ont eu connoissance des recels, le survivant ne peut plus dès-lors éviter la peine du recel, en ajoutant à l'inventaire les effets recelés, quoiqu'il les ait ajoutés avant aucune demande donnée contre lui pour raison desdits recels. C'est ce qui a été jugé par un arrêt du 14 avril 1629, rapporté par Brodeau sur Louet, *lettre* R, *chap.* 1, dans l'espèce duquel une veuve fut déclarée sujette à toutes les peines des recels, quoiqu'elle eût ajouté à l'inventaire, avant aucune demande contre elle, les effets par elle détournés; parce qu'elle ne les avoit ajoutés que depuis la saisie qui en avoit été faite par les héritiers de son mari.

ARTICLE II.

Des autres actes préalables au partage.

691. Les autres actes préalables au partage des biens de la communauté, sont, 1° le compte mobilier par lequel les parties se font respectivement raison de ce que chacune d'elles, depuis la dissolution, a reçu des biens de la communauté, et de ce que chacune d'elles a mis pour les biens de la communauté.

Lorsque l'une des parties, qui n'a pas été chargée du recouvrement des dettes de la communauté, a reçu des sommes de quelqu'un des débiteurs de la communauté, s'il a déclaré par les quittances qu'il a données, qu'il a reçu ces sommes sur sa part, ou pour sa part, il n'est pas obligé de faire raison de ces sommes au compte mobilier, sauf à l'autre partie à se faire payer, comme elle pourra, de sa part par lesdits débiteurs; ce qui a lieu, quand même ces débiteurs seroient depuis devenus insolvables, la partie qui a reçu sa part, n'étant pas garante de leur insolvabilité en ce cas, envers l'autre partie, qui doit s'imputer de n'avoir pas usé de la même diligence. *Arg. liv.* 38, ff. *fam. ercisc.*

Mais, lorsqu'une partie s'est chargée du recouvrement des dettes de la communauté, soit qu'elle s'en soit seule chargée, soit que les deux parties s'en soient réciproquement chargées, il ne lui est pas permis de recevoir sa part préférablement à la communauté, et elle doit tenir compte de tout ce qu'elle a reçu des débiteurs, quelque déclaration qu'elle ait faite dans les quittances qu'elle a données. C'est de ce cas qu'il est dit en la loi 63, §. 5, ff. *pro soc. Iniquum est ex eâdem societate alium plus, alium minùs consequi.* Voyez notre Traité de société, *n.* 122.

La réparation du dommage que l'une des parties, depuis la dissolution de la communauté, auroit causé par sa faute dans quelqu'un des effets de la communauté, est aussi une chose qui fait partie du compte mobilier : on y apprécie ce dommage à une certaine somme, dont la partie qui l'a causé, est déclarée débitrice envers la société, et dont elle doit en conséquence faire raison au compte mobilier.

692. 2° L'acte de liquidation, qui contient un état des différentes reprises et créances que chacune des parties a à exercer contre la communauté, et des différentes dettes et récompenses dont chacun des conjoints est débiteur envers la communauté.

Nous avons vu, au chapitre précédent, quelles pouvoient être ces différentes créances et ces différentes dettes.

On doit, par l'acte de liquidation, arrêter un total des créances dont chacun des conjoints est créancier de la communauté, et un total des dettes dont chacun des conjoints est débiteur envers la communauté; balancer le total des créances que chacun des conjoints a contre la communauté, avec le total des dettes dont le même conjoint est débiteur envers elle; et déclarer chacun des conjoints, ou créancier de la communauté pour la somme dont le total de ses créances excède le total de ses dettes, ou débiteur envers la communauté de la somme dont le total de ses dettes excède le total de ses créances.

693. 3° Enfin, avant que de pouvoir parvenir au partage des biens de la communauté, il est nécessaire de procéder à l'estimation des conquêts de la communauté, tant des véritables conquêts que des propres ameublis, qui, en conséquence de la convention d'ameublissement, doivent entrer dans la masse des biens de la communauté qui sont à partager, de même que les véritables conquêts.

Les parties, lorsqu'elles sont majeures, peuvent faire cette estimation à l'amiable, ou par elles-mêmes, ou par des estimateurs dont elles conviennent : elles n'ont besoin d'avoir recours au juge, que lorsqu'elles ne peuvent s'accorder sur le choix des estimateurs.

Lorsque quelqu'une des parties est mineure, on a recours aux juges, pour ordonner que les estimateurs convenus par les parties, passeront, et pour leur faire prêter serment avant qu'ils procèdent à l'estimation.

Outre la visite et l'estimation des conquêts de la communauté, on doit aussi faire une visite des héritages propres de chacun des conjoints, pour déclarer et estimer toutes et chacune les réparations d'entretien qui sont à faire auxdits héritages, la communauté en étant chargée, comme nous l'avons vu, *suprà*, *n.* 271.

ARTICLE III.

Du partage de la communauté.

694. Le partage de la communauté est la division qui se fait entre les parties, des biens de la communauté.

Il est de la nature de toutes les sociétés, que chacune des parties qui a une part dans les biens qui sont demeurés en commun, après la dissolution de la société, puisse, lorsqu'elle est majeure, en demander aux autres parties le partage ; car c'est un principe, que *nemo invitus in communione manere debet.*

Suivant ce principe, après la dissolution de la communauté qui étoit entre un mari et une femme, non-seulement le survivant, non-seulement l'héritier du prédécédé ; mais, lorsqu'il a laissé plusieurs héritiers, un seul desdits héritiers, lorsqu'il est majeur, peut demander aux autres parties le partage des biens de la communauté.

695. Lorsqu'une partie est mineure, elle peut bien, ou par son tuteur, ou par elle-même, lorsqu'elle est émancipée, demander le partage des biens mobiliers de la communauté. Elle peut demander un partage provisionnel des biens immeubles; c'est-à-dire, un partage qui assigne à chaque partie la jouissance de certains biens, pour en jouir divisément jusqu'au partage définitif; mais un mineur ne peut pas valablement demander un partage définitif des immeubles.

La raison est, que le partage des immeubles qui se feroit sur la demande de ce mineur, renfermeroit une disposition que ce mineur feroit de la part qu'il a dans lesdits biens immeubles : or, les lois interdisent aux mineurs toutes dispositions de leurs biens immeubles.

696. Quoiqu'un mineur ne puisse pas lui-même provoquer les autres parties à un partage définitif des biens immeubles, il peut être provoqué à ce partage définitif par une partie majeure; et ce partage définitif, fait sur la demande d'une partie majeure, est valablement fait avec le mineur.

La raison est, que les lois qui interdisent aux mineurs la disposition de leurs biens immeubles, en exceptent celles qui sont nécessaires : elles ne leur interdisent que celles qui sont volontaires. Un partage qui se fait sur la demande d'un mineur, est une disposition qu'il fait de ses immeubles, qui est volontaire, puisque rien ne l'obligeoit de donner cette demande : mais, lorsque le partage se fait sur la demande d'un majeur qui a provoqué le mineur au partage, la disposition que le mineur fait par ce partage, de la part qu'il a dans ces immeubles, est une disposition nécessaire, car la demande qui a été donnée contre lui aux fins de partage, est une chose qui ne dépendoit pas de lui, et qu'il n'a pu empêcher.

697. La demande aux fins de partage doit être donnée contre toutes les parties; c'est pourquoi, lorsque le prédécédé a laissé plusieurs héritiers, si le survivant n'a donné la demande aux fins de partage que contre un des héritiers, ou s'il n'y a qu'un des héritiers qui ait donné la demande contre le survivant, on ne peut statuer sur cette demande jusqu'à

ce que les autres héritiers aient été aussi assignés, ou qu'ils soient intervenus.

698. Tant que les parties possèdent les biens de la communauté par indivis, l'action de partage que chacune d'elles a droit d'intenter contre les autres parties, n'est sujette à aucune prescription de temps, quelque long qu'il soit; car l'indivision réclame perpétuellement en faveur de l'action de partage : *Quum nemo invitus in communione manere debeat.*

Mais si l'une des parties avoit possédé séparément, pendant trente ans, certains biens de la communauté, quoiqu'elle ne pût produire aucun acte de partage qui fût intervenu, cette possession séparée qu'elle auroit eue pendant ledit temps, feroit présumer qu'il y en a eu un, et opéreroit en sa faveur contre l'action de partage, si elle étoit intentée contre elle, la prescription ordinaire de trente ans, qui a lieu contre toutes les actions.

699. On commence ordinairement le partage des biens de la communauté, par celui du mobilier, et on ne vient qu'après à celui des immeubles. Néanmoins, quelquefois on ne fait qu'un même partage du mobilier et des immeubles, et même quelquefois on met tout le mobilier, ou la plus grande partie, dans un lot, et tous les immeubles, ou la plus grande partie, dans l'autre, lorsque c'est la convenance réciproque des parties : comme lorsque les biens de la communauté d'un marchand sont à partager entre la veuve et le fils, héritier de son père; si le fils a dessein de continuer le commerce de son père, et que la veuve, au contraire, ait dessein de vivre bourgeoisement, sans faire de commerce, les marchandises et effets de commerce étant, en ce cas, à la convenance du fils, on les met dans le lot du fils; et les biens-fonds étant plus à la convenance de la veuve, on les met dans le lot de la veuve.

700. On procède quelquefois à la vente des meubles de la communauté, au lieu de les partager; mais, lorsque l'une des parties veut avoir sa part en nature dans les meubles, et s'oppose en conséquence à la vente que l'autre partie veut faire, on ne peut lui en refuser le partage, à moins qu'il ne fût nécessaire de vendre le tout, ou partie, pour l'acquittement des dettes exigibles de la communauté, tant de celles qui sont dues à des tiers, que de celles qui seroient dues à l'une ou à l'autre des parties; auquel cas la vente des meubles ne peut

être empêchée, jusqu'à concurrence de ce qu'il est nécessaire d'en vendre pour l'acquittement desdites dettes, en commençant par la vente des meubles périssables.

Quand même il y auroit de quoi acquitter les dettes de la communauté, sans vendre les meubles, si l'héritier du prédécédé est un mineur, son tuteur ne peut empêcher la vente que le survivant voudroit en faire; car il est au contraire du devoir d'un tuteur de faire procéder à la vente des meubles de son mineur, pour employer le prix en acquisition d'héritages ou de rentes, qui produisent un revenu au mineur.

Mais, au contraire, si le survivant en demande le partage, le tuteur de l'héritier mineur ne peut l'empêcher; sauf à lui, après le partage qui en aura été fait, de faire procéder à la vente des meubles échus par le partage au lot de son mineur.

701. Pour procéder au partage des immeubles de la communauté, on dresse une masse de tous ceux dont elle est composée, dans laquelle chaque immeuble est couché pour la somme à laquelle il a été estimé.

La masse ainsi dressée et arrêtée, la femme ou ses héritiers doivent prélever, dans les meilleurs effets de ladite masse, à leur choix, la somme à laquelle, par la liquidation, se sont trouvées monter les reprises et autres créances de la femme, déduction faite de ce qu'elle devoit à la communauté, lorsqu'ils n'en ont pas été payés sur le prix des meubles.

Après ce prélèvement, fait par la femme ou ses héritiers, le mari ou ses héritiers, prélèvent pareillement, à leur choix, dans les meilleurs effets qui restent de ladite masse, la somme à laquelle montent les reprises et créances du mari, déduction faite de ce qu'il devoit à la communauté.

Après ces prélèvements, on fait deux lots des conquêts qui restent à partager, savoir, un pour le survivant, et un pour les héritiers du prédécédé, qu'ils tirent au sort.

On fait ces lots aussi égaux qu'il est possible; mais, comme ordinairement l'égalité ne peut pas être parfaite, pour les égaler, on charge celui qui est le plus fort, d'un retour envers le plus foible.

Par exemple, si, après les prélèvements faits, il reste pour 50,000 livres de conquêts à partager, dont on ait fait deux lots, l'un de 30,000 livres, et l'autre de 20,000 livres, on chargera, pour les égaler, le lot de 50,000 livres, d'un retour de 5,000 livres envers celui de 20,000 livres; au moyen duquel retour, le lot de 30,000 livres sera diminué de 5,000 livres, et réduit par conséquent à 25,000 livres; et le lot de 20,000 livres étant augmenté de 5,000 livres, par le retour de 5,000 livres qui lui est dû, sera pareillement de 25,000 livres.

Le retour dont on charge le lot le plus fort envers le lot le plus foible, consiste en une rente; comme lorsqu'il est dit : Un tel lot sera chargé de tant de rente envers l'autre, ou il consiste en une somme d'argent.

Lorsqu'il consiste en une rente, cette rente est une charge réelle des conquêts dont le lot qui en est chargé est composé; c'est une véritable rente foncière, qui n'est pas rachetable, à moins que la faculté n'en ait été expressément accordée; c'est une rente pour laquelle la partie à qui ce retour est dû, a tous les droits des seigneurs de rente foncière. *Voyez notre Traité du bail à rente.*

Lorsque le retour consiste dans une somme d'argent, la créance de ce retour est une créance mobilière et exigible, qui porte néanmoins intérêt *ex naturâ rei*, du jour du partage jusqu'au paiement; à moins qu'il ne fût convenu par le partage, que les parties n'entreroient en jouissance que d'un tel jour : auquel cas les intérêts du retour ne courent que de ce jour.

Quelquefois, après qu'il a été dit, par le partage, qu'un tel lot seroit chargé envers l'autre, du retour de telle somme, on ajoute que, pour le prix de ladite somme, on constitue une rente de tant. Cette rente, en ce cas, n'est pas une charge réelle et foncière des conquêts qui composent le lot; c'est une véritable rente constituée, dont le propriétaire de ce lot est débiteur personnel, laquelle est rachetable à toujours, selon la nature des rentes constituées, et pour laquelle la partie à qui elle est due, a seulement une hypothèque privilégiée sur les conquêts du lot qui en est chargé. *Voyez*, sur ces retours, *notre Traité du contrat de société*, n. 175, 176 et 177.

702. Lorsque les parties ont partagé les biens de la communauté, sans avoir prélevé préalablement sur la masse les sommes dont chacune d'elles étoit créancière de la communauté, elles doivent s'en faire raison après le partage, de la manière qui suit.

On doit faire compensation, jusqu'à due concurrence, des sommes dont chacune d'elles est créancière de la communauté. Après cette compensation faite, la partie qui est créancière de la plus grande somme, doit encore faire confusion sur elle, pour la moitié qu'elle a en la communauté, de la moitié de la somme qui est restée après ladite compensation faite, et elle a droit de demander à l'autre partie le paiement de l'autre moitié, avec les intérêts, du jour de la dissolution de la communauté.

Par exemple, je suppose que les parties ont partagé une masse de 100,000 livres, sans avoir fait aucun prélèvement des sommes dont elles étoient respectivement créancières de la communauté. Je suppose encore que le survivant fût, par la liquidation, créancier de 30,000 livres, et les héritiers du prédécédé, de 20,000 livres. Compensation faite des créances respectives, le survivant demeure créancier de 10,000 livres, dont il fait confusion de moitié sur lui : reste 5,000 livres dont il est créancier des héritiers du prédécédé.

Cette opération a le même effet que si le prélèvement des créances respectives s'étoit fait avant partage sur la masse ; car, suivant cette opération, il revient au survivant, dans les biens de la communauté, la somme de 55,000 liv. ; savoir, 50,000 livres pour son lot de partage, et 5,000 que les héritiers du prédécédé sont tenus de lui payer sur leur part ; et il ne revient aux héritiers que 45,000 livres, étant obligés d'ôter de leur part de 50,000 livres, celle de 5,000 livres qu'ils doivent au survivant.

En faisant le prélèvement des créances respectives avant partage, il revient pareillement au survivant la même somme de 55,000 livres ; savoir, celle de 30,000 livres qu'il a prélevée, et celle de 25,000 livres pour sa moitié dans les biens restés à partager ; laquelle, par les prélèvements, a été réduite à 50,000 livres ; lesquelles deux sommes de 30,000 et de 25,000 livres font celle de 55,000 livres : il revient pareillement aux héritiers du prédécédé la même somme de 45,000 livres, savoir, celle de 20,000 livres qu'ils prélèvent, et celle de 25,000 livres pour leur moitié dans la masse des biens restés à partager.

703. Observez que la femme et ses héritiers ne sont obligés de compenser la somme dont ils sont créanciers de la communauté, avec celle dont le mari ou ses héritiers en sont pareillement créanciers, que jusqu'à concurrence de la part de ladite femme ou de ses héritiers dans les biens de

la communauté. La raison est, que la compensation que la femme ou ses héritiers font avec la créance du mari, est un paiement qu'ils font au mari, de ce que la communauté lui doit ; *nam qui compensat, solvit.* Or, comme nous le verrons *infrà, part.* 6, la femme ou ses héritiers ne sont tenus des dettes de la communauté, que jusqu'à concurrence du montant de la part qu'ils ont dans les biens de la communauté : ils ne sont donc obligés de compenser la créance qu'ils ont contre la communauté avec celle du mari, que jusqu'à concurrence du montant de leur part dans les biens de la communauté ; autrement ils se trouveroient avoir payé des dettes de la communauté au-delà de leur part.

704. Par la même raison, la femme ou ses héritiers ne sont obligés de faire confusion pour moitié de ce qui leur est dû par la communauté, que jusqu'à concurrence du montant de la part qu'ils ont dans les biens de la communauté ; car la confusion que la femme fait pour moitié de sa créance contre la communauté, est un paiement qu'elle se fait pour cette moitié à elle-même, de ce qui lui est dû par la communauté. Or, elle n'est tenue des dettes de la communauté, tant de celles qui sont dues à des tiers, que de celles qui lui sont dues, que jusqu'à concurrence du montant de la part qu'elle a dans les biens de la communauté : elle n'est donc obligée à faire confusion, que jusqu'à concurrence du montant de ladite part.

Supposons, par exemple, que la masse de la communauté étoit de 30,000 livres, que les parties ont partagées sans prélever au préalable les créances respectives qu'elles ont contre la communauté : la part de chacune des parties aura été de 15,000 livres. Supposons à présent que la femme soit créancière de la communauté, d'une somme de 25,000 l., et le mari d'une somme de 40,000 livres : la femme n'étant obligée de souffrir aucune compensation ni aucune confusion, que jusqu'à concurrence de la somme de 15,000 liv., elle demeurera créancière de 10,000 livres que son mari sera tenu de lui payer ; au moyen de quoi il ne restera plus que 5,000 liv. au mari, pour se payer de sa créance de 40,000 liv. ; et la femme, par cette somme de 10,000 livres, et par celle de 15,000 livres qu'elle a eue pour sa part au partage de la communauté, sera payée entièrement de sa créance de 25,000 livres.

Cette opération a le même effet que si on avoit pris la voie du prélèvement ; car la créance de la femme devant être prélevée avant celle du mari, la femme, sur la masse de 50,000 livres, en auroit prélevé 25,000 livres pour se remplir de sa créance, et il ne seroit plus resté que 5,000 livres pour la créance du mari.

705. Lorsqu'une des parties, par la liquidation, s'est trouvée débitrice envers la communauté, d'une certaine somme, déduction faite de ce qui lui est dû par la communauté, elle en doit faire raison au partage des biens de la communauté.

Cela peut se faire de deux manières. La première est, en ajoutant à la masse des biens de la communauté la créance que la communauté a contre la partie débitrice, et en la lui précomptant sur sa part dans ladite masse.

Par exemple, si, outre une créance de 10,000 livres que la communauté a contre l'une des parties, les biens de la communauté montent à 90,000 liv., en y ajoutant cette créance de 10,000 livres, la masse montera à 100,000 livres. C'est, pour la moitié de chacune des parties, 50,000 liv., en précomptant à la partie débitrice, sur la part qu'elle doit avoir dans cette masse, la créance de 10,000 livres que la communauté a contre elle; et, en lui délivrant pour 40,000 livres des autres effets de ladite masse, elle sera remplie de ses 50,000 livres, et il en restera 50,000 livres pour la part de l'autre partie.

La seconde manière est, que sans ajouter à la masse de la communauté, la créance de la somme de 10,000 liv. qu'elle a contre moi, je laisse l'autre partie prélever, avant partage, sur les 90,000 livres dont la masse est composée, une somme de 10,000 liv., pareille à celle dont je suis débiteur envers la communauté, et que nous partagions ensuite les 80,000 liv. restantes.

Suivant cette seconde manière, j'aurai, comme dans la première opération, 40,000 livres, ma dette de 10,000 livres acquittée; ce qui fait 50,000 livres : et l'autre partie aura pareillement 50,000 liv.; savoir, 10,000 liv. qu'elle a prélevées, et 40,000 livres pour sa moitié dans les 80,000 livres qui, après le prélèvement fait, étoient restées à partager.

S'il n'a pas été fait raison de cette dette lors du partage, je dois, pour la moitié que j'ai dans les biens de la com-

munauté , faire confusion de la moitié de la dette de
10,000 liv. dont je suis débiteur à la communauté, et payer
5,000 livres à l'autre partie pour sa moitié; ce qui revient au
même que les deux opérations précédentes.

706. Lorsque les deux parties sont chacune débitrices envers la communauté, *putà*, l'une de 6,000 livres, et l'autre
de 4,000 livres, elles peuvent pareillement s'en faire raison
de deux manières.

La première consiste à ajouter à la masse des biens qui
sont à partager, chacune des créances que la communauté
a contre chacune des parties, et précompter à chacune des
parties, sur sa part, les créances que la communauté a
contre elle.

La seconde manière, qui revient au même, est de faire,
jusqu'à due concurrence, compensation des sommes dont
chacune des parties est débitrice, et de faire ensuite prélever
sur la masse, par celle qui devoit le moins, une somme pareille à celle dont la partie qui devoit le plus, s'est trouvée
débitrice après ladite compensation faite.

Par exemple, la partie qui étoit débitrice d'une somme
de 4,000 liv., prélèvera sur la masse une somme de 2,000 liv.,
qui est pareille à la somme de 2,000 livres, dont celle qui
étoit débitrice de 6,000 livres, s'est trouvée débitrice après
la compensation faite de sa dette avec la dette de 4,000 liv.
de l'autre partie.

Lorsque le partage s'est fait sans que les parties se
soient fait raison de leurs dettes respectives envers la communauté, pour qu'elles s'en fassent raison après le partage, on doit pareillement faire, jusqu'à due concurrence,
compensation des sommes dont chacune des parties étoit
débitrice envers la communauté; après quoi la partie qui
devoit plus, doit, pour la moitié qu'elle a dans les biens
de la communauté, faire confusion de la moitié de la
somme dont elle est restée débitrice après ladite compensation, et payer l'autre moitié de ladite somme à l'autre
partie.

Par exemple, dans notre espèce, la partie qui étoit débitrice de 6,000 livres, et qui, après la compensation de cette
dette avec celle de 4,000 livres dont l'autre partie étoit débitrice, demeure encore débitrice d'une somme de 2,000 liv.,
doit faire confusion de 1,000 liv., moitié de ladite somme

de 2,000 liv., et payer à l'autre partie 1,000 livres pour l'autre moitié de ladite somme.

707. Quelquefois le survivant et les héritiers du prédécédé, au lieu de partager les conquêts de la communauté, conviennent entre eux de les liciter.

La licitation est un acte qui tient lieu de partage, par lequel une chose qui était commune et indivise entre deux ou plusieurs parties, est adjugée pour le total, à celle des parties qui l'a portée à un plus haut prix, à la charge, par l'adjudicataire, de payer aux autres parties leur part dans le prix de l'adjudication.

708. Lorsque l'une des parties entre lesquelles les biens de la communauté sont à partager, demande la licitation, l'autre partie peut l'empêcher, et demander le partage, lorsque dans les biens qui sont à partager, il y a plusieurs corps d'héritages dont on peut faire deux lots, en chargeant le lot qui seroit le plus fort, d'un retour envers le lot le plus foible.

Même, dans le cas auquel les biens immeubles de la communauté ne consisteroient que dans un seul corps d'héritage; si cet héritage peut se partager commodément, c'est-à-dire, sans que le partage le déprécie, on peut encore empêcher la licitation, et demander le partage.

Lorsque les parties ne conviennent pas du fait, si l'héritage peut, ou non, se partager commodément, le juge en ordonne la visite, pour en connoître.

709. Un mineur ne peut pas demander la licitation des héritages de la communauté, puisqu'il ne peut pas même en demander le partage définitif, comme nous l'avons vu *suprà*, n. 695.

Mais la partie majeure peut donner la demande en licitation contre la partie mineure. Le juge, néanmoins, ne peut l'ordonner qu'après qu'il lui aura été justifié que l'héritage dont on demande la licitation, et qui est la seule chose à partager entre les parties, est de nature à ne pouvoir être partagée, sans que le partage le déprécie. Le juge, pour s'en instruire, doit en ordonner la visite, à moins qu'il ne soit évident, par la qualité de l'héritage, qu'il ne peut pas se partager.

710. Lorsqu'il y a une partie mineure, la licitation doit se faire à l'audience du juge. Elle doit être préalablement annoncée au public, par des affiches et des publications, et on

doit admettre les enchères de tous les étrangers qui voudront enchérir l'héritage licité.

Lorsque toutes les parties sont majeures, la licitation se fait dans l'étude d'un notaire, et les parties peuvent la faire entre elles, sans y appeler les étrangers pour enchérir. Si néanmoins l'une des parties, quoique majeure, demandoit que les enchères étrangères fussent reçues, l'autre partie ne peut le refuser, et on doit, en ce cas, annoncer au public la licitation, par affiches et publications, aux frais de la communauté : autrement, une partie riche auroit un avantage sur une partie pauvre qui n'a pas le moyen d'enchérir, et se rendroit la maîtresse du prix ; ce qui seroit une injustice manifeste.

ARTICLE IV.

De l'effet du partage des biens de la communauté, et de la garantie qu'il produit.

§. I. De l'effet du partage.

711. Selon les principes de notre jurisprudence françoise, qui sont différens en cela du droit romain, les partages ne sont pas regardés comme des titres d'acquisitions, mais comme des actes qui n'ont d'autre effet que de déterminer la part indéterminée et indivise de chacun des copartageants dans les biens qui sont à partager, aux seules choses qui échéent par le partage aux lots respectifs de chacun d'eux.

Suivant ces principes, le partage des biens de la communauté, qui se fait entre le mari ou ses héritiers d'une part, et la femme ou ses héritiers d'autre part, n'a d'autre effet que de déterminer la part indéterminée et indivise que chacune des parties a dans les biens de la communauté, aux seules choses qui, par le partage, lui échéent en son lot.

En conséquence, le mari est censé avoir acquis pour le compte de lui seul, et pour le remplir de sa part dans la communauté, tous les conquêts échus en son lot, et en avoir été toujours seul propriétaire, sans en rien tenir de sa femme, ni des héritiers de sa femme ; et il est censé au contraire n'avoir jamais été propriétaire en son propre nom, pour aucune part de ceux échus au lot de sa femme, ou des héritiers de sa femme, et n'y avoir jamais eu d'autre droit que celui qu'il y a en sa qualité de chef de la communauté, pendant le temps qu'elle a duré.

Pareillement, la femme est censée avoir acquis par le ministère de son mari, pour le compte d'elle seule, et pour la remplir de sa part en la communauté, tous les effets échus en son lot, et en avoir été seule propriétaire depuis le temps des acquisitions, sans en rien tenir de son mari; et au contraire n'avoir jamais eu de part dans ceux échus au lot du mari.

712. A l'égard des propres ameublis, lorsqu'ils tombent par le partage au lot de la partie qui a fait l'ameublissement, elle est censée en avoir toujours été seule propriétaire au même titre auquel elle l'étoit lorsqu'elle les a apportés à la communauté.

Lorsque les propres ameublis par l'une des parties, tombent au lot de l'autre partie, la partie au lot de laquelle ils sont tombés par le partage, est censée les avoir acquis dès le temps qu'ils ont été apportés à la communauté, et en avoir été seule propriétaire depuis ce temps.

713. La licitation est un acte qui tient lieu de partage, lorsque c'est une des parties licitantes qui se rend adjudicataire de l'héritage licité; elle a en ce cas le même effet que le partage. La partie qui s'est rendue adjudicataire de l'héritage licité, quand même cet héritage auroit seul composé tout le bien immeuble de la communauté, est censée ne rien tenir de l'autre partie dans l'héritage dont elle s'est rendue adjudicataire par la licitation, et en avoir toujours été propriétaire pour le total, à la charge de payer à l'autre partie sa part du prix de la licitation.

L'autre partie licitante, qui ne s'est pas rendue adjudicataire, est censée n'avoir jamais eu aucune part dans l'héritage adjugé par la licitation. Elle avoit bien une part indivise dans l'universalité des biens immeubles de la communauté, laquelle part étoit un droit immobilier; mais l'universalité des biens immeubles de la communauté étant quelque chose de distingué par l'entendement des individus qui la composent, cette part dans l'universalité n'a jamais été une part déterminée à aucun des individus qui la composoient; et, par la licitation, cette part ne s'est déterminée à aucun héritage, mais seulement à la portion du prix qui revient à cette partie dans le prix de la licitation; et, en conséquence, elle est censée n'avoir jamais eu aucune part dans l'héritage licité.

Lorsque c'est une des parties licitantes qui s'est rendue adjudicataire, il n'importe que les enchères étrangères aient été reçues; la licitation n'en est pas moins regardée comme n'étant qu'un acte qui tient lieu de partage : mais, lorsque c'est un étranger qui s'est rendu adjudicataire, il n'est pas douteux, en ce cas, que la licitation est une véritable vente de l'héritage, qui a été faite par les parties licitantes à cet étranger adjudicataire.

714. Lorsque l'une des parties a vendu à l'autre sa part indivise dans tous, ou dans quelqu'un des conquêts de la communauté, cet acte, quoique conçu dans la forme et dans les termes d'une vente, est réputé n'être autre chose qu'un acte dissolutif de la communauté qui étoit entre les parties par rapport à ces conquêts. Les parties sont censées s'être exprimées improprement, en disant que l'une vendoit à l'autre sa part dans lesdits conquêts : elles sont censées n'avoir voulu autre chose que déterminer le droit indivis que chacune avoit dans lesdits conquêts; savoir, le droit de l'une au total desdits conquêts, et le droit de l'autre à la somme que celui à qui les héritages demeurent pour le total, s'oblige de lui payer.

Voyez, sur la nature et les effets des partages, licitations et autres actes qui en tiennent lieu, ce que nous en avons dit en notre *Traité du contrat de sociëté*.

§. II. De l'obligation de garantie que produit le partage.

715. Les partages sont des actes dans lesquels l'égalité est requise plus que dans tous les autres actes. Quoique, dans les contrats commutatifs qui se passent entre majeurs, dans lesquels il n'est intervenu ni dol ni violence, il n'y ait lieu à la rescision du contrat pour la seule cause de lésion, que lorsque la partie lésée, qui se plaint du contrat, l'a été de plus de moitié de ce qu'elle devoit avoir; au contraire, quoi-qu'un acte de partage ait été passé entre majeurs, et qu'il n'y soit intervenu aucun dol ni violence, il suffit, pour que le partage soit sujet à rescision, que la partie qui se plaint du partage, ait été lésée au-delà seulement du quart de ce qui doit lui revenir par le partage.

Suivant ce principe, lorsque le survivant de deux conjoints

par mariage, et les héritiers du prédécédé, ont partagé les biens de la communauté ; si l'une des parties a été lésée par ce partage, *putà*, parce que les effets dont la masse étoit composée, n'ont pas été estimés dans la même proportion, ceux échus en son lot ayant été estimés trop cher, et ceux du lot de l'autre partie l'ayant été à trop vil prix, elle sera bien fondée à demander la rescision du partage, pourvu qu'elle prouve que cette lésion excède le quart de ce qui devoit lui revenir par le partage.

Pour être reçu à cette action rescisoire, il faut se pourvoir par lettres de rescision, obtenues en la chancellerie du Palais, dans les dix ans depuis le partage.

716. La même raison d'égalité qui doit régner dans les partages, produit aussi entre le survivant et les héritiers du prédécédé qui ont partagé les biens de la communauté, une obligation réciproque de garantie des effets tombés en leurs lots respectifs, par laquelle chacune des parties s'oblige envers l'autre de la garantir des évictions qu'elle pourroit souffrir depuis le partage, à l'égard de quelqu'un des effets échus dans son lot.

Il est évident que, par l'éviction que l'une des parties souffre de quelqu'un des effets échus dans son lot, l'égalité qui doit régner dans les partages seroit blessée, si l'autre partie ne lui en faisoit pas raison pour sa part. Supposons, par exemple, que le survivant et l'héritier du prédécédé aient partagé chacun par moitié les biens de la communauté, dont la masse montoit à 100,000 livres, et qu'il soit échu, dans le lot du survivant, une maison couchée pour 10,000 livres, dont il a été, depuis le partage, évincé par un tiers. Il est évident que l'égalité est blessée, puisque, par cette éviction, son lot est réduit à 40,000 livres, pendant que le lot de l'héritier du prédécédé, qui n'a pas souffert d'éviction, est de 50,000 liv. Il faut donc, pour rétablir l'égalité, que l'héritier du prédécédé, pour la moitié qu'il avoit au partage des biens de la communauté, fasse raison au survivant, de la moitié de la somme de 10,000 livres, pour laquelle la maison dont il a été évincé, lui avoit été donnée en partage. Par ce moyen, l'égalité est rétablie ; le lot de l'héritier du prédécédé sera réduit à 45,000 livres, et celui du survivant, composé des 40,000 livres qui lui restent, et des 5,000 livres que ledit héritier lui retourne, sera pareillement de 45,000 livres.

717. Les évictions dont les copartageants sont garants l'un envers l'autre, sont celles dont il y avoit une cause, ou du moins un germe existant dès le temps du partage.

Par exemple, si, dans le partage des biens de la communauté, qui a été fait entre le survivant et l'héritier du prédécédé, il est échu au lot de l'une des parties un héritage qui étoit hypothéqué à un tiers, et que, depuis le partage, la partie au lot de laquelle l'héritage étoit échu, en ait été évincée sur une action hypothécaire du créancier qui avoit ce droit d'hypothèque, l'autre partie sera garante envers elle de cette éviction; car le droit d'hypothèque qu'avoit le créancier sur l'héritage, et qui a été la cause de l'éviction, existoit avant le partage.

Pareillement, lorsqu'une personne qui n'avoit point d'enfants, m'a fait, durant la communauté avec ma femme, donation d'un héritage, lequel est entré en ma communauté, et qui depuis, par le partage que j'ai fait avec l'héritier de ma femme, des biens de cette communauté, est échu au lot de cet héritier; si, depuis le partage, il est survenu un enfant au donateur, par la survenance duquel la donation a été révoquée, et l'héritier de ma femme, au lot duquel l'héritage est échu, en a été évincé, je suis garant envers lui de cette éviction; car la condition tacite de révocation, en cas de survenance d'enfants, que renfermoit la donation qui m'a été faite, est le germe qui a produit l'éviction que l'héritier de ma femme a soufferte de cet héritage; et ce germe est antérieur au partage.

718. Quoique la cause de l'éviction que l'une des parties a soufferte depuis le partage, soit antérieure au partage; si cette éviction est une espèce d'éviction dont la partie qui l'a soufferte a été chargée par le partage, il n'y a pas lieu à la garantie.

Par exemple, si l'on a déclaré, par le partage, qu'un héritage compris dans la masse des conquêts de la communauté, étoit réversible à des tiers, au bout d'un certain temps, en cas d'existence d'une certaine condition, la partie au lot de laquelle l'héritage est échu, n'aura aucun recours de garantie pour l'éviction qu'elle aura soufferte par l'expiration du temps au bout duquel, ou par l'existence de la condition sous laquelle cet héritage étoit réversible : car, par la déclaration qui a été faite au partage, que cet héritage étoit ré-

versible au bout de ce temps, ou par l'existence de cette
condition , la partie au lot de laquelle il est échu, a été chargée de cette espèce d'éviction. La partie ne souffre en cela
aucune lésion par le partage : car la somme pour laquelle
l'héritage lui a été donné par le partage , n'est le prix que de
ce que l'héritage valoit, eu égard à cette charge, et non pas
le prix qu'il eût valu, si le droit que la communauté y avoit,
eût été un droit de propriété perpétuelle.

Mais si la partie qui a été chargée de cette espèce d'éviction, avant la réversion, souffroit éviction de l'héritage pour
une autre cause dont elle n'auroit pas été chargée, il y auroit
lieu à la garantie.

Pareillement, si l'héritage échu à l'une des parties, étoit
réversible au bout d'un temps plus court que celui déclaré par
le partage, l'autre partie doit lui faire raison , pour sa portion, de ce que l'héritage eût dû être estimé de moins.

719. Il n'y a pas lieu à la garantie, lorsque l'éviction que
l'une des parties a soufferte de quelqu'une des choses échues
en son lot, procède d'une cause qui n'est survenue que
depuis le partage. Par exemple, si on a pris à l'une des
parties, pour faire un chemin public, une mine de terre
échue en son lot de partage; quand même elle n'auroit
pu obtenir du fisc aucune indemnité, elle n'aura, pour
cette éviction, dont la cause n'est survenue que depuis le
partage, aucun recours de garantie contre l'autre partie. La
raison est, que depuis le partage, les choses échues aux
lots respectifs, sont aux risques de chacune des parties
auxquelles elles sont échues : la chose n'étant devenue
que depuis le partage , sujette à l'éviction que la partie a soufferte, n'étant point, lors du partage, sujette à cette éviction,
le partage n'a renfermé aucune inégalité qui puisse donner
lieu à la garantie.

720 La garantie à laquelle donne lieu l'éviction que l'une
des parties a soufferte pour une cause antérieure au partage,
n'ayant d'autre objet que le rétablissement de l'égalité, qui
se trouve blessée par cette éviction, la partie qui est tenue
de la garantie envers celle qui a souffert l'éviction, n'est obligée envers elle à autre chose qu'à lui faire raison, pour sa
portion, de la somme pour laquelle la chose dont elle avoit
été évincée, lui avoit été donnée en partage, comme nous
l'avons vu *suprà*, n. 716.

Il suit de ce principe que, pour régler l'obligation de cette garantie, on n'a égard qu'à la somme pour laquelle la chose a été donnée en partage à la partie qui en a été depuis évincée, quand même cette chose seroit d'une beaucoup plus grande valeur au temps de l'éviction. En cela cette garantie est différente de celle qui naît d'un contrat de vente, ou d'un autre contrat commutatif. La raison de cette différence est, que celle-ci naît de l'obligation que le vendeur contracte envers l'acheteur, de lui faire avoir à toujours la chose qu'il lui a vendue, *præstare emptori rem habere licere.* Cette obligation renferme *omne quod emptoris interest quominùs rem habere liceat;* ce qui comprend tout ce que la chose vaut au temps de l'éviction, de plus que le prix pour lequel elle a été vendue.

Au contraire, des copartageants ne contractent point l'un envers l'autre une obligation précise *præstare invicèm rem habere licere;* ils ne s'obligent à autre chose qu'à rétablir l'égalité, si par la suite elle se trouvoit blessée par les évictions qui surviendroient. Nous avons expliqué plus au long, selon les principes de Dumoulin, en notre Traité du contrat de vente, *n.* 652, la différence de ces deux espèces de garantie.

721. L'obligation de garantie que les copartageants contractent réciproquement l'un envers l'autre par le partage, ne s'étend pas seulement aux évictions; elle s'étend aussi aux charges réelles auxquelles quelque héritage compris au partage, étoit dès-lors sujet, et qui n'ont pas été déclarées par le partage. Cette garantie oblige la partie qui en est tenue, à faire raison pour sa portion, à celle dans le lot de laquelle est échu l'héritage sujet à cette charge, de ce qu'il auroit été estimé de moins par rapport à cette charge, si elle eût été déclarée.

Il faut excepter de cette garantie les charges qui sont de droit commun, telles que sont celles des droits seigneuriaux; ces héritages échus aux lots respectifs des parties, étant censés leur avoir été donnés en partage à ces charges, quoiqu'elles n'aient pas été exprimées. *Voyez notre Traité du contrat de vente, part.* 2, *chap.* 1, *sect.* 3, §. 1.

Il faut pareillement excepter de cette garantie des charges réelles, les servitudes visibles; la présomption étant que n'ayant pu être ignorées de ceux qui ont fait l'estimation de l'héritage sujet à la servitude, l'héritage aura été estimé eu égard à cette charge.

722. L'obligation de garantie qui naît du partage, s'étend aussi aux vices redhibitoires de quelques-unes des choses comprises au partage, qu'on n'a pas déclarés : elle oblige la partie tenue de cette garantie, à faire raison pour sa part, à celle à qui sont échues par le partage les choses qui ont ces vices, de ce qu'elles auroient été estimées de moins qu'elles ne l'ont été, si ces vices eussent été connus lors du partage.

723. Enfin, dans le partage des biens de la communauté, qui se fait entre le survivant et les héritiers du prédécédé, de même que dans les autres partages, la garantie s'étend à l'insolvabilité des débiteurs des créances et des rentes comprises au partage.

Observez à cet égard une différence entre les créances de sommes exigibles, et les rentes.

La partie à qui est échue en partage une créance d'une somme exigible, n'a de recours de garantie pour l'insolvabilité du débiteur, que lorsque le débiteur, ou étoit déjà insolvable au temps du partage, ou l'est devenu avant l'expiration du temps qui étoit nécessaire à la partie à qui la créance est échue, pour s'en faire payer; et elle doit justifier cette insolvabilité, par des diligences qu'elle a faites, avant l'expiration de ce temps, contre le débiteur.

Si l'insolvabilité n'est survenue que depuis, elle n'a aucun recours de garantie. Elle doit s'imputer à elle-même de ne s'être pas fait payer pendant que le débiteur étoit encore solvable; son copartageant ne doit pas souffrir de la négligence qu'elle a eue à se faire payer.

Au contraire, comme cette raison ne milite pas à l'égard des rentes, le créancier ne pouvant pas exiger le principal; en quelque temps que survienne l'insolvabilité du débiteur de la rente, fût-ce plus de cent ans après le partage, la partie au lot de laquelle elle est échue, ou ses représentants, ont un recours de garantie contre l'autre partie ou ses représentants, pourvu néanmoins que ce ne soit pas par la faute de la partie à qui la rente est tombée en partage, ou par celle de ses représentants, que la rente est devenue caduque, *putà*, en laissant éteindre les hypothèques dont la rente étoit accompagnée, faute d'interrompre les prescriptions, ou de s'opposer aux décrets des héritages hypothéqués, sur le prix desquels le créancier de la rente eût pu être utilement colloqué, s'il eût formé son opposition.

Cette garantie dont je suis tenu envers mon copartageant au lot duquel la rente devenue caduque est tombée, ne m'oblige pas précisément à lui payer pour ma part la somme pour laquelle cette rente lui a été donnée en partage, mais seulement à la lui continuer pour ma part, si mieux je n'aime lui payer pour ma part la somme pour laquelle elle lui a été donnée en partage ; et je dois aussi, en l'un et en l'autre cas, lui payer pour ma part les arrérages dont il n'a pu être payé par le débiteur.

Cette espèce de garantie qui a lieu dans les partages, qui s'étend jusqu'à garantir la solvabilité des débiteurs des rentes ou autres créances comprises au partage, a, quant à cela, plus d'étendue que celle qui naît d'un contrat de vente : car, comme nous l'avons vu en notre Traité du contrat de vente, *part. 6, chap. 4, art. 3,* le vendeur d'une rente ou autre créance n'est point, par la nature du contrat, garant de la solvabilité du débiteur, s'il ne s'y oblige par une clause particulière. La grande égalité qui doit régner dans les partages, y a fait introduire cette espèce de garantie.

On opposera peut-être que la grande égalité, qui doit régner dans les partages, peut bien exiger que les copartageants soient réciproquement garants de la solvabilité présente des débiteurs des rentes et autres créances échues en leurs lots respectifs, parce qu'une rente ou autre créance dont le débiteur étoit déjà insolvable dès le temps du partage, n'étant pas dès-lors de la valeur de la somme pour laquelle elle a été donnée en partage à l'aîné des parties, le partage contiendroit une inégalité, si l'autre partie, à qui il n'est échu que de bons effets, n'en étoit pas garante envers elle.

Mais il semble que la garantie de la solvabilité future de ces débiteurs, ne soit pas nécessaire pour l'égalité qui doit régner dans les partages ; car il suffit que le débiteur de la créance échue en mon lot, ait été solvable au temps du partage, pour que cette créance ait valu alors la somme pour laquelle elle m'a été donnée en partage, et pour qu'il y ait eu, par conséquent, égalité dans le partage.

La garantie de la solvabilité future n'est donc pas, dira-ton, nécessaire pour l'égalité qui doit régner dans les partages : au contraire, elle paroît, dira-t-on, opposée à un autre principe, qui est que, depuis le partage, les choses échues aux lots respectifs de chacun des copartageants, sont aux risques de celui au lot duquel elles sont tombées. Si, suivant ce principe, je n'ai aucun recours de garantie contre mon copartageant, pour les accidents de force majeure, survenus depuis le partage, tels que le feu du ciel, un tremblement de terre, et autres semblables, qui ont détruit une maison échue en mon lot, pourquoi mon copartageant en aura-t-il un contre moi, pour l'insolvabilité du débiteur, qui a réduit à rien la créance échue dans son lot, lorsque cette insolvabilité est un accident qui n'est pareillement survenu que depuis le partage?

La réponse à cette objection, est qu'il y a une différence entre les choses corporelles, telles qu'est une maison, un pré, un bateau, etc., et des créances. Les choses corporelles ont en elles-mêmes seules tout ce qu'elles ont de réalité. C'est pourquoi lorsqu'une maison, par exemple, est échue par le partage en mon lot, en recevant cette maison par la délivrance qui m'en est faite par le partage, j'ai reçu toute la chose et toute la réalité de la chose échue en mon lot : je ne puis donc avoir aucune action de garantie pour raison de cette maison, pourvu que je n'en sois pas évincé par une cause antérieure au partage. Au contraire, une créance étant une chose qui ne subsiste que dans l'entendement, tout ce qu'elle a de réalité consiste dans la chose due qui en fait l'objet : c'est cette chose due que l'on considère dans la créance, et qui en fait toute la réalité. D'où il suit que lorsqu'une créance échet par le partage au lot de l'un des copartageants, ce copartageant ne reçoit ce qu'il y a de réalité dans la créance qui lui est échue au partage, que lorsque, par le paiement qui lui en est fait, il reçoit la chose due qui étoit l'objet de cette créance, et qui en faisoit la réalité. Si donc, par l'insolvabilité du débiteur, quoiqu'elle ne soit survenue que depuis le partage, il n'a pu en être payé, il doit avoir recours de garantie, comme n'ayant pas reçu ce qui faisoit la réalité de la chose échue en son lot, pourvu néanmoins que ce ne soit pas par sa faute qu'il ne l'a pas reçu, ayant eu un temps suffisant pour se faire payer pendant que le débiteur étoit solvable.

Pareillement, les rentes constituées étant des êtres successifs qui ne subsistent que dans l'entendement, et dont toute la réalité consiste dans les sommes d'argent que le créancier

de la rente reçoit pour les arrérages, et dans celle qu'il reçoit
pour le rachat, quand le débiteur veut en arrêter le cours, la
partie à qui une rente est échue en partage, est censée n'a-
voir pas reçu ce qui fait la réalité de la chose échue en son
lot, lorsque, par l'insolvabilité du débiteur de la rente, en
quelque temps qu'elle survienne, il ne peut plus recevoir, ni
les arrérages ni le principal de sa rente; et il doit en conséquence y avoir lieu à la garantie.

724. L'obligation réciproque de garantie que les copartageants contractent, étant de la nature des partages, mais n'é-
tant pas de leur essence, le survivant et les héritiers du prédécédé, qui partagent les biens de la communauté, peuvent
se décharger de cette garantie, soit par une clause apposée au
partage, soit par une convention intervenue entre elles depuis le partage.

Les parties peuvent aussi restreindre et modifier cette garantie, *putà*, en convenant qu'elles seront bien garantes des
évictions des choses échues aux lots respectifs, mais qu'elles
ne seront pas garantes des caducités des rentes qui survien-
dront depuis le partage; ou en convenant que la garantie
n'aura lieu que jusqu'à un certain temps.

Ces conventions, néanmoins, ne sont valables qu'autant
qu'elles sont faites de bonne foi. Si l'une des parties qui ont eu
cette convention, avoit connoissance de la cause qui donnoit
lieu de craindre l'éviction de quelqu'une des choses comprises au partage, et qu'elle eût dissimulé cette connoissance
à l'autre partie à qui cette chose est échue par le partage, ce
seroit un dol qui rendroit la convention vicieuse; et la partie
qui, par la suite, souffriroit l'éviction de cette chose, pourroit se pourvoir par lettres de rescision contre la convention
par laquelle les parties se sont déchargées de la garantie des
évictions.

725. De ces obligations de garantie, naît une action de garantie, que chacune des parties a contre son copartageant, et
pour laquelle elle a une hypothèque privilégiée sur les biens
compris au partage, et échus au lot de son copartageant.

De plus, lorsque le partage a été fait par acte devant notaires, elle a une hypothèque générale sur tous les biens de son
copartageant, du jour de l'acte de partage.

CINQUIÈME PARTIE.

Comment le mari et la femme, et leurs héritiers, sont-ils tenus des dettes de la communauté, après la dissolution.

726. Le mari ou ses héritiers, et la femme ou ses héritiers, après la dissolution de la communauté, sont entre eux tenus de toutes les dettes de la communauté, de quelque côté qu'elles procèdent, chacun par moitié; savoir, le mari ou ses héritiers, pour une moitié, et la femme ou ses héritiers, pour l'autre moitié; sauf néanmoins que la femme ou ses héritiers n'en sont tenus que jusqu'à concurrence du montant de ce que ladite femme ou ses héritiers ont eu des biens de la communauté : de manière que si ce qu'ils en ont eu ne suffit pas pour acquitter cette moitié des dettes, le mari ou ses héritiers sont tenus d'acquitter le surplus.

Nous verrons, dans les deux premiers articles de cette partie, comment ils en sont tenus envers les créanciers, 1° à l'égard du mari ou de ses héritiers; 2° à l'égard de la femme ou de ses héritiers. Nous traiterons, dans un troisième article, du privilége qu'ont la femme ou ses héritiers, de n'être tenus des dettes que jusqu'à concurrence de ce qu'ils ont amendé des biens de la communauté. Nous traiterons, dans un quatrième article, de l'action hypothécaire qui a lieu contre la femme, comme détentrice des conquêts. Enfin, dans un cinquième article, nous traiterons des indemnités respectives que le mari et la femme ont l'un contre l'autre, pour raison desdites dettes.

ARTICLE PREMIER.

Comment le mari ou ses héritiers sont-ils tenus des dettes de la communauté, après la dissolution.

727. Lorsque le mari a contracté des dettes avant son mariage, lesquelles depuis sont tombées dans sa communauté,

il n'est pas douteux qu'il en demeure toujours débiteur pour
le total envers les créanciers envers qui il les a contractées,
de même qu'il l'étoit avant son mariage, et avant qu'elles
fussent tombées dans la communauté; car la communauté
de biens qu'il a contractée avec sa femme, et dans laquelle
lesdites dettes sont tombées, est une chose étrangère aux
créanciers, qui n'a pu diminuer le droit qu'ils ont contre
la personne du mari, qui s'est personnellement obligé envers eux.

728. Il en est de même des dettes des successions qui lui
sont échues, soit avant, soit depuis son mariage. Quoique
ces dettes soient tombées dans sa communauté, quoique
tous les biens desdites successions y soient tombés, il ne laisse
pas d'être tenu envers les créanciers, pour le total de tout ce
dont il s'est rendu débiteur envers eux, en acceptant la qualité d'héritier; car la communauté de biens, dans laquelle
il a porté lesdites dettes, et même les biens desdites successions, ne détruit point et n'altère en rien sa qualité d'héritier
et de successeur *in universum jus defuncti*, qui est inséparable
de sa personne, et qui le rend débiteur desdites dettes.

Il en est de ce cas comme de celui auquel un héritier fait
un transport à quelqu'un de ses droits successifs : ce transport ne le décharge pas envers les créanciers de la succession,
parce que sa qualité d'héritier, qui l'en rend débiteur, demeure toujours, nonobstant le transport, en sa personne,
dont elle est inséparable, comme nous l'avons vu en notre
Traité du contrat de vente, *n.* 529.

729. A l'égard des dettes que le mari a contractées durant
la communauté, on a autrefois agité la question, si le mari
en demeuroit débiteur pour le total envers les créanciers,
après la dissolution de la communauté, ou s'il n'en étoit plus
débiteur que pour moitié. Bacquet, *Traité des droits de justice*, estime qu'il n'en est plus débiteur que pour moitié. Il
se fonde sur ce que le mari, toutes les fois qu'il contracte
pendant que la communauté dure, est, selon lui, censé contracter seulement en sa qualité de commun et de chef de la
communauté, qui l'oblige bien pour le total, envers les
créanciers, pendant que sa qualité dure, c'est-à-dire, pendant tout le temps que dure la communauté ; mais cette
qualité s'évanouissant par la dissolution de communauté, et
le mari n'étant plus que commun pour moitié, Bacquet en

concluoit qu'il n'étoit plus tenu de ces dettes, que pour cette moitié. L'opinion contraire a prévalu, et il n'est pas douteux aujourd'hui que vis-à-vis des créanciers, le mari demeure, après la dissolution de la communauté, débiteur pour le total des dettes qu'il a contractées pendant le temps qu'a duré la communauté. L'opinion de Bacquet portoit sur un faux principe. Il n'est pas vrai que le mari, dans les contrats qu'il fait pendant que la communauté dure, contracte seulement en sa qualité de commun et de chef de la communauté ; il contracte aussi en son propre nom : tous ceux qui contractent sans exprimer en quelle qualité, étant censés contracter en leur propre nom. Les personnes qui contractent avec lui, considèrent en lui, en contractant, sa propre personne, plus que sa qualité qu'il a de commun : *ejus solius fidem sequuntur.*

Cela est sans difficulté, lorsque le mari a contracté seul. En seroit-il de même s'il s'étoit obligé conjointement avec sa femme, envers quelqu'un, sans aucune expression de solidité ? Seroit-il en ce cas débiteur pour le total envers le créancier, après la dissolution de la communauté ? La raison de douter est, que s'il se fût obligé conjointement avec toute autre personne que sa femme, envers quelqu'un, sans expression de solidité, il seroit censé ne s'être obligé que pour sa part. Néanmoins on décide communément que, même en ce cas auquel le mari s'est obligé conjointement avec sa femme, sans expression de solidité, il est censé s'être obligé pour le total, et il demeure, après la dissolution de la communauté, débiteur du total envers le créancier. La raison est, que lorsqu'on fait intervenir une femme à l'obligation du mari, l'intention des parties est de procurer une plus grande sûreté au créancier, plutôt que de partager et diminuer l'obligation du mari.

730. A l'égard des dettes de la communauté, que le mari n'a pas lui-même contractées, mais qui procèdent du chef de la femme, telles que sont celles qu'elle a contractées avant son mariage, et celles des successions qui lui sont échues durant la communauté dans laquelle les biens et les dettes desdites successions sont tombés, il y en a qui pensent que le mari ayant été débiteur pour le total de ces dettes envers les créanciers, en sa qualité de chef de la communauté, il continue de l'être après la dissolution de la

communauté. Je pense, au contraire, que le mari n'ayant pas lui-même contracté ces dettes, n'en ayant été débiteur qu'en sa qualité de chef et seigneur de la communauté, cette qualité venant à se restreindre par la dissolution de la communauté (lorsqu'elle est acceptée par les héritiers de la femme), à celle de commun pour moitié, il ne doit plus demeurer débiteur que pour moitié envers les créanciers ; sauf que si les biens de communauté, échus par le partage aux héritiers de la femme, n'étoient pas suffisants pour acquitter l'autre moitié, il seroit encore tenu envers les créanciers, de ce qui s'en manqueroit, comme il l'est envers lesdits héritiers.

C'est la différence qu'il y a entre les dettes que l'on contracte en une certaine qualité, et celles que l'on contracte en son propre nom. Celles-ci ne s'abolissent point, jusqu'à ce qu'elles soient acquittées, *quam nemo propriam personam exuere possit :* au contraire, celles que l'on contracte en une certaine qualité, ne subsistent qu'autant et pour la part pour laquelle subsiste la qualité en laquelle elles ont été contractées. Nous avons rapporté un exemple de cette différence, en notre Traité des obligations, *n.* 381. Nous y avons vu que, lorsqu'un mineur s'est fait restituer contre une obligation qu'il a contractée en son propre nom, ses fidéjusseurs ne sont pas déchargés, parce que le bénéfice de la restitution n'a pu détruire l'obligation qu'il a contractée en son propre nom : ce bénéfice lui donne seulement une exception contre l'action qui en naît, laquelle exception lui étant personnelle, ne peut passer à ses fidéjusseurs. Au contraire, lorsqu'un mineur a contracté une obligation en une qualité d'héritier qu'il avoit, et qu'il s'est fait restituer contre l'acceptation qu'il a faite de la succession, la qualité d'héritier, en laquelle il avoit contracté cette obligation, étant détruite par la restitution, cette obligation ne subsiste plus, ni celle de ses fidéjusseurs, qui ne peut subsister sans l'obligation principale.

La coutume de Melun a une disposition conforme à notre avis. Il y est dit, article 216 : *Le mari est tenu de toutes les dettes mobilières qu'elle* (sa femme) *devoit auparavant le mariage, desquelles il peut être valablement poursuivi pour le tout, durant le mariage ; et icelui dissolu, pour la moitié seulement.* C'est aussi l'avis de Lebrun, *liv.* 2, *chap.* 3, *sect.* 1, *n.* 18.

Tout ce que nous avons dit de la manière dont le mari est tenu des différentes dettes de la communauté envers les créanciers, doit s'appliquer à ses héritiers.

ARTICLE II.

Comment la femme ou ses héritiers sont-ils tenus des dettes de la communauté envers les créanciers.

731. La femme, après la dissolution de la communauté, soit qu'elle accepte la communauté, soit qu'elle y renonce, continue d'être débitrice pour le total envers les créanciers, des dettes de la communauté qui procèdent de son chef, c'est-à-dire, de celles qu'elle a elle-même contractées, soit avant, soit depuis le mariage, et de celles des successions qui lui sont échues.

Les raisons que nous avons exposées, à l'égard du mari, *suprà, n.* 734 *et* 735, s'appliquent pareillement à cet égard à la femme.

732. Lorsque la femme, pendant le mariage, n'a pas contracté seule, mais conjointement avec son mari, sans expression de solidité; quoique le mari soit censé, en ce cas, s'être obligé pour le total, comme nous l'avons vu *suprà, n.* 736, la femme n'est censée s'être obligée que pour moitié, et n'est débitrice envers le créancier, que pour moitié.

Au reste, elle est tenue envers le créancier, même en cas de renonciation à la communauté. S'étant une fois obligée, en son propre nom, rien ne peut la dispenser d'acquitter son obligation, pas même la cassation de son mariage, qui seroit depuis intervenue : *Arrêt du 2 juillet* 1609, *rapporté par l'auteur du Traité des contrats de mariage.*

733. A l'égard de toutes les autres dettes de la communauté que la femme n'a pas elle-même contractées, et dont elle n'est tenue qu'en sa qualité de commune, la femme, après la dissolution de communauté qu'elle a acceptée, n'en est débitrice que pour moitié envers les créanciers.

Elle n'est même débitrice de cette moitié, que jusqu'à concurrence de ce qu'elle a eu des biens de la communauté, comme nous allons le voir en l'article suivant.

Tout ce que nous avons dit de la femme, s'applique à ses héritiers.

ARTICLE III.

Du privilége qu'ont la femme ou ses héritiers, de n'être tenus des dettes de la communauté, que jusqu'à concurrence de ce qu'ils en ont amendé.

734. Le mari ayant, pendant le mariage, en sa qualité de chef de la communauté, le pouvoir d'en dissiper les biens, et de les charger de dettes sans la participation de sa femme, et sans qu'elle puisse l'empêcher, la jurisprudence a pourvu à la conservation des propres de la femme, en ne permettant pas que le mari pût les entamer par les dettes de la communauté.

Pour cet effet, elle a accordé à la femme et à ses héritiers deux espèces de bénéfices; 1° celui de pouvoir renoncer à la communauté, pour se décharger des dettes de la communauté. Nous en avons parlé *suprà, part. 3, chap. 2, art.* 2; 2° de n'être tenus, même en cas d'acceptation de la communauté, que jusqu'à concurrence des biens qu'ils ont eus de la communauté. C'est sur cette jurisprudence qu'a été formé l'article 228 de la nouvelle coutume de Paris, où il est dit : « Le mari ne peut, par contrat et »obligation faite avant ou durant le mariage, obliger sa »femme, sans son consentement, plus avant que jusqu'à »concurrence de ce qu'elle ou ses héritiers amendent de »la communauté; pourvu toutefois, qu'après le décès de »l'un des conjoints, soit fait loyal inventaire, et qu'il n'y »ait fraude ni faute de la part de la femme ou de ses »héritiers. »

Notre coutume d'Orléans a une pareille disposition à la fin de l'article 187.

Ce privilége a lieu, même dans les coutumes qui ne s'en sont pas expliquées, suivant les arrêts rapportés par Brodeau sur Louet, *lettre* C, *chap.* 54.

Nous verrons, sur ce privilége, 1° en quoi il diffère du bénéfice d'inventaire qui est accordé à des héritiers, pour accepter une succession suspecte; 2° vis-à-vis de quelles personnes, et à l'égard de quelles dettes il a lieu; 3° sous quelles conditions; 4° nous traiterons du compte que doivent aux créanciers la femme ou ses héritiers, pour jouir de ce privilége.

§. 1. En quoi consiste ce privilége, et en quoi il diffère de celui du bénéfice d'inventaire.

735. Ce privilége consiste dans la faculté que la femme ou ses héritiers ont de se décharger des dettes de la communauté, en comptant de ce qu'ils en ont amendé, et en abandonnant tout ce qui leur en reste.

Cet abandon ne détruit pas néanmoins, dans la femme, la qualité de commune, ni dans ses héritiers; c'est pourquoi la femme, quoiqu'elle ait fait cet abandon, ne peut pas exercer la reprise de son apport, qui ne lui a été accordé, par son contrat de mariage, qu'en cas de renonciation à la communauté.

736. Ce privilége donne-t-il seulement à la femme une exception contre les créanciers? va-t-il jusqu'à lui donner la répétition contre le créancier à qui elle a payé par erreur au-delà de ce qui lui restoit des biens de la communauté, lors du paiement qu'elle lui a fait? Il faut distinguer: Si le paiement a été fait au nom de la femme seulement, qui a eu la précaution de faire mettre dans la quittance, que le créancier a reçu pour la part dont elle étoit tenue de la dette; la femme, en justifiant qu'elle a payé par erreur au-delà de ce qu'elle a amendé des biens de la communauté, doit en avoir la répétition : car elle n'en étoit aucunement débitrice, ne s'étant point obligée elle-même à cette dette, et son mari n'ayant pas eu le pouvoir de l'obliger, comme commune, au-delà de ce qu'elle amenderoit des biens de la communauté. Or, c'est un principe de droit, qu'un créancier est tenu de rendre la chose qui lui a été payée, quoiqu'elle lui fût due, lorsque le paiement ne lui en a pas été fait au nom de celui qui en étoit le débiteur, mais par celui et au nom de celui qui croyoit, par erreur, en être débiteur, sans l'être : *Indebitum est non tantùm quod omninò non debetur, sed.... si id quod alius debebat, alius quasi ipse debeat, solvit ;* l. 65, §. *fin.* ff. *de cond. indeb.*

Au contraire, lorsque le paiement que la femme a fait d'une dette de la communauté, paroît avoir été fait aussi bien au nom de son mari qu'au sien; comme lorsqu'elle a payé toute la dette, ou des à-comptes sur toute la dette, et non pas seulement sur sa part; le créancier n'est sujet, en ce cas, à aucune répétition, ayant reçu ce qui lui étoit dû, et au nom de celui qui étoit débiteur : la femme n'a , en ce cas, de recours que contre les héritiers de son mari.

737. Le privilége de la femme est différent du bénéfice d'inventaire que la loi ou le prince accorde à des héritiers, pour accepter une succession suspecte; ce bénéfice d'inventaire donne aux héritiers qui y ont recours, le droit de n'être pas tenus, sur leurs propres biens, des dettes de la succession, et de renvoyer les créanciers à se pourvoir sur les biens de la succession, dont les héritiers ne sont regardés, vis-à-vis des créanciers, que comme des administrateurs.

Il n'en est pas de même de ce privilége que la coutume accorde à la femme, lorsqu'elle a accepté la communauté. Il ne lui donne pas le droit de n'être pas tenue des dettes de la communauté sur ses propres biens, mais seulement celui de n'être tenue que jusqu'à concurrence de ce qu'elle a eu des biens de la communauté. La femme peut donc être poursuivie, sur ses propres biens, pour sa part des dettes de la communauté, lorsqu'elle l'a acceptée, tant qu'elle retient quelque chose des biens de ladite communauté; elle ne peut en être déchargée qu'en rendant compte aux créanciers qui la poursuivent, de tout ce qu'elle en a eu, et en abandonnant ce qui lui en reste. Nous traiterons de ce compte, au quatrième paragraphe, *infrà*.

Il en est de même des héritiers de la femme.

§. II. Vis-à-vis de quelles personnes, et à l'égard de quelles dettes la femme ou ses héritiers ont-ils ce privilége.

738. Le privilége qu'a la femme de n'être tenue des dettes de la communauté, que jusqu'à concurrence de ce qu'elle a eu des biens de la communauté, a lieu, non-seulement vis-à-vis des héritiers du mari, mais aussi vis-à-vis des créanciers de la communauté.

1° Il a lieu vis-à-vis des héritiers du mari. C'est pourquoi lorsque ce que la femme a eu des biens de la communauté ne suffit pas pour acquitter la moitié des dettes, les héritiers du mari sont chargés de ce qui s'en manque; et, si la femme avoit payé pour la moitié desdites dettes, plus qu'elle n'a eu des biens de la communauté, elle auroit recours contre les héritiers du mari , pour l'acquitter de ce surplus.

2° Le privilége a lieu, même contre les créanciers : en conséquence, lorsqu'un créancier demande à la femme le paiement de la moitié de ce qui lui est dû, elle peut se défendre de la demande, en offrant à ce créancier de lui compter de ce qu'elle a eu des biens de la communauté, et de lui payer ce qui lui en reste; sauf à ce créancier à se pourvoir, pour le surplus, contre les héritiers du mari.

739. Observez une grande différence par rapport à ce privilége, entre les héritiers du mari et les créanciers. La femme n'a ce privilége vis-à-vis des créanciers, qu'à l'égard des dettes de la communauté que son mari a contractées seul, auxquelles elle n'a pas parlé, et dont elle n'est tenue qu'en sa seule qualité de commune. C'est ce qui résulte de l'article de la coutume de Paris ci-dessus rapporté; mais, à l'égard des dettes qu'elle a contractées elle-même, soit qu'elle les ait contractées seule, soit qu'elle se soit obligée avec son mari, elle ne peut user de ce privilége envers les créanciers.

Au contraire, vis-à-vis des héritiers du mari, la femme a ce privilége indistinctement à l'égard de toutes les dettes de la communauté, aussi bien à l'égard de celles qui procèdent de son chef, qu'à l'égard de celles que son mari a contractées.

Si l'article 228 de la coutume de Paris, que nous avons ci-dessus rapporté, *n.* 734, ne parle que des dettes que le mari a contractées, c'est qu'il n'est parlé en cet article, de ce privilége, que vis-à-vis des créanciers. La coutume de Paris a omis de s'expliquer sur ce privilége de la femme vis-à-vis du mari, et des héritiers du mari; mais on y doit suppléer par *l'article* 187 de la coutume d'Orléans, réformée trois ans après, par les mêmes commissaires. Après ce qui est dit en cet article 187, généralement à l'égard de toutes les dettes de la communauté, « lesquelles dettes se divisent par la disso- » lution dudit mariage, tellement que ledit survivant n'en » peut être tenu que pour la moitié, et lesdits héritiers pour » l'autre moitié; » les réformateurs ajoutent tout de suite et indistinctement, *et néanmoins n'est tenue la femme ni ses héritiers, sinon jusqu'à concurrence des biens de la communauté.*

740. La femme a ce privilége, non-seulement à l'égard des dettes dont la communauté est débitrice envers des tiers, mais pareillement à l'égard de celle dont elle est débitrice envers elle; c'est pourquoi la femme qui accepte la communauté, ne fait confusion sur elle de la moitié de ses reprises

de propres qui lui sont dues par la communauté, que jusqu'à concurrence de ce qu'elle a eu des biens de la communauté. Lorsque les biens de la communauté ne sont pas suffisants pour les acquitter, elles doivent, pour le surplus, être acquittées sur les biens propres du mari ou de ses héritiers.

741. Tout ce que nous avons dit de la femme, s'applique aux héritiers de la femme, lesquels, de même que la femme, ne sont tenus des dettes de la communauté, tant vis-à-vis des créanciers que vis-à-vis du mari et ses héritiers, que jusqu'à concurrence de ce qu'ils ont eu des biens de la communauté.

§. III. Sous quelles conditions ce privilége est-il accordé à la femme ou à ses héritiers.

742. La coutume de Paris, en l'article 228, rapporté *suprà, n.* 734, impose à la femme et à ses héritiers, pour qu'ils puissent user de ce privilége, deux conditions.

La première est, qu'il soit fait après la dissolution de la communauté, un inventaire des biens de la communauté. C'est ce qui est porté par ledit art. 228, en ces termes : *pourvu toutefois qu'après le décès de l'un des conjoints, soit fait loyal inventaire.*

Cet inventaire que la femme doit faire pour n'être pas tenue des dettes *ultrà fines,* en acceptant la communauté, doit être tel que celui qu'elle doit faire pour y renoncer, dont nous avons traité *suprà, partie* 3, *chap.* 3, *art.* 2, §. 4.

Ce que nous y avons dit de cet inventaire, et des actes qui peuvent en tenir lieu, reçoit ici application : nous y renvoyons.

743. Quoique la femme ne soit obligée à faire inventaire pour renoncer à la communauté, que dans le cas auquel la dissolution de communauté arrivant par le prédécès du mari, elle se trouve en possession des biens de la communauté, et qu'elle n'ait pas besoin d'inventaire pour renoncer, dans le cas d'une dissolution de communauté, par une sentence de séparation; au contraire, en cas d'acceptation, soit que la dissolution arrive par le prédécès du mari, soit qu'elle arrive de son vivant, par une sentence de séparation d'habitation, la femme, pour jouir vis-à-vis des créanciers, du privilége de n'être tenue des dettes de la communauté, que jusqu'à concurrence de ce qu'elle en a amendé, doit leur re-

présenter un inventaire. La raison de la différence est sensible. La femme qui renonce à la communauté, dans le cas d'une séparation, n'ayant point été en possession des biens de la communauté, n'a pas besoin d'un inventaire pour justifier aux créanciers qu'elle n'en retient rien. Au contraire, en cas d'acceptation, soit que la dissolution de la communauté soit arrivée par le prédécès du mari, soit qu'elle soit arrivée de son vivant, par une sentence de séparation, le privilége qu'a la femme de n'être tenue des dettes de la communauté, que jusqu'à concurrence de ce qu'elle en a amendé, renferme, par une conséquence nécessaire, celle de leur représenter un inventaire, pour justifier de ce qu'elle en a amendé.

744. Par la même raison, lorsque la dissolution de la communauté arrive par le prédécès de la femme, les héritiers de la femme qui ont accepté la communauté, doivent représenter aux créanciers un inventaire, pour jouir du privilége de n'être tenus des dettes de la communauté, que jusqu'à concurrence des biens qu'ils en ont amendés, quoique, pour renoncer, ils n'aient pas besoin d'inventaire. Les termes dans lesquels est conçu l'article 228 de la coutume de Paris, établissent la nécessité d'un inventaire, pour que les héritiers de la femme jouissent de ce privilége, dans le cas du prédécès de la femme. Il y est dit : *pourvu qu'après le décès de l'un des conjoints, soit fait inventaire, etc.* Ces termes indéfinis, *après le décès de l'un des conjoints,* comprennent le cas du prédécès de la femme, aussi bien que celui du prédécès du mari, et établissent la nécessité de l'inventaire, tant à l'égard des héritiers de la femme, en cas du prédécès de la femme, qu'à l'égard de la femme, en cas du prédécès du mari.

745. L'inventaire est absolument nécessaire vis-à-vis des créanciers ; mais il n'est pas précisément nécessaire pour que les héritiers de la femme puissent jouir de ce privilége contre le mari. Le partage qui a été fait entre le mari et les héritiers de la femme, des biens tant mobiliers qu'immobiliers de la communauté, peut, aussi bien qu'un inventaire, justifier de ce qu'ils ont amendé des biens de la communauté, pour leur part; et c'est une preuve que le mari ne peut désavouer, puisqu'elle résulte d'un acte auquel il a été partie.

746. La seconde chose que l'art. 228 exige, est *qu'il n'y ait faute ou fraude de la part de la femme ou de ses héritiers.*

Cette fraude qui, aux termes de cet article, fait déchoir la femme ou ses héritiers, de ce privilége, est celle qu'ils commettent, soit en détournant, soit en recélant, soit en cachant de quelque manière que ce soit, aux créanciers, une partie de ce qu'ils ont amendé des biens de la communauté. En un mot, la fraude qui les a fait déchoir de ce privilége, est la même que celle qui les fait déchoir de celui de pouvoir renoncer à la communauté dont nous avons traité, *part. 3, chap. 2, art. 2, §. 4.* Nous y renvoyons.

L'article dit, *pourvu qu'il n'y ait faute ni fraude.* Je crois que par ces termes, pourvu *qu'il n'y ait faute,* la coutume entend que si la femme ou ses héritiers avoient, par leur faute, laissé perdre quelques-uns des effets de la communauté, qui leur sont échus, ils seroient obligés d'en compter aux créanciers, dans le compte qu'ils leur doivent, pour jouir du privilége, quoique, par leur faute, ils n'aient pas profité desdits effets. La raison est évidente. La femme ou ses héritiers, n'ayant droit, par ce privilége, d'être déchargés des dettes de la communauté, qu'à la charge de compter aux créanciers, de ce qu'ils en ont amendé, ils sont, lorsqu'ils veulent user de ce privilége, comptables envers les créanciers, des biens de la communauté qui leur sont échus. Ils sont par conséquent obligés, à l'égard desdits biens, envers les créanciers, au même soin auquel tout comptable est obligé à l'égard des biens dont il est comptable. Donc si, faute d'avoir apporté ce soin, ils ont, par leur faute, laissé perdre quelques-uns desdits effets, ils en sont responsables envers les créanciers, et ils doivent leur en compter, comme s'ils existoient.

§. IV. Du compte que la femme ou ses héritiers doivent aux créanciers de la communauté, pour jouir de ce privilége.

747. La femme qui veut jouir de ce privilége, doit un compte des biens qui lui sont échus de la communauté, aux créanciers qui la poursuivent pour le paiement de quelques dettes de la communauté.

La femme, par ce compte, doit se charger en recette, de tous les effets de la communauté qu'elle a eus par le partage, tant pour sa part qu'à titre de préciput.

Lorsque ce sont des meubles, elle doit s'en charger suivant la prisée qui en a été faite par l'inventaire, et elle ne seroit pas recevable à les abandonner en nature après les avoir usés.

Lorsque ce sont des héritages, elle doit s'en charger, suivant l'estimation qui en a été faite par le partage, si mieux elle n'aime les abandonner en nature, en tenant compte, en ce cas, des dégradations qui procéderoient de son fait.

Elle doit aussi compter des fruits qu'elle a perçus pour ce qui en reste après compensation faite, jusqu'à due concurrence, desdits fruits avec les intérêts des sommes qu'elles a payées, tant à des tiers qu'à elle-même, pour l'acquittement des dettes de la communauté.

Lorsque la femme s'est trouvée créancière de la communauté, d'une somme pour ses reprises, toutes déductions faites de ce qu'elle devoit à la communauté, elle n'est point obligée de se charger en recette, de ce qu'elle a prélevé sur les biens de la communauté, pour se payer de cette somme ; car la femme, par ce prélèvement, n'ayant fait que se payer de ce qui lui étoit dû, on ne peut pas dire que ce prélèvement soit quelque chose dont elle ait amendé, et qu'elle ait profité des biens de la communauté.

Au contraire, lorsque la femme s'est trouvée débitrice envers la communauté, d'une somme, toutes déductions faites de ce qui lui étoit dû, et que cette somme lui a été précomptée sur sa part au partage de la communauté, elle doit s'en charger en recette ; car la libération de cette somme qu'elle devoit, est quelque chose dont elle a amendé aux dépens de la communauté.

Elle doit se charger en recette, de la moitié de ce qui a été tiré, durant le mariage, du fonds de la communauté pour dotation des enfants communs, lorsqu'elle les a dotés conjointement avec son mari : car, en les dotant conjointement avec son mari, elle est censée avoir pris pour son compte la moitié de ces dots, et avoir tiré de la communauté la moitié de ce qui en a été tiré pour les fournir. C'est par cette raison qu'en cas de renonciation à la communauté, elle est obligée d'en faire déduction sur la restitution qui lui est faite de ses propres. Par la même raison, dans ce cas-ci, elle doit s'en charger en recette, comme l'ayant amendé de la communauté.

748. Le chapitre de recette ainsi composé, on doit allouer à la femme en mises et déductions :

1° Ce qu'elle a payé pour sa part des frais d'inventaire et de partage : car ce n'est que sous la déduction de ces charges, qu'elle amende et profite des biens de la communauté.

2° On doit allouer en déduction à la femme ce qu'elle a payé à d'autres créanciers de la communauté, qui ont été plus vigilants à se faire payer, que celui par qui elle est poursuivie.

Il n'importe, à cet égard, que les créanciers que la femme a payés, soient antérieurs ou postérieurs à celui par qui elle est poursuivie, lorsque le créancier par qui elle est poursuivie, n'est ni hypothécaire, ni privilégié; ou, quoiqu'il soit hypothécaire ou privilégié, lorsque la femme n'a, parmi les biens qu'elle a eus de la communauté, que des meubles qui ne sont pas susceptibles d'hypothèque, et qu'elle n'en a aucuns qui soient sujets à son privilége.

Il en est autrement lorsque le créancier par qui la femme est poursuivie, est un créancier hypothécaire ou privilégié, et que la femme a des effets sujets à ses hypothèques ou à son privilége, comme nous le verrons ci-après.

3° Lorsque la femme créancière de la communauté n'a pas prélevé, au partage des biens de la communauté, la somme dont elle étoit créancière, déduction faite de ce qui lui étoit dû par la communauté, on doit lui allouer en déduction la moitié de cette créance, dont elle fait confusion sur elle : car cette confusion qu'elle fait sur elle, de la moitié de sa créance, est un paiement qu'elle se fait à elle-même sur sa part des biens de la communauté, de la moitié d'une dette de la communauté dont elle est créancière, qui ne diminue pas moins sa part, que les paiements qu'elle a faits à d'autres créanciers de la communauté, et qui par conséquent doit lui être alloué, de même qu'on lui alloue les paiements qu'elle a faits à d'autres créanciers qui ont été plus vigilants à se faire payer, que ceux par qui elle est poursuivie.

4° Enfin, on doit lui allouer en dépense les frais du compte.

749. Lorsque, par la balance qui sera faite du chapitre de recette, c'est-à-dire, du chapitre des choses que la femme a eues des biens de la communauté, et du chapitre des déduc-

tions qui doivent lui être faites, la femme se trouve avoir autant ou plus payé, soit à des tiers, soit à elle-même, pour l'acquittement des dettes et charges de la communauté, qu'elle n'en a amendé, et par conséquent n'avoir rien amendé effectivement, elle doit être renvoyée de la demande du créancier.

Lorsque, par cette balance, il reste quelque chose que la femme a amendé effectivement des biens de la communauté, elle doit être reçue à offrir d'en faire raison au créancier par qui elle est poursuivie, et être au surplus renvoyée de sa demande.

750. Ce que nous venons de dire a lieu lorsque l'action sur laquelle la femme est poursuivie, est une action personnelle et ordinaire; mais, lorsqu'elle est poursuivie par un créancier privilégié, et que, parmi les biens qu'elle a eus de la communauté, elle a encore en nature des effets sujets à son privilége, elle ne peut l'empêcher de se venger sur lesdits effets sujets à son privilége; et elle opposeroit en vain les paiements qu'elle a faits, soit à d'autres créanciers, soit à elle-même, en acquit de la communauté, sauf son recours contre les héritiers de son mari : ce qui doit pareillement avoir lieu lorsque la femme, détentrice des conquêts, est poursuivie sur une action hypothécaire. *Voyez l'article suivant.*

Tout ce que nous avons dit de la femme, en cet article, reçoit application aux héritiers de la femme.

ARTICLE IV.

De l'action hypothécaire qui a lieu contre la femme.

751. Quoique la femme ne soit tenue personnellement des dettes de la communauté, après la dissolution, que pour moitié, lorsqu'elles ne procèdent pas de son chef, et même qu'elle n'en soit tenue que jusqu'à concurrence de ce qu'elle a eu des biens de la communauté, elle peut néanmoins, comme détentrice des immeubles de la communauté, être poursuivie hypothécairement pour le total, par les créanciers auxquels son mari les a hypothéqués.

Nous verrons, 1° quels sont les créanciers qui ont cette action hypothécaire contre la femme; 2° quel est l'effet de cette action.

31.

§. 1. Quels sont les créanciers qui ont cette action hypothécaire contre la femme.

752. Les créanciers qui ont cette action hypothécaire contre la femme, sont les créanciers de dettes contractées par le mari durant le mariage, envers lesquels le mari s'est obligé par un acte devant notaires, ou a été condamné par une sentence. Le mari, qui avoit en ce temps la qualité de chef de la communauté, et qui est censé s'être obligé, ou avoir été condamné envers eux, non-seulement en son propre nom, mais aussi en cette qualité, est censé obligé par ces actes sous l'hypothèque de tous les biens qu'il avoit droit alors d'hypothéquer, et par conséquent sous l'hypothèque de tous les immeubles de sa communauté présents et à venir; la qualité de chef de la communauté qu'il avoit, lui donnant alors le droit d'en disposer, de les aliéner, engager et hypothéquer tous irrévocablement, suivant l'article 225 de la coutume de Paris, et suivant le droit commun. Une femme qui a accepté la communauté, étant censée avoir fait, en sa qualité de commune, tout ce que son mari a fait durant la communauté, en sa qualité de chef de la communauté, comme nous l'avons vu *suprà, part.* 2; le mari ayant, durant la communauté, en sa qualité de chef de la communauté, hypothéqué à ses créanciers tous les conquêts de la communauté, sa femme est censée, en sa qualité de commune, les avoir elle-même hypothéqués pour la part qu'elle y auroit par le partage de la communauté.

753. Il n'en est pas de même des créanciers envers qui le mari s'est obligé avant le mariage. Quoiqu'il se soit obligé envers eux, sous l'hypothèque de tous ses biens présents et à venir, lesdits créanciers n'ont aucun droit d'hypothèque sur les conquêts échus à la femme par le partage. Le mari n'a pu leur hypothéquer la part de sa femme, n'y ayant que la qualité de chef de la communauté, qu'il n'avoit point encore, qui eût pu lui donner le droit de la leur hypothéquer.

On objectera qu'il suffit que le mari soit, depuis le contrat, devenu propriétaire de tous les conquêts de la communauté, pour le total, pendant un temps, pour que tous lesdits conquêts aient été, pour le total, frappés de l'hypothèque que le mari leur a constituée de tous ses biens présents et à venir. Or, le mari l'est devenu pendant le temps de son mariage : donc tous lesdits conquêts sont sujets à cette hypothèque, tant ceux échus à la femme que ceux restés au mari.

La réponse est , que l'hypothèque ne peut avoir plus d'étendue que n'en a le droit de propriété de celui qui l'a constituée, et d'où elle dérive. Or, le droit de propriété que celui qui a constitué cette hypothèque, avoit acquis de tous les conquêts de sa communauté, étoit un droit qui étoit de nature à se restreindre par la dissolution et l'acceptation de la communauté, à ceux qui lui écherroient par le partage. Donc le droit d'hypothèque qu'il a constituée sur lesdits biens auxdits créanciers, doit pareillement se restreindre à la part des conquêts qui lui est restée par le partage.

754. Notre coutume d'Orléans s'est écartée de ces principes ; et, en prenant pour raison de sa décision , celle que nous avons ci-dessus proposée comme objection, elle décide que tous les créanciers hypothécaires du mari, même ceux envers qui il s'est obligé avant son mariage, même ceux qui sont créanciers du mari seul, et non de la communauté, ont hypothèque sur tous les conquêts de la communauté, et qu'ils la conservent, après le partage de la communauté, même sur ceux échus à la femme.

C'est ce qui paroît, par l'article 190 de ladite coutume, où , après avoir dit que les rentes constituées par l'un ou par l'autre des conjoints, avant le mariage, doivent être continuées par celui seul qui les a constituées, la coutume ajoute, à l'égard des rentes constituées par le mari, avant le mariage, que si la femme qui ne les a pas constituées, en est poursuivie hypothécairement depuis la dissolution du mariage, elle aura son recours contre les héritiers de son mari ; ce qui suppose que les créanciers hypothécaires du mari, même ceux qui le sont du mari seul, et non de la communauté, conservent, après la dissolution et le partage de la communauté, leur hypothèque sur les conquêts échus par le partage à la femme.

Observez, à l'égard des termes de cet article, *en cas que celui des conjoints qui ne les auroit constituées.... en fût poursuivi hypothécairement comme détenteur des conquêts*, que ces termes, *celui des conjoints*, ne doivent s'entendre que de la femme : car il n'y a que la femme qui, comme détentrice de conquêts, puisse être poursuivie hypothécairement par les créanciers particuliers du mari. *Contrà*, le mari ne peut être poursuivi comme détenteur de conquêts, par les créanciers particuliers de la femme, lesquels ne peuvent avoir d'hypothèque que sur la part de la femme. L'ancienne coutume d'Orléans s'étoit, à cet égard, mieux expliquée que la nouvelle. Elle portoit, en l'art. 175, d'où le 190ᵉ de la nouvelle est tiré : *Toutefois s'il y a des conquêts.... et* LADITE FEMME *en possède..... elle peut être convenue hypothécairement, etc.*

755. Il n'y a qu'un cas auquel le mari puisse être, après la dissolution de la communauté, poursuivi hypothécairement par les créanciers particuliers de la femme ; c'est celui auquel il seroit échu au lot du mari un propre ameubli par la femme, qu'elle auroit hypothéqué à ses créanciers avant son mariage.

§. II. De l'effet de l'action hypothécaire contre la femme.

756. Sur la demande qu'un créancier hypothécaire a donnée contre la femme, comme détentrice des conquêts qui lui sont hypothéqués, la femme doit les lui délaisser.

Si la femme avoit auparavant acquitté des dettes dont l'hypothèque fût préférable à celle du demandeur ; quand même, en les acquittant, elle n'auroit pas eu la précaution de s'y faire subroger, le demandeur seroit obligé de lui en faire raison : car la femme, en ce cas, a rendu meilleure la condition du demandeur ; elle a bonifié l'hypothèque du demandeur, en acquittant des hypothèques préférables à la sienne ; *meliorem ejus pignoris causam fecit.*

Néanmoins, c'est une précaution sage, lorsque la femme paie quelque créancier hypothécaire, de requérir la subrogation, pour éviter toute contestation.

757. Le demandeur doit faire raison à la femme, non-seulement de ce qu'elle a payé à des tiers dont l'hypothèque étoit antérieure à celle du demandeur ; il doit pareillement lui faire raison de ce qu'elle s'est payé à elle-même pour ses créances contre la communauté, pour lesquelles elle a une hypothèque, du jour de son contrat de mariage, antérieure à celle du demandeur.

758. Mais il n'est pas obligé de lui faire raison de ce qu'elle a payé à d'autres créanciers de la communauté, qui n'étoient que chirographaires, ou dont l'hypothèque étoit pos-

térieure à celle du demandeur, quand même ce que la femme leur a payé égaleroit, ou même excéderoit ce qu'elle a eu des biens de la communauté; sauf à elle son recours contre les héritiers de son mari, pour être indemnisée de ce qu'elle se trouve avoir payé de plus que ce qui lui est resté pour sa part des biens de la communauté.

ARTICLE V.

Des indemnités respectives que les conjoints ont l'un contre l'autre, pour raison des dettes de la communauté.

759. Les conjoints n'étant tenus entre eux des dettes de la communauté, que chacun pour moitié, et même la femme n'en étant tenue pour cette moitié, que jusqu'à concurrence de ce qu'elle a eu des biens de la communauté, il suit de là que chacun des conjoints a un recours d'indemnité contre l'autre, pour être remboursé de ce qu'il a payé de plus qu'il n'en devoit porter.

C'est pourquoi lorsque le mari, après la dissolution de la communauté, a acquitté en total une dette de la communauté, quoiqu'il en fût effectivement débiteur pour le total vis-à-vis du créancier, l'ayant lui-même contractée, il a un recours d'indemnité contre sa femme, ou les héritiers de sa femme, pour la part qu'ils en doivent porter.

Vice versâ, lorsque la femme, depuis la dissolution de la communauté, a acquitté pour le total une dette de la communauté, *putà*, parce qu'elle procédoit de son chef, elle a un recours d'indemnité contre les héritiers de son mari, pour être par eux remboursée de la part qu'ils en doivent porter.

Observez trois différences entre le recours d'indemnité que le mari ou ses héritiers ont contre la femme ou ses héritiers, pour les dettes de la communauté, et celui qu'a la femme ou ses héritiers, contre le mari ou ses héritiers.

760. PREMIÈRE DIFFÉRENCE. Le mari ne peut avoir recours d'indemnité pour les dettes de la communauté, contre la femme ou ses héritiers, que dans le cas d'acceptation de la communauté par la femme ou ses héritiers. Il est évident qu'il n'en peut avoir aucun en cas de renonciation à la communauté par la femme ou ses héritiers, la femme et ses héritiers en devant être en ce cas déchargés entièrement. Au

contraire, la femme a un recours contre son mari, soit en cas d'acceptation, soit en cas de renonciation. En cas de renonciation, elle a recours pour le total; en cas d'acceptation, elle l'a pour la part que son mari ou les héritiers de son mari en doivent porter.

761. SECONDE DIFFÉRENCE. Le mari a recours d'indemnité contre les héritiers de la femme, pour les dettes de la communauté, après qu'il les a payées.

Même avant qu'il les ait payées, lorsqu'il est poursuivi par un créancier de la communauté pour le paiement, il peut dénoncer les poursuites aux héritiers de la femme, et conclure contre eux à ce qu'ils soient condamnés à l'en acquitter pour la part dont ils en sont tenus.

Mais, tant qu'il n'a pas payé les dettes de la communauté, et qu'il n'est pas poursuivi pour les payer, il ne peut exercer aucune action d'indemnité contre les héritiers de la femme.

Au contraire, la femme, après la dissolution de la communauté, a action d'indemnité contre les héritiers de son mari, pour être acquittée des dettes de la communauté, auxquelles elle est obligée en son nom : elle a sur-tout cette action en cas de renonciation à la communauté, afin d'être en ce cas acquittée pour le total; et, en cas d'acceptation, pour la part que les héritiers du mari en doivent porter.

En l'un et en l'autre cas, on doit donner au mari un délai qui doit dépendre de l'arbitrage du juge.

Idem dictum putà des héritiers de la femme contre le mari.

762. TROISIÈME DIFFÉRENCE. Le mari n'a aucune hypothèque de son chef sur les biens propres de sa femme, pour l'action d'indemnité qu'il a contre elle ou ses héritiers, lorsqu'il a payé, après la dissolution de la communauté, la part que sa femme ou les héritiers de sa femme devoient porter dans les dettes de la communauté.

Il peut seulement, lorsqu'il a payé un créancier de la communauté, auquel la femme s'étoit obligée, exercer les hypothèques que ce créancier avoit sur les biens de la femme, pourvu qu'en le payant, il ait eu la précaution de s'y faire subroger.

Je pense aussi qu'on ne peut refuser au mari, pour son action d'indemnité, une hypothèque privilégiée sur les conquêts échus à la femme par le partage; la femme ne pouvant avoir droit de prendre part aux biens de la communauté, qu'à la charge de payer les dettes.

763. Au contraire, suivant la jurisprudence du parlement de Paris, la femme a hypothèque, du jour de son contrat de mariage, sur tous les biens de son mari, pour l'indemnité qu'il lui doit pour les dettes de la communauté, qu'il est tenu d'acquitter.

Cette jurisprudence accorde cette hypothèque, du jour du contrat de mariage, soit qu'elle y ait été stipulée, soit qu'elle ne l'ait pas été; et, même lorsqu'il n'y a pas eu de contrat de mariage, elle l'accorde du jour de la célébration du mariage.

Cette hypothèque, du jour du contrat de mariage, a souffert néanmoins autrefois beaucoup de difficulté, et il y a de fortes raisons contre cette hypothèque. On peut dire que l'hypothèque des biens étant accessoire à l'obligation de la personne, il est impossible, par la nature des choses, qu'elle précède l'obligation de la personne, étant impossible qu'un accessoire subsiste sans son sujet. S'il est dit en la loi 5, ff. *de pign. et hypoth.*, que *Futuræ obligationis nomine (res hypothecæ) dari possunt*, cela s'entend en ce sens, *sic tamen ut ex illá conventione non priùs nascatur jus hypothecæ, quàm contracta fuerit obligatio.* La convention d'hypothèque peut bien précéder l'obligation de la personne; mais le droit d'hypothèque qui naît de cette convention, ne naît que du jour qu'est contractée l'obligation de la personne. Or, l'obligation du mari d'indemniser sa femme, des obligations qu'elle contracte durant la communauté, ne peut commencer que du jour que la femme les a contractées. On ne peut concevoir, *per rerum naturam*, que le mari soit obligé d'indemniser sa femme, d'une obligation qu'elle n'a pas encore contractée. L'obligation d'indemniser sa femme, des dettes de la communauté, ne pouvant naître que du jour qu'elle les a contractées, l'hypothèque des biens du mari, qui est un accessoire de cette obligation d'indemnité, ne peut pareillement naître que du jour que la femme a contracté les dettes dont elle doit être indemnisée, et non du jour de son contrat de mariage.

Ces principes sont conformes à la décision de Gaïus, en la loi 11, ff. *qui potior. in pign.*, qui a décidé que lorsqu'une personne avoit eu convention avec une autre, d'hypothéquer certaines choses pour l'emprunt d'une certaine somme qu'elle

comptoit emprunter, l'hypothèque ne commençoit que du
jour que la somme lui avoit été comptée; parce qu'ayant
été, jusqu'à ce temps, au pouvoir de cette personne de ne
point contracter d'obligation, en ne recevant pas la somme,
il n'a pu y avoir, jusqu'à ce temps, ni obligation, ni hypothèque. Par la même raison, tant qu'il a été au pouvoir du
mari de ne pas contracter les dettes qu'il a contractées, et
de n'y pas faire intervenir sa femme, il n'a pu y avoir d'o-
bligation d'en acquitter sa femme, ni d'hypothèque pour
cette obligation.

Si le mineur, pour la restitution des sommes que son
tuteur a reçues pour lui, durant le cours de la tutelle, a
hypothèque sur les biens de son tuteur, du jour qu'a commencé la tutelle, et non pas seulement du jour qu'il a reçu
lesdites sommes, c'est qu'on ne peut pas dire de même qu'il
a été au pouvoir de ce tuteur, de ne pas contracter l'obligation de rendre ces sommes en ne les recevant pas; car il
n'étoit pas en son pouvoir de ne les pas recevoir. Il a contracté, par l'acte de tutelle, l'obligation de recevoir toutes
les sommes dues à son mineur, pendant tout le cours de la
tutelle, et d'en rendre compte. Son obligation ayant été
contractée par l'acte même de la tutelle, l'hypothèque qui
en est l'accessoire, l'est aussi. Au lieu qu'ayant toujours été
au pouvoir du mari de ne pas contracter les dettes qu'il a
contractées, et de n'y pas faire intervenir sa femme, jusqu'à ce qu'il les ait contractées, et jusqu'à ce que sa femme
y soit intervenue; et ayant été, par conséquent, en son pouvoir jusqu'à ce temps de ne pas contracter l'obligation d'en
indemniser sa femme, en ne les contractant pas, cette obligation d'en indemniser sa femme, n'a pu naître plus tôt, ni
par conséquent l'hypothèque de cette obligation d'indemnité.

Nonobstant ces raisons, qui sont très-fortes, la jurisprudence a accordé à la femme, hypothèque, du jour du contrat de mariage, pour l'indemnité qui lui est due des dettes
auxquelles elle s'est obligée durant la communauté.

764. On a cru néanmoins, pendant quelque temps, qu'elle
ne devoit remonter au temps du contrat de mariage, que
lorsque l'indemnité y avoit été expressément stipulée : mais
depuis, quoique l'indemnité n'ait pas été expressément stipulée, on en a fait remonter l'hypothèque au temps du contrat de

mariage; et, lorsqu'il n'y a pas de contrat, au jour de la célébration du mariage. Lebrun, *liv.* 3, *chap.* 2, *sect.* 2, *dist.* 6,
rapporte plusieurs arrêts qui ont établi cette jurisprudence;
et il atteste qu'on n'en a plus fait de question depuis un arrêt du 5 juillet 1681, rapporté au quatrième tome du Journal
des audiences, qui a fait remonter l'hypothèque de l'indemnité de la femme, au jour du contrat de mariage, quoiqu'elle
n'y eût pas été stipulée; et c'est ce que nous voyons effectivement pratiquer dans toutes les sentences d'ordre.

Pour justifier cette jurisprudence, on dit qu'un homme,
en se mariant, contracte envers sa femme l'obligation de lui
restituer sa dot franchement après la dissolution de la communauté; il s'oblige *dotem salvam fore.* Or, cette obligation
de lui rendre sa dot *franchement*, renferme celle d'acquitter
la femme des dettes par lesquelles sa dot pourroit être entamée, et qui empêcheroient qu'elle ne l'eût franchement.

765. Lorsqu'une femme séparée, soit par contrat de mariage, soit par une sentence de séparation exécutée par la
restitution que son mari lui a faite de sa dot, a depuis contracté
quelque obligation pour son mari, l'hypothèque, pour l'indemnité de cette obligation que le mari doit à sa femme,
a-t-elle pareillement lieu du jour du contrat de mariage? On
peut dire, pour la négative, que la raison pour laquelle on
a fait remonter, au jour du contrat de mariage, l'hypothèque pour l'indemnité due à la femme, des dettes qu'elle
a contractées durant la communauté, tirée de l'obligation
du mari, contractée par le contrat de mariage, de rendre à
sa femme sa dot franchement, ne se rencontre pas dans ces
espèces : car, dans le cas d'une séparation contractuelle,
l'obligation de rendre la dot franchement, n'a point été contractée par le mari, qui ne l'a point reçue; et, dans le cas
d'une séparation judiciaire, exécutée par la restitution qui a
été faite à la femme, de sa dot, l'obligation de rendre la dot
étoit acquittée, et ne subsistoit plus, lorsque depuis la
femme a contracté des obligations pour son mari.

Nonobstant ces raisons, Lebrun, *ibidem*, rapporte trois
arrêts qui ont accordé l'hypothèque, du jour du contrat de
mariage, pour l'indemnité des obligations qu'une femme
séparée avoit contractées pour son mari. Vaslin en cite deux
autres postérieurs, qui ont jugé de même. La raison est que,
nonobstant la séparation, nonobstant la restitution de la

dot, faite en exécution, le mari demeure toujours obligé à la conservation de la dot, par l'obligation qu'il en a contractée en se mariant.

C'est pour cela que, dans tous les actes qui peuvent tendre à l'aliénation ou à l'engagement des immeubles qui font partie de la dot de la femme, l'autorisation du mari doit intervenir. C'est pourquoi, lorsque la femme, quoique séparée, a, sous l'autorisation de son mari, contracté des obligations pour son mari, par lesquelles sa dot pourroit être entamée, le mari, par l'obligation qu'il a contractée en se mariant, de conserver la dot de sa femme, est obligé d'en indemniser sa femme, pour que sa dot n'en soit pas entamée; et, comme cette obligation remonte au temps de son contrat de mariage, l'hypothèque, pour cette obligation, doit aussi y remonter. On ajoute que la séparation ayant pour fin de conserver la dot de la femme, on ne doit pas lui donner un effet contraire à cette fin, en privant la femme, d'une hypothèque qu'elle auroit pour son indemnité, si elle n'étoit pas séparée.

Il y a des arrêts contraires. L'arrêt du 8 juin 1674, qui est au Journal du Palais, accorde l'hypothèque, du jour du contrat de mariage, à l'indemnité d'une femme, pour les obligations qu'elle avoit contractées avant sa séparation; mais, à l'égard d'une obligation qu'elle avoit contractée depuis sa séparation, l'arrêt ne lui accorde l'hypothèque, pour son indemnité, que du jour de l'obligation.

On trouve aussi deux arrêts dans le Recueil de Lacombe, l'un du 9 avril 1702, l'autre du 26 juillet 1742, qui n'ont accordé l'hypothèque, pour l'indemnité de la femme séparée, que du jour de ses obligations.

766. La femme ayant hypothèque, du jour de son contrat de mariage, pour l'indemnité qui lui est due des obligations qu'elle a contractées, il suit de là, que lorsque les biens immeubles du mari sont discutés, les créanciers qui ont la femme pour obligée, doivent, comme exerçant les droits de la femme, leur débitrice, qui a hypothèque, du jour du contrat de mariage, pour l'indemnité des obligations qu'elle a contractées envers eux, être colloqués en sous-ordre, du jour du contrat de mariage, ou de la célébration, s'il n'y a point de contrat. Par ce moyen, ces créanciers, quoique postérieurs, seront payés préférablement aux créanciers antérieurs

du mari, envers lesquels le mari, depuis le mariage, s'est obligé seul. Jugez par là de quelle importance il est, lorsqu'on contracte avec un homme marié, de faire intervenir la femme, pour qu'elle s'oblige avec lui.

767. Si, pendant que tous les biens du mari sont saisis réellement par des créanciers postérieurs au mariage, envers lesquels le mari s'est obligé seul, le mari, conjointement et solidairement avec sa femme, contractoit des obligations envers d'autres personnes, devroit-on, dans ces circonstances, accorder à la femme et à ses nouveaux créanciers, envers qui elle s'est obligée, une hypothèque, du jour du contrat de mariage? Les anciens créanciers ont de fort bonnes raisons pour s'y opposer; 1° parce que ces nouvelles dettes qu'on fait paroître, sont fort suspectes d'être des dettes supposées; 2° parce qu'en les supposant véritables, c'est une fraude que le mari commet envers les anciens créanciers, en faisant intervenir sa femme aux nouvelles obligations, pour faire perdre aux anciens ce qui leur est légitimement dû : et la femme, en intervenant à ces nouvelles obligations, se rend elle-même participante de cette fraude, qu'elle ne peut ignorer; la saisie générale des biens de son mari ayant rendu notoire son insolvabilité.

De cette fraude, dont la femme est participante, naît une exception de dol que les anciens créanciers sont bien fondés à opposer, tant à la femme qu'à ces nouveaux créanciers qui voudroient exercer ces droits; par laquelle exception de dol, ils peuvent empêcher la femme et ses nouveaux créanciers d'être colloqués avant eux.

768. Lebrun accorde à la femme une hypothèque sur les biens du mari, du jour du contrat de mariage, pour l'indemnité des dettes de la communauté, auxquelles elle n'étoit pas obligée, qu'elle a payées depuis le décès de son mari, et depuis sa renonciation à la communauté. Cette décision de Lebrun n'est pas soutenable. Cette indemnité est une créance qu'elle a contre les héritiers de son mari, qui naît *ex quasi contractu negotiorum gestorum*, dont le mari n'a jamais été tenu, puisqu'elle n'est née que depuis son décès, et à laquelle par conséquent on ne peut dire qu'il ait hypothéqué ses biens.

SIXIÈME PARTIE.

De la continuation de communauté.

Nous distinguons deux espèces de continuation de communauté, la *simple* et la *composée*.

La simple est celle qui n'a lieu qu'entre le survivant et les héritiers du prédécédé : la composée est celle à laquelle le survivant a associé des tiers.

Il est à propos d'en traiter séparément.

CHAPITRE PREMIER.

De la continuation de communauté qui est simple.

769. Cette continuation de communauté est établie par les articles 240 et 241 de la coutume de Paris, qui sont placés sous le titre de la communauté. L'article 240 est conçu en ces termes : « Quand l'un des conjoints va de vie à trépas, » et délaisse aucuns enfants mineurs dudit mariage; si le sur- » vivant ne fait faire inventaire avec personne capable et lé- » gitime contradicteur, des biens qui étoient communs du- » rant ledit mariage, au temps du trépas, soit meubles ou » conquêts immeubles, l'enfant ou enfants survivants peuvent, » si bon leur semble, demander communauté en tous les » biens meubles et conquêts immeubles du survivant; posé » qu'icelui survivant se remarie. »

L'article 241 est conçu en ces termes : « Et pour la disso- » lution de la communauté, faut que ledit inventaire soit fait » et parfait, et à la charge de faire clore ledit inventaire par » le survivant, trois mois après qu'il aura été fait; autrement

»et à faute de ce faire par le survivant, est la communauté
»continuée, si bon semble aux enfants. »

770. La jurisprudence a étendu cette disposition de l'article 240 de la coutume de Paris, aux coutumes qui ne se
sont pas expliquées sur la continuation de communauté. On
peut voir dans Brodeau sur Louet, *lettre C, chap.* 30, les
arrêts rendus en forme de règlement, qui ont établi cette jurisprudence, laquelle n'est plus aujourd'hui révoquée en
doute, suivant que l'attestent Lebrun et Renusson, en leurs
Traités de la communauté.

La question s'en étant renouvelée pour la coutume de la
Rochelle, il a été jugé par arrêt du 20 juin 1704, rendu
en forme de règlement, que la continuation de communauté, telle qu'elle est établie par la coutume, y devoit être
étendue.

L'extension de cette continuation de communauté, aux
coutumes qui ne s'en sont pas expliquées, est fondée en
grande raison, étant impossible de subvenir autrement
aux enfants mineurs des conjoints, que le survivant, par
le défaut d'inventaire, met le plus souvent dans l'impos-
sibilité d'établir à quoi montoit leur part dans le mobilier
de la communauté, lors de la mort du prédécédé auquel
ils ont succédé, et dont le survivant leur doit rendre
compte.

Nous verrons, sur cette matière, 1° ce que c'est que la continuation de communauté, selon les principes de la coutume de Paris ; 2° en quel cas elle a lieu ; 3° entre quelles
personnes ; 4° de quelles choses elle est composée ; 5° quelles
en sont les charges ; 6° quel est le pouvoir du survivant sur
cette continuation de communauté. 7° Nous traiterons des
manières dont elle se dissout ; 8° du droit d'accroissement qui
a lieu entre les enfants ; 9° de l'acceptation et de la renonciation à la continuation de communauté ; 10° du partage des
biens de cette communauté ; 11° comment chacune des parties est tenue des dettes de cette communauté. C'est ce qui
fera la matière de onze sections.

La coutume d'Orléans et quelques autres semblables,
ayant, sur la matière de la continuation de communauté,
des principes différents de celle de Paris, nous en observerons sur chaque section les différences.

SECTION PREMIÈRE.

Ce que c'est que la continuation de communauté.

ARTICLE PREMIER.

Ce que c'est que la continuation de communauté, suivant les principes de la coutume de Paris.

771. Suivant les principes de la coutume de Paris, la continuation de communauté n'est autre chose qu'une peine que la coutume impose au survivant de deux conjoints, faute d'avoir fait constater par un inventaire, après la mort du prédécédé, la part de leurs enfants dans les biens de la communauté, à laquelle ils ont succédé au prédécédé; laquelle peine consiste dans le droit et la faculté que la coutume donne auxdits enfants, de demander part au survivant dans tous les biens meubles qu'il se trouve avoir lors de l'inventaire qui doit dissoudre la communauté, et pareillement dans les acquêts immeubles qu'il se trouve avoir, et qu'il a faits depuis la mort du prédécédé jusqu'audit temps ; tout ainsi et de la même manière que si la communauté avoit toujours continué jusqu'audit temps, par rapport auxdits biens.

772. Cela conduit à la décision de la question, si, dans la coutume de Paris, la continuation de communauté est une nouvelle communauté qui se contracte entre le survivant et les enfants mineurs héritiers du prédécédé ; ou si c'est la même communauté qui étoit entre les deux conjoints, et qui est censée ne s'être point dissoute par la mort du prédécédé, et avoir continué.

Laurière, par l'inclination qu'il avoit à trouver partout des vestiges de l'ancien droit coutumier, à la recherche duquel il s'étoit principalement et utilement appliqué, a cru trouver dans la disposition de la coutume de Paris, sur la continuation de la communauté, un vestige de l'ancien droit coutumier, qui faisoit résulter une communauté entre proches, de la cohabitation et du mélange des biens : en conséquence, il prétend que la continuation de communauté dans la coutume de Paris, n'est pas la même qui étoit entre les deux conjoints, laquelle finit par la mort du prédécédé, suivant la nature du contrat de société : *A deò morte socii solvitur societas, ut nec ab initio pacisci possimus ut hæres etiam succedat societati ;* l. 59, ff. *pro socio.* La continuation de communauté est donc, selon lui, une nouvelle communauté que la coutume établit entre le survivant et ses enfants mineurs, qu'elle fait, conformément à l'ancien droit, résulter de la cohabitation et du mélange de leurs biens, laquelle n'est appelée *continuation de communauté,* que parce qu'elle succède *continuò et nullo interposito intervallo,* à celle qui étoit entre les conjoints. On ajoute que c'est tellement une nouvelle communauté, différente de celle qui étoit entre les conjoints, qu'elle se régit par différents principes; le survivant qui en est le chef, n'ayant pas le même pouvoir sur les biens de la continuation de communauté, que celui qu'avoit le mari sur ceux de la communauté, comme nous le verrons *infrà, sect.* 6. D'ailleurs, elle n'est pas composée des mêmes choses, les conquêts de la communauté conjugale ne demeurant dans celle-ci que pour la jouissance seulement; et, au lieu que tout ce qui est acquis par l'un et l'autre des conjoints, entre dans la communauté pendant qu'elle dure, il n'entre dans celle-ci que ce qui est acquis par le survivant : ce qui est acquis par les enfants n'y entre pas, comme nous le verrons *infrà, sect.* 4.

L'opinion contraire, qui est de ceux qui pensent que, dans la coutume de Paris, la continuation de communauté est la même communauté qui étoit entre les conjoints, laquelle, en faveur des enfants mineurs du survivant, est supposée n'avoir point été dissoute par la mort du prédécédé, et avoir toujours continué sous certaines modifications, jusqu'au temps de l'inventaire, me paroît préférable à celle de Laurière; elle est plus conforme et au texte et à l'esprit de la coutume.

1° Elle est plus conforme au texte. L'article 241 dit expressément : *Et pour la dissolution de communauté, faut que ledit inventaire soit fait et parfait... et à faute de ce faire par le survivant, est la communauté continuée.* N'est-ce pas dire bien clairement que la communauté qui étoit entre les conjoints, n'est pas dissoute par la mort du prédécédé; qu'il faut, pour la dissoudre, que le survivant fasse un inventaire; et que, faute de cet inventaire, cette communauté (c'est-à-dire, celle qui étoit entre les conjoints) est censée continuer.

2° Notre opinion est pareillement plus conforme à l'esprit de la coutume. En établissant la continuation de commu-

nauté, elle n'a point songé à établir une société taisible, telle
que celle que l'ancien droit françois faisoit résulter entre
proches, de la cohabitation et du mélange des biens. Si c'eût
été son esprit, elle l'eût établi aussi bien avec les enfants majeurs
du survivant, qu'avec les enfants mineurs. Ne l'ayant établie
qu'avec les enfants mineurs, il paroît qu'elle n'a eu d'autre
vue en l'établissant, que celle de subvenir aux mineurs, en
supposant en leur faveur, que la communauté a toujours
continué jusqu'à l'inventaire, par rapport au mobilier et aux
acquêts faits depuis la mort du prédécédé, et en leur accordant en conséquence une part dans lesdits biens, qui leur
tienne lieu du compte qui leur est dû par le survivant, de
celle qui leur appartenoit dans les biens qui se sont trouvés
lors de la mort du prédécédé dont ils sont héritiers, et qu'il
leur est impossible de constater, faute d'inventaire.

3° On peut encore tirer argument du lieu où ont été placés
les articles qui concernent la continuation de communauté :
ces articles étant placés sous le titre de la communauté,
au milieu des articles qui concernent la communauté qui
est entre les conjoints, c'est une marque que la coutume
a regardé la continuation de communauté, comme n'étant
pas quelque chose de différent de la communauté qui étoit
entre les conjoints.

A l'égard des raisons qu'on allègue pour prouver que c'est
une communauté différente, et que nous avons rapportées
ci-dessus, il est facile d'y répondre.

On oppose, en premier lieu, qu'il est de la nature des
sociétés, qu'elles finissent par la mort de l'un des associés.
Celle qui étoit entre les conjoints a donc fini, dit-on, par
la mort de l'un d'eux; et ce ne peut être qu'une nouvelle
communauté qui soit établie entre le survivant et les héritiers du prédécédé.

La réponse est, qu'il est effectivement de la nature des
sociétés, qu'elles finissent par la mort de l'un des associés :
mais cela n'est pas tellement de leur essence, qu'on ne
puisse quelquefois les faire continuer avec les héritiers de
l'associé. C'est ce qui s'observoit, par le droit romain, à
l'égard de la société qui se contractoit pour la ferme des
impôts publics, laquelle passoit aux héritiers des fermiers
associés qui mouroient pendant le cours de la société, lorsqu'on en étoit convenu; *d. l.* 59. La coutume a donc pu,

pour de bonnes raisons, en faveur des enfants mineurs du survivant, héritiers du prédécédé, faire continuer avec eux la communauté qui étoit entre le survivant et le prédécédé.

On oppose, en second lieu, que la continuation de communauté est tellement différente de celle qui étoit entre les deux conjoints, qu'elle se régit par des principes différents, et qu'elle n'est pas composée des mêmes choses.

La réponse est, que cette société ou communauté continue sous certaines modifications que la coutume a jugé à propos d'y apporter ; mais il ne s'ensuit pas que ce ne soit pas la même communauté. Lorsque deux associés, au bout d'un certain temps, conviennent entre eux que l'un d'entre eux n'aura pas à l'avenir le même pouvoir qu'il avoit, et que certaines choses qui y entroient, n'y entreront pas à l'avenir ; quoique leur société continue sous des modifications qu'ils y ont apportées par leur convention, elle n'en est pas moins la même société.

ARTICLE II.

Ce que c'est que la continuation de la communauté, suivant les principes de la coutume d'Orléans.

773. Les principes de la coutume d'Orléans, sur la continuation de communauté, sont très-différents de ceux de la coutume de Paris.

La disposition par laquelle la coutume d'Orléans établit la continuation de communauté, n'est pas placée sous le titre de la communauté, mais sous un autre, qui est celui de *société*. Après avoir, par l'article 213, abrogé l'usage des sociétés taisibles qui avoient lieu par l'article 180 de l'ancienne coutume, entre toutes sortes de personnes, « *par demeu-* » *rance, communication ou négociation de leurs biens faits en com-* » *mun pour contracter société par personnes demeurantes ensemble* » *par an et jour entier,* » la coutume fait une exception à cette abrogation des sociétés taisibles, par l'article 216, pour le cas de la continuation de communauté entre le survivant et les héritiers du prédécédé.

Voici comment cet article est conçu : « Si de deux non » nobles conjoints par mariage, l'un va de vie à trépas, et » laisse ses enfants ou autres parents ses héritiers, et ledit

» survivant ne fait aucun inventaire, partage ou division, ou
» que autrement entre les parties n'en soit disposé, la com-
» munauté de biens se continue, et conserve entre le survi-
» vant pour la moitié, et lesdits enfants ou autres parents
» et héritiers pour l'autre moitié, chacun pour leurs portions
» viriles et héréditaires ; ensemble la saisine et possession de
» la succession de leur père, mère ou parent décédé, jusqu'à
» ce que inventaire, partage ou division en soient faits , ou
» que autrement par eux en soit disposé. »

On ne peut pas dire, dans cette coutume d'Orléans, comme
dans la coutume de Paris, que cette continuation de communauté est établie par forme de peine contre le survivant,
et par forme de dommages et intérêts des enfants, résultants
du défaut d'inventaire. En effet, cette coutume établit cette
continuation de communauté, non-seulement avec les enfants mineurs du survivant, des intérêts desquels il pourroit paroître avoir été chargé, mais même avec les majeurs,
des intérêts desquels on ne peut pas dire que le survivant fût
chargé, puisqu'étant majeurs , ils étoient en état d'y veiller
par eux-mêmes : elle l'établit même avec les enfants que le
prédécédé avoit d'un précédent mariage, et même avec ses
héritiers collatéraux , lesquels sont des personnes étrangères
au survivant, et des intérêts desquels on ne peut pas dire que
le survivant fût chargé.

La continuation de communauté n'étant point établie dans
la coutume d'Orléans, par forme de peine, il en faut rechercher une autre raison; et il n'en paroît point d'autre , que
l'observance de l'ancien droit, que notre coutume d'Orléans
a voulu conserver en ce cas.

Nous trouvons cet ancien droit dans le grand Coutumier,
liv. 2, chap. 40. Il y est dit : « Par usage et coutume , deux
» conjoints demeurants ensemble par an et jour, sans faire
» division ni protestation , ils acquièrent l'un avec l'autre
» communauté, quant aux meubles et conquêts, et pour ce ,
» si deux conjoints ont un fils, et après l'un d'iceux va de vie
» à trépas, et depuis icelui fils demeure avec le survivant sans
» faire inventaire, partage ni division, tout ce que le survi-
» vant a conquêté, reviendra en communauté avec le fils. »

754. Il résulte de tout ceci, que dans la coutume d'Orléans, la continuation de communauté n'est point, comme
elle l'est dans celle de Paris, la même communauté qui étoit

entre les conjoints, qui est censée avoir continué; mais que c'est une nouvelle communauté qui se contracte après la mort du prédécédé, entre le survivant et les héritiers du prédécédé, et qui n'est appelée *continuation de communauté*, que parce qu'elle succède, *nullo interposito intervallo*, à celle qui étoit entre les conjoints. Ce n'est que par rapport à cette succession de cette nouvelle communauté à la première qui étoit entre les conjoints, qu'il est dit que la communauté *se continue et se conserve*.

ARTICLE III.

Quelle coutume doit-on suivre pour la continuation de communauté.

775. Lorsque deux conjoints par mariage ont, en se mariant, contracté une communauté de biens, suivant la coutume du lieu où ils avoient alors leur domicile, et que depuis leur mariage, ils ont transféré leur domicile sous une autre coutume, la continuation de communauté entre le survivant et les héritiers du prédécédé aura-t-elle lieu, et se régira-t-elle suivant la coutume du lieu où ils ont contracté leur communauté? ou doit-on suivre la coutume sous laquelle ils avoient leur domicile lors de la mort du prédécédé?

Cette question me paroît devoir se décider par une distinction. Si, selon les règles de la coutume suivant laquelle ils ont, en se mariant, contracté la communauté, la communauté conjugale n'a pas été dissoute par la mort du prédécédé, cette communauté qui continue, étant la même qu'ils ont contractée en se mariant, elle doit se régir suivant la coutume du lieu où étoit leur domicile lorsqu'ils se sont mariés. Au contraire, si, selon les règles de la coutume suivant laquelle ils ont contracté leur communauté conjugale, cette communauté se trouve dissoute par la mort du prédécédé, la nouvelle communauté qui se forme en ce cas entre le survivant et les héritiers du prédécédé, ne pouvant l'être que par la loi de leur nouveau domicile, à laquelle ils sont sujets, c'est par cette loi de leur nouveau domicile, que leur continuation de communauté doit se régir.

Cela s'éclaircira par des exemples. Deux Parisiens y ont contracté en se mariant une communauté de biens : ils ont depuis transféré leur domicile à Orléans. L'un d'eux y est mort, et a laissé, pour héritiers, des enfants mineurs de leur mariage. La continuation de communauté qui a lieu en ce cas entre le survivant et ses enfants mineurs, faute de faire inventaire, comme le prescrit la coutume de Paris, doit se régir par la coutume de Paris; car c'est la même communauté qu'ils ont contractée suivant la coutume de Paris, qui continue de subsister entre le survivant et ses enfants mineurs, héritiers du prédécédé. Les conjoints, en contractant cette communauté, sont censés être, au moins implicitement, convenus de toutes les dispositions de la coutume de Paris; il sont donc censés être convenus que cette communauté ne pourroit se dissoudre qu'en satisfaisant à ce que la coutume de Paris requiert pour la dissoudre. Lorsque le prédécédé a laissé, pour héritiers, des enfants mineurs de leur mariage, l'engagement que les conjoints ont contracté par cette convention, subsiste, nonobstant leur translation de domicile. C'est pourquoi, faute par le survivant d'avoir satisfait à ce que la coutume de Paris prescrit pour la dissolution de la communauté, elle n'a point été dissoute : c'est la même communauté que les conjoints ont contractée en se mariant, et par conséquent une communauté contractée suivant la coutume de Paris, qui doit se régir par les règles de la coutume de Paris.

La coutume d'Orléans, à laquelle ces conjoints sont devenus sujets par leur translation de domicile, n'a pu former entre le survivant et les héritiers du prédécédé, la continuation de communauté qu'elle établit par son article 216; car cette communauté doit succéder à la communauté conjugale, et ne peut par conséquent s'établir tant que la communauté conjugale subsiste encore, et n'est pas dissoute.

776. Supposons à présent que l'un des conjoints par mariage, qui, en se mariant à Paris, ont contracté communauté suivant la coutume de Paris, soit mort à Orléans depuis leur translation de domicile, en laissant, pour ses héritiers, des enfants tous majeurs : la communauté qu'ils ont contractée suivant la coutume de Paris, étant en ce cas dissoute, rien n'empêche que la coutume d'Orléans, sous l'empire de laquelle se trouvoient les conjoints lors de la mort du prédécédé, ne soit censée avoir, au moment de la mort du prédécédé, formé entre le survivant et les héritiers du prédécédé, la continuation de communauté qu'elle établit par l'article 216;

laquelle, étant formée par la coutume d'Orléans, se régit suivant les règles de la coutume d'Orléans.

777. Supposons à présent que deux Orléanois qui ont contracté ensemble communauté suivant la coutume d'Orléans, ont transféré leur domicile à Paris, et que, depuis cette translation, l'un d'eux y soit mort, laissant, pour héritiers, des enfants tous majeurs : il n'y aura en ce cas aucune continuation de communauté. La coutume de Paris, sous l'empire de laquelle ils étoient lors de la mort du prédécédé, n'en admet pas en ce cas ; et celle d'Orléans, qui en forme une au temps de la mort du prédécédé, entre le survivant et les héritiers du prédécédé, majeurs ou mineurs, n'a pu la former entre le survivant et les héritiers du prédécédé de ces conjoints, lesquels, au temps de la mort du prédécédé, n'étoient plus, par leur translation de domicile à Paris, sujets à l'empire de la coutume d'Orléans.

778. Lorsque l'un des Orléanois, qui ont contracté en se mariant une communauté selon la coutume d'Orléans, meurt depuis la translation de domicile à Paris, en laissant, pour héritiers, des enfants mineurs de leur mariage, y aura-t-il en ce cas continuation de communauté, et suivant quelle coutume ? La communauté ayant été contractée entre ces conjoints suivant les règles de la coutume d'Orléans, elle s'est dissoute par la mort du prédécédé. Il est vrai que cette coutume en établit une nouvelle au temps de la mort du conjoint prédécédé, entre le survivant et les héritiers du prédécédé ; mais elle n'a pu l'établir entre ce survivant et les héritiers du prédécédé : lesdits conjoints, au temps de la mort du prédécédé, n'étant plus sous son empire. D'un autre côté, on dira que la coutume de Paris peut bien régler la durée d'une communauté contractée suivant la coutume de Paris, et prescrire ce qui doit être observé pour sa dissolution ; mais qu'il ne lui appartient pas de régler la durée d'une communauté contractée suivant les règles d'une autre coutume.

Nonobstant ces raisons, on doit décider qu'il suffit que le survivant, au temps de la mort du prédécédé, ait été sous l'empire de la coutume de Paris, pour qu'il contracte l'obligation que cette coutume impose au survivant des deux conjoints, de faire constater, par un inventaire, dans la forme qu'elle le prescrit, la part qui appartient à ses mineurs comme héritiers du prédécédé, dans les biens du prédé-

cédé, et pour que, faute de l'avoir, il soit sujet à la peine
de la continuation de communauté que la coutume de Paris
impose. Il y aura donc lieu, en ce cas, à une continuation
de communauté, suivant la coutume de Paris.

SECTION II.

En quels cas y a-t-il lieu à la continuation de communauté.

ARTICLE PREMIER.

En quels cas y a-t-il lieu à la continuation de communauté, suivant les
principes de la coutume de Paris.

Pour qu'il y ait lieu à la continuation de communauté, il
faut, suivant les principes de la coutume de Paris, que quatre
choses concourent : 1° il faut qu'au temps de la mort du
prédécédé, il y ait eu une communauté de biens qui subsistoit entre les conjoints ; 2° il faut que le prédécédé ait
laissé, pour héritiers, des enfants mineurs de leur mariage,
qui aient succédé au prédécédé à une part des biens de la
communauté ; 3° il faut que le survivant ait manqué à faire,
dans le temps prescrit, ce que la coutume requiert pour la
dissolution de communauté ; 4° il faut que la continuation
de communauté ait été demandée.

§. I. PREMIÈRE CONDITION. Il faut qu'au temps de la mort du prédécédé,
il y ait eu une communauté de biens qui subsistoit entre les deux
conjoints.

779. Cela est évident. Le droit de continuation de communauté qu'établit la coutume de Paris, consiste à supposer
que la communauté qui étoit entre les conjoints, n'a pas été
dissoute par la mort du prédécédé, et qu'elle a continué depuis jusqu'à l'inventaire, comme nous l'avons vu *suprà*. Or, cela
renferme nécessairement l'existence d'une communauté entre les conjoints au temps de la mort du prédécédé ; car il
n'y a que ce qui existe, qui puisse continuer.

Il ne peut donc y avoir lieu à une continuation de communauté, soit que le contrat de mariage des conjoints portât
exclusion de communauté, soit qu'il y ait eu entre eux une
communauté, mais qui ait été dissoute de leur vivant, par une
sentence de séparation exécutée, et qui ne subsistoit plus au
temps de la mort du prédécédé.

Lorsque la sentence de séparation, qui est intervenue avant la mort du prédécédé, n'a pas été exécutée, et qu'il n'a été fait en exécution de cette sentence aucun inventaire, y a-t-il lieu à la continuation de la communauté? Je pense qu'il doit y avoir lieu; car, lorsqu'elle n'a pas été exécutée, elle est regardée comme non avenue, et elle n'empêche pas que la communauté ne puisse être regardée comme n'ayant pas été dissoute, et comme ayant continué. La raison pour laquelle la continuation de communauté a été établie, milite entièrement dans cette espèce. La sentence de séparation qui est intervenue, et qui n'a reçu aucune exécution, n'empêche pas que la part qu'ont les mineurs dans les biens de la communauté qui sont à partager, ne doive être constatée par un inventaire; et que, faute par le survivant, qui est chargé des intérêts de ces mineurs, de l'avoir fait constater, il ne doive être sujet à la peine de continuation de la communauté, qui est le seul remède par lequel on peut subvenir à ces mineurs contre le défaut d'inventaire.

§. II. Seconde condition. Il faut que le prédécédé ait laissé pour héritiers un ou plusieurs enfants mineurs de leur mariage, et qu'ils lui aient succédé à une part dans la communauté.

780. C'est ce qui résulte des termes de l'article 240 : «Quand » l'un des deux conjoints par mariage, va de vie à trépas, et » délaisse *aucuns enfants mineurs dudit mariage.* »

Il n'est pas nécessaire que le prédécédé en ait laissé plusieurs; il suffit qu'il en ait laissé un seul. C'est ce qui résulte de ces termes dudit article, l'ENFANT OU ENFANTS *peuvent, si bon leur semble, etc.*

Sous ces termes, *délaisse aucuns enfants mineurs dudit mariage,* on doit comprendre les petits-enfants qui viendroient à la succession du prédécédé, par représentation de leur père ou mère, enfant du mariage, mort avant le prédécédé; car les petits-enfants sont compris sous le terme *enfants : Liberorum nomine nepotes continentur.*

781. Lorsque les enfants que le prédécédé a laissés pour ses héritiers, sont majeurs, il n'y a pas lieu à la continuation de communauté. La coutume, en l'établissant pour le cas auquel il y a quelque enfant mineur, l'exclut tacitement pour le cas auquel ils seroient tous majeurs, suivant cet axiome : *Inclusio unius est exclusio alterius.* La raison de la

différence entre l'un et l'autre cas, est que lorsque les enfants sont mineurs, n'étant pas, par le défaut de leur âge, en état de veiller à leurs intérêts, et de faire constater par un inventaire la part qu'ils ont dans les biens de la communauté, le survivant, comme chargé de leurs intérêts, doit le faire pour eux; et, faute de l'avoir fait, il est sujet à la peine de la continuation de communauté.

Au contraire, lorsque les enfants sont tous majeurs, le survivant n'étant point chargé de leurs intérêts, auxquels ils peuvent veiller par eux-mêmes, puisqu'ils sont majeurs, il ne doit pas être sujet à la peine de la continuation de communauté, faute d'avoir fait constater par un inventaire la part de ses enfants : ces enfants, étant majeurs, ne doivent s'en prendre qu'à eux-mêmes, si cela n'a pas été fait.

782. Dans les coutumes qui réputent les enfants majeurs à vingt ans, et qui suivent, sur la continuation de communauté, la coutume de Paris, y a-t-il lieu à la continuation de communauté, lorsque le prédécédé a laissé un enfant majeur de vingt ans, quoiqu'au-dessous de vingt-cinq ans? Lebrun, *liv.* 3, *chap.* 3, *sect.* 2, tient avec raison l'affirmative. Cette majorité coutumière est une majorité imparfaite, qui donne seulement à l'enfant le droit d'administrer ses biens, et qui, de même qu'elle ne l'empêche pas d'être considéré comme mineur pour l'aliénation de ses biens-fonds, et pour le bénéfice de restitution en entier en matière importante, suivant la doctrine de Dumoulin, en ses notes, sur l'article 444 d'Anjou, 455 du Maine, et ailleurs, elle ne doit pas l'empêcher d'être considéré comme mineur pour le fait de la continuation de communauté.

Par la même raison, la continuation de communauté a lieu avec un enfant mineur, quoiqu'au temps de la mort du prédécédé, il fût marié, et qu'il eût été doté par ses père et mère : car, quoique le mariage l'émancipe, et lui donne le droit d'administrer son bien, il ne le rend pas majeur; et la dot qu'il a reçue n'empêche pas que le survivant ne lui doive un compte, de la part des biens de la communauté appartenante à la succession du prédécédé; ce qui suffit pour que le survivant soit sujet à la peine de la continuation, faute d'avoir fait constater le mobilier de la communauté, dont il doit compte à cet enfant, pour la part qu'il y a; *Lebrun, liv.* 3, *chap.* 3, *sect.* 2, *n.* 12.

783. Quoique la fille mineure que le prédécédé a laissée pour son héritière, fût alors mariée à un mari majeur, il ne laisse pas d'y avoir lieu à la continuation de communauté; car la coutume l'admet indistinctement, *quand l'un des conjoints délaisse aucuns enfants mineurs* : c'est pourquoi le gendre, quoique majeur, peut, du chef de sa femme qui étoit mineure, demander au survivant, faute d'inventaire, continuation de communauté.

784. Si le prédécédé a laissé un enfant mineur, à la vérité, lors de la mort du prédécédé, mais qui est devenu majeur avant l'expiration du délai de trois mois qui est accordé au survivant pour faire inventaire, y a-t-il lieu à la continuation de communauté? Vaslin pense qu'il n'y a pas lieu, et il cite pour opinion Lebrun, *liv.* 3, *sect.* 1, *n.* 14. On dit pour cette opinion, que, dans la coutume de Paris, la continuation de la communauté étant la peine du défaut d'inventaire, le survivant ne peut, dans l'espèce proposée, avoir encouru cette peine, parce qu'il n'a pas été en demeure de le faire pendant la minorité de l'enfant, qui a cessé avant que le délai qui lui est accordé pour le faire, fût expiré, et qu'il n'a pas été non plus en demeure depuis la majorité de l'enfant, n'étant obligé à faire inventaire qu'à ses enfants mineurs, et non à ses enfants majeurs.

Cette opinion me paroît contraire au texte de la coutume: Ces termes de l'article 240, *quand l'un des conjoints va de vie à trépas, et délaisse aucuns enfants mineurs,* font entendre que c'est au temps du trépas du prédécédé que la coutume considère si les enfants sont mineurs, pour qu'il y ait lieu à la continuation de communauté. Il suffit donc que l'enfant ait été mineur lors du décès du prédécédé, pour que le survivant ait dès ce temps contracté envers cet enfant l'obligation de la continuation de communauté, si, dans le délai qui lui est accordé, il ne satisfaisoit pas à la condition de faire inventaire, qui lui est prescrite pour s'en décharger : le survivant ayant une fois contracté cette obligation envers l'enfant mineur, la majorité de cet enfant qui survient, ne peut l'éteindre.

785. Lorsque l'enfant que le prédécédé a laissé pour héritier, étoit majeur, à la vérité, mais en démence, y a-t-il lieu à la continuation de communauté?

Pour la négative, on dira que les dispositions de la coutume sont de droit étroit, et ne sont pas susceptibles d'extension, sur-tout lorsqu'elles sont pénales, telles qu'est celle qui établit la continuation de communauté ; qu'ainsi la coutume de Paris n'ayant accordé la continuation de communauté qu'aux enfants mineurs du mariage, ne s'étant point expliquée pour le cas des majeurs qui seroient en démence, sa disposition n'y doit pas être étendue. D'un autre côté, on peut dire avec plus de raison pour l'affirmative, que *ubi eadem æquitas et eadem ratio occurrit, idem jus statuendum est.* Cet enfant qui est en démence, quoique majeur, n'est pas plus en état de pourvoir par lui-même à ses intérêts, et de faire constater, par un inventaire, la part qui lui appartient dans la communauté, que ne le sont des mineurs. Le survivant ne doit pas moins être chargé de ses intérêts, qu'il ne l'est de ceux de ses mineurs : il ne doit donc pas moins être obligé de faire constater, par un inventaire, la part de cet insensé, qu'il n'y est obligé à l'égard de ses mineurs ; et, faute de l'avoir fait, il doit être sujet à la même peine de la continuation de communauté, à laquelle il est sujet envers ses enfants mineurs. Quant à ce qu'on dit, que la disposition de la coutume de Paris, pour la continuation de la communauté, est une disposition pénale qui n'est pas susceptible d'extension, la réponse est, que quoiqu'elle soit pénale, elle est néanmoins très-favorable, puisqu'elle tend à éviter des procès et des discussions qui seroient inévitables, s'il falloit entrer dans l'examen de ce à quoi pouvoit monter la portion des enfants au temps de la mort du prédécédé. C'est l'avis de Lebrun, *chap. 3, sect. 2, n.* 51.

786. Pour qu'il y ait lieu à la continuation de communauté, il faut que les enfants mineurs que le prédécédé a laissés, aient été ses héritiers, ou du moins ses successeurs à titre universel, tels qu'est un enfant mineur, donataire universel ou légataire universel du total, ou d'une partie des biens du prédécédé ; tels que sont pareillement les enfants mineurs d'un homme condamné à peine capitale, auxquels le prince a fait remise de la confiscation. Dans tous ces cas, les enfants mineurs ont droit de demander continuation de communauté au survivant qui n'a pas fait inventaire.

Mais il est évident que la continuation de communauté ne peut être demandée ni par un exhérédé, ni par les filles, qui, par la dot qu'elles ont reçue, sont, dans certaines coutumes, excluses de la succession; ni par les enfants qui ont renoncé à la succession du prédécédé, s'ils ne se font restituer contre leur renonciation.

787. Il ne suffit pas même que les enfants aient été héritiers du prédécédé, il faut qu'ils lui aient succédé à une part dans les biens de la communauté.

C'est pourquoi, si, par une clause du contrat de mariage, les héritiers du prédécédé n'avoient à prétendre qu'une certaine somme pour tout droit de communauté, il ne pourroit y avoir lieu, en ce cas, à la continuation de communauté; car, leur droit étant fixé à une somme certaine et invariable, et n'ayant aucune part ni dans l'actif ni dans le passif de la communauté, ils ne peuvent avoir aucun intérêt que les biens de la communauté soient constatés par un inventaire : ils ne peuvent donc se plaindre de ce que le survivant a manqué de le faire, ni demander, pour dédommagement, la continuation de communauté.

Par la même raison, il ne peut pas y avoir lieu à la continuation de communauté, lorsque les enfants, héritiers de leur mère prédécédée, ont renoncé à la communauté, tant que cette renonciation subsiste : mais si, par des lettres de rescision, ils se sont fait restituer contre leur renonciation, ils pourront demander continuation de communauté.

788. Pour qu'il y ait lieu à la continuation de communauté, il faut que les enfants mineurs que le prédécédé a laissés pour héritiers, soient enfants du mariage du prédécédé et du survivant; si le prédécédé n'avoit laissé que des enfants mineurs d'un mariage précédent, il n'y auroit pas lieu à la continuation de communauté; car la coutume dit, *enfants mineurs dudit mariage :* et la raison est, que le survivant n'étant pas chargé des intérêts de ces enfants, qui ne sont pas les siens, ne doit pas être sujet à la peine de la continuation de communauté, faute d'avoir fait un inventaire pour constater la part qu'avoient lesdits enfants dans le mobilier.

On a prétendu que, quoique le prédécédé n'eût laissé des enfants que d'un précédent mariage, il y avoit un cas auquel ces enfants pouvoient demander continuation de communauté au survivant; c'est le cas auquel une femme auroit convolé à de secondes noces, sans avoir fait, jusqu'à sa mort, inventaire pour dissoudre la communauté avec les enfants de son premier mari. On prétend que ces enfants, qui, du vivant de leur mère, formoient une tête dans la continuation de communauté qui étoit entre eux, leur mère et leur beau-père, pouvoient, après la mort de leur mère, en leur qualité d'enfants mineurs, héritiers de leur mère, demander à leur beau-père continuation de communauté. Duplessis, qui rapporte cette opinion, la rejette avec raison. La coutume ayant dit : Quand l'un des conjoints va de vie à trépas, et délaisse aucuns enfants *dudit mariage*, elle déclare bien formellement qu'elle n'admet la continuation de communauté, que lorsque le prédécédé a laissé quelque enfant mineur de son mariage avec le survivant; et qu'elle ne l'admet, en aucun cas, lorsqu'il n'a laissé que des enfants d'un précédent mariage. C'est pourquoi, dans l'espèce ci-dessus, la mort de la femme ne peut donner lieu à la continuation de communauté, mais elle dissout et la communauté de cette femme avec son mari, et celle en laquelle elle étoit avec ses enfants.

789. Lorsque le survivant est donataire, en propriété, de la part du prédécédé, dans les meubles et conquêts, ou même seulement dans les meubles de la communauté, on a agité la question, si même, en ce cas, il y a lieu à la continuation de communauté, faute, par le survivant, d'avoir fait inventaire à ses enfants mineurs ? La raison, pour la négative, se présente d'abord. L'esprit de la coutume de Paris, en obligeant le survivant à faire inventaire à ses enfants mineurs, héritiers du prédécédé, et en établissant contre lui la peine de la continuation de communauté, faute de l'avoir fait, a été de faire constater le montant de la part qui appartenoit aux enfants dans le mobilier de la communauté, qui s'est trouvé au temps de la mort du prédécédé : faute par le survivant de l'avoir fait constater par un inventaire, la coutume vient au secours des enfants; et, pour les dédommager et leur tenir lieu de la part qui leur appartenoit dans ce mobilier, qui, faute d'inventaire, ne peut plus facilement se constater, elle leur donne à la place une part dans tous les biens de la continuation de communauté, qu'elle fait continuer pour cet effet. De là il suit que la continuation de communauté n'étant accordée aux enfants, qu'à la place et pour leur tenir lieu de la part du mobilier à laquelle ils ont succédé au prédécédé, ils ne peuvent la prétendre, lors-

qu'au moyen de la donation que le prédécédé en a faite au survivant, ils n'y ont pas succédé.

Au contraire, pour soutenir que cette donation n'empêche pas qu'il n'y ait lieu à la continuation de communauté, faute d'inventaire, on dit que, quoique le mobilier du prédécédé ait été donné au survivant, les enfants ont intérêt qu'il soit constaté par un inventaire; 1° pour connoître la part que le survivant donataire doit porter dans les dettes de la succession du prédécédé, pour raison de la donation de ce mobilier; 2° pour connoître si cette donation n'entame pas leur légitime. La réponse est, que ce n'est pas, en ce cas, par une continuation de communauté, qu'on remédie au défaut d'inventaire, mais en portant, lors de la contribution aux dettes, le mobilier compris en la donation, au plus haut prix qu'on puisse vraisemblablement croire qu'il ait pu monter; ou encore mieux, en offrant par le survivant, de se charger seul de toutes les dettes. A l'égard de la légitime, on peut s'assurer, par la grande quantité de biens immeubles que le prédécédé laisse dans sa succession, que la donation du mobilier n'a pu entamer la légitime. Lemaître, sur Paris, allègue une troisième raison, qui consiste à dire que les enfants ont intérêt que le mobilier du prédécédé, qui a été donné au survivant, soit constaté par un inventaire, parce que, dans le cas auquel le survivant se remarieroit, ce mobilier donné au survivant doit, suivant le second chef de l'édit des secondes noces, leur être restitué après la mort du survivant. On doit donc établir une continuation de communauté, dans laquelle on doit leur donner part, pour leur tenir lieu de ce mobilier compris dans la donation. La réponse est, que le mobilier donné au survivant, ne devant être restitué aux enfants, que dans le cas auquel le survivant se seroit remarié, et ne devant même, en ce cas, leur être rendu qu'après sa mort, c'est une conséquence qu'au moins ils ne pourroient, sur ce fondement, prétendre la continuation de communauté qui leur en tient lieu, tant que le survivant ne se remarie pas : et que, même dans le cas où il seroit remarié, ils ne pourroient la prétendre qu'après sa mort.

On allègue un arrêt du 6 juin 1673, rapporté au troisième tome du Journal des audiences, *liv.* 7, *chap.* 7; et par Brodeau sur Louet, par lequel il a été jugé qu'il y avoit lieu à

la continuation de communauté, quoique, dans l'espèce, le
survivant fût donataire en propriété, des meubles et conquêts
du prédécédé. La réponse est, que cet arrêt ayant été rendu
dans la coutume de Poitou, n'a aucune application dans celle
de Paris; la coutume de Poitou ayant, sur la continuation
de communauté, des principes entièrement différents de ceux
de la coutume de Paris. Elle admet la continuation de communauté, soit que les enfants soient en bas âge, ou non :
elle ne l'admet donc pas par forme de peine; elle la fait résulter seulement du mélange des biens. C'est, dans cette coutume, une société qui est censée se contracter entre le survivant et les enfants, quand il n'y a pas de déclaration contraire, et à laquelle il suffit que les enfants apportent les
revenus de leurs propres, lorsqu'ils n'ont pas autre chose à y
apporter, et que le survivant, en ne faisant pas de déclaration contraire, a bien voulu s'en contenter.

On oppose, avec plus de fondement, un arrêt du 10 juillet 1627, qui a jugé que dans la coutume de Dreux, qui ne
s'explique pas sur la continuation de communauté, il y avoit
lieu à la continuation de communauté avec les enfants mineurs, faute d'inventaire, quoique, dans l'espèce de l'arrêt,
le survivant fût donataire des meubles et acquêts en propriété. L'arrêt est en forme de règlement, et porte qu'il sera
lu aux sièges de Dreux et de Chartres. Il est rapporté par Auzanet et par Joui, dans son Recueil de règlements.

790. Lorsqu'un enfant a été doté par ses père et mère,
avec la clause qu'il ne pourroit demander inventaire ni partage au survivant, et que, lors de la mort du prédécédé, il
se trouve encore mineur, le survivant est-il dispensé, par
cette clause, de faire inventaire pour empêcher la continuation de communauté ? Non. La clause du contrat de mariage
ne donne au survivant, que le droit de jouir de la part de cet
enfant dans les biens de la communauté, comme le permet
l'article 281 de la coutume. La propriété de cette part appartient à l'enfant : il est donc nécessaire de la constater par un
inventaire. Le survivant, en ne le faisant pas, se soumet à la
continuation de communauté, qui y doit suppléer. L'enfant,
par la clause du contrat de mariage, ne s'oblige à autre
chose, qu'à demeurer en continuation de communauté avec
le survivant, tant que le survivant ne jugera pas à propos de
faire inventaire, et à laisser jouir le survivant de sa part.

§. III. Troisième condition. L'inobservance de quelqu'une des choses que la coutume requiert pour la dissolution de communauté.

791. Lorsque le prédécédé de deux conjoints par mariage, étant en communauté, a laissé, pour héritiers, des enfants mineurs dudit mariage, la coutume de Paris exige en ce cas du survivant, certaines choses pour la dissolution de la communauté. S'il les observe toutes, il n'y a pas lieu à la continuation de communauté; mais il y a lieu, s'il manque à une seule des choses qui lui sont prescrites.

La première chose que la coutume de Paris exige pour empêcher la continuation de communauté, est que le survivant fasse un inventaire.

792. Cet inventaire doit être une description exacte de tous les meubles corporels dont la communauté est composée, et de tous les titres, papiers et enseignements des biens de ladite communauté.

Il doit aussi contenir la prisée de chacun desdits meubles corporels, qui se fait par un huissier-priseur, convenu entre le survivant et le contradicteur; lequel huissier se fait, pour cette prisée, assister par des revendeurs publics. *Voyez ci-dessus, page* 442, *ligne* 33.

S'ils ne peuvent convenir de l'huissier-priseur, le juge en nommera un. Dans les lieux où il n'y a pas d'huissier-priseur, la prisée se fera par des experts nommés par les parties ou par le juge, et qui feront serment devant le juge.

793. Cet inventaire doit être fidèle, et contenir tous les effets de la communauté qui sont à la connoissance du survivant. La fin que la coutume se propose en exigeant un inventaire, étant de constater la part qu'ont les mineurs dans les biens de la communauté, il est évident que le survivant ne remplit pas cette fin par un inventaire infidèle, qui ne contient pas tous les effets qui sont à sa connoissance; et par conséquent un tel inventaire ne peut empêcher la continuation de la communauté.

Il est étonnant que M. Le Camus, dans un acte de notoriété du Châtelet de Paris, du 18 janvier 1707, ait été d'avis contraire, et ait pensé qu'un inventaire, quoiqu'infidèle, pourvu qu'il fût revêtu de ses formes extérieures, ne laissoit pas d'empêcher la continuation de la communauté, et donnoit seulement lieu à l'action *rerum amotarum.* Cette opinion a été proscrite par les arrêts des 4 septembre 1747, 18 mai 1752 et autres, rapportés par Denisart, sur le mot *Continuation de communauté*.

Mais, quoiqu'il y ait des omissions dans l'inventaire, si elles ne sont pas malicieuses, les effets omis ayant pu échapper à la mémoire du survivant, l'inventaire ne laisse pas d'être valable, et d'empêcher la continuation de la communauté, sauf à y ajouter par la suite ceux qui surviendroient à sa connoissance; car les lois n'entendent pas obliger à l'impossible. C'est pourquoi la coutume de Paris, en obligeant le survivant à un inventaire, pour empêcher la continuation de la communauté, n'entend l'obliger qu'à un inventaire des effets qui sont à sa connoissance.

Sur la question de savoir quand les omissions qui se trouvent dans l'inventaire, doivent être, ou non, présumées malicieuses, *voyez* ce qui a été dit *suprà*, *n.* 688.

794. A l'égard de la forme dans laquelle doit être fait cet inventaire, il y a un règlement pour Paris, du 6 avril 1652, qui ordonne qu'il sera fait devant notaires, et écrit de la main du notaire ou de son clerc, et non de celle de l'une ou de l'autre des parties : il doit, au surplus, être revêtu de toutes les formes requises dans les actes devant notaires. Renusson rapporte un arrêt qui a déclaré un inventaire nul, et la communauté continuée, parce qu'il n'étoit signé que d'un notaire et des parties.

795. La coutume ne s'est pas expliquée sur le temps dans lequel cet inventaire devoit être fait; l'usage l'a déterminé au temps de trois mois pour le commencer et le parachever. On s'est fondé sur l'ordonnance de 1667, qui, dans un autre cas, a accordé ce temps aux veuves pour faire inventaire.

Lorsque le survivant a laissé passer ce temps sans faire et parachever son inventaire, ce qui a été fait depuis, ne peut empêcher qu'il y ait eu continuation de communauté depuis la mort du prédécédé : il ne peut qu'arrêter le cours de cette continuation de communauté.

M. de Lamoignon, *art.* 115 de ses Arrêtés, veut que la date de la dernière vacation soit dans les trois mois.

Mais, lorsque le survivant a parachevé son inventaire dans les trois mois depuis la mort du prédécédé, et qu'il a satisfait à toutes les autres choses requises par la coutume, cet inventaire empêche qu'il n'y ait eu aucune continuation de communauté : la communauté est censée, en ce cas, dissoute du jour de la mort du prédécédé, et non pas seulement du jour de l'inventaire. C'est pourquoi, si le survivant avoit acquis quelque chose dans le temps intermédiaire entre la mort du prédécédé et l'inventaire, il l'auroit acquis pour lui seul, et il ne seroit pas obligé de le comprendre dans l'inventaire parmi les effets de la communauté. La raison en est évidente. La continuation de communauté est une peine que la coutume a établie contre le survivant. Or, le survivant ne peut être sujet à aucune peine, lorsqu'il a satisfait, dans le temps prescrit, à tout ce que la coutume exige de lui ; il ne peut donc y avoir lieu, en ce cas, à la continuation de communauté.

796. La seconde chose que la coutume exige du survivant, est qu'il fasse son inventaire *avec un légitime contradicteur.* Ce sont les termes de l'article 240, qui ont été insérés lors de la réformation.

Cette disposition de la coutume de Paris, sur la présence d'un légitime contradicteur à l'inventaire, pour que l'inventaire puisse dissoudre la communauté, a été étendue aux coutumes qui ne s'en sont pas expliquées. C'est ce qui a été jugé par plusieurs arrêts. Il y en a un de 1728, en la quatrième chambre des Enquêtes, au rapport de M. Lambelin, qui l'a jugé pour la coutume de Roye.

797. Le légitime contradicteur est le tuteur des mineurs, lorsqu'ils en ont un autre que le survivant. Lorsque c'est le survivant qui est lui-même tuteur de ses enfants mineurs, il doit leur faire nommer, par le juge, un subrogé tuteur, qu'on appelle autrement *curateur pour le fait d'inventaire.* A Orléans, on l'appelle *auteur.* Le juge nomme celui qui est élu par les parents convoqués à cet effet devant lui, au nombre de cinq ou six au moins ; ou, à défaut de parents, par des voisins et amis.

Ce subrogé tuteur doit, pour avoir qualité, avoir prêté serment devant le juge, comme l'a établi M. d'Aguesseau, dans son plaidoyer qui est au quatrième tome de ses Œuvres, sur lequel est intervenu arrêt du 20 juin 1698, qui a déclaré un inventaire nul, fait avec un subrogé tuteur nommé par le juge, parce qu'il n'avoit pas prêté serment ; et elle a déclaré, en conséquence, la communauté continuée.

C'est ce subrogé tuteur, après qu'il a prêté serment, qui

est le légitime contradicteur avec qui l'inventaire doit être fait, pour qu'il soit valable, et qu'il puisse empêcher la continuation de communauté. Il peut y assister, ou par lui-même, ou par une personne fondée de sa procuration spéciale. Il est évident qu'il ne peut charger de sa procuration le survivant, la même personne ne pouvant pas, dans un acte, soutenir des personnages opposés.

L'inventaire qui seroit fait avec les plus proches parents du mineur, même avec l'aïeul des mineurs, du côté du conjoint du prédécédé, n'est pas valable, si cet aïeul ou autre parent avec qui l'inventaire a été fait, n'a pas été nommé par le juge pour subrogé tuteur aux mineurs.

Quelque grande que soit la présomption que les liens du sang forment de l'attachement de cet aïeul aux intérêts des mineurs, et du soin qu'il a apporté à l'inventaire, il suffit qu'il n'ait pas été nommé par le juge, pour qu'il ait été sans qualité, pour qu'il ne soit pas *le* LÉGITIME *contradicteur* avec qui la coutume a voulu que l'inventaire fût fait, et pour qu'en conséquence l'inventaire fait avec lui ne soit pas valable, et n'ait pu empêcher la continuation de communauté : car les formalités que les coutumes prescrivent, doivent être observées littéralement, et elles ne peuvent l'être par équipollence.

Par la même raison, l'officier chargé du ministère public, en présence de qui le survivant auroit fait son inventaire, ne peut suppléer au légitime contradicteur avec qui la coutume a voulu qu'il fût fait.

L'inventaire doit être non-seulement commencé, mais entièrement parachevé avec le subrogé tuteur. Si, après avoir été commencé avec lui, il venoit à mourir avant qu'il fût parachevé, il faudroit en nommer un autre en sa place, avec qui l'inventaire devroit être parachevé pour ce qui en reste à faire.

798. La troisième formalité que la coutume de Paris exige pour empêcher la continuation de communauté, est que le survivant fasse clore son inventaire dans les trois mois qu'il a été fait.

Pour cet effet, le survivant se présente devant le juge, avec le notaire, qui doit rapporter la minute de l'inventaire. Le juge reçoit le serment du survivant, qu'il a compris, dans l'inventaire qu'il représente, tous les effets, titres et papiers de la communauté qui sont à sa connoissance ; et il en donne acte, lequel acte est écrit par le greffier sur la minute de l'inventaire, en tête et à la fin. C'est ce qui est porté par l'acte de notoriété du 11 janvier 1701, ci-dessus cité.

Par arrêt de règlement de 1655, rapporté par Joui, cela doit se faire en présence du légitime contradicteur, qui doit signer la minute de l'acte de clôture.

Faute de cette clôture faite dans ledit temps, l'inventaire, quoique fait incontinent après la mort du prédécédé, quoique fait d'ailleurs dans toutes les règles, et avec un légitime contradicteur, n'est pas valable, et il n'a pas empêché la continuation de communauté. C'est ce qui est porté expressément par l'article 241.

La formalité de la clôture d'inventaire, prescrite par la coutume de Paris, a été étendue aux coutumes qui, pour la dissolution de communauté, requièrent un inventaire, sans s'expliquer sur la clôture. C'est ce qui a été jugé pour la coutume de Senlis, par arrêt du 5 mars 1722, rendu en forme de règlement. Toutes les choses requises pour dissoudre la communauté, le sont même dans le cas auquel la femme renonceroit à la communauté. C'est la disposition d'un arrêt de règlement du 4 mars 1727, rendu sur les conclusions de M. d'Aguesseau. Par cet arrêt, la cour, faisant droit sur le réquisitoire du procureur général du roi, ordonne qu'à l'avenir, arrivant le décès de l'un des conjoints par mariage, laissant des enfants mineurs dudit mariage, le conjoint survivant sera tenu de faire bon et loyal inventaire, avec personne capable, et légitime contradicteur, et icelui faire clore en justice dans les trois mois, même dans le cas où la femme survivante auroit renoncé à la communauté ; et, à faute de ce faire par le survivant, sera la communauté continuée, si bon semble aux enfants.

799. Tout ce qui est prescrit par la coutume, pour que l'inventaire puisse empêcher la continuation de communauté, étant établi en faveur des enfants mineurs du mariage que le prédécédé a laissés pour ses héritiers, il n'y a qu'eux qui peuvent en opposer les défauts, le survivant n'est pas recevable à les opposer. C'est pourquoi, quoiqu'un inventaire ait été fait après la mort du prédécédé, sans légitime contradicteur ; quoiqu'il n'ait pas été clos, si les enfants ne le désapprouvent pas, et demandent au survivant leur part dans

les biens de la communauté, conformément à cet inventaire, le survivant ne peut s'en défendre, et il n'est pas reçu à opposer que cet inventaire est nul, que la communauté a continué, et qu'il en faut faire un autre.

§. IV. QUATRIÈME CONDITION. Pour qu'il y ait continuation de communauté, il faut qu'elle ait été demandée.

800. La continuation de communauté ne consistant, dans la coutume de Paris, que dans un droit et une faculté que cette coutume accorde aux enfants mineurs, de demander au survivant part dans tous les meubles, et dans les acquêts faits par le survivant depuis la mort du prédécédé, que le survivant se trouve avoir, comme si la communauté eût toujours continué par rapport à ces choses, laquelle part leur tient lieu de dédommagement de ce que le survivant a manqué de faire constater celle qui leur appartenoit dans les biens de la communauté, au temps de la mort du prédécédé; il s'ensuit que tant que les enfants ou leurs représentants n'ont pas paru user de cette faculté que la coutume leur donne, et qu'ils n'ont pas demandé au survivant la continuation de communauté, on ne peut dire qu'il y ait eu continuation de communauté : car il est de la nature de tous les droits qui consistent dans une faculté, qu'ils n'ont lieu que lorsque les personnes à qui la faculté est accordée, en veulent user.

Suivant ces principes, lorsque le prédécédé de deux conjoints a laissé pour héritier un enfant de leur mariage, et que le survivant, après avoir vécu long-temps sans faire inventaire, et sans que cet enfant ait donné aucune demande contre lui, meurt aussi, et laisse pour unique héritier ce même enfant, il n'y aura pas eu en ce cas de continuation de communauté; l'enfant, qui avoit la faculté de la demander au survivant, ne la lui ayant jamais demandée, et ne pouvant plus la demander depuis la mort du survivant, puisqu'il en est l'unique héritier.

C'est pourquoi, dans cette espèce, tous les acquêts faits par le survivant depuis la mort du prédécédé, ne seront point considérés comme acquêts faits en continuation de communauté, mais comme acquêts faits par le survivant pour son compte seul. L'enfant sera censé les avoir recueillis pour le total dans la succession du survivant, et ils seront en conséquence, dans la succession de l'enfant, censés être pour le total propres naissants du côté du survivant; au lieu que s'il y eût eu continuation de communauté, ils eussent été pour moitié acquêts en la personne de l'enfant, et propres naissants du côté du survivant, pour l'autre moitié seulement.

ARTICLE II.

En quels cas y a-t-il lieu à la continuation de communauté, suivant les principes de la coutume d'Orléans.

801. La coutume d'Orléans n'a rien de différent de celle de Paris, quant à la première condition requise pour qu'il y ait lieu à la continuation de communauté, *suprà*, *n*. 784. A Orléans, de même qu'à Paris, il ne peut y avoir de continuation de communauté, s'il n'y avoit pas, au temps de la mort du prédécédé, une communauté entre les conjoints.

802. A l'égard de la seconde condition, il y a beaucoup de différence entre les deux coutumes. Au lieu que la coutume de Paris ne l'admet que lorsque le prédécédé laisse pour héritiers des enfants du mariage des deux conjoints, qui soient mineurs au temps de la mort du prédécédé; au contraire, la coutume d'Orléans établit une continuation de communauté entre le survivant et les héritiers du prédécédé, quels qu'ils soient, soit qu'ils soient enfants d'un autre mariage, ou même de simples collatéraux : elle l'établit avec lesdits héritiers, soit majeurs, soit mineurs.

C'est ce qui résulte de ces termes de l'art. 216 de la coutume d'Orléans, ci-dessus rapporté : « La communauté de » biens se continue et conserve entre le survivant pour la » moitié, et lesdits enfants, ou autres parents et héritiers, » pour l'autre moitié, chacun pour leurs portions viriles et » héréditaires. »

La raison est que, dans la coutume d'Orléans, la continuation de communauté n'est fondée que sur le mélange des biens. C'est pourquoi cette coutume ne considère dans ceux qu'elle met en continuation de communauté avec le survivant, que leur seule qualité d'héritiers et successeurs aux biens du prédécédé.

803. Pour qu'il y ait lieu à la continuation de communauté entre les héritiers du prédécédé et le survivant, il faut, tout comme à Paris, que lesdits héritiers du prédécédé lui aient succédé à une part des biens de la communauté. C'est pour-

quoi, lorsqu'il est porté par le contrat de mariage des conjoints, que les héritiers du prédécédé n'auront pour tout droit de communauté qu'une certaine somme, il n'y a pas de continuation de communauté, de même qu'il n'y en a pas à Paris; car les héritiers du prédécédé n'ayant dans ce cas aucune part dans les biens de la communauté, n'ayant en conséquence aucuns biens mêlés et communs avec ceux du survivant, n'ayant contre lui que la créance d'une somme certaine, il ne peut y avoir lieu à la continuation de communauté, qui n'est fondée que sur ce mélange des biens.

804. Par la même raison, il n'y a pas lieu à la continuation de communauté dans la coutume d'Orléans entre nobles, lorsque les héritiers du prédécédé sont des enfants mineurs, qui tombent en la garde-noble du survivant : car la coutume accordant au survivant, pour émolument de la garde-noble, tout le mobilier qui est échu à ses mineurs, de la succession du prédécédé, et tout le revenu des immeubles qui leur viennent de ladite succession, il ne reste rien auxdits mineurs, dont le mélange avec les biens du survivant, puisse former une continuation de communauté.

Ce n'est que ce cas de la garde-noble que la coutume entend excepter de la continuation de communauté, par ces termes de l'art. 216. *Si de deux non nobles, etc.* Lorsqu'il n'y a pas lieu à la garde-noble, soit parce que le survivant y a renoncé, soit parce que les enfants, lors de la mort du prédécédé, avoient déjà passé l'âge auquel les enfants tombent en garde-noble, il y a en ce cas lieu à la continuation de communauté entre nobles, aussi bien qu'entre non nobles.

C'est ce qui paroît par l'article 184 de l'ancienne coutume d'Orléans, qui porte : « Toutefois si, entre nobles, le survivant veut prendre les meubles, faire le peut, en prenant la garde des enfants mineurs; et *en ce faisant*, n'a lieu ladite communauté. »

Cette interprétation est constante dans l'usage; et personne ne doute dans la province, que la continuation de communauté entre nobles a lieu quand il n'y a pas de garde-noble.

805. Lorsque le prédécédé a laissé pour héritiers plusieurs enfants, dont les uns sont tombés en garde-noble, les autres avoient passé l'âge au temps de la mort du prédécédé, la

continuation de communauté n'a pas lieu avec ceux qui sont tombés en garde-noble ; mais elle a lieu avec ceux qui n'y sont pas tombés.

806. Quelle sera en ce cas la part qu'auront dans la continuation de communauté, les enfants avec qui elle a continué ? Supposons, par exemple, que le prédécédé a laissé trois enfants, dont deux sont tombés en garde-noble, et qu'il y a eu continuation de communauté avec le troisième : quelle part aura ce troisième enfant dans la continuation de communauté ? Il y a de son chef un tiers en la moitié, qui fait un sixième au total. C'est ce qui résulte de l'article 216 de la coutume d'Orléans, qui dit : *La communauté de biens se continue entre le survivant pour la moitié, et lesdits enfants et héritiers pour l'autre moitié, chacun pour leurs portions viriles et héréditaires.* Dans cette espèce, l'enfant avec qui la communauté continue, étant héritier pour un tiers, du prédécédé, sa portion virile et héréditaire, qu'il doit avoir de son chef dans la communauté, est, aux termes de cet article, comme nous l'avons dit, un tiers en la moitié, qui fait un sixième au total. La difficulté tombe sur les deux autres tiers en la moitié, qui eussent appartenu aux deux autres enfants, si la communauté eût aussi continué avec eux, et qu'ils ne fussent pas tombés en garde-noble. Ces deux portions appartiendroient-elles au survivant seul, comme ayant succédé auxdits enfants par la garde-noble, et étant en conséquence aux droits desdits enfants ? ou le survivant sera-t-il tenu de les partager avec l'enfant avec qui il est en continuation de communauté, au *prorata* des portions que le survivant et ledit enfant y ont chacun de leur chef ?

La raison pour ce partage est, que la continuation de communauté ayant commencé dès l'instant de la mort du prédécédé, elle a commencé au même temps que la garde-noble a été ouverte au profit du survivant. Tout le droit que le survivant a acquis par la garde-noble, a donc été par lui acquis pendant la continuation de communauté, et doit par conséquent y tomber : car c'est un principe, que tout ce qui est acquis par le survivant, pendant la continuation de communauté, y tombe. Il est vrai que, par l'art. 217, la coutume en excepte ce qui avient au survivant par succession ou legs ; mais l'émolument d'une garde-noble n'est ni une succession, ni une donation : c'est comme un marché et un forfait par lequel le gardien acquiert, des enfants qui tombent en la garde-noble, les choses qui y entrent, pour certaines charges auxquelles il s'oblige envers eux. Ce marché et ce forfait étant faits pendant la continuation de communauté, les choses qui en ont été l'objet y doivent tomber.

Suivant ces principes, le survivant ayant, pendant la continuation de communauté en laquelle il étoit avec son troisième enfant, acquis, par droit de garde-noble, les portions des deux autres enfants, lesdites portions ont dû tomber dans ladite continuation de communauté, et se répartir entre le survivant et l'enfant qui est en continuation de communauté avec lui. Cela doit d'autant plus être, que les charges de la garde-noble étant acquittées sur les fonds de cette continuation de communauté, et le troisième enfant supportant par conséquent sa part desdites charges, il est juste qu'il ait part aussi à l'émolument.

La répartition des parts des deux enfants tombés en garde-noble, devant se faire, comme nous l'avons dit, entre le survivant et le troisième enfant, avec qui il est en continuation de communauté, au prorata des parts que chacun d'eux a de son chef dans cette continuation de communauté, le survivant ayant la moitié, et l'enfant un sixième au total, la part du survivant étant par conséquent triple de celle de l'enfant, puisque, dans une moitié, il y a trois sixièmes, le survivant doit avoir, dans cette répartition, une part qui soit triple de celle qu'y doit prendre l'enfant; les portions des enfants tombés en garde-noble, qui sont à répartir entre le survivant et l'enfant qui continue la communauté, étant chacune d'un sixième au total, ce qui fait, pour les deux portions, deux sixièmes, outre quatre douzièmes au total; le survivant doit, suivant ce que nous venons de dire, avoir dans ces quatre douzièmes trois douzièmes, et l'enfant l'autre douzième.

En conséquence, le survivant aura, dans les biens de la continuation de communauté, savoir, de son chef, la moitié ou six douzièmes, et, dans la répartition ci-dessus, trois douzièmes; ce qui fait en tout neuf douzièmes, ou les trois quarts; et l'enfant y aura, savoir, de son chef, deux douzièmes, et dans la répartition ci-dessus, un douzième; ce qui fait en tout trois douzièmes ou un quart.

807. Dans la coutume d'Orléans, la donation universelle

des meubles faite en propriété au survivant, n'empêche pas la continuation de communauté entre le survivant et les héritiers du prédécédé, quoiqu'au moyen de la donation , ces héritiers n'aient aucuns meubles à y conférer de leur part; car il suffit qu'il y ait, dans la succession du prédécédé, des immeubles, pour que le mélange des revenus desdits immeubles, avec ceux du prédécédé, forme une continuation de communauté.

808. La clause par laquelle un enfant doté par ses père et mère, a promis de ne demander ni inventaire ni partage au survivant, ne peut empêcher non plus, à Orléans, la continuation de communauté; car cette clause n'empêche pas que l'enfant doté n'ait une part dans la continuation de communauté.

809. La coutume d'Orléans est aussi très-différente de celle de Paris , par rapport à la troisième condition.

PREMIÈRE DIFFÉRENCE. Il n'est pas précisément nécessaire, à Orléans, comme il l'est à Paris, pour empêcher la continuation de communauté, que le survivant fasse un inventaire; tout acte, quel qu'il soit, pourvu qu'il soit par écrit, par lequel les parties déclarent, ou donnent suffisamment à entendre qu'ils n'entendent pas être en continuation de communauté, est suffisant pour l'empêcher. C'est ce qui résulte de ces termes de l'article 216 de la coutume d'Orléans, *si ledit survivant ne fait aucun inventaire, partage ou division,* OU QU'AUTREMENT ENTRE LES PARTIES N'EN SOIT DISPOSÉ. La coutume n'en requiert donc pas précisément un inventaire ou un partage, pour empêcher la continuation de communauté; elle se contente , pour cela, *qu'il en ait été autrement disposé entre les parties,* par quelque acte que ce soit.

La jurisprudence des arrêts a modifié cette grande liberté que donne la coutume d'Orléans, d'empêcher la continuation de communauté par quelque acte que ce soit, qui contienne une disposition contraire. Les arrêts rendus dans cette coutume, ont jugé que , lorsque les héritiers du prédécédé étoient mineurs, la continuation de communauté ne pouvoit être empêchée que par un inventaire fait avec un légitime contradicteur.

810. SECONDE DIFFÉRENCE. La coutume d'Orléans ne requiert en aucun cas une clôture d'inventaire : l'inventaire a , sans cette clôture, toute sa perfection, pour empêcher la conti-

nuation. Néanmoins, lorsque les héritiers exigent du survivant qu'il affirme la fidélité de son inventaire devant le juge, il ne peut le refuser, sur l'assignation qui lui est donnée pour cet effet.

811. TROISIÈME DIFFÉRENCE. Nous avons vu que, dans la coutume de Paris, l'inventaire, pour empêcher la continuation de communauté, devoit être fait dans les trois mois. Dans notre coutume d'Orléans, la continuation de communauté ayant été établie à l'instar de ces anciennes sociétés taisibles qui se contractoient par le mélange des biens pendant un an et jour sans protestation contraire, comme nous l'avons vu *suprà*, *n.* 778, il paroît que c'est en conséquence, que, pour empêcher la continuation de communauté dans cette coutume, il suffit qu'il intervienne un acte de disposition contraire dans l'année, du jour que la mort du prédécédé a été ou pu être connue aux héritiers du prédécédé. Quoique cette décision me paroisse véritable, et conforme à l'esprit de notre coutume d'Orléans, et que je pense qu'elle doive être suivie dans les jugements, si l'occasion s'en présentoit; néanmoins, comme dans l'usage, on n'a pas coutume d'attendre si long-temps, un survivant qui veut empêcher la continuation de la communauté, fera prudemment de faire et de parachever son inventaire dans les trois mois.

812. A l'égard de la quatrième condition, pour qu'il y ait continuation de communauté, les principes de la coutume d'Orléans sont diamétralement opposés à ceux de Paris. Nous avons vu *suprà*, que, dans la coutume de Paris, la continuation de la communauté n'étant considérée que comme une faculté, il n'y avoit de continuation de communauté que lorsque les personnes à qui cette faculté étoit accordée, avoient témoigné vouloir en user.

Au contraire, dans la coutume d'Orléans, lorsqu'il n'a pas été satisfait à ce qu'elle prescrit pour empêcher la continuation de communauté, elle est établie de plein droit, *ipso jure*, entre le survivant et les héritiers du prédécédé, jusque-là même qu'il n'est pas au pouvoir des héritiers du prédécédé de s'en désister, lorsqu'ils sont majeurs. Il est vrai que la coutume permet à ceux qui étoient mineurs, au temps de la mort du prédécédé, d'y renoncer, parce que les mineurs sont restituables contre tout ce qu'ils peuvent avoir fait de

contraire à leurs intérêts; mais, tant qu'ils n'ont pas été restitués, la continuation de communauté est censée avoir
lieu.

C'est pourquoi, lorsque le prédécédé de deux conjoints
a laissé pour héritier un enfant de leur mariage, avec lequel
le survivant n'a fait aucun acte, ni pour empêcher, ni pour
dissoudre la continuation de communauté, et que ledit enfant devient pareillement, long-temps après, l'héritier du
survivant, ledit enfant étant censé, en ce cas, avoir toujours vécu en continuation de communauté avec le survivant
depuis la mort du prédécédé, tous les acquêts faits depuis ce
temps par le survivant, sont censés, pour moitié, purs acquêts en la personne de l'enfant, et propres naissants du côté
du survivant, pour l'autre moitié seulement.

SECTION III.

Entre quelles personnes a lieu la continuation de communauté.

813. La coutume de Paris n'admettant la continuation de
communauté, que dans le cas auquel le prédécédé de deux
conjoints a laissé pour héritier un enfant mineur de leur mariage, on a agité autrefois la question, si, dans le cas auquel
le prédécédé auroit laissé pour ses héritiers plusieurs enfants,
dont un étoit mineur, et les autres majeurs, il n'y avoit que
le mineur qui pût prétendre continuation de communauté
pour la part qu'il avoit dans la succession du prédécédé; ou
si au contraire les enfants majeurs pouvoient, à la faveur du
mineur, demander tous ensemble continuation de communauté pour la part entière de la succession du prédécédé?
Plusieurs auteurs, tels que Bacquet, Chopin, Ricard, ont
tenu la négative. Ils se fondoient sur ce que la continuation
de communauté est une peine établie contre le survivant envers l'enfant mineur, par forme de dédommagement dû par
le survivant audit mineur, pour le tort que lui a fait le survivant, en ne faisant pas constater, par un inventaire, la part
qui appartenoit à ce mineur dans les biens de la communauté.
Or, disent ces auteurs, cette peine dont le survivant est tenu
envers le mineur, ce dédommagement qu'il doit au mineur,
ne doit pas s'étendre aux enfants majeurs, auxquels le survivant ne peut devoir aucun dédommagement résultant du défaut d'inventaire, n'ayant point été chargé des intérêts des-

dits enfants, qui, étant majeurs, pouvoient y veiller par eux-mêmes. La peine de la continuation de communauté, en laquelle consiste ce dédommagement dû au mineur, doit donc se borner à la portion qu'a le mineur dans la succession du prédécédé, et ne pas s'étendre aux portions qu'y ont les majeurs, auxquels le survivant ne doit aucun dédommagement. Il est vrai que ce qui est établi pour le mineur, profite quelquefois au majeur; mais cela ne doit avoir lieu que lorsque l'intérêt du majeur est inséparable de celui du mineur, et qu'on ne peut subvenir à l'un sans l'autre : comme, par exemple, si un mineur et un majeur avoient imposé conjointement sur un héritage qui leur est commun, une servitude au propriétaire de l'héritage voisin; la restitution qui sera accordée au mineur contre cette constitution de servitude, profitera au majeur : parce que les servitudes étant quelque chose d'indivisible, une maison ne peut être affranchie d'une servitude, qu'elle ne le soit pour le total, pour la partie du majeur aussi bien que pour celle du mineur. Au contraire, dans cette espèce-ci, l'intérêt de l'enfant mineur est très-séparable de celui du majeur. On peut très-pleinement dédommager le mineur, du tort qu'il a souffert par défaut d'inventaire, en lui accordant continuation de communauté, pour la portion qu'il a dans la succession du prédécédé, sans accorder un pareil bénéfice aux majeurs, pour les portions qu'ils y ont.

Nonobstant ces raisons, l'opinion contraire a prévalu, et on ne doute plus aujourd'hui que lorsque le prédécédé de deux conjoints a laissé, pour héritiers, des enfants de leur mariage, dont l'un est mineur et les autres majeurs, les majeurs peuvent, à la faveur du mineur, demander continuation de communauté pour toute la part du prédécédé; et c'est le sens littéral de l'article 240. Il faut, à la vérité, suivant cet article, pour qu'il y ait lieu à la continuation de communauté lors de la mort du prédécédé de deux conjoints, qu'il laisse des enfants mineurs, ou du moins un enfant mineur : si *l'un des conjoints*, dit l'article, *délaisse aucuns enfants mineurs*, et que le survivant ait manqué de faire constater, par un inventaire, le droit de cet enfant dans les biens de la communauté. Mais, après que l'existence d'un enfant mineur, et le défaut d'inventaire, auront donné ouverture à la continuation de communauté, la coutume ne dit pas qu'il n'y aura que l'enfant mineur qui pourra demander continuation de communauté pour sa part; elle dit, au contraire, généralement et indistinctement, *l'enfant ou enfants survivants peuvent, si bon leur semble, demander continuation de communauté.* Elle ne dit pas *lesdits enfants* mineurs, dont il a été parlé dans la première partie de l'article; mais elle dit indistinctement, *l'enfant, ou enfants,* ce qui comprend tous les enfants, les majeurs et les mineurs. Il est vrai que c'est en faveur des seuls enfants mineurs que la continuation de communauté a été établie : c'est une fausse conséquence, que d'en conclure que cette continuation de communauté, lorsque l'existence d'un enfant mineur à qui le survivant n'a pas fait d'inventaire, y a donné ouverture, ne doive avoir lieu que pour la portion que le mineur a dans la succession du prédécédé, et que les autres enfants majeurs ne doivent pas y être admis. On peut prouver la fausseté de cette conséquence, par des exemples tirés du droit romain. L'espèce de succession prétorienne, qu'on appeloit *bonorum possessio contrà tabulas,* n'avoit été établie qu'en faveur des enfants émancipés prétérits par le testament de leur père ; les enfants qui étoient institués, quelque petite que fût la portion pour laquelle ils l'étoient, n'y étoient pas par eux-mêmes admis. Lorsqu'un enfant prétérit avoit donné ouverture à cette succession prétorienne, quoique ce ne fût qu'en sa faveur qu'elle eût été établie, il n'étoit pas pour cela le seul qui y fût admis; l. 4, §. 11, *de bon. poss. contr. tab.* Quant à ce qu'on oppose, que la disposition de la coutume de Paris pour la continuation de la communauté, est une disposition pénale, la réponse est que, quoiqu'elle soit pénale, elle est néanmoins très-favorable, en ce qu'elle sert à éviter des procès et des discussions inextricables, qui ne manquent pas de se rencontrer lorsqu'il faut partager une communauté de biens en l'état qu'elle étoit lors de la mort du prédécédé, et que cet état ne peut s'établir que sur des enquêtes de commune renommée.

814. Tout ce que nous avons dit pour et contre sur cette question, à l'égard des enfants majeurs, reçoit application à l'égard des enfants que le prédécédé auroit des mariages précédents : c'est pourquoi il suffit que le prédécédé de deux conjoints ait laissé un enfant mineur de leur mariage, à qui le survivant a manqué de faire inventaire, pour que

les autres enfants qu'il a de mariages précédents, qui sont appelés comme lui à la succession, puissent, à sa faveur, prétendre la continuation de communauté, aussi bien que celui du mariage.

815. Pour que l'enfant mineur du mariage donne ouverture à la continuation de communauté au profit des majeurs et des autres enfants d'un autre mariage, suffit-il qu'il ait existé au temps de la mort du prédécédé, quoiqu'il soit mort depuis sans l'avoir demandée, et même quoiqu'il y ait depuis expressément renoncé ? Auzanet tient l'affirmative. Il prétend que cet enfant ayant, par son existence, donné ouverture à la continuation au profit de tous les enfants, il ne peut pas, en n'usant pas, pour sa part, de la continuation de communauté, empêcher les autres enfants d'user d'un droit qui, quoiqu'il leur ait été acquis par lui, leur a été acquis aussi réellement qu'à lui. On peut tirer argument de ce qui est décidé en droit, que lorsqu'un enfant prétérit avoit donné ouverture à la succession prétorienne, qu'on appelle *bonorum possessio contrà tabulas*, au profit des autres enfants institués, qui n'eussent pu par eux-mêmes y être admis, la répudiation que l'enfant prétérit faisoit de cette succession, n'empêchoit pas les institués d'y venir : *Quum enim semel beneficio aliorum ad beneficium fuerint admissi, jam non curant, petant illi nec ne bonorum possessionem ;* l. 10, §. 6, ff. *de bonor. poss. contr. tab.*

Au contraire, Lebrun prétend que les enfants majeurs, et ceux des autres mariages, ne peuvent être reçus à demander la continuation de communauté, qu'autant qu'elle est demandée par l'enfant mineur du mariage, qui y donne ouverture pour eux.

On dit pour raison, que la continuation de communauté étant une peine due par le survivant, pour le défaut d'inventaire, elle ne peut lui être demandée que par l'enfant mineur, qui est le seul qui ait droit de se plaindre de ce défaut. Les autres enfants peuvent bien demander part à cette continuation de communauté, lorsqu'elle a été demandée par le mineur; mais ils ne peuvent pas seuls, par eux-mêmes, la demander, n'ayant pas droit de se plaindre du défaut d'inventaire. A l'égard des raisons alléguées pour la première opinion, on les sape en niant le principe que ce soit l'existence de l'enfant mineur qui, avec le défaut d'inventaire, donne ouverture au droit de continuation de communauté au profit des enfants majeurs, et de ceux d'un autre mariage; on soutient, au contraire, par les raisons que nous venons de rapporter, qu'il n'y a que l'usage que le mineur fait du droit de continuation de communauté, qui y donne ouverture au profit des autres enfans.

Denisart atteste que cette seconde opinion est suivie dans l'usage.

816. Il est évident que les filles dotées, qui sont excluses de la succession du prédécédé, ou par la coutume des lieux, ou par la renonciation qu'ils y ont faite par leur contrat de mariage, ne peuvent être admises à la continuation de communauté, puisque ce n'est qu'entre le survivant et les héritiers du prédécédé qu'elle a lieu.

A l'égard des enfants dotés, qui ne sont pas exclus de la succession du prédécédé, et qui y peuvent venir en rapportant leur dot, ils ont droit, comme les autres enfants, à la continuation de communauté, s'ils sont mineurs, ou s'ils concourent avec un mineur, sauf le rapport de leur dot.

817. Il n'y a pas lieu aux questions qui ont été agitées dans cette section, dans la coutume d'Orléans, qui fait continuer la communauté avec les héritiers, quels qu'ils soient.

SECTION IV.

Des choses qui tombent en la continuation de communauté, et dont elle est composée.

ARTICLE PREMIER.

Des choses qui tombent en la continuation de communauté, et dont elle est composée, suivant les principes de la coutume de Paris.

818. Suivant les principes de la coutume de Paris, tout mobilier dont la communauté étoit composée au temps de la mort du prédécédé, tombe de part et d'autre dans la continuation de communauté, tant pour la part qui en appartient au survivant, que pour celle qui appartient à la succession du prédécédé.

819. Pareillement, les revenus de tous les biens immeubles, tant du survivant, que de ceux de la succession du prédécédé, qui tomboient dans la communauté, continuent

de tomber dans la continuation de communauté pendant
tout le temps qu'elle durera.

820. Il n'en est pas de même des conquêts de la communauté, quant à la propriété. La jurisprudence des arrêts a
voulu qu'à la mort du prédécédé, ils ne demeurassent dans
la continuation de communauté que quant à leurs revenus,
et qu'ils en fussent exclus quant à la propriété. C'est une
modification que la jurisprudence a apportée à la continuation de communauté. Le dernier arrêt qui a fixé sur ce
point la jurisprudence, est du 10 juillet 1627, et a été rendu
en forme de règlement. La raison de cette jurisprudence
est, que les conquêts de la communauté devenant, par la
mort du prédécédé, des propres naissants des enfants pour
la moitié à laquelle ils succèdent, il n'étoit pas convenable
que le survivant eût le pouvoir d'en disposer et de les aliéner
pour cette moitié, comme il l'auroit, s'ils étoient des effets
de la continuation de communauté.

821. Comme c'est au temps de la mort du prédécédé que
le mobilier de la communauté tombe dans la continuation
de communauté, et que les conquêts immeubles en sont
exclus quant à la propriété, c'est à ce temps qu'on doit
avoir égard si les rentes constituées, qui appartenoient à la
communauté, y sont tombées comme un mobilier, ou si
elles en ont été exclues comme conquêts immeubles : c'est
pourquoi, si, au temps de la mort du prédécédé, les conjoints avoient leur domicile sous une coutume qui répute
immeubles les rentes constituées, celles qui appartenoient
alors à la communauté, étant alors réputées immeubles,
elles seront, quant à la propriété, exclues de la continuation de communauté, de même que tous les autres conquêts immeubles de la communauté.

Quand même, par la suite, le conjoint transféreroit, durant
la continuation de communauté, son domicile sous une coutume qui répute meubles les rentes constituées, ces rentes,
quoique devenues meubles par cette translation de domicile, ne tomberoient pas dans la continuation de communauté; en ayant été une fois exclues, étant devenues à chacune des parties, pour la part qu'elle y a, des propres de
communauté, elles ne peuvent plus tomber dans la communauté.

Au contraire, si, au temps de la mort du prédécédé des

deux conjoints, lesdits conjoints avoient leur domicile sous une coutume qui répute meubles les rentes constituées, celles qui appartiennent à la communauté étant, en ce cas, suivant la loi du domicile, réputées meubles, elles doivent tomber, en cette qualité de meubles, dans la continuation de communauté; et, y étant une fois tombées, elles n'en sortiront pas, quand même par la suite elles acquerroient la qualité d'immeubles par la translation de domicile que le survivant feroit sous une coutume qui répute immeubles les rentes constituées.

822. Tous les droits et créances qui étoient propres de communauté à chacun des conjoints, soit au survivant, soit au prédécédé, tels que sont leurs créances respectives, soit pour la reprise de leurs deniers dotaux, soit pour le remploi du prix de leurs propres, quoiqu'effets mobiliers, n'entrent pas plus dans la continuation de communauté que dans la communauté, et s'exercent sur la continuation de communauté après sa dissolution, comme elles se seroient exercées sur la communauté, si elle n'eût pas continué, comme nous le verrons *infrà*.

823. La créance même que le survivant a pour son préciput, n'entre pas et ne se confond pas dans la continuation de communauté, et le survivant peut l'y prélever.

824. Nous avons vu ce qui se passoit de la communauté, dans la continuation de communauté : voyons à présent ce qui y entre pendant qu'elle dure. Nous poserons à cet égard deux maximes.

PREMIÈRE MAXIME. Toutes les choses que la coutume fait entrer en la communauté qui est entre conjoints, lorsqu'elles aviennent à l'un des conjoints pendant cette communauté, elle les fait pareillement entrer dans la continuation de communauté, lorsqu'elles aviennent au survivant pendant la continuation de communauté.

Le fondement de cette maxime est, que la continuation de communauté est, vis-à-vis du survivant, censée être la même communauté qui étoit entre les conjoints.

825. Suivant cette maxime, tout le mobilier que le survivant acquiert, ou qui lui avient, à quelque titre que ce soit, même à titre de succession, tant directe que collatérale, pendant la continuation de communauté, entre dans la continuation de communauté; car, s'il fût avenu à l'un

des conjoints, à quelqu'un de ces titres, pendant la communauté qui étoit entre les conjoints, la coutume l'eût fait entrer dans la communauté.

826. Les immeubles qui aviennent au survivant, pendant la communauté, à titre de succession, ou à titre de don ou legs à lui fait par quelqu'un de ses parents de la ligne directe ascendante, ne tombent pas dans la continuation de communauté; car la coutume ne les eût pas fait entrer dans la communauté, s'ils lui fussent avenus, à ces titres, pendant la communauté : mais ceux qu'il acquiert à quelque autre titre que ce soit, même de don ou legs pendant la continuation de communauté, y entrent, de même qu'ils seroient entrés dans la communauté, s'ils les eût acquis pendant la communauté.

Denisart atteste que l'usage est constant sur ce point, nonobstant l'avis contraire de Duplessis.

827. Néanmoins si le don ou legs, soit de meubles, soit d'immeubles, est fait sous la condition expresse que les choses données ou léguées n'entreront pas en la continuation de communauté, ou, ce qui est la même chose, qu'elles seront propres au donataire, elles n'y entreront pas ; car il est permis d'apporter telle condition que bon semble à sa libéralité : *Unicuique licet quem voluerit modum liberalitati suæ apponere.*

828. Il n'en est pas de même des clauses du contrat de mariage du survivant avec le prédécédé. Par exemple, s'il étoit stipulé par ce contrat, que tout ce qui aviendroit pendant le mariage aux conjoints par succession, don ou legs, lui seroit propre, cette clause, qui auroit exclus de la communauté le mobilier des successions qui seroient échues aux conjoints pendant le mariage, n'exclura pas de la continuation de communauté le mobilier des successions qui écherront au survivant après la dissolution du mariage, pendant la continuation de la communauté.

Pareillement, s'il avoit été stipulé que les successions seroient communes, cette clause, qui auroit fait entrer dans la communauté les immeubles des successions qui leur seroient échues pendant le mariage, ne fera pas entrer, dans la continuation de communauté, les immeubles des successions échues au survivant pendant cette continuation de communauté.

Notre opinion est fondée sur deux raisons. La première est, que les conventions de réalisation, de même que celles d'ameublissement, sont de droit étroit, et par conséquent non susceptibles d'extension. Celles qui réalisent ou qui ameublissent ce qui aviendra pendant le mariage aux conjoints par succession, don ou legs, ne peuvent donc pas s'étendre à ce qui n'est avenu au survivant à ces titres, que depuis la dissolution du mariage pendant la continuation de communauté.

La seconde raison est, que la communauté étant formée par la convention expresse ou tacite des parties, c'est leur convention qui doit régler ce qui doit y entrer ou n'y pas entrer. Mais c'est la loi, et non la convention, qui forme la continuation de communauté. Il n'y a donc que la loi seule qui doive régler ce qui doit y entrer, ou n'y pas entrer.

On trouve, à la vérité, dans les livres, un arrêt du 3 mars 1635, contraire à notre opinion, par lequel, dans l'espèce d'une communauté de tous biens présents et à venir, établis par le contrat de mariage, on prétend avoir été jugé que les immeubles d'une succession échue au survivant pendant la continuation de communauté, devoient y tomber; mais, comme il ne paroît pas que cet arrêt, en le supposant tel qu'il est rapporté, ait fixé sur ce point la jurisprudence, il est très-permis de s'écarter de ce qu'on prétend qu'il a décidé.

829. SECONDE MAXIME. Rien de tout ce que les enfants acquièrent durant la continuation de communauté, à quelque titre que ce soit, soit meubles, soit immeubles, ni même de ce qu'ils avoient lorsqu'elle a commencé, d'ailleurs que de la succession du prédécédé, n'entre dans la continuation de communauté, ni quant à la propriété, ni quant à la jouissance.

En un mot, les enfants ne mettent rien dans la continuation, que ce qu'ils y ont fait entrer de la succession du prédécédé, dont le survivant se trouve en possession. La raison est, que la coutume, par l'article 240, donne bien aux enfants le droit de demander continuation de communauté au survivant, dans les meubles et conquêts qu'il se trouvera avoir. Elle dit : « Les enfants pourront, si bon leur semble, » demander communauté en tous les biens meubles et conquêts immeubles du survivant : » mais elle ne dit pas que le survivant pourra demander communauté en ce qu'auront les enfants.

C'est pourquoi si, durant la continuation de communauté, il est échu aux enfants quelque succession de quelqu'un de leurs parents ; s'il leur a été fait quelque don ou legs ; s'ils ont gagné quelque chose par leur industrie, rien de tout cela ne tombe dans la continuation de communauté ; et, si le survivant étoit leur tuteur, il doit leur en rendre compte, tant en principaux qu'intérêts, sans rien imputer des intérêts sur leurs aliments, qui leur sont dus d'ailleurs par la continuation de communauté.

ARTICLE II.

En quoi diffère la coutume d'Orléans, de celle de Paris, sur les choses qui entrent dans la continuation de communauté.

830. La coutume d'Orléans convient avec celle de Paris, par rapport à ce qu'elle fait passer de la continuation de communauté ; elle en diffère seulement par rapport à ce que le survivant acquiert pendant la continuation de communauté ; elle n'y fait entrer que ce qu'il acquiert du fonds commun, ou par son industrie, laquelle est censée faire aussi, en quelque façon, partie du fonds commun. Le survivant ayant apporté son industrie à la communauté qui a été entre lui et le prédécédé, est censé continuer de l'apporter à la continuation de la communauté.

Suivant ces principes, le survivant acquiert à la continuation de communauté les gains qu'il fait, qui proviennent de son commerce, de son art, ou de sa possession ; mais ce qui avient au survivant, par succession, don ou legs, n'y entre pas. C'est ce qui résulte de l'article 217 de la coutume d'Orléans, qui est conçu en ces termes : « Si, durant la communauté de biens entre plusieurs personnes, à aucune d'icelles échéent et adviennent quelques biens et héritages par succession, don ou legs, tels héritages et biens ne sont compris en ladite communauté, sinon qu'il y eût convention expresse au contraire. »

Ces termes, *durant la communauté de biens*, ne comprennent pas, à la vérité, la communauté de biens qui est entre un mari et une femme. Cette communauté est une espèce particulière de communauté, différente des autres commu-

nautés et sociétés universelles, qui se règle par des principes
différents, et qui lui sont particuliers, dont la coutume, en
conséquence, a traité sous un titre particulier ; mais ces
termes comprennent toutes les autres communautés, ou sociétés universelles, non-seulement celles qui se contractent
entre personnes étrangères par un traité par écrit, mais pareillement celle qui se contracte sans écrit, par l'article 216,
entre le survivant et les héritiers du prédécédé, qu'on appelle continuation de communauté.

La seconde partie de l'article 217, qui commence par ces
termes, *Néanmoins si au survivant de deux conjoints*, et que
nous rapporterons ci-après, nous fournit une preuve manifeste que la première partie de l'article 217 comprend dans
la règle qu'elle propose, la communauté de biens entre le
survivant de deux conjoints et les héritiers du prédécédé :
car la coutume, après avoir établi pour règle, par la première partie de l'article, que tout ce qui avient durant la
communauté, par succession, don ou legs, à un des associés, n'entre pas en communauté, excepte incontinent de
cette règle, par la seconde partie, une certaine espèce de
succession qui avient au survivant de deux conjoints pendant
la continuation de communauté en laquelle il est avec ses
enfants, laquelle succession, en un certain cas, demeure
dans la continuation de communauté. La coutume, par cette
exception qu'elle fait à la règle établie par la première partie
de l'article, fait évidemment connoître que l'espèce de communauté qui est entre le survivant et les héritiers du prédécédé, est comprise dans cette règle ; et que, hors le cas
porté par l'exception qui est en la seconde partie de l'article,
dans tous les autres cas, tout ce qui avient au survivant, par
succession, don ou legs, ne tombe pas dans la continuation
de communauté, suivant cette maxime de droit : *Exceptio*
firmat regulam in casibus non exceptis.

831. L'article 217, que nous avons rapporté ci-dessus, dit :
Si, durant la communauté entre plusieurs personnes, à aucunes
d'icelles adviennent quelques BIENS *et héritages.* Ce terme BIENS,
est un terme général, qui comprend tant les meubles que les
immeubles. C'est pourquoi, non-seulement les héritages,
mais même le mobilier qui échet au survivant par succession,
don ou legs, pendant la continuation de communauté, en est
exclus ; et, lors de la dissolution de la communauté, le survi-

vant doit, au partage, avoir la reprise de ce mobilier, pourvu qu'il en justifie par un inventaire, ou par quelque autre acte qui en puisse tenir lieu, tel que seroit un partage qu'il auroit fait d'une succession mobilière avec ses cohéritiers.

832. Rien de ce qui est échu au survivant à ces titres, n'entre dans la continuation de communauté, pas même la jouissance. C'est pourquoi, lors de la dissolution, le survivant pourroit retenir les fruits des héritages qui lui seroient avenus à quelqu'un de ces titres, si lesdits fruits étoient encore extants, quoique lesdits fruits eussent été perçus durant la continuation de communauté. Parcillement, il pourroit retenir le prix qu'il en seroit encore dû, s'il les avoit vendus. Mais, lorsqu'ils ne sont plus en nature, ni le prix d'iceux, le survivant ne peut en prétendre aucune reprise, à moins qu'il ne justifiât qu'il en a enrichi la société : autrement on présume qu'il en a vécu plus au large, et que la société n'en a pas été enrichie.

833. La règle que tout ce qui arrive au survivant à titre de succession durant la communauté, n'y entre pas, reçoit exception dans un cas, par la seconde partie de l'art. 217, dont voici les termes :

« Néanmoins, si au survivant de deux conjoints par ma-
» riage, qui n'auroit fait partage à ses enfants et héritiers du
» décédé, ou inventaire dûment fait des biens communs,
» ou contrat équipollent à partage, advenoient et échussent
» quelques biens meubles par la succession et trépas desdits
» enfants, et dans l'an d'icelle succession advenue, il ne fait
» lesdits partage ou inventaire avec ses enfants vivants, ou
» qu'autrement entre iceux n'en soit disposé; en ce cas les-
» dits biens meubles échus au survivant par le trépas de sondit
» enfant, seront et demeureront en ladite communauté, en-
» semble le revenu desdits héritages, jusqu'à ce que lesdits
» partage ou inventaire soient faits. » Suivant cet article, le survivant qui est en continuation de communauté avec ses enfants, à qui, pendant ladite société, échet la succession de l'un desdits enfants, doit, pour se la conserver en entier, dissoudre, dans l'année de la mort de cet enfant, la continuation de communauté en laquelle il est avec ses autres enfants; quoi faisant, il succède à cet enfant à tous les biens de cet enfant, auxquels la qualité d'héritier aux meubles et acquêts dudit enfant lui donne droit de succéder, et par

conséquent à la part que cet enfant avoit dans les biens, tant meubles qu'immeubles, de la continuation, sans que le survivant fasse rien entrer de cette succession dans la continuation de communauté, durant laquelle elle lui est échue, conformément à la règle établie au commencement.

Mais, lorsque le survivant a négligé de satisfaire à la coutume, et n'a pas fait dissoudre, dans l'année de la mort de cet enfant, la continuation de communauté en laquelle il est avec ses autres enfants, il est privé de la succession de cet enfant, quant à la part que cet enfant avoit dans le mobilier de la continuation de communauté; laquelle part, en ce cas, demeure dans la continuation de communauté, et accroît aux autres enfants. C'est ce qui résulte de ces termes de l'art. 217, *en ce cas lesdits biens meubles échus audit survivant par le trépas de sondit enfant, seront et demeureront en ladite communauté.*

834. Observez que ces termes, *seront et demeureront en ladite communauté,* ne peuvent s'appliquer qu'à la part que cet enfant avoit dans les biens meubles de la continuation de communauté. Si cet enfant a laissé dans sa succession d'autres biens qu'il avoit d'ailleurs, nulle difficulté que le survivant y succède, sans en rien faire entrer dans la continuation de communauté.

835. A l'égard de la part que l'enfant dont la succession est échue au survivant durant la continuation de communauté, avoit dans les acquêts de ladite continuation de communauté, le survivant, faute d'avoir fait dissoudre la continuation de communauté dans l'année de la mort dudit enfant, n'est privé de la succession de cette part dans lesdits acquêts, que pour les revenus, qui continuent de tomber dans la continuation de communauté, tant que le survivant la laisse subsister; mais il n'en est pas privé quant à la propriété. C'est le sens de ces termes, *ensemble le revenu desdits héritages, jusqu'à ce que ledit partage ou inventaire soient faits.* La coutume ne dit pas, comme elle le dit des meubles, que les héritages demeureront en la continuation de communauté; elle dit seulement que *le revenu desdits héritages y* demeurera *jusqu'à ce que ledit partage ou inventaire soient faits.*

Observez que ces derniers termes ne se rapportent qu'à ceux-ci, *le revenu desdits héritages;* car les meubles demeurent irrévocablement confondus dans la continuation de communauté.

836. Observez aussi que la coutume entend pas *lesdits héritages*, tant les acquêts de la continuation de communauté, dont le survivant est héritier en propriété de l'enfant décédé, pour la part qu'il y avoit, que les conquêts de la première communauté, devenus propres naissants du côté du prédécédé en la personne des enfants, dont le survivant est héritier en usufruit, suivant l'article 15 de la coutume d'Orléans, pour la part que ledit enfant y avoit. Le survivant, faute d'avoir fait dissoudre la continuation de communauté, est privé, par cet article 217, du revenu de la succession desdits héritages, tant que dure ladite continuation de communauté.

SECTION V.

Des charges de la continuation de communauté.

837. PREMIÈRE ESPÈCE *de charges de la continuation de communauté*. Toutes les dettes mobilières dont la communauté étoit tenue au temps de la mort du prédécédé, deviennent dettes de la continuation de communauté. C'est une suite de ce qui a été dit en la section précédente, que tous les biens mobiliers de la communauté entrent dans la continuation de communauté; car ils n'y peuvent passer qu'avec la charge des dettes mobilières, qui est inséparable desdits biens.

838. Cela comprend non-seulement les dettes dont la communauté étoit débitrice envers des tiers, mais pareillement celles dont elle étoit débitrice envers chacune des parties. C'est pourquoi toutes les créances et reprises que, soit le survivant, soit les héritiers du prédécédé, avoient droit d'exercer sur la communauté, deviennent pareillement dettes de la continuation de communauté, et s'exercent sur la continuation de communauté, au partage qui s'en fait après sa dissolution.

839. Il est inutile de mettre en question si les immeubles de la communauté n'entrant pas, quant à la propriété, dans la continuation de communauté, les rentes par elles dues n'y doivent pas entrer non plus, quant à leurs principaux? car le survivant et les héritiers du prédécédé ayant chacun moitié, tant dans la continuation de communauté, que dans

la communauté, il est indifférent qu'ils soient tenus desdits principaux, comme d'une dette de continuation de communauté, ou simplement comme d'une dette de communauté.

840. Les dettes propres de chacun des conjoints n'étant point, pour leurs principaux, dettes de la communauté, elles ne sont pas non plus dettes de la continuation de communauté; mais elle est tenue des arrérages et intérêts desdites dettes, tant de ceux qui étoient échus au temps de la mort du prédécédé, lesquels étoient, par leur échéance, devenus une dette mobilière de la communauté, que de tous ceux qui courront pendant tout le temps que durera la continuation de communauté; car les revenus des biens, tant du survivant, que de la succession du prédécédé, tombant dans la continuation de communauté, il est nécessaire que les arrérages et intérêts de leurs dettes, qui sont une charge desdits revenus, y tombent pareillement, pendant tout le temps que durera la continuation de communauté.

841. Les frais funéraires du prédécédé, parmi lesquels on comprend le deuil qui est dû à la veuve, pareillement les legs portés au testament du prédécédé, n'étant point dettes de la communauté, comme nous l'avons vu *suprà*, *n.* 275, *et* 276, ne le sont pas non plus de la continuation de communauté : c'est pourquoi les sommes payées pour les acquitter, sont précomptées aux héritiers du prédécédé au partage de la continuation de communauté, comme nous le verrons *infrà*

Lebrun, *ibid.*, *sect.* 4, *dist.* 1, *n.* 17, est d'avis contraire. Il prétend que les legs testamentaires du prédécédé étant une charge de tous les biens de sa succession, tant de ses propres qui n'entrent pas dans la continuation de communauté, que de son mobilier qui y entre, la continuation de communauté doit être chargée d'une part desdits legs, au *prorata* de ce qu'en doit porter le mobilier, qui n'a pu entrer dans la continuation de communauté qu'avec cette charge. Cette opinion de Lebrun nous jetteroit dans la discussion que la coutume a voulu éviter en établissant la continuation de communauté, qui est la discussion de la quantité du mobilier qu'il y avoit dans la succession du prédécédé, au temps de sa mort. Indépendamment de cet inconvénient, le raisonnement sur lequel Lebrun fonde son opinion est faux. De ce que la part que le prédécédé avoit dans les biens de la communauté, laquelle est entrée, ou plutôt demeurée dans la continuation de communauté, étoit chargée des legs du prédécédé, il s'ensuit seulement que ces legs sont une charge de la part des enfants dans la continuation de communauté; mais il ne s'ensuit pas qu'ils soient une charge commune de la continuation de communauté. Cette continuation de communauté étant la même communauté qui est censée continuer, il n'y a de dettes de cette continuation de communauté que celles qui étoient dettes de la communauté, et celles que le survivant a depuis contractées, comme chef de cette société. Celles qui étoient dettes particulières de chacune des parties, ne sont pas dettes de la continuation de communauté, mais seulement dettes de la part que la partie débitrice a dans la continuation de communauté.

842. Si le prédécédé avoit fait des legs de rentes ou pensions annuelles, les arrérages étant une charge du revenu des biens de sa succession, lequel revenu entre dans la continuation de communauté pendant tout le temps qu'elle dure, ladite continuation de communauté sera chargée desdits arrérages, qui courront pendant le temps qu'elle durera.

Il en est de même des arrérages et intérêts du douaire dû à la veuve par la succession du prédécédé : la veuve qui jouit, en continuation de communauté, de tout le revenu des biens de la succession du prédécédé, doit confondre tous les intérêts et arrérages de son douaire, qui courront pendant tout le temps que la continuation de communauté courra.

843. SECONDE ESPÈCE. La continuation de communauté est chargée de toutes les dettes que le survivant contracte pendant le temps que durera la continuation de communauté : elle est tenue, tant des dettes mobilières, que des rentes que le survivant auroit constituées pendant ce temps, tant des principaux que des arrérages.

844. Il faut en excepter, 1° celles que le survivant auroit contractées pour des affaires qui lui sont particulières, et dont il profite seul. Par exemple, si, par un partage d'immeubles que le survivant a fait avec ses cohéritiers pendant le temps de la continuation de communauté, il s'est obligé envers ses cohéritiers à un retour, soit en rente, soit en argent, cette dette n'est point une dette de continuation de communauté, si ce n'est pour les arrérages et intérêts qui en

courront pendant le temps qu'elle doit durer; car c'est une
dette qu'il a contractée pour une affaire qui lui est particulière, et dont il a seul profité.

Par la même raison, si le survivant, durant la continuation de communauté, s'étoit obligé envers un architecte, au
paiement d'une certaine somme d'argent, pour la construction d'une maison qu'on lui a construite sur son héritage
propre, le survivant, profitant seul de cette construction, doit
être tenu seul de cette dette : quoiqu'il l'ait contractée pendant la continuation de communauté, elle n'en doit pas être
chargée.

845. Il faut excepter, 2° les dettes qui ont pour cause une
pure donation; car le pouvoir qu'a le survivant sur les biens
de la continuation de communauté ne s'étendant pas jusqu'à
pouvoir en disposer par donation, comme nous le verrons
dans la section suivante, c'est une conséquence qu'il ne peut
la charger des dettes qui auroient pour cause une pure donation. C'est pourquoi, si, durant le temps de la continuation de communauté, le survivant a promis, en faveur de
mariage, une somme à un tiers pour l'amitié qu'il lui portoit, la continuation de communauté ne sera pas tenue de
cette dette; le survivant sera tenu seul de l'acquitter sur sa
part.

846. Ayant décidé *suprà, n.* 253, que l'obligation de garantie que l'homme contracte en vendant, pendant sa communauté, l'héritage propre de sa femme, sans son consentement, n'est pas une dette de sa communauté, nous devons,
par la même raison, décider que lorsque le survivant a vendu,
pendant la continuation de communauté avec ses enfants,
l'héritage propre de ses enfants, l'obligation de garantie qu'il
contracte envers l'acheteur, quoique contractée durant la
continuation de communauté, n'est pas une dette de cette
continuation de communauté, qui doit seulement être tenue
de la restitution du prix qui y est entré. C'est pourquoi les
enfants pourront, du vivant du survivant, revendiquer leur
propre qu'il a vendu, aux offres de rendre pour leur part le
prix, sans craindre que l'acheteur leur oppose l'exception de
garantie.

847. Hors ces trois cas d'exception, la continuation de
communauté est chargée de toutes les dettes que le survivant a contractées pendant tout le temps qu'elle a duré.

Il paroît néanmoins y avoir à cet égard quelque différence entre la coutume de Paris et celle d'Orléans. Dans la coutume de Paris, les enfants ayant droit de demander au survivant part dans tous les biens meubles et conquêts immeubles du survivant, faits depuis la mort du prédécédé, quelle qu'ait pu être la cause qui les lui a fait acquérir, ils doivent pareillement supporter la part de toutes les dettes qu'il a contractées pendant la continuation de communauté, sans qu'on doive rechercher la cause pour laquelle il les a contractées, si ce n'est dans les cas d'exception ci-dessus.

Au contraire, la coutume d'Orléans ne faisant entrer, dans la continuation de communauté, que ce que le survivant acquiert du fonds commun, elle ne doit la charger des dettes contractées par le survivant, que lorsqu'elles peuvent paroître avoir été contractées pour raison du fonds commun.

Il est vrai que le survivant ayant une administration des biens de la continuation de communauté, dont il n'est pas comptable, il n'est pas nécessaire, pour que les dettes qu'il a contractées pendant le temps de la continuation de communauté, en soient une charge, qu'il soit justifié qu'elles ont été contractées pour les affaires de cette continuation de communauté. C'est pourquoi il n'est pas douteux que la continuation de communauté est tenue des différents emprunts de deniers que le survivant a faits pendant qu'elle a duré, quoiqu'il ne paroisse aucun emploi qu'il en ait fait; car il n'est pas impossible qu'ils aient effectivement été faits pour les affaires de la continuation de communauté. Mais, lorsque les dettes contractées par le survivant pendant la continuation de communauté, ont une cause qui lui est entièrement étrangère, elle n'en doit pas être chargée, suivant l'esprit de la coutume d'Orléans.

Par exemple, si, pendant la continuation de communauté, le survivant a eu une querelle avec un particulier, envers qui il ait été condamné en quelque somme pour réparation civile, la continuation de communauté ne doit pas, suivant l'esprit de la coutume, être chargée de cette dette, dont la cause lui est entièrement étrangère.

Par la même raison, si le survivant, pendant la continuation de communauté, a géré la tutelle d'un mineur, elle sera bien tenue du compte des sommes qu'il a reçues pour le mineur, parce qu'elles y sont entrées; mais elle ne sera pas tenue des dommages et intérêts que le survivant devroit à son mineur pour sa mauvaise administration, la cause de cette dette étant entièrement étrangère à la continuation de communauté.

848. A l'égard des dettes que les héritiers du prédécédé contractent durant la continuation de communauté, il est évident qu'elle n'en est pas tenue. Ces héritiers n'acquérant rien à la continuation de communauté, de ce qu'ils acquièrent durant la continuation de communauté, ils ne doivent pas la charger des dettes qu'ils contractent.

849. Troisième espèce. Dans la coutume de Paris, les dettes des successions qui échéent au survivant durant la continuation de communauté, sont dettes de ladite continuation de communauté, à proportion du mobilier desdites successions qui y entre, de la même manière que les dettes des successions qui échéent durant le mariage à l'un des conjoints, sont dettes de la communauté, à proportion de ce qui y entre desdites successions. *Voyez suprà, n. 261.*

Dans la coutume d'Orléans, qui ne fait rien entrer dans la continuation de communauté des successions qui échéent au survivant, il est évident que les dettes desdites successions n'y entrent pas.

850. Quatrième espèce. La continuation de communauté est chargée, tant des aliments du survivant, que de ceux des héritiers du prédécédé pendant qu'elle dure.

Observez néanmoins, à l'égard de ceux des héritiers du prédécédé, que ces héritiers les doivent venir chercher dans la maison du survivant, où est le siége de la continuation de communauté. Ils doivent aussi leur être fournis aux dépens de la continuation de communauté, dans les lieux où le survivant juge à propos de les envoyer pour leur éducation. Mais, si ces héritiers ont vécu ailleurs de leur industrie, pendant un certain temps, ils ne sont pas reçus à rien prétendre contre la continuation de communauté, pour les aliments qu'elle ne leur a pas fournis pendant ce temps.

851. Cinquième espèce. La continuation de communauté est chargée des réparations et frais d'entretien des héritages dont elle a la jouissance, de même que la commu-

nauté en est tenue à l'égard des héritages dont elle a la jouissance; mais elle n'est pas tenue des grosses réparations et reconstructions, de même que la communauté n'en est pas tenue. *Voyez* ce que nous avons dit *suprà, n.* 271 *et* 272.

852. SIXIÈME ESPÈCE. Les frais de l'inventaire qui est fait pour la dissolution de la continuation de communauté, les frais de liquidation et de partage des biens, et de tous les actes nécessaires pour y parvenir, sont aussi des charges de la continuation de communauté.

SECTION VI.

Du pouvoir du survivant sur les biens de la continuation de communauté.

853. De même que la communauté entre deux conjoints par mariage, a un chef, qui est le mari, la continuation de communauté a pareillement un chef, qui a seul le droit de disposer des effets de cette continuation de communauté pendant qu'elle dure; et ce chef est le survivant, soit que ce soit le mari, soit que ce soit la femme qui ait survécu.

Le pouvoir qu'a ce chef sur les biens de la continuation de communauté, est, suivant Renusson, entièrement le même que celui du mari sur les biens de la communauté; mais, suivant le sentiment commun, il est différent de celui qu'a le mari sur les biens de la communauté. Celui-ci a sur les biens de la communauté le pouvoir d'un maître absolu; il peut en disposer comme de choses à lui appartenantes pour le total, même par des donations qu'il peut faire à des tiers, sauf qu'il ne peut les appliquer à son profit, ni au profit des siens, au préjudice de sa femme, comme nous l'avons vu *suprà, part.* 2.

Au contraire, le pouvoir qu'a le survivant, soit le mari, soit la femme, sur les biens de la continuation de communauté, n'est pas le pouvoir d'un maître absolu; c'est pourquoi il n'a pas le droit de disposer des effets de la continuation de communauté, à titre de donation pure et simple, envers des tiers, au préjudice de la part qu'y ont les héritiers du prédécédé; il a seulement sur lesdits biens le pouvoir d'un administrateur *cum liberâ*, c'est-à-dire, celui que donne un droit d'administration dont on ne doit aucun compte. Il peut en conséquence disposer de tous les effets de la conti-

nuation de communauté, tant pour sa part que pour celle
des héritiers du prédécédé, à quelque titre que bon lui semble, sauf le titre de donation, qui lui est interdit.

C'est en conséquence de ce pouvoir qu'a le survivant sur
les biens de la continuation de communauté, qu'elle est
chargée de toutes les dettes qu'il contracte, comme nous l'a-
vons vu *suprà*.

C'est en conséquence de ce pouvoir, qu'il peut associer
un tiers à la continuation de communauté, qui deviendra
l'associé des héritiers du prédécédé, aussi bien que le sien,
sans qu'il ait besoin pour cela de leur consentement, comme
nous le verrons au chapitre second.

SECTION VII.

Des manières dont se dissout la continuation de communauté.

ARTICLE PREMIER.

Des manières dont se dissout la continuation de communauté, suivant
les principes de la coutume de Paris.

854. Pour dissoudre la continuation de communauté, du
vivant des parties, lorsque les enfants avec lesquels elle a
continué sont encore mineurs, ou même lorsque l'un d'eux
l'est encore, le survivant doit faire un inventaire fidèle, avec
un légitime contradicteur.

855. Cette dissolution de communauté peut être demandée, soit par l'une, soit par l'autre des parties; le survivant
peut la demander, soit que ses enfants soient majeurs, soit
qu'ils soient encore mineurs, en leur faisant pour cet effet
nommer un subrogé tuteur, avec qui il fera l'inventaire dissolutif de communauté.

Lorsque les enfants sont devenus majeurs, et qu'ils ne se
prêtent pas à la dissolution de communauté, le survivant
peut les assigner, et faire rendre une sentence qui donnera
assignation à un certain jour, en la maison du survivant,
pour être procédé ledit jour et les jours suivants, à l'inventaire dissolutif de la continuation de communauté, tant en
présence qu'absence.

Les enfants peuvent aussi demander au survivant la dissolution de la communauté, et l'assigner à cet effet pour faire

inventaire; laquelle assignation doit être donnée, soit par le tuteur ou subrogé tuteur des enfants, s'ils sont encore mineurs, soit par eux-mêmes, s'ils sont devenus majeurs.

856. Cet inventaire qui est nécessaire pour dissoudre la continuation de communauté, lorsqu'elle a commencé, doit être tel, et revêtu des mêmes formes que celui qui est nécessaire pour empêcher la continuation de communauté; il doit pareillement être clos et affirmé en justice dans les trois mois, du jour qu'il a été fini. *Voyez* ce qui en a été dit *suprà*, *sect.* 2, *art.* 1, §. 3.

Lorsque la clôture a été faite dans les trois mois, il a été jugé qu'elle avoit un effet rétroactif au temps de la perfection de l'inventaire, et que la communauté étoit censée avoir cessé, non pas seulement du jour de la clôture, mais du jour que l'inventaire avoit été achevé. L'arrêt, qui est de l'année 1689, est rapporté par Lemaire.

Pour que la clôture qui ne seroit faite qu'après l'expiration des trois mois, puisse dissoudre la continuation de communauté, il faut que le survivant fasse, avec le subrogé tuteur, procéder à un récolement de l'inventaire, qui constate, tant les choses acquises depuis l'inventaire, que celles comprises en l'inventaire, qui ne se trouvent plus; lequel récolement, aussi bien que l'inventaire, doit être présenté au juge, et affirmé par le survivant.

L'auteur du Traité des contrats de mariage rapporte un arrêt du 12 mai 1749, sur les conclusions de M. Joli de Fleury, qui a jugé qu'une clôture d'inventaire faite après les trois mois, n'avoit pas, faute de récolement, dissous la continuation de communauté.

857. Lorsque cet inventaire est défectueux en quelque chose, les enfants sont bien fondés à prétendre que, sans avoir égard à cet inventaire, qui sera déclaré nul, la communauté sera déclarée avoir toujours continué.

Il n'y a que les enfants qui soient recevables à opposer les défauts de cet inventaire : quelque défectueux qu'il soit, les enfants peuvent s'en contenter, et fixer au temps de cet inventaire, l'époque de la dissolution de la continuation de communauté, sauf à eux à demander que le survivant y ajoute les effets qu'ils justifieront avoir été omis.

Lorsque les enfants qui étoient mineurs lors de la mort du prédécédé, et avec lesquels la communauté a continué faute

d'inventaire, sont tous depuis devenus majeurs, Duplessis sur
Paris, *Traité de la communauté, liv. 3, chap. 5*, pense que le
seul consentement du survivant et des enfants, de quelque
manière qu'il soit exprimé, pourvu que ce soit par écrit,
suffit en ce cas pour dissoudre la continuation de communauté. Cette opinion paroît raisonnable.

858. Lorsque la continuation de communauté n'a pas été
dissoute du vivant des parties, elle se dissout par la mort du
survivant, suivant le principe de droit : *Morte socii solvitur
societas ;* l. 65, §. 9, ff. *pro soc.*

859. Lorsque la communauté a continué entre le survivant et plusieurs enfants du prédécédé, la mort de l'un desdits enfants ne dissout pas la continuation de communauté,
tant qu'il en reste quelqu'un ; mais la part que cet enfant
avoit dans la continuation de communauté, accroît aux autres enfants. C'est ce qui est décidé par l'*art.* 243 de la coutume de Paris, qui sera rapporté en la section suivante.

Cette décision n'est point contraire au principe de droit,
que la mort d'un seul des associés opère la dissolution de la
société à l'égard de tous les associés : *Morte socii solvitur societas.... etsi plures supersunt ;* d. §. 9 ; car le principe n'a
d'application que lorsque cet associé qui est mort, faisoit
seul une tête dans la société : mais, dans celle qui est entre
le survivant et ses enfants, chacun desdits enfants ne fait
pas une tête dans la société ; ils ne font tous ensemble qu'une
tête. C'est pourquoi, lorsqu'il reste un seul des enfants qui
composoient cette tête, cette tête subsiste par celui qui
reste, et il n'y a pas lieu au principe : *Morte socii solvitur
societas.*

Lorsque l'un des enfants, qui est mort durant la continuation de communauté, a laissé des enfants qui sont ses héritiers, les enfants qu'il a laissés, le représentent dans sa part
à la continuation de communauté, et il n'y a pas lieu à l'accroissement de cette part.

860. Lorsque les enfants avec lesquels la communauté a
continué, sont tous morts sans enfants, laissant le survivant
pour leur héritier aux meubles et acquêts, la tête qu'ils composoient dans la société étant éteinte, il n'est pas douteux
qu'il ne peut plus y avoir de continuation de communauté :
mais ces enfants étant morts sans avoir demandé continuation de communauté, on doit plutôt dire en ce cas qu'il n'y

pas plus lieu à la continuation de communauté, qu'on ne doit la dire dissoute, suivant les principes que nous avons établis, *suprà*, n. 806.

C'est pourquoi le survivant est censé en ce cas avoir fait pour lui seul toutes les acquisitions d'héritages qu'il a faites depuis la mort du prédécédé, et n'avoir succédé à aucune part à ses enfants, envers lesquels le survivant étoit seulement débiteur du compte du mobilier de la succession du prédécédé, de laquelle dette il a fait confusion en sa qualité de leur héritier au mobilier.

861. Lorsque le prédécédé de deux conjoints a laissé de leur mariage, des enfants, dont les uns étoient mineurs et les autres majeurs, et que tous ceux qui étoient mineurs sont morts sans avoir demandé continuation de communauté, la communauté continue-t-elle avec les majeurs qui restent ? Cette question dépend de celle qui a été agitée *suprà*, si, pour qu'il y ait continuation de communauté avec les majeurs, il suffit que le prédécédé ait laissé à sa mort un mineur pour l'un de ses héritiers, ou s'il est nécessaire que le mineur ait demandé continuation de communauté : nous y renvoyons.

862. On a autrefois agité la question, si, lorsqu'un enfant qui étoit en continuation de communauté avec le survivant, étoit depuis marié, et doté du fonds de la continuation, son mariage opéroit la dissolution de la continuation de communauté, sur-tout s'il s'établissoit une demeure séparée de celle du survivant ? On avoit pensé autrefois que l'enfant, en contractant une nouvelle communauté avec la personne qu'il épousoit, et en sortant de la maison du survivant, étoit censé renoncer pour l'avenir à la communauté en laquelle il étoit avec le survivant, et retirer provisionnellement, par la dot qui lui étoit fournie, la part qu'il avoit dans cette communauté, sauf à compter au partage, s'il lui revenoit quelque chose de plus.

Cette opinion n'a pas été suivie. Depuis long-temps il n'est pas douteux qu'un enfant, quoique marié et doté pendant la continuation de communauté, quoique sorti de la maison du survivant, continue d'être en continuation de communauté, et d'avoir sa part dans la continuation de communauté, sauf, lors du partage qui s'en fera après la dissolution, à précompter la dot qu'il a reçue, laquelle, jusqu'à ce temps, est comme une provision qui lui est donnée, pour que les revenus qu'il en percevra, lui tiennent lieu des aliments que la continuation de communauté devoit lui fournir.

Cela a lieu, quoique l'enfant fût majeur lorsqu'il a été marié, et quoiqu'il fût le seul avec qui la communauté continuât.

ARTICLE II.

Des manières dont se dissout la continuation de communauté, suivant les principes de la coutume d'Orléans.

863. Pour dissoudre la continuation de communauté du vivant des parties, la coutume d'Orléans n'exige pas autre chose que ce que nous avons vu, *suprà*, qu'elle exigeoit pour empêcher qu'elle n'eût lieu avant qu'elle ait commencé : elle veut, en l'un et en l'autre cas, que les parties aient sur cela fait connoître leur volonté et leur consentement. C'est le sens de ces termes de l'*art.* 216, ci-dessus rapporté, *ou que autrement entre eux n'en soit disposé.*

Néanmoins, lorsqu'il y a des mineurs, la jurisprudence a établi que, pour dissoudre la continuation de communauté après qu'elle a commencé, de même que pour empêcher qu'elle n'ait lieu avant qu'elle ait commencé, le survivant doit faire un inventaire avec un légitime contradicteur.

864. La continuation de communauté se dissout par la mort du survivant; mais, suivant les principes de la coutume d'Orléans, la mort de toutes les personnes qui ont été héritières du prédécédé, et avec lesquelles la communauté a continué, ne finit pas la continuation de communauté, à moins que le survivant ne fût leur héritier; mais cette communauté continue avec leurs héritiers, et même avec leurs successions vacantes. La raison est, que la coutume d'Orléans, qui fait continuer la communauté avec les héritiers du prédécédé, quels qu'ils soient, majeurs ou mineurs, enfants ou collatéraux, ne considère dans les personnes, pour faire continuer avec elles la communauté, que la seule qualité qu'elles ont d'héritières du prédécédé; et, par conséquent, suivant l'esprit de cette coutume, la communauté doit continuer avec les héritiers auxquels lesdits héritiers transmettent la qualité qu'ils avoient d'héritiers du prédécédé, qui est la seule qualité en laquelle la communauté continuoit avec eux. En un mot, suivant l'esprit de la coutume, c'est avec la succession du prédécédé, plutôt qu'avec les personnes, que la commu-

nauté continue ; laquelle succession continue dans les héritiers des héritiers, et même dans leur succession vacante.

SECTION VIII.

De l'accroissement des portions des enfants décédés pendant la continuation de communauté.

ARTICLE PREMIER.

De cet accroissement, selon les principes de la coutume de Paris.

865. L'*art.* 243 de la coutume de Paris est conçu en ces termes : « Si aucun des enfants qui ont continué la com- »munauté, meurt, ou tous fors un, les survivants ou sur- »vivant desdits enfants continuent ladite communauté, et »prennent autant que si tous lesdits enfants étoient vi- »vants. »

On ne voit pas trop sur quoi cet accroissement est fondé. Les commentateurs appliquent mal à cet article ce principe du droit romain, qu'il y a lieu au droit d'accroissement *inter conjunctos re et verbis.* On appelle conjoints ceux à qui une chose a été léguée pour le total à chacun d'eux, de manière qu'elle ne dût être partagée entre eux que par leur concours à l'acceptation du legs. C'est entre ces conjoints que, suivant les principes du droit romain, il y a lieu au droit d'accrois- sement, lorsque l'un d'eux meurt avant l'échéance du legs, ou l'a répudié : en ce cas, la chose léguée demeure pour le total, *jure accrescendi,* ou plutôt *jure non decrescendi,* au léga- taire qui a accepté le legs, et qui étoit légataire du total ; mais, après que tous les légataires ont concouru au legs, il ne peut plus y avoir lieu au droit d'accroissement. Il n'y a pas lieu non plus au droit d'accroissement entre ceux à chacun desquels on a assigné une part dans la chose, par le legs qui leur en a été fait ; car, chacun n'étant légataire que de sa part, ils ne sont pas *conjuncti re,* ils sont *conjuncti verbis tan- tùm, inter quos non est locus juris accrescendi.*

Dans l'espèce de cet article, lorsque plusieurs enfants mi- neurs sont venus à la succession du prédécédé, chacun d'eux acquiert, dans la moitié des biens de la continuation de com- munauté, la même part qu'il a dans les biens de la succes- sion du prédécédé. Ils ne sont donc point entre eux conjoints dans cette moitié des biens de la continuation de commu- nauté, puisque chacun d'eux y a sa part ; et, par conséquent, le droit d'accroissement, qui a lieu *inter conjunctos re et verbis*, ne peut recevoir, dans l'espèce de cet article, aucune application : il ne se fait d'accroissement que d'une part que l'un des conjoints a manqué d'acquérir; il n'y a pas lieu à l'accroissement, lorsqu'elle a été une fois acquise. C'est ce qu'a fort bien remarqué Laurière sur cet article; d'où il a fort bien conclu que les parts qu'avoient dans les biens de la continuation de communauté les enfants qui meurent durant la continuation de communauté, étant des parts qui leur étoient acquises, le principe du droit d'accroissement *inter conjunctos re et verbis*, ne peut recevoir d'application.

Il faut donc chercher une autre raison de l'accroissement des portions des enfants qui meurent durant la continuation de communauté, que la coutume accorde par cet article aux autres enfants. Je n'en vois pas d'autre, sinon que la coutume, par cet article, a voulu établir une nouvelle peine contre le survivant qui ne dissout pas la communauté, en le privant de la succession des portions qu'avoient dans les biens de la continuation de communauté, ses enfants morts durant la continuation de communauté, nonobstant sa qualité d'héritier aux meubles et acquêts desdits enfants, et en transférant cette succession aux autres enfants survivants, jusqu'au dernier, pour y succéder à sa place.

866. Observez que la coutume ne prive, par cet article, le survivant de la succession de ses enfants morts durant la continuation de communauté, que par rapport à cette espèce de biens : si ces enfants, morts durant la continuation de communauté, avoient acquis par leur industrie des biens meubles ou immeubles, ces biens n'étant pas de la continuation de communauté, *supra. n.* 829. le survivant, en qualité d'héritier aux meubles et acquêts desdits enfants, y succéderoit.

Mais, comme le mobilier qui avient au survivant, à quelque titre que ce soit, même à titre de succession, pendant la continuation de communauté, y tombe, comme nous l'avons vu *supra, n.* 825, ce mobilier, qui n'étoit pas de la continuation de communauté, et que cet enfant avoit en propre, tombe dans la continuation de communauté, au moyen de la succession qui en est échue au survivant pendant la continuation de communauté.

867. Observez que c'est à titre de succession que la part

qu'avoit dans les biens de la continuation de communauté l'enfant mort durant cette continuation de communauté, accroît aux autres enfants : c'est pourquoi ils sont tenus, comme héritiers de cet enfant, de toutes les dettes de cet enfant, non-seulement de celles de la continuation de communauté, pour la part dont cet enfant en étoit tenu, et qui diminuent de plein droit la part qu'il avoit dans les biens de la continuation, mais aussi de toutes les autres dettes que cet enfant auroit contractées d'ailleurs ; et ils en sont tenus, à moins que cet enfant n'eût laissé d'autres biens immeubles qu'il avoit acquis de son industrie particulière, auxquels le survivant succède : auquel cas les dettes se répartissent entre le survivant, comme héritier desdits biens, et entre les frères et sœurs de cet enfant, comme héritiers de sa portion dans les biens de la continuation de communauté ; pourquoi il y a une ventilation à faire. Hors ce cas, le survivant ne succède en rien à son enfant mort durant la continuation de communauté ; ce sont ses frères et sœurs qui sont ses seuls héritiers : car la portion qu'avoit cet enfant dans les biens de la continuation de communauté, étant le prix de ce qui revenoit à cet enfant dans le mobilier et dans le revenu des immeubles de la succession du prédécédé, dont le survivant lui devoit compte, le survivant, par l'accroissement qui se fait de la portion de cet enfant dans les biens de la continuation de communauté, au profit des frères et sœurs de cet enfant, s'acquitte envers eux de ce qui revenoit à cet enfant dans le mobilier et dans les revenus des immeubles de la succession du prédécédé ; il leur en transfère la succession, bien loin qu'il y succède lui-même. Il n'est donc héritier pour rien de cet enfant ; ce sont les frères et sœurs de cet enfant qui sont seuls ses héritiers, et qui sont en conséquence tenus de toutes ses dettes.

868. Lorsque l'enfant, mort durant la continuation de communauté, laisse une veuve avec qui il étoit en communauté de biens, la portion qu'il avoit dans les biens de la continuation de communauté, n'accroît à ses frères et sœurs qu'à la charge de laisser à la veuve sa part dans les biens de ladite portion, qui sont entrés dans la communauté qui étoit entre son mari et elle.

869. La disposition de l'article 243 n'a lieu que lorsque les enfants qui meurent durant la continuation de com-

munauté, meurent sans enfants : s'ils en laissent, ils leur succèdent à leur droit de continuation de communauté, et il n'y a pas lieu au droit d'accroissement porté par cet article.

Lorsque la communauté continue avec plusieurs enfants du prédécédé, et des petits-enfants représentant un enfant mort avant ou depuis la continuation de communauté, si l'un desdits petits-enfants meurt, sa portion accroît à ses frères et sœurs qui restent ; ce n'est qu'après la mort de tous lesdits petits-enfants, que leur portion accroît aux autres enfants du conjoint prédécédé.

870. La disposition de cet article étant exorbitante du droit commun, elle doit être restreinte à son cas. Cet article faisant accroître les portions des enfants morts durant la continuation de communauté, aux autres enfants survivants, jusqu'au dernier, *qui continuera la communauté,* il n'y a que ceux qui acceptent la continuation de communauté, qui puissent prétendre cet accroissement. C'est pourquoi, si le dernier resté des enfants renonçoit à la continuation de communauté, et demandoit compte au survivant de la part qui lui revient dans les biens de la succession du prédécédé ; n'étant pas lui-même en continuation de communauté avec le survivant, il ne pourroit pas prétendre l'accroissement des portions des enfants morts avant lui : les choses en ce cas doivent rentrer dans le droit commun, et le survivant doit avoir été héritier de ceux de ses enfants qui sont morts de son vivant.

ARTICLE II.

Du droit d'accroissement qui a lieu dans la coutume d'Orléans.

871. Lorsque le survivant de deux conjoints par mariage est en continuation de communauté avec plusieurs enfants de leur mariage, et que quelqu'un desdits enfants vient à mourir pendant la continuation de communauté, la coutume d'Orléans prive aussi le survivant de la succession de la portion que cet enfant avoit dans le mobilier de la continuation de communauté, qu'elle fait demeurer dans ladite continuation de communauté, et accroître aux autres enfants ; mais elle ne prive pas d'abord et sur-le-champ le survivant de cette succession, comme fait la coutume de

Paris : elle donne au survivant une année, du jour de la mort de l'enfant, pour se conserver cette succession, en faisant dissoudre dans ledit temps la continuation de communauté : ce n'est que faute par le survivant d'avoir fait dissoudre la continuation de communauté dans ledit temps, qu'elle le prive de la succession de ladite portion, et qu'elle la fait demeurer dans la continuation de communauté, et accroître aux autres enfants. C'est une première différence entre la coutume d'Orléans et celle de Paris, par rapport au droit d'accroissement.

872. Une seconde différence est, qu'au lieu que la coutume de Paris prive le survivant de toute la portion que l'enfant décédé durant la continuation de communauté, avoit dans tous les biens de la continuation de communauté, tant dans les acquêts que dans le mobilier, et la fait accroître aux autres enfants; au contraire, la coutume d'Orléans ne prive pas, quant à la propriété, le survivant de la portion qu'avoit l'enfant décédé, dans les acquêts de la continuation de communauté; elle ne le prive que des revenus desdits acquêts, pendant tout le temps que la continuation de communauté a duré depuis la mort dudit enfant : elle lui en laisse la propriété pour la portion qu'y avoit ledit enfant, et à laquelle elle n'empêche pas le survivant de succéder audit enfant. *Voyez* ce que nous en avons déjà dit *supra, n.* 835.

SECTION IX.

De l'acceptation et de la renonciation à la continuation de communauté.

ARTICLE PREMIER.

De l'acceptation et de la renonciation à la continuation de communauté, suivant les principes de la coutume de Paris.

873. Il est au choix des enfants, après l'examen fait sur l'inventaire des forces de la continuation de communauté, ou d'accepter et de demander au survivant la continuation de communauté, ou de renoncer à la continuation de communauté, et de demander compte des biens de la succession du prédécédé, en l'état qu'ils étoient au temps de la mort du prédécédé.

Observez que les enfants doivent, ou accepter la continuation de communauté pour tout le temps qu'elle a duré, ou y renoncer pour tout ledit temps : ils ne seroient pas reçus à la demander pour une partie du temps qu'elle a duré, en y renonçant pour le surplus dudit temps.

Nous verrons, dans un premier paragraphe, par qui peut être demandée la continuation de communauté; dans un second, si cette demande est sujette à prescription; dans un troisième, quel est l'effet de l'acceptation de la continuation de communauté. Nous traiterons, dans un quatrième, de la renonciation à la continuation de communauté; dans un cinquième, nous verrons si entre plusieurs enfants, les uns peuvent demander continuation de communauté, les autres y renoncer, et quelle part en ce cas doivent avoir dans la continuation de communauté ceux qui l'acceptent.

§. I. Par qui la continuation de communauté peut-elle être demandée.

874. Lorsque le prédécédé de deux conjoints a laissé pour héritiers, des enfants mineurs de leur mariage; faute par le survivant d'avoir satisfait à ce que la coutume exige pour empêcher la continuation de communauté, chacun desdits enfants peut demander continuation de communauté. Les enfants qui étoient majeurs lors de la mort du prédécédé, et ceux que le prédécédé avoit d'un précédent mariage, le peuvent aussi, mais seulement dans le cas auquel la continuation auroit été demandée par quelqu'un de ceux qui étoient mineurs.

875. C'est une question différemment jugée par les arrêts, si le droit que la coutume accorde aux enfants, de demander continuation de communauté, est un droit ordinaire et disponible, qui passe à leurs légataires universels, qui tombe dans leur communauté lorsqu'ils sont mariés, et qui puisse être exercé par leurs créanciers; ou si c'est un droit qui leur soit personnel, de manière qu'il n'y ait que lesdits enfants qui puissent être reçus à demander par eux-mêmes la continuation de communauté, sans que ceux qui se prétendroient à leurs droits, pussent être reçus à la demander lorsque les enfants ne la demandent pas, ou qu'ils sont morts sans l'avoir demandée. On cite des arrêts qui ont jugé pour cette

personnalité. On en cite un qui a donné congé d'une demande de créanciers qui demandoient à exercer les droits d'un enfant, leur débiteur, dans une continuation de communauté que cet enfant n'avoit pas demandée. On en cite un autre qui, dans l'espèce d'un enfant qui étoit mort sans s'être expliqué sur la continuation de communauté, a déclaré le légataire universel de cet enfant, non-recevable à la demander. On en cite un autre qui déclare pareillement non-recevable une veuve dans la demande qu'elle faisoit en qualité de commune, avec son défunt mari, qui étoit mort sans s'expliquer sur une continuation de communauté, par laquelle cette veuve demandoit à partager la part que son mari avoit dans les biens de ladite continuation, comme étant ladite part tombée dans la communauté qui avoit été entre elle et son mari.

Il y a des arrêts contraires. On en cite un qui a admis le légataire universel d'un enfant, à demander en cette qualité continuation de communauté, quoique l'enfant fût mort sans l'avoir demandée.

Lebrun s'efforce en vain de distinguer le cas d'un légataire universel d'un enfant qui est mort sans avoir demandé la continuation de communauté qu'il avoit droit de demander, et le cas de la veuve ou des créanciers de cet enfant. Il dit qu'un légataire universel, qui est *hæredis loco,* a plus de qualité pour demander la continuation de communauté que le défunt avoit droit de demander, que n'en ont la veuve ou les créanciers. Cette distinction est insoutenable. Ou ce droit est purement personnel à l'enfant, ou il ne l'est pas. S'il lui est purement personnel, il ne peut pas plus passer à ses légataires universels, qu'à sa veuve et à ses créanciers. S'il ne l'est pas, pourquoi les créanciers de cet enfant ne seroient-ils pas reçus à exercer pour lui ce droit, puisqu'ils sont reçus, dans notre jurisprudence françoise, à exercer les droits de leur débiteur pour une succession, non-seulement dans le cas auquel leur débiteur ne l'auroit pas acceptée, mais même dans le cas auquel il l'auroit répudiée en fraude; en quoi, bien loin que des créanciers aient moins de qualité et moins de droit pour exercer les droits de leur débiteur, que n'en ont ses héritiers ou légataires universels, comme le prétend Lebrun, ils en ont au contraire davantage, puisque ces héritiers ou légataires universels ne pourroient pas accepter une succession que le défunt auroit répudiée.

En mettant à l'écart les arrêts qui sont contraires, et qui peuvent avoir été rendus plutôt sur les circonstances de fait, que par le point de droit, je ne vois aucune raison solide qui oblige de regarder comme un droit qui soit personnel aux enfants, celui que la coutume leur donne de demander au survivant continuation de communauté, à la place du compte qu'il leur doit du mobilier et du revenu des immeubles de la succession du prédécédé : je ne vois rien qui empêche que lorsqu'ils n'ont pas, de leur vivant, consommé ce choix que la coutume leur donne, ils ne puissent transmettre ce choix à leurs successeurs.

C'est ce qui a été jugé récemment, par un arrêt du 1er septembre 1766, en la grand'chambre, au profit des créanciers du feu sieur Durand de Mesi, rapporté dans le Supplément de Denisart.

§. II. Si le droit que la coutume accorde aux enfants, de demander continuation de communauté, est sujet à prescription.

876. Le droit que la coutume accorde aux enfants, de demander au survivant continuation de communauté, leur étant accordé pour leur tenir lieu, tant de leur part dans le mobilier de la communauté, qui est resté entre les mains du survivant, que de leurs revenus dont le survivant leur doit compte, c'est une conséquence, que tant que les enfants sont recevables à demander compte, ils sont recevables à demander la continuation de communauté, qui doit, s'ils le veulent, leur en tenir lieu.

Mais l'action que les enfants ont pour demander ce compte, étant, de même que toutes les autres actions, sujette à la prescription ordinaire de trente ans; lorsque cette prescription a été acquise au survivant contre cette action, il paroît qu'elle doit l'être aussi contre la demande en continuation de communauté, qui en est comme une espèce de dépendance.

On ne peut pas établir contre cette décision, le principe que nous avons admis en notre Traité du contrat de société, *n.* 166, que la demande qu'avoit un associé pour demander le partage d'une société, étoit imprescriptible tant que la communauté subsistoit. Ce principe n'a aucune application;

car il suppose qu'il y a eu une société établie, qui subsiste encore : mais la continuation de communauté n'étant, dans la coutume de Paris, qu'un droit et une faculté que la coutume donne aux enfants, de demander continuation de communauté au survivant, à la place du compte qu'il leur doit du mobilier et des revenus des biens de la succession de leur mère, il n'y a de société et de communauté entre le survivant et les enfants, qu'autant que les enfants ou leurs représentants ont demandé au survivant qu'il y en eût une. Lorsqu'ils ne l'ont pas demandée, et que, n'étant plus recevables à demander compte au survivant, ils ne sont plus recevables à lui demander une continuation de communauté qui en tient lieu, il est censé n'y avoir jamais eu de société ni de communauté entre le survivant et ses enfants, et par conséquent le principe opposé ne peut recevoir d'application.

877. Il en est autrement dans la coutume d'Orléans : la continuation de communauté n'est pas, dans cette coutume, une simple faculté qu'ont les enfants de la demander ; c'est une vraie société et communauté que la coutume établit entre le survivant et les héritiers du prédécédé, s'il n'y a pas eu de déclaration contraire. Cette société ayant été établie lors de la mort du prédécédé, le survivant a dès-lors commencé, et a depuis toujours continué de posséder en commun, avec les héritiers du prédécédé, les biens dont cette société est composée. C'est pourquoi les héritiers sont toujours à temps de lui en demander le partage, sans qu'il puisse leur opposer aucune prescription, suivant le principe rapporté ci-dessus.

§. III. Quel est l'effet de l'acceptation de la continuation de communauté.

878. La continuation de communauté, dans les principes de la coutume de Paris, étant la même communauté qui étoit entre les deux conjoints, laquelle est censée avoir continué entre le survivant et les enfants héritiers ou successeurs du prédécédé, il s'ensuit que lorsque tous lesdits enfants acceptent la continuation de communauté, ils doivent avoir tous ensemble, dans la continuation de communauté, la même part qu'ils ont dans la communauté.

C'est pourquoi, lorsque la communauté entre les conjoints

a été contractée à l'ordinaire, pour être partagée par moitié entre le survivant et les héritiers du prédécédé, les enfants auront pareillement tous ensemble la même part dans les biens de la continuation de communauté.

Mais si, par une clause du contrat de mariage, il étoit convenu que les héritiers du prédécédé n'auroient que le tiers dans les biens de la communauté, les enfants n'auront tous ensemble que le tiers dans ceux de la continuation de communauté. *Vice versâ*, s'il étoit dit que la femme ne seroit commune que pour un tiers, le mari étant prédécédé, ses enfants, qui ont les deux tiers dans la communauté, auront aussi les deux tiers dans ceux de la continuation de communauté.

879. Dans la subdivision de la portion qui revient à tous les enfants, lorsqu'ils ont tous accepté la continuation de communauté, chacun y aura la même portion pour laquelle il succède aux biens du prédécédé. C'est pourquoi, si le prédécédé qui a laissé quatre enfants, en a fait un son légataire universel, ce légataire ayant seul succédé à la moitié des biens du prédécédé, chacun des trois autres enfants réduits à leur légitime, n'ayant succédé aux biens du prédécédé que pour un huitième, n'aura pareillement qu'un huitième dans cette subdivision, et le légataire universel aura le surplus.

Néanmoins le fils aîné, quoiqu'il ait dans les fiefs de la succession du prédécédé, une plus grande portion que ses puînés, n'a dans la subdivision de la portion qui revient aux enfants dans les biens de la continuation de communauté, qu'une part égale à celle que chacun de ses puînés y a.

La raison est, que ce qu'il a de plus que ses puînés dans les fiefs de la succession du prédécédé, il ne l'a qu'à titre de préciput légal ; mais il n'est héritier et successeur aux biens du prédécédé, que pour une part égale à celle pour laquelle chacun de ses puînés succède.

A l'égard du cas auquel il n'y a qu'une partie des enfants qui accepte la continuation de communauté, *voyez* le paragraphe 5, *infrà*.

§. IV. De la renonciation à la continuation de communauté.

880. La coutume, en disant en l'article 24, que les enfants peuvent demander, *si bon leur semble*, continuation de communauté, déclare suffisamment qu'ils peuvent renoncer à

ce droit qu'ils ont, lorsqu'ils jugent que la continuation de communauté ne leur seroit pas avantageuse.

Ils y peuvent renoncer, soit expressément, en le déclarant au bas de l'inventaire, ou par quelque autre acte ; soit tacitement, par quelque fait qui renferme la volonté d'y renoncer. En voici un exemple : des enfants qui étoient en droit de demander continuation de communauté à la succession du survivant, à laquelle ils viennent avec d'autres enfants que le survivant avoit d'un précédent mariage, laissent comprendre dans la masse des biens de la succession du survivant, tous les meubles qui se sont trouvés lors de la mort du survivant, et tous les immeubles acquis par le survivant depuis la mort du prédécédé, et partagent avec leurs cohéritiers les biens de cette masse, sans demander aucune distraction pour la part qu'ils avoient droit de prétendre dans lesdits biens à titre de continuation de communauté. Il est bien évident que, par ce fait, les enfants déclarent suffisamment qu'ils renoncent à la continuation de communauté, et qu'ils s'en tiennent à la créance qu'ils ont contre la succession du survivant, pour le compte que ladite succession leur doit de celle du prédécédé, et de la communauté qui a été entre le survivant et le prédécédé, en l'état qu'elle étoit au temps de la mort du prédécédé.

881. Lorsque c'est la femme qui est prédécédée, les enfants peuvent ou renoncer, tant à la communauté qu'à la continuation de communauté, ou renoncer seulement à la continuation de communauté, et accepter la communauté en l'état qu'elle étoit au temps de la mort du prédécédé. Lorsque c'est le mari qui est prédécédé, les enfants ne peuvent renoncer qu'à la continuation de communauté.

882. L'effet de la renonciation des enfants à la continuation de communauté, est, que tous les meubles que le survivant se trouve avoir, et tous les immeubles acquis par le survivant depuis la mort du prédécédé, appartiennent pour le total au survivant, qui est seulement débiteur envers ses enfants, du compte des biens de la succession du prédécédé, dont il est demeuré en possession, et du compte de la communauté qui a été entre le survivant et le prédécédé, en l'état qu'elle s'est trouvée au temps de la mort du prédécédé.

Il est nécessaire, pour ce compte, de fixer à une certaine somme la quantité du mobilier de la communauté qui s'est trouvé lors de la mort du prédécédé, pour la part qui en appartenoit à la succession du prédécédé, don le survivant doit compte à ses enfants.

Lorsque les parties ne conviennent pas entre elles de la somme à laquelle ce mobilier sera fixé, il faut avoir recours au juge pour régler cette somme. Le juge, pour parvenir à ce règlement, ordonne qu'il sera fait preuves respectives par les parties, tant par titres que par témoins, de l'état et des forces du mobilier de la communauté au temps de la mort du prédécédé.

Les titres qui peuvent conduire à cette preuve, sont les livres de commerce, journaux et papiers domestiques, par le dépouillement qu'on en peut faire. Le survivant est, pour cet effet, tenu de les représenter, ou de se purger par serment, qu'il n'en a aucuns.

La seconde espèce de preuves résulte des enquêtes par lesquelles chacune des parties peut faire entendre en déposition les personnes qui peuvent avoir quelque connoissance de l'état du mobilier de la communauté qui étoit au temps de la mort du prédécédé.

C'est sur l'une et sur l'autre de ces preuves, ou sur l'une d'elles, que le juge se règle pour fixer la somme du mobilier dont le survivant doit rendre compte.

§. V. Si, entre plusieurs enfans, les uns peuvent demander continuation de communauté, les autres y renoncer, et quelle part en ce cas y ont les acceptants.

883. Le droit de continuation de communauté est un droit divisible, puisqu'il a pour objet des choses divisibles. *Voyez notre Traité des obligations, part. 2, chap. 4, sect. 2, n. 288.*

Il est de la nature de tous les droits divisibles, que lorsqu'un tel droit appartient à plusieurs personnes, il se divise de plein droit entre les personnes à qui il appartient, lesquelles y ont chacune leur part; *ibid., n. 299.*

Le droit de continuation de communauté, que la coutume accorde aux enfants du prédécédé, se divise donc entre lesdits enfants : chacun d'eux y a sa part; et, comme c'est en leur qualité d'héritiers du prédécédé, que ce droit leur

est accordé, la part que chacun desdits enfants y a, est
la part pour laquelle il est héritier du prédécédé.

Chacun des enfants ayant sa part dans la continuation
de communauté, rien n'empêche que les uns puissent demander la continuation de communauté pour les parts
qu'ils y ont, et que les autres y renoncent pour la part
qu'ils y ont.

Les enfants ont même souvent à cet égard des intérêts
différents. Supposons que, pendant une continuation de
communauté qui a duré long-temps, le survivant ait fait
de grandes dépenses pour l'éducation d'un garçon, lesquelles ont absorbé les revenus de cet enfant, et qu'au
contraire il n'ait fait aucune dépense pour une fille qui a
toujours demeuré à la campagne pendant ce temps. La
part que chaque enfant a dans la continuation de communauté, lui tenant lieu de ce qui lui reviendroit dans
le compte que le survivant doit à ses enfants, du mobilier
et des revenus des immeubles de la succession du prédécédé, pour ce qui en revient à chacun d'eux, le garçon,
à qui il doit revenir peu de chose par ce compte, a intérêt de demander sa part dans la continuation de communauté. Au contraire, la fille, à qui il doit revenir
beaucoup par ce compte, a intérêt de demander ce compte,
et de renoncer pour cet effet à la continuation de communauté.

884. La grande question est de savoir, dans le cas auquel entre plusieurs enfants, les uns demandent continuation de communauté, les autres y renoncent, quelle doit
être la part de ceux qui demandent la continuation de
communauté? Lebrun prétend que les parts de ceux qui
ont renoncé à la continuation de communauté, leur ac-
croissent; de manière que, n'y eût-il qu'un enfant qui eût
accepté la continuation de communauté, il peut seul demander en entier la moitié des biens de la continuation
de communauté que la coutume donne à tous les enfants
du prédécédé, à la charge par cet acceptant de satisfaire,
à la décharge du survivant, ses frères et ses sœurs qui ont
renoncé à la continuation de communauté, de ce qui peut
leur revenir pour leur part dans le compte du mobilier,
et des revenus des immeubles de la succession du prédécédé
que le survivant leur doit.

M. Le Camus, dans un acte de notoriété du Châtelet, du 8 août 1702, rejette l'opinion de Lebrun, qui ne charge de la dette du compte dû aux renonçants, que les seuls enfants acceptants. La part des renonçants dans les biens de la succession du prédécédé, dont le compte leur est dû, ayant été en la possession du survivant, et non en celle des enfants acceptants, il est contre la raison de charger de ce compte les enfants acceptants, et de n'en pas charger le survivant.

Suivant ce même acte de notoriété, l'usage du Châtelet est, que les enfants acceptants aient en ce cas la moitié des biens de la continuation de communauté, et qu'ils contribuent, pour cette moitié, à la dette du compte dû aux renonçants, de même qu'à toutes les autres dettes de la communauté.

Cet usage du Châtelet est, en ce point, contraire à la décision d'un arrêt du 6 septembre 1687, rapporté au second tome du Journal du Palais, et par Lebrun, quoique contraire à son avis. Cet arrêt a jugé que la part de l'enfant qui acceptoit la continuation de communauté, n'étoit point augmentée par la renonciation que les autres y avoient faite. Dans l'espèce de l'arrêt, de trois enfants que le prédécédé avoit laissés pour ses héritiers, deux avoient renoncé à la continuation de communauté, un seul l'avoit demandée. L'arrêt n'accorda à celui qui l'avoit demandée, que son tiers en la moitié, qui est un sixième au total des biens de ladite continuation.

La raison de l'arrêt est, que la part que chacun des enfants a droit de demander dans les biens de la continuation de communauté, lui tient lieu de la part qui lui revient dans le mobilier et dans le revenu des immeubles de la succession du prédécédé, qui sont restés en la possession du survivant, dont il doit compte à ses enfants. Ceux des enfants qui ont renoncé à la continuation de communauté, conservent la part qu'ils ont dans le mobilier et dans les revenus des immeubles de la succession du prédécédé, et ils ne renoncent à la continuation de communauté que pour s'en faire rendre compte par le survivant. Leur renonciation n'augmente donc pas la part qui en revient à celui des enfants qui demande continuation de communauté; et, par conséquent, elle ne doit pas augmenter sa part dans les biens de la continuation de communauté, qui lui en tient lieu. L'article 243, qui est le seul fondement de l'opinion contraire, ne reçoit ici aucune application. Si cet article fait accroître les portions des enfants morts durant la continuation de communauté, aux enfants survivants jusqu'au dernier, c'est, comme nous l'avons déjà observé *suprà*, que cet article, qui contient une nouvelle peine contre le survivant, prive le survivant de succéder auxdits enfants, à ce qui leur revient des biens de la succession du prédécédé qui sont entrés dans la continuation de communauté, et en conséquence de succéder à la part qu'ils avoient droit de demander dans les biens de la continuation de communauté, qui devoit leur en tenir lieu. La coutume transfère cette succession, dont elle prive le survivant des conjoints, aux enfants survivants, jusqu'au dernier. C'est en conséquence que le dernier resté des enfants peut demander en entier la moitié des biens de la continuation de communauté, tant comme y ayant part de son chef, que comme étant aux droits des autres enfants prédécédés, dont la coutume le rend à cet égard héritier à l'exclusion du survivant.

Mais, dans l'espèce dont il s'agit, l'enfant qui demande seul continuation de communauté, n'est pas aux droits de ceux qui ont renoncé. Bien loin de cela, ceux qui y ont renoncé conservent leurs droits, et ne renoncent à la continuation de communauté, que pour s'en faire rendre compte. L'enfant qui demande seul continuation de communauté, n'ayant donc que la part qu'il a de son chef dans le mobilier, et les revenus des immeubles de la succession du prédécédé, du compte desquels la moitié des biens de la continuation de communauté tient lieu, il ne doit avoir que la part qu'il a de son chef dans lesdits biens de la continuation de communauté, et qu'il auroit, si tous les enfants demandoient comme lui la continuation de communauté.

Laurière, dans une Dissertation qui est à la fin de ses Notes sur Loisel, ne suit ni la décision de cet arrêt, ni celle de l'acte de notoriété ci-dessus rapporté. Il embrasse un sentiment qui lui est particulier, et il prétend que la part de chacun des acceptants dans les biens de la continuation, doit être en même proportion que celle du survivant. Par exemple, en supposant que de trois enfants, il n'y en ait qu'un qui accepte; la mise de cet enfant étant le sixième qu'il avoit dans la première communauté, et celle du survivant étant la moitié, qui fait trois sixièmes, la mise de l'enfant est à celle du survivant, dans la même raison qu'un est à trois; et, par conséquent, suivant ce système, il devroit avoir un quart dans les biens de la continuation, et le survivant les trois quarts.

Cette opinion de Laurière porte sur un faux principe, qui consiste à considérer la continuation de communauté comme une nouvelle société qui se contracte entre le survivant et ses enfants. Ce principe étant faux, comme nous l'avons fait voir *suprà*, n. 772, l'opinion de Laurière, qui porte sur ce principe, ne doit pas avoir lieu dans la coutume de Paris, mais bien dans celles où la continuation de communauté est effectivement une nouvelle société : aussi l'avons-nous embrassée *infrà*, pour la coutume d'Orléans, qui est de ce nombre.

ARTICLE II.

Principes de la coutume d'Orléans, sur la renonciation à la continuation de communauté.

885. La continuation de communauté étant, suivant les principes de la coutume d'Orléans, une nouvelle communauté ou société qui se contracte entre le survivant et les héritiers du prédécédé, lorsque ces héritiers étoient majeurs au temps de la mort du prédécédé, ils ne sont pas plus reçus que le survivant à renoncer à cette continuation de communauté, pour tout le temps qu'elle a duré; ils peuvent seulement, suivant les règles des sociétés, en demander la dissolution pour l'avenir.

886. Lorsque les héritiers du prédécédé ou quelques-uns d'eux étoient mineurs lors de la mort du prédécédé, la coutume leur permet d'y renoncer, et de s'en tenir à la communauté, en l'état qu'elle étoit au temps de la mort du prédécédé. C'est ce qui est porté par l'article 216, en ces termes : « Toutefois, si lesdits enfants ou (autres) héritiers étoient » mineurs, sera en leur choix et option d'accepter ou refuser » ladite continuation de communauté. »

C'est une restitution que la coutume accorde aux mineurs contre la continuation de la communauté ou société qu'ils ont tacitement contractée en minorité avec le survivant. Cette restitution est fondée sur ce que les mineurs de droit commun, sont restituables contre tous les engagements qu'ils contractent en minorité contre leurs intérêts.

887. Il suffit que les héritiers du prédécédé aient été mineurs au temps de la mort du prédécédé, qui est le temps auquel la nouvelle communauté est censée s'être contractée, pour qu'ils puissent y renoncer, quoiqu'ils soient depuis devenus majeurs.

888. Ils le peuvent même après l'âge de trente-cinq ans accomplis. Il est vrai que l'ordonnance déclare les mineurs, après cet âge, non-recevables à se pourvoir par lettres de rescision contre les engagements qu'ils ont contractés en minorité; mais les héritiers du prédécédé, qui étoient mineurs au temps de la mort du prédécédé, n'ayant pas besoin de se pourvoir par lettres de rescision contre la continuation de communauté, puisqu'ils tiennent de la loi même le droit d'être restitués contre, et de pouvoir y renoncer, ils ne sont pas sujets à cette prescription.

889. Ils doivent faire cette renonciation à la continuation de communauté, pour tout le temps qu'elle a duré depuis la mort du prédécédé : ils ne seroient pas recevables à l'accepter jusqu'à un certain temps, et à y renoncer pour le reste du temps qu'elle a duré.

Mais rien n'empêche qu'un des héritiers du prédécédé ne puisse accepter de son chef et pour sa part la continuation de communauté, et y renoncer du chef et pour la part de son cohéritier à qui il a succédé.

890. L'effet de la renonciation à la communauté est, qu'il est dû, par le survivant, aux héritiers qui ont renoncé à la continuation de communauté, un compte de la part qui leur appartient dans les biens de la succession du prédécédé, dont le survivant est demeuré en possession. *Voyez*, sur ce compte, ce qui en a été dit *suprà*.

Lorsqu'il n'y a qu'une partie des héritiers du prédécédé qui a renoncé à la continuation de communauté, le compte qui leur est dû par le survivant, est une dette de la continuation de communauté qui est entre le survivant et les autres héritiers du prédécédé.

891. Lorsque la communauté ne continue qu'avec une partie des héritiers du prédécédé, les parts du survivant, et de chacun desdits héritiers dans la continuation de communauté, ne se règlent pas, dans la coutume d'Orléans, de la

même manière qu'elles se règlent dans la coutume de Paris.
La continuation de communauté étant, selon les principes
de la coutume d'Orléans, une espèce de société que le survivant contracte avec les héritiers du prédécédé, et à laquelle
chacune des parties apporte la part qu'il a dans la première
communauté; les parts que chacune des parties doit avoir
dans la continuation de communauté, doivent, suivant les
règles des sociétés, être dans la même proportion que ce que
chacune d'elles y a mis.

Lorsque cette société se contracte entre le survivant et
tous les héritiers du prédécédé, le survivant y apportant la
moitié qu'il avoit dans la communauté, et les héritiers y apportant pareillement leur moitié qu'ils y avoient, ce que le
survivant y a apporté étant en raison égale à ce que les héritiers du prédécédé y ont apporté, le survivant doit avoir dans
la continuation de communauté une part égale à celle des
héritiers; c'est-à-dire que le survivant y doit avoir la moitié,
et les héritiers du prédécédé l'autre moitié, qui se subdivise
entre eux par portions viriles, sans que l'aîné y puisse prétendre plus que les autres.

Mais, lorsque la communauté ne continue qu'avec une
partie des héritiers du prédécédé, ce que le survivant a apporté étant en ce cas en raison inégale avec ce qu'ont apporté
lesdits héritiers, chacune des parties doit avoir dans la continuation de communauté une part inégale, proportionnée
à ce qu'elle y a mis. Supposons, par exemple, que le prédécédé a laissé trois héritiers, dont il n'y en a que deux qui
aient continué la communauté avec le survivant, le troisième
y ayant renoncé : les deux héritiers n'ayant apporté en ce cas
que le tiers en la moitié, ou le sixième au total que chacun
d'eux avoit dans la communauté, ce qui fait deux sixièmes
pour eux deux; et le survivant ayant de son côté apporté la
moitié qu'il y avoit, qui fait trois sixièmes, ce que les héritiers ont apporté, se trouve, par rapport à ce que le survivant y a apporté, dans la raison de deux à trois; et, par conséquent, pour que chacune des parties ait dans la continuation de communauté une partie proportionnée à ce qu'elle y
a mis, le survivant y doit avoir les trois cinquièmes, et les
deux héritiers deux cinquièmes, qui est pour chacun d'eux
un cinquième.

SECTION X.

Du partage de la continuation de communauté; des prélèvements, et des rapports qui s'y font.

892. La première chose pour parvenir au partage des biens de la continuation de communauté, est l'inventaire qu'on en doit faire.

On doit ensuite faire la liquidation des créances que chacune des parties a contre la continuation de communauté, et des dettes dont chacune des parties est débitrice envers la communauté.

Toutes les dettes de la communauté entrant dans la continuation de communauté, chacune des parties, les héritiers du prédécédé, de même que le survivant, ont contre la continuation de communauté les mêmes créances qu'ils avoient contre la communauté.

Le survivant est encore créancier de la continuation de communauté, pour la reprise du prix de ses propres aliénés, et qui y est entré durant la continuation de communauté.

Dans la coutume d'Orléans, le survivant est, outre cela, créancier pour la reprise de tout le mobilier qu'il justifiera lui être avenu par succession, don ou legs durant la continuation de communauté, et y être entré, comme nous l'avons vu *suprà, n.* 831.

Il en est autrement dans la coutume de Paris, qui fait entrer ce mobilier dans la continuation de communauté, comme nous l'avons vu *suprà, n.* 825.

Les héritiers du prédécédé, outre les créances qu'ils avoient contre la communauté, et qu'ils ont contre la continuation de communauté, sont pareillement créanciers pour la reprise du prix de leurs propres aliénés durant la continuation de communauté, qui y est entré; à moins que lesdits héritiers ne jugeassent à propos de désapprouver la vente que le survivant en auroit faite sans droit, et de les revendiquer contre les acquéreurs; auquel cas il est évident qu'ils ne pourroient en demander le prix à la continuation de communauté.

Lorsqu'il est échu, durant la continuation de communauté, aux héritiers du prédécédé, quelques biens, ou mobiliers, ou immobiliers, dont le survivant, comme leur tuteur, a eu l'administration, ces biens qui procèdent d'ailleurs que de la succession du prédécédé, n'appartiennent point, ni quant à la propriété, ni quant aux revenus, à la continuation de communauté, comme nous l'avons vu : le compte de tutelle que le survivant doit auxdits héritiers pour l'administration qu'il a eue desdits biens durant la continuation de communauté, est une dette de la continuation de communauté; et, en conséquence, lesdits héritiers sont créanciers de la continuation de communauté, du reliquat de ce compte : c'est pourquoi il est préalable de procéder à ce compte, avant que de procéder au partage des biens de la continuation de communauté.

893. Les dettes dont chacune des parties est débitrice envers la continuation de communauté, sont, en premier lieu, toutes celles dont elle étoit déjà débitrice envers la communauté.

En second lieu, chacune des parties est débitrice envers la continuation de communauté, des sommes qui en ont été tirées pour les affaires particulières dont elle a seule profité, et dont la continuation de communauté n'étoit point chargée, telles que sont celles qui en ont été tirées pour le paiement de ses dettes propres, pour des impenses nécessaires ou utiles, autres que celles de simple entretien, faites à ses héritages propres.

On peut, à cet égard, établir pour règle, que chacune des parties, soit le survivant, soit les héritiers du prédécédé, doit récompense à la continuation de communauté, des sommes qui en ont été tirées pour ses affaires particulières, dans les mêmes cas dans lesquels il auroit été dû récompense à la communauté conjugale pour les sommes qui en auroient été tirées pour pareilles affaires.

Les héritiers du prédécédé sont aussi débiteurs envers la continuation de communauté, de la somme qui en a été tirée pour le paiement des frais funéraires du prédécédé, et pour l'acquittement de son testament; car, comme nous l'avons vu *suprà, n.* 275 *et* 276, ce sont charges particulières de la succession du prédécédé, dont la communauté ni la continuation de communauté ne sont point chargées.

894. Après avoir fait des états de toutes les sommes dont chacune des parties est créancière de la continuation de

communauté, et de toutes celles dont elle lui est débitrice; lorsque les créances de l'une des parties, soit du survivant, soit des héritiers du prédécédé, excèdent ses dettes, la somme dont elle sera trouvée demeurer créancière, après déduction faite de ses dettes, fait la matière d'un prélèvement que cette partie a droit d'exercer sur la masse des biens, tant de ladite somme, que des intérêts qui ont couru depuis la dissolution de communauté.

Au contraire, lorsque les dettes de l'une des parties excèdent ses créances, la somme dont elle se trouvera débitrice envers la continuation de communauté, après déduction et compensation faite de ce qui lui est dû, fait la matière d'un rapport que cette partie est tenue de faire à la masse des biens de la continuation de communauté, tant de cette somme, que des intérêts qui on ont couru depuis la dissolution de communauté; laquelle somme et lesdits intérêts doivent être, au partage de ladite masse, précomptés à la partie qui en est débitrice.

895. Lorsqu'un enfant a été marié, pendant la continuation de communauté, et a reçu une dot, soit en héritages, soit en argent, du fonds de la continuation de communauté, il en doit faire le rapport au partage des biens de la continuation de communauté.

Il ne doit le rapport que du principal de la dot: il ne doit le rapport des fruits qu'il a perçus, ni des intérêts, que depuis la dissolution de la communauté; les autres lui tiennent lieu des aliments que la continuation de communauté eût été obligée de lui fournir, s'il n'eût pas été doté.

L'enfant satisfait au rapport de sa dot qu'il doit, en la précomptant sur la part qui lui revient au partage des biens de la continuation de communauté. Si la dot excédoit cette part, l'enfant devroit précompter l'excédant sur la part qui doit lui revenir au partage qui est à faire entre lui et ses frères et sœurs, des propres de la succession du prédécédé.

Si la dot excédoit la part qui revient à cet enfant dans tous les biens de la succession du prédécédé, le survivant seroit censé avoir donné *de suo* l'excédant; lequel excédant devroit, en conséquence, être précompté sur la part du survivant dans les biens de la continuation de communauté.

Lorsqu'un enfant, durant la continuation de communauté,

a, sans être marié, reçu du fonds de cette communauté une somme pour lui former un établissement de commerce, ou pour l'acquisition d'une charge, ou pour quelque autre espèce d'établissement que ce soit, il doit pareillement faire rapport de la somme qu'il a reçue, au partage des biens de la continuation de communauté; et tout ce que nous venons de dire du rapport qu'y doit faire de sa dot un enfant marié, reçoit une entière application à ce rapport.

896. Lorsqu'une fille a fait profession religieuse, durant la continuation de communauté, et a reçu, pour cet effet, une dot tirée des biens de la continuation de communauté, ses frères et sœurs, auxquels, suivant l'article 243 de la coutume de Paris, accroît la part qu'elle avoit dans la continuation de communauté, doivent, comme étant à ses droits, précompter sur cette part qui leur accroît, la dot qu'elle est censée avoir reçue à compte de cette part.

Quand même la dot qu'elle a reçue excèderoit cette part; s'il y a des propres de la succession du prédécédé, les frères et sœurs de la religieuse, qui lui ont succédé à la part qu'elle y avoit, doivent faire raison de cette dot au survivant, qui est censé l'avoir fournie plutôt sur le bien de sa fille, que sur le sien.

Mais, si la dot excédoit la part que la fille religieuse avoit dans tous les biens de la succession du prédécédé, le survivant seroit censé avoir donné *de suo* l'excédant, et cet excédant devroit, en conséquence, lui être précompté sur sa part au partage des biens de la continuation de communauté.

Dans la coutume d'Orléans, qui, faute par le survivant d'avoir dissous la continuation de communauté dans l'année de la profession religieuse de sa fille, ne fait accroître à ses frères et sœurs la part qu'elle avoit dans les biens de la continuation de communauté, que quant au mobilier, la dot doit être précomptée, par proportion, en partie sur le mobilier, et en partie sur les acquêts de la part de la religieuse.

897. Au surplus, tout ce qui a été dit au chapitre quatrième de la troisième partie, sur le partage des biens de la communauté, sur les effets et sur les obligations qu'il produit, s'applique également au partage des biens de la continuation de communauté.

Nous ferons seulement deux observations à l'égard de la subdivision qui est à faire entre les enfants du prédécédé.

La première est, que de même qu'au partage principal, quoique l'une des parties ait apporté plus que l'autre à la continuation de communauté; comme lorsque le survivant a beaucoup de propres, dont les revenus sont tombés dans la continuation de communauté, et que les héritiers du prédécédé en avoient peu, ou point; *aut vice versâ :* néanmoins la partie qui a apporté plus en revenus, ne peut, pour raison de ce plus, prétendre aucun prélèvement.

De même, dans la subdivision qui est à faire entre les enfants, quoique l'aîné, qui a seul la moitié dans les héritages féodaux de la succession du prédécédé, ait apporté à la continuation de communauté beaucoup plus en revenus que n'en a apporté chacun de ses puînés, néanmoins, dans la subdivision, il ne peut prétendre que sa part virile, et égale à celle qu'y a chacun des puînés, sans qu'il puisse prétendre aucun prélèvement pour ce qu'il a apporté en revenus de plus que n'en a apporté chacun d'eux.

898. La seconde observation est que, dans la subdivision, l'aîné ne peut prétendre dans les acquêts de la continuation de communauté, quoique féodaux, qu'une part égale à celle qu'y a chacun de ses puînés; et il ne peut y exercer aucun droit d'aînesse. La raison est, que l'aîné n'a droit d'aînesse que dans les fiefs et autres biens nobles des successions de ses père et mère ou autres ascendants; mais on ne peut pas dire que ces acquêts féodaux de la continuation de communauté soient de la succession du prédécédé, n'ayant été acquis que depuis sa mort. La coutume d'Orléans, *article* 216, s'en est expliquée en ces termes : « Et ès acquisitions qui seront faites » des biens de ladite communauté, le fils aîné, ou autre mâle, » n'aura prérogative d'aînesse. »

899. Ces termes, *ni autre mâle,* concernent le cas auquel la communauté a continué avec des héritiers collatéraux du prédécédé, mâles et femelles. La coutume décide que quoique les mâles excluent les femelles dans les fiefs en succession collatérale, néanmoins ils ne les excluent pas pour les acquêts féodaux de la continuation de communauté, parce que ces acquêts ne sont pas de la succession, n'ayant été acquis que depuis.

SECTION XI.

Comment chacune des parties est-elle tenue des dettes de la continuation
de communauté.

900. Il n'est pas douteux que les parties, après le partage
fait des biens de la continuation de communauté, sont
entre elles tenues des dettes, pour la part que chacune
d'elles y a.

Pendant que la continuation de communauté dure, et
même jusqu'au partage, le survivant étant seul en possession
de tous les biens de la continuation de communauté, doit
être seul chargé des dettes; et, si les héritiers du prédécédé
en sont poursuivis, il les en doit acquitter.

901. Il faut voir maintenant comment chacune des parties
est tenue des dettes de la continuation de communauté vis-
à-vis des créanciers.

Pendant le temps que la continuation de communauté
dure, et même jusqu'au partage, le survivant peut en être
poursuivi pour le total, comme nous l'avons déjà dit. Après
le partage des biens de la continuation de communauté, il
faut distinguer entre les dettes que le survivant a lui-même
contractées durant la continuation de communauté, et celles
de la communauté qui sont devenues dettes de la continuation de communauté.

A l'égard des dettes qu'il a lui-même contractées durant
la continuation de communauté, il en est tenu pour le total
vis-à-vis du créancier; car le créancier, en contractant avec
lui, n'a connu que lui, *ejus solius fidem secutus est;* le survivant, en contractant sans dire en quel nom il contractoit,
est censé avoir contracté et s'être obligé *proprio nomine.*

A l'égard des dettes de la communauté qui a été entre le
survivant et le prédécédé, qui sont devenues dettes de la
continuation de communauté, le survivant en est tenu après
le partage, soit pour le total, soit pour moitié, vis-à-vis le
créancier, suivant la distinction *suprà, part. 5, art.* 1 *et* 2,
de même que s'il n'y avoit pas eu de continuation de communauté; la continuation de communauté dans laquelle les
dettes de la communauté sont entrées, étant une chose
étrangère à un créancier, laquelle n'a pu apporter aucun
changement à l'obligation des débiteurs vis-à-vis du créancier.

902. Les héritiers du prédécédé sont tenus envers le créancier, des dettes que le survivant a contractées seul pendant la continuation de communauté, pour la part qu'ils ont ; et ils n'en sont tenus qu'après le partage des biens de ladite continuation de communauté.

La raison pour laquelle ils n'en sont tenus qu'après le partage des biens de la continuation de communauté, c'est que le survivant ayant seul contracté lesdites dettes, lesdits héritiers n'en sont tenus directement qu'envers le survivant, envers qui il sont obligés, par le quasi-contrat de continuation de communauté, d'en porter leur part ; n'ayant point contracté avec le créancier, ils n'en sont tenus envers lui qu'indirectement, à cause du recours que le survivant, poursuivi pour le total par le créancier, auroit contre eux, pour leur faire porter leur part de la dette. Pour éviter ce circuit d'actions, le créancier est reçu à la leur demander. Lesdits héritiers n'étant donc tenus de la dette envers le créancier, qu'à cause du recours que le survivant auroit contre eux, lequel recours il ne peut avoir que depuis le partage, ne pouvant pas l'avoir pendant qu'il est seul en possession des biens de la continuation de communauté, c'est une conséquence qu'ils ne sont tenus de la dette envers le créancier, qu'après le partage des biens de la continuation de communauté.

903. Les héritiers du prédécédé ne sont, à la vérité, tenus personnellement que pour leur part, des dettes que le survivant a contractées durant la continuation de communauté : mais, lorsque ces dettes sont hypothécaires, et que lesdits héritiers sont possesseurs de quelque immeuble de la continuation de communauté, tombé dans leur lot, ils peuvent être poursuivis hypothécairement pour le total desdites dettes, le survivant, comme chef et libre administrateur des biens de la continuation de communauté, ayant eu le droit de les hypothéquer aux dettes qu'il a contractées.

904. A l'égard des dettes de la communauté, qui sont devenues dettes de la continuation de communauté, les héritages du prédécédé en sont tenus envers le créancier, soit pour le total, soit pour leur part, suivant les distinctions qui ont été faites *suprà, part. 5, art. 1 et 2*, de même que s'il n'y avoit point eu de continuation de communauté ; et ils en sont tenus même pendant le temps de la continuation de

communauté, sauf leur recours contre le survivant pour en
être acquittés.

905. Il reste une question qui est de savoir, si le privilége
que la coutume accorde à la femme et à ses héritiers, de
n'être tenus des dettes de la communauté que jusqu'à concurrence de ce qu'ils en ont amendé, a pareillement lieu à
l'égard des dettes de la continuation de communauté. Lorsque c'est la femme qui a survécu, ayant continué la communauté faute de faire inventaire, il est évident qu'elle ne
peut plus jouir de ce privilége, que les coutumes ne lui accordent que sous la condition expresse de faire inventaire,
comme nous l'avons vu *suprà*, *n.* 560.

Lorsque c'est le mari qui a survécu, la continuation de
communauté étant, dans la coutume de Paris, regardée
comme la même communauté qui étoit entre les deux conjoints, qui continue entre le survivant et les héritiers du prédécédé, comme nous l'avons vu *suprà*, *n.* 772, je pense que
les héritiers de la femme prédécédée doivent jouir de ce privilége, et qu'ils ne doivent être tenus tant des dettes de la
communauté, qui sont devenues dettes de la continuation
de communauté, que de celles que le survivant a contractées
pendant la continuation de communauté, que jusqu'à concurrence de ce qu'ils ont amendé, tant des biens de la communauté, que de ceux de la continuation de communauté.
C'est l'avis de Lebrun.

Duplessis enchérit sur Lebrun en deux points, par rapport aux dettes contractées par le survivant pendant la continuation de communauté. 1° Il accorde le privilége de n'en
être pas tenus *ultrà vires*, non-seulement aux héritiers de la
femme prédécédée, mais pareillement aux héritiers du mari
prédécédé. 2° Il veut qu'ils n'en soient tenus que jusqu'à concurrence de ce qu'ils ont dans les biens de la continuation
de communauté seulement, sans qu'ils soient tenus du compte
de la part qu'ils ont eue dans les conquêts de la communauté.

906. La question souffre plus de difficulté dans la coutume
d'Orléans. La continuation de communauté étant, dans cette
coutume, une communauté contractée entre le survivant et
les héritiers du prédécédé, différente de celle qui étoit entre
les conjoints; étant une communauté qui n'est appelée continuation de communauté, que parce qu'elle succède à la

première *nullo interposito intervallo*, comme nous l'avons vu *suprà*, *n.* 774, il paroît difficile d'accorder aux héritiers de la femme prédécédée, qui ont été en continuation de communauté avec le survivant, le privilége de n'être pas tenus des dettes de la continuation de communauté *ultrà vires*, soit de celles que le survivant a contractées durant la continuation de communauté, soit de celles qui étant dettes de communauté, sont devenues dettes de la continuation de communauté : car la coutume n'ayant accordé ce privilége que pour la communauté, n'en ayant rien dit à l'égard de la continuation de communauté, dont elle a traité dans un titre séparé, il est difficile d'étendre à la continuation de communauté un privilége que la coutume a établi pour la communauté; car il est de la nature des priviléges, de ne pouvoir être étendus d'un cas à un autre.

On peut dire au contraire, en faveur de l'extension, que le privilége accordé à la femme et à ses héritiers, de n'être tenus des dettes de la communauté au-delà de ce qu'ils en amendent, étant fondé sur cette raison, que le mari étant le maître de contracter autant de dettes qu'il voudra, sans le consentement de sa femme, il seroit trop dur que la femme et ses héritiers fussent tenus au-delà de ce qu'ils amendent de la communauté, de ces dettes qu'ils n'ont pu empêcher. Le survivant ayant, pendant la continuation de communauté, la même liberté de contracter des dettes, sans le consentement des héritiers du prédécédé, il semble que la même raison milite en leur faveur : or, *ubi eadem æquitas, ibi idem jus.*

CHAPITRE II.

De la continuation de communauté composée.

907. Lorsque le survivant, qui est en continuation de communauté avec ses enfants héritiers du prédécédé, passe à un second mariage avec une seconde femme, avec qui il contracte une communauté de biens; en contractant avec elle cette communauté, il l'associe à celle en laquelle il est avec ses enfants de son premier mariage. Ces deux communautés, savoir celle en laquelle il est avec ses enfants du premier ma-

riage, et celle qu'il vient de contracter avec sa seconde
femme, se réunissent, et forment, quant aux choses et aux
charges qui sont tant de l'une que de l'autre communauté,
une communauté composée, que nous appellerons *tripartite*,
parce que c'est une communauté par tiers entre trois têtes;
savoir, le survivant, les enfants du premier mariage, et la
seconde femme.

Il en est de même quand une veuve qui est en continuation de communauté avec ses enfants, passe à un second
mariage avec un homme avec qui elle contracte communauté.

Observez que les deux communautés qui se réunissent pour
former la communauté tripartite, ne laissent pas, nonobstant cette union, de conserver leur être propre et leur nature particulière.

Si la femme à qui s'est remarié le survivant qui est en continuation de communauté avec ses enfants, étoit elle-même
en continuation de communauté avec des enfants d'un premier mariage, il se formeroit, par la réunion de ces différentes communautés, une communauté par quart, ou qua-
dripartite, entre quatre têtes, savoir, le survivant, les
enfants de son premier mariage, sa seconde femme, et les
enfants du premier mariage de la seconde femme.

La communauté peut encore se former entre un plus
grand nombre de têtes, lorsque les conjoints qui se rema-
rient, sont veufs de plusieurs femmes ou de plusieurs maris, avec les enfants de chacun desquels ils sont en continuation de communauté.

908. Ce que nous avons dit jusqu'à présent, que le survivant, en se remariant à une seconde femme, avec qui il
contracte communauté, l'associe à celle en laquelle il est
avec ses enfants, paroît contraire à la règle de droit qui
est en la loi 47, §. *fin.* ff. *de reg. jur. Socii mei socius, meus
socius non est.* Suivant cette règle, mon associé, en contractant une société avec un tiers, durant cette société, ne peut
pas associer ce tiers à notre société, et le faire devenir mon
associé; il ne peut l'associer qu'à sa part dans notre société.

La réponse est, que cette règle de droit n'a lieu que dans
les sociétés ordinaires. Dans ces sociétés, chaque associé
n'ayant droit de disposer, sans le consentement de l'autre,

que de la part qu'il a dans la société, l. 68, ff. *pro soc.*,
mon associé, en contractant société avec un tiers, ne peut
l'associer qu'à la part qu'il a dans notre société : il ne peut
l'associer à la mienne, dont il n'a pas droit de disposer; il
ne peut, par conséquent, sans mon consentement, le faire
devenir mon associé. C'est sur ces principes qu'est formée
la règle de droit : *Socii mei socius, meus socius non est*, ci-
dessus citée. Mais cette règle ne peut s'appliquer à la continuation de communauté qui est entre le survivant et ses
enfants; car cette société est une espèce particulière de société, dont le survivant, qui en est le chef, a seul la libre
disposition, sans le consentement de ses enfants, tant pour
leur part que pour la sienne. C'est pourquoi, lorsqu'il contracte communauté avec un tiers, il l'associe à la communauté en laquelle il est avec ses enfants, tant pour leur part
que pour la sienne.

Nous verrons, sur la tripartite, 1° quelles sont les choses
qui la composent; 2° quelles en sont les charges; 3° qui en
est le chef, et quel est son pouvoir; 4° comment elle se dissout, et des effets de sa dissolution; 5° de la renonciation à
la communauté; 6° du partage de cette communauté, des
prélèvements et des rapports qui s'y font; 7° comment chacun est tenu des dettes de cette communauté. Cela fera
la matière de sept sections. Nous en ajouterons une huitième sur une espèce particulière, dans laquelle il est question de savoir si des enfants sont recevables à demander la
communauté par tiers à leur belle-mère.

Tout ce que nous dirons dans ce chapitre, sur la communauté tripartite, peut s'appliquer à celles qui sont composées d'un plus grand nombre de têtes.

SECTION PREMIÈRE.

Des choses dont est composée la communauté tripartite.

909. On peut établir, comme un principe général, que
la communauté tripartite est composée des choses qui entrent dans l'une et dans l'autre des communautés qui la
forment, c'est-à-dire, des choses qui entrent tant dans la
communauté conjugale, que dans celle du survivant avec
ses enfants. Les choses qui n'entrent que dans l'une des deux
communautés, ne sont pas de la communauté tripartite.

910. COROLLAIRE PREMIER. Toutes les choses qui sont de la communauté du survivant avec ses enfants, et que le survivant, suivant le droit qu'il en a, *suprà*, *n.* 853, fait entrer dans la communauté qu'il contracte avec sa seconde femme, sont de la communauté tripartite.

Suivant ce corollaire, le mobilier qui est de la communauté du survivant avec ses enfants, tombant dans la communauté que le survivant contracte avec sa seconde femme, et se trouvant par conséquent être des deux communautés, il est de la communauté tripartite.

Dans ce mobilier de la continuation de communauté, sont comprises les créances mobilières qu'elle a non-seulement contre des tiers, mais même celles qu'elle a, soit contre le survivant, soit contre ses enfants; lesquelles créances deviennent des créances de la communauté tripartite.

Si, par une clause du contrat du second mariage, ce mobilier ne devoit entrer dans la communauté conjugale avec la seconde femme, que jusqu'à la concurrence d'une certaine somme, il n'entreroit dans la communauté tripartite que jusqu'à concurrence de cette somme : le surplus étant, par cette clause, exclus de la communauté conjugale, est par conséquent pareillement exclus de la communauté tripartite, et demeure commun entre le survivant et ses enfants seulement.

A l'égard du mobilier que le survivant auroit réalisé, en se le réservant propre par une clause du contrat de son premier mariage, il entre bien dans la communauté conjugale que le survivant contracte avec sa seconde femme; mais, n'appartenant pas à la communauté du survivant avec ses enfants, dans laquelle il n'est qu'à la charge de là reprise au profit du survivant, il ne peut, suivant notre principe, être de la communauté tripartite.

A plus forte raison, le mobilier réalisé par le prédécédé, n'en est pas ; car il n'est ni de l'une ni de l'autre des deux communautés. Il n'appartient pas à la communauté du survivant et de ses enfants, dans laquelle il n'est qu'à la charge de la reprise au profit des enfants : il n'appartient pas non plus à la communauté conjugale, dans laquelle le survivant, qui n'a pas le droit d'en disposer, n'a pu le faire entrer.

Les conquêts de la continuation de communauté, acquis par le survivant, dans le temps intermédiaire de la mort du prédécédé et du second mariage, ne sont pas de la communauté tripartite ; car ils ne sont communs qu'entre le survivant et ses enfants : ils n'entrent pas dans la communauté conjugale que le survivant a contractée avec sa seconde femme.

Mais si le survivant, par une clause du contrat de son second mariage, avoit ameubli ces conquêts, ils seroient de la communauté tripartite ; car le mari, en les faisant entrer, par la clause d'ameublissement, dans la communauté conjugale qu'il contracte avec sa seconde femme, comme il en a le droit, *suprà, n.* 853, ils se trouveroient appartenir à l'une et à l'autre communauté.

Il en seroit autrement des propres du survivant, qu'il auroit ameublis par le contrat de son second mariage : ne devenant, par cet ameublissement, communs qu'entre le survivant et la seconde femme ; n'étant que de la communauté conjugale du survivant avec sa seconde femme, n'étant pas de celle du survivant avec ses enfants, ils ne pourroient, suivant notre principe, être de la communauté tripartite.

Nous entendons par propres du survivant, même les conquêts de la communauté qui étoit entre le survivant et le prédécédé, pour la part qui en appartient au survivant ; car ces conquêts n'entrant pas dans la continuation de communauté, comme nous l'avons vu *suprà, n.* 820, ils sont propres de la continuation de communauté.

Enfin tous les revenus, tant des biens du survivant, présents et à venir, que de ceux de la succession du prédécédé, à compter du jour du second mariage, pendant tout le temps que les deux communautés durent, sont de la communauté tripartite ; car ils commencent de ce jour à entrer dans la communauté conjugale du survivant avec sa seconde femme, et à être par conséquent de l'une et de l'autre communauté, dont la communauté tripartite est composée.

911. COROLLAIRE SECOND. Toutes les choses que la seconde femme fait entrer dans la communauté conjugale que le survivant contracte avec elle, sont de la communauté tripartite ; car elles sont des deux communautés. Ces choses étant mises par la seconde femme dans la communauté conjugale qui est entre elle et le survivant, elles deviennent en même temps biens de la communauté qui est entre le survivant et ses enfants, à laquelle le survivant acquiert tout ce qu'il ac-

quiert pendant qu'elle dure, et à laquelle par conséquent il acquiert toutes les choses qu'il acquiert de sa seconde femme, par le contrat de communauté qu'il contracte avec elle.

Suivant ce corollaire, tout le mobilier que la seconde femme avoit lors du second mariage, est de la communauté tripartite; puisqu'en entrant dans la communauté conjugale, il entre aussi dans celle du survivant avec ses enfants.

Mais si, par une clause du contrat du second mariage, le mobilier n'avoit été apporté à la communauté que jusqu'à concurrence d'une certaine somme, il ne seroit de la communauté tripartite que jusqu'à concurrence de cette somme; n'étant, pour le surplus, ni de l'une ni de l'autre des communautés qui la composent.

Suivant ce corollaire, les immeubles que la seconde femme ameublit par le second contrat de mariage, sont aussi de la communauté tripartite; car ils sont des deux communautés: le survivant, en les acquérant à titre de communauté, les acquiert à la communauté qu'il a avec ses enfants.

Les revenus de tous les biens de la femme, présents et à venir, tombant dans la communauté conjugale depuis le jour du second mariage, tombent aussi dans celle du survivant avec ses enfants, et sont de la communauté tripartite.

Pareillement, toutes les choses qui aviennent à la seconde femme pendant que durent les deux communautés, et qui tombent dans la communauté conjugale, soit de droit commun, soit par quelque clause d'ameublissement, tombant aussi, par les raisons ci-dessus dites, dans la communauté du survivant et de ses enfants, elles sont de la communauté tripartite.

Même dans la coutume d'Orléans, les choses avenues à la seconde femme par succession ou donation, et qui sont tombées dans la communauté conjugale, tombent aussi dans celle du survivant et de ses enfants, et sont par conséquent de la communauté tripartite. La coutume d'Orléans exclut bien de la communauté qui est entre le survivant et ses enfants, les choses qui en échéent au survivant à titre de succession, donation ou legs, comme nous l'avons vu *suprà*, *n.* 850 *et suiv.*: mais les choses échues à ces titres à la seconde femme, n'en sont pas pour cela exclues; car le survivant acquiert de la seconde femme ces choses, en vertu du titre de la communauté qu'il a contractée avec elle, lequel titre de communauté est un titre de commerce ; et tout ce que le survivant acquiert à titre de commerce, il l'acquiert à la communauté qu'il a avec ses enfants.

912. COROLLAIRE TROISIÈME. Toutes les choses que le survivant acquiert depuis le second mariage, et qui entrent dans les deux communautés, sont de la communauté tripartite.

Suivant ce corollaire, toutes les choses que le survivant acquiert, à titre de commerce, depuis le second mariage, pendant que les deux communautés durent, sont de la communauté tripartite; car elles entrent dans les deux communautés.

913. Pareillement, suivant ce corollaire, tout le mobilier qui avient au survivant, à quelque titre que ce soit, depuis le second mariage, pendant que les deux communautés durent, est de la communauté tripartite dans la coutume de Paris ; car il tombe dans les deux communautés.

Excepté celui qui auroit été réalisé par une clause du contrat du second mariage, laquelle réserveroit propre ce qui aviendroit aux parties par succession, don ou legs, le mobilier qui aviendroit durant le second mariage au survivant, à quelqu'un de ces titres, ne seroit pas de la communauté tripartite; car, étant exclus, par la clause de la réalisation, de la communauté conjugale, il n'est commun qu'entre le survivant et ses enfants.

Dans la coutume d'Orléans, le mobilier avenu au survivant par succession, ou donation, ou legs, n'est pas de la communauté tripartite : à la vérité, il entre dans la communauté qui est entre le survivant et sa seconde femme; mais cette coutume, *art.* 117, l'exclut de la communauté qui est entre le survivant et ses enfants.

914. Dans la coutume de Paris, même les immeubles qui sont donnés ou légués au survivant depuis son second mariage, pendant que les deux communautés durent, sont de la communauté tripartite; car, dans cette coutume, ils entrent dans les deux communautés.

Bien entendu pourtant, pourvu que ces donations ou legs n'aient pas été faits par ses père et mère, ou quelque autre de ses parents de la ligne ascendante; auquel cas ils n'entrent ni dans l'une ni dans l'autre communauté.

Les donations faites au survivant par des collatéraux ou des étrangers, sont aussi de la communauté tripartite, pourvu qu'il n'y ait pas quelque clause de réserve de propre, soit par le contrat du second mariage, soit par l'acte de donation qui les exclut de l'une et de l'autre communauté.

Dans la coutume d'Orléans, les immeubles, de même que les meubles donnés ou légués au survivant par quelque personne que ce soit, n'entrant pas dans la communauté du survivant avec ses enfants, comme il a été déjà dit, ils ne peuvent être de la communauté tripartite.

915. Les immeubles échus par succession au survivant depuis son second mariage, ne peuvent être de la communauté tripartite, quand même il y auroit clause par le contrat du second mariage, qui porteroit que les successions seroient communes; car cette clause fait bien entrer ces immeubles dans la communauté du survivant avec sa seconde femme, mais ils n'entrent pas dans celle du survivant avec ses enfants, et ils ne sont pas par conséquent de la communauté tripartite.

916. On doit comprendre parmi les biens de la communauté tripartite, non-seulement les créances qu'elle a contre des tiers, mais pareillement celles qu'elle a contre la seconde femme, soit contre les enfants, soit contre le survivant, pour ce que chacune desdites parties a tiré de ladite communauté, soit pour le paiement de ses dettes propres, soit pour des impenses faites sur ses héritages propres, autres que celles de simple entretien, soit pour quelque autre affaire qui lui étoit particulière, et dont elle eût seule recueilli le profit.

SECTION II.

Des charges de la communauté tripartite.

917. Les charges de la communauté tripartite sont celles qui le sont tant de l'une que de l'autre communauté dont elle est composée.

COROLLAIRE PREMIER. Toutes les dettes mobilières de la continuation de communauté du survivant avec ses enfants, sont de la communauté tripartite.

La raison est, que le survivant, en associant sa seconde femme, par la communauté qu'il contracte avec elle, à tous les biens mobiliers de sa communauté avec ses enfants, il la rend aussi participante de toutes les dettes passives mobilières de cette communauté. Ces dettes étant une charge desdits biens, *quam bona non intelligantur nisi deducto œre alieno,* elles entrent avec lesdits biens dans la communauté que le survivant contracte avec la seconde femme; et, étant dettes de l'une et de l'autre communauté, elles sont, suivant notre principe, dettes de la communauté tripartite.

918. Ces dettes passives mobilières de la communauté du survivant avec ses enfants, qui entrent dans la communauté conjugale avec la seconde femme, et par conséquent dans la communauté tripartite, sont non-seulement celles dont ladite communauté du survivant avec ses enfants est débitrice envers des tiers, mais pareillement celles dont elle est débitrice, soit envers les enfants, soit envers le survivant, pour leurs reprises, remplois de propres, etc., même pour le préciput porté au contrat du premier mariage, dont ladite communauté est débitrice envers le survivant.

919. Les rentes dues par la communauté du survivant avec ses enfants, ne tombent pas dans celle qu'il contracte avec sa seconde femme; n'y ayant que le mobilier respectif des parties, tant en actif que passif, qui y tombe, elles ne sont pas par conséquent dettes de la communauté tripartite.

Si néanmoins le survivant, par le contrat du second mariage, avoit contracté avec sa seconde femme une communauté de tous ses biens, tous les biens, tant immeubles que meubles, de la continuation de communauté avec ses enfants, entrant en ce cas dans la communauté conjugale, toutes les dettes de cette continuation de communauté, tant les rentes que les dettes mobilières, doivent pareillement y entrer, et elles sont par conséquent, en ce cas, dettes de la communauté tripartite.

920. Le principe que nous avons établi par ce corollaire, que les dettes passives mobilières de la communauté du survivant, sont de la communauté tripartite, souffre exception dans le cas auquel le contrat de mariage avec la seconde femme, porte une séparation de dettes, soit expresse, soit tacite; car, étant par cette clause excluses de la communauté conjugale, et n'étant dettes que de la communauté qui est entre le survivant et ses enfants, elles ne peuvent être dettes de la communauté tripartite.

921. Les dettes passives mobilières du survivant, qui lui sont propres, et ne sont pas dettes de sa communauté avec ses enfants, (*sur quoi voyez la section* III *du chapitre précédent*)

entrent bien dans la communauté conjugale avec la seconde femme, s'il n'y a pas de clause de séparation de dettes ; mais elles ne sont pas dettes de la communauté tripartite, ne l'étant que de l'une des communautés dont la tripartite est composée.

A plus forte raison les dettes passives qui sont propres aux enfants, ne sont pas dettes de la communauté tripartite ; car elles ne le sont ni de l'une ni de l'autre communauté.

922. Corollaire second. Toutes les dettes passives mobilières de la seconde femme, qui tombent dans la communauté conjugale qu'elle contracte avec le survivant, sont de la communauté tripartite.

La raison est, que tous les biens que la seconde femme apporte à la communauté conjugale, entrant dans celle du survivant avec ses enfants, comme nous l'avons vu en la section précédente, n. 910, les dettes passives mobilières de la seconde femme, qui sont une charge desdits biens, doivent pareillement y entrer ; *quum bona non intelligantur nisi deducto œre alieno.* Ces dettes étant donc dettes de l'une et de l'autre communauté, dont la tripartite est composée, elles sont dettes de la communauté tripartite.

923. Les rentes dues par la seconde femme, n'entrant pas dans la communauté conjugale, n'entrent pas pareillement dans celle du survivant avec ses enfants ; et, n'étant dettes ni de l'une ni de l'autre communauté, elles ne peuvent l'être de la communauté tripartite.

Mais si, par le contrat du second mariage, il y avoit une communauté de biens, tous les biens de la seconde femme, tant immeubles que meubles, entrant en ce cas, tant dans la communauté conjugale, que dans celle du survivant avec ses enfants, toutes les dettes de la seconde femme, les rentes, aussi bien que les dettes mobilières, doivent pareillement y entrer ; et étant, en ce cas, dettes des deux communautés, elles sont dettes de la communauté tripartite.

Au contraire, lorsque par le contrat du second mariage, il y a séparation de dettes, soit expresse, soit tacite, les dettes de la seconde femme ne peuvent être dettes de la communauté tripartite, puisqu'elles ne le sont ni de l'une ni de l'autre des communautés dont elle est composée.

924. Corollaire troisième. Toutes les dettes contractées par l'homme survivant, pendant tout le temps que dure la

communauté tripartite, sont dettes de cette communauté ; car, étant le chef des deux communautés dont elle est composée, il les charge l'une et l'autre des dettes qu'il contracte, et la communauté tripartite en est par conséquent chargée.

Ce corollaire souffre exception à l'égard des dettes dont il ne peut charger sa communauté conjugale, sur quoi voyez *suprà*, n. 251 *et suiv.;* et, à l'égard de celles dont il ne peut charger la communauté qu'il a avec ses enfants, sur quoi voyez *suprà*, n. 844 *et suiv.*

Parmi les dettes que contracte la communauté tripartite, pendant qu'elle dure, on doit comprendre non-seulement celles qu'elle contracte envers des tiers, mais pareillement celles qu'elle contracte, soit envers la seconde femme, soit envers le survivant, *putà*, pour la reprise du prix de leurs propres aliénés, durant la communauté tripartite, dans laquelle le prix est entré.

925. Les créances, tant de la seconde femme que du survivant, et de ses enfants, pour la reprise de leur mobilier stipulé propre par le contrat du second mariage. et pour le préciput du second mariage, sont pareillement des dettes de la communauté tripartite.

926. Outre les dettes dont la communauté tripartite est chargée, elle est encore chargée de l'entretien de tous les héritages dont elle perçoit les revenus, tant de ceux du survivant, que de ceux de la succession du prédécédé, et de ceux de la seconde femme; *suprà*, n. 910 *et* 911 : car les frais de cet entretien sont une charge de la jouissance qu'elle en a.

La communauté tripartite est encore chargée des aliments, tant du survivant que de la seconde femme, et des enfants, tant du premier que du second mariage, et des frais de leur éducation.

Enfin on doit comprendre, parmi les charges de la communauté tripartite. les frais du partage des biens de ladite communauté, de l'inventaire, et des autres actes qui se font pour parvenir audit partage.

Tout ce que nous avons dit, dans cette section et dans la précédente, des choses qui entrent dans la communauté tripartite, et de ses charges, peut s'appliquer aux autres communautés composées d'un plus grand nombre de têtes. Les choses qui entrent dans la communauté composée, sont celles qui appartiennent à toutes les communautés dont elle est composée; et ses charges sont celles qui sont charges de toutes lesdites communautés.

SECTION III.

Quel est le chef de la communauté tripartite.

927. Lorsque c'est l'homme qui, étant en continuation de communauté avec les enfants de son premier mariage, contracte une communauté de biens avec une seconde femme qu'il épouse; cet homme étant le chef tant de la communauté qu'il a avec ses enfants, que de la communauté conjugale qu'il a contractée avec sa seconde femme, il ne peut y avoir de difficulté qu'il soit le chef de la communauté tripartite qui est formée par l'union de ces deux communautés.

928. Lorsque c'est la femme qui, étant en continuation de communauté avec ses enfants, a contracté communauté avec son second mari, c'est ce second mari qui est le chef de la communauté tripartite. Il l'est par lui-même de la communauté conjugale; et la femme, en unissant à la communauté conjugale sa communauté avec ses enfants, perd, pendant que cette union dure, la qualité qu'elle avoit de chef de cette communauté, et elle la transfère au second mari, chef de la communauté conjugale.

929. Le chef de la communauté tripartite n'a pas, vis-à-vis des enfants qui font une tête dans cette communauté, le même pouvoir sur les biens de cette communauté tripartite, qu'il a vis-à-vis de la femme. Il a sur les biens de cette communauté, vis-à-vis de la femme, un pouvoir de maître absolu, tel que nous avons vu qu'étoit le pouvoir du mari sur les biens de la communauté conjugale, *suprà*, *part.* 2; mais, vis-à-vis des enfants, le chef de la communauté tripartite n'a qu'un pouvoir de libre administrateur, tel qu'est celui du survivant sur les biens de la continuation de communauté avec ses enfants, comme nous l'avons vu au chapitre précédent, *sect.* 6.

Cela a lieu, soit que le chef de la communauté tripartite soit l'homme qui s'est remarié, car il n'a pas pu, en se remariant, augmenter, vis-à-vis de ses enfants, son pouvoir sur les biens de la continuation de communauté qui est entre eux et lui : soit que ce soit le second mari de la femme qui s'est remariée ; car elle n'a pu, en transférant à son second mari sa qualité de chef de la communauté qui est entre elle et ses enfants, lui transférer plus de pouvoir qu'elle n'en avoit.

Cette différence de pouvoir du chef de la communauté tripartite, vis-à-vis de la femme et vis-à-vis des enfants, se remarque dans le cas auquel le chef de la communauté tripartite auroit disposé de quelques effets de cette communauté envers des étrangers, par donation entre vifs ; car cette donation seroit valable vis-à-vis de la femme, qui n'en pourroit prétendre aucune récompense ; le pouvoir du chef de la communauté tripartite sur les biens de cette communauté, étant, vis-à-vis de la femme, un pouvoir de maître absolu, tel que celui d'un mari sur les biens de la communauté conjugale, qui lui donne le droit d'en disposer à ce titre ; *suprà*, *n.* 471.

Mais cette donation ne seroit pas valable vis-à-vis des enfants, et il leur seroit dû récompense de leur tiers dans les effets donnés ; le chef de la communauté tripartite n'ayant, vis-à-vis desdits enfants, sur les biens de ladite communauté, qu'un pouvoir de libre administrateur, qui ne lui donne pas le droit d'en disposer par donation entre vifs.

SECTION IV.

De la dissolution de la communauté tripartite.

930. Il est évident que la communauté tripartite se dissout par la dissolution de l'une ou de l'autre des communautés dont elle est composée ; car il ne peut plus y avoir de communauté tripartite et composée, lorsqu'il n'en reste plus qu'une.

Mais la dissolution de l'une des deux communautés qui s'étoient réunies pour former la communauté tripartite, n'entraîne pas la dissolution de l'autre.

Par exemple, lorsque le survivant, du vivant de la seconde femme ou de son second mari, dissout, par son inventaire, la continuation de communauté avec ses enfants, la communauté conjugale avec la seconde femme ou le second mari continue de subsister.

Vice versâ, lorsque la communauté conjugale a été dissoute, soit par la mort de la seconde femme ou du second mari, soit par une sentence de séparation; si l'inventaire, fait en exécution de la dissolution de cette communauté, n'a pas été fait avec les enfants, la continuation de communauté du survivant avec lesdits enfants continue de subsister, et la femme survivante reprend la qualité de chef de cette communauté, qu'elle avait perdue en contractant communauté avec son second mari.

La mort du survivant dissout les deux communautés.

SECTION V.

De la renonciation à la communauté tripartite.

§. I. Du cas auquel c'est l'homme qui s'est remarié.

931. De quelque manière qu'arrive la dissolution de la communauté tripartite, qui est entre l'homme survivant, sa seconde femme et ses enfants du premier mariage, l'homme survivant ne peut renoncer ni à l'une ni à l'autre des communautés dont elle étoit composée.

· 932. Lorsque la dissolution de la communauté tripartite arrive par la dissolution de celle qui étoit entre le survivant et ses enfants, la seconde femme ne peut pas non plus, tant que la communauté conjugale dure, renoncer ni à l'une ni à l'autre des communautés dont étoit composée la communauté tripartite.

933. Les enfants, en renonçant à la continuation de communauté qui étoit entre leur père et eux, renoncent aussi à la part qu'ils eussent pu prétendre dans la communauté conjugale de leur père avec sa seconde femme, à laquelle ils ne pouvoient avoir de droit que par la communauté avec leur père, à laquelle ils ont renoncé.

Mais, tant que lesdits enfants ne renoncent pas à la communauté qui étoit entre leur père et eux, ils ne peuvent renoncer à la communauté conjugale, à laquelle leur père a le droit d'unir la communauté qu'il avoit avec eux, tant pour leur part que pour la sienne, sans avoir besoin de leur consentement. Il ne suffiroit pas aux enfants, pour pouvoir renoncer à la part qu'ils ont dans la communauté conjugale, et se décharger des dettes de ladite communauté, qu'ils déclarassent qu'ils renoncent à leur communauté avec leur père, pour le temps qu'elle a duré depuis le second mariage de leur père; car la communauté avec leur père, étant la même communauté, tant avant que depuis le second mariage, ils ne peuvent y renoncer pour le temps seulement qu'elle a duré depuis le second mariage; ils ne peuvent y renoncer, qu'ils n'y renoncent pour tout le temps qu'elle a duré depuis la mort de leur mère prédécédée, tant avant que depuis le second mariage de leur père. Voyez *infra*.

934. Dans la coutume d'Orléans, qui ne permet pas aux enfants ou autres héritiers du prédécédé, qui étoient majeurs lors de la mort du prédécédé, de renoncer à la continuation de communauté avec le survivant, ils ne peuvent, de leur chef, renoncer ni à l'une ni à l'autre des communautés dont la communauté tripartite étoit composée.

935. L'effet de la renonciation des enfants à leur communauté avec le survivant, est que les biens de cette communauté, qui étoient entrés dans la communauté tripartite, sont communs à l'homme survivant et à sa seconde femme seulement, qui y ont chacun moitié, à la charge du compte qui est dû auxdits enfants, des biens de la succession de leur mère prédécédée. Si, néanmoins, par le contrat du second mariage, il y avoit séparation de dettes, la seconde femme ne seroit tenue du compte que pour la gestion faite depuis le second mariage; l'homme survivant seroit tenu seul du compte de celle faite auparavant.

936. Lorsque les enfants acceptent la communauté qui a été entre le survivant et eux, cette communauté a existé jusqu'au temps de la dissolution, et par conséquent la communauté tripartite a pareillement existé jusqu'à ce temps; et, après cette dissolution, il reste une masse indivise des biens de cette communauté tripartite, à partager entre les trois têtes qui y ont part. Mais, lorsque les enfants renoncent à la communauté qu'ils avoient droit de demander au survivant, cette communauté est censée n'avoir jamais existé, ni par conséquent la tripartite.

937. Arrivant la dissolution de la communauté conjugale, la seconde femme peut y renoncer; et sa renonciation à cette communauté renferme aussi nécessairement sa renonciation à la part qu'elle eût pu, si elle l'eût acceptée,

prétendre dans la communauté de son mari avec ses enfants; car elle ne pouvoit y avoir droit que par la communauté conjugale à laquelle elle a renoncé.

L'effet de cette renonciation de la seconde femme à la communauté conjugale, est que n'y ayant pas eu lieu à la communauté conjugale, il n'y a pas eu de communauté tripartite; et ceux des biens de la communauté du survivant, qui y sont entrés, ne sont communs qu'entre l'homme survivant et ses enfants, qui y ont chacun moitié.

§. II. Du cas auquel c'est la femme qui s'est remariée.

938. De quelque manière que soit arrivée la dissolution de communauté tripartite qui étoit entre la femme survivante, ses enfants et son second mari, le second mari, qui en étoit le chef, ne peut renoncer ni à l'une ni à l'autre des communautés dont elle étoit composée.

939. La femme ne peut pas non plus renoncer ni à l'une ni à l'autre, tant que dure la communauté conjugale.

Mais, après la dissolution de la communauté conjugale, elle peut y renoncer; et, en y renonçant, elle y renonce tant pour elle que pour ses enfants : car, de même qu'en la qualité qu'elle avoit de chef et de libre administratrice de la communauté d'entre elle et ses enfants, elle a pu contracter, tant pour elle que pour ses enfants, une nouvelle communauté avec son second mari, sans avoir pour cela besoin du consentement de ses enfants; de même elle peut y renoncer, tant pour elle que pour ses enfants, sans avoir besoin de leur consentement, en la même qualité de chef et de libre administratrice de la communauté d'entre elle et ses enfants, qu'elle reprend après la dissolution de la communauté conjugale. Cette renonciation qu'elle fait à la communauté conjugale, qu'elle étoit censée avoir contractée tant pour elle que pour ses enfants, étant un acte qui fait partie de l'administration qu'elle a des droits de la communauté d'entre elle et ses enfants, lesdits enfants ne peuvent la critiquer.

Si la communauté avec le second mari étoit une communauté manifestement opulente, à laquelle il parût que la femme n'a renoncé que pour favoriser les enfants de son second mariage ; les enfants du premier mariage venant par

la suite avec eux à la succession de la mère commune, pour-
roient-ils prétendre que l'avantage que les enfants du second
lit ont ressenti de cette renonciation, est un avantage indirect que leur a fait leur mère, sujet à rapport ? Nous
réservons cette question pour le Traité des successions.

940. L'effet de cette renonciation de la femme à la communauté conjugale, est que les biens de la communauté
d'entre elle et ses enfants, qu'elle avoit fait entrer dans la
communauté conjugale, tant pour la part de ses enfants que
pour la sienne, appartiennent, par cette renonciation, au
second mari seul ; à moins que, par une clause du contrat
du second mariage, elle n'en eût stipulé la reprise en cas
de renonciation ; auquel cas elle exerce cette reprise, tant
pour elle que pour ses enfants, avec lesquels elle est en
continuation de communauté.

941. De même que les enfants qui sont en continuation
de communauté avec leur mère survivante, ne peuvent,
après la dissolution de la communauté conjugale, critiquer
la renonciation que leur mère juge à propos d'y faire, comme
nous venons de le dire ; de même, lorsque leur mère juge à
propos d'accepter cette communauté conjugale, ils ne peuvent critiquer l'acceptation qu'elle en a faite. Elle l'accepte
tant pour eux que pour elle ; et elle les oblige à cette communauté conjugale, sans qu'ils puissent en être déchargés
qu'en renonçant entièrement à la communauté, qui a continué entre leur mère survivante et eux, pour tout le temps
qu'elle a duré ; auquel cas ils n'ont plus de part à la communauté conjugale, ne pouvant en avoir que par leur
communauté avec le survivant, à laquelle ils ont renoncé.

SECTION VI.

Du partage des biens de la communauté tripartite ; des prélèvements
et des rapports qui se font à ce partage.

942. Après la dissolution de la communauté tripartite,
le partage des biens de ladite communauté doit se faire par
tiers, entre les trois parties qui y ont droit ; savoir, 1° le
survivant ou la survivante qui est ou étoit en continuation
de communauté avec ses enfants héritiers du prédécédé ;
2° lesdits enfants ; 3° la seconde femme ou le second mari.

Pour y parvenir, il faut faire un état des créances que

chacune desdites trois parties a contre la communauté tripartite, et un état des dettes dont chacune desdites trois parties est débitrice envers ladite communauté.

Les créances qu'ont chacune des parties contre la communauté, donnent lieu à des prélèvements.

Les dettes desdites parties donnent lieu aux rapports.

943. Le survivant qui, étant en continuation de communauté avec ses enfants, s'est remarié, peut avoir, contre la communauté tripartite, des créances de trois espèces, savoir, 1° des créances qui lui sont particulières; 2° des créances qui lui sont communes et à ses enfants, comme dépendantes de la communauté qui est entre eux ; 3° des créances qui lui sont communes et à sa seconde femme ou à son second mari, comme dépendantes de leur communauté conjugale.

Une créance du survivant, qui lui est particulière, est celle qu'il a pour la reprise du prix de ses propres aliénés, durant la communauté tripartite, dont le prix est entré dans ladite communauté.

944. Les créances du survivant, qui lui sont communes avec ses enfants, comme dépendantes de la continuation de communauté qui est entre eux, sont, 1° la créance pour la reprise du mobilier, dépendant de la continuation de communauté, qui a été réalisée et réservée propre par le contrat du second mariage; 2° la reprise du prix des conquêts de la continuation de communauté, faits avant le second mariage, qui ont été aliénés pendant la communauté tripartite, et dont le prix y est entré; 3° la créance du préciput stipulé par le contrat du second mariage, lorsque le survivant a survécu à sa seconde femme ou à son second mari, est aussi une créance dépendante de la communauté du survivant et de ses enfants : car cette créance étant un droit qu'il a acquis pendant que cette communauté duroit, par le contrat qu'il a fait avec sa seconde femme ou son second mari, il a acquis ce droit à la communauté qu'il a avec ses enfants, à laquelle il acquiert tout ce qu'il acquiert pendant qu'elle dure, surtout à titre de commerce, tel qu'est le titre de conventions matrimoniales.

945. Les créances qu'avoit le survivant contre sa com-

munauté avec ses enfants, soit pour la reprise de son mobilier réalisé par le contrat de son premier mariage, soit pour le remplir du prix de ses propres aliénés durant son premier mariage, ou pendant sa vuidité, sont des créances qu'il a contre la communauté tripartite, qui lui sont communes, et à sa seconde femme ou à son second mari, comme dépendantes de leur communauté conjugale.

Elles sont créances contre la communauté tripartite; car toutes les dettes de la communauté du survivant avec ses enfants, qui en étoit débitrice, deviennent, par la communauté conjugale dans laquelle elles entrent, dettes de la communauté tripartite, comme nous l'avons vu *suprà, n.* 918, pourvu qu'il n'y eût pas, par le contrat du second mariage, une séparation de dettes; car, en ce cas, la communauté conjugale n'en étant pas tenue, elles ne seroient pas créances contre la communauté tripartite, qui n'est débitrice que des dettes qui le sont des deux communautés, *suprà, n.* 917: elles ne seroient en ce cas créances que contre la communauté particulière du survivant et de ses enfants.

Ces créances sont communes au survivant et à sa seconde femme ou à son second mari; car le survivant a apporté à la communauté conjugale de son second mariage tout son mobilier, tant celui qui dépendoit de sa communauté avec ses enfants, que celui qui lui étoit propre; et par conséquent il y a apporté lesdites créances, qui sont des créances mobilières.

Si, néanmoins, par le contrat du second mariage, il y avoit une clause générale de réalisation du mobilier du survivant, dans laquelle lesdites créances se trouvassent comprises, lesdites créances seroient des créances du survivant contre la communauté tripartite, qui seroient particulières au survivant.

946. A l'égard du préciput du premier mariage, c'est aussi une créance qu'a le survivant contre la communauté tripartite, qui est tenue de toutes les dettes mobilières dont est tenue celle qui est entre le survivant et ses enfants; s'il n'y a clause de séparation de dettes au contrat du second mariage, comme nous l'avons vu

supra, n. 918. Le survivant prélèvera donc ce préciput sur la masse de la communauté tripartite : mais, ce préciput étant un gain du premier mariage, il est obligé, par le second chef de l'édit des secondes noces, de le conserver après sa mort aux enfants de son premier mariage, comme nous l'avons vu en notre Traité du mariage, *part. 7.*

947. Les dettes dont le survivant est débiteur envers la communauté tripartite, peuvent aussi être de trois espèces. Il y en a dont il est seul débiteur; d'autres dont il est débiteur conjointement avec ses enfants, d'autres dont il est débiteur conjointement avec sa seconde femme ou son second mari, comme étant dépendantes de la communauté conjugale avec la seconde femme ou le second mari.

Les dettes dont le survivant est seul débiteur envers la communauté tripartite, sont celles dont il est débiteur pour impenses nécessaires ou utiles, faites pendant qu'elle duroit, des deniers de ladite communauté, aux héritages propres dudit survivant, autres que celles de simple entretien, ou pour des sommes qu'il en a tirées pour payer des dettes qui lui étoient particulières, n'étant entrées ni dans l'une ni dans l'autre des communautés; soit par leur nature, si elles étoient dues pour le prix de quelqu'un de ses héritages propres, *supra*, n. 239; soit parce qu'elles en avoient été exclues par des séparations de dettes, dans les contrats, tant du premier que du second mariage. Et généralement le survivant est seul débiteur envers la communauté tripartite, des sommes qu'il en a tirées pour des affaires qui lui étoient particulières, et dont il a seul profité.

948. Les dettes dont le survivant est débiteur conjointement avec ses enfants, envers la communauté tripartite, sont celles dont il est débiteur pour impenses nécessaires ou utiles, autres que celles de simple entretien, faites des deniers de la communauté tripartite, aux héritages dépendants de la communauté du survivant et de ses enfants; ou pour le paiement fait des deniers de la communauté tripartite des dettes dépendantes de la communauté particulière du survivant et de ses enfants.

949. Les dettes dont le survivant est débiteur conjointe-

ment avec sa seconde femme ou son second mari envers la communauté tripartite, sont celles dont il étoit débiteur envers la communauté particulière qui est entre lui et ses enfants.

Ces dettes sont dues à la communauté tripartite; car le survivant, en contractant, tant pour lui que pour sa communauté avec ses enfants, la communauté conjugale qu'il a contractée avec sa seconde femme, il y a apporté tous les effets mobiliers de sa communauté avec ses enfants, et en a rendu participante la communauté conjugale, et par conséquent il l'a rendue participante des créances mobilières que ladite communauté avoit contre lui. Ces créances étant communes aux deux communautés, sont créances de la communauté tripartite, *suprà, n.* 909; et le survivant qui en est débiteur, en est débiteur envers la communauté tripartite, pourvu néanmoins qu'il n'y ait pas eu, par le contrat du second mariage, une clause de réalisation, dans laquelle lesdites créances se soient trouvées renfermées.

Ces dettes sont dues par le survivant, conjointement avec sa seconde femme; car, par la communauté conjugale que le survivant a contractée avec elle, il l'a rendue participante de toutes ses dettes passives mobilières, et par conséquent de celles dont il étoit débiteur envers sa communauté avec ses enfants, ainsi que de toutes les autres; pourvu néanmoins qu'il n'y ait pas, par le contrat du second mariage, une clause de séparation de dettes.

950. Les deux autres têtes de la communauté tripartite peuvent aussi avoir contre elle, chacune des créances et des dettes qui leur sont particulières.

La créance qu'ont les enfants contre la communauté tripartite, pour la reprise du prix de leurs propres aliénés durant ladite communauté, qui y est entré, est une créance qui leur est particulière.

Les créances qu'ils avoient contre leur communauté avec le survivant, telles que celles mentionnées *suprà, n.* 892, deviennent une créance qu'ils ont contre la communauté tripartite, par les raisons expliquées *suprà, n.* 949, laquelle créance leur est particulière.

Si, néanmoins, il y avoit, par la clause du contrat du second

mariage, une séparation de dettes, la communauté conjugale n'étant pas en ce cas tenue de cette dette, les enfants,
alors, n'auroient pas cette créance contre la communauté
tripartite; ils ne l'auroient que contre leur communauté avec
le survivant.

951. Les dettes des enfants envers la communauté tripartite, dont ils sont débiteurs seuls, sont celles de ce
qu'ils ont tiré de ladite communauté, soit pour le paiement de leurs dettes propres, soit pour quelque autre affaire
que ce soit, qui leur étoit particulière, et dont ils ont seuls
profité.

Les enfants sont aussi seuls débiteurs envers la communauté tripartite, des dettes dont ils étoient débiteurs envers
leur communauté avec le survivant. Les créances que cette
communauté avoit contre eux, entrant dans la communauté
conjugale, comme nous l'avons vu *suprà*, *n.* 909 *et* 910, elles
deviennent créances de la communauté tripartite; à moins
que, par le contrat du second mariage, il n'y eût une
clause de réalisation dans laquelle elles se trouvassent renfermées.

952. Les créances qu'a la seconde femme contre la communauté tripartite, qui lui sont particulières, sont celles
qu'elle a pour la reprise du prix de ses propres aliénés pendant ladite communauté, pour la reprise de son mobilier
réalisé par son contrat de mariage, et même pour son préciput, lorsque c'est elle qui survit.

Ce préciput est une dette de la communauté tripartite,
dont les enfants sont tenus pour leur tiers; car le survivant,
en sa qualité de chef de la communauté qui est entre eux,
a pu, en contractant, durant cette communauté, la dette de
ce préciput envers sa seconde femme, y obliger ses enfants, de même qu'il les oblige à toutes les autres dettes
qu'il contracte durant cette communauté. En vain opposeroit-on que le survivant ne peut disposer par donation;
car le contrat de communauté, dont la convention de préciput fait partie, est un contrat de commerce, et non une
donation.

953. La seconde femme est débitrice seule envers la
communauté tripartite, de ce qu'elle en a tiré, soit pour
le paiement de ses dettes propres, soit pour quelque au-

tre affaire qui lui étoit particulière, et dont elle a seule profité.

Tout ce qui vient d'être dit des créances et des dettes de la seconde femme, s'applique pareillement au second mari.

954. Les créances qu'a contre la communauté tripartite chacune des parties qui y a part, donnent lieu à des prélèvements sur la masse des biens de ladite communauté.

Chacune des parties prélève la somme dont elle se trouve créancière, déduction faite de ce qu'elle doit à ladite communauté.

La partie qui en est créancière seule, la prélève à son profit seul. A l'égard de celles dont le survivant est créancier conjointement avec ses enfants du précédent mariage, le survivant, après avoir prélevé la somme dont il est créancier avec ses enfants, doit la reporter dans la masse particulière des biens de la communauté qui est à partager entre lui et ses enfants.

Il en est de même des créances que le survivant a conjointement avec sa seconde femme; il reporte, dans la communauté conjugale, ce prélèvement qu'il en a fait sur la masse des biens de la communauté tripartite.

955. Les dettes dont chacune des parties est débitrice envers la communauté tripartite, donnent lieu à des rapports.

La partie doit rapporter à la masse des biens de cette communauté, la somme dont elle s'est trouvée débitrice, déduction faite de ce qui lui est dû; et cette somme lui doit être précomptée sur la part qu'elle a dans ladite masse.

956. Les intérêts des prélèvements et des rapports sont dus du jour de la dissolution de communauté, et se joignent aux sommes principales prélevées ou rapportées.

957. Lorsqu'un enfant du premier mariage a été doté des deniers de la communauté tripartite; si le montant de cette dot excède la part qui lui revient dans la subdivision des biens de ladite communauté, le surplus sera précompté sur la part du survivant, lequel le retiendra sur les autres biens de cet enfant, qu'il a entre les mains,

si tant s'en trouve; le survivant étant censé n'avoir donné *de suo*, que ce qui manqueroit des biens de cet enfant pour fournir cette dot.

958. Lorsque quelqu'un des enfants du second mariage a été doté des deniers de la communauté tripartite, le rapport en est dû à ladite communauté, par le survivant pour moitié, et par la seconde femme pour l'autre moitié, quand même elle n'auroit pas été partie en son nom au contrat de dotation; sauf qu'en ce cas elle n'est tenue du rapport de la moitié de la dot, que jusqu'à concurrence de ce qu'elle a amendé de la communauté; au lieu que lorsqu'elle y a été partie en son propre nom, elle en est tenue indéfiniment. La raison est, que quoique la femme n'ait pas été partie en son nom au contrat de dotation, son mari, comme chef de la communauté conjugale, est censé avoir fourni la dot, tant pour lui que pour elle, en sa qualité de commune, sans avoir pour cela besoin de son consentement, comme nous l'avons vu *suprà, n.* 647.

SECTION VII.

Comment les parties qui ont part à la communauté tripartite, sont-elles tenues des dettes de ladite communauté.

1° Comment en sont-elles tenues entre elles.

959. Les parties qui ont part à la communauté tripartite, sont entre elles tenues des dettes de ladite communauté, chacune pour la part qu'elle a dans les biens de ladite communauté.

Chacune des têtes de cette communauté y ayant part pour un tiers, elles sont tenues chacune des dettes pour un tiers entre elles. C'est pourquoi si l'une desdites têtes payoit le total d'une de ces dettes au créancier, elle auroit recours contre les autres têtes pour le tiers que chacune d'elles en doit porter.

960. Observez, néanmoins, que lorsque le passif excède l'actif, la seconde femme n'est tenue de son tiers des dettes de la communauté tripartite, que jusqu'à concurrence de ce qu'elle a amendé des biens de la communauté conjugale : car, ne faisant une tête dans la com-

munauté tripartite, que par rapport à la communauté
conjugale qu'elle a contractée avec le survivant, elle ne
doit être tenue des dettes que suivant les règles de la communauté conjugale, c'est-à-dire, jusqu'à concurrence de
ce qu'elle amende des biens de cette communauté conjugale; le surplus doit être porté par le survivant et les
enfants du premier mariage. Ces enfants doivent porter
leur part de ce surplus; car le survivant, comme chef
de la continuation de communauté qui est entre lui et
eux, a fait, tant pour eux que pour lui, le contrat de
communauté conjugale avec sa seconde femme, et a contracté, tant pour eux que pour lui, les obligations renfermées dans ce contrat, dont celle d'acquitter ce surplus de
dettes, fait partie.

961. *Vice versà,* dans le cas auquel une femme survivante, étant en continuation de communauté avec ses enfants, a contracté une communauté conjugale avec un
second mari, ce qui a formé une communauté tripartite,
lesdits enfants ne sont tenus, de même que leur mère,
des dettes de cette communauté, que jusqu'à concurrence
de ce qu'ils amendent des biens de la communauté conjugale; le second mari est tenu du surplus : car la femme,
comme chef de la continuation de communauté qui étoit
entre elle et lesdits enfants, a contracté, tant pour elle que
pour eux, la communauté avec son second mari, et les y a
associés aux mêmes droits et conditions qu'elle y a été elle-
même associée.

962. Les enfants de la femme prédécédée, qui sont en
continuation de communauté avec leur père, ayant, suivant les principes de la coutume de Paris, le privilége de
n'être tenus des dettes de la continuation de communauté, que jusqu'à concurrence de ce qu'ils ont amendé
des biens, tant de la continuation de communauté que
de la communauté d'entre le survivant, et leur mère prédécédée, comme nous l'avons vu *suprà, n.* 905, lesdits
enfants ne doivent être tenus des dettes de la communauté tripartite, que jusqu'à cette concurrence; car ils
n'en sont tenus qu'autant qu'elles sont dettes de leur continuation de communauté: leur père et sa seconde femme
doivent être tenus du surplus, chacun par moitié; sauf

que la femme n'est tenue de cette moitié, que jusqu'à concurrence de ce qu'elle amende des biens de la communauté
conjugale.

2° Comment les parties sont-elles tenues vis-à-vis du créancier.

963. Les dettes de la communauté tripartite sont dues pour
le total vis-à-vis du créancier, par la partie qui les a contractées, ou du chef de qui elles procèdent; telles que sont
les dettes mobilières d'une succession échue à l'une des parties, quoique, vis-à-vis de ses associés, elle n'en soit tenue que
pour sa part.

Les autres parties qui n'ont pas contracté les dettes, et du
chef de qui elles ne procèdent pas, et qui n'en sont débiteurs
que comme faisant une tête dans la communauté, ne sont
tenues desdites dettes, même vis-à-vis du créancier, que
pour la part qu'elles ont dans la communauté.

Observez, néanmoins, que quoique lesdites parties ne
soient tenues personnellement desdites dettes que pour
leur part, elles peuvent, lorsque ce sont des dettes hypothécaires, contractées par le chef de la communauté,
être tenues hypothécairement pour le total, si elles possèdent quelque conquêt immeuble de la communauté; car
le chef a pu, en sa qualité de chef, les hypothéquer pour
le total aux dettes qu'il contractoit.

SECTION VIII.

*Espèce particulière dans laquelle on a agité la question, si un enfant
pouvoit prétendre, contre sa belle-mère, la continuation de communauté par tiers.*

964. Un homme, étant en continuation de communauté avec un enfant mineur de son premier mariage,
passe à un second, et, par le contrat du second mariage, il est expressément stipulé qu'il sera tenu de faire
incessamment inventaire, à l'effet de dissoudre sa communauté avec l'enfant de son premier mariage, à peine
des dommages et intérêts de la future épouse. Il se passe
un très-long temps depuis ce second mariage, pendant
lequel cet homme fait de grosses acquisitions, et augmente considérablement les biens de sa communauté : il

meurt enfin sans avoir exécuté la convention, et sans avoir fait inventaire, en laissant pour son unique héritier l'enfant de son premier mariage. Cet enfant prétend que, faute d'inventaire, il a continué d'être en communauté avec son père jusqu'à sa mort; qu'il a droit, en conséquence, de prétendre dans tous les biens de la communauté un tiers de son chef, un autre tiers comme héritier de son père, et qu'il ne doit rester, par conséquent, qu'un tiers dans lesdits biens pour la veuve. Cette veuve prétend, au contraire, que son mari, en s'obligeant, envers elle, à faire cesser incessamment sa communauté avec l'enfant du premier mariage, s'est engagé par là envers elle à empêcher l'enfant du précédent mariage de pouvoir prétendre aucune part dans les biens de leur communauté, qui pût diminuer la moitié qu'elle y doit avoir; que cette obligation, à laquelle l'enfant, comme unique héritier de son père, a succédé en entier, le rend non recevable à demander de son chef aucune part dans lesdits biens; qu'il doit seulement y prélever la moitié de la somme à laquelle sera fixé par commune renommée le montant du mobilier de la continuation de communauté qui existoit au temps que le mari s'étoit obligé de la dissoudre, et qui s'est confondu, faute d'inventaire, avec celui de la communauté conjugale.

Il y a sur cette question deux opinions. La première, est de ceux qui, par les raisons que nous venons d'exposer, pensent que, dans cette espèce, l'enfant du premier mariage est non recevable à demander la part qu'il a de son chef dans les biens de la communauté de son père avec sa belle-mère.

La seconde, est de ceux qui pensent que l'enfant du premier mariage, nonobstant la convention portée au contrat du second mariage, doit être reçu à demander la part dans tous les biens de la communauté, qui a continué par tiers, faute d'inventaire, jusqu'à la mort du mari. La raison sur laquelle ils se fondent est, que la veuve doit s'imputer de s'être mariée sans faire exécuter auparavant la convention par laquelle son mari s'étoit obligé de dissoudre, par un inventaire, sa communauté avec son enfant; qu'il en résulte une présomption d'un concert de fraude entre l'homme et la seconde femme, pour priver l'enfant du premier mariage, de sa part dans les gains qui pourroient être faits pendant le second mariage, pendant qu'en cas de mauvaise fortune il demeureroit exposé à supporter sa part des pertes; que ce concert de fraude présumé fournit à l'enfant du premier mariage *replicationem doli* contre l'exception résultante de la convention portée au contrat du second mariage, qui lui seroit opposée par sa belle-mère. Cette opinion paroît autorisée par un arrêt du mois de juillet 1655, cité par Renusson.

On peut encore ajouter, en faveur de cette opinion, un arrêt du 3 mai 1758, rapporté par Denisart, qui a débouté une femme de sa demande en dommages et intérêts contre la succession de son mari, qu'elle prétendoit résulter de l'inexécution d'une clause de son contrat de mariage, portant qu'il seroit fait inventaire avant ou après la célébration, pour dissoudre la communauté avec les enfants du premier mariage, à laquelle le mari n'avoit satisfait que trois ans et demi après le mariage.

965. Dans la première opinion, qui juge l'enfant du premier mariage non recevable, dans cette espèce, à demander la part qu'il a de son chef dans les biens de la communauté avec la seconde femme, observez que comme c'est la qualité qu'il a d'héritier de son père, qui le rend non recevable, il ne doit être non recevable que pour la part quant à laquelle il est héritier. C'est pourquoi, s'il y avoit quatre enfants du second mariage qui vinssent à la succession de son père avec lui, n'étant héritier de son père que pour un cinquième, il ne devroit être exclus que pour un cinquième de la part qu'il a dans les biens de la communauté de sa belle-mère; sauf à elle son recours contre ses quatre enfants, pour les dommages et intérêts résultants de ce que la moitié qu'elle devoit avoir dans les biens de la communauté, a été diminuée par la part qu'y a eue de son chef l'enfant du premier mariage.

966. Quoique l'enfant du premier mariage soit héritier unique; lorsque sa belle-mère est donataire de part d'enfant, et qu'elle a droit, en cette qualité, de partager avec lui par moitié les biens de la succession de son mari, l'enfant, en ce cas, en admettant la première opinion, ne devroit être exclus que pour moitié, de la part qu'il a de son chef dans les

biens de la communauté conjugale de son père avec sa belle-mère : car la belle-mère, en sa qualité de donataire de part d'enfant, étant tenue pour moitié de toutes les dettes de la succession de son mari, elle a dû faire confusion sur elle-même pour moitié, de l'obligation que son mari avoit contractée envers elle, de faire cesser la communauté avec l'enfant du premier mariage; au moyen de quoi cet enfant, n'en demeurant plus débiteur envers elle que pour moitié, ne doit être exclus que pour moitié, du tiers qu'il a de son chef dans les biens de ladite communauté.

FIN DU HUITIÈME VOLUME.

www.ingramcontent.com/pod-product-compliance
Lightning Source LLC
Chambersburg PA
CBHW060846220326
41599CB00017B/2397